hänssler

BIBEL IM TEST

Tatsachen und Argumente für die Wahrheit der Bibel

J. McDowell

hänssler

Bibelzitate folgen, wo nicht anders angegeben, der revidierten Luther-Übersetzung von 1984. Ausgenommen sind Bibelzitate, die in Zitaten von anderen Autoren stehen; hier wurde die vom jeweiligen Autor zitierte Version wörtlich übernommen.

CIP-Titelaufnahme der Deutschen Bibliothek

MacDowell, Josh:
Bibel im Test: Tatsachen u. Argumente für d. Wahrheit d. Bibel / J. McDowell. [Übers. von Hartmut Sünderwald]. – Neuhausen-Stuttgart: Hänssler, 1988
(Edition C: C; 244: Paperback)
Einheitssacht.: Evidence that demands a verdict ‹dt.›
ISBN 3-7751-1204-9
NE: Edition C/C

EDITION C-Bücher
EDITION C-Paperback, C 244
Best.-Nr. 56644

Published by HERE'S LIFE PUBLISHERS, INC.
Originaltitel: Evidence That Demands A Verdict
Übersetzt von Hartmut Sünderwald

Umschlaggestaltung: Daniel Dolmetsch
Zeichnung: Georg Ozory, Stuttgart
Gesamtherstellung: Ebner Ulm

Für Dottie –
meiner Frau und besten Freundin,
ohne deren Geduld,
Liebe und aufbauende Kritik
dieses Buch nie
zustande gekommen wäre.

Inhaltsverzeichnis

Kapitel 9: Die messianischen Prophetien des Alten Testaments – erfüllt in Christus 210

Vorwort

Ist das Christentum glaubhaft? Gibt es eine intellektuelle Basis für den Glauben an Jesus Christus als den Sohn Gottes? Kann man als vernünftiger, kritischer Mensch der Bibel vertrauen?

Gelehrte aller Jahrhunderte, aber auch ganz einfache Gläubige beantworten diese und ähnliche Fragen mit einem eindeutigen Ja. Und darum geht es in diesem Buch von Josh McDowell.

Über die Hälfte seiner langjährigen Mitarbeit bei *Campus für Christus* hat Josh im Reisedienst gestanden; zahllosen Studenten und Professoren in vielen Ländern konnte er Hilfen, Wegweisung und Herausforderungen geben. Seine Erfahrungen als Redner, Dozent und Seelsorger, dazu sein Magna-cum-laude-Grad am Talbot Theological Seminary (USA) sowie intensive Forschungen qualifizieren ihn dazu, mit Autorität und Sachkenntnis über die Glaubwürdigkeit und Vernünftigkeit des christlichen Glaubens zu schreiben.

Jesus wurde einmal von einem Schriftgelehrten gefragt, was das höchste Gebot im Gesetz des Mose sei. Er antwortete: »Du sollst den Herrn, deinen Gott, lieben mit deinem ganzen Herzen, mit deiner ganzen Seele und deinem ganzen Denken« (Mt 22,37; 5 Mo 6,5). »Mit deinem ganzen Denken«: Gott will, daß wir unser Denkvermögen gebrauchen; er hat uns so geschaffen, daß wir Wissen erlangen und Wahrheiten erkennen können. Entsprechend fordert Petrus uns in einem seiner Briefe auf, jederzeit bereit zu sein, unseren Glauben zu verteidigen (1 Petr 3,15). Wir haben bei *Campus für Christus* von jeher versucht, Christen darin zu schulen, dieser Forderung Rechnung zu tragen und ihren Glauben in überzeugender Weise weiterzugeben und zu untermauern.

Ich habe noch keinen Menschen erlebt, der die Fakten aufrichtig prüfte und anschließend leugnete, daß Jesus Christus tatsächlich der Sohn Gottes und der Heiland der Menschen ist. Und doch haben längst nicht alle diese Menschen Jesus als ihren persönlichen Herrn und Erretter angenommen – nicht, weil sie nicht glauben *konnten*, sondern weil sie nicht glauben *wollten*; sie waren nicht bereit, ihr Leben ganz von Gott bestimmen zu lassen.

Viele Atheisten – so Bertrand Russel und Aldous Huxley – haben es abgelehnt, sich intellektuell mit den historischen Tatsachen über Jesus Christus auseinanderzusetzen. Andere, wie z.B. der englische Literaturwissenschaftler C. S. Lewis, haben sich der Auseinandersetzung gestellt – und Jesus Christus als wahrhaftigen Sohn Gottes erkannt und angenommen.

Ein sorgfältiges Durcharbeiten des Materials in diesem Buch wird dem Leser helfen, jederzeit zu einer intelligenten und überzeugenden Darstellung des Evangeliums bereit zu sein. Er vergesse jedoch darüber nicht, daß die intellektuellen Probleme gar nicht unbedingt die größten Hindernisse auf dem Weg zu einem lebendigen Glauben sind! Der Durchschnittsmensch hat nicht so sehr intellektuelle Zweifel an Jesus Christus; was ihm am meisten fehlt, ist nicht der Nachweis, daß Jesus tatsächlich Gottes Sohn ist, sondern das Wissen, wie er ihn als seinen persönlichen Retter und Herrn aufnehmen kann.

Somit ist es der Leser, der bereits Christ ist, der den größten Nutzen von diesem Buch haben wird. Es wird seinen Glauben an Christus stärken und ihm zeigen, wie er diesen Glauben anderen verständlich machen kann.

> »Danach spricht er zu Thomas: Reiche deinen Finger her und sieh meine Hände und reiche deine Hand her und lege sie in meine Seite und sei nicht ungläubig, sondern gläubig!
>
> Thomas antwortete und sprach zu ihm: Mein Herr und mein Gott! Spricht Jesus zu ihm: Weil du mich gesehen hast, Thomas, darum glaubst du. Selig sind, die nicht sehen und doch glauben!« (Joh 20,27–29)

William R. Bright
Gründer und Erster Vorsitzender von
Campus Crusade for Christ International
Arrowhead Springs
San Bernardino, USA

Einleitung; praktische Hinweise

Es mangelt immer noch an Büchern, die systematisch und verständlich dokumentieren, welche Beweise bzw. Indizien es für die Zuverlässigkeit der Bibel und ihrer Aussagen gibt. Ich bin oft von Studenten, Dozenten und anderen gefragt worden: »Kann man das, was Sie und andere lehren, nicht allgemein zugänglich machen? Wir möchten es so gerne in unserer Arbeit benutzen!« Solche Anfragen waren der Anstoß zu diesem Buch.

Das Buch ist aus meinen Vorbereitungen und Aufzeichnungen zu einer Vorlesungsreihe mit dem Titel *Christianity: Hoax or History?* (»Christentum – Gespinst oder Geschichte?«) hervorgegangen und ist im wesentlichen eine nach Themen angeordnete Sammlung von Argumenten und Zitaten, wobei die Bibel selbst, Kirchenväter, theologische und historische Klassiker und Forscher unseres Jahrhunderts zu Wort kommen. Die erste englische Ausgabe (unter dem Titel *Evidence That Demands A Verdict*) erschien 1972, die zweite (revidierte und erweiterte; sie liegt dieser Übersetzung zugrunde) 1979.

Das Buch ist als Studien- und Nachschlagewerk gedacht. Man kann es von vorne bis hinten durcharbeiten, man kann aber auch – und dies wird wohl häufiger der Fall sein – gezielt ein spezielles Thema angehen; das detaillierte Inhaltsverzeichnis bietet dazu den nötigen Einstiegspunkt. Man achte jedoch immer darauf, die Abschnitte in ihrem Kontext zu lesen, damit man dem Argumentationsgang folgen kann.

Dieses Buch soll helfen, Seminararbeiten zu schreiben, Vorträge und Bibelstunden vorzubereiten und in Diskussionen mit Nichtchristen zu bestehen. Aber Vorsicht: Wenn wir die Informationen, die dieses Buch bietet, verwerten, sollte unser Motiv nicht sein, Diskussionen zu »gewinnen«, sondern Jesus Christus zu bezeugen. Apologetik dient ja nicht dazu, den christlichen Glauben mit menschlichen Mitteln zu »beweisen«, sondern will einen Boden schaffen, auf dem lebendiger Glaube Wurzel fassen kann. Wenn ein Mensch mit ehrlichen Fragen und Zweifeln an mich herantritt, versuche ich immer, diese Fragen hinreichend zu beantworten, und lenke das Gespräch dann wieder zu dem Thema der persönlichen Beziehung zu Christus zurück. Apologetik darf kein Ersatz für das Wort Gottes werden.

Am Ende der Zitate in diesem Buch steht jeweils ein Quellennachweis. Dabei wird der Name des Autors bzw. Herausgebers angegeben sowie die Seitenzahl des betreffenden Werkes; in der Bibliographie am Ende des Buches wird der betreffende Titel dann aufgeschlüsselt; wo vom gleichen Autor mehrere Titel in der Bibliographie erscheinen, sind sie (in Bibliographie und Quellennachweisen) durch die Buchstaben *a*, *b* usw. markiert.

Ein Beispiel: Der Quellennachweis lautet: *W. M. Smith d/43.*

Das Zitat findet sich somit auf S. 43 des Buches *Therefore Stand* (1965) von Wilbur M. Smith.

Hinter der Hauptbibliographie findet man eine kleinere Zusatzbibliographie, die speziell für den deutschen Leser die neuere apologetische Literatur im englisch- und deutschsprachigen Raum nennt und Buchempfehlungen gibt.

Bei der Zusammenstellung der englischen Originalausgabe dieses Buches wurde ich von einer Forschungsgruppe aus elf Studenten von neun amerikanischen Universitäten unterstützt:

Doug Wilder (Michigan State University; Fachgebiet: Leben der Apostel)

Phil Edwards (Ohio State University; Fachgebiet: Messianische Konzepte)

Ron Lutjens (Bowling Green University; Fachgebiet: Historische Zuverlässigkeit des Alten Testaments)

Wayne Trout (Virginia Polytechnic Institute; Fachgebiet: Wesen Christi)

Brent Nelson (Indiana University; Fachgebiet: Gottheitsanspruch Christi)

David Sheldon (Ohio State University; Fachgebiet: Messianische Prophetie)

Frank Dickerson (Ohio State University; Fachgebiet: Auferstehung)

Steve Smith (Virginia Polytechnic Institute; Fachgebiet: Menschenleben, die durch Christus verändert wurden) [Das entsprechende Kapitel wurde in die deutsche Übersetzung nicht übernommen.]

James Davis (Louisiana Polytechnic Institute; Fachgebiet: Prophetie)

Linn Smith (North Texas State University; Fachgebiet: Zeitgeschehen)

Stick Ustick (Sacramento State University; allgemeine Arbeiten)

Einführung

1. Ein Wort zur Klärung

1.1 Was ist Apologetik?

»Seid allezeit bereit zur *Verantwortung* vor jedermann, der von euch Rechenschaft fordert über die Hoffnung, die in euch ist, und das mit Sanftmut und Gottesfurcht...« (1 Petr 3,15)

Das Wort »Verantwortung« (gr. *apologia*) bedeutet »Verteidigung der Verhaltens- und Verfahrensweise«. *Wilbur Smith* formuliert es folgendermaßen: »... eine persönliche Verteidigung, eine Rede zur Verteidigung dessen, was man getan hat, oder einer Wahrheit, die man glaubt...« *W.M. Smith d/481*

»Apologia« – die Apologie – ist eine Verteidigungsrede oder -schrift. Das heutige englische Wort *apology* hat zwar die Bedeutung von »Entschuldigung«, aber im früheren, ursprünglichen Gebrauch enthielt dieses Wort »nicht den Gedanken der Entschuldigung, Beschwichtigung oder Wiedergutmachung eines zugefügten Schadens«. *F.R. Beattie/48*

Apologia, im Deutschen übersetzt mit »Verantwortung«, »Rechtfertigung«, »Verteidigung«, »Verhör«, erscheint achtmal im Neuen Testament (einschließlich 1 Petr 3,15 – s.o.):

»Ihr Männer, liebe Brüder und Väter, hört mir zu, wenn ich mich jetzt vor euch *verantworte*.« (Apg 22,1)

»Denen, die mich verurteilen, *antworte* ich so: ...« (1 Kor 9,3)

»Bei meinem ersten *Verhör* stand mir niemand bei, sondern sie verließen mich alle. Es sei ihnen nicht zugerechnet.« (2 Tim 4,16)

»... die ihr alle mit mir der Gnade teilhaftig seid in meiner Gefangenschaft und wenn ich das Evangelium *verantworte* und bekräftige.« (Phil 1,7)

»... diese aus Liebe, denn sie wissen, daß ich zur *Verteidigung* des Evangeliums hier liege.« (Phil 1,16)

»Denen antwortete ich: Es ist der Römer Art nicht, einen Angeklagten preiszugeben, bevor er seinen Klägern gegenüberstand und Gelegenheit hatte, sich gegen die Anklage zu *verteidigen.*« (Apg 25,16)

»Siehe: eben dies, daß ihr betrübt worden seid nach Gottes Willen, welches Mühen hat das in euch gewirkt, dazu *Verteidigung*, Unwillen, Furcht, Verlangen, Eifer, Bestrafung! Ihr habt in allen Stücken bewiesen, daß ihr rein seid in dieser Sache.« (2 Kor 7,11)

Clark Pinnock weist darauf hin, daß das Wort »Verantwortung« bzw. »Verteidigung« in 1 Petr 3,15 nicht so sehr auf polizeiliche Verhöre hindeutet, sondern (das entsprechende Verb bedeutet soviel wie »ansprechen«, »anfragen«) auf eine ungezwungene Situation, in der man gefragt wird: »Warum bist du Christ?« Der Gläubige hat die Verantwortung, auf diese Frage eine angemessene Antwort zu geben. *C. Pinnock/3*

Paul Little zitiert John Stott: »Wir dürfen dem intellektuellen Stolz des Menschen keinen Vorschub leisten, aber wir müssen seine intellektuelle Integrität befriedigen.« *P.E. Little/14* Ehrliche Fragen verdienen eine Antwort.

Beattie folgert: »Das Christentum ist entweder ALLES für die Menschheit oder NICHTS. Es ist entweder höchste Gewißheit oder größter Wahn [...] Wenn aber das Christentum ALLES für die Menschheit ist, dann ist es für jeden Menschen wichtig, einen guten Grund für die Hoffnung zu geben, die in bezug auf die ewigen Wahrheiten des christlichen Glaubens in ihm ist. Diese Wahrheiten unüberlegt zu akzeptieren oder sie einfach auf jemandes Autorität hin anzunehmen genügt nicht für einen intelligenten und festen Glauben.« *F. R. Beattie/37 f.*

Darum lautet die grundlegende »apologetische« These für dieses Buch: »Es gibt einen unendlichen, allwissenden, allmächtigen, alliebenden Gott, der sich durch natürliche und übernatürliche Mittel offenbart hat in der Schöpfung, im Wesen des Menschen, in der Geschichte Israels und der Gemeinde, in der Heiligen Schrift, in der Menschwerdung Gottes in Christus und im Herzen des Gläubigen durch das Evangelium.« *B. Ramm b/33*

1.2 Das Christentum beruht auf Tatsachen

Das Christentum beruft sich auf die Geschichte, auf die Fakten der Geschichte, die P. Carnegie Simpson »die offensichtlichsten und zugänglichsten aller Daten« nennt. Simpson sagt weiter, daß

»er [Christus] eine Tatsache der Geschichte ist, erkennbar wie jede andere auch.«

J.N.D. Anderson gibt D.E. Jenkins' Bemerkung wieder: »Das Christentum beruht auf unbestreitbaren Fakten [...] Ich sage nicht, daß das Christentum die unbestreitbare Auslegung dieser Fakten ist [...]« *J. N. D. Anderson/10*

Clark Pinnock definiert: »Die Fakten, die dem christlichen Anspruch zugrunde liegen, sind nicht speziell religiöser Art. Sie sind vielmehr erkennbare, informatorische Tatsachen wie die, auf denen alle historischen, juristischen und alltäglichen Entscheidungen beruhen.« *C. Pinnock/6f.*

In diesem Buch wollen wir einige dieser »unbestreitbaren Tatsachen« darstellen sowie untersuchen, ob die christliche Auslegung dieser Tatsachen nicht bei weitem die logischste ist. Die Apologetik will die Menschen ja nicht durch bloße Überredungskunst bekehren.

Clark Pinnock: »Sie [die Apologetik] will den Menschen die Argumente und Fakten, die für das Evangelium sprechen, nachvollziehbar darlegen, so daß sie sich unter der Leitung des Heiligen Geistes für Christus entscheiden können. Das Herz kann nicht annehmen, was der Verstand ablehnt.« *C. Pinnock/3*

1.3 Angriff ist die beste Verteidigung

Während meines Studiums mußte ich eine Arbeit über »Die beste Verteidigung des Christentums« schreiben. Ich schob sie immer wieder auf – nicht, weil ich kein Material besessen hätte, sondern weil ich nicht das bringen konnte, was der Professor erwartete (offenbar eine Zusammenfassung der Notizen, die ich in seinen Vorlesungen gemacht hatte).

Endlich gab ich mir einen Ruck und schrieb das, was ich für das Richtige hielt. Ich begann mit dem Satz: »Einige sagen, der beste Angriff sei eine gute Verteidigung; ich aber sage, daß die beste Verteidigung ein guter Angriff ist.« Ich erklärte dann, daß meiner Meinung nach die beste Verteidigung des christlichen Glaubens eine »klare, einfache Darlegung der Ansprüche Christi und seiner Person« sei. Ich erklärte die »Vier geistlichen Gesetze« und berichtete, wie ich am 19. 12. 1959 (in meinem zweiten Studienjahr) Christus aufgenommen hatte. Den Abschluß der Arbeit bildete eine Darstellung der Fakten der Auferstehung. (Der Professor gab mir übrigens eine Eins.)

William Tyndale hatte recht mit seiner Meinung, daß »ein Bauernjunge, der die Bibel liest, mehr von Gott weiß als der gelehrteste Geistliche, der sie ignoriert«.

Die Bibel lehrt uns: »Das Wort Gottes ist lebendig und kräftig und schärfer als jedes zweischneidige Schwert, und dringt durch, bis es scheidet Seele und Geist, auch Mark und Bein, und ist ein Richter der Gedanken und Sinne des Herzens.« (Hebr 4,12)

Wir brauchen ein Gleichgewicht zwischen Evangelisation und Apologetik: Wir müssen das Evangelium predigen, aber auch bereit sein, Rechenschaft über unseren Glauben abzulegen.

Wir können darauf bauen, daß der Heilige Geist die Menschen von der Wahrheit überzeugt; wir brauchen sie ihnen nicht mit dem Holzhammer um die Ohren zu schlagen. Gott wird ihnen »das Herz auftun«, wie er es bei der Purpurhändlerin Lydia tat, als Paulus in Philippi predigte (Apg 16,14).

Clark Pinnock, ein fähiger Apologet und Zeuge Christi, sagt ganz richtig: »Ein intelligenter Christ sollte fähig sein, die Fehler in der Position des Nichtchristen aufzudecken und Fakten und Argumente darzulegen, die für das Evangelium sprechen. Wenn unsere Apologetik uns davon abhält, einem Menschen das Evangelium zu erklären, ist es eine ungenügende Apologetik.« *C. Pinnock/7*

2. Fester Boden unter den Füßen

Bevor wir uns die verschiedenen Fakten und Argumente, die für das Christentum sprechen, im einzelnen ansehen, müssen wir noch einige weitere Grundsatzfragen klären und falsche Vorstellungen ausräumen.

2.1 Blinder Glaube?

Ein ziemlich verbreiteter Vorwurf gegen die Christen lautet: Der Christ kann nur blind ins Ungewisse hineinglauben; um Christ zu werden, muß man seinen Verstand an der Garderobe abgeben, gewissermaßen geistigen Selbstmord begehen.

Persönlich muß ich jedoch sagen: Mein Herz kann nur Dinge annehmen, die auch mein Verstand akzeptiert. Gott will, daß mein Herz und mein Kopf harmonieren. Christus gebietet uns: »Du sollst den Herrn, deinen Gott, lieben von ganzem Herzen, von ganzer Seele und von ganzem Gemüt [d. h. ganzem *Denken*]« (Mt 22,37).

Wenn Jesus oder die Apostel jemanden aufforderten, zu glauben, handelte es sich nie um »blinden Glauben«, sondern um »intelligenten Glauben«. Der Apostel Paulus sagt: »Ich *weiß*, an wen ich glaube« (2 Tim 1,12). Jesus sagte: »Ihr werdet die Wahrheit erkennen [nicht: sie ignorieren], und die Wahrheit wird euch frei machen« (Joh 8,32).

Der Glaube eines Menschen umschließt Denken, Fühlen und Wollen. *F. R. Beattie* sagt mit Recht: »Der Heilige Geist bewirkt keinen blinden und unbegründeten Glauben im Herzen [...] Wir glauben an Christus, weil es vernünftig ist, an ihn zu glauben, und nicht, weil es unvernünftig ist.« *F. R. Beattie/25*

Paul Little: »Der christliche Glaube stützt sich auf Tatsachen. Er ist ein vernünftiger Glaube. Glaube im christlichen Sinne geht über den Verstand hinaus, steht aber nicht im Gegensatz zum Verstand.« *P. E. Little/16* Glaube ist innere Gewißheit, die sich auf Tatsachen beruft.

2.2 Der christliche Glaube ist ein objektiver Glaube

Christlicher Glaube ist objektiv, d. h. auf einen Gegenstand bezogen. Der Begriff »rettender Glaube« meint einen Glauben, der die Beziehung eines Menschen zu Christus (dem Gegenstand) herstellt; damit steht er in diametralem Gegensatz zu dem durchschnittlichen »philosophischen« Glaubensbegriff, wie er heute in den Hörsälen gelehrt wird.

Der Anhänger des »philosophischen« Glaubens sagt gerne: »Es ist nebensächlich, was man glaubt; Hauptsache, man hat überhaupt einen Glauben!« Dazu ein Erlebnis von mir: In einer Diskussion mit dem Leiter der philosophischen Fakultät einer Universität in den USA erwähnte ich auch, wie wichtig die Tatsache der Auferstehung sei. Darauf mein Gegenredner: »Aber Herr McDowell, ob die Auferstehung stattgefunden hat oder nicht, das ist doch nicht die eigentliche Frage, sondern: *Glauben Sie*, daß sie stattfand?« Ich erwiderte: »Es kommt sehr wohl darauf an, ob Christus wirklich auferstanden ist. Der Wert des christlichen Glaubens liegt nicht im Glaubenden, sondern im Gegenstand des Glaubens. Wenn mir jemand beweisen könnte, daß Christus nicht von den Toten auferstanden ist, dann hätte ich kein Recht auf meinen Glauben.« (Vgl. 1 Kor 15,14)

Der christliche Glaube ist der Glaube *an* Christus. Seine Bedeutung bzw. sein Wert liegt nicht im Glaubenden, sondern im Geglaubten – nicht in dem Vertrauenden, sondern in dem Gegenstand des Vertrauens.

Gleich nach jener Debatte sprach mich ein islamischer Student an, und in einer sehr offenen Unterhaltung sagte er aufrichtig: »Ich kenne viele Moslems, die mehr Glauben an Mohammed haben als einige Christen an Christus.« Ich entgegnete: »Das mag sehr wohl zutreffen, aber der Christ ist ›errettet‹. Sehen Sie, es kommt nicht darauf an, wieviel Glauben man hat, sondern was der Gegenstand des Glaubens ist; das ist vom christlichen Standpunkt des Glaubens her wichtig.«

Oft sagen mir Studenten: »Einige Buddhisten haben viel mehr Hingabe und Glauben an Buddha [hier zeigt sich ein Mißverständnis über den Buddhismus] als manche Christen an Christus.« Ich kann nur antworten: »Das mag sein, aber der Christ ist errettet.«

Paulus sagte: »Ich weiß, *an wen* ich glaube.« Das erklärt, weshalb das christliche Evangelium die Botschaft von Christus ist.

John Warwick Montgomery sagt: »Wenn unser ›Christus des Glaubens‹ abweicht vom biblischen ›Jesus der Geschichte‹, dann verlieren wir entsprechend zum Maß dieser Abweichung auch den echten ›Christus des Glaubens‹. Einer der größten christlichen Historiker unserer Zeit, Herbert Butterfield, drückt es so aus: ›Es wäre ein gefährlicher Irrtum, zu meinen, man könne die Wesensmerkmale einer historischen Religion bewahren, wenn der Christus der Theologen vom Jesus der Geschichte getrennt würde.‹« *J. W. Montgomery a/145*

Das Schlagwort »Man verwirre mich nur nicht mit den Tatsachen« gilt nicht für den Christen.

2.3 Augenzeugen

Die Verfasser des Neuen Testaments schrieben entweder selbst als Augenzeugen der Geschehnisse, die sie berichteten, oder sie gaben aus erster Hand die Berichte anderer Augenzeugen wieder. Man vergleiche etwa 2 Petr 1,16: »Denn wir sind nicht ausgeklügelten Fabeln gefolgt, als wir euch kundgetan haben die Kraft und das Kommen unseres Herrn Jesus Christus; sondern wir haben seine Herrlichkeit selber gesehen.«

Ganz gewiß kannten sie den Unterschied zwischen Mythos, Legende und Realität! Ein Professor stellte mir einmal folgende Frage: »Was halten Sie von der griechischen Mythologie?« Ich antwortete mit einer Gegenfrage: »Sie meinen, ob die Geschehnisse im Leben Jesu – Jungfrauengeburt, Auferstehung usw. – lediglich Mythen waren?« Er bejahte. Ich erwiderte darauf, daß es einen offensichtlichen Unterschied zwischen Jesus Christus und der griechischen Mythologie gebe, der gewöhnlich übersehen werde: Solche Vorgänge wie etwa die Auferstehung werden in der griechischen Mythologie nicht auf wirkliche Personen aus Fleisch und Blut bezogen, sondern auf mythologische Wesen. Im Christentum dagegen sind sie an eine konkrete Person geknüpft, die die Schreiber in den Dimensionen zeitlich-räumlicher Geschichte erlebt hatten: den historischen Jesus von Nazareth, den sie persönlich kannten.

S. Estborn berichtet, daß ein Inder namens Anath Nath »sowohl die Bibel als auch die *Schastras* studierte. Zwei biblische Themen gaben ihm besonders zu denken: die Realität der Inkarnation und das Sühneopfer für die Sünden der Menschen. Er versuchte, diese Lehren mit den Hindu-Schriften in Verbindung zu bringen, und fand eine Parallele zum Selbstopfer Christi in Prajapati, dem vedischen Schöpfergott. Er sah aber auch einen entscheidenden Unterschied: Der vedische Prajapati ist ein mythisches Symbol, das auf mehrere Personen angewendet wird; Jesus von Nazareth dagegen ist eine historische Person. ›Jesus ist der wahre Prajapati‹, sagte Anath Nath, ›der wahre Retter der Welt.‹« *S. Estborn/43*

J. B. Phillips, zitiert von Blaiklock, sagt: »Ich habe im Griechischen und Lateinischen Hunderte von Mythen gelesen, hier aber [in der Bibel] fand ich nicht den leisesten Hauch eines Mythos [. . .] Ein Mythos kann definiert werden als ›vorwissenschaftlicher und phantasiereicher Versuch zur Erklärung eines – realen oder hypothetischen – Phänomens, das die Neugier des Herstellers des Myhtos erregt; oder vielleicht genauer als Versuch, ein Gefühl der Befriedigung anstelle des Befremdens bezüglich eines solchen Phänomens zu erreichen. Er berührt oft mehr die Gefühle als den Verstand und dürfte in seiner typischen Form aus einem Zeitalter stammen, in welchem verstandesgemäße Erklärungen nicht gefragt waren.‹« *E.M. Blaiklock b/47*

Augenzeugen im Neuen Testament:

»Was von Anfang an war, was wir gehört haben, was wir gesehen haben mit unsern Augen, was wir betrachtet haben und unsre Hände betastet haben, vom Wort des Lebens – und das Leben ist erschienen, und wir haben gesehen und bezeugen und verkündigen euch das Leben, das ewig ist, das beim Vater war und uns erschienen ist –, was wir gesehen und gehört haben, das verkündigen wir auch euch, damit auch ihr mit uns Gemeinschaft habt; und unsere Gemeinschaft ist mit dem Vater und mit seinem Sohn Jesus Christus.« (1 Joh 1,1–3)

»Viele haben es schon unternommen, Bericht zu geben von den Geschichten, die unter uns geschehen sind, wie uns das überliefert haben, die es von Anfang an selbst gesehen haben und Diener des Worts gewesen sind. So habe auch ich's für gut gehalten, nachdem ich alles von Anfang an sorgfältig erkundet habe, es für dich, hochgeehrter Theophilus, in guter Ordnung aufzuschreiben ...« (Lk 1,1–3)

»Den ersten Bericht habe ich gegeben, lieber Theophilus, von all dem, was Jesus von Anfang an tat und lehrte bis zu dem Tag, an dem er aufgenommen wurde, nachdem er den Aposteln, die er erwählt hatte, durch den Heiligen Geist Weisung gegeben hatte. Ihnen zeigte er sich nach seinem Leiden durch viele Beweise als der Lebendige und ließ sich sehen unter ihnen vierzig Tage lang und redete mit ihnen vom Reich Gottes.« (Apg 1,1–3)

»Danach ist er gesehen worden von mehr als fünfhundert Brüdern auf einmal, von denen die meisten heute noch leben, einige aber sind entschlafen. Danach ist er gesehen worden von Jakobus, danach von allen Aposteln. Zuletzt von allem ist er auch von mir als einer unzeitigen Geburt gesehen worden.« (1 Kor 15,6–8)

»Noch viele andere Zeichen tat Jesus vor seinen Jüngern, die nicht geschrieben sind in diesem Buch. Diese aber sind geschrieben, damit ihr glaubt, daß Jesus der Christus ist, der Sohn Gottes, und damit ihr durch den Glauben das Leben habt in seinem Namen.« (Joh 20,30–31)

»Und wir sind Zeugen für alles, was er getan hat im jüdischen Lande und in Jerusalem. Den haben sie an das Holz gehängt und getötet. Den hat Gott auferweckt am dritten Tage und hat ihn erscheinen lassen, nicht dem ganzen Volk, sondern uns, den von Gott erwählten Zeugen, die wir mit ihm gegessen und getrunken haben, nachdem er auferstanden war von den Toten. Und er hat uns geboten, dem Volk zu predigen und zu bezeugen, daß er von Gott bestimmt ist zum Richter der Lebenden und der Toten.« (Apg 10,39–42)

»Die Ältesten unter euch ermahne ich, der Mitälteste und Zeuge der Leiden Christi, der ich auch teilhabe an der Herrlichkeit, die offenbart werden soll ...« (1 Petr 5,1)

»Und als er das gesagt hatte, wurde er zusehends aufgehoben, und eine Wolke nahm ihn auf vor ihren Augen weg.« (Apg 1,9)

John W. Montgomery schreibt: »Die Unfähigkeit, Jesu Selbstdarstellung von der Darstellung seiner Person durch die neutestamentlichen Schreiber zu unterscheiden, sollte keine Not verursachen; denn erstens ist die Situation genau parallel zu der aller historischen Persönlichkeiten, die selber nicht über ihr Leben geschrieben haben (z.B. Alexander der Große, Augustus, Karl der Große); wir würden wohl kaum behaupten, wir könnten in diesen Fällen kein ausreichendes historisches Porträt erhalten. Und zweitens geben uns die neutestamentlichen Verfasser Augenzeugenberichte über Jesus, und wir dürfen davon ausgehen, daß sie uns ein genaues geschichtliches Bild von ihm vermitteln.« *J. W. Montgomery b/48*

Die Apostel waren in der Tat Zeugen seiner Auferstehung; vgl. die folgenden Bibelstellen:

Lk 24,48	Apg 10,41
Joh 15,27	Apg 13,31
Apg 1,8	Apg 22,15
Apg 2,32	Apg 23,11
Apg 3,15	Apg 26,16
Apg 4,33	1 Kor 15,4–9
Apg 5,32	1 Kor 15,15
Apg 10,39	1 Joh 1,2

2.4 Kenntnis aus erster Hand

Die Verfasser des Neuen Testaments beriefen sich auf Kenntnisse über Jesus, die ihre Leser bzw. Zuhörer aus erster Hand besaßen. Sie sagten nicht nur: »Wir haben dies gesehen und jenes gehört«, sondern sie drehten gleichsam den Spieß um und sagten ihren Kritikern: »Ihr habt es auch gesehen und gehört, ihr wißt von diesen Dingen.«

Zwei Beispiele dafür:

In Apg 2,22 sagt Petrus in seiner Pfingstrede: »Ihr Männer von Israel, hört diese Worte: Jesus von Nazareth, von Gott unter euch ausgewiesen durch Taten und Wunder und Zeichen, die Gott durch ihn in eurer Mitte getan hat, wie ihr selbst wißt...«

In seiner Verteidigungsrede vor dem Statthalter Festus und König Agrippa sagt Paulus (Apg 26,25–27): »Edler Festus, ich bin nicht von Sinnen, sondern ich rede wahre und vernünftige Worte. Der König, zu dem ich frei und offen rede, versteht sich auf diese Dinge. Denn ich bin gewiß, daß ihm nichts davon verborgen ist; denn dies ist nicht im Winkel geschehen. Glaubst du, König Agrippa, den Propheten? Ich weiß, daß du glaubst.«

Man muß seiner Sache schon sehr sicher sein, wenn man so freimütig auftritt.

2.5 Philosophische Vorurteile

»Würde man das Leben Christi historisch studieren, fände man einen bemerkenswerten Menschen, aber nicht den Sohn Gottes.« Es wird mir manchmal entgegengehalten: »Nach der ›modernen historischen Methode‹ würde man nie die Auferstehung entdekken.« Und das stimmt! Ehe Sie aber jetzt voreilig Schlüsse ziehen, lassen Sie mich erklären: Für viele Leute ist heute ein Geschichtsstudium mit folgenden Annahmen verbunden: Es gibt keinen Gott, Wunder sind unmöglich, wir leben in einem geschlossenen System, und es gibt nichts Übernatürliches. Mit diesen Vorurteilen beginnt man dann eine »kritische, offene und ehrliche« Untersuchung der Geschichte. Studiert man das Leben Christi und liest da von seinen Wundern oder von der Auferstehung, folgert man von vornherein, daß es kein Wunder oder keine Auferstehung war; denn man weiß ja (zwar nicht historisch, aber philosophisch!), daß es keinen Gott gibt, daß wir in einem geschlossenen System leben, daß Wunder nicht möglich sind und daß es nichts Übernatürliches gibt. Darum können diese Dinge nicht sein. Damit haben die Leute aber die Auferstehung Christi ausgeschlossen, ehe sie überhaupt anfangen, die Auferstehung historisch zu untersuchen.

Diese Prämissen sind *philosophische Vorurteile.* Man stützt sich auf die »rationalistische Voraussetzung«, daß Christus nicht habe auferstehen können. Anstatt mit historischen Fakten zu beginnen, schließt man sie durch »metaphysische Spekulationen« aus.

John W. Montgomery schreibt:

»Die Tatsache der Auferstehung kann nicht aus *a-priori*-philosophischen Gründen unberücksichtigt bleiben; Wunder sind nur dann unmöglich, wenn man sie so definiert – aber eine rechte historische Untersuchung schließt eine solche Definition aus.« *J. W. Montgomery a/144*

Ich zitiere Montgomery ziemlich ausführlich, weil er mich zum historischen Nachdenken angeregt hat.

Montgomery sagt weiter:

»Kant hat nachgewiesen, daß alle Argumente und Systeme mit Voraussetzungen (Präsuppositionen) beginnen; das bedeutet aber nicht, daß alle Voraussetzungen gleichermaßen wünschenswert sind. Es ist besser (wie wir es getan haben), mit *methodischen* Voraussetzungen zu arbeiten (durch die wir zur Wahrheit gelangen) als mit *inhaltlichen* Voraussetzungen (die gewisse Wahrheiten bereits als gegeben ansehen). Es hat sich gezeigt, daß in unserer modernen Welt die empirische Methode am besten diese Bedingung erfüllt. Man beachte aber, daß wir uns nur der Präsuppositionen der wissenschaftlichen Methode bedienen, nicht der rationalistischen Vorwegnahmen des quasi-religiösen ›Wissenschaftsglaubens‹.« *J. W. Montgomery a/144*

Montgomery zitiert *Huizengas* Kommentar zum historischen Skeptizismus:

»Das stärkste Argument gegen den historischen Skeptizismus [...] ist dieses: Wer die Möglichkeit korrekter historischer Beweisführung und Überlieferung in Zweifel zieht, kann nicht gleichzeitig seine eigene Beweisführung, Beurteilung, Kombination und Interpretation akzeptieren. Er kann seinen Zweifel nicht auf seine historische Kritik beschränken, sondern ist gezwungen, ihn auch auf sein eigenes Leben anzuwenden. Er entdeckt sofort, daß es ihm nicht nur an schlüssigen Beweisen in allen möglichen Punkten seines eigenen Lebens mangelt, die er als ziemlich selbstverständlich angenommen hatte, sondern auch, daß es überhaupt keine Beweise gibt. Kurz gesagt, er sieht sich gezwungen, neben seinem historischen Skeptizismus einen allgemeinen philosophischen Skeptizismus zu akzeptieren. Und allgemeiner philosophischer Skeptizismus ist zwar ein nettes Gedankenspiel, aber leben kann man damit nicht.« *J. W. Montgomery a/139f.; J. Huizenga/134ff.*

Millar Burrows von der Universität Yale, der amerikanische Experte für die Schriftrollen vom Toten Meer, schreibt:

»Es gibt eine Art von christlichem Glauben [...] Er ist heutzutage recht stark vertreten und muß beachtet werden. Ich denke an die Behauptungen, daß der christliche Glaube ein Bekenntnis sei, das der einzelne als Glied einer gläubigen Gemeinschaft annehme und das nicht von Vernunft oder Beweisen abhängig sei. Wer sich auf diesen Standpunkt stellt, wird nicht zugeben, daß geschichtliche Forschung irgend etwas über die Einzigartigkeit von Christus aussagen könne. Er ist skeptisch gegenüber der Möglichkeit, irgend etwas über den geschichtlichen Jesus zu wissen, und scheint damit zufrieden, von solcher Kenntnis abzusehen. Ich kann diese Auffassung nicht teilen. Ich bin aufs tiefste überzeugt davon, daß die geschichtliche Offenbarung Gottes in Jesus von Nazareth der Eckstein jedes Glaubens sein muß, der wirklich christlich ist. Darum ist jede geschichtliche Frage über den wirklichen Jesus, der vor neunzehnhundert Jahren in Palästina lebte, von grundsätzlicher Wichtigkeit.« *M. Burrows c/46*

Burrows wird auch von Montgomery angeführt. Montgomery fügt hinzu:

»Historische Geschehnisse sind ›einzigartig‹, und ihre Tatsächlichkeit kann nur anhand der allgemein anerkannten dokumentarischen Methode geprüft werden, der wir hier gefolgt sind. Kein Historiker hat das Recht auf ein geschlossenes Kausalsystem; denn – wie der Cornell-Logiker Max Black [...] gezeigt hat – genau dieses Kausalkonzept ist ›eine absonderliche, unsystematische und unberechenbare Idee‹, weshalb sich jeder Versuch einer Formulierung eines ›universalen Kausalgesetzes‹ als nutzlos erweisen muß.« *J.W. Montgomery b/76; M. Black/16*

Der Erlanger Historiker *Ethelbert Stauffer* kann uns einige Hinweise geben, wie wir Geschichte zu sehen haben (Zitat nach Montgomery):

»Was tun wir [als Historiker], wenn wir Überraschungen erleben, die allen unseren Erwartungen, vielleicht allen unseren Überzeugungen und sogar dem gesamten Wahrheitsverständnis unserer Zeit zuwiderlaufen? Wir sagen, wie es ein großer Historiker in solchen Fällen zu sagen pflegte: ›Es ist gewiß möglich.‹ Und warum auch nicht? Für den kritischen Historiker ist nichts unmöglich.« *J.W. Montgomery b/76*

Dazu noch der Historiker *Philip Schaff*: »Es ist nicht die Absicht des Historikers, aus vorgefaßten Meinungen Geschichte zu konstruieren und sie den eigenen Meinungen anzupassen, sondern sie mit den besten Belegen wiederzugeben und sie für sich selbst reden zu lassen.« *Ph. Schaff c/175*

Robert M. Horn gibt eine gute Hilfe zum Verständnis der Voreingenommenheit der Menschen gegenüber der Geschichte:

»Einfach gesagt heißt das, daß unser Gottesverständnis unser Schriftverständnis bestimmt. Ich will das illustrieren.

Am besten läßt es sich daran zeigen, daß, wer die Existenz Gottes leugnet, auch nicht bereit ist, sich den Glauben an die Bibel zu eigen zu machen.

Ein Moslem, der überzeugt ist, daß Gott keinen Sohn zeugen kann, wird nicht ein Buch als Gottes Wort akzeptieren, das lehrt, daß Christus der eingeborene Sohn Gottes ist.

Andere sind der Meinung, daß Gott keine Person, sondern das höchste bzw. letzte Prinzip oder der Urgrund des Seins ist. Mit dieser Einstellung ist man von vornherein geneigt, die Bibel als Selbstoffenbarung Gottes zu verwerfen. Aufgrund dieser Voraussetzung kann die Bibel nicht das persönliche Wort des ›Ich bin, der ich bin‹ (2 Mo 3,14) sein.

Wiederum andere gehen davon aus, daß Gottes Wahrheit durch Menschen nicht unentstellt weitergegeben werden kann; sie werden demzufolge wenigstens gewisse Teile der Bibel als menschlich werten wollen.« *R. M. Horn/8*

Eine *grundlegende* Definition der Geschichte ist für mich »eine Kenntnis der Vergangenheit, die auf Zeugnissen beruht«. Einige sagen sogleich: »Ich stimme damit nicht überein.« Dann frage ich: »Glauben Sie, daß Lincoln lebte und Präsident der Vereinigten Staaten war?« – »Ja«, lautet für gewöhnlich ihre Antwort. Trotzdem habe ich noch niemanden getroffen, der Lincoln persönlich gesehen oder beobachtet hätte. Der einzige Weg zu dieser Kenntnis ist das Zeugnis.

Warnung: Gibt man der Geschichte diese Definition, muß man feststellen, ob die Vertrauenswürdigkeit der Zeugen gewährleistet ist. Wir werden dies u.a. in Kapitel 4 tun.

2.6 Sprung ins Dunkle?

Dem Christen wird oft vorgehalten, er mache mit seinem Glauben einen blinden »Sprung ins Dunkle« – ein Gedanke, der oft auf Kierkegaard zurückgeführt wird. Für mich war der Glaube kein Sprung ins Dunkle, sondern vielmehr ein Schritt ins Licht. Ich nahm die Tatsachen und wog sie ab, und die Waagschale senkte sich so überwältigend zugunsten Christi und seines Anspruches, Gottes Sohn zu sein, daß mein Glaubensschritt ins hellste Licht führte. Wäre ich »blindem Glauben« gefolgt, hätte ich Christus abgelehnt.

Doch Vorsicht! Ich habe nicht über alle Zweifel »bewiesen«, daß Jesus Gottes Sohn ist. Ich untersuchte lediglich die Tatsachen und wog das Für und Wider ab; und das Ergebnis zeigte, daß Christus der sein muß, der zu sein er behauptet hat. Darauf mußte ich eine Entscheidung treffen, was ich auch tat.

Viele werden jetzt sagen: »Sie haben halt gefunden, was Sie finden *wollten*!« Das stimmt nicht. Meine Nachforschungen stützten nämlich etwas, was ich eigentlich hatte widerlegen wollen. Ich hatte vorgehabt, zu beweisen, wie unsinnig das Christentum sei; ich hatte Vorurteile gegen, nicht für Christus gehabt.

Der Philosoph David Hume würde sagen, historische Beweisführung sei nicht gültig, weil man keine »absolute Wahrheit« nachweisen könne. Ich suchte jedoch nicht nach absoluter Wahrheit, sondern nach »historischer Wahrscheinlichkeit«.

John W. Montgomery: »Ohne ein objektives Kriterium kann man nicht sinnvoll unter verschiedenen *a prioris* wählen. Die Auferstehung bildet eine Grundlage der historischen Wahrscheinlichkeit zur Untersuchung des christlichen Glaubens. Zugegeben, es ist nur eine Basis der Wahrscheinlichkeit, nicht der Gewißheit; aber Wahrscheinlichkeit ist die einzige Grundlage, auf der sterbliche Menschen Entscheidungen treffen können. Allein deduktive Logik und reine Mathematik führen zu ›apodiktischer Gewißheit‹, und das deshalb, weil sie von selbstverständlichen formellen Axiomen ausgehen (z.B. der Tautologie ›Wenn A, dann A‹), die nichts mit Tatbeständen zu tun haben. Sobald wir den Bereich der Tatbestände betreten, müssen wir uns auf Wahrscheinlichkeiten verlassen. Das mag bedauerlich sein, ist aber unvermeidbar.« *J. W. Montgomery a/141*

Am Ende seiner vier Artikel in der Zeitschrift *His* sagt Montgomery in bezug auf Geschichte und Christentum, er habe »[...] versucht zu zeigen, daß das Gewicht der historischen Wahrscheinlichkeit auf der Seite der Gültigkeit des Anspruchs Jesu liegt, Gott im Fleisch, der Retter der Menschen und der kommende Weltenrichter zu sein. Wenn die Wahrscheinlichkeit in der Tat diese Ansprüche stützt (und wie könnten wir das nach Prüfung der Fakten leugnen?), dann müssen wir uns diesen Ansprüchen entsprechend verhalten.« *J. W. Montgomery b/19*

2.7 Intellektuelle Ausreden

Die Ablehnung Christi hat gewöhnlich eher mit dem Willen als mit dem Verstand zu tun; es ist nicht so sehr ein »Ich kann nicht« als vielmehr ein »Ich will nicht«. Ich habe viele Menschen mit intellektuellen Ausreden getroffen, aber erst relativ wenige mit echten intellektuellen Problemen.

Ich habe großen Respekt vor einem Menschen, der sich die Zeit nimmt, Christi Ansprüche zu überprüfen, und dann zu dem Schluß kommt, daß er einfach nicht glauben kann. Ich habe Verständnis für jemanden, der weiß, warum er nicht glaubt (faktisch und historisch), denn ich weiß, warum ich glaube (faktisch und historisch); das gibt uns, trotz unserer unterschiedlichen Folgerungen, eine gemeinsame Basis.

Ich habe herausgefunden, daß die meisten Studenten Christus aus einem oder mehreren der folgenden Gründe ablehnen:

1. Unwissenheit – Röm 1,18–23 (oftmals selbst auferlegt); Mt 22,29
2. Stolz – Joh 5,40–44
3. Moralische Probleme – Joh 3,19–20

Ich hatte ein seelsorgerliches Gespräch mit einer Studentin, die das Christentum satt hatte, weil sie glaubte, es sei nicht historisch und beruhe nicht auf Tatsachen. Sie hatte alle überzeugen können, daß sie ehrlich nachgeforscht und als Ergebnis ihrer Universitätsstudien tiefe intellektuelle Probleme gefunden habe. Einer nach dem anderen hatte versucht, sie intellektuell zu überzeugen und ihre vielen Einwände zu beantworten.

Ich hörte ihr zu und stellte dann einige Fragen. Nach weniger als 30 Minuten gab sie zu, daß sie alle zum Narren gehalten und diese intellektuellen Zweifel entwickelt habe, um ihr moralisches Fehlverhalten zu entschuldigen.

Man muß Antworten geben auf die eigentlichen Fragen und nicht auf die vorgeschobenen Probleme, die vom Eigentlichen ablenken sollen.

Ein Student sagte mir, er habe intellektuelle Probleme mit dem Christentum und könne deshalb Christus nicht als persönlichen Retter annehmen. »Warum können Sie nicht glauben?« fragte ich. Er meinte: »Das Neue Testament ist nicht zuverlässig.« So fragte ich ihn: »Wenn ich Ihnen beweise, daß das Neue Testament zur zuverlässigsten Literatur des Altertums gehört, würden Sie dann glauben?« Schroff lehnte er ab. »Sie haben kein Problem mit

Ein graduierter Student derselben Universität bombardierte mich nach einer Vorlesung über »Auferstehung – Faktum oder Fabel?« mit Fragen, die voller Anschuldigungen waren. Nach einem 45minütigen Streitgespräch fragte ich ihn schließlich: »Wenn ich Ihnen unwiderlegbar beweisen könnte, daß Jesus Christus von den Toten auferstanden und der Sohn Gottes ist, würden Sie ihn dann in Betracht ziehen?« Seine sofortige und nachdrückliche Antwort lautete: »Nein!«

Michael Green zitiert Aldous Huxley, den Atheisten, der den Glauben vieler zerstört hat und als großer Intellektueller gilt. Huxley gesteht seine eigenen Voreingenommenheiten ein, wenn er (in *Ends and Means*, S. 270 ff.) schreibt:

»Ich hatte Motive dafür, die Welt ohne Sinn zu wollen; so folgerte ich, daß sie keinen hatte, und es fiel mir nicht schwer, befriedigende Begründungen für diese Annahme zu finden. Der Philosoph, der keinen Sinn in der Welt findet, hat es nicht nur mit einem Problem der reinen Metaphysik zu tun, sondern er ist auch bemüht nachzuweisen, daß es keinen gültigen Grund gibt, warum er nicht genau das tun sollte, was er tun will, oder warum seine Freunde nicht die politische Macht ergreifen sollten und so regieren, wie sie es für sich selbst am vorteilhaftesten halten [...] Was mich betrifft, so ist die Philosophie der Sinnlosigkeit im Wesentlichen ein Instrument sexueller und politischer Befreiung.« *M. Green a/41 f.*

Bertrand Russel ist ein Paradebeispiel eines intelligenten Atheisten, der das Christentum ablehnt, ohne es geprüft zu haben. In seinem Essay *Warum ich kein Christ bin* wird deutlich, daß er nicht einmal die Indizien für die Auferstehung Christi geprüft hat; es ist sogar zweifelhaft, ob er überhaupt das Neue Testament angeschaut hat. Es ist widersinnig, daß ein solcher Mann sich so wenig mit der Auferstehung beschäftigt hat, die doch das Fundament des Christentums ist. *M. Green a/41*

Joh 7,17 gibt uns diese Zusage: »Wenn jemand dessen [Gottes] Willen tun will, wird er innewerden, ob diese Lehre von Gott ist oder ob ich von mir selbst aus rede.«

Wer ehrlich herausfinden will, ob Christi Ansprüche wahr sind, der wird eine Antwort bekommen – vorausgesetzt, er ist bereit, Christus zu folgen, falls seine Worte sich als wahr herausstellen sollten. Ohne diese Bereitschaft jedoch kann man keine Antworten erwarten.

Teil I

Die Bibel – ich vertraue ihr

In den folgenden Kapiteln
soll demonstriert werden,
daß die Bibel,
das Wort Gottes, absolut
vertrauenswürdig ist.
Sie ist zuverlässig
und hält einer
gründlichen Überprüfung
stand.

KAPITEL 1

Die Einzigartigkeit der Bibel

1. Einleitung

Immer und immer wieder höre ich – wie von einer fehlerhaften Schallplatte – die Phrase: »Ach nein, Sie lesen doch nicht die Bibel?« Manchmal heißt es: »Wieso, die Bibel ist doch nur ein Buch unter vielen. Sie sollten mal Soundso lesen!« Dann gibt es den Studenten, der stolz darauf ist, seine Bibel neben anderen Büchern auf dem Regal zu haben, vielleicht verstaubt und unbenutzt; aber da steht sie neben den anderen »Großen«. Und dann gibt es auch den Professor, der die Bibel vor seinen Studenten lächerlich macht.

Die obigen Fragen und Beobachtungen bedrückten mich bereits, als ich noch kein Christ war und versuchte, die Bibel als Gottes Wort an die Menschen zu widerlegen. Schließlich kam ich zu dem Schluß, daß es sich einfach um banale Klischees seitens voreingenommener, mit Vorurteilen behafteter oder auch nur unwissender, unbelesener Männer und Frauen handelte.

Die Bibel sollte ganz für sich auf dem obersten Regal stehen. Die Bibel ist *einzigartig*. Genau das! Anders läßt es sich nicht beschreiben.

Schlägt man in einem Wörterbuch nach, so treffen sämtliche Synonyme des Wortes »einzigartig« ebenfalls auf dieses »Buch der Bücher« zu: »einmalig«, »unvergleichlich«, »allein dastehend«.

M. Montiero-Williams (zitiert von Sidney Collett), ehemaliger Professor für Sanskrit, verbrachte 42 Jahre mit dem Studium orientalischer Schriften. Er sagt:

»Stapeln Sie diese Bücher, wenn Sie wollen, auf der linken Seite Ihres Schreibtisches; aber legen Sie Ihre Bibel auf die rechte Seite – ganz für sich und mit einem weiten Abstand. Denn [. . .] es ist eine Kluft zwischen ihr und den sogenannten heiligen Büchern des Ostens [. . .] ein wahrer Abgrund, den keine Religionswissenschaft überbrücken kann.« *S. Collett/314f.*

2. Die Bibel ist einzigartig

Hier einige Merkmale, die sie von allen anderen Büchern der Welt unterscheiden:

2.1 Einzigartig in ihrer Kontinuität

1. Geschrieben über eine Zeitspanne von 1400 Jahren.

2. Geschrieben über 60 Generationen hin.

3. Geschrieben von mehr als 40 Verfassern aus allen Gesellschaftsbereichen, einschließlich Königen, Bauern, Philosophen, Fischern, Dichtern, Staatsmännern, Gelehrten usw.; einige Beispiele:
   Mose, ein politischer Führer, geschult an den Universitäten Ägyptens
   Petrus, ein Fischer
   Amos, ein Hirte
   Josua, ein militärischer Oberbefehlshaber
   Nehemia, ein Mundschenk
   Daniel, ein Ministerpräsident
   Lukas, ein Arzt
   Salomo, ein König
   Matthäus, ein Zollbeamter
   Paulus, ein Rabbiner

4. Geschrieben an verschiedenen Orten:
   Mose in der Wüste
   Jeremia in einem Kerker
   Daniel an einem Berghang und in einem Palast
   Paulus im Gefängnis
   Lukas auf Reisen
   Johannes auf der Insel Patmos
   Andere auf anstrengenden Feldzügen

5. Geschrieben zu verschiedenen Zeiten:
   David zu Kriegszeiten
   Salomo zu Friedenszeiten

6. Geschrieben in verschiedenen Gemütsverfassungen:
   Einige schrieben auf der Höhe ihrer Freude, andere schrieben in der Tiefe ihrer Sorgen und Verzweiflungen.

7. Geschrieben auf drei Kontinenten:
   Asien, Afrika und Europa

8. Geschrieben in drei Sprachen:
   Hebräisch: die Sprache des Alten Testaments (vgl. 2 Kö 18,26–28), in Jes 19,18 »die Sprache Kanaans« genannt.
   Aramäisch: die Verkehrssprache des Nahen Ostens bis zur Zeit Alexanders des Großen (6.–4. Jh. v. Chr.). *Geisler, Nix/218*
   Griechisch: die Sprache des Neuen Testaments, die internationale Sprache zur Zeit Christi.

9. Die Bibel behandelt Hunderte kontroverser Themen.
   Die Verfasser der Bibel sprechen mit Harmonie und Kontinuität über Hunderte strittiger Themen, zu denen verschiedene Menschen eigentlich ganz verschiedene Meinungen haben. Dabei geht es immer wieder um die gleiche Grundbotschaft: Gottes Erlösung der Menschheit.

Geisler und Nix drücken es so aus: »Das ›verlorene Paradies‹ aus 1. Mose wird das ›wiedergewonnene Paradies‹ der Offenbarung. Die Pforte zum Baum des Lebens, die in 1. Mose geschlossen wird, wird in der Offenbarung für alle Ewigkeit geöffnet.« *Geisler, Nix/24*

F.F. Bruce bemerkt dazu:

»Jeder Teil des menschlichen Leibes kann nur in der Beziehung zum ganzen Leib richtig erklärt werden. Und jeder Teil der Bibel kann nur in der Beziehung zur ganzen Bibel richtig erklärt werden.« *F.F. Bruce a/89*

Bruce folgert:

»Die Bibel scheint auf den ersten Blick eine Literatursammlung zu sein – in der Hauptsache jüdisch. Wenn wir Nachforschungen über die Umstände anstellen, in denen die verschiedenen biblischen Dokumente verfaßt wurden, so stellen wir fest, daß sie mit großen Abständen über einen Zeitraum von fast 1400 Jahren geschrieben wurden. Die Verfasser schrieben in verschiedenen Ländern: von Italien im Westen bis Mesopotamien und möglicherweise Persien im Osten. Bei den Schreibern handelte es sich um sehr verschiedenartige Menschen, die nicht nur durch Hunderte von Jahren und Hunderte von Kilometern voneinander getrennt waren, sondern auch zu den unterschiedlichsten Gesellschaftsschichten gehörten. In ihren Rängen finden wir Könige, Hirten,

Soldaten, Juristen, Fischer, Staatsmänner, Höflinge, Priester und Propheten, einen Rabbiner, der Zelte machte, und einen heidnischen Arzt, ganz zu schweigen von anderen, über die wir nichts wissen außer durch die Schriften, die sie uns hinterließen. Die Schriften selbst gehören zu einer großen Vielfalt literarischer Textarten. Sie umfassen Geschichte, Gesetzgebung (bürgerlich, strafrechtlich, sittenrechtlich, rituell, gesundheitlich), religiöse Poesie, didaktische Abhandlungen, lyrische Poesie, Gleichnisse und Allegorien, Biographien, persönliche Korrespondenz, persönliche Memoiren und Tagebücher neben der ausgesprochen biblischen Literaturart der Prophetie und Apokalyptik.

Trotz alldem ist die Bibel keine bloße Anthologie; es besteht eine Einheit, die das Ganze verbindet. Eine Anthologie wird von einem Anthologen zusammengestellt; aber kein Anthologe stellte die Bibel zusammen.« *F.F. Bruce/88*

2.2 Einzigartig in ihrer Verbreitung

Die Bibel ist von mehr Menschen gelesen und in mehr Sprachen veröffentlicht worden als jedes andere Buch. Es wurden von der Bibel mehr Exemplare hergestellt und auch mehr Teile und Ausschnitte gedruckt als von jedem anderen Buch in der Geschichte. Nun mögen einige argumentieren, daß innerhalb eines bestimmten Monats oder Jahres mehr Exemplare von einem gewissen Buch verkauft wurden. Aber insgesamt gesehen gibt es kein Buch, das an die Verbreitung der Bibel heranreicht oder auch nur im geringsten mit ihr vergleichbar wäre. Das erste bedeutende Buch, das gedruckt wurde, war die lateinische Vulgata. Sie war auf Gutenbergs Druckerpresse hergestellt worden. *S.L. Greenslade/478–480*

Allein im Jahr 1986 wurden von den Bibelgesellschaften der Welt ca. 13,5 Millionen Bibeln gedruckt und verbreitet, dazu ca. 11,5 Millionen Neue Testamente sowie ca. 44 Millionen Bibelteile (davon 14,8 Millionen für Leseanfänger). *World Annual Report*

2.3 Einzigartig in ihrer Übersetzung

Die Bibel war eines der ersten Bücher, die übersetzt wurden (die *Septuaginta*, die griechische Übersetzung des AT um 250 v. Chr.). *M.F. Unger d/1147*

Bis 1986 war die gesamte Bibel in 301 Sprachen und Dialekte übersetzt, das Neue Testament in weitere 634, einzelne Bibelteile in weitere 913. *World Annual Report*

Die Bibel ist mehr übersetzt und übertragen worden als jedes andere Buch.

2.4 Einzigartig in ihrem Fortbestand

2.4.1 Sie hat die *Zeit* überlebt.

Obgleich die Bibel auf vergänglichem Material geschrieben wurde (s. Kapitel 2) und deshalb über Jahrhunderte hinweg immer wieder abgeschrieben werden mußte, bis die Druckerpresse erfunden wurde, haben doch weder ihr Stil noch ihre Genauigkeit noch ihre Existenz Schaden genommen. Verglichen mit anderen Schriften des Altertums hat die Bibel mehr Manuskriptbelege als zehn beliebige andere Schriftstücke klassischer Literatur zusammen (vgl. Kapitel 4, Abschnitt 1.2.2).

A. T. Robertson, Autor der umfassendsten Grammatik des neutestamentlichen Griechisch, schrieb: »Es gibt an die 8000 Manuskripte der lateinischen Vulgata und wenigstens 1000 der anderen früheren Versionen. Hinzu kommen über 4000 griechische Manuskripte, und damit haben wir 13 000 Manuskriptkopien von Teilen des Neuen Testaments. Daneben kann ein großer Teil des Neuen Testaments aus den Zitaten der urchristlichen Verfasser reproduziert werden.« *A.T. Robertson a/70*

John Warwick Montgomery sagte: »[. . .] dem so entstandenen Text des Neuen Testaments skeptisch gegenüberzustehen hieße, die gesamte klassische Antike in dunkle Vergessenheit geraten zu lassen; denn kein Dokument des Altertums ist bibliographisch so gut belegt wie das Neue Testament.« *J.W. Montgomery b/29*

Bernard Ramm sagt zur Genauigkeit und Menge der biblischen Manuskriptüberlieferung:

»Die Juden sorgten für eine so sichere Erhaltung, wie es bei keinem anderen Manuskript je der Fall gewesen ist. Mit ihren *Massora (parva, magna* und *finalis)* führten sie Buch über jeden Buchstaben, jede Silbe, jedes Wort und jeden Abschnitt. Sie hatten eine besondere Klasse von Fachleuten in ihrer Kultur, deren einzige Pflicht es war, diese Dokumente mit praktisch vollkommener Worttreue zu erhalten und zu kopieren: Schriftgelehrte, Gesetzeslehrer und Massoreten. Wer hat je die Buchstaben, Silben und Wörter Platos oder Aristoteles', Ciceros oder Senecas gezählt?

Vom Neuen Testament gibt es ca. 13000 Manuskripte – vollständige und unvollständige – auf Griechisch und in anderen Sprachen, die aus dem Altertum überlebt haben. Kein anderes Werk der klassischen Antike ist so breit belegt.« *B. Ramm b/230f.*

John Lea verglich in *The Greatest Book in the World* die Bibel mit Shakespeare:

»In einem Artikel des *North American Review* stellte ein Schriftsteller einige interessante Vergleiche zwischen den Schriften Shakespeares und der Bibel an, die deutlich machen, daß man mit den biblischen Manuskripten viel sorgfältiger umgegangen sein muß als mit anderen Schriften, sogar als es schon viel bessere Möglichkeiten gab, den korrekten Text mittels gedruckter Kopien zu bewahren, als früher, wo man noch alle Kopien mit der Hand erstellen mußte. Er sagte:

›Es ist doch seltsam, daß Shakespeares Text, der erst seit weniger als zweihundert Jahren existiert, weit unsicherer und verfälschter ist als der des Neuen Testaments, der heute über achtzehn Jahrhunderte alt ist und während der ersten fünfzehn Jahrhunderte nur in Manuskriptform existierte [...] Mit vielleicht einem Dutzend oder zwanzig Ausnahmen kann der Text eines jeden Verses im Neuen Testament durch allgemeinen Konsens der Gelehrten als so weit geklärt gelten, daß alle Streitfragen über die Lesart sich mehr auf die Auslegung der Wörter als auf irgendwelche Zweifel hinsichtlich der Wörter selber beziehen müssen. Hingegen sind in jedem der siebenunddreißig Stücke Shakespeares wahrscheinlich an die hundert Lesarten noch strittig, von denen ein Großteil wesentlichen Einfluß auf die Bedeutung der Stellen hat, in denen sie vorkommen.‹« *J. W. Lea b/15*

2.4.2 Sie hat *Verfolgung* überlebt.

Die Bibel hat den bösartigsten Angriffen ihrer Feinde wie kein anderes Buch widerstanden. Viele haben versucht, sie zu verbrennen und »für ungesetzlich zu erklären, von den Tagen der römischen Kaiser bis auf den heutigen Tag in kommunistisch regierten Ländern«. *B. Ramm b/232*

Sidney Collett schreibt: »Voltaire, der 1778 gestorbene berühmte französische Ungläubige, behauptete, das Christentum werde hundert Jahre nach seiner Zeit nur noch im Museum existieren; tatsächlich nimmt jedoch die Verbreitung der Bibel in fast allen Teilen der Welt weiterhin zu und bringt überall Segen. So wurde z.B. die anglikanische Kathedrale in Sansibar auf dem Platz des alten Sklavenmarktes gebaut, und der Abendmahltisch steht genau an der Stelle, wo einst der Prügelpfahl stand! Die Welt ist voll von solchen Beispielen [...] Wie jemand treffend sagte: ›Wir könnten ebensogut unsere Schultern gegen das glühende Sonnenrad stemmen und versuchen, seinen Lauf aufzuhalten, wie zu versuchen, die Verbreitung der Bibel zum Stillstand zu bringen.‹« *S. Collett/63*

Was nun Voltaires Prahlerei über den Untergang des Christentums und der Bibel innerhalb von 100 Jahren betrifft, so weisen Geisler und Nix darauf hin, daß »schon fünfzig Jahre nach seinem Tode die Genfer Bibelgesellschaft seine Druckerpresse und sein Haus benutzte, um die Bibel stapelweise herzustellen«. *Geisler, Nix/123f.* Welch eine Ironie der Geschichte!

Im Jahre 303 n. Chr. befahl der römische Kaiser Diokletian die bedingungslose Verfolgung der Christen. *Eusebius* schreibt in seiner *Kirchengeschichte*, daß »ein kaiserlicher Erlaß veröffentlicht wurde, welcher befahl, die Kirchen bis auf den Grund niederzureißen und die Schriften zu verbrennen, und verfügte, daß Inhaber von Ehrenstellen ihre Würden, und Bedienstete, sofern sie im Bekenntnis des Christentums verharrten, die Freiheit verlieren sollten.« *Eusebius a/363; S.L. Greenslade/476*

25 Jahre später befahl Konstantin, der Nachfolger Diokletians, auf Kosten der Regierung 50 Exemplare der Heiligen Schrift herzustellen ...

Die Bibel ist einzigartig in ihrem Fortbestand. Das beweist nicht, daß die Bibel wahr ist. Nein, aber es beweist, daß sie unter allen anderen Büchern allein dasteht. Jeder, der nach Wahrheit sucht, sollte ein Buch mit dieser einzigartigen Qualifikation in Betracht ziehen.

2.4.3 Sie hat *Kritik* überlebt.

H. L. Hastings, zitiert von John W. Lea, hat die Einzigartigkeit der Bibel im Widerstand gegen die Angriffe des Unglaubens und der Skepsis überzeugend illustriert:

»Ungläubige haben achtzehnhundert Jahre lang dieses Buch widerlegen und stürzen wollen, und dennoch steht es heute fest wie ein Fels. Seine Verbreitung nimmt zu, und es wird heute mehr denn je zuvor geliebt, geschätzt und gelesen. Ungläubige haben mit all ihren Angriffen genauso großen Einfluß auf dieses Buch, wie es ein Mann mit einem Hämmerchen auf die großen Pyramiden Ägyptens hätte. Als ein französischer Monarch eine Verfolgung der Christen in seinem Reich plante, sagte ein alter Staatsmann und Krieger zu ihm: ›Sire, die Kirche Gottes ist ein Amboß, der schon viele Hämmer abgewetzt hat.‹ So haben die Hämmer der Ungläubigen die Zeitalter hindurch an diesem Buch herumgeklopft; aber die Hämmer sind abgenutzt, und der Amboß hält immer noch. Wäre dieses Buch nicht Gottes Buch, so hätten die Menschen es schon längst vernichtet. Kaiser und Päpste, Könige und Priester, Fürsten und Herrscher haben alle versucht, Hand daran zu legen; sie sind gestorben, und das Buch lebt immer noch.« *J. W. Lea b/17f.*

Bernard Ramm fügt hinzu:

»Tausendmal wurde die Bibel zu Grabe geläutet, der Beerdigungszug gebildet, die Inschrift auf den Grabstein gemeißelt und die Totenrede gehalten, aber irgendwie war der Leichnam nie totzukriegen.

Kein anderes Buch wurde so zerhauen, zerstochen, gesichtet, untersucht und geschmäht. Welches Buch der Philosophie oder Religion oder Psychologie oder Belletristik, der Klassik oder der Moderne wurde je solchen massiven Angriffen ausgesetzt wie die Bibel, mit solcher Gehässigkeit und Zweifelsucht, mit solcher Gründlichkeit und Gelehrtheit, in jedem Kapitel, jeder Zeile, jeder Aussage?

Die Bibel wird nach wie vor von Millionen geliebt, von Millionen gelesen, von Millionen studiert.« *B. Ramm b/232f.*

Man kennt die beliebte Redensart: »Die Bibelkritik hat den sicheren Nachweis erbracht, daß ...« Aber die Nachweise werden immer weniger sicher.

Nehmen wir z. B. die »Quellenhypothese«. Als Grundlage ihrer Entwicklung galt, daß der Pentateuch *nicht* von Mose geschrieben sein könne, denn »die höhere Bibelkritik habe den sicheren Nachweis erbracht«, daß es zur Zeit Moses noch keine Schrift gab. Es sei deshalb offenkundig, daß es sich um einen späteren Verfasser handele. Die Kritiker folgerten daraus, J, E, P und D seien die Verfasser, die alles zusammengestellt hätten. Man ging sogar so weit, *einen* Vers nach *drei* Autoren aufzuteilen. Große bibelkritische Gebäude entstanden.

Aber dann entdeckten einige Leute die »schwarze Stele«. Sie war mit keilförmigen Schriftzeichen bedeckt, dem detaillierten Gesetzescodex Hammurabis. War sie postmosaisch? Nein! Sie war prämosaisch; ja nicht nur das, sondern sie war sogar präabrahamitisch (2000 v. Chr.). Sie war den Schriften Moses um wenigstens drei Jahrhunderte voraus. Erstaunlich! Sie stammte also aus der Zeit vor Mose, in der es doch nur primitive Menschen ohne Alphabet gegeben haben sollte ... *M.F. Unger d/444*

Welch eine Ironie der Geschichte! Und doch wird die »Quellenhypothese« immer noch gelehrt, obwohl ihre ursprüngliche Grundlage, die so »gesichert« aussah, sich als falsch erwiesen hat.

Die »gesicherten Ergebnisse höherer Bibelkritik« sagten auch, es habe nie die Hethiter gegeben (ein Volk, von dem man derzeit nur aus dem Alten Testament wußte), denn es gäbe keine anderen Berichte über sie; sie könnten nur in den Bereich des Mythos gehören. Nun, die Archäologie hat Hunderte von Hinweisen auf die hethitische Kultur erbracht, die sich über 1200 Jahre erstrecken.

Earl Radmacher, Rektor des Western Conservative Baptist Seminary, zitiert Nelson Glueck, vormals Rektor des Jüdischen Theologischen Seminars des Hebrew Union College in Cincinnati und einer der drei größten Archäologen, und sagt: »Ich hörte ihn [Glueck] ... in Dallas, und er wurde ziemlich rot im Gesicht, als er sagte: ›Ich bin beschuldigt worden, die Verbalinspiration der Bibel zu lehren. Ich möchte zu verstehen geben, daß ich dies nie gelehrt habe. Alles, was ich sagte, war, daß ich in meinen gesamten archäologischen Forschungen nie ein Zeugnis der Antike gefunden habe, das irgendeiner Aussage des Wortes Gottes widerspricht.‹« *Gespräch mit Radmacher in Dallas (Texas), Juni 1972*

2.5 Einzigartig in ihren Aussagen

2.5.1 Prophetie

Wilbur Smith kommt zu diesem Schluß:

»Was man auch von der Autorität dieses Buches, das wir die Bibel nennen, und von seiner Botschaft halten mag, so besteht doch eine weltweite Übereinstimmung darüber, daß es in mehrfacher Hinsicht das beachtlichste Schriftwerk ist, das in den annähernd 5000 Jahren, die die Menschheit des Schreibens kundig ist, je verfaßt wurde.

Sie ist das einzige menschliche Werk, in dem sich eine Fülle von Prophetien in bezug auf einzelne Nationen, auf Israel, auf alle Völker der Erde, auf bestimmte Städte und auf das Kommen dessen, der der Messias sein sollte, befindet. Die Welt der Antike kannte viele Praktiken zur Bestimmung der Zukunft, bekannt als Wahrsagerei oder Weissagung; aber in der gesamten Skala der griechischen und lateinischen Literatur – wenn sie auch Wörter wie ›Prophet‹ und ›Prophetie‹ gebraucht – können wir weder eine wirklich genaue Prophetie eines großen historischen Geschehens in der fernen Zukunft noch eine Prophetie über einen in der Menschheit erscheinenden Retter finden [. . .]

Der Islam kann auf keine Prophetien über das Kommen Mohammeds hinweisen, die Hunderte von Jahren vor seiner Geburt gesprochen worden wären. Ebensowenig können die Gründer irgendwelcher Kulte in diesem Land mit Recht einen Text des Altertums identifizieren, der ihr Erscheinen konkret voraussagte.«
W. M. Smith e/9f.

2.5.2 Geschichte

Von 1. Samuel bis 2. Chronik finden wir die Geschichte Israels über eine Zeitspanne von fast fünf Jahrhunderten. In *The Cambridge Ancient History* (Bd. I, S. 222) heißt es: »Die Israeliten zeigen eine Begabung für historische Konstruktion, und das Alte Testament umfaßt die ältesten noch vorhandenen geschichtlichen Schriften.«

W.F. Albright schreibt in seinem klassischen Artikel *The Biblical Period* folgendes:

»Die hebräische nationale Tradition übertrifft alle anderen in ihrem klaren Bild der Stammes- und Familienursprünge. In Ägypten und Babylonien, in Assyrien und Phönizien, in Griechenland und Rom suchen wir umsonst nach etwas Vergleichbarem. Es gibt nichts dergleichen in der Überlieferung der germanischen Völker. Weder Indien noch China kann etwas Ähnliches aufweisen, da ihre frühesten historischen Erinnerungen nur literarische Hinterlassenschaften entstellter dynastischer Traditionen sind, ohne die Spur eines Hirten oder Bauern hinter dem Halbgott oder König, mit dem ihr Bericht beginnt. Weder in den ältesten indischen historischen Schriften (den Purana) noch bei den frühesten griechischen Historikern gibt es eine Andeutung der Tatsache, daß sowohl die Indo-Arier als auch die Hellenen einst Nomaden waren, die vom Norden her in ihre späteren Lebensgebiete einwanderten. Gewiß, die Assyrer erinnern sich vage daran, daß ihre ersten Herrscher, an deren Namen sie sich ohne Einzelheiten über ihre Taten entsinnen, Zeltbewohner waren; woher sie aber kamen, war längst vergessen.« *W. F. Albright i/3*

2.5.3 Personen

Lewis S. Chafer, Gründer und vormals Rektor des Dallas Theological Seminary, drückt es so aus: »Die Bibel ist kein solches Buch, wie ein Mensch es schreiben würde, wenn er könnte, oder schreiben könnte, wenn er wollte.«

Die Bibel behandelt die Sünden der von ihr beschriebenen Personen sehr offen. Lesen Sie die heutigen Biographien, dann sehen Sie, wie man versucht, die negativen Seiten der Menschen zu verbergen, zu übersehen oder zu ignorieren. Nehmen Sie die großen Schriftsteller; die meisten werden uns wie Heilige dargestellt. Die Bibel tut nichts dergleichen. Sie sagt einfach, wie es ist:

Sünden des Volkes angeprangert – 5 Mo 9,24 u.a.

Sünden der Erzväter – 1 Mo 12,11–13; 49, 5–7 u.a.

Die Evangelisten beschreiben ihre eigenen Fehler und die der Apostel – Mt 26,31–56; Joh 10,6; 16,32; Mk 6,52; 8,18; Lk 8,24–25; 9,40–45 u.a.

Unordnung in den Gemeinden – 1 Kor 1,11; 2 Kor 2,1–4 usw.

Manche Leute fragen sich, warum die Bibel denn das Kapitel über David und Batseba bringen mußte. Nun, sie hat die Gewohnheit, die Dinge so zu berichten, wie sie sind.

2.6 Einzigartig in ihrem Einfluß auf die Literatur anderer Kulturen

Cleland B. McAfee schreibt:

»Wenn alle Bibeln in irgendeiner größeren Stadt vernichtet würden, könnte das Buch in seinen wesentlichen Teilen aus den

Zitaten auf den Regalen der Stadtbibliothek wiederhergestellt werden. Es gibt Arbeiten über fast alle großen Schriftsteller, die sich besonders der Aufgabe widmen, darauf hinzuweisen, wie sehr die Bibel sie beeinflußt hat.« *C.B. McAfee/134*

Der Historiker *Philip Schaff* beschreibt die Einzigartigkeit der Bibel und ihres Heilands so:

»Dieser Jesus von Nazareth besiegte ohne Geld und Waffen mehr Millionen Menschen als Alexander, Cäsar, Mohammed und Napoleon; ohne Wissenschaft und Gelehrsamkeit warf er mehr Licht auf göttliche und menschliche Dinge als alle Philosophen und Gelehrten zusammen; ohne rhetorische Kunstfertigkeit sprach er Worte des Lebens, wie sie nie zuvor oder seither gesprochen wurden, und erzielte eine Wirkung wie kein anderer Redner oder Dichter. Ohne selbst eine einzige Zeile zu schreiben, setzte er mehr Federn in Bewegung und lieferte Stoff für mehr Predigten, Reden, Diskussionen, Lehrwerke, Kunstwerke und Lobgesänge als das gesamte Heer großer Männer der Antike und Moderne.« *Ph. Schaff b*

B. Ramm fügt hinzu:

»Es gibt eine Vielfalt bibliographischer Studien, die in keiner anderen Wissenschaft und auf keinem anderen Gebiet menschlichen Wissens eine Parallele haben. Von den apostolischen Vätern seit 95 n. Chr. bis zur Neuzeit gibt es einen großen literarischen Strom, inspiriert durch die Bibel: biblische Wörterbücher, Bibelenzyklopädien, Bibellexika, Bibelatlanten und Bibelgeographien [...] Dann die unzähligen Bibliographien über Theologie, Religionsunterricht, Hymnologie, Mission, die biblischen Sprachen, Kirchengeschichte, religiöse Lebensbeschreibungen, Andachtswerke, Kommentare, Religionsphilosophie, Beweisführung, Apologetik usw. Es scheint kein Ende zu nehmen.« *B. Ramm b/239*

Der ehemalige Yale-Historiker *Kenneth Scott Latourette* sagt: »Es ist ein Beweis seiner Bedeutung, seiner Wirkungen auf die Geschichte und wohl auch des rätselvollen Geheimnisses seines Wesens, daß kein anderes Leben auf diesem Planeten ein so gewaltiges Ausmaß an Literatur von so vielen Menschen und in so vielen Sprachen hervorgerufen hat und daß diese Flut [...] noch ständig zunimmt.« *K.S. Latourette b/44*

3. Schlußfolgerung

Das oben Gesagte »beweist« nicht, daß die Bibel wahr ist. Aber es beweist mir, daß sie einzigartig ist, ohne ihresgleichen dasteht.

Ein Professor sagte einmal zu mir:

»Wenn Sie ein intelligenter Mensch sind, dann werden Sie das eine Buch lesen, das mehr als jedes andere die Aufmerksamkeit auf sich gelenkt hat – *wenn* Sie nach der Wahrheit forschen.«

PS: Die Bibel ist das erste religiöse Buch, das in den Weltraum gebracht wurde (auf einem Mikrofilm). Es ist das erste Buch, das zur Beschreibung des Ursprungs der Erde gelesen wurde (amerikanische Astronauten lasen 1 Mo 1,1: »Am Anfang schuf Gott ...«). Und Voltaire sagte, sie würde bis 1850 von der Bildfläche verschwunden sein ...

Die Bibel ist auch eines der teuersten, wenn nicht das teuerste Buch. Gutenbergs lateinische Vulgata hat einen Wert von über 100000 Dollar, und die Russen verkauften eine der frühesten Abschriften der Bibel, den Codex Sinaiticus, für 100000 Pfund an die Engländer. *B. Ramm b/227*

Das längste Telegramm der Welt war übrigens das Neue Testament (engl. Revised Version), von New York nach Chicago. *B. Ramm b/227*

KAPITEL 2

Wie wurde die Bibel hergestellt?

Viele haben Fragen über den Hintergrund der Bibel, ihre Einteilung und das benutzte technische Material. Dieses Kapitel soll den Leser mit der Entstehungsgeschichte der Bibel vertraut machen.

1. Ausgangsmaterialien

1.1 Schreibmaterial

1.1.1 Papyrus

Aufgrund der Verderblichkeit des Schreibmaterials sind nicht mehr viele alte Manuskripte (Abkürzung: Mss) der Bibel zu finden.

Das meistverbreitete Schreibmaterial des Altertums war der Papyrus, hergestellt aus der Papyrusstaude. Dieses Riedgras wuchs an den seichten Seen und Flüssen Ägyptens und Syriens. Große Schiffsladungen von Papyrus wurden vom syrischen Hafen Byblos aus versandt. Es wird angenommen, daß das griechische Wort für »Bücher« (*biblia*) seinen Ursprung im Namen dieser Hafenstadt hat. Das deutsche Wort »Papier« stammt von dem griechischen Wort für Papyrus.

In *The Cambridge History of the Bible* wird beschrieben, wie Papyrus als Schreibmaterial hergestellt wurde:

»Die Riedgräser wurden abgezogen und längsweise in dünne, schmale Streifen geschnitten, ehe man sie in zwei kreuzweisen Lagen hämmerte und zusammenpreßte. Nach dem Trocknen wurde die weißliche Oberfläche mit einem Stein oder einem anderen Werkzeug glattpoliert. Plinius erwähnt verschiedene Qualitäten von Papyri, je nach Stärke und Oberfläche, die man schon vor der Zeit des neuen Reiches [in Ägypten] kannte; später waren die Blätter oft sehr dünn und lichtdurchlässig.« *S. L. Greenslade/30*

Das älteste bekannte Papyrusfragment datiert von 2400 v. Chr. *J.H. Greenlee/19*

Die ersten Mss. waren auf Papyrus geschrieben, und es war kaum möglich, daß sie erhalten blieben, außer in trockenen Gebieten wie den Sandwüsten Ägyptens oder in Höhlen ähnlich denen von Qumran, wo die Schriftrollen vom Toten Meer gefunden wurden.

Etwa bis zum 3. Jh. n. Chr. fand der Papyrus allgemeine Verwendung als Schreibmaterial. *J.H. Greenlee/20*

1.1.2 Pergament

Der Begriff umfaßt präparierte Schaf-, Ziegen-, Antilopen- oder andere Tierhäute, die enthaart und geschabt wurden, um ein dauerhafteres Schreibmaterial herzustellen.

F.F. Bruce schreibt:

»Das Wort ›Pergament‹ kommt von dem Namen der Stadt Pergamon in Kleinasien; denn die Herstellung dieses Schreibmaterials war einst besonders mit diesem Ort verbunden.« *F.F. Bruce a/11*

1.1.3 Velin

Dies war der Name für Kalbshaut. Das Velin wurde oft mit Purpur gefärbt. Einige der Mss., die wir heute besitzen, sind aus purpurfarbigem Velin. Für gewöhnlich beschrieb man gefärbtes Velin mit Gold oder Silber.

Nach Harold Greenlee datieren die ältesten Lederschriftrollen von ca. 1500 v. Chr. *J.H. Greenlee/21*

1.1.4 Anderes Schreibmaterial

Ostraka (Tonscherben aus unlasiertem Ton). Sie fanden eine sehr breite Verwendung und wurden in großen Mengen in Ägypten und Palästina gefunden. Vgl. Hiob 2,8.

Steine wurden mit einem eisernen Griffel beschrieben.

Lehmtafeln wurden mit einem scharfen Schreibzeug eingeritzt und dann getrocknet, um dauerhafte Aufzeichnungen zu haben (Jer 17,13; Hes 4,1). Dies war das billigste und eines der dauerhaftesten Schreibmaterialien.

Wachstafeln. Flache, mit Wachs bedeckte Holztafeln, die mit einem Metallgriffel beschrieben wurden.

1.2 Schreibinstrumente

- *Meißel.* Ein eisernes Werkzeug zum Behauen und Beschriften von Steinen.

- *Metallgriffel.* »Ein dreiseitiges Werkzeug mit abgeplatteter Spitze; der Griffel wurde benutzt, um Lehm- und Wachstafeln einzuritzen.« *Geisler, Nix/228*

- *Rohr.* Spitze Schreibstifte, »hergestellt aus Schilfrohr (*juncus maritimis*), ungefähr 15–40 cm lang, am Ende flachmeißelförmig abgeschnitten, um mit der breiten oder schmalen Seite dicke oder dünne Striche machen zu können. Der Schilfrohrstift wurde ab dem frühen ersten Jahrtausend v. Chr. in Mesopotamien benutzt und mag sehr wohl von dort übernommen worden sein, während die Idee des Federkiels von den Griechen des 3. Jhs. v. Chr. zu stammen scheint.« *S. S. Greenslade/31*

- *Das Schreibrohr* wurde für Velin, Pergament und Papyrus benutzt.

- *Tinte.* Gewöhnlich eine Mischung aus »Kohle, flüssigem Gummi und Wasser«. *F. F. Bruce a/13*

2. Das Format der alten Schriften

- *Schriftrollen*
  Diese wurden hergestellt, indem man Papyrusbogen aneinanderklebte und die langen Bahnen um einen Stab wickelte. Die Größe der Rolle war durch die Schwierigkeit bei ihrer Verwendung begrenzt. Gewöhnlich wurde nur eine Seite beschrieben. Eine zweiseitige Rolle nennt man ein »Opistograph« (Offb 5,1). Man fand Rollen, die 44 m lang waren. Eine durchschnittliche Rolle war ca. 6–10 m lang.
  Kein Wunder, daß Callimachus, ein Bibliothekar der Bibliothek in Alexandrien, meinte: »Ein großes Buch ist eine große Plage.« *B.M. Metzger/5*

- *Codex- oder Buchform*
  Um das Lesen leichter und das Material weniger umfangreich zu machen, wurden Papyrusblätter zusammengelegt und auf beiden Seiten beschrieben. *Greenlee* sagt, das Christentum sei die Hauptursache für die Entwicklung der Codex-Buchform gewesen.
  Die klassischen Schriftsteller schrieben ungefähr bis zum 3. Jh. n. Chr. auf Papyrusrollen.

3. Schriftarten

- *Unzialschrift* (Majuskeln, Capitalis)
  Schrift aus kunstvollen Großbuchstaben, als »Buchschrift« bekannt. Der *Codex Vaticanus* oder der *Sinaiticus* sind Unzialmanuskripte.

- *Minuskelschrift* (Kursive)
  Schrift aus Kleinbuchstaben, nach dem Verfall der Unzialschrift für die Herstellung von Büchern geschaffen (ab 9. Jh).
  B.M. Metzger/9

Die hebräischen und griechischen Mss. wurden ohne Abstand zwischen den Wörtern geschrieben. (Hebräisch wurde bis 900 n. Chr., als die Massoreten aufkamen, ohne Vokale geschrieben.)

Führt ein ohne Wortzwischenräume geschriebener Text nicht zu zahlreichen Doppeldeutigkeiten? *Bruce Metzger* antwortet:

»Allerdings werden solche Doppeldeutungen im Griechischen nur selten begegnen. In dieser Sprache ist es die Regel, daß, mit wenigen Ausnahmen, alle Wörter nur mit einem Vokal (bzw. Diphthong) oder mit einem der drei Konsonanten ν, ρ und ς enden. Darüber hinaus ist nicht anzunehmen, daß die scriptio continua besondere Schwierigkeiten beim Lesen verursachte, denn es war in der Antike anscheinend allgemein üblich, laut zu lesen, auch wenn man allein war. So wurde man auch ohne Zwischenräume zwischen den Wörtern sehr bald gewohnt, scriptio continua zu lesen, indem man für sich Silbe um Silbe des Textes aussprach.« *B.M. Metzger/13f.*

4. Einteilungen

- *Bücher* (s. Kapitel 3, Abschnitt 2.2)

- *Kapitel*
  Die erste Einteilung (586 v. Chr.) wurde beim Pentateuch vorgenommen, und zwar in 154 Gruppierungen (*Sedarim*), um das Lesen in einem Dreijahreszyklus zu ermöglichen.
  Fünfzig Jahre später wurde er weiter unterteilt in 54 Abschnitte (*Paraschijjoth*) sowie in 669 kleinere Segmente als Hilfe zur Auffindung bestimmter Schriftstellen. Diese wurden als Jahresperikopen verwendet.

Die Griechen nahmen ungefähr 250 n. Chr. Einteilungen vor. Das älteste System der Kapiteleinteilung datiert von ca. 350 n. Chr. als Randnoten im *Codex Vaticanus. B.M. Metzger/22*

Geisler und Nix schreiben: »[. . .] erst im 13. Jh. wurden diese Abschnitte geändert [. . .] Stephen Langton, ein Professor der Universität von Paris und späterer Erzbischof von Canterbury, teilte die Bibel nach den heutigen Kapiteln ein (ca. 1227).« *Geisler, Nix/231f.*

- *Verse*

  Die Verseinteilungen waren zunächst uneinheitlich und wurden durch Abstände zwischen Wörtern, durch Buchstabenbezeichnungen und Zahlen markiert. Die ersten standardisierten, allgemein gebräuchlichen Einteilungen entstanden etwa um 900 n. Chr.

  Die lateinische *Vulgata* war die erste Bibel mit Vers- und Kapiteleinteilungen im Alten und Neuen Testament.

KAPITEL 3

Der Kanon

1. Einleitung

1.1 Bedeutung des Wortes »Kanon«

Das Wort »Kanon« kommt von dem griechischen Stammwort *kanna*, zu deutsch »Rohr« oder »Schilf« (hebräische Form *ganeh* und griechisch *kanon*; vgl. auch deutsch »Kanne«, »Kanal« usw.). Ein »(Schilf)Rohr« wurde als Richtmaß benutzt und bedeutete schließlich »Maßstab«.

Origenes gebrauchte das Wort »›Kanon‹, um das zu bezeichnen, was wir die ›Glaubensregel‹ nennen, den Maßstab, nach dem wir zu messen und zu beurteilen haben...« Später bedeutete es »Verzeichnis«. *F. F. Bruce a/95*

Dabei ist im Auge zu behalten, daß nicht die Kirche den Kanon schuf oder die Bücher, die zur »Heiligen Schrift« gerechnet werden. Vielmehr erkannte die Kirche die Bücher an, die von Anfang an inspiriert waren. Sie waren von Gott inspiriert, als sie geschrieben wurden.

1.2 Prüfung der Gültigkeit eines Buches für den Kanon

Es gab hauptsächlich fünf Richtlinien, nach denen festgestellt wurde, ob ein Buch kanonisch, also zur Heiligen Schrift gehörig, war. Geisler und Nix nennen diese fünf Richtlinien: *Geisler, Nix/141*

1. Ist es autoritativ? – Kam es von der Hand Gottes? (Besitzt das Buch die göttliche Autorität des »So-spricht-der-Herr«?)

2. Ist es prophetisch? – War es von einem Mann Gottes geschrieben?

3. Ist es authentisch? – (Die Väter hatten die Einstellung: »Im Zweifelsfalle nicht!« Diese Verfahrensweise bürgte für die »Gültigkeit ihrer Beurteilung der kanonischen Bücher«.)

4. Ist es dynamisch? – Besaß es die lebenserneuernde Kraft Gottes?

5. Wurde es angenommen, gesammelt, gelesen und gebraucht? – Wurde es vom gläubigen Gottesvolk akzeptiert?
Petrus erkannte die Schriften des Paulus als »Heilige Schriften« parallel zu anderen an (2 Petr 3,16).

2. Der alttestamentliche Kanon

2.1 Faktoren, die den alttestamentlichen Kanon erforderlich machten

- Das jüdische Opferungssystem wurde durch die Zerstörung Jerusalems und des Tempels 70 n. Chr. beendet. Die Juden wurden zerstreut und mußten deswegen und auch wegen der vielen existierenden außerbiblischen Schriften festlegen, welche Bücher das autoritative Wort Gottes waren. Die Juden wurden das Volk eines Buches, und es war dieses Buch, das sie zusammenhielt.

- Das Christentum fing an, sich zu entwickeln, und viele Schriften der Christen kamen in Umlauf. Die Juden fühlten sich gedrungen, diese zu diskreditieren und sie von ihren Schriften und vom Gebrauch in den Synagogen auszuschließen.
  Man muß den hebräischen Kanon der Schrift sorgfältig von der restlichen damaligen religiösen Literatur unterscheiden und trennen.

2.2 Der hebräische Kanon

Nachstehend ist der jüdische Kanon des Alten Testaments aufgegliedert (meinen Seminarnotizen entnommen, kann aber in vielen Büchern ausfindig gemacht werden, wie z. B. in modernen Ausgaben des jüdischen Alten Testaments; vgl. auch *Die Heilige Schrift*, nach dem massoretischen Text, und *Biblia Hebraica*, Herausgeber Rudolf Kittel u. a.).

Das Gesetz (die Thora)

5 Bücher Mose:
1. Genesis
2. Exodus
3. Levitikus
4. Numeri
5. Deuteronomium

Die Propheten (Nebhiim)

A. Frühere Propheten:
1. Josua
2. Richter
3. Samuel
4. Könige

B. Spätere Propheten:
1. Jesaja
2. Jeremia
3. Hesekiel
4. Die Zwölf

Die Schriften (Die Kethubhim od. griech.: *Die Hagiographa)*

A. Poetische Bücher:
1. Psalmen
2. Sprüche
3. Hiob

B. Fünf Rollen *(Megilloth):*
1. Hohelied Salomos
2. Ruth
3. Klagelieder
4. Esther
5. Prediger

C. Historische Bücher:
1. Daniel
2. Esra, Nehemia
3. Chronika

Obwohl die Christen denselben alttestamentlichen Kanon besitzen, ist die Zahl der Bücher unterschiedlich, weil wir Samuel,

Könige, Chronika in je zwei Bücher unterteilen; die Juden betrachteten auch die zwölf Kleinen Propheten als ein Buch.

Überdies ist die Reihenfolge der Bücher verschieden. Das protestantische Alte Testament folgt einer thematischen statt einer zeremoniellen Reihenfolge. *Geisler, Nix/22*

2.3 Christi Zeugnis über den alttestamentlichen Kanon

Lk 24,44: Der Auferstandene sagt den Jüngern: »Es muß alles erfüllt werden, was von mir geschrieben steht im Gesetz des Mose, in den Propheten und in den Psalmen.« Mit diesen Worten »wies er auf die drei Abschnitte hin, in die die hebräische Bibel eingeteilt war: das Gesetz, die Propheten und die ›Schriften‹ (hier ›Psalmen‹ genannt, wohl weil der Psalter das erste und längste Buch dieses dritten Abschnitts ist).« *F.F. Bruce a/96*

Joh 10,31–36; Lk 24,44: Jesus lehnte die mündliche Überlieferung der Pharisäer ab (Mk 7; Mt 15), nicht jedoch ihre Vorstellung vom hebräischen Kanon. *F. F. Bruce a/104* »Es gibt keinen einzigen Hinweis auf eine Streitfrage zwischen ihm und den Juden bezüglich der Kanonizität der alttestamentlichen Bücher.« *E. J. Young b/62*

Lk 11,51 (s. auch Mt 23,35): »... von Abels Blut an bis auf das Blut des Secharja ...« Jesus bestätigt hier sein Zeugnis über den Umfang des alttestamentlichen Kanons. Abel war, wie jeder weiß, der erste Märtyrer (1 Mo 4,8). Zacharias (hebr. Secharja) ist der letztgenannte Märtyrer (nach der Reihenfolge des hebräischen Alten Testaments; s. das Verzeichnis oben), der »im Vorhof am Hause des Herrn« gesteinigt wurde, weil er gegen das Volk prophezeit hatte (2 Chr 24,21). 1. Mose war das erste Buch im hebräischen Kanon und Chronika das letzte. Somit sagte Jesus »von 1. Mose bis Chronika«, wie wir nach unserer Reihenfolge »von 1. Mose bis Maleachi« sagen würden. *F.F. Bruce a/96*

2.4 Das Zeugnis außerbiblischer Verfasser

2.4.1 Die früheste Beurkundung einer dreifachen Einteilung des Alten Testaments findet sich im Prolog zum Buch *Jesus Sirach (Ekklesiastikus*, ca. 130 v. Chr.). Der Prolog, geschrieben vom Enkel des Verfassers, sagt: »Das Gesetz und die Propheten und die anderen Bücher der Väter.« Es gab also drei bestimmte Einteilungen der Heiligen Schrift. *E. J. Young b/71*

2.4.2 *Josephus* (Ende des 1. Jh. n. Chr.) schreibt in *Contra Apion I*, Kap. VIII. 3–4: »Von Artaxerxes an bis in unsere Zeit ist alles berichtet worden, wurde aber nicht mit dem Vorhergegangenen als gleich glaubwürdig erachtet, weil die genaue Nachfolge der Propheten aufgehört hatte. Welchen Glauben wir aber in unseren eigenen Schriften haben, beweist sich durch unser Verhalten; denn obgleich eine so lange Zeit verstrichen ist, hat keiner gewagt, etwas von ihnen hinzuzufügen oder etwas von ihnen wegzunehmen oder etwas an ihnen zu ändern.« *Josephus d/25. 102f.*

»Von Artaxerxes an« bezieht sich auf das zeitlich zuletzt geschriebene Buch: Maleachi. Chronika ist zwar das Buch, das im hebräischen Kanon an letzter Stelle steht, aber Maleachi wurde als letztes geschrieben.

2.4.3 *Der Talmud.* Tosefta Yadaim 3,5 sagt: »Das Evangelium und die Bücher der Häretiker machen die Hände nicht unrein; die Bücher Ben Siras und sonstige Bücher, die seit seiner Zeit geschrieben wurden, sind nicht kanonisch.« *Geisler, Nix/129*

Seder Olam Rabba 30 schreibt: »Bis zu diesem Zeitpunkt [d.h. bis zu Alexander dem Großen] prophezeiten die Propheten durch den Heiligen Geist; von diesem Zeitpunkt an neige dein Ohr und höre auf die Reden der Weisen.« *Geisler, Nix/129*

Babylonischer Talmud, Traktat »Synedrion« VII–VIII, 24: »Nach den späteren Propheten Haggai, Sacharja und Maleachi wich der Heilige Geist von Israel.«

2.4.4 Melito, Bischof von Sardes, stellte das älteste Verzeichnis des alttestamentlichen Kanons auf, das wir datieren können (ca. 170 n. Chr.).

Eusebius (Kirchengeschichte IV. 26) bewahrte seine Bemerkungen dazu auf. Melito sagte, er habe dieses zuverlässige Verzeichnis auf einer Reise in Syrien erhalten. Melitos Bemerkungen stehen in einem Brief an seinen Freund Anesimius: »Die Namen derselben sind: die fünf Bücher Moses, nämlich Genesis, Exodus, Numeri, Levitikus und Deuteronomium, (ferner) Jesus, Sohn des Nave, die Richter, Ruth, vier Bücher der Könige, zwei Paralipomena, die Psalmen Davids, Salomos Sprüche der Weisheit, Ekklesiastes, das Hohe Lied, die Propheten Isaias und Jeremias, das Zwölfpropheten-Buch, Daniel, Ezechiel, Esdras.« *Eusebius a/227*

F. F. Bruce kommentiert: »Es ist anzunehmen, daß Melito die Klagelieder zu Jeremia rechnete und Nehemia zu Esra (obgleich es seltsam ist, Esra unter die Propheten zu zählen). In diesem Falle enthält seine Liste alle Bücher des hebräischen Kanons (nach der Reihenfolge der Septuaginta), mit Ausnahme Esthers. Es mag sein, daß Esther nicht mit auf dem Verzeichnis stand, das er von seinen Informanten in Syrien erhalten hatte.« *F. F. Bruce a/100*

2.4.5 Die dreifache Einteilung des heutigen jüdischen Textes (mit 11 Büchern in den »Schriften«) stammt von der *Mischna* (Baba-Bathra-Traktat, 5. Jh. n. Chr.). *Geisler, Nix/20*

2.5 Das Zeugnis des Neuen Testaments

Mt 21,42; 22,29; 26,54.56
Lk 24
Joh 5,39; 10,35
Apg 17,2.11; 18,28
Röm 1,2; 4,3; 9,17; 10,11; 11,2; 15,4; 16,26
1 Kor 15,3–4
Gal 3,8.22; 4,30
1 Tim 5,18
2 Tim 3,16
2 Petr 1,20–21; 3,16

»Wie die *Schrift* sagt« (Joh 7,38), heißt es ohne nähere Erläuterung. Damit muß die »Schrift« allgemein im Unterschied zu andersartigen Büchern gemeint gewesen sein.

2.6 Das Konzil von Jamnia

Viele Studenten bemerken: »Ja, ich weiß Bescheid über den Kanon. Die führenden Leute kamen in einem Konzil zusammen und bestimmten, welche Bücher ihnen am meisten halfen, und zwangen dann ihre Anhänger, sie zu akzeptieren.«

Man könnte mit dieser Meinung gar nicht weiter von der Wahrheit entfernt sein! (Für einige Leute stellt Entfernung jedoch im Zeitalter der Raumfahrt kein Problem mehr dar.)

Die Kommentare von F. F. Bruce und H. H. Rowley sind hier hilfreich. *F. F. Bruce* schreibt:

»Der Hauptgrund für die Fragen nach der Vollständigkeit des ›Schriften‹-Teils [im AT] zur Lebzeit unseres Herrn ist der, daß wir Berichte über Diskussionen unter den Rabbinern nach dem Fall Jerusalems im Jahre 70 n. Chr. über einige Bücher aus diesem Teil vorliegen haben. Als die Zerstörung der Stadt und des Tempels kurz bevorstand, holte ein großer Rabbiner, der zur Schule Hillels in der pharisäischen Partei gehörte – er hieß Yochanan ben Zakkai –, von den Römern die Erlaubnis ein, den Sanhedrin auf rein geistlicher Basis in Jabneh oder Jamnia zwischen Joppe und Azotus (Asdod) neu einzuberufen. Einige der Diskussionen, die in Jamnia stattfanden, wurden mündlich überliefert und schließlich in den rabbinischen Schriften festgehalten. In diesen Debatten ging es unter anderem darum, ob den Büchern Sprüche, Prediger, Hoheslied und Esther Kanonizität zukomme. Es hatte aus verschiedenen Gründen Einwände gegen diese Bücher gegeben: Esther enthielt z.B. nicht den Namen Gottes, und Prediger ließ sich nicht allzu leicht mit der zeitgenössischen Orthodoxie vereinbaren. Aber die Jamnia-Debatten fanden in der festen Anerkennung aller dieser Bücher als ›Heiliger Schrift‹ ihren Ausgang.« *F. F. Bruce a/97*

Edward J. Young zitiert *H. H. Rowley*:

»Es ist im Grunde zweifelhaft, inwieweit man überhaupt von einem Konzil von Jamnia reden kann. Wir wissen von Diskussionen, die dort zwischen den Rabbinern stattfanden, wir wissen jedoch nichts von formellen oder verbindlichen Entscheidungen, die dort getroffen wurden. Es ist wahrscheinlich, daß die Diskussionen zwanglos waren, jedoch dennoch dazu beitrugen, die jüdische Tradition zu kristallisieren und weiter zu festigen.« *E. J. Young b/73*

3. Die alttestamentlichen Apokryphen

3.1 Definition

Der Begriff »apokryph« bedeutet soviel wie »verborgen« oder »untergeschoben« (nach dem griechischen Wort *apokryphos*). Hieronymus (4. Jh. n. Chr.) war der erste, der diese Literaturgruppe »Apokryphen« nannte.

3.2 Warum nicht kanonisch?

Neben der Tatsache, daß sie den Erfordernissen der Kanonizität (s.o. 1.2) nicht entsprachen, nennt *Unger's Bible Dictionary* folgende Gründe für ihren Ausschluß:

»1. Sie enthalten eine Fülle historischer und geographischer Ungenauigkeiten und Anachronismen.
2. Sie enthalten Irrlehren und begünstigen Praktiken, die im Gegensatz zur inspirierten Schrift stehen.
3. Sie bedienen sich literarischer Formen und haben etwas Gekünsteltes in Thematik und Stil an sich, wie es mit der inspirierten Schrift nicht zu vereinbaren ist.
4. Es mangelt ihnen an den deutlichen Merkmalen, die der echten Schrift ihren göttlichen Charakter geben, wie prophetische Vollmacht sowie poetisches und religiöses Empfinden.« *M. F. Unger d/70*

3.3 Überblick über die einzelnen Bücher

Ralph Earle macht in seinem ausgezeichneten Leitfaden *How We Got Our Bible* kurze Angaben zu jedem Buch. Weil seine Gliederung so gut gelungen ist, habe ich sie übernommen, anstatt eine andere auszuarbeiten:

»*1. Esdras* ([*1. Esra*: nicht bei Luther] um 150 v. Chr.) erzählt von der Rückkehr der Juden nach der babylonischen Gefangenschaft. Es übernimmt viel aus Chronika, Esra und Nehemia, aber der Verfasser fügte viel an legendärem Stoff hinzu.

Das Interessanteste ist die Geschichte von den drei Wächtern. Sie stritten sich darüber, was wohl das Stärkste in der Welt sei. Einer sagt Wein, der andere der König, der dritte Frauen und Wahrheit. Diese drei Antworten legten sie dem König unter das Kissen. Als er erwachte, forderte er die drei Männer auf, ihre Antworten zu verteidigen. Der einstimmige Beschluß lautete: ›Wahrheit ist bei weitem das Stärkste.‹ Weil Serubbabel diese Antwort gegeben hatte, durfte er als Belohnung den Tempel in Jerusalem wiederaufbauen.

2. Esdras ([*2. Esra*; nicht bei Luther] 100 n. Chr.) ist ein apokalyptisches Werk, das sieben Visionen enthält. Martin Luther war von diesen Visionen so verwirrt, daß er das Buch in die Elbe geworfen haben soll.

Tobit (*Tobias*; Anfang des 2. Jh. v. Chr.) ist eine kurze Erzählung. Der Ausdrucksform nach stark pharisäisch, betont sie das Gesetz, reine Speisen, zeremonielle Reinigungen, Wohltätigkeit, Fasten und Gebet. Sie ist deutlich unbiblisch in ihrer Aussage, daß Almosengeben die Sünde sühne.

Judith (um die Mitte des 2. Jh. v. Chr.) ist ebenfalls fiktiv und pharisäisch. Die Heldin dieser Erzählung ist Judith, eine schöne jüdische Witwe. Als ihre Stadt belagert wurde, nahm sie ihre Magd und reine jüdische Speise und ging in das Zelt des angreifenden Feldherrn. Er war von ihrer Schönheit so eingenommen, daß er ihr einen Platz in seinem Zelt zuwies. Glücklicherweise hatte er zuviel getrunken und mußte seinen Rausch ausschlafen. Judith nahm sein Schwert und schlug ihm den Kopf ab. Dann verließ sie mit ihrer Magd das Lager und nahm dabei den Kopf in ihrem Speisebeutel mit. Er wurde in einer nahen Stadt über die Mauer gehängt, und die führerlose assyrische Armee wurde geschlagen.

Stücke zu Esther (um 100 v. Chr.). Esther ist das einzige Buch im Alten Testament, in dem der Name Gottes nicht vorkommt. Uns wird gesagt, daß Esther und Mordechai fasteten, aber es wird nicht besonders erwähnt, daß sie beteten. Um diesen Mangel wettzumachen, stehen in diesen Stücken lange Gebete, die den beiden zugeschrieben werden, sowie ein paar Briefe, die angeblich von Artaxerxes stammen.

Die Weisheit Salomos (um 40 n. Chr.) wurde geschrieben, um die Juden vor dem Abfall in Skeptizismus, Materialismus und Götzendienst zu bewahren. Wie in den Sprüchen wird die Weisheit personifiziert. Es werden viele edle Gedanken in diesem Buch ausgedrückt.

Jesus Sirach (*Ekklesiatikus* oder *Die Weisheit Sirachs*; um 180 v. Chr.) zeigt ein hohes Niveau religiöser Weisheit, ähnlich dem des kanonischen Buches der Sprüche. Es enthält auch viele praktische Ratschläge. Über das Thema der Tischreden heißt es z. B. (Kap. 32,8 [Menge]):

›Fasse dich kurz, sage viel mit wenigen Worten; sei wie einer, der's versteht und doch schweigen kann.‹

Und wiederum (Kap. 33,4 [Menge]):

›Bereite dich auf deine Rede vor, und dann laß dich hören.‹

In seinen Predigten zitiert John Wesley mehrmals aus Jesus Sirach. Das Buch wird in anglikanischen Kreisen noch viel benutzt.

Baruch (um 100 n. Chr.) behauptet von sich selber, von Baruch, dem Schreiber Jeremias, im Jahre 582 v. Chr. geschrieben zu sein.

In Wirklichkeit aber unternimmt es wahrscheinlich den Versuch, die Zerstörung Jerusalems im Jahre 70 n. Chr. zu interpretieren. Das Buch ruft die Juden auf, nicht wieder zu revoltieren, sondern dem Kaiser untertan zu sein. Trotzdem fand der Bar-Kochba-Aufstand gegen die römische Herrschaft schon bald darauf statt, nämlich 132–135 n. Chr. Das sechste Kapitel in Baruch enthält den sogenannten ›Brief Jeremias‹ mit starken Warnungen vor dem Götzendienst – wahrscheinlich adressiert an Juden in Alexandria (Ägypten).

Unser Buch Daniel enthält zwölf Kapitel. Im 1. Jh. v. Chr. wurde ein dreizehntes Kapitel hinzugefügt: die Geschichte von *Susanna.* Sie war die schöne Frau eines führenden Juden in Babylon, in dessen Haus sich oft die jüdischen Ältesten und Richter einfanden. Zwei dieser Männer verliebten sich in sie und versuchten, sie zu verführen. Als sie um Hilfe schrie, sagten die beiden Ältesten, sie hätten sie in den Armen eines Jünglings getroffen. Sie wurde verhört. Da es zwei Zeugen gab, die in ihren Aussagen übereinstimmten, galt sie als überführt und wurde zum Tode verurteilt.

Aber ein junger Mann namens Daniel unterbrach den Gerichtsgang und fing an, die beiden Zeugen getrennt zu verhören. Er fragte sie jeweils, unter was für einem Baum im Garten sie Susanna mit dem Liebhaber gefunden hätten. Als sie verschiedene Antworten gaben, tötete man sie, und Susanna war gerettet.

Bel und der Drache wurde um die gleiche Zeit hinzugefügt und Kapitel 14 von Daniel genannt. Die Hauptabsicht war, die Torheit der Abgötterei deutlich zu machen. Es enthält eigentlich zwei Geschichten [bei Luther *Vom Bel zu Babel* und *Vom Drachen zu Babel*].

In der ersten Geschichte fragte König Cyrus Daniel, weshalb er den Bel nicht anbete, da dieser Gott doch seine Größe beweise, indem er täglich viele Schafe samt einer Menge Mehl und Öl verzehre. Darauf streute Daniel Asche auf den Fußboden des Tempels, wo am Abend die Speisen hingestellt worden waren. Am Morgen nahm der König Daniel mit, um ihm zu zeigen, daß Bel während der Nacht alle Speisen verzehrt habe. Aber Daniel zeigte dem König in der Asche auf dem Boden die Fußstapfen der Priester und ihrer Angehörigen, die durch einen geheimen Zugang unter dem Tisch hineingelangt waren. Die Priester wurden getötet und der Tempel zerstört.

Die Geschichte vom Drachen ist ebenso offensichtlich legendären Charakters. Samt Tobit (Tobias), Judith und Susanna können diese Geschichten als reine Fiktion klassifiziert werden. Sie haben, wenn überhaupt, wenig religiösen Wert.

Der Gesang der drei hebräischen Kinder [Der Gesang der drei Männer im Feuerofen] folgt in der Septuaginta und der Vulgata auf Dan 3,23. In starker Anlehnung an Ps 148 ist er, wie Ps 136, antiphonal geschrieben, mit dem 32fachen Refrain: ›Lobet den Herrn, preiset und rühmet ihn ewiglich!‹

Das Gebet Manasses wurde zur Zeit der Makkabäer (2. Jh. v. Chr.) angeblich als Gebet Manasses, des bösen Königs Judas, geschrieben. Der Anlaß war offensichtlich die in 2 Chr 33,19 gemachte Aussage: ›Und sein Gebet und wie der Herr ihn erhörte [...] siehe, das steht geschrieben in den Geschichten der Seher.‹ Da sich dieses Gebet nicht in der Bibel befindet, meinte ein Schriftgelehrter wohl, diesem Mangel abhelfen zu müssen.

1. Makkabäer (1. Jh. v. Chr.) ist vielleicht das wertvollste Buch der Apokryphen, denn es beschreibt die Heldentaten der drei makkabäischen Brüder Judas, Jonathan und Simon. Neben Josephus ist es unsere wichtigste Geschichtsquelle aus dieser kritischen und turbulenten Zeit der Juden.

2. Makkabäer (um dieselbe Zeit) ist keine Fortsetzung zu 1. Makkabäer, sondern ein paralleler Bericht, der nur die Siege des Judas Makkabäus behandelt. Im allgemeinen wird es für legendärer gehalten als 1. Makkabäer.« *R. Earle/37–41*

3.4 Historisches Zeugnis ihrer Ausschließung

Geisler und Nix geben zehn Zeugnisse aus dem Altertum gegen die Aufnahme der Apokryphen:

»1. Philo, ein alexandrinischer jüdischer Philosoph (20 v. Chr. bis 40. n. Chr.), zitierte überaus reichlich aus dem Alten Testament und bestätigte sogar die dreifache Einteilung; aber nie zitierte er aus den Apokryphen als inspirierten Schriften.

2. Josephus (30–100 n. Chr.), jüdischer Historiker, schließt ausdrücklich die Apokryphen aus und gibt die Zahl der alttestamentlichen Bücher mit 22 an. Auch zitiert er die Apokryphen nicht als Heilige Schrift.

3. Jesus und die neutestamentlichen Verfasser zitieren kein einziges Mal aus den Apokryphen, wohingegen es Hunderte von Zitaten und Hinweisen auf fast alle kanonischen Bücher des Alten Testaments gibt.

4. Die jüdischen Gelehrten von Jamnia (90 n. Chr.) erkannten die Apokryphen nicht an.

5. Kein Kanon oder Konzil der christlichen Kirche der ersten vier Jahrhunderte erkannte die Apokryphen als inspiriert an.

6. Viele der großen Väter der frühen Kirche sprachen sich gegen die Apokryphen aus, z.B. Origenes, Kyrillos von Jerusalem, Athanasius.

7. Hieronymus (340–420 n. Chr.), der große Gelehrte und Übersetzer der Vulgata, lehnte die Apokryphen als Teil des Kanons ab. Er stritt sich bis über das Mittelmeer mit Augustinus über diesen Punkt. Er weigerte sich zuerst sogar, die apokryphen Bücher ins Lateinische zu übersetzen; später aber übersetzte er einige von ihnen in aller Eile. Nach seinem Tode – und buchstäblich ›über seine Leiche‹ – wurden die apokryphen Bücher direkt aus der Vetus Latina (der altlateinischen Version, auch ›Itala‹ genannt) in seine Vulgata übertragen.

8. Viele römisch-katholische Gelehrte lehnten während der Reformationszeit die Apokryphen ab.

9. Luther und die Reformatoren lehnten die Kanonizität der Apokryphen ab.

10. Erst 1546 n. Chr. erhielten die apokryphen Bücher volle kanonische Anerkennung seitens der römisch-katholischen Kirche – in einer polemischen Aktion auf dem reformatorischen Konzil zu Trient.« *Geisler, Nix/173*

4. Der neutestamentliche Kanon

4.1 Bedingungen der Aufnahme in den neutestamentlichen Kanon

Der Grundfaktor bei der Feststellung neutestamentlicher Kanonizität war die Inspiration durch Gott; der entscheidende Test war die Apostolizität. *Geisler, Nix/181*

Geisler und Nix erläutern dazu:

»Nach der neutestamentlichen Terminologie war die Gemeinde ›erbaut auf den Grund der Apostel und Propheten‹ (Eph 2,20), die Christus nach seiner Verheißung durch den Heiligen Geist ›in aller Wahrheit‹ leitete (Joh 16,13). Die Gemeinde zu Jerusalem blieb, wie es heißt, ›beständig in der Lehre der Apostel und in der Gemeinschaft‹ (Apg 2,42). Der Begriff ›apostolisch‹ bedeutet nicht unbedingt ›apostolischen Ursprungs‹ oder ›das, was unter der Leitung der Apostel entstand [...]‹

Es scheint vielmehr angebracht, mit Gaussen, Warfield, Charles Hodge und den meisten Protestanten darin übereinzustimmen, daß apostolische Autorität oder apostolische Anerkennung der primäre Test für die Kanonizität war und nicht einfach apostolische Verfasserschaft.« *Geisler, Nix/183*

N.B. Stonehouse schreibt, daß die apostolische Autorität, »mit der das Neue Testament spricht, nie von der Autorität des Herrn losgelöst ist. In den Briefen wird übereinstimmend bestätigt, daß es in der Gemeinde nur eine absolute Autorität gibt: die Autorität des Herrn selber. Wo auch immer die Apostel mit Vollmacht reden, tun sie es in Ausübung der Autorität des Herrn. Wo also Paulus z.B. seine Autorität als Apostel verteidigt, gründet er seinen Anspruch allein und direkt auf seinen Auftrag vom Herrn (Gal 1 und 2); wo er sich das Recht nimmt, das Gemeindeleben zu ordnen, beruft er sich für sein Wort auf die Autorität des Herrn, selbst wenn kein direktes Wort des Herrn dazu vorliegt (1 Kor 14,37; vgl. 1 Kor 7,10) [...]« *N.B. Stonehouse/117f.*

»Der einzige, der im Neuen Testament mit einer unmittelbaren und selbstverbürgten Autorität spricht, ist der Herr.« *J. Murray/18*

4.2 Zur Notwendigkeit eines neutestamentlichen Kanons

R. Earle/41

a) Ein Häretiker, Marcion (um 140 n. Chr.), entwickelte seinen eigenen Kanon und begann, ihn zu propagieren. Die Kirche war gezwungen, seinem Einfluß durch die Festlegung des wahren neutestamentlichen Kanons entgegenzutreten.

b) Viele östliche Kirchen benutzten in ihren Gottesdiensten Bücher, die erwiesenermaßen unecht waren. Eine Entscheidung über den Kanon war also dringend geboten.

c) Das Diokletiansedikt (303 n. Chr.) verhängte die Zerstörung der heiligen Bücher der Christen. Wer wollte schon für ein lediglich religiöses Buch sterben! Man wollte es genau wissen.

4.3 Zur Entstehung des Kanons

- Athanasius von Alexandrien (367 n. Chr.) gibt uns das früheste Verzeichnis neutestamentlicher Bücher, das genau unserem heutigen Neuen Testament entspricht. Dieses Verzeichnis befand sich in einer Festschrift an die Gemeinden.

- Kurz nach Athanasius definierten zwei Verfasser, Hieronymus und Augustinus, den 27 Bücher umfassenden Kanon. *F. F. Bruce a/112*

- Polykarp (115 n. Chr.), Klemens und andere beziehen sich auf die Bücher des Alten und des Neuen Testaments mit der Aussage: ». . . wie geschrieben steht in diesen Schriften.«

- *Justin der Märtyrer* (100–165 n. Chr.) schreibt in seinen *Apologien I.67*:
  »An dem Tage, den man Sonntag nennt, findet eine Versammlung aller statt, die in Städten oder auf dem Lande wohnen; dabei werden die Denkwürdigkeiten der Apostel oder die Schriften der Propheten vorgelesen, solange es angeht. Hat der Vorleser aufgehört, so gibt der Vorsteher in einer Ansprache eine Ermahnung und Aufforderung zur Nachahmung all dieses Guten.« *Justin a/82*

In seinem *Dialog mit Tryphon* fügt er den Ausdruck »Es steht geschrieben« bei Zitaten aus den Evangelien hinzu. Sowohl er als auch Tryphon müssen gewußt haben, worauf sich dieses »Es steht geschrieben« bezieht.

- *Irenäus* (180 n. Chr.). *F. F. Bruce* schreibt über die Bedeutung von Irenäus:
  »Seine Bedeutung liegt in seiner engen Verbindung zum apostolischen Zeitalter und in seinen ökumenischen Beziehungen. Aufgewachsen in Kleinasien zu Füßen Polykarps, der ein Jünger des Johannes war, wurde er 180 n. Chr. Bischof von Lyon in Gallien. Seine Schriften attestieren die kanonische Anerkennung des vierfachen Evangeliums und der Apostelgeschichte sowie des Römer-, 1. und 2. Korinther-, Galater-, Epheser-, Philipper-, Kolosser-, 1. und 2. Thessalonicher-, 1. und 2. Timotheus-, Titus-, 1. Petrus- und 1. Johannesbriefes und der Offenbarung. In seiner Abhandlung *Gegen die Irrlehren*, III, ii, 8, wird deutlich, daß das Konzept des vierfachen Evangeliums im gesamten Christentum so unumstößlich geworden war, daß man es als feststehende Tatsache bezeichnen konnte, die so offenkundig und unumgänglich und selbstverständlich war wie die vier Himmelsrichtungen.« *F. F. Bruce a/109*

- *Ignatius* (50–115 n. Chr.): »Ich wünsche nicht, euch wie Petrus und Paulus zu befehlen; sie waren Apostel [. . .]« (*Brief an die Tralleser* 3,3).

- Die Kirchenkonzile. Hier haben wir fast die gleiche Situation wie beim Alten Testament (Konzil von Jamnia, s.a. 2.6).

  F. F. Bruce schreibt: »Als schließlich ein Kirchenkonzil – die Synode von Hippo (393 n. Chr.) – siebenundzwanzig Bücher des Neuen Testaments verzeichnete, erteilte es ihnen keine Autorität, die sie nicht bereits besaßen, sondern stellte lediglich ihre längst etablierte Kanonizität fest. (Der Beschluß der Synode von Hippo wurde vier Jahre später durch die Dritte Synode von Karthago neu verkündigt.)« *F. F. Bruce a/113*
  Seit dieser Zeit gab es keine ernste Infragestellung der 27 akzeptierten Bücher, weder durch die römischen Katholiken noch durch die Protestanten.

5. Die neutestamentlichen Apokryphen

Geisler, Nix/200–205

Der Brief des Pseudo-Barnabas (um 70–79 n. Chr.)
Der Brief an die Korinther (um 96 n. Chr.)
Die antike Homilie oder der sogenannte *2. Klemensbrief* (um 120–140 n. Chr.)
Der Hirte von Hermas (um 115–140 n. Chr.)
Didache, Die Lehre der Zwölf (um 100–120 n. Chr.)
Die Apokalypse des Petrus (um 150 n. Chr.)
Die Akten (Taten) des Paulus und der Thekla (170 n. Chr.)
Der Brief an die Laodizäer (4. Jh. n. Chr.?)
Das Hebräerevangelium (65–100 n. Chr.)
Der Brief des Polykarp an die Philipper (um 108 n. Chr.)
Die sieben Briefe des Ignatius (um 100 n. Chr.)
u. v. a. m.

KAPITEL 4

Die Zuverlässigkeit der Bibel

1. Prüfung der Textüberlieferung

1.1 Einleitung

Wir begründen hier die historische Zuverlässigkeit der Schrift, nicht ihre Inspiration.

Die historische Zuverlässigkeit der Bibel sollte mit denselben Kriterien geprüft werden, die bei allen historischen Dokumenten angewandt werden.

C. Sanders erklärt die drei grundlegenden Prinzipien der Historiographie: die bibliographische Prüfung, die interne Zuverlässigkeitsprüfung und die externe Zuverlässigkeitsprüfung. *C. Sanders/143ff.*

1.2 Bibliographische Prüfung der Zuverlässigkeit des Neuen Testaments

Die *bibliographische Prüfung* ist eine Untersuchung der von einem Text angefertigten Abschriften. Da wir keine Urtexte besitzen, fragen wir uns, wie zuverlässig die Abschriften sind, die wir besitzen, und zwar hinsichtlich der Zahl der Manuskripte (Mss.) und der Zeitspanne zwischen Original und der vorhandenen Kopie. *J.W. Montgomery b/26*

1.2.1 Gelehrte bezeugen die Zuverlässigkeit der Manuskripte

Ezra Abbot, Mitglied des amerikanischen Bibelrevisionskomitees, schrieb in seinen *Critical Essays* über die unterschiedlichen Lesarten:

»Die Zahl der ›Lesarten‹ erschreckt einige Unschuldige und nimmt in den Schriften der unwissenderen Zweifler am Christentum einen breiten Raum ein. ›150000 Lesarten!‹ Müssen diese nicht den Text des Neuen Testaments völlig ungewiß machen und somit das Fundament unseres Glaubens zerstören?

Tatsächlich aber verhält es sich etwa so: Von den etwa 150000 Lesarten des griechischen Neuen Testaments können wir, wie

Norton sagte, neunzehn Zwanzigstel sofort von der Betrachtung ausschließen, da sie offensichtlich so beschaffen sind oder von so geringer Autorität unterstützt werden, daß kein Kritiker ihnen auch nur das geringste Recht auf Annahme einräumen würde. Damit verbleiben uns noch, sagen wir, 7500. Bei diesen aber zeigt sich wiederum nach näherer Untersuchung, daß neunzehn von zwanzig keinerlei Einfluß auf den Sinn ergeben; es geht dabei nur um Fragen der Rechtschreibung, der grammatischen Konstruktion, der Reihenfolge von Wörtern oder andere unwichtige Unterschiede.

Sie betreffen nur die Ausdrucksform, nicht die wesentliche Bedeutung. Dies verringert die Zahl auf eventuell 400, bei denen eine unterschiedliche Bedeutung (oft sehr geringfügig) vorlag oder ein paar Wörter ausgelassen oder hinzugefügt worden waren, die genügten, um Neugier oder Interesse zu erwecken, während sich in wenigen Ausnahmefällen auch einige relativ wichtige Unterschiede ergaben. Doch unsere Kritikhilfen stehen heute in so reichem Maße zur Verfügung, daß wir bei der überwiegenden Mehrzahl dieser wichtigeren Fragen der Lesart den echten Text mit einem guten Grad der Gewißheit feststellen können. In allen Schriften der Antike gibt es Stellen, wo der Text nicht mit Sicherheit festliegt; und dasselbe gilt für die Auslegung.« *J. W. Lea b/4*

Philip Schaff kommt zu dem Schluß, daß nur 400 der 150000 Lesarten Zweifel an der Bedeutung des Textes zulassen und daß lediglich 50 davon von größerer Wichtigkeit sind. Nicht eine der Varianten, sagt Schaff, ändert »einen Glaubensartikel oder ein Pflichtgebot, die nicht durch andere und unzweifelhafte Stellen oder durch den gesamten Tenor biblischer Lehre mehr als genug untermauert sind«. *Ph. Schaff a/177*

Benjamin Warfield zitiert Ezra Abbots Meinung über neunzehn Zwanzigstel der neutestamentlichen Varianten und sagt: »[. . .] finden so wenig Unterstützung, obgleich sie unterschiedliche Lesarten sind; und neunzehn Zwanzigstel vom Rest sind von so geringer Bedeutung, daß ihre Annahme oder Ausschließung keinen nennenswerten Unterschied in dem Sinn der Schriftstelle, in der sie vorkommen, ausmachen würde.« *B. B. Warfield b/14*

Geisler und Nix machen folgende Aussage über das Zählen der textlichen Varianten: »Es ist doppeldeutig, wenn gesagt wird, es gebe an die 200000 Varianten in den existierenden Manuskripten des Neuen Testaments, da diese nämlich nur 10000 Stellen im Neuen Testament betreffen. Wenn ein einziges Wort in 3000 verschiedenen Manuskripten falsch buchstabiert wurde, zählte man das als 3000 Varianten oder Lesarten.« *Geisler, Nix/361*

Fenton John Anthony Hort, dessen Lebenswerk den Mss. galt und der allgemein als Sachverständiger anerkannt wird, sagt:

»Der Anteil der Wörter, die von allen Seiten als so gut wie über alle Zweifel erhaben akzeptiert werden, ist sehr groß: nicht weniger – ungefähr gerechnet – als sieben Achtel des Ganzen. Das restliche Achtel, das zum großen Teil durch Änderungen in der Reihenfolge und ähnliche Trivialitäten gebildet wird, stellt demnach den gesamten Bereich der Kritik dar.

Wenn die in dieser Ausgabe befolgten Grundsätze richtig sind, kann dieser Bereich noch sehr verringert werden. Bei voller Anerkennung der Pflicht, sich in den Fällen, wo das Material das Urteil zwischen zwei oder mehr Lesarten in der Schwebe läßt, jeglicher vorgefaßter Entscheidungen zu enthalten, finden wir – abgesehen von Unterschieden in der Rechtschreibung –, daß die Wörter, die unserer Meinung nach noch Zweifel offenlassen, nur ungefähr ein Sechzehntel des gesamten Neuen Testaments ausmachen. Bei dieser zweiten Schätzung ist der Anteil der vergleichbar unbedeutenden Unterschiede erheblich größer als bei der ersten; so daß die Summe dessen, was überhaupt wesentliche Unterschiede genannt werden kann, lediglich einen Bruchteil der gesamten Unterschiede ausmacht und kaum mehr als ein Tausendstel des gesamten Textes bilden dürfte.« *Hort, Westcott/2*

Geisler und Nix bemerken zu den vorstehenden Ausführungen Horts: »Nur etwa ein Achtel aller Varianten ist von Gewicht, da die meisten nur mechanische Dinge wie Rechtschreibung oder Stil betreffen. Das heißt, daß nur etwa ein Sechzigstel des Gesamttextes als in seinen Varianten ›wesentliche Unterschiede‹ enthaltend angesehen werden kann. Mathematisch würde das einen Text ergeben, der zu 98,33 Prozent rein ist.« *Geisler, Nix/365*

Warfield erklärt ohne Umschweife, daß die Fakten beweisen, daß die überwiegende Mehrheit des Neuen Testaments »uns ohne oder fast ohne Unterschiede übermittelt wurde. Und selbst in der verdorbensten Form, in der er je erschienen ist – um die Worte Richard Bentleys zu gebrauchen –, ›. . . ist der wahre Text der biblischen Verfasser fachkundig exakt; [. . .] weder ein Glaubensartikel noch ein moralisches Gebot ist entstellt oder verlorengegangen [. . .] man wähle so peinlichst wie man will, man wähle absichtlich das Schlimmste aus der ganzen Masse der Lesarten.‹« *B. B. Warfield b/14; J. H. Skilton/163*

Schaff zitiert Tregelles und Scrivener:

»Wir besitzen so viele Mss., und so viele Versionen sind uns eine Hilfe, daß wir niemals bloße Mutmaßungen anzustellen brauchen, um Schreibfehler zu korrigieren.« (Tregelles, *Greek New Testament*, »Prolegomena«, S. X)

»Die Fülle unserer Texte«, so Scrivener, »ist weit davon entfernt, dem ehrlich Studierenden der Bibel Zweifel oder Schwierigkeiten zu bereiten; vielmehr führt sie ihn zum besseren Verständnis ihrer grundsätzlichen Integrität trotz einiger Unterschiede. Was würde nicht der aufmerksame Leser des Äschylus für eine ähnlich klare Führung durch die Obskuritäten geben, die seine Geduld foltern und seine Freude an diesem großen Dichter verderben?« *Ph. Schaff a/182*

F. F. Bruce schreibt: »Wenn keine objektive textliche Beweisführung möglich ist, um einen offensichtlichen Fehler zu korrigieren, dann »muß der Textkritiker gezwungenermaßen die Kunst der mutmaßlichen Emendation [= Berichtigung] beherrschen – eine Kunst, die strengste Selbstdisziplin erfordert. Die Emendation muß sich als offenkundig richtig anbieten und muß erkennen lassen, wie sich der Fehler hat einschleichen können. Mit anderen Worten: Sie muß sowohl ›vom Wesen her wahrscheinlich‹ wie auch ›von der Abschrift her wahrscheinlich‹ sein. Es ist zu bezweifeln, daß es irgendeine Lesart im Neuen Testament gibt, die mutmaßlich emendiert werden müßte. Die Anzahl der Abschriften ist hoch, daß die wahre Lesart fast ausnahmslos durch wenigstens einen der Tausenden von Zeugen bewahrt geblieben ist.« *F. F. Bruce a/179f.*

Daß die Textvarianten keine Gefahr für die biblische Lehre bedeuten, unterstreicht mit Nachdruck *Sir Frederic Kenyon* (eine der größten Autoritäten auf dem Gebiet der neutestamentlichen Textkritik):

»Keine grundlegende Lehre des christlichen Glaubens beruht auf einer strittigen Lesart. [. . .]

Es kann nicht stark genug betont werden, daß der Text der Bibel seiner Substanz nach gesichert ist; dies gilt besonders für das Neue Testament. Die Zahl der Manuskripte des Neuen Testaments, seiner ersten Übersetzungen und seiner Zitate seitens der ältesten kirchlichen Verfasser ist so groß, daß es praktisch feststeht, daß die echte Lesart jeder strittigen Stelle in der einen oder anderen dieser alten Autoritäten bewahrt geblieben ist. *Dies kann man von keinem anderen antiken Buch in der Welt sagen.*

Die Gelehrten haben sich vergewissert, daß sie im wesentlichen den wahren Text der bedeutendsten griechischen und römischen Schriftsteller besitzen, deren Werke bis auf unsere Zeit erhalten sind; wie die von Sophokles, Thukydides, Cicero und Vergil; aber unser Wissen über diese Schriften beruht auf einer bloßen Handvoll Manuskripte, wogegen die Manuskripte des Neuen Testaments zu Hunderten, ja zu Tausenden erhalten sind.« *F. G. Kenyon c/23*

Benjamin Warfield sagt:

»Wenn wir den gegenwärtigen Stand des neutestamentlichen Textes mit anderen Schriften des Altertums vergleichen, müssen wir [. . .] ihn als hervorragend korrekt bezeichnen. Mit einer solchen Sorgfalt wurde das Neue Testament abgeschrieben – einer Sorgfalt, die ohne Zweifel einer wahren Ehrfurcht vor seinen heiligen Worten entsprang –, so groß war die Vorsehung Gottes, für seine Gemeinde in jedem einzelnen Zeitalter einen exakten Text der Schrift zu erhalten, daß das Neue Testament nicht nur in der Reinheit seines Textes ohne Rivalen unter den antiken Schriften dasteht, sondern auch in der Fülle der Zeugnisse, die wir für die Textverbesserung seiner vergleichsweise spärlichen Makel vorliegen haben.« *B. B. Warfield b/12f.*

Die Herausgeber der englischen Bibelübersetzung *Revised Standard Version* sagen: »Es wird dem sorgfältigen Leser offenkundig sein, daß selbst 1946, wie auch 1881 und 1901, keine Lehre des christlichen Glaubens durch die Revision beeinflußt wurde; und dies aus dem einfachen Grund, daß bisher aus den Tausenden von Lesarten in den Manuskripten keine einzige gefunden wurde, die eine Revidierung christlicher Lehre erforderlich gemacht hätte.« *F. C. Grant/42*

Burnett H. Streeter glaubt, daß wegen der großen Menge an neutestamentlichem Textmaterial »der Grad der Gewährleistung, daß [. . .] der Text uns in verläßlicher Form überliefert wurde, dem einfachen Tatbestand nach sehr hoch ist.« *B. H. Streeter/33*

F.G. Kenyon fährt fort: »Es ist [. . .] beruhigend zu sehen, daß das allgemeine Resultat all dieser Entdeckungen [der Mss.] und des ganzen Studiums dazu dient, den Beweis der Authentizität der Schrift zu bestärken wie auch unsere Überzeugung, daß wir – in substantieller Vollständigkeit – das wahrhaftige Wort Gottes in Händen halten.« *F. G. Kenyon e/113*

Millar Burrows von der Universität Yale sagt: »Ein weiteres Ergebnis beim Vergleich des neutestamentlichen Griechisch mit der

Sprache der Papyri ist das zunehmende Vertrauen in die genaue Übertragung des neutestamentlichen Textes.« *M. Burrows a/52*

Burrows führt aus, daß die Texte »mit bemerkenswerter Treue abgeschrieben wurden, so daß es hinsichtlich der Lehre, die sie vermitteln, überhaupt keine Zweifel zu geben braucht.« *M. Burrows a/2*

Howard Vos erklärt: »Vom Standpunkt der literarischen Fakten aus ergibt sich als einzig logische Schlußfolgerung, daß die Zuverlässigkeit des Neuen Testaments wesentlich sicherer ist als bei jedem anderen Schriftstück der Antike.« *H. Vos c/176*

A.T. Robertson, Autor der umfassendsten griechischen Grammatik des Neuen Testaments, schrieb: »Es gibt an die 8000 Manuskripte der lateinischen Vulgata und wenigstens 1000 der anderen ersten Versionen. Zählt man über 4000 griechische Manuskripte hinzu [*B.M. Metzger/36* sagt, daß jetzt etwa 5000 vorliegen], so haben wir 13000 Manuskript-Abschriften von Teilen des Neuen Testaments. Neben all diesen kann ein großer Teil des Neuen Testaments aus den Zitaten der frühen christlichen Verfasser rekonstruiert werden.« *A.T. Robertson a/29*

J.W. Montgomery: »[...] dem resultierenden Text des NTs skeptisch gegenüberzustehen hieße, die gesamte klassische Antike in dunkle Vergessenheit geraten zu lassen; denn keine Dokumente des Altertums sind bibliographisch so gut belegt wie das Neue Testament.« *J. W. Montgomery b/29*

Sir Frederic G. Kenyon, ehemaliger Direktor und Bibliotheksleiter des Britischen Museums und große Autorität auf dem Gebiet der biblischen Mss., sagt:

»[...] auch in ihrer Anzahl unterscheiden sich die Manuskripte des Neuen Testaments von denen der klassischen Autoren, und auch diesmal ist der Unterschied deutlich. In keinem anderen Fall ist der Zeitraum zwischen der Urschrift des Buches und dem Datum des frühesten vorliegenden Manuskripts so kurz wie beim Neuen Testament. Die Bücher des Neuen Testaments wurden im letzten Teil des 1. Jh. geschrieben; die frühesten vorliegenden Manuskripte (ausgenommen nebensächliche Bruchstücke) stammen aus dem 4. Jh. – also ungefähr 250 bis 300 Jahre später.

Das mag wie ein beträchtlicher Zwischenraum klingen, aber es ist gering im Vergleich zu dem Intervall, das die meisten klassischen Autoren von ihren frühesten Manuskripten trennt. Wir glauben, daß wir im wesentlichen einen genauen Text der sieben erhaltenen Stücke des Sophokles besitzen; doch das früheste substantielle Manuskript, worauf diese Annahme beruht, wurde erst über 1400 Jahre nach dem Tode des Dichters geschrieben.« *F. G. Kenyon a/4*

Kenyon fährt fort:

»Das Intervall zwischen den Daten der ursprünglichen Niederschrift [des Neuen Testaments] und dem frühesten erhaltenen Beleg wird damit so klein, daß es praktisch unbedeutend ist. Der letzte Grund zu irgendwelchen Zweifeln, ob die Schrift uns im wesentlichen so erhalten geblieben ist, wie sie verfaßt wurde, ist heute ausgeräumt. Sowohl die Authentizität als auch die allgemeine Integrität der Bücher des Neuen Testaments kann als endgültig feststehend betrachtet werden.« *F. G. Kenyon b/288*

1.2.2 Vergleich der neutestamentlichen Manuskripte mit anderen Autoren und Werken der Antike

Der große Gelehrte *F. F. Bruce* stellt den Vergleich zwischen dem Neuen Testament und anderen historischen Schriften des Altertums lebendig dar:

»Vielleicht können wir am besten ermessen, wie reich die handschriftliche Bezeugung des Neuen Testaments ist, wenn wir das Textmaterial anderer alter, historischer Werke damit vergleichen. Von Caesars ›Gallischem Krieg‹ (verfaßt zwischen 58 und 50 v. Chr.) gibt es mehrere noch vorhandene Manuskripte, aber nur neun oder zehn sind gut, und das älteste wurde 900 Jahre nach Caesars Lebzeiten geschrieben! Von den 142 Büchern der ›Römischen Geschichte‹ des Livius (55 v. Chr. bis 17 n. Chr.) blieben nur 35 Bücher erhalten; diese sind uns aus nicht mehr als 20 Manuskripten bekannt, die von einiger Bedeutung sind, von denen aber nur eins (welches Fragmente der Bücher III-VI enthält) aus dem 4. Jahrhundert stammt. Von den 14 Büchern der ›Geschichte‹ des Tacitus (ungefähr um das Jahr 100 n. Chr.) sind nur vier vollständig und eins zur Hälfte übriggeblieben; von den 16 Büchern seiner ›Annalen‹ blieben zehn völlig und zwei teilweise erhalten. Der Text der heute noch vorhandenen Teile seiner zwei großen Geschichtswerke stützt sich auf nur zwei Manuskripte, von denen das eine aus dem 9., das andere aus dem 11. Jahrhundert stammt. Die erhalten gebliebenen Manuskripte seiner kleineren Werke ›Agricola‹ und ›Dialogus de Oratoribus‹, ›Germania‹ sind einzig durch einen Codex aus dem 10. Jahrhundert belegt. Die Geschichte des

Thucydides (etwa 460–400 v. Chr.) ist uns aus acht Manuskripten und einigen Papyrusfragmenten bekannt. Das früheste Manuskript gehört in das 9. Jahrhundert n. Chr., und die Papyri entstammen dem urchristlichen Zeitalter. Dasselbe gilt für die Geschichte des Herodot (etwa 480–425 v. Chr.). Es würde jedoch kein Altphilologe auf den Gedanken kommen, die Echtheit des Herodot oder Thucydides anzuzweifeln, weil die frühesten brauchbaren Handschriften ihrer Werke mehr als 1300 Jahre jünger sind als die Originale.« *F. F. Bruce b/20f.*

Nachstehend eine Aufstellung von *F.W. Hall*: »Ms.-Belege für die Texte der führenden klassischen Verfasser«: *F.W. Hall*

Autor	wann geschrieben	früheste Abschrift	Zeitspanne	Anzahl der Abschriften
Cäsar	100–44 v. Chr.	900 n. Chr.	1000 Jahre	10
Livius	59 v. Chr.–17 n. Chr.	–	–	20
Plato *(Tetralogien)*	427–347 v. Chr.	900 n. Chr.	1200 Jahre	7
Tacitus *(Annalen)*	100 n. Chr.	1100 n. Chr.	1000 Jahre	20(–)
und geringere Werke	100 n. Chr.	1000 n. Chr.	900 Jahre	1
Plinius der Jüngere *(Geschichte)*	61–113 n. Chr.	850 n. Chr.	750 Jahre	7
Thukydides *(Geschichte)*	460–400 v. Chr.	900 n. Chr.	1300 Jahre	8
Sueton *(De Vita Caesarum)*	75–160 n. Chr.	950 n. Chr.	800 Jahre	8
Herodot *(Geschichte)*	480–425 v. Chr.	900 n. Chr.	1300 Jahre	8
Horaz	–	–	900 Jahre	–
Sophokles	496–406 v. Chr.	1000 n. Chr.	1400 Jahre	100
Lukrez	gest. 55 od. 53 v. Chr.	–	1100 Jahre	2
Catullus	54 v. Chr.	1550 n. Chr.	1600 Jahre	3
Euripides	480–406 v. Chr.	1100 n. Chr.	1500 Jahre	9
Demosthenes	383–322 v. Chr.	1100 n. Chr.	1300 Jahre	200[1)]
Aristoteles	384–322 v. Chr.	1100 n. Chr.	1400 Jahre	5[2)]
Aristophanes	450–385 v. Chr.	900 n. Chr.	1200 Jahre	10

[1)] alle von nur einer Abschrift
[2)] vom am besten überlieferten Werk

1.2.3 Chronologie der neutestamentlichen Manuskript-Belege

- Datierungsverfahren: Einige der Faktoren, die zur Altersbestimmung der Mss. beitragen: *Geisler, Nix/242–246*

1. Material
2. Buchstabengröße und -form
3. Interpunktion
4. Texteinteilungen
5. Verzierungen
6. Farbe der Tinte
7. Beschaffenheit und Farbe des Pergaments

- Das *John-Ryland-Manuskript* (130 n. Chr.) befindet sich in der John-Ryland-Bibliothek in Manchester (England) und ist das älteste Fragment des NT. »Wegen seines frühen Datums und des Fundortes (Ägypten) – in einiger Entfernung von der überlieferten Stätte der Abfassung (Kleinasien) – dürfte dieser Teil des Johannesevangeliums das traditionell angenommene Abfassungsdatum des Evangeliums (Ende des 1. Jh. n. Chr.) bestätigen.« *Geisler, Nix/268*
  Bruce Metzger: »Wäre dieses kleine Fragment in der Mitte des 19. Jh. bekannt gewesen, dann hätte die von Ferdinand Christian Baur inspirierte Tübinger Schule nicht behaupten können, das vierte Evangelium sei nicht vor etwa 160 entstanden.« *B. M. Metzger/39*

- Die *Chester-Beatty-Papyri* (200 n. Chr.) befinden sich im C.-Beatty-Museum in Dublin, und ein Teil ist im Besitz der Universität von Michigan. Diese Sammlung enthält Papyrus-Codizes, von denen drei größere Teile des Neuen Testaments wiedergeben. *F. F. Bruce a/182*
  In *The Bible and Modern Scholarship* sagt *Sir Frederic Kenyon*: »Das Nettoresultat dieser Entdeckung – bei weitem die wichtigste seit der Entdeckung des Sinaiticus – ist die Verringerung des Zeitabstands zwischen den früheren Manuskripten und den traditionellen Daten der neutestamentlichen Bücher, und zwar so weit, daß er bei jeglicher Diskussion über ihre Authentizität belanglos geworden ist. Kein anderes Buch der Antike hat ein so frühes und überreiches Textzeugnis, und kein unvoreingenommener Gelehrter würde leugnen, daß der uns überlieferte Text im wesentlichen unverdorben ist.« *F. G. Kenyon d/20*

- Der *Bodmer-Papyrus II* (150–200 n. Chr.) befindet sich in der Bodmer-Bibliothek für Weltliteratur und enthält den größten Teil des Johannesevangeliums. Er gehört laut Bruce Metzger zu den wichtigsten Entdeckungen neutestamentlicher Manuskripte seit dem Ankauf der Chester-Beatty-Papyri. *B. M. Metzger/39*

In seinem Artikel »Zur Datierung des Papyrus Bodmer II« datiert *Herbert Hunger*, der Direktor der Papyrus-Sammlungen der Staatsbibliothek Wien, den Papyrus früher, nämlich Mitte bis erste Hälfte des 2. Jh. *H. Hunger/12–33; B. M. Metzger/40*

- Das *Diatessaron* (= »Harmonie der vier Teile«; der griech. Begriff *dia tessaron* bedeutet wörtlich »durch vier«) war eine Evangelienharmonie von Tatian (um 160 n. Chr.). *F. F. Brucea/195*

  Eusebius schreibt in seiner *Kirchengeschichte* IV.29: »Ihr erster Stifter Tatian verfaßte eine Art Evangelienharmonie und nannte das Werk Diatessaron. Es ist bei manchen noch heute in Umlauf.« *Eusebius a/229* Man nimmt an, daß Tatian, ein assyrischer Christ, der erste war, der eine Evangelienharmonie schrieb; nur ein kleiner Teil von ihr ist heute noch erhalten. *Geisler, Nix/318f.*

- *Der Codex Sinaiticus* (350 n. Chr.) befindet sich im Britischen Museum. Dieses Ms., das fast das ganze Neue Testament enthält (es fehlen Mk 16, 9–20 und Joh 7,53–8,11) sowie mehr als die Hälfte des Alten Testaments, wurde 1844 von D. Tischendorf im Katharinenkloster entdeckt (ausgerechnet in einem Papierkorb!), 1859 von dem Kloster dem russischen Zaren geschenkt und am Weihnachtstag 1933 von der britischen Regierung und dem britischen Volk für 100000 Pfund der Sowjetunion abgekauft (Einzelheiten s. bei *B. M. Metzger/42ff.).*

- *Der Codex Vaticanus* (325–350 n. Chr.) befindet sich in der Vatikanischen Bibliothek und enthält fast die ganze Bibel. *Bruce Metzger* sagt, dies sei eines der wertvollsten Mss. der griechischen Bibel. *B. M. Metzger/47*

- Der *Codex Alexandrinus* (400 n. Chr.; im Britischen Museum) soll nach der *Encyclopaedia Britannica* in Ägypten in Griechisch geschrieben worden sein und enthält fast die ganze Bibel.

- Der *Codex Ephraemi* (5. Jh. n. Chr.) befindet sich in der Bibliothèque Nationale, Paris. Die *Encyclopaedia Britannica* schreibt: »Sein Ursprung aus dem 5. Jh. und die Hinweise, die er liefert, machen ihn für den Text gewisser Teile des Neuen Testaments bedeutungsvoll.« *Enzycl. Brit., Bd. 3/579; F. F. Bruce a/183*
  Jedes Buch ist in diesem Ms. enthalten, außer dem 1. Thessalonicher- und dem 2. Johannesbrief. Dieses Ms. ist ein Palimpsest.

- Der *Codex Bezae* (450 n. Chr.) befindet sich in der Bibliothek Cambridge und enthält die Evangelien sowie die Apostelgeschichte nicht nur in Griechisch, sondern auch in Lateinisch.

- Der *Codex Washingtonensis (Codex Freericanus*; 450–550 n. Chr.) enthält die vier Evangelien in der Reihenfolge: Matthäus, Johannes, Lukas, Markus. *J. H. Greenlee/39*

- Der *Codex Claromontanus* (6. Jh. n. Chr.) enthält die paulinischen Briefe. Es handelt sich um ein zweisprachiges Ms.

1.2.4 Zwischenergebnis

F. F. Bruce: »Es gibt keine Sammlung antiker Literatur in der Welt, die sich einer so guten textlichen Bezeugung erfreut wie das Neue Testament.« *F. F. Bruce a/178*

F. J. A. Hort fügt mit Recht hinzu: »Hinsichtlich der Vielfalt und Fülle der Belege, auf denen er beruht, steht der Text des Neuen Testaments absolut und unerreichbar allein in der antiken Prosaliteratur.« *F. J. A. Hort/561*

F. J. A. Hort verbrachte 28 Jahre seines Lebens mit dem Studium des neutestamentlichen Textes. *A. Souter* nennt die von ihm und B. F. Westcott verfaßte Einführung in den griechischen Text des NT »ein gelungenes Werk, wie es noch von keinem Gelehrten übertroffen wurde.« *A. Souter/103*

Greenlee schreibt über den Zeitabstand zwischen den ursprünglichen Mss. (den Urschriften) und den vorhandenen Mss. (alte erhaltene Abschriften): »Die ältesten uns bekannten Mss. von den meisten griechischen klassischen Autoren datieren eintausend oder mehr Jahre nach dem Tode ihres Verfassers. Das Zeitintervall für die lateinischen Autoren ist etwas kürzer und variiert bis zu einem Minimum von drei Jahrhunderten, wie es bei Vergil der Fall ist. Beim NT jedoch wurden zwei der wichtigsten [erhaltenen] Mss. innerhalb von 300 Jahren nach Abschluß des NT geschrieben, während einige fast vollständige Bücher des NT wie auch umfassende Fragment-Mss. von vielen Teilen des NT innerhalb eines Jahrhunderts nach der Urschrift datieren.« *J. H. Greenlee/16*

Greenlee fügt hinzu: »Da die Gelehrten die Schriften der antiken Klassiker für allgemein glaubwürdig akzeptieren, obgleich die frühesten Mss. erst lange Zeit nach den Urschriften hergestellt wurden und die Zahl der vorhandenen Mss. in vielen Fällen so klein ist, wird deutlich, daß die Zuverlässigkeit des NT-Textes gleichfalls sichergestellt ist.« *J. H. Greenlee/16*

Bruce Metzger: »Die Werke verschiedener antiker Autoren sind uns in der dünnsten vorstellbaren Überlieferungskette erhalten. So ist etwa die umfangreiche römische Geschichte des Velleius Paterculus in einer einzigen unvollständigen Handschrift erhalten, aus der die editio princeps veranstaltet wurde – und diese einzige Handschrift ging im 17. Jahrhundert verloren, nachdem sie von Beatus Rhenanus aus Amerbach abgeschrieben worden war. Selbst die Annalen des Tacitus sind, wenigstens was die ersten sechs Bücher betrifft, nur in einer einzigen Handschrift aus dem 9. Jahrhundert erhalten. Die einzige Handschrift des Diognetbriefs, den man gewöhnlich zu den apostolischen Vätern zählt, ging 1870 mit der Stadtbibliothek von Straßburg bei der Beschießung zugrunde. Im Gegensatz dazu ist der Textkritiker des Neuen Testaments durch die Reichhaltigkeit seines Materials verwirrt.« *B. M. Metzger/35*

Geisler und Nix kamen bei einem Vergleich der Textvarianten zwischen den neutestamentlichen Dokumenten und anderen Werken der Antike zu dem Schluß:

»Hinter dem Neuen Testament hat die *Ilias* mehr Handschriften (643) vorliegen als jedes andere Buch. Sowohl sie als auch die Bibel wurden für ›heilig‹ geachtet, und beide wurden der Textveränderung und der Textkritik ihrer griechischen Manuskripte unterzogen. Das Neue Testament umfaßt ca. 20000 Zeilen.« *Geisler, Nix/366*

Weiter führen sie aus: »Die *Ilias* [umfaßt] ca. 15600 [Zeilen]. Nur 40 Zeilen (oder 400 Wörter) des Neuen Testaments stehen in Frage, während 764 Zeilen der *Ilias* zweifelhaft sind. Dieser fünf-

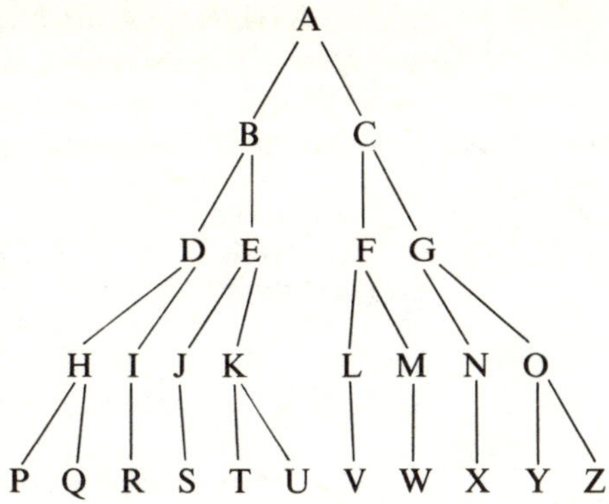

prozentigen Textentstellung steht eine ähnliche Textkorrektur von [nur] einem halben Prozent im Neuen Testament gegenüber.

Das nationale Epos Indiens, das Mahabharata, hat noch weit mehr Textentstellungen erlitten. Es ist ungefähr achtmal so umfangreich wie die *Ilias* und die *Odyssee* zusammengenommen, nämlich rund 250000 Zeilen. Von diesen sind 26000 textlich entstellt (über 10 Prozent).« *Geisler, Nix/367*

Der große Vorteil bei einer Menge von Mss. besteht darin, daß es leichter ist, das Original (die Urschrift) zu rekonstruieren. Angefangen bei den Manuskripten »P« bis »Z«, kann man das ursprüngliche Ms. »A« rekonstruieren.

1.2.5 Frühe Manuskript-Übersetzungen

Eine weitere starke Stütze für die Genauigkeit der Textüberlieferung sind die alten Übersetzungen (auch »Versionen« genannt). Im allgemeinen wurde die Literatur des Altertums selten in andere Sprachen übersetzt. Ganz anders bei den heiligen Texten des Christentums, das ja von Anfang an ein stark missionarischer Glaube war.

»Die frühesten Übersetzungen des Neuen Testaments wurden von Missionaren hergestellt, um die Ausbreitung des christlichen Glaubens bei Leuten zu ermöglichen, deren Muttersprache Syrisch, Latein oder Koptisch war.« *B. M. Metzger/67f.*

Syrische und lateinische Übersetzungen des NT wurden bereits um 150 n. Chr. erstellt. Das führt uns sehr nah an die Zeit der Urtexte.

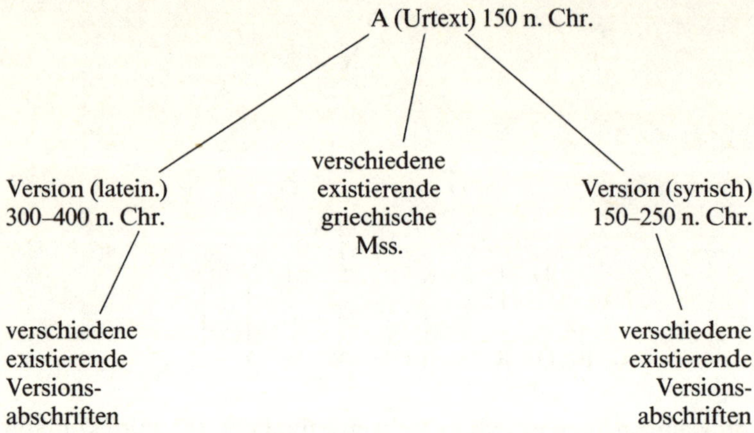

Es gibt über 9000 existierende Kopien früherer Versionen.

a) Syrische Übersetzungen *B. M. Metzger/69–72*

- Die *altsyrische Version* enthält vier Evangelien, Abschrift ungefähr aus dem 4. Jh. Dazu muß erklärt werden, daß »Syrisch die Bezeichnung für das von Christen gesprochene Aramäisch ist. Es ist in einer eigenen Variante des aramäischen Alphabets geschrieben.« *F. F. Bruce a/193 Theodor von Mopsuestia* (5. Jh.) schrieb: »Es wurde in die Sprache der Syrer übersetzt.« *F. F. Bruce a/193*

- *Die syrische Peschitta.* Die Grundbedeutung des Wortes ist »einfach«. Es war eine »Normalbibel«. Geschrieben um 150 bis 250 n. Chr., gibt es davon heute noch über 350 Mss. aus dem 5. Jh. *Geisler, Nix/317*

- Die *philoxenianische Version* (508 n. Chr.). Polykarp übersetzte ein neusyrisches Neues Testament für Philoxenus, den Bischof von Mabug. *J. H. Greenlee/49*

- Die *herakleitisch-syrische Version* (616 n. Chr.) von Thomas von Heraklea.

- Die *palästinensisch-syrische* (auch *melkitische) Version*. Die meisten Gelehrten datieren sie um 400–450 n. Chr.

b) Lateinische Übersetzungen *B. M. Metzger/72–79*

- Die *altlateinische Version (Vetus latina)*. Es liegen Zeugnisse aus dem 4.–13. Jh. vor, daß im 3. Jh. eine altlateinische Version in Nordafrika und Europa in Umlauf war.

- Die *afrikanisch-altlateinische Version (Codex Bobbiensis)* (400 n. Chr.), die wahrscheinlich von einem Papyrus aus dem 2. Jh. abgeschrieben wurde. *B. M. Metzger/73f.*

- *Codex Corbiensis* (400–500 n. Chr.). Enthält die vier Evangelien.

- *Codex Vercellensis* (360 n. Chr.).

- *Codex Palatinus* (5. Jh. n. Chr.).

- Die *lateinische Vulgata* (»allgemeine« oder »Volksausgabe«). Hieronymus war der Sekretär des Damasus, des Bischofs von Rom. Zwischen 366 und 384 n. Chr. kam Hieronymus dem Auftrag des Bischofs nach, eine neue lateinische Version zu schaffen. *F. F. Bruce a/201*

c) Koptische (ägyptische) Übersetzungen *B. M. Metzger/79–82*

F. F. Bruce schreibt, daß die erste ägyptische Version wahrscheinlich im 3. oder 4. Jh. übersetzt wurde. *F. F. Bruce a/214*

- Die *sahidische Version* (Anfang des 3. Jh.). *B. M. Metzger/80*

- Die *bohairische Version*. Der Herausgeber, Rodalphe Kasser, datiert sie um das 4. Jh. *J. H. Greenlee/50; B. M. Metzger/81*

- Die *mittelägyptische Version* (4. oder 5. Jh.).

d) Andere Übersetzungen

- Die *armenische Version* (5. Jh. n. Chr.). Scheint übersetzt worden zu sein von einer griechischen Bibel, die aus Konstantinopel stammte.

- Die *georgische (grusinische) Version.*

1.2.6 Die Stimme der frühkirchlichen Gelehrten

Die Encyclopaedia Britannica schreibt: »Wenn der Textgelehrte die Manuskripte und Versionen untersucht hat, sind damit die Belege für das Neue Testament immer noch nicht erschöpft. Die Schriften der frühchristlichen Väter weisen oft eine Textform auf, die sich von der Form in dem einen oder anderen Manuskript unterscheidet. In einigen Fällen stellen diese Schriften den einzigen Zugang zu Textüberlieferungen dar, die längst verschwunden sind; und darum gehört ihr Textzeugnis – besonders wenn es die Lesarten aus anderen Quellen erhärtet – zu dem Belegmaterial, das die Textkritiker konsultieren müssen, ehe sie ihre Schlußfolgerungen ziehen.« *Encycl. Brit., Bd. 3/579*

J. Harold Greenlee sagt, daß die Zitate aus der Bibel in den Werken der frühchristlichen Verfasser »so umfassend sind, daß man aus ihnen das NT so gut wie rekonstruieren könnte, ohne neutestamentliche Manuskripte zu gebrauchen«. *J. H. Greenlee/54*

Bruce Metzger: »In der Tat sind diese Zitate so umfangreich, daß, wenn uns alle Quellen für unsere Kenntnis des neutestamentlichen Textes verlorengegangen wären, sie doch allein ausreichen würden, um praktisch das ganze Neue Testament zu rekonstruieren.« *B. M. Metzger/86*

Geisler und Nix: »Die Zitate sind so zahlreich und weit verbreitet, daß das Neue Testament allein aus den Schriften der frühchristlichen Väter rekonstruiert werden könnte, selbst wenn kein Manuskript des Neuen Testaments mehr vorhanden wäre.« *Geisler, Nix/357*

Sir David Dalrymple wurde einmal gefragt: »Angenommen, das Neue Testament wäre vernichtet worden und jede Abschrift am Ende des 3. Jh. verlorengegangen; hätte man es dann aus den Schriften der Väter des 2. und 3. Jh. wiederherstellen können?«

Nach umfangreichen Nachforschungen kam Dalrymple zu dem Schluß: »Schauen Sie sich jene Bücher an. Erinnern Sie sich noch an die Frage über das Neue Testament und die Väter? Diese Frage erweckte meine Neugier, und da ich alle existierenden Werke der Väter aus dem 2. und 3. Jh. besitze, fing ich an, nachzuforschen, und bis jetzt habe ich das gesamte Neue Testament gefunden, außer elf Versen.« *Ch. Leach/35f.; Geisler, Nix/357*

(Es ist allerdings zu beachten, daß die frühen Kirchenväter nicht immer wortgetreu zitieren und daß manche Kopisten zu Fehlern oder auch bewußten Veränderungen neigten.)

- *Klemens von Rom* (95 n. Chr.). Origenes nennt ihn (in *De Principiis*, Bd. II, Kap. 3) einen Jünger des Apostels (Johannes). *J. Anderson/28* Tertullian schreibt (in: *Gegen Häresien*, Kap. 23), daß er (Klemens) von Petrus eingesetzt worden sei. Irenäus sagt (*Gegen die Häresien*, Buch III. 3.3): »[...] Klemens, der die Apostel noch sah und mit ihnen verkehrte. Er vernahm also noch mit eigenen Ohren ihre Predigt und Lehre [...]« *Irenäus/212*

Klemens zitiert aus:

Matthäus	1. Korinther
Johannes	1. Petrus
Lukas	Hebräer
Apostelgeschichte	Titus

- *Ignatius* (70–100 n. Chr.) war Bischof von Antiochien und starb als Märtyrer. Er kannte die Apostel gut und war ein Jünger Polykarps. Seine sieben Briefe enthalten Zitate aus:

Matthäus	Epheser	1. und 2. Thessalonicher
Johannes	Philipper	1. und 2. Timotheus
Apostelgeschichte	Galater	1. Petrus
Römer	Kolosser	
1. Korinther	Jakobus	

- *Polykarp* (70–156 n. Chr.) starb als Märtyrer mit 86 Jahren, war Bischof von Smyrna und ein Jünger des Apostels Johannes.

- *Barnabas* (70 n. Chr.)

- *Hermas* (95 n. Chr.)

- *Tatian* (170 n. Chr.)

- *Irenäus* (170 n. Chr.), Bischof von Lyon

- *Klemens von Alexandrien* (150–212 n. Chr.). 2400 seiner Zitate stammen aus dem ganzen Neuen Testament außer drei Büchern.

- *Tertullian* (160–220 n. Chr.) war ein Ältester der Gemeinde in Karthago. Er gibt über 7000 Zitate aus dem Neuen Testament, davon 3800 aus den Evangelien.

- *Hippolytos* (170–235 n. Chr.) gibt mehr als 1300 Referenzen.

- *Justin, der Märtyrer* (133 n. Chr.), bekämpfte den Häretiker Marcion.

- *Origenes* (185–253 od. 254 n. Chr.). Dieser Verfasser schrieb über 6000 Werke. Er führt mehr als 18000 neutestamentliche Zitate an. *Geisler, Nix/353*

- Cyprian (gest. 258 n. Chr.) war Bischof von Karthago. Er gebrauchte ca. 740 alt- und 1030 neutestamentliche Zitate.

Geisler und Nix folgern mit Recht: »Eine kurze Bestandsaufnahme an diesem Punkt zeigt, daß es vor der Zeit des Konzils zu Nicäa (325 n. Chr.) an die 32000 Zitate aus dem Neuen Testament gegeben hat. Diese 32000 Zitate sind in keiner Weise erschöpfend und schließen nicht einmal die Autoren des 4. Jh. ein. Fügte man auch nur die Anzahl der Referenzen von einem Verfasser, nämlich Eusebius, hinzu, der vor und während des nicäanischen Konzils schrieb, so käme man damit auf eine Summe von über 36000 Zitaten aus dem Neuen Testament.« *Geisler, Nix/353 f.*

Zu den oben Genannten könnte man noch Augustinus, Amabius, Laitantius, Chrysostomus, Hieronymus, Gaius Romanus, Athanasius, Ambrosius von Mailand, Cyrill von Alexandrien, Ephraem von Syrien, Hilarius von Poitiers, Gregor von Nyssa usw. hinzufügen.

Frühkirchliche Zitate aus dem Neuen Testament *Geisler, Nix/357*

Verfasser	Evangelien	Apg	paulin. Briefe	allgem. Briefe	Offb	insgesamt
Justin d. Märt.	268	10	4	6	3	330 (266 Bezugnahmen
Irenäus	1038	194	499	23	65	1819
Klemens v. Alex.	1017	44	1127	207	11	2406
Origines	9231	349	7778	399	165	17922
Tertullian	3822	502	2609	120	205	7258
Hippolytus	734	42	387	27	188	1378
Eusebius	3258	211	1592	88	27	5176
insgesamt	19368	1352	14035	870	664	36289

1.2.7 Lektionarien

Dies ist ein sehr vernachlässigtes Gebiet; und doch sind die Lektionarien die zweitgrößte Gruppe griechischer neutestamentlicher Mss.

Bruce Metzger sagt über den Hintergrund der Lektionarien: »Wie es in der Synagoge üblich war, im Synagogengottesdienst am Sabbat Abschnitte aus dem Gesetz und den Propheten zu lesen, so hatte die christliche Kirche sehr früh den Brauch übernommen, Stellen aus dem Neuen Testament im Gottesdienst vorzulesen. Ein ganzes System von Lektionen aus den Evangelien und Episteln entstand, und es bildete sich der Brauch heraus, diese Lektionen nach einer festen Ordnung auf die Sonntage und Feste des Jahres zu verteilen.« *B. M. Metzger/31*

Harold Greenlee schreibt: »Die frühesten lektionarischen Fragmente stammen aus dem sechsten Jahrhundert, während vollständige Mss. aus dem achten Jahrhundert und später datieren.« *J. H. Greenlee/45*

Die Lektionarien waren für gewöhnlich ziemlich konservativ und benutzten ältere Texte. Gerade dies macht sie für die Textkritik so wertvoll. *B. M. Metzger/32*

1.3 Bibliographische Prüfung der Zuverlässigkeit des Alten Testaments

Beim Alten Testament liegt keine so große Fülle an zeitlich nahen Ms-Belegen vor wie beim NT. Bis zur Entdeckung der Schriftrollen vom Toten Meer datierte das älteste vorhandene hebräische Ms. von ca. 900 n. Chr. Dies ergab eine Zeitlücke von 1300 Jahren (das hebräische AT war um 400 v. Chr. abgeschlossen). Auf den ersten Blick scheint das AT damit nicht zuverlässiger belegt zu sein als andere Literatur des Altertums (s. o. 1.2.2, Vergleichsliste weltlicher Literatur). Mit der Entdeckung der Schriften vom Toten Meer fand man jedoch eine Anzahl alttestamentlicher Mss., die von den Gelehrten in die Zeit vor Christus datiert werden. Für die neuere Forschung bis 1986 vgl. die Anhang-Bibliographien.

Wenn die Fakten untersucht und verglichen werden, findet man eine überwältigende Fülle von Gründen für die Zuverlässigkeit der Mss., die wir besitzen. Wir werden sehen – wie *Sir Frederic Kenyon* es ausdrückte –, daß »der Christ die ganze Bibel zur Hand nehmen kann und ohne Furcht oder Zögern sagen darf, er besitze hier das wahre Wort Gottes, das ihm ohne wesentliche Verluste von einer Generation zur anderen die Jahrhunderte hindurch überliefert ist«. *F. G. Kenyon c/23*

Als erstes muß man, um die Einzigartigkeit der Schrift in ihrer Zuverlässigkeit zu erkennen, die extreme Sorgfalt untersuchen, mit der die Kopisten die alttestamentlichen Mss. abgeschrieben haben.

1.3.1 Die Talmudisten (100–500 n. Chr.)

Während dieser Periode verbrachte man viel Zeit damit, das bürgerliche und kanonische hebräische Gesetz zu katalogisieren. Die Talmudisten hatten ein ziemlich kompliziertes System für das Kopieren von Synagogen-Schriftrollen.

Samuel Davidson beschreibt einige der Regeln der Talmudisten in bezug auf die Heilige Schrift. Diese strengen Anweisungen lauteten (zahlenmäßige Anordnung von *Geisler und Nix*): »1.) Eine Synagogenrolle muß auf Häuten reiner Tiere geschrieben sein, die 2.) eigens für den Synagogengebrauch von einem Juden vorbereitet worden sind. 3.) Diese Häute müssen mit Sehnen von reinen Tieren zusammengeheftet werden. 4.) Jede Haut muß

eine bestimmte Anzahl Spalten aufweisen, die durch den gesamten Codex gleich bleibt. 5.) Die Länge einer Spalte darf 48 Zeilen nicht unterschreiten oder 60 Zeilen überschreiten; und die Breite muß 30 Buchstaben entsprechen. 6.) Die ganze Abschrift muß erst liniert werden; und wenn drei Wörter ohne Linie geschrieben werden, ist sie wertlos. 7.) Die Tinte soll schwarz sein, weder rot noch grün, noch andersfarbig und muß nach einem bestimmten Rezept hergestellt werden. 8.) Die Vorlage muß eine authentische Kopie sein, von der der Abschreiber nicht im geringsten abweichen darf. 9.) Kein Wort oder Buchstabe, nicht einmal ein Jota darf aus dem Gedächtnis geschrieben werden, also ohne daß der Schreiber den vor ihm liegenden Codex betrachtet hat [. . .] 10.) Zwischen allen Konsonanten muß eine Haares- oder Fadenbreite Platz gelassen werden; 11.) zwischen allen neuen Parascha oder Abschnitten eine Breite von neun Konsonanten; 12.) zwischen den einzelnen Büchern drei Zeilen. 13.) Das 5. Buch Mose muß genau mit einer Zeile abschließen; aber die restlichen Bücher [des Pentateuch] brauchen das nicht. 14.) Außerdem muß der Kopist in voller jüdischer Tracht sein und 15.) seinen ganzen Leib gewaschen haben. 16.) Er darf den Namen Gottes nicht mit einem gerade in Tinte getauchten Schreibgerät anfangen, und sollte ihn 17.) ein König anreden, während er diesen Namen schreibt, so darf er ihn nicht beachten.«
S. Davidson/89; Geisler, Nix 241

Davidson fügt hinzu: »Die Rollen, in denen diese Regeln nicht beachtet werden, sind zum Vergraben in der Erde oder zum Verbrennen verdammt; oder sie werden in die Schulen verbannt, um dort als Lesefibeln Verwendung zu finden.«

Warum haben wir nicht mehr alte Mss.? Gerade das Fehlen alter Mss. bestätigt die Zuverlässigkeit der Abschriften, die wir heute besitzen, wenn man die Regeln und die Genauigkeit der Kopisten in Betracht zieht.

Die Talmudisten waren nach Beendigung einer Ms.-Abschrift so sehr davon überzeugt, eine genaue Kopie zu besitzen, daß sie der neuen Abschrift die gleiche Autorität wie der Vorlage beimaßen.

Frederic Kenyon gibt weitere Anmerkungen zu dem eben Gesagten und zur Vernichtung alter Abschriften:

»Dieselbe extreme Sorgfalt, die der Umschreibung der Manuskripte gewidmet wurde, liegt auch dem Verschwinden der früheren Abschriften zugrunde. Wenn ein Manuskript mit der vom Talmud vorgeschriebenen Genauigkeit abgeschrieben und ordnungsgemäß auf seine Richtigkeit hin bestätigt worden war, wurde es als authentisch akzeptiert und als von gleichem Wert geachtet wie alle anderen Abschriften. Waren alle gleichermaßen korrekt, *dann gab das Alter einem Manuskript keinen Vorteil*; im Gegenteil, Alter war dann sogar ein Nachteil, da ein Manuskript ja mit der Zeit unleserlich oder beschädigt werden konnte. Eine beschädigte oder unvollkommene Abschrift wurde sofort für unbrauchbar erklärt.

Für jede Synagoge gab es eine ›Geniza‹ (hölzernen Abstellraum), in der schadhafte Manuskripte verwahrt wurden; und aus diesen Aufbewahrungstätten hat man einige der noch existierenden ältesten Manuskripte in unserer Zeit wieder aufgefunden. Die jüdische Gewohnheit war also weit davon entfernt, eine ältere Kopie der Schrift als wertvoller zu betrachten, sondern man zog die jüngeren als die vollkommeneren und unbeschädigten vor. Die älteren Abschriften verfielen natürlich, sobald sie in die ›Geniza‹ gelegt wurden, entweder weil sie nicht mehr gebraucht oder weil sie absichtlich verbrannt wurden, wenn die ›Geniza‹ übervoll war.

Das Fehlen sehr alter Kopien der hebräischen Bibel braucht uns daher weder zu überraschen noch zu beunruhigen. Wenn wir zu den bereits aufgeführten Ursachen noch die wiederholten Verfolgungen zählen, bei denen viel jüdisches Eigentum zerstört wurde, so ist das Verschwinden der alten Manuskripte ausreichend begründet, und die übriggebliebenen können akzeptiert werden als solche, die das erhalten, was allein zu erhalten sie beanspruchen – nämlich den massoretischen Text.« *F. G. Kenyon c/43*

»Ehrfurcht vor der Schrift und Bedachtsein auf die Reinheit des heiligen Textes kam nicht erst nach dem Fall Jerusalems auf.« *W. H. Green/173.* Man kann sogar bis auf Esra zurückgehen, der in Esr 7,6.10 ein »kundiger Schriftgelehrter« genannt wird. Er war ein Fachmann, ein Schriftkundiger.

1.3.2 Die masoretische Periode (500–900 n. Chr.)

Die Masoreten (von *massorah* = »Überlieferung«) übernahmen die mühselige Arbeit, den Text zu redigieren und zu standardisieren. Ihr Hauptzentrum befand sich in Tiberias. Der Text, den die Masoreten bearbeiteten, heißt der »masoretische« Text. Er war mit vokalisierender Punktierung versehen, um die richtige Aussprache zu gewährleisten. Der masoretische Text ist heute der hebräische Standardtext.

Die Masoreten waren sehr diszipliniert; sie behandelten den Text »mit der größtmöglichen Ehrfurcht und ersannen ein kompliziertes System der Absicherung gegen Fehler der Schriftgelehrten. So zählten sie z. B., wie oft jeder Buchstabe des Alphabets in jedem Buch vorkommt; sie wiesen den mittleren Buchstaben des Pentateuchs und den mittleren Buchstaben der ganzen hebräischen Bibel nach und stellten sogar noch detailliertere Berechnungen auf [. . .] und sie erfanden eine Mnemotechnik, durch die man die verschiedenen Summen leicht im Gedächtnis behalten konnte.« *F. F. Bruce a/117*

Sir Frederic Kenyon sagt: »Neben der Niederschrift der unterschiedlichen Lesarten, Überlieferungen oder Mutmaßungen stellten die Masoreten auch eine Anzahl von Berechnungen an, die eigentlich nicht in den Bereich der Textkritik gehören. Sie numerierten die Verse, Wörter und Buchstaben eines jeden Buches. Sie berechneten das mittlere Wort und den mittleren Buchstaben von allen. Sie vermerkten Verse, die alle Buchstaben des Alphabets enthalten oder eine bestimmte Anzahl desselben usw. Diese Nebensächlichkeiten, wie wir sie mit Recht bezeichnen können, hatten den Effekt, die präzise Übermittlung des Textes mit minuziöser Aufmerksamkeit sicherzustellen; und sie sind an sich nur ein übertriebener Ausdruck einer Ehrfurcht vor der Heiligen Schrift, die für sich gesehen nichts als Lob verdient. Die Masoreten waren darum bemüht, daß auch nicht ein Jota noch Tüttel, nicht der kleinste Buchstabe noch der kleinste Teil eines Buchstabens des Gesetzes vergehen oder verlorengehen sollte.« *F. G. Kenyon C/38*

1.3.3 Stimmen der Gelehrten

Robert Dick Wilsons tiefgehende Untersuchungen führen die Wahrheitsmäßigkeit und Glaubwürdigkeit der Bibel bis in die alttestamentliche Zeit zurück: »In 144 Fällen der Transliteration von Namen aus dem Ägyptischen, Assyrischen, Babylonischen und Moabitischen ins Hebräische und in 40 umgekehrten Fällen, also in insgesamt 184 Fällen, zeigt das Material, daß 2300 bis 3900 Jahre lang die Schreibweise der Eigennamen in der hebräischen Bibel mit minuziöser Genauigkeit übermittelt wurde. Daß die ursprünglichen Verfasser sie mit einer solchen Übereinstimmung mit korrekten philologischen Prinzipien geschrieben haben, ist ein wunderbarer Beweis für ihre gründliche Sorgfalt und Gelehrtheit. Darüber hinaus ist es ein beispielloses Phänomen in der Literaturgeschichte, daß der hebräische Text von den Kopisten über so viele Jahrhunderte hinweg übermittelt wurde.« *R. D. Wilson/71*

Wilson fügt hinzu: »Es gibt ungefähr 40 dieser Könige, die von 2000 v. Chr. bis 400 v. Chr. lebten. Jeder erscheint in chronologischer Reihenfolge [. . .] in der Beziehung zu den Königen desselben Landes und in der Beziehung zu den Königen anderer Länder [. . .] Es ist unmöglich, sich einen stärkeren Beweis für die wesentliche Genauigkeit der alttestamentlichen Berichte vorzustellen als diese Sammlung von Königen. Die mathematische Wahrscheinlichkeit, daß dies Zufall sein sollte, wäre 1:750000000000000000000000!« *R. D. Wilson/70 f.*

Wilson kommt zu dem Schluß:

»Der Beweis dafür, daß die Abschriften der Originalurkunden uns über 2000 Jahre lang mit wesentlicher Exaktheit überkommen sind, kann nicht geleugnet werden. Daß die Kopien, die vor 2000 Jahren existierten, in gleicher Weise von den Urtexten übermittelt wurden, ist nicht nur möglich, sondern, wie wir gezeigt haben, wahrscheinlich – wahrscheinlich angesichts der analogen Fälle babylonischer Urkunden, von denen wir Urtexte und Abschriften, die Tausende von Jahren auseinanderliegen, besitzen, sowie Hunderter von Papyri, die, wenn man sie mit unseren heutigen Ausgaben der Klassiker vergleicht, nur geringfügige Textveränderungen in über 2000 Jahren aufweisen. Besonders wahrscheinlich aber ist es angesichts der wissenschaftlichen und nachweislichen Genauigkeit, mit der uns die richtige Schreibweise der Königsnamen und der zahlreichen fremden Begriffe, die in den hebräischen Text eingebettet sind, übermittelt wurde.« *R. D. Wilson/85*

F. F. Bruce bemerkt: »Der Konsonantentext der hebräischen Bibel, den die Masoreten redigiert haben, war über eine Periode von nahezu eintausend Jahren mit augenfälliger Gewissenhaftigkeit bis in ihre Zeit überliefert worden.« *F. F. Bruce a/178*

William Green folgert: »Es kann mit Sicherheit gesagt werden, daß kein anderes Werk der Antike mit solcher Genauigkeit übermittelt wurde.« *W. H. Green/181*

Über diese Genauigkeit der Übermittlung des hebräischen Textes sagt Atkinson, vormals Zweiter Bibliothekar an der Universität Cambridge, sie »grenze an ein Wunder«.

Rabbi Aquiba (2. Jh. n. Chr.) hatte das Verlangen, einen exakten Text zu produzieren. Ihm wird die Aussage zugeschrieben:

»Die genaue Übermittlung (massoreth) des Textes ist ein Schutzzaun für die Thora.« *R. K. Harrison/211*

1.3.4 Der hebräische Text

- Der *Kairo-Codex* (895 n. Chr.) befindet sich im Britischen Museum. Er war von dem Masoretengeschlecht Moses ben Ascher hergestellt worden und enthält spätere und frühere Propheten. *F. F. Bruce a/115f.*

- Der *Prophetencodex von Leningrad* (916 n. Chr.) enthält Jesaja, Jeremia, Hesekiel und die zwölf kleinen Propheten.

- Das älteste vollständige Ms. des Alten Testaments ist der *Codex Babylonicus Petropolitanus* (1008 n. Chr.) in Leningrad. Er wurde hergestellt von einem Text, den Rabbi Aaron ben Moses ben Ascher vor 1000 v. Chr. korrigiert hatte. *Geisler, Nix/250*

- Der *Aleppo-Codex* (10. Jh. n. Chr.) ist ein außergewöhnlich wertvolles Ms. Man hatte es einst für verloren gehalten, aber es wurde 1958 wiedergefunden. Leider erlitt es einige Beschädigungen.

- Der *Codex des Britischen Museums* (950 n. Chr.) enthält einen Teil der fünf Bücher Mose.

- Der *Reuchlin-Codex der Propheten* (1105 n. Chr.) wurde von dem Masoreten ben Naphtali hergestellt.

1.3.5 Die Schriftrollen vom Toten Meer

Die große Frage wurde zuerst von *Sir Frederic Kenyon* aufgeworfen: »Stellt der hebräische Text, den wir masoretisch nennen und von dem wir nachgewiesen haben, daß er von einem um 100 n. Chr. aufgezeichneten Text stammt, treu den hebräischen Text dar, wie er ursprünglich von den Verfassern der alttestamentlichen Bücher geschrieben worden war?« *F. G. Kenyon c/47*

Die Schriftrollen vom Toten Meer geben uns eine ausdrückliche und positive Antwort.

Das Problem vor der Entdeckung der Schriftrollen vom Toten Meer lautete: Wie getreu sind die Abschriften, die wir heute von den Texten des ersten Jahrhunderts besitzen? Können wir dem Text vertrauen, wenn er so unzählige Male abgeschrieben worden ist?

● Was sind die Schriftrollen vom Toten Meer?

Die Rollen bestehen aus über 40000 beschriebenen Fragmenten. Aus diesen Fragmenten hat man mehr als 500 Bücher rekonstruieren können.

Es wurden noch viele außerbiblische Bücher und Fragmente gefunden, die ein Licht auf die religiöse Gemeinschaft von Qumran werfen. Manuskripte wie die »Zadokschen Dokumente« und eine »Regel der Einung« (ursprünglich »Handbuch der Unterweisung« genannt) helfen uns, das tägliche Qumran-Leben und seinen Zweck zu verstehen. In den verschiedenen Höhlen fand man einige hilfreiche Kommentare zur Heiligen Schrift.

● Wie wurden die Schriftrollen vom Toten Meer gefunden?

Hier möchte ich *Ralph Earle* zitieren, der uns dazu eine lebendige und kurzgefaßte Antwort gibt:

»Die Geschichte dieser Entdeckung ist eine der faszinierendsten Begebenheiten unserer Zeit. Im Februar oder März des Jahres 1947 suchte ein beduinischer Hirtenjunge namens Muhammad nach einer verirrten Ziege. Er warf dabei einen Stein in eine Felsspalte am Westufer des Toten Meeres, ungefähr dreizehn Kilometer südlich von Jericho. Zu seiner Überraschung hörte er das Geräusch zerbrechender Tonkrüge. Als er der Sache nachging, entdeckte er etwas Erstaunliches. Auf dem Boden der Höhle standen mehrere große Krüge, in denen sich in Leinwand gewickelte Lederrollen befanden. Weil die Krüge sorgfältig versiegelt worden waren, blieben diese Rollen fast 1900 Jahre lang in ausgezeichneter Verfassung erhalten. (Man hatte sie wahrscheinlich 68 n. Chr. dorthin gestellt.)

Fünf der Rollen, die man in der Höhle 1 – wie sie jetzt heißt – fand, wurden von dem Erzbischof des syrisch-orthodoxen Klosters in Jerusalem aufgekauft. In der Zwischenzeit erstand Professor Sukenik von der dortigen Hebräischen Universität drei weitere Rollen.

Über die Entdeckung der Rollen wurde in der Öffentlichkeit zunächst nichts bekannt. Im November 1947, zwei Tage nachdem Professor Sukenik drei Rollen und zwei Krüge aus der Höhle gekauft hatte, schrieb er in sein Tagebuch: ›Es kann sein, daß dies einer der größten Funde ist, die je in Palästina gemacht wurden; ein Fund, wie wir ihn nie zu hoffen wagten.‹ Aber diese bedeutsamen Worte wurden damals nicht veröffentlicht.

Im Februar 1948 rief der Erzbischof, der nicht Hebräisch lesen konnte, glücklicherweise die American School of Oriental Research in Jerusalem an und berichtete von den Schriftrollen. Durch eine gute Vorsehung war der damalige amtierende Direktor ein junger Gelehrter namens John Trever, der auch ein ausgezeichneter Amateurfotograf war. In mühsamer, hingebungsvoller Arbeit fotografierte er jede Spalte der großen Jesaja-Rolle, die etwas über 7,30 m lang und 26 cm breit ist. Er selber entwickelte die Platten und sandte einige Abzüge per Luftpost an Dr. F. W. Albright von der John-Hopkins-Universität, der sich als führender biblischer Archäologe Amerikas einen Namen gemacht hatte. Mit umgehender Luftpost schrieb Albright: ›Meine herzlichsten Glückwünsche zum größten Handschriftenfund der Neuzeit! [. . .] Welch absolut unglaublicher Fund! Und es kann glücklicherweise nicht den leisesten Zweifel an der Echtheit des Manuskriptes geben.‹ Er datierte es um 100 v. Chr.« *R. Earle/48f.*

Trever zitiert noch weitere Äußerungen Albrights: »Es besteht bei mir kein Zweifel darüber, daß die Schrift älter ist als der Papyrus Nash [. . .] Ich würde ein Datum um 100 v. Chr. schätzen [. . .]« *Geisler, Nix/260*

● Der Wert der Schriftrollen

Die ältesten Mss., die wir bisher besaßen, datierten ab 900 n. Chr. Wie konnte man aber einer genauen Überlieferung seit der Zeit Christi, nämlich 32 n. Chr., sicher sein? Dank der Archäologie und der Schriftrollen vom Toten Meer wissen wir es jetzt. Eine der gefundenen Rollen war eine vollständige Handschrift des hebräischen Textes von Jesaja. Paläographen datieren sie um 125 v. Chr. Dieses Ms. ist über 1000 Jahre älter als jedes Ms., das wir zuvor besaßen.

Die anderen biblischen Mss. datieren zwischen 200 v. Chr. und 68 n. Chr. Die Tiefenwirkung dieser Entdeckung liegt in der genauen Übereinstimmung der Jesaja-Rolle (125 v. Chr.) mit dem 1000 Jahre jüngeren masoretischen Text von Jesaja (916 n. Chr.).

Dies beweist die ungewöhnliche Gewissenhaftigkeit der Bibelkopisten über einen Zeitraum von tausend Jahren.

»Von den 166 Wörtern in Jesaja 53 sind nur 17 Buchstaben fraglich. Zehn dieser Buchstaben betreffen lediglich die Rechtschreibung, ohne Einfluß auf die Bedeutung. Vier weitere Buchstaben sind geringfügige stilistische Veränderungen, z. B. Konjunktionen. Die restlichen drei Buchstaben ergeben das Wort ›Licht‹, welches in Vers 11 hinzugefügt wird, aber die Bedeutung nicht sehr beeinflußt. Weiterhin wird dieses Wort durch die LXX [Septuaginta] und durch IQ Is [Jesaja-Rolle aus Qumranhöhle I] erhärtet. Somit gibt es in einem Kapitel von 166 Wörtern nur ein Wort (drei Buchstaben), das nach eintausend Jahren der Überlieferung in Frage steht – und dieses Wort ändert die Bedeutung der Schriftstelle nicht sonderlich.« *Geisler, Nix/263*

F. F. Bruce sagt: »Eine unvollständige Jesaja-Rolle, die sich neben der anderen in der ersten Qumranhöhle befand und zur leichteren Unterscheidung als ›Jesaja B‹ bezeichnet wurde, stimmt sogar noch näher mit dem masoretischen Text überein.« *F. F. Bruce a/123*

Gleason Archer bemerkt folgendes zu den Jesaja-Abschriften der Qumran-Gemeinschaft: »[...] sie erwiesen sich in über 95% des Textes Wort für Wort als identisch mit unserer hebräischen Standardbibel. Die 5% Abweichungen bestehen zur Hauptsache aus offensichtlichen Schreibfehlern und varianten Buchstabierungen.« *G. L. Archer/19*

Millar Burrows kommt zu dem Ergebnis: »Es ist zum Verwundern, daß der Text durch ein Jahrtausend so wenig Veränderungen erfahren hat. So sagte ich schon in meinem ersten Aufsatz über die Rolle: Darin liegt ihre Hauptbedeutung, daß sie die Treue der masoretischen Überlieferung bestätigt.« *M. Burrows b/249; zit. bei Geisler, Nix/261*

1.3.6 Die Septuaginta

Die Juden wurden aus ihrer Heimat vertrieben und zerstreut, und es ergab sich die Notwendigkeit, die Heilige Schrift in der Verkehrssprache jener Zeit zu haben. »Septuaginta« (Bedeutung: »Siebzig«; gewöhnlich mit den römischen Zahlzeichen LXX abgekürzt) war der Name für die griechische Übersetzung der hebräischen Heiligen Schrift, die auf Befehl des ägyptischen Königs

Ptolemäus II. Philadelphus angefertigt wurde (285–246 v. Chr.).

F. F. Bruce gibt eine interessante Darstellung über den Ursprung des Namens für diese Übersetzung. Über einen Brief, angeblich um 250 v. Chr. (realistischer wäre kurz vor 100 v. Chr.) von Aristeas, einem Hofbeamten des Königs Ptolemäus II., an seinen Bruder Philokrates schreibt er:

»Ptolemäus war als Mäzen der Literatur bekannt, und unter ihm wurde die große Bibliothek von Alexandrien, 900 Jahre lang eines der kulturellen Weltwunder, angelegt. Der Brief schildert, wie Demetrius von Phalerum, angeblich der Bibliothekar des Ptolemäus, das Interesse des Königs am jüdischen Gesetz weckte und ihm den Rat gab, eine Delegation an den Hohenpriester Eleasar in Jerusalem zu senden. Der Hohepriester wählte sechs Älteste aus jedem der zwölf Stämme Israels als Übersetzer und schickte sie nach Alexandrien mit einer besonders exakten und schönen Pergamentrolle der Thora. Die Ältesten wurden aufs königlichste und köstlichste bewirtet und bewiesen ihre Weisheit in Debatten; dann schlugen sie ihren Wohnsitz in einem Hause auf der Insel Pharos auf (der Insel, die auch ihres Leuchtturms wegen berühmt war), wo sie in 72 Tagen ihre Aufgabe erledigten, den Pentateuch ins Griechische zu übersetzen, um hernach eine übereinstimmende Fassung als Resultat ihrer Besprechungen und Vergleiche zu präsentieren.« *F. F. Bruce a/146f.*

Die LXX, die dem masoretischen Text (916 n. Chr.), den wir heute haben, sehr nahesteht, trägt dazu bei, die Zuverlässigkeit der Überlieferung über 1300 Jahre hinweg zu gewährleisten.

Die LXX und Bibelzitate in den apokryphen Büchern Jesus Sirach, Buch der Jubiläen usw. belegen die wesentliche Übereinstimmung des heutigen hebräischen Textes mit dem Text von 300 v. Chr.

Geisler und Nix erwähnen in ihrem sehr hilfreichen Buch *A General Introduction to the Bible* vier wichtige Verdienste der Septuaginta:

»1.) Sie überbrückte die religiöse Kluft zwischen den hebräisch und griechisch sprechenden Völkern, wie es dem Bedürfnis der alexandrinischen Juden entsprach; 2.) sie überbrückte die historische Kluft zwischen dem hebräischen Alten Testament der Juden und den griechisch sprechenden Christen, die sie zusammen mit dem Neuen Testament gebrauchten; 3.) sie wurde für Missionare zum Präzedenzfall für Übersetzungen der Schrift in die verschiedenen Sprachen und Dialekte; 4.) sie überbrückte die Kluft der

Textkritik durch ihre wesentliche Übereinstimmung mit dem Text des hebräischen Alten Testaments (Aleph, A, B, C usw.).« *Geisler, Nix/308*

F. F. Bruce nennt mehrere Gründe, weshalb die Juden ihr Interesse an der Septuaginta verloren:

1. »[...] weil die Christen sie vom ersten Jahrhundert an als ihre Version des Alten Testaments annahmen und bei der Ausbreitung und Verteidigung des christlichen Glaubens weitläufig Gebrauch davon machten.« *F. F. Bruce a/150*

2. »Ein weiterer Grund, weshalb die Juden das Interesse an der Septuaginta verloren, liegt in der Tatsache, daß um 100 n. Chr. ein revidierter Standardtext der hebräischen Bibel von jüdischen Gelehrten festgelegt wurde [...]« *F. F. Bruce a/151*

1.3.7 Der samaritische Text (5. Jh. v. Chr.)

Der Text enthält den Pentateuch und ist wertvoll für die Bestimmung der textlichen Lesarten. Nach Bruce sind »die Unterschiede zwischen dem samaritischen Pentateuch und der masoretischen Ausgabe [916 n. Chr.] dieser Bücher ziemlich unbedeutend, verglichen mit dem Ausmaß der Übereinstimmung.« *F. F. Bruce a/122*

1.3.8 Die Targume

Die Targume (hebr. *targumim* = »Interpretationen«) sind Übertragungen bzw. Umschreibungen des Alten Testaments. Erste Abschriften um 500 n. Chr.

Als die Juden in der babylonischen Gefangenschaft waren, trat die chaldäische Sprache an die Stelle des Hebräischen. Die Juden brauchten darum die Heilige Schrift in ihrer Umgangssprache.

Die wichtigsten Targume sind:

- *Das Targum des Onkelos* (60 v. Chr.; einige sagen, es stamme von Onkelos, einem Jünger des großen jüdischen Gelehrten *Hillel*). Es enthält den hebräischen Text des Pentateuch.

- *Das Targum des Jonathan ben Uzziel* (30 v. Chr.?). Es enthält die historischen Bücher und die Propheten.

F. F. Bruce gibt weitere interessante Einzelheiten zu den Targumen:

»[...] der Brauch, die öffentliche Schriftlesung in den Synagogen mit einer mündlichen Übertragung in die aramäische Umgangssprache zu begleiten, erwuchs in den letzten Jahrhunderten vor Christus. Als das Hebräische der breiten Masse als Umgangssprache immer weniger geläufig wurde, war es natürlich nötig, daß man ihnen den Schrifttext in einer Sprache verdeutlichte, die sie kannten, wenn sie das Gelesene verstehen sollten. Der mit der mündlichen Übertragung Beauftragte wurde ›Methurgeman‹ (Übersetzer oder Dolmetscher) und die Übertragung selber ›Targum‹ genannt.

[...] Der Methurgeman [...] durfte seine Übertragung nicht aus einer Schriftrolle vorlesen, da sonst die Gemeinde irrtümlich hätte annehmen können, er lese aus der originalen Heiligen Schrift vor. Zweifellos mit Rücksicht auf Genauigkeit war weiterhin festgelegt, daß nicht mehr als ein Vers aus dem Pentateuch und nicht mehr als drei Verse aus den Propheten auf einmal übersetzt werden durften.

Im Laufe der Zeit erfolgte dann die Niederschrift dieser Targumim.« *F. F. Bruce a/133*

Welchen Wert haben die Targume?

J. Anderson sagt über den Wert der Targume: »Der große Nutzen der früheren Targume liegt darin, daß sie die Echtheit des hebräischen Textes gewährleisten, indem sie beweisen, daß er zu der Zeit, als die Targume gemacht wurden, genauso war, wie wir ihn heute vorliegen haben.« *J. Anderson/17*

1.3.9 Die Mischna (200 n. Chr.)

Mischna heißt wörtlich »Wiederholung«, Erklärung von Lehrsätzen. Sie enthält eine Sammlung jüdischer Traditionen und eine Auslegung des mündlichen Gesetzes, ist in Hebräisch geschrieben und wird oft als »zweites Gesetz« betrachtet. *Geisler, Nix/306* Die Schriftzitate sind denen des masoretischen Textes sehr ähnlich und bezeugen seine Zuverlässigkeit.

1.3.10 Die Gemara (die palästinensische 200 n. Chr., die babylonische 500 n. Chr.)

Diese Kommentare (in Aramäisch geschrieben), die als Erläuterungen zur Mischna aufkamen, tragen zur textlichen Zuverlässigkeit des masoretischen Textes bei.

Die Mischna und die babylonische Gemara ergeben zusammen den *babylonischen Talmud*.

Mischna + babyl. Gemara = babylonischer Talmud
Mischna + paläst. Gemara = palästinensischer Talmud

1.3.11 Der Midrasch (100 v. Chr.–300 n. Chr.)

Der Midrasch ist eine Zusammenstellung von Lehrstudien über den hebräischen Text des Alten Testaments. Die Zitate entstammen im wesentlichen der Massora.

1.3.12 Die Hexapla (die »Sechsfache«)

Dieses Werk des Origenes (185–254 n. Chr.) ist eine Textharmonie in sechs Spalten: Texte aus der LXX (Septuaginta), von Aquila, von Theodotion, von Symmachus, der hebräische Urtext und eine griechische Transliteration desselben.

Die Hexapla sowie die Schriften des Josephus, des Philo und die Zadokschen Urkunden (Literatur der Qumran-Gemeinschaft am Toten Meer) »bezeugen die Existenz eines Textes um 40 bis 100 n. Chr., der dem masoretischen [Text] sehr ähnelt.« *J. H. Skilton/148*

1.4 Der interne Zuverlässigkeitsbeweis der Schrift

1.4.1 Zweifel zugunsten der Schrift auslegen

Über diesen internen Text schreibt *John Warwick Montgomery,* daß Literaturkritiker immer noch den Ausspruch des Aristoteles befolgen: »Vorhandene Zweifel sind zugunsten der Dokumente auszulegen und dürfen nicht vom Kritiker für sich beansprucht werden.« *J. W. Montgomery b/29*

Deshalb »muß man die zu analysierenden Urkunden anhören und darf keine Fälschung oder Irrtümer voraussetzen, solange der Verfasser sich nicht durch Widersprüche oder bewußte Tatsachenverdrehungen disqualifiziert hat«. *J. W. Montgomery b/29*

R. M. Horn betont, daß eine »schwierige« Bibelstelle noch lange keine widersprüchliche ist, und sagt:

»Zunächst müssen wir sicher sein, daß wir die Stelle richtig verstanden haben [. . .] Zweitens müssen wir sicher sein, daß wir das ganze verfügbare Wissen in dieser Angelegenheit vor uns haben. Drittens müssen wir sicher sein, daß sich durch den Fortschritt in der Textforschung, der Archäologie und auf anderen Wissensgebieten keine neuen Erkenntnisse ergeben haben.

Bringen wir es auf den einfachsten Nenner, dann heißt das [. . .] daß Schwierigkeiten noch keinen Widerspruch rechtfertigen. Ungelöste Probleme sind nicht notwendigerweise Irrtümer [. . .] Schwierigkeiten sind da, damit man sich mit ihnen befaßt, und Probleme sollen uns anregen, nach zusätzlicher Erkenntnis zu suchen. Aber bis wir umfassende und letzte Erkenntnis in irgendeiner Sache haben, besteht kein Recht zu behaupten: ›Hier ist ein nachweislicher Fehler, zweifellos ein richtiger Einwand gegen eine unfehlbare Bibel.‹

Es ist doch inzwischen allgemein bekannt geworden, daß seit Anfang des Jahrhunderts unzählige Schwierigkeiten gelöst werden konnten.« *R. M. Horn/86*

1.4.2 Zeugnisse aus erster Hand

Folgende Verfasser schrieben als Augenzeugen oder nach Informationen aus erster Hand:

Lk 1,1–3: »Viele haben es schon unternommen, Bericht zu geben von den Geschichten, die unter uns geschehen sind, wie uns das überliefert haben, die es von Anfang an selbst gesehen haben und Diener des Wortes gewesen sind. So habe auch ich's für gut gehalten, nachdem ich alles von Anfang an sorgfältig erkundet habe, es für dich, hochgeehrter Theophilus, in guter Ordnung aufzuschreiben . . .«

2 Petr 1,16: »Denn wir sind nicht ausgeklügelten Fabeln gefolgt, als wir euch kundgetan haben die Kraft und das Kommen unseres Herrn Jesus Christus; sondern wir haben seine Herrlichkeit selber gesehen.«

1 Joh 1,3: »... was wir gesehen und gehört haben, das verkündigen wir auch euch, damit auch ihr mit uns Gemeinschaft habt; und unsere Gemeinschaft ist mit dem Vater und mit seinem Sohn Jesus Christus.«

Apg 2,22: »Ihr Männer von Israel, hört diese Worte: Jesus von Nazareth, von Gott unter euch ausgewiesen durch Taten und Wunder und Zeichen, die Gott durch ihn in eurer Mitte getan hat, wie ihr selbst wißt ...«

Joh 19,35: »Und der das gesehen hat, der hat es bezeugt, und sein Zeugnis ist wahr, und er weiß, daß er die Wahrheit sagt, damit auch ihr glaubt.«

Lk 3,1: »Im fünfzehnten Jahr der Herrschaft des Kaisers Tiberius, als Pontius Pilatus Statthalter in Judäa war und Herodes Landesfürst von Galiläa und sein Bruder Philippus Landesfürst von Ituräa und der Landschaft Trachonitis und Lysanias Landesfürst von Abilene ...«

Apg 26,25–26: »Paulus aber sprach: Edler Festus, ich bin nicht von Sinnen, sondern ich rede wahre und vernünftige Worte. Der König, zu dem ich frei und offen rede, versteht sich auf diese Dinge. Denn ich bin gewiß, daß ihm nichts davon verborgen ist; denn dies ist nicht im Winkel geschehen.«

F. F. Bruce, Rylands-Professor für Bibelkritik und Exegese an der Universität Manchester, macht folgende Aussage über den *Primärquellenwert der neutestamentlichen Berichte:*

»Die frühesten Prediger des Evangeliums kannten den Wert des Zeugnisses aus erster Hand und beriefen sich immer wieder darauf. ›Wir sind Zeugen von diesen Dingen!‹ erklärten sie ständig und zuversichtlich. Und es kann keineswegs so leicht gewesen sein, wie manche Schriftsteller zu denken scheinen, in jenen Jahren Worte und Taten Jesu einfach zu erfinden, da so viele seiner Jünger noch lebten, die sehr wohl wußten, was geschehen war und was nicht. Es ist in der Tat erwiesen, daß die ersten Christen sehr sorgfältig unterschieden zwischen den Aussprüchen Jesu und ihren eigenen Schlußfolgerungen und Ansichten. Wenn Paulus zum Beispiel in 1. Korinther 7 die strittige Frage der Ehe und Ehescheidung diskutiert, unterscheidet er sehr sorgfältig zwischen seinem eigenen Rat in der Sache und der entscheidenden Regelung Jesu. An einer Stelle schreibt er: ›Dies aber sage ich, und nicht der Herr!‹ und an anderer Stelle: ›Denen gebiete nicht ich, sondern der Herr!‹ (Vgl. 1. Kor. 7,8.10.12.)

Zudem hatten die ersten Prediger nicht nur mit freundschaftlich gesonnenen Augenzeugen zu rechnen; es gab andere, die weniger wohlwollend, aber dennoch mit den Haupttatsachen von Jesu Wirken und Tod vertraut waren. Die Jünger konnten sich Ungenauigkeiten einfach nicht leisten (ganz zu schweigen von bewußten Verdrehungen der Tatsachen), weil sie sofort von denen aufgedeckt worden wären, die nur zu sehr auf eine solche Gelegenheit warteten. Im Gegenteil: Die Stärke der frühen apostolischen Predigt ist der zuversichtliche Appell an das Wissen der Hörer; die Apostel sagten nicht nur: ›Wir sind Zeugen von diesen Dingen‹ (Apg. 2,32; 5,32; 10,39.41), sondern ›Wie ihr selbst auch wisset‹ (Apg. 2,22). Hätte sich irgendwie eine Tendenz gezeigt, von den Tatsachen abzuweichen, so würden die unter den Zuhörern oft genug anwesenden feindlichen Augenzeugen (Apg. 4,5 u. a.) zweifellos eine Richtigstellung herbeigeführt haben.« *F. F. Bruce b/52*

Das Neue Testament muß heute von den Gelehrten als kompetente Primärquellen-Urkunde aus dem 1. Jh. betrachtet werden. *J. W. Montgomery b/34f.*

paulin. Briefe	51–62 n. Chr.	
Markus	64–70 n. Chr.	
Matthäus	80–85 n. Chr.	
Lukas	80–85 n. Chr.	} Gute Hinweise für ein
Apostelgeschichte	ab 85 n. Chr.	} Datum vor 64 n. Chr.
Johannes	vor 100 n. Chr.	

Kenyon schreibt, daß es »nachweisliche Belege für die Existenz des vierten Evangeliums kurz vor Ende des 1. Jh. gibt«.

Einer der wohl größten Bibelarchäologen, *W. F. Albright*, sagte:

»Ganz allgemein können wir schon jetzt mit Nachdruck sagen: es besteht kein stichhaltiger Grund mehr, irgendein Buch des Neuen Testaments später als etwa 80 n. Chr. anzusetzen – zwei volle Generationen vor der Zeit zwischen 130 und 150, die heute von den radikaleren Kritikern des Neuen Testaments angenommen wird.« *W. F. Albright d/145*

Er wiederholte diese Aussage in einem Interview für die Zeitschrift *Christianity Today,* vom 18. Januar 1963, zitiert von *J. W. Montgomery:* »Meines Erachtens wurde jedes Buch des Neuen Testaments von einem getauften Juden geschrieben, und zwar zwischen den vierziger und achtziger Jahren des ersten Jahrhunderts nach Christus (aller Wahrscheinlichkeit nach zwischen ca. 50 und 75 n. Chr.).« *J. W. Montgomery b/35*

1.5 Der externe Zuverlässigkeitsbeweis der Schrift: außerbiblische Autoren

»Wird das interne Zeugnis der Urkunden selber durch anderes historisches Material bestätigt oder angefochten?« *J. W. Montgomery b/31*

Mit anderen Worten: Welche Quellen gibt es (abgesehen von den biblischen Berichten selbst), die die Zuverlässigkeit, Genauigkeit und Authentizität der biblischen Berichte glaubhaft begründen?

- *Eusebius* (in *Kirchengeschichte III.39*) bewahrte einige Schriften Papias, des Bischofs von Hierapolis (130 n. Chr.) auf, die Papias von dem »Ältesten« (dem Apostel Johannes) erhalten hatte:
  »Auch dies lehrte der Presbyter: Markus hat die Worte und Taten des Herrn, an die er sich als Dolmetscher des Petrus erinnerte, genau, allerdings nicht der Reihe nach, aufgeschrieben. Denn er hatte den Herrn nicht gehört und begleitet; wohl aber folgte er später, wie gesagt, dem Petrus, welcher seine Lehrvorträge nach den Bedürfnissen einrichtete, nicht aber so, daß er eine zusammenhängende Darstellung der Reden des Herrn gegeben hätte. Es ist daher keineswegs ein Fehler des Markus, wenn er einiges so aufzeichnete, wie es ihm das Gedächtnis eingab. Denn für eines trug er Sorge: nichts von dem, was er gehört hatte, auszulassen oder sich im Berichte keiner Lüge schuldig zu machen.« *Eusebius a/191f.*
  Papias kommentierte auch das Matthäusevangelium: »Matthäus schrieb die Aussprüche in hebräischer [d. h. aramäischer] Sprache nieder.«

- *Irenäus*, Bischof von Lyon (180 n. Chr.), war ein Schüler Polykarps, des Bischofs von Smyrna, der 156 n. Chr. den Märtyrertod erlitt und ein Schüler des Apostels Johannes gewesen war. Von Irenäus heißt es, daß er nach Gregor von Tours fast die gesamte Bevölkerung von Tours bekehrte und andere Missionare in weitere Teile des heidnischen Europas sandte.
  Gegen die Häresien III: »So fest steht der Grund, auf dem diese Evangelien beruhen, daß die Häretiker selber sie bezeugen; und, angefangen bei diesen [Dokumenten], macht ein jeder von ihnen Anstrengungen, seine eigene Lehre aufzustellen.«

Die vier Evangelien waren in der christlichen Welt so grundlegend geworden, daß Irenäus sich darauf als feste und anerkannte Tatsache beziehen konnte, die so offenkundig ist wie die vier Himmelsrichtungen:
»Denn es versteht sich, daß es weder mehr noch weniger als diese Evangelien geben kann. Da es nämlich in der Welt, in der wir uns befinden, vier Gegenden und vier Hauptwindrichtungen gibt und die Kirche über die ganze Erde ausgesät ist, das Evangelium aber die Säule und Grundfeste der Kirche und ihr Lebenshauch ist, so muß sie naturgemäß auch vier Säulen haben, die von allen Seiten Unsterblichkeit aushauchen und die Menschen wieder beleben. Daraus ergibt sich, daß das Wort, als Urheber des Weltalls, thronend über den Cherubinen und alles umfassend, als es den Menschen sich offenbarte, uns ein viergestaltiges Evangelium gab, das aber von einem Geiste zusammengehalten wird.« *(Gegen die Häresien III.49) Irenäus/242f.*
Irenäus schreibt auch: »Matthäus verfaßte seine Evangelienschrift bei den Hebräern in hebräischer Sprache, als Petrus und Paulus zu Rom das Evangelium verkündeten und die Kirche gründeten. Nach deren Tode [d. h. nach der Überlieferung 64 n. Chr., in der Verfolgungszeit unter Nero] zeichnete Markus, der Schüler und Dolmetscher Petri, dessen Predigt für uns auf. Ähnlich hat Lukas, der Begleiter Pauli, das von diesem verkündete Evangelium in einem Buch niedergelegt. Zuletzt gab Johannes, der Schüler des Herrn, der an seiner Brust ruhte, während seines Aufenthaltes zu Ephesus in Asien das Evangelium heraus.« *Irenäus/209*
Sir William M. Ramsay: »Die Geschichtsschreibung des Lukas ist unübertroffen im Hinblick auf ihre Glaubwürdigkeit.« *W. M. Ramsay b/81*

- *Klemens von Rom* (95 n. Chr.) benutzt die Schrift als verläßlich und echt.

- *Ignatius* (70–110 n. Chr.) war Bischof von Antiochien und starb um seines Glaubens an Christus willen den Märtyrertod. Er kannte alle Apostel und war Jünger Polykarps, der wiederum ein Jünger des Apostels Johannes war. *Elgin Moyer* schreibt, daß Ignatius »selbst sagte: ›Ich würde lieber für Christus sterben, als die ganze Welt regieren. Überlaßt mich den

Raubtieren, damit ich durch sie Gottes teilhaftig werde.‹ Er soll im Kolosseum in Rom den wilden Tieren vorgeworfen worden sein. Seine Briefe schrieb er auf seiner Reise von Antiochien zu seinem Martyrium.« *E. S. Moyer/209*
Ignatius gründete seinen Glauben auf das Vertrauen in die Genauigkeit der Bibel. Er besaß genügend Material und Zeugen, um die Glaubwürdigkeit der Bibel zu entdecken.

- *Polykarp* (70–156 n. Chr.) war ein Jünger des Johannes. Wegen seiner ganzen Hingabe an Christus und die Schrift erlitt er mit 86 Jahren den Märtyrertod. Polykarps Sterben zeigte sein Vertrauen in die Genauigkeit der Schrift: »Um 155 n. Chr., in der Regierungszeit des Antoninus Pius, als in Smyrna eine örtliche Verfolgung ausbrach und einige seiner Gemeindeglieder den Märtyrertod starben, sonderte man ihn als den Kirchenführer aus und bestimmte ihn zum Martyrium. Als man ihn aufforderte, abzuschwören und zu leben, soll er gesagt haben: ›Sechsundachtzig Jahre diene ich ihm, und er hat mir nichts Böses getan. Wie sollte ich meinen König lästern, der mich errettet hat?‹ Er wurde auf dem Scheiterhaufen am Marterpfahl verbrannt als heroischer Märtyrer für seinen Glauben.« *E. S. Moyer/337*
  Mit Sicherheit hatte er viele Kontakte und kannte die Wahrheit.

- *Josephus Flavius* – jüdischer Historiker.
  Der Unterschied zwischen dem Bericht des Josephus und dem des Evangeliums über Johannes den Täufer besteht darin, daß Josephus sagt, die Taufe sei keine Taufe der Buße zur Vergebung der Sünden gewesen (vgl. dagegen Mk 1,4), und daß laut Josephus Johannes aus politischen Gründen und nicht wegen seiner Verurteilung der Ehe zwischen Herodes und Herodias getötet wurde. Wie *Bruce* aufzeigt, ist es durchaus möglich, daß Herodes meinte, durch die Gefangennahme des Johannes zwei Fliegen mit einer Klappe schlagen zu können. Über die Taufe sagt Bruce, daß die Evangelien vom »religionsgeschichtlichen« Standpunkt aus den wahrscheinlicheren Bericht geben und daß sie älter seien als Josephus' Werk und damit genauer. Im allgemeinen bestätige jedoch der Bericht des Josephus den der Evangelien. *F. F. Bruce b/104f.*
  In *Altertümer XVIII.5.2* erwähnt Josephus Johannes den Täufer. Aus der Art und Weise, wie diese Stelle geschrieben

wurde, kann man nicht auf eine »christliche Einschiebung« schließen. Wir lesen:
»Manche Juden waren übrigens der Ansicht, der Untergang der Streitmacht des Herodes sei nur dem Zorne Gottes zuzuschreiben, der für die Tötung Johannes des Täufers die gerechte Strafe gefordert habe. Den letzteren nämlich hatte Herodes hinrichten lassen, obwohl er ein edler Mann war, der die Juden anhielt, nach Vollkommenheit zu streben, indem er sie ermahnte, Gerechtigkeit gegeneinander und Frömmigkeit gegen Gott zu üben und so zur Taufe zu kommen. Dann werde, verkündigte er, die Taufe Gott angenehm sein, weil sie dieselbe nur zur Heiligung des Leibes, nicht aber zur Sühne für ihre Sünden anwendeten; die Seele nämlich sei dann ja schon vorher durch ein gerechtes Leben entsündigt. Da nun infolge der wunderbaren Anziehungskraft solcher Reden eine gewaltige Menschenmenge zu Johannes strömte, fürchtete Herodes, das Ansehen des Mannes, dessen Rat allgemein befolgt zu werden schien, möchte das Volk zum Aufruhr treiben, und hielt es daher für besser, ihn rechtzeitig aus dem Wege zu räumen, als beim Eintritt einer Wendung der Dinge in Gefahr zu geraten und dann, wenn es zu spät sei, Reue empfinden zu müssen. Auf diesen Verdacht hin ließ also Herodes den Johannes in Ketten legen, nach der Festung Machaerus bringen, die ich oben erwähnte, und dort hinrichten. Sein Tod aber war, wie gesagt, nach der Überzeugung der Juden die Ursache, weshalb des Herodes Heer aufgerieben worden war, da Gott in seinem Zorn diese Strafe über den Tetrarchen verhängt habe.« *Josephus a Bd. 1/525f.*

- *Tatian* (170 n. Chr.) war ein assyrischer Christ, der die Schrift als erster zu einer »Evangelienharmonie«, *Diatessaron* genannt, zusammenstellte.

2. Bestätigung durch die Archäologie

2.1 Archäologische Fakten

Nelson Glueck, der namhafte jüdische Archäologe, schrieb: »Es kann kategorisch gesagt werden, daß keine archäologische Entdeckung jemals eine biblische Aussage widerlegt hat.« Weiterhin sprach er von »dem fast unglaublich genauen historischen Gedächtnis der Bibel, insbesondere wenn es noch durch archäologische Fakten untermauert wird«. *N. Glueck/31*

W. F. Albright: »[Es] kann kein Zweifel bestehen, daß die Archäologie die Geschichtlichkeit der alttestamentlichen Überlieferungen im wesentlichen bestätigt hat.« *W. F. Albright c/193; vgl. W. F. Albright f/213–230*

John Warwick Montgomery deckt ein für viele Gelehrte typisches Problem auf: »Der Forscher Thomas Drobena [vom American Institute of Holy Land Studies] wies darauf hin, daß es bei scheinbaren Spannungen zwischen der Archäologie und der Bibel meistens eine Frage des Datierens ist, des unsichersten Gebietes der gegenwärtigen Archäologie und dazu noch des Gebietes, auf dem ein szientistisch apriorisches und in sich kreisendes Denken die solide empirische Analyse oft verdrängt.« *J. W. Montgomery c/47f.*

Professor H. H. Rowley (zitiert von Donald F. Wiseman in *Revelation and the Bible*) vertritt die Meinung: »Die heutigen Gelehrten haben nicht etwa deshalb einen viel größeren Respekt vor den Geschichten der Erzväter, als es früher allgemein der Fall war, weil sie von konservativeren Voraussetzungen ausgehen als ihre Vorgänger, sondern weil die Fakten es nahelegen.« *D. F. Wiseman/305*

Merrill Unger schreibt: »Die Rolle der Archäologie bei der neutestamentlichen (wie auch der alttestamentlichen) Forschung – also die Förderung wissenschaftlicher Untersuchung, die Überprüfung kritischer Theorien, die Illustration, Erhellung, Vervollständigung und Bestätigung der historischen und kulturellen Hintergründe – ist der einzige Lichtblick für die Zukunft der Kritik an der Heiligen Schrift.« *M. F. Unger b/25f.*

Millar Burrows bemerkt: »Die Archäologie hat in vielen Fällen die Ansichten moderner Kritiker widerlegt. Sie hat vielfach gezeigt, daß diese Ansichten auf falschen Annahmen und irrealen, willkürlichen Schemata historischer Entwicklung beruhten [. . .] Dies ist ein positiver und nicht geringzuschätzender Beitrag.« *M. Burrows a/291*

F. F. Bruce: »Wo Lukas der Ungenauigkeit verdächtigt wurde und man anhand von Inschriften seine Genauigkeit belegen konnte, darf man mit Recht sagen, daß die Archäologie den neutestamentlichen Bericht bestätigt hat.« *F. F. Bruce c/331*

Merrill Unger sagt zusammenfassend: »Die alttestamentliche Archäologie hat ganze Nationen wiederentdeckt, bedeutende Völker wiederauferstehen lassen und in erstaunlichster Weise historische Lücken gefüllt und dabei dem Wissen um biblische Hintergründe unermeßlich viel hinzugefügt.« *M. F. Unger b/15*

W. Albright fährt fort: »Je mehr die kritische Bibelforschung unter den Einfluß des reichen neuen Materials aus dem Alten Orient gerät, zu desto höherer Wertschätzung sehen wir bisher vernachlässigte oder verachtete Stellen und Einzelheiten im Alten und Neuen Testament ihres nun erst zutage tretenden historischen Gehaltes wegen kommen.« *W. F. Albright a/69*

Burrows stellt fest: »Der übermäßige Skeptizismus vieler liberaler Theologen stammt nicht von einer sorgfältigen Erwägung der verfügbaren Daten, sondern von einem enormen Vorurteil gegen das Übernatürliche.« *H. Vos c/176*

Und weiter: »Im großen und ganzen jedoch hat die archäologische Arbeit fraglos das Vertrauen in die Zuverlässigkeit der biblischen Berichte gestärkt. Mehr als ein Archäologe hat erlebt, wie durch Ausgrabungen in Palästina seine Achtung vor der Bibel stieg.« *M. Burrows a/1*

»Insgesamt haben die Fakten, die die Archäologie bisher erbracht hat – besonders durch die Entdeckung zusätzlicher und älterer Manuskripte der biblischen Bücher –, unser Vertrauen in die Genauigkeit der Textüberlieferung über die Jahrhunderte verstärkt.« *M. Burrows a/42*

Sir Frederic Kenyon schreibt: »Man kann daher mit Recht sagen, daß im Hinblick auf den Teil des Alten Testaments, gegen den sich die zerstörende Kritik der letzten Hälfte des 19. Jh. hauptsächlich gerichtet hatte, die Archäologie die Autorität der Texte wiederhergestellt hat. Auch können wir diese Texte durch die jetzt vollständigere Kenntnis der Hintergründe und Schauplätze besser verstehen. Die Archäologie hat noch nicht ihr letztes Wort gesprochen; aber das bereits Erreichte bestätigt, was der Glaube nahelegt: daß die Bibel durch vermehrtes Wissen nur gewinnen kann.« *F. G. Kenyon b/279*

Die Archäologie hat eine Fülle von Beweisen geliefert, die die Richtigkeit unseres masoretischen Textes belegen (s. o. 1.3.2).

Bernard Ramm schreibt bezüglich des *Jeremia-Siegels*: »Auch die Archäologie hat uns die wesentliche Genauigkeit unseres masoretischen Textes bewiesen. Das *Jeremia-Siegel* – ein Siegel zur Versiegelung von Weinkrügen mit Pech, das aus dem 1. oder 2. Jh. n. Chr. datiert – trägt den Text von Jer 48,11, der wesentlich mit dem masoretischen Text übereinstimmt. Dieses Siegel ›[. . .] attestiert die Genauigkeit der Textüberlieferung zwischen der Herstellungszeit des Siegels und der Niederschrift der Manuskripte‹. Überdies bestätigen der *Papyrus Roberts*, der aus dem 2. Jh. v. Chr. datiert, und der *Papyrus Nash*, der von Albright vor 100 v. Chr. datiert wird, unseren masoretischen Text.« *B. Ramm a/8–10*

William Albright dazu: »Wir dürfen überzeugt sein, daß der Konsonantentext der hebräischen Bibel [. . .] mit einer Genauigkeit erhalten blieb, die in aller anderen nahöstlichen Literatur vielleicht ohne Parallele ist. [. . .] Nein, das Flutlicht, das heute durch die ugaritische Literatur auf die hebräische Poesie aller Zeitperioden geworfen wird, garantiert das relative Alter ihrer Abfassung sowie die erstaunliche Genauigkeit ihrer Übermittlung.« *W. F. Albright b/25*

Albright weiter über die Genauigkeit der Heiligen Schrift in bezug auf die Ergebnisse der Archäologie:

»Der Inhalt unseres Pentateuchs geht im allgemeinen viel weiter zurück als in die Zeit, da er schließlich herausgegeben wurde. Seine historische Genauigkeit und sein literarisches Alter werden durch die Entdeckungen in immer neuen Einzelheiten bestätigt. [. . .] Es ist deshalb bloße Haarspalterei, den wesentlich mosaischen Charakter der Pentateuchtradition zu bestreiten.« *W. F. Albright f/218 f.*

»Bis vor kurzem war es noch Mode unter Bibelhistorikern, die Erzählungen über die Erzväter im ersten Buch Mose so zu betrachten, als seien sie Erfindungen israelitischer Schriftgelehrter aus dem geteilten Reich oder Legenden phantasievoller Rhapsodisten an israelitischen Lagerfeuern in den Jahrhunderten, die der Landnahme folgten. Man kann namhafte Gelehrte zitieren, die jeden Punkt in 1. Mose 11 bis 50 als Wiedergabe späterer Erfindungen betrachten oder wenigstens als Rückverlegung von Begebenheiten und Zuständen unter der Monarchie in die entfernte Vergangenheit, von der man meinte, daß sie den Schreibern der späteren Zeit eigentlich nicht bekannt gewesen sei.« *W. F. Albright e/1 f.*

»Die archäologischen Entdeckungen seit 1925 haben dies alles verändert. Abgesehen von einigen Unnachgiebigen unter den Gelehrten gibt es kaum einen einzigen Bibelhistoriker, der nicht beeindruckt wäre von der rapiden Anhäufung von Daten, die die wesentliche Historizität der erzväterlichen Überlieferung unterstützen. Nach den Überlieferungen aus dem ersten Buch Mose waren die Vorfahren Israels enge Verwandte der halbnomadischen Völker Transjordaniens, Syriens, des Euphratbeckens und Nordarabiens aus den letzten Jahrhunderten des zweiten Jahrtausends vor Christus und den ersten Jahrhunderten des ersten Jahrtausends.« *W. F. Albright e/1f.*

Millar Burrows führt weiter aus: »Um die Situation klar zu verstehen, müssen wir deutlich zwischen zwei Arten der Bestätigung unterscheiden: der generellen und der spezifischen. Generelle Bestätigung bedeutet allgemeine Vereinbarkeit ohne besondere Erhärtung bestimmter Punkte. Vieles von dem, was bereits an Erläuterungen und Illustrationen angeführt wurde, kann auch als generelle Bestätigung gelten. Das Bild paßt in den Rahmen; Melodie und Begleitstimme stehen in Harmonie miteinander. Die Kraft solcher Beweisführung ist kumulativ. Je mehr wir sehen, daß die von der Bibel im Bild der Vergangenheit aufgezeichneten Punkte – auch wenn sie nicht direkt belegt sind – mit dem übereinstimmen, was wir von der Archäologie her wissen, um so stärker wird der allgemeine Eindruck der Authentizität. Bloße Legenden oder Erfindungen würden sich unweigerlich durch Anachronismen und Ungereimtheiten selbst verraten.« *M. Burrows a/278*

2.2 Alttestamentliche Beispiele archäologischer Bestätigungen

2.2.1 Das erste Buch Mose führt Israels Abstammung auf Mesopotamien zurück. Diese Tatsache wird durch archäologische Funde belegt. Albright sagt, es sei »über jeden vernünftigen Zweifel erhaben, daß die hebräische Tradition mit Recht die Erzväter direkt bis zum Balikhtal im Nordwesten Mesopotamiens zurückverfolgte.« Die Beweisführung gründet sich auf die Übereinstimmung biblischer und archäologischer Ermittlungen, die der Spur dieses Volkes von Mesopotamien her nachgingen. *W. F. Albright e/2*

2.2.2 »Es hatte aber alle Welt einerlei Zunge und Sprache« (1 Mo 11,1) vor dem Turmbau zu Babel. Nach dem Bau und der Zerstörung des Turmes verwirrte Gott die Sprache der ganzen Welt (1 Mo 11,9). Viele Sprachwissenschaftler unserer Zeit bezeugen die Wahrscheinlichkeit eines solchen Ursprungs der Weltsprachen. Alfredo Trombetti sagt, er könne den gemeinsamen Ursprung *aller* Sprachen zurückverfolgen und nachweisen. Und Otto Jespersen ist überzeugt, daß die Sprache dem ersten Menschen direkt von Gott gegeben wurde. *J. P. Free/47*

2.2.3 In der Genealogie Esaus werden die Horiter erwähnt (1 Mo 36,20). Früher meinte man, diese Leute seien »Höhlenbewohner« gewesen, weil das Wort *Horiter* und das hebräische Wort für »Höhle« ähnlich sind. Heutige Funde haben jedoch gezeigt, daß es sich um eine einflußreiche Gruppe von Kriegern gehandelt hat, die zur Zeit der Erzväter im Nahen Osten ansässig war. *J. P. Free/72*

2.2.4 Bei den Ausgrabungen in Jericho (1930–1936) fand *Garstang* etwas so Erstaunliches, daß er und zwei weitere Mitarbeiter seines Teams eine Erklärung über ihre Funde abfaßten und unterzeichneten. Zu diesen Funden sagt Garstang: »Was die Haupttatsache betrifft, gibt es nun keine Zweifel mehr: Die Mauern fielen so vollständig nach außen um, daß die Angreifer über die Ruinen in die Stadt eindringen konnten.« Warum war das so ungewöhnlich? Weil Stadtmauern nicht nach außen umfallen, sondern nach innen. Und doch lesen wir in Jos 6,20: »Da fiel die Mauer um [andere Übers.: in sich zusammen], und das Volk stieg zur Stadt hinauf, ein jeder stracks vor sich hin. So eroberten sie die Stadt.« Die Mauern fielen wie geplant nach außen um. *J. Garstang/146*

2.2.5 Wir wissen, daß Abrahams Genealogie mit Bestimmtheit historisch ist. Es scheint jedoch nicht ganz klar zu sein, ob es sich bei diesen Namen um Menschen oder um Städte des Altertums handelt. Sicher ist, daß Abraham eine Person war und daß er existierte. Wie *Burrows* uns sagt: »Alles weist darauf hin, daß wir es mit einer historischen Person zu tun haben. Wie schon gesagt, wird er in keiner bekannten archäologischen Quelle genannt, aber sein Name erscheint in Babylonien als Personenname genau in der Ära, zu der er gehört.« *M. Burrows a/258f.*

Man hatte früher versucht, das Datum Abrahams in das 15. oder 14. Jh. v. Chr. zu rücken; diese Zeit wäre viel zu spät. So weist *Albright* darauf hin, daß wir nach den oben genannten Daten und nach anderen Hinweisen »eine Menge Belege von Personen- und Ortsnamen haben, die fast alle gegen eine so ungerechtfertigte Verschiebung der überlieferten Daten sprechen.« *W. F. Albright e/9*

2.2.6 Wenn auch keine spezifischen archäologischen Belege für die Geschichten der Erzväter zu erbringen sind, so passen doch die gesellschaftlichen Bräuche dieser Geschichten in die Ära und in das Gebiet der Erzväter. *M. Burrows a/278f.*

Viele solche Belege ergaben sich bei den Ausgrabungen von Nuzu und Mari. Auf die hebräische Poesie und Sprache wurde durch die Arbeit in Ugarit Licht geworfen. Mosaische Gesetzgebung fand sich in den hethitischen, assyrischen, sumerischen und eschnunnakischen Codices. Durch diese können wir das Leben des Hebräers auf dem Hintergrund seiner Umwelt sehen, und *Albright* sagt: »Dies ist ein Beitrag, vor dem alles andere ins Unbedeutende versinken muß.« *W. F. Albright b/28*

Die bisherigen Entdeckungen haben viele Gelehrte, gleich welcher religiösen Richtung, dazu gebracht, die Berichte der Erzväter als historisch anzuerkennen. *D. F. Wiseman/305*

2.2.7 *Julius Wellhausen*, ein bekannter Bibelkritiker des 19. Jh., war der Meinung, daß der Bericht über das aus Bronzespiegeln hergestellte Waschbecken ursprünglich nicht zum Priesterkodex gehörte. Deswegen verschob er den Bericht über die Stiftshütte in eine für Mose viel zu späte Zeit. Es gibt jedoch keinen gültigen Grund, das späte Datum Wellhausens (500 v. Chr.) zu akzeptieren. Es gibt spezifische archäologische Beweise für solche Bronzespiegel in der sogenannten Reichsperiode Ägyptens (1500–1200 v. Chr.). Wir sehen also, daß diese Periode sich mit der Zeit Moses und des Exodus deckt (1500–1400 v. Chr.) *J. P. Free/108*

2.2.8 *Henry M. Morris* bemerkt: »Probleme existieren natürlich noch bei der völligen Harmonisierung archäologischen Materials mit der Bibel. Aber keines ist so schwerwiegend, daß nicht eine baldige Lösung durch weitere Untersuchungen in Aussicht stünde. Es muß als äußerst bedeutungsvoll angesehen werden, daß bei der übergroßen Fülle des Materials zur biblischen Geschichte dieser Perioden heute nicht ein einziger archäologischer Fund vorhanden ist, der der Bibel in irgendeinem Punkt unanfechtbar einen Irrtum nachweisen könnte.« *H. M. Morris a/95*

2.3 Neutestamentliche Beispiele

2.3.1 *Lukas' Zuverlässigkeit als Historiker* ist unzweifelhaft. *Unger* sagt uns, daß die Archäologie die Echtheit der Evangelienberichte, besonders von Lukas, belegt hat. Mit Ungers Worten: »Die Apostelgeschichte wird heute in Gelehrtenkreisen allgemein Lukas zugeschrieben, dem 1. Jh. zugerechnet und als Werk eines sorgfältigen Historikers betrachtet, der im Gebrauch seiner Urkundenquellen sehr exakt arbeitete.« *M. F. Unger b/24*

Sir William Ramsay wird als einer der größten Archäologen angesehen, die je gelebt haben. Er erhielt seine Ausbildung in der deutschen historisch-kritischen Schule Mitte des 19. Jh. So lehrte man ihn, daß die Apostelgeschichte Mitte des 2. Jh. n. Chr. entstanden sei. Er war fest von dieser Meinung überzeugt und machte sich daran, diese Lehre zu beweisen. Er wurde jedoch durch die überwältigende Beweislast seiner Nachforschungen zu einem völligen Meinungsumschwung gezwungen. Er sagte dazu:

»Ich darf ehrlich sagen, daß ich auf diese kritische Untersuchung eingegangen bin ohne ein günstiges Vorurteil für den Schluß, den ich nunmehr vor dem Leser zu rechtfertigen versuchen werde. Im Gegenteil: als ich anfing, war ich dem Schlusse abgeneigt, denn der Scharfsinn und die scheinbare Geschlossenheit der Tübinger Schule hatte mich damals ganz überzeugt. Es lag gar nicht in meiner Absicht, den Gegenstand in seinen Einzelheiten zu bearbeiten; erst später kam ich immer wieder in Kontakt mit dem Buche der Apostelgeschichte als einer Quelle für die Topographie, die Altertümer und die sozialen Verhältnisse Kleinasiens. Allmählich gewann ich die Überzeugung, daß bei verschiedenen Einzelheiten die Erzählung wunderbare Wahrheit zeigte. Ja, ich war ausgegangen von der bestimmten Annahme, daß das Werk im wesentlichen ein Produkt des zweiten Jahrhunderts sei, und hatte niemals sein Zeugnis für zuverlässig gehalten da, wo es sich um Verhältnisse des ersten Jahrhunderts handelte, und entdeckte nun doch allmählich in ihm einen brauchbaren Ratgeber in dunklen, schwierigen Forschungen.« *W. M. Ramsay a/6f.; vgl. Zitat in E. M. Blaiklock b/36*

Ramsay hegt auch sonst nichts als höchste Achtung vor Lukas' Fähigkeiten als Historiker:

»Lukas ist ein Historiker ersten Ranges; nicht nur seine faktischen Aussagen sind verbürgt, er besitzt eine echte historische Gesinnung; er richtet seine Gedanken fest auf die Idee und den Plan, die in der geschichtlichen Entwicklung regieren, und paßt das Ausmaß seiner Abhandlung der Bedeutung jeder Begebenheit an. Er ergreift die wichtigen und entscheidenden Geschehnisse und zeigt ausführlich ihr wahres Wesen auf, während er vieles, was für seine Zwecke wertlos war, nur leicht berührte oder ganz ausließ. Kurz gesagt, *dieser Autor sollte zu den allergrößten Historikern gerechnet werden.« W. M. Ramsay b/222*

Einst nahm man fälschlich an, daß Lukas bei der Berichterstattung über die Geschehnisse im Zusammenhang mit der Geburt Christi völlig auf dem Holzwege sei (Lk 2,1–3). Man argumentierte, es habe keine Volkszählung gegeben, Quirinius (Cyrenius) sei zu der Zeit nicht Statthalter von Syrien gewesen, und nicht jeder hätte in die Heimat seiner Vorfahren zurückkehren müssen. *J. Elder/159f.; J. P. Free/285*

Die archäologischen Entdeckungen beweisen jedoch unanfechtbar, daß die Römer alle Steuerzahler regelmäßig erfaßten und auch alle 14 Jahre eine Volkszählung durchführten. Dieser Vorgang fing tatsächlich unter Augustus an, und zwar fand die erste Zählung entweder 23–22 v. Chr. oder 9–8 v. Chr. statt. Auf das letztere Datum bezieht sich Lukas.

Zweitens finden wir Hinweise darauf, daß Quirinius um 7 v. Chr. Statthalter von Syrien war. Diese Aussage beruht auf einer Inschrift, die man in Antiochien fand, auf der Quirinius dieses Amt zugeschrieben wird. Als Ergebnis dieses Fundes nimmt man heute an, daß er zweimal Statthalter war, einmal 7 v. Chr. und dann wieder 6 n. Chr. (nach dem von Josephus angegebenen Datum). *J. Elder/160*

Schließlich fand man in Ägypten einen Papyrus mit Anweisungen für die Durchführung einer Volkszählung. Dort heißt es: »Wegen der bevorstehenden Volkszählung ist es notwendig, daß alle, die aus irgendeinem Grunde nicht in ihrer Heimat wohnen, sofort Vorbereitungen treffen, zu ihren eigenen Regierungen zurückzukehren, um die Erfassung der Familie zu vervollständigen und damit die besteuerten Länder jene behalten, die zu ihnen gehören.« *J. Elder/159f.; J. P. Free/285*

Die Archäologen meinten zuerst, Lukas liege verkehrt mit seiner Andeutung, daß Lystra und Derbe zu Lykaonien gehörten, Ikonium aber nicht (Apg 14,6). Sie gründeten ihre Annahme auf Schriften der Römer, wie z. B. Cicero, nach dessen Beschreibung Ikonium in Lykaonien lag. So sagten die Archäologen, die Apostelgeschichte sei unzuverlässig. Im Jahre 1910 fand Sir William Ramsay jedoch ein Monument, welches bewies, daß Ikonium eine phrygische Stadt war. Spätere Entdeckungen bestätigten dieses. *J. P. Free/317*

Ein weiterer historischer Hinweis von Lukas ist der über »Lysanias, Landesfürst zu Abilene« (Lk 3,1) am Anfang des Dienstes von Johannes dem Täufer im Jahre 27 n. Chr. Der einzige Lysanias, der den Historikern des Altertums bekannt war, kam im Jahre 36 v. Chr. ums Leben. Eine Inschrift, die man in der Nähe von Damaskus fand, berichtet jedoch von einem »Freigelassenen von Lysanias, dem Landesfürsten«, und diese datiert zwischen 14 und 29 n. Chr. *F. F. Bruce c/321*

In seinem Brief an die Römer, den er von Korinth aus schrieb, erwähnt Paulus den Stadtkämmerer Erastus (Röm 16,23). Bei den Ausgrabungen von 1929 in Korinth fand man auf Pflasterstein die Inschrift: ERASTVS PRO:AED:S:P:STRAVIT (»Erastus, Prokurator und Aedile, legte dieses Pflaster auf eigene Kosten«). Nach Bruce stammt dieses Pflaster sehr wahrscheinlich aus dem 1. Jh. n. Chr.; der Spender und der von Paulus erwähnte Mann sind wahrscheinlich ein und derselbe. *F. F. Bruce b/102; H. Vos c/185*

In Korinth fand man auch Bruchstücke einer Inschrift, die vermutlich lautete: »Synagoge der Hebräer«. Möglicherweise stand sie über der Tür der Synagoge, in der Paulus lehrte (Apg 18,4–7). Eine weitere korinthische Inschrift nennt den städtischen »Fleischmarkt«, den Paulus in 1 Kor 10,25 erwähnt.

So sind dank vieler archäologischer Funde die meisten antiken Städte, die in der Apostelgeschichte genannt werden, identifiziert worden. Die Reisen des Paulus können als Resultat dieser Funde heute genau verfolgt werden. *F. F. Bruce b/102f.; W. F. Albright d/127*

Lukas schreibt über den Aufruhr in Ephesus und spricht von einer Bürgerversammlung *(ekklesia)* in einem Theater (Apg 19,23ff.). Sie fand tatsächlich dort statt, belegt durch eine Inschrift, die vorschreibt, daß silberne Statuen der Artemis (Luther: Diana) im »Theater während einer Vollversammlung der *ekklesia*« aufzustellen sind. Als das Theater ausgegraben wurde, fand man heraus, daß es 25000 Menschen aufnehmen konnte. *F. F. Bruce c/326*

Lukas berichtet auch, daß in Jerusalem ein Aufruhr entstand, weil Paulus Heiden in den Tempel gebracht haben sollte (Apg 21,28). Man fand Inschriften in Griechisch und Lateinisch, worin es hieß: »Kein Fremder darf den Bezirk innerhalb der Umzäunung betreten. Jeder, der bei einer solchen Handlung ergriffen wird, hat sich sein Todesurteil selbst zuzuschreiben.« Wieder hat Lukas recht! *F. F. Bruce b/100; c/326*

Bezweifelt wurde auch der Gebrauch gewisser Wörter, die Lukas verwendete. So sagt Lukas, Philippi sei »Bezirks-«, »Teil-« oder »Kreis-« Hauptstadt von Mazedonien. Er gebraucht das griechische Wort *meris*, das mit »Bezirk«, »Teil« oder »Kreis« übersetzt wird. F. J. A. Hort meinte, Lukas habe hier einen Fehler gemacht. Er sagte, *meris* bezeichne einen »Anteil«, aber keinen »Bezirk«. Archäologische Ausgrabungen zeigten jedoch, daß genau dieses Wort *meris* benutzt wurde, um Teile eines Bezirks (Kreise) zu bezeichnen. *J. P. Free/320*

Es hieß auch, Lukas habe technisch nicht recht, die Stadtoberen von Philippi als *Prätoren* (Magistraten oder Stadtrichter) zu bezeichnen; statt dessen hätten zwei *Duumvire* die Stadt regiert. Doch wie gewöhnlich hatte Lukas recht. Die Funde zeigten, daß der Titel *Praetor* für den Magistrat einer römischen Kolonie (= Stadtkolonie) gebraucht wurde. *J. P. Free/321*

Auch seine Wahl des Wortes *Prokonsul* als Titel für Gallio (Apg 18,12) ist korrekt, wie die Delphi-Inschrift belegt, auf der es u. a. heißt: »Wie Lucius Junius Gallio, mein Freund, der Prokonsul von Achaja . . .« *H. Vos c/180*

Die Delphi-Inschrift (52 n. Chr.) gibt uns auch einen Anhaltspunkt für die Datierung der eineinhalb Jahre dauernden Tätigkeit des Paulus in Korinth. Wir wissen von anderen Quellen her, daß Gallio am 1. Juli sein Amt antrat und daß er nur ein Jahr lang Prokonsul war, und dieses Jahr überschnitt sich mit dem Aufenthalt des Paulus in Korinth. *F. F. Bruce c/324*

Lukas gibt Publius, dem Landpfleger auf Malta, den Titel »der Erste der Insel« (Apg 28,7). Man grub Inschriften aus, auf denen ihm in der Tat dieser Titel »der Erste« zugeschrieben wird. *F. F. Bruce c/325*

Ein weiterer Fall ist Lukas' Verwendung des Wortes *Politarchen* für die Stadtbehörde von Thessalonich (Apg 17,6). Da man in der klassischen Literatur den Begriff *Politarch* nicht finden konnte, meinte man wieder, Lukas habe einen Fehler gemacht. Doch dann fand man ca. 19 Inschriften, auf denen dieser Titel steht. Interessanterweise beziehen sich fünf davon auf Thessalonich. *F. F. Bruce c/325*

1945 fand man in der Umgebung Jerusalems zwei Ossarien (Urnen zur Aufbewahrung von Gebeinen). Diese Ossarien trugen einfache Inschriften, die ihr Entdecker, Professor Eleazar L. Sukenik, als »früheste Urkunden des Christentums« bezeichnete. Diese Urnen befanden sich in einem Grab, das schon vor 50 n. Chr. angelegt war. Die Beschriftungen lauteten *Iesous iou* und *Iesous aloth*. Vier Kreuze waren ebenfalls vorhanden. Wahrscheinlich war die erste Inschrift ein Gebet zu Jesus um Hilfe und die zweite ein Gebet für die Auferstehung der Person, deren Gebeine in dem Ossarium lagen. *F. F. Bruce c/327f.*

So ist es kein Wunder, wenn *E. M. Blaiklock* zu dem Schluß kommt: »Lukas ist ein vollendeter Historiker, der gleichrangig neben den großen griechischen Autoren steht.« *E. M. Blaiklock a/89*

2.3.2 *Das Steinpflaster* (oder Hochpflaster). Jahrhundertelang gab es keinen Hinweis auf den Hof, wo Jesus von Pilatus verhört wurde (Joh 19,13: Gabbata oder Steinpflaster). Viele sagten: »Ein Mythos! Die Bibel ist eben historisch nicht zuverlässig.« Aber *William F. Albright* zeigt auf, daß dieser Hof zur Burg Antonia gehörte, dem militärischen Hauptquartier der Römer in Jerusalem. Der Hof wurde 66–70 n. Chr. bei der Belagerung Jerusalems zerstört. Er blieb begraben, als die Stadt zur Zeit Hadrians wiederaufgebaut wurde, und man entdeckte ihn erst vor kurzem. *W. F. Albright f/237f.*

2.3.3 *Der Teich Bethesda*, eine weitere Örtlichkeit, für die es außer im Neuen Testament keine Hinweise gab, kann heute »mit hoher Wahrscheinlichkeit im nordöstlichen Viertel der Altstadt (das ›Bezetha‹ oder ›Neuer Rasen‹ genannte Gebiet) aus dem 1. Jh. n. Chr. identifiziert werden, wo man 1888 im Laufe von Ausgrabungen nahe der Anna-Kirche Spuren von ihm fand.« *F. F. Bruce c/329*

3. Schlußfolgerung

Nachdem ich versucht hatte, die Historizität und Gültigkeit der Schrift zu zerschlagen, kam ich zu der Schlußfolgerung, daß sie doch vertrauenswürdig ist. Wollte man die Bibel als unzuverlässig verwerfen, müßte man schon fast die gesamte Literatur der Antike verwerfen.

Ein Problem, dem ich beständig gegenüberstehe, ist das Verlangen vieler Leute, weltliche Literatur mit einem Maßstab zu messen oder zu prüfen, die Bibel aber mit einem anderen. Man muß aber denselben Maßstab anlegen, egal ob die zu untersuchende Literatur nun säkular oder religiös ist.

Hat man das getan, dann, glaube ich, darf man die Bibel in der Hand halten und sagen: »Die Bibel ist vertrauenswürdig und historisch zuverlässig.«

Teil II

Jesus Christus – wer war er?

2. Tim. 3,16

Dieser Teil ist äußerst wichtig,
weil er von der Person
Jesu Christi handelt.
Wer ist er? Ist er Gottes Sohn?
Die Antwort ist entscheidend;
denn wenn er der ist,
der zu sein er behauptete – der Messias,
der Sohn Gottes –,
dann ist unsere persönliche ewige Beziehung
zu Gott abhängig
von unserer Beziehung zu Christus.
Diese Notizen wollen aufzeigen,
daß Jesus kein Superstar, sondern ein
»Super-Retter« ist.

KAPITEL 5

Jesus – ein Mann der Geschichte

Vor kurzem nahm ich an einer Debatte teil, die vom Studentenbund einer amerikanischen Universität im Mittleren Westen der USA veranstaltet wurde. Meine Gegenrednerin war eine Kongreßkandidatin der Progressiven Arbeiter-Partei (marxistisch) in New York. Bei ihrer Einleitung sagte sie: »Moderne Historiker haben Jesus historisch so ziemlich abgeschrieben ...« Ich traute meinen Ohren kaum (war aber dankbar, daß sie es gesagt hatte, weil die 2500 Studenten bald erkennen konnten, daß sie ihre historischen Hausaufgaben nicht erledigt hatte). Ich hatte gerade die nachstehenden Notizen und Unterlagen für meine Gegendarstellung zur Hand. Ganz sicher sind es nicht die Historiker (vielleicht eher ein paar Volkswirtschaftler), die eine Theorie des Christus-Mythos über Jesus propagieren.

Mit Recht sagte *F. F. Bruce*, Rylands-Professor für Bibelkritik und Exegese an der Universität von Manchester:

»Manche Schriftsteller mögen mit dem Phantasiegebilde des ›Christus-Mythos‹ spielen. Dazu fehlt ihnen aber die Basis historischer Beweise. Die Geschichtlichkeit Jesu ist für einen unvoreingenommenen Historiker ebenso unumstößlich wie die Historizität Julius Caesars. Wer von einem Christusmythos spricht, ist kein Historiker.« *F. F. Bruce b/128*

1. Christliche Quellen für die Historizität Jesu

1.1 27 verschiedene neutestamentliche Urkunden (s. Kapitel 4, Abschnitt 1.1 und 1.2)

John Montgomery fragt:

»Was weiß also ein Historiker über Jesus Christus? Er weiß vor allem anderen, daß die neutestamentlichen Urkunden zuverlässig sind und ein genaues Bild von ihm vermitteln. Und er weiß, daß dieses Bild nicht durch Wunschdenken, philosophische Voreingenommenheiten oder literarische Manöver wegerklärt werden kann.« *J. W. Montgomery b/40*

1.2 Die Kirchenväter

Polykarp, Eusebius, Irenäus, Ignatius, Justin, Origenes usw. (s. Kap. 4, Abschnitt 1.5.2).

2. Außerbiblische Quellen für die Historizität Jesu

2.1 Cornelius Tacitus (geb. 52–54 n. Chr.)

Ein römischer Historiker, im Jahre 112 n. Chr. Statthalter der Provinz Asien, Schwiegersohn des Julius Agricola, des Statthalters von Britannien in den Jahren 80–84 n. Chr. Als er über die Regierung Neros schrieb, machte Tacitus Andeutungen über den Tod Christi und über die Existenz der Christen in Rom.

»Doch nicht durch menschliche Hilfe, nicht durch des Fürsten Spendungen oder durch Sühnungen der Götter ließ sich der Schimpf bannen, daß man glaubte, es sei die Feuersbrunst geboten worden. Um daher dieses Gerede zu vernichten, gab Nero denen, welche wegen ihrer Schandtaten verhaßt das Volk Christianer nannte, die Schuld und belegte sie mit den ausgesuchtesten Strafen. Derjenige, von welchem dieser Name ausgegangen, Christus, war unter des Tiberius Führung vom Procurator Pontius Pilatus hingerichtet worden; und der für den Augenblick unterdrückte verderbliche Aberglaube brach wieder aus, nicht nur in Judäa, dem Vaterland dieses Unwesens, sondern auch in der Hauptstadt, wo von allen Seiten alle nur denkbaren Greuel und Abscheulichkeiten zusammenströmen und Anhang finden.« (*Annalen* XV. 44) *Tacitus/740*

Tacitus gibt einen weiteren Hinweis auf das Christentum in einem Bruchstück seiner *Historien*, in dem er die Verbrennung des Jerusalemer Tempels 70 n. Chr. behandelt; überliefert durch Sulpicius Severus (Chron. ii.30.6).

2.2 Lucian

Ein Satiriker des 2. Jh., der geringschätzig über Christus und die Christen schrieb. Er brachte sie mit den Synagogen Palästinas in Verbindung und bezeichnete Jesus Christus als »den in Palästina gekreuzigten Menschen«, der »diese neuen Mysterien in die

Welt einführte«. Weiter: »Ferner beredete sie ihr erster Gesetzgeber, daß sie alle untereinander Brüder wären, wenn sie einmal die hellenischen Götter abgeschworen hätten, jenen ihren gekreuzigten Sophisten anbeteten und nach seinen Gesetzen lebten [. . .]« (*Lebensende des Peregrinus*) *Lucian Bd. 2/9*

2.3 Flavius Josephus (geb. 37 n. Chr.)

Jüdischer Geschichtsschreiber, wurde mit 19 Jahren Pharisäer; 66 n. Chr. war er jüdischer Feldherr in Galiläa. Nach seiner Gefangennahme wurde er ins römische Hauptquartier geschickt. Nach einem heftig umstrittenen Zitat soll er gesagt haben:

»Um diese Zeit lebte Jesus, ein weiser Mensch, wenn man ihn überhaupt einen Menschen nennen darf. Er war nämlich der Vollbringer ganz unglaublicher Taten und der Lehrer aller Menschen, die mit Freuden die Wahrheit aufnahmen. So zog er viele Juden und auch viele Heiden an sich. Er war der Christus. Und obgleich ihn Pilatus auf Betreiben der Vornehmsten unseres Volkes zum Kreuzestod verurteilte, wurden doch seine früheren Anhänger ihm nicht untreu. Denn er erschien ihnen am dritten Tage wieder lebend, wie gottgesagte Propheten dies und tausend andere wunderbare Dinge von ihm vorher verkündigt hatten. Und noch bis auf den heutigen Tag besteht das Volk der Christen, die sich nach ihm nennen, fort.« (*Jüdische Altertümer* XVIII.3.3) *Josephus a Bd. 1/515f.*

Der arabische Text dieser Stelle lautet wie folgt: »Zu dieser Zeit gab es einen weisen Menschen namens Jesus. Und sein Wandel war gut, und [er] war als tugendhaft bekannt. Und viele Leute aus den Juden und den anderen Völkern wurden seine Jünger. Pilatus verurteilte ihn zur Kreuzigung und zum Tode. Und alle, die seine Jünger geworden waren, blieben in der Jüngerschaft. Sie berichteten, daß er ihnen drei Tage nach seiner Kreuzigung erschienen sei und daß er lebendig sei; demnach war er vielleicht der Messias, über den die Propheten Wunder erzählt haben.«

Die obige Stelle befindet sich in einem arabischen Manuskript mit dem Titel *Kitab Al-Unwan Al-Mukallal Bi-Fadail Al-Hikma Al-Mutawwaj Bi-Anwa Al-Falsafa Al-Manduh Bi-Haqaq Al-Marifa.* Die ungefähre Übersetzung lautet: »Buch der Geschichte, geführt durch alle Tugenden der Weisheit, gekrönt mit allerlei Philosophien und gesegnet durch die Wahrheit der Erkenntnis.«

Das obige Manuskript, geschrieben von Bischof Apapius im 10. Jh., enthält einen Teil, der folgendermaßen anfängt: »Wir haben in vielen Büchern der Philosophen gefunden, daß sie sich auf den Kreuzigungstag Christi beziehen.« Dann stellt er eine Liste auf und zitiert Teile aus Werken des Altertums. Einige der Werke sind modernen Gelehrten geläufig, andere nicht. *Pines, Flusser*

Wir finden bei Josephus auch einen Hinweis auf Jakobus, den Bruder Jesu. In *Altertümer XX*, 9.1 beschreibt er das Verhalten des Hohenpriesters Ananus:

»Der jüngere Ananus jedoch, dessen Ernennung zum Hohepriester ich soeben erwähnt habe, war von heftiger und verwegener Gemütsart und gehörte zur Sekte der Sadduzäer, die, wie schon früher bemerkt, im Gerichte härter und liebloser sind als alle anderen Juden. Zur Befriedigung dieser seiner Hartherzigkeit glaubte Ananus auch jetzt, da Festus gestorben, Albinus aber noch nicht angekommen war, eine günstige Gelegenheit gefunden zu haben. Er versammelte daher den Hohen Rat zum Gericht und stellte vor dasselbe den Bruder des Jesus, der Christus genannt wird, mit Namen Jakobus, sowie noch einige andere, die er der Gesetzesübertretung anklagte und zur Steinigung führen ließ.« *Josephus a Bd. 1/666f.*

2.4 Sueton (120 n. Chr.)

Ein weiterer römischer Geschichtsschreiber, Sueton, Hofbeamter unter Hadrian, Annalist des kaiserlichen Hauses, sagt:

»Da die Juden unter ihrem Anführer Chrestos [= Christus] beständig Unruhe anstifteten, vertrieb er [= Claudius] sie aus Rom.« (Sueton, *Leben der Caesaren*, Claudius §25) *Suetonius/296*

Er schreibt weiter (Nero, §16): »[. . .] über die Christen, Menschen, die sich einem neuen und gefährlichen Aberglauben ergeben hatten, wurde die Todesstrafe verhängt [. . .]« *Suetonius/326*

2.5 Plinius Secundus (Plinius der Jüngere)

Statthalter von Bithynien in Kleinasien (112 n. Chr.). Schrieb an den Kaiser Trajan um Rat, wie er die Christen behandeln sollte.

Er erläuterte, daß er Männer wie Frauen, Jungen wie Mädchen hatte töten lassen. Es wurden so viele getötet, daß er sich fragte, ob er weiterhin jeden töten sollte, der als Christ entdeckt wurde, oder ob er nur bestimmte töten sollte. Er erklärte, er habe den Christen befohlen, sich vor der Statue Trajans zu verneigen. Er sagt von den Verhörten:

»Sie behaupteten aber, ihre ganze Schuld – oder ihr ganzer Irrtum – habe darin bestanden, daß sie sich an einem bestimmten Tage vor Sonnenaufgang zu versammeln pflegten, Christus zu Ehren, wie einem Gotte, im Wechselgesang ein Lied anstimmten, und sich eidlich nicht etwa zu einem Verbrechen verpflichteten, sondern keinen Diebstahl, keinen Raub, keinen Ehebruch zu begehen, kein gegebenes Wort zu brechen, kein anvertrautes Gut, wenn es zurückgefordert wird, abzuleugnen.« (*Briefe* X.96) *Plinius Secundus/423*

2.6 Tertullian

Jurist und Theologe von Karthago, erweist sich als Verfechter des Christentums (197 n. Chr.) vor den römischen Behörden in Afrika; erwähnt den Briefwechsel zwichen Tiberius und Pontius Pilatus:

»Tiberius also, zu dessen Zeit der Christenname in der Welt aufkam, berichtete über die ihm aus dem palästinensischen Syrien überbrachten Taten, durch welche daselbst die Wahrheit in Betreff dieser in Frage stehende Gottheit offenbart worden war, an den Senat und gab als erster seine Stimme zu Gunsten derselben ab. Der Senat verwarf sie, weil er sie nicht selbst geprüft hatte; der Kaiser blieb aber bei seiner Meinung und drohte den Anklägern der Christen mit Nachteilen.« (*Apologien* V. 2) *Tertullian/54*

Einige Historiker bezweifeln die geschichtliche Echtheit dieser Stelle. Vgl. Justin der Märtyrer, *Apologien* I.35.

2.7 Thallus, der aus Samaria gebürtige Historiker

Einer der ersten heidnischen Verfasser, der Christus erwähnte, ist Thallus. Er schrieb 52 n. Chr. Seine Schriften sind jedoch verschwunden, und wir wissen von ihnen nur aus Bruchstücken, die andere Autoren zitierten. Einer dieser Autoren war Julius Africanus, ein christlicher Verfasser um 221 n. Chr. Eine sehr interessante Stelle bezieht sich auf einen Kommentar von Thallus. Julius Africanus schreibt (zitiert bei *F. F. Bruce)*:

»›Thallus erklärt im dritten Buch seiner Geschichte diese Finsternis als eine Sonnenfinsternis; damit kann er aber nach meiner Meinung nicht überzeugen.‹ (Natürlich kann das nicht überzeugen, denn bei Vollmond gibt es keine Sonnenfinsternis.)« *F. F. Bruce b/121*

(Zum Vollmond-Argument: Christus starb zur Zeit des Passah-Vollmondes.)

Bruce folgert, daß der Passionsbericht schon Mitte des 1. Jh. auch in nichtchristlichen Kreisen in Rom wohlbekannt war und man sich bemühte, »natürliche« Erklärungen für die berichteten Phänomene zu finden. *F. F. Bruce b/121f.*

2.8 Der Brief von Mara Bar-Serapion

F. F. Bruce berichtet:

»Im Britischen Museum wird [...] ein interessantes Manuskript aufbewahrt, das einen Brieftext von nach 73 n. Chr. wiedergibt. Wieviel später läßt sich leider nicht mit Gewißheit sagen. Der Brief wurde von einem Syrer namens Mara Bar-Serapion an seinen Sohn Serapion gesandt. Mara Bar-Serapion schreibt aus dem Gefängnis an seinen Sohn, um ihm Mut zu machen, die Weisheit zu suchen. Er macht ihm klar, daß wer einen Weisen verfolgt, dem Unglück anheimfällt. Als Beispiel dafür führt er den Tod Sokrates', Pythagoras' und Christi an.

›Was profitierten die Athener davon, daß sie Sokrates töteten? Hungersnot und Pest traf sie als Strafe für ihr Verbrechen. Was profitierten die Einwohner von Samos davon, daß sie Pythagoras verbrannten? Kurze Zeit später war ihr Land unter einer Sandschicht begraben. Was profitierten die Juden davon, daß sie ihren weisen König hinrichteten? Kurz danach wurde ihr Königreich total zugrunde gerichtet. Gott hat diese drei Weisen in gerechter Weise gerächt: Die Athener verhungerten, Samos wurde vom Meer überschwemmt, und die Juden, ruiniert und aus ihrem Land vertrieben, leben jetzt in absoluter Zerstreuung. Aber Sokrates ist nicht tot. Er lebt weiter in der Lehre Platos. Pythagoras ist nicht tot. Er lebt weiter in der Statue der Hera. Und auch der weise König ist nicht tot. Er lebt in der Lehre fort, die er brachte.‹

Dieser Schriftsteller war wohl kaum ein Christ; sonst hätte er gesagt: Christus lebt weiter, da er von den Toten auferstanden ist. Es ist viel wahrscheinlicher, daß er ein heidnischer Philosoph war, der als erster das tat, was später allgemein Sitte wurde, daß man nämlich Christus mit den Weisen des Altertums auf einen Boden stellte.« *F. F. Bruce b/122*

2.9 Justin der Märtyrer

Um 150 n. Chr. richtete Justin der Märtyrer seine *Verteidigung des Christentums* an den Kaiser Antonius Pius und verwies ihn an den Bericht des Pilatus, der nach Justins Annahme in den kaiserlichen Archiven verwahrt sein mußte.

»Die Worte aber: ›Sie haben meine Hände und Füße durchbohrt‹ deuten auf die Nägel hin, die ihm am Kreuz durch Hände und Füße getrieben wurden. Und nachdem sie ihn gekreuzigt hatten, warfen die, welche ihn gekreuzigt hatten, über seine Kleidung das Los und teilten sie untereinander. Daß das so geschehen ist, könnt ihr aus den unter Pontius Pilatus angefertigten Akten ersehen« (*Apologien* I.35). *Justin a/48 f.*

Vgl. auch (*Apologien* I.48): »Daß er [Jesus] das [seine Wunder] wirklich getan hat, könnt ihr aus den unter Pontius Pilatus aufgenommenen Akten ersehen.« *Justin a/61*

Elgin Moyer beschreibt Justin so:

»[. . .] Philosoph, Märtyrer, Apologet, geboren zu Flavia Neapolis. Sehr gebildet, scheint er über genügend Mittel verfügt zu haben, um ein Leben der Studien und der Reisen führen zu können. Als eifriger Sucher nach der Wahrheit klopfte er an die Türen des Stoizismus, des Aristotelismus, des Pythagorismus und des Platonismus, haßte aber den Epikureismus. Anfangs war er etwas mit den Juden vertraut, hatte aber kein Interesse an ihrer Religion. Der Platonismus sagte ihm am meisten zu, und er meinte fast das Ziel seiner Philosophie – die Vision Gottes – erreicht zu haben, als er eines Tages auf einem einsamen Küstenspaziergang einem ehrwürdigen alten Christen begegnete, der Freundlichkeit und Würde ausstrahlte. Dieser demütige Christ erschütterte sein Vertrauen in die menschliche Weisheit und wies ihn auf die hebräischen Propheten hin: ›Männer, die älter waren als alle angesehenen Philosophen; deren Schriften und Lehren das Kommen des Christus weissagten . . .‹

Auf den Rat des Alten hin wurde dieser eifrige Platoniker ein gläubiger Christ. Er sagte: ›Ich fand allein diese Philosophie als etwas Sicheres und Nützliches.‹ Nach seiner Bekehrung im frühen Mannesalter gab er sich von ganzem Herzen der Verfechtung und Verbreitung des christlichen Glaubens hin.« *E. Moyer /227*

2.10 Die jüdischen Talmud-Schriften (vgl. Kap. 4, Abschnitt 1.3.1)

Tol'doth Jeschu. Jesus wird hier »Ben Pandera« genannt.

Babylonischer Talmud. Nach der Lehrmeinung der Amoraim heißt es darin: »[. . .] und erhängten ihn am Vorabend des Passah.«

Talmud-Titel für Jesus sind: »Ben Pandera« (oder »Ben Pantere«) und »Jeschu ben Pandera«. Viele Gelehrte sagen, »Pandera« sei ein Wortspiel, eine Verzerrung des griechischen Wortes für Jungfrau (*parthenon*), weil er als »Sohn der Jungfrau« bezeichnet wird. *Joseph Klausner*, ein Jude, sagt: »Die außereheliche Geburt Jesu war eine gängige Idee unter den Juden [. . .]«

Kommentare in der *Baraita* sind von großem historischem Wert:

»Am Vorabend des Pesachfestes haben sie Jesus gehängt. Der Herold aber ging vierzig Tage lang vor ihm her: Dieser geht hinaus, um gesteinigt zu werden, weil er Zauberei getrieben und Israel verlockt und abgesprengt hat. Jeder, der etwas zu seinen Gunsten weiß, komme und plädiere für ihn. Aber sie fanden nichts zu seinen Gunsten und hängten ihn am Vorabend des Pesachfestes.« (Babylonischer Talmud, *Sanhedrin 43*) *Talmud/207; vgl. Babylon. Talmud Bd. 8/631 f.*

Die Amoa »Ulla« (Ulla war ein Jünger von R. Youchanan und lebte Ende des 3. Jh. in Palästina) fügt hinzu:

»Meinst du denn, er sei einer gewesen, zu dessen Gunsten sich etwas hätte wenden können? Er war doch ein Verlocker, und der Allbarmherzige sprach: *Du sollst ihn nicht schonen und ihn nicht bedecken.* Aber mit Jesus verhielt es sich deshalb anders, weil er der Regierung nahestand.« *Talmud/207; Babylon. Talmud Bd. 8/631*

Die jüdischen Oberen leugneten nicht, daß Jesus Zeichen und Wunder tat (Mt 9,34; Mk 3,22), schrieben sie jedoch der Zauberei zu. *J. Klausner a/19*

»Der Talmud«, schreibt der jüdische Gelehrte *Klausner*, *»spricht nicht von Kreuzigung, sondern von Hängen, weil jene* abstoßende römische Todesart den jüdischen Gelehrten nicht aus ihrem eigenen Rechtssystem, sondern nur von der römischen Gerichtsbarkeit her bekannt war. Selbst Paulus erklärt die Stelle: ›Denn Verwünschung Gottes ist ein Gehenkter‹ [5 Mo 21,23] als auf Jesus bezüglich [Gal 3,13].« *J. Klausner a/31*

Sanhedrin 43 a erwähnt auch die Jünger Jesu.

Jeb. IV 3, 49 a:

»Sprach R. Schimon ben Asai: ›Ich fand in Jerusalem eine genealogische Rolle, in der geschrieben stand: Jener gewisse Mann (Peloni) ist der Bastard einer Ehebrecherin‹.« *J. Klausner a/41*

Klausner fügt hinzu:

»In unseren Mischnaausgaben folgt noch der Zusatz: ›Um die Worte des R. Jehoschua zu bekräftigen, der in derselben Mischna sagt: Wer ist ein Bastard? Jeder, der von Eltern abstammt, auf deren körperliche Vereinigung die gerichtliche Todesstrafe steht.‹ Daß dieser Satz auf Jesus hinweist, ist fast außer Zweifel [...]« *J. Klausner a/41*

In einer *Baraita* frühen Datums, in der die Hauptperson Rabbi Elieser ist, wird Jesus namentlich erwähnt. Elieser sagt (alle Klammern gehören zum Zitat bei Klausner):

»Akiba, du hast mich erinnert. Einmal ging ich durch den oberen Markt (in der Tosefta: Straße) von Sepphoris und traf da einen Mann [von den Jüngern des Jesus des Nazareners], und Jakob aus dem Dorfe Sechania (in der Tosefta: Sichnin) war sein Name. Der sprach zu mir: In eurer Thora ist geschrieben: Bringe nicht Dirnenlohn ... in deines Gottes Haus. Was soll damit geschehen – soll man draus eine Latrine für den Hohenpriester machen? Ich aber sagte nichts. Da sprach er zu mir: So lehrte mich Jesus der Nazarener (in der Tosefta: ›Jesus ben Panteri‹): Aus Dirnenlohn ward es aufgehäuft und zu Dirnenlohn soll es wieder werden. Vom Ort des Schmutzes sind sie gekommen und zum Ort des Schmutzes sollen sie zurückkehren. – Dies hat mir gefallen, und deshalb ward ich wegen Ketzerei ergriffen. Übertreten habe ich, was in der Thora geschrieben ist: ›Dein Weg führe fern von ihr‹ – gemeint ist: die Ketzerei; ›und nähere dich nicht der Tür ihres Hauses‹ – gemeint ist: die Obrigkeit.« *J. Klausner a/44*

Klausner kommentiert diese Stelle wie folgt:

»[...] es kann [...] kein Zweifel darüber bestehen, daß die Worte ›von den Jüngern Jesu des Nazareners‹ und ›so lehrte mich Jesus der Nazarener‹ alt und echt sind, wenn sie auch in den Parallelstellen kleine Veränderungen erlitten haben. Diese Varianten (›Jesus ben Panteri‹ oder ›Jesus ben Pandera‹ statt ›Jesus der Nazarener‹) ergaben sich aus dem bereits erwähnten Umstande, daß sich schon sehr früh die Meinung unter den Juden verbreitet hatte, ›Panteri‹ oder ›Pandera‹ sei der Vater von Jesus gewesen.« *J. Klausner a/45*

KAPITEL 6

Jesus – Gottes Sohn

1. Direkte Ansprüche Jesu auf Göttlichkeit

1.1 Einleitung

Wer ist Jesus Christus? *I. H. Linton* sagt: »*Wer* Christus ist, ist offensichtlich genauso wichtig wie das, was er tat.« *I. H. Linton/11*

Jesus Christus ist ganz anders als andere Religionsstifter. Er paßt in keines der üblichen Muster. *Th. Schultz* schreibt:

»Nicht einer der *anerkannten* Religionsführer, sei es Mose, Paulus, Buddha, Mohammed, Konfuzius oder wer auch immer, hat je beansprucht, Gott zu sein – mit Ausnahme von Jesus Christus. Christus ist der einzige Religionsführer, der je beansprucht hat, die Gottheit zu sein, und der einzige, der je einen großen Teil der Welt davon überzeugt hat, daß er Gott ist.« *Th. Schultz/209*

Wie könnte ein Mensch andere dazu bringen, ihn als Gott anzusehen? Hören wir als erstes *F. J. Meldau:*

»Seine Lehren waren endgültig – sie standen über den Lehren Moses und der Propheten. Er fügte nie Nachträge oder Verbesserungen hinzu; er nahm nie etwas zurück oder änderte etwas; er ›vermutete‹ und ›meinte‹ nie und sprach nie mit Ungewißheit. Dies steht alles in einem großen Gegensatz zu menschlichen Lehrern und Lehren.« *F. J. Meldau a/5*

Dazu das Zeugnis von *Foster*:

»Doch der alles andere überschattende Grund, der direkt zu der schändlichen Hinrichtung des Lehrers von Galiläa führte, war sein unglaublicher Anspruch, daß er – ein einfacher Zimmermannssohn in den Spänen und dem Sägemehl der Werkstatt seines Vaters – in Wirklichkeit Gott im Fleische sei!« *R. Anderson/49*

Man mag wohl sagen: »Natürlich wird Jesus so in der Bibel dargestellt, weil es von seinen engsten Begleitern geschrieben wurde, die den Wunsch hatten, ihm ein ewiges Denkmal zu setzen.« Aber die Bibel zu mißachten ist nicht dasselbe wie die Mißachtung aller Fakten, die wir von den historischen Urkunden her haben!

William Robinson: »Wenn man jedoch historisch objektiv diese Frage angeht, wird man finden, daß selbst die weltliche Geschichte bestätigt, daß Jesus auf Erden lebte und daß er als Gott angebetet wurde. Er gründete eine Gemeinde, die ihn seit 1900 Jahren anbetet. Er veränderte den Lauf der Weltgeschichte.« *W. C. Robinson a/29*

1.2 Das Verhör vor dem Hohen Rat

Mk 14,61–64: »Er aber schwieg still und antwortete nichts. Da fragte ihn der Hohepriester abermals und sprach zu ihm: Bist du der Christus, der Sohn des Hochgelobten? Jesus aber sprach: Ich bin's; und ihr werdet sehen den Menschensohn sitzen zur Rechten der Kraft und kommen mit den Wolken des Himmels. Da zerriß der Hohepriester seine Kleider und sprach: Was bedürfen wir weiterer Zeugen? Ihr habt die Gotteslästerung gehört. Was ist euer Urteil? Sie aber verurteilten ihn alle, daß er des Todes schuldig sei.«

Richter *Gaynor*, ein meisterhafter Jurist aus New York, vertrat in einer Rede über die Gerichtsverhandlung gegen Jesus den Standpunkt, daß Gotteslästerung die einzige Anklage gegen ihn vor dem Synedrium (dem jüdischen Hohen Rat) war. Er sagte: »Es wird aus jedem der Evangeliumsberichte deutlich, daß das vorgeschützte Verbrechen, dessen Jesus angeklagt [...] wurde, Gotteslästerung war: [...] Jesus hatte behauptet, übernatürliche Kraft zu besitzen, was für einen Menschen Gotteslästerung war« (mit Zitat aus Joh 10,33). Gaynor bezieht sich darauf, daß Jesus »sich selbst zu Gott machte«, nicht auf das, was er über den Tempel gesagt hatte. *C. E. Deland/118f.*

Über die Fragen der Pharisäer bemerkt A. T. Robertson: »Jesus stellt sich der Herausforderung und erhebt einen dreifachen Anspruch: der Messias, der Menschensohn und der Sohn Gottes zu sein. ›Ihr sagt es‹ (*humeis legete*) ist einfach eine griechische Redewendung für ›ja‹ (vgl. ›Ich bin's‹ in Mk 14,62 mit ›Du sagst es‹ in Mt 26,6).« *A. T. Robertson b/277*

Auf Jesu Antwort hin zerriß der Hohepriester sein Gewand. *H. B. Swete* erläutert die Bedeutung: »Das Gesetz verbot es dem Hohenpriester, sein Gewand in privaten Nöten zu zerreißen (3 Mo 10,6; 21,10); fungierte er aber als Richter, so schrieb die Sitte vor, daß er auf diese Weise sein Entsetzen über eine in seiner Gegenwart ausgesprochene Gotteslästerung bekunden sollte. Die Erleichterung des verlegenen Richters wird deutlich. Wenn man schon keine glaubwürdigen Beweise erbringen konnte, war die Notwendigkeit dafür nun überholt: der Gefangene hatte sich selbst belastet.« *H. B. Swete/339*

Wir sehen, daß es sich um keinen gewöhnlichen Prozeß handelte. *Irwin Linton*, ein Rechtsanwalt, stellt dies ausdrücklich fest: »Einzigartig unter Kriminalprozessen steht dieser da, in dem es nicht um die Taten, sondern um die Identität des Angeklagten geht. Die Anklage gegen Christus, das Bekenntnis oder Zeugnis oder vielmehr die Tat vor dem Gericht, aufgrund derer er verurteilt wurde, das Verhör durch den römischen Statthalter und die Inschrift und Verkündigung über seinem Kreuz zur Zeit der Hinrichtung betreffen alle die Fragen nach der wahren Identität und Würde Christi: ›Was denkt ihr von dem Christus? Wessen Sohn ist er?‹« *I. H. Linton/7*

Der frühere Skeptiker *Frank Morison* sagt: »Jesus von Nazareth wurde nicht aufgrund der Aussagen seiner Ankläger zum Tode verurteilt, sondern aufgrund eines Geständnisses, das ihm durch einen Schwur abgezwungen wurde.« *F. Morison/21*

Simon Greenleaf, ehemaliger Professor der Harvard School of Law und ein bedeutender Jurist, sagte über Jesu Gerichtsverhandlung:

»Es ist nicht leicht zu erkennen, auf welcher Basis sein Verhalten vor irgendeinem Gerichtshof hätte verteidigt werden können, es sei denn aufgrund seines übermenschlichen Wesens. Es ist unvorstellbar, daß ein Rechtsanwalt seine Verteidigung auf etwas anderes hätte gründen können.« *S. Greenleaf b/562*

Obgleich Jesu Antworten vor seinen Richtern in jedem der Synoptiker anders gestaltet sind, sehen wir doch, wie *Morison* uns sagt, daß sie alle die gleiche Bedeutung hatten:

»Diese Antworten sind [...] identisch. Die Formeln ›Du sagst es‹ oder ›Ihr sagt es, denn ich bin's‹, die für unsere heutigen Ohren wie ausweichende Antworten klingen, hatten für das damalige jüdische Empfinden keine solche Bedeutung. ›Du sagst es‹ war die überlieferte Form, in welcher der wohlerzogene Jude auf eine ernste oder betrübliche Frage antwortete. Die Höflichkeit verbot ein direktes ›Ja‹ oder ›Nein‹.« *F. Morison/23*

Um sicherzugehen, daß Jesus dieses durch seine Antworten zu verstehen gab, analysiert *G. G. Montefiore* seine Aussage, die dem Bekenntnis seiner Gottheit folgt:

»Die beiden Ausdrücke ›der Menschensohn‹ (häufig auf seinen

Lippen) und ›zur Rechten der Kraft‹ [. . .] (eine eigene hebräische Ausdrucksweise für die Gottheit) zeigen, daß die Antwort vollkommen mit dem Geist und der Redeweise Jesu übereinstimmt.« *C. G. Montefiore/360*

Somit ist völlig klar, daß dies das Zeugnis ist, das Jesus von sich selber geben wollte. Wir sehen auch, daß die Juden seine Erwiderung als seinen Anspruch verstanden, Gott zu sein. Man stand also vor zwei Alternativen: daß seine Behauptungen pure Gotteslästerungen waren oder daß er Gott war. Seine Richter hatten diesen strittigen Punkt klar erkannt – so klar, daß sie ihn kreuzigten und dann verhöhnten; denn »Er hat Gott vertraut [. . .] denn er hat gesagt: Ich bin Gottes Sohn« (Mt 27,43). *H. F. Stevenson/125*

Wir sehen also, daß Jesus gekreuzigt wurde, weil er der war, der er wirklich ist: der Sohn Gottes. Eine Analyse seines Zeugnisses in Mk 14,62 wird das bestätigen:

1. Er war der Sohn des Hochgelobten.
2. Er war der, welcher zur Rechten der Kraft sitzen würde.
3. Er war der Menschensohn, der mit den Wolken des Himmels kommen würde.

William Childs Robinson folgert daraus: »Jede dieser [drei] Aussagen ist deutlich messianisch. Ihre kumulative messianische Wirkung ist ›von verblüffender Bedeutung‹.« *W. C. Robinson b/65*

Herschel Hobbs führt aus:

»Das Synedrium begriff alle drei Punkte. Sie faßten sie in einer Frage zusammen: ›Bist du also Gottes Sohn?‹ Ihre Frage verlangte eine bestätigende Antwort. Sie war gleichzusetzen mit einer Feststellung. Darum erwiderte Jesus einfach: ›Ihr sagt's, ich bin's.‹ Somit ließ er *sie* seine Identität zugeben, ehe sie ihn formell des Todes für schuldig befanden. Es war eine weise Strategie. Er würde nicht nur auf sein eigenes Gottheitsbekenntnis hin sterben, sondern auch auf ihres hin.

Nach ihren eigenen Worten gab es keine Notwendigkeit für weitere Zeugenaussagen. Denn sie hatten ihn selbst gehört. So verurteilten sie ihn denn nach den Worten ›aus seinem eigenen Munde‹. Doch auch er verurteilte sie nach ihren Worten. Sie konnten nicht sagen, sie hätten nicht den Sohn Gottes des Todes schuldig befunden.« *H. Hobbs/322*

Robert Anderson sagt: »Aber keine bestätigenden Beweise sind überzeugender als die von feindseligen Zeugen. Und die Tatsache, daß der Herr Anspruch auf Gottheit erhob, ist durch das Handeln seiner Feinde unbestreitbar bezeugt. Wir müssen daran denken, daß die Juden ja kein Stamm unwissender Wilder waren, sondern ein hochkultiviertes und tiefreligiöses Volk; und auf diese Anklage hin wurde sein Tod ohne eine Gegenstimme vom Synedrium beschlossen – von ihrem großen nationalen Rat, der aus ihren eminentesten religiösen Führern bestand, einschließlich solcher Männer wie Gamaliel und seines großen Schülers Saul von Tarsus.« *R. Anderson/5*

Als Ergebnis unserer Untersuchung dürfen wir also den festen Schluß ziehen, daß Jesus beanspruchte, göttlich zu sein, und zwar so, daß alle es erkennen konnten. Diese Ansprüche wurden von den religiösen Führern seines Volkes als gotteslästerlich betrachtet und führten zu seiner Kreuzigung; »denn er hat sich selbst zu Gottes Sohn gemacht« (Joh 19,7). *P. E. Little/33*

1.3 Andere Ansprüche

1.3.1 Gleichsein mit dem Vater

1.3.1.1 Stellte Jesus auch an anderer Stelle den Anspruch, Gott zu sein? Ja, wie wir diesem Text entnehmen können:

»Ich und der Vater sind eins. Da hoben die Juden abermals Steine auf, um ihn zu steinigen. Jesus sprach zu ihnen: Viele gute Werke habe ich euch erzeigt vom Vater; um welches Werkes willen wollt ihr mich steinigen? Die Juden antworteten ihm und sprachen: Um eines guten Werkes willen steinigen wir dich nicht, sondern um der Gotteslästerung willen, denn du bist ein Mensch und machst dich selbst zu Gott.« (Joh 10,30–33)

Es ergibt sich hier eine interessante Implikation, wenn man die griechische Wortstellung beachtet. *A. T. Robertson* sagt:

». . . wir sind *eins* (*hen*). Ein Neutrum, kein Maskulinum (*heis*). Nicht eine Person (vgl. *heis* in Gal 3,28), sondern ein Wesen oder eine Natur.«

Robertson fügt dann hinzu:

»Diese klare Aussage ist der Höhepunkt der Ansprüche Christi auf die Beziehung zwischen dem Vater und ihm (dem Sohn). Sie reizten die Pharisäer zu unkontrollierter Wut.« *A. T. Robertson b/186 f.*

Es liegt also auf der Hand, daß bei denen, die diese Aussage hörten, keine Zweifel darüber herrschten, daß Jesus vor ihnen den Anspruch erhob, Gott zu sein. Schlußfolgerung:

»Die Juden konnten Jesu Wort nur als Gotteslästerung ansehen, und sie gingen daran, das Gericht in die eigene Hand zu nehmen. Es war im Gesetz festgelegt, daß Gotteslästerung mit Steinigung zu ahnden war (3 Mo 24,16). Aber diese Männer hielten sich nicht an das vorgeschriebene Verfahren. Sie verfaßten keine Anklage, damit die Behörden die erforderlichen Schritte unternehmen konnten. In ihrer Wut machten sie sich daran, Richter und Hinrichter in einem zu sein. ›Abermals‹ wird sich auf ihren vorherigen Steinigungsversuch beziehen (Joh 8,59).« *F. F. Bruce d/524*

Ihre Erwiderung schließt jede Möglichkeit aus, daß Jesus für seine guten Werke gesteinigt werden sollte. Es ist vielmehr aufgrund der »Gotteslästerung«. Seine Lehre haben sie deutlich verstanden, doch man darf sich fragen, ob sie überhaupt die Wahrheit oder Unwahrheit seiner Ansprüche in Betracht zogen.

1.3.1.2 Joh 5,17–18: »Jesus aber antwortete ihnen: Mein Vater wirkt bis auf diesen Tag, und ich wirke auch. Darum trachteten die Juden noch viel mehr danach, ihn zu töten, weil er nicht allein den Sabbat brach, sondern auch sagte, Gott sei sein Vater, und machte sich selbst Gott gleich.«

Ein Wortstudium aus A.T. Robertsons *Word Pictures of the New Testament* gibt uns interessante Einblicke:

»Jesus sagte deutlich ›mein Vater‹ *(ho pater mou)*, nicht ›unser Vater‹ – ein Anspruch auf seine besondere Beziehung zum Vater. ›Wirkt bis auf diesen Tag‹ *(heos arti ergazetai)* [. . .] Jesus stellt sein Handeln mit Gottes Wirken gleich und rechtfertigt auf diese Weise die Heilung an einem Sabbat.« *A. T. Robertson b/82f.*

Es ist bemerkenswert, daß die Juden Gott niemals »mein Vater« nannten. Geschah es doch, dann schränkten sie diese Aussage mit »im Himmel« ein. Jesus tat dies jedoch nicht. Er erhob einen Anspruch, den die Juden nicht mißverstehen konnten, wenn er »mein Vater« sagte. *L. Morris/309*

Jesus sagte auch, daß in dem Wirken des Sohnes der Vater wirkt. *Pfeiffer, Harrison/1083* Wieder verstanden die Juden, was er meinte: Er erklärte sich als Gottes Sohn. Wegen dieses Anspruchs wuchs der Haß der religiösen Führer; sie hatten immer mehr das Verlangen, Jesus zu töten. *R. C. H. Lenski/376*

1.3.2 »Ich bin«

Joh 8,58: »Jesus sprach zu ihnen: Wahrlich, wahrlich, ich sage euch: Ehe Abraham wurde, bin ich.«

»Er sagte zu ihnen: ›Wahrlich, wahrlich, ich sage euch ...‹ Eingeleitet durch ein doppeltes Amen – den stärksten Schwur –, erhebt unser Herr Anspruch auf den unaussprechbaren Namen der Gottheit. Die Juden erkennen, was er meint, und voller Entsetzen trachten sie ihn zu steinigen.« *F. C. Spurr/54*

Wie nahmen die Juden diese Aussage auf? *Henry Alford* sagt: »[...] jede unvoreingenommene Exegese dieser Worte muß in ihnen eine Erklärung der wesenhaften Präexistenz Christi erkennen.« *H. Alford/801 f.*

Marvin Vincent schreibt, daß Jesu Aussage »die Formulierung für das *absolute*, zeitlose ›Ich bin‹ *(eimi)* ist«. *M. R. Vincent Bd. 2/181*

Zuverlässige Auskunft über die Bedeutung des »Ich bin« finden wir im Alten Testament. *A. G. Campbell:* »Von alttestamentlichen Stellen wie 2 Mo 3,14; 5 Mo 32,39; Jes 43,10 u. a. wird klar, daß Jesus hier keinen neuen Gedanken bringt. Den Juden war es ein vertrauter Gedanke, daß der Jahwe des Alten Testaments der ewig Seiende ist. Was den Juden neu war, ist die Identifizierung dieser Benennung mit Jesus.« *A. G. Campbell/12*

Die Reaktion der umherstehenden Juden beweist, daß sie seinen Hinweis als Anspruch auf absolute Gottheit verstanden. Ihre Erkenntnis veranlaßte sie zu ihrem Vorhaben, das mosaische Gesetz betreffs Gotteslästerung durch die Steinigung Jesu zu vollziehen (3 Mo 24,13–16).

Campbell erklärt den obigen Punkt für den Nichtjuden:

»Daß wir den Ausdruck ›Ich bin‹ *(eimi)* auch als Erklärung der vollen Gottheit Christi zu verstehen haben, ergibt sich aus der Tatsache, daß Jesus erst gar keine Erläuterung gab. Er versuchte nicht, die Juden zu überzeugen, daß sie ihn mißverstanden hätten, sondern er wiederholte die Aussage mehrmals bei verschiedenen Gelegenheiten.« *A. G. Campbell/12f.*

1.3.3 Jesus gebührt dieselbe Ehre wie Gott

Joh 5,23–24:

»...damit sie alle den Sohn ehren, wie sie den Vater ehren. Wer den Sohn nicht ehrt, der ehrt den Vater nicht, der ihn gesandt hat.

Wahrlich, wahrlich, ich sage euch: Wer mein Wort hört und glaubt dem, der mich gesandt hat, der hat das ewige Leben und kommt nicht in das Gericht, sondern er ist vom Tode zum Leben hindurchgedrungen.«

Im letzten Teil dieses Verses erteilt Jesus denen, die ihn der Gotteslästerung beschuldigen, eine Warnung. Er sagt ihnen, daß sie mit ihren Schimpfworten gegen ihn Gott selbst treffen. *F. Godet a/306*

Wir sehen auch, daß Jesus das Recht beansprucht, als Gott angebetet zu werden. Daraus folgt, wie schon zuvor gesagt, daß, wer Jesus nicht ehrt, Gott nicht ehrt. *A. T. Robertson b/86*

Wordsworth (zitiert von J. C. Ryle in *Expository Thoughts on the Gospels*) konstatiert: »Die ihren Eifer für Gott bekunden, ehren ihn nicht in rechter Weise, wenn sie nicht den Sohn so ehren, wie sie den Vater ehren.« *J. G. Ryle Bd. 1/291*

1.3.4 »Mich kennen«

Joh 8,19:

»Da fragten sie ihn: Wo ist dein Vater? Jesus antwortete: Ihr kennt weder mich noch meinen Vater; wenn ihr mich kenntet, so kenntet ihr auch meinen Vater.«

1.3.5 »Glaubt an mich«

Joh 14,1:

»Euer Herz erschrecke nicht! Glaubt an Gott und glaubt an mich!«

Merrill Tenney erläutert:

»Er war dem Tode geweiht, dem Tode, der alle Menschen ereilt. Dennoch besaß er die Kühnheit, von ihnen zu fordern, daß sie ihn zum Gegenstand ihres Glaubens machten. Er machte sich selbst zum Schlüssel der Schicksalsfrage und sagte deutlich, daß ihre Zukunft von seinem Werk abhängig sei. Er verhieß, ihnen eine Stätte zu bereiten und zurückzukehren, um sie zu sich zu holen.« *M. C. Tenney b/213*

1.3.6 »Wer mich sieht...«

Joh 14,9:
»Jesus spricht zu ihm: So lange bin ich bei euch, und du kennst mich nicht, Philippus? Wer mich sieht, der sieht den Vater! Wie sprichst du dann: Zeige uns den Vater?«

1.3.7 »Ich sage euch...«

Mt 5,20.22.26.28 usw.
In dieser Schriftstelle sehen wir Jesus in seinem eigenen Namen lehren und reden. Indem er das tat, erhob er die Vollmacht seiner Worte direkt bis zum Himmel. Anstatt die Propheten zu wiederholen und gleich ihnen zu sagen: »So spricht der Herr«, sagte Jesus wiederholt: »Wahrlich, wahrlich, ich sage euch.«

Karl Scheffrahn und *Henry Kreyssler* sagen: »Nie zögerte er, noch entschuldigte er sich. Er hatte es nicht nötig, irgend etwas, was er gesagt hatte, zu widerlegen, zurückzuziehen oder zu modifizieren. Er sprach die unzweideutigen Worte Gottes (Joh 3,34). Er sagte: ›Himmel und Erde werden vergehen; meine Worte aber werden nicht vergehen‹ (Mk 13,31).« *Scheffrahn, Kreyssler/11*

1.4 Jesus ließ sich anbeten

1.4.1 Anbetung gebührt Gott allein

Verehrung auf den Knien ist der größte Huldigungs- und Anbetungsakt, den man Gott erweisen kann (Joh 4,20–22; Apg 8,27).

Anbetung im Geist und in der Wahrheit (Joh 4,24).

»Du sollst anbeten Gott, deinen Herrn« (Mt 4,10; Lk 4,8).

1.4.2 Jesus wurde als Gott angebetet, und er *akzeptierte* es

Der Leprakranke »betete ihn an...« (Mt 8,2).

Der Blindgeborene, der geheilt wurde, »fiel vor ihm nieder und betete ihn an« (Joh 9,35–39).

Die Jünger »fielen vor ihm nieder und sprachen: Du bist wahrhaftig Gottes Sohn!« (Mt 14,33).

»Danach spricht er zu Thomas: Reiche deinen Finger her und sieh meine Hände und reiche deine Hand her und lege sie in meine Seite, und sei nicht ungläubig, sondern gläubig! Thomas antwortete und sprach zu ihm: Mein Herr und mein Gott! Spricht Jesus zu ihm: Weil du mich gesehen hast, Thomas, darum glaubst du. Selig sind, die nicht sehen und doch glauben!« (Joh 20,27–29).

1.4.3 Keine Anbetung von anderen

Der Hauptmann Kornelius fällt Petrus zu Füßen und »betete ihn an«; doch Petrus sagt: »Steh auf, ich bin auch nur ein Mensch« (Apg 10,25–26).

Johannes fiel dem Engel in der Offenbarung zu Füßen; doch der sagte ihm, er sei nur ein »Mitknecht« und Johannes solle Gott anbeten (Offb 19,10).

1.4.4 Folgerung

Jesus forderte und akzeptierte also, daß man ihn als Gott anbetete. Dazu *H. C. Thiessen*: »Wenn er nicht Gott ist, ist er ein Betrüger oder selbst ein Betrogener; und in beiden Fällen: Wenn er nicht Gott ist, dann ist er nicht gut (*Christus si non Deus, non bonus*).« *H. C. Thiessen/96*

1.5 Zeugnisse der Jünger und Apostel

1.5.1 Paulus

Phil 2,9–11:

»Darum hat ihn auch Gott erhöht und hat ihm den Namen gegeben, der über alle Namen ist, daß in dem Namen Jesu sich beugen sollen aller derer Knie, die im Himmel und auf Erden und unter der Erde sind, und alle Zungen bekennen sollen, daß Jesus Christus der Herr ist, zur Ehre Gottes, des Vaters.«

Tit 2,13:

»... und warten auf die selige Hoffnung und Erscheinung der Herrlichkeit des großen Gottes und unseres Heilandes Jesus Christus.«

1.5.2 Johannes der Täufer

»Und der heilige Geist fuhr hernieder auf ihn in leiblicher Gestalt wie eine Taube, und eine Stimme kam aus dem Himmel: Du bist mein lieber Sohn, an dir habe ich Wohlgefallen« (Lk 3,22).

1.5.3 Petrus

Das wohl berühmteste Bekenntnis des Petrus befindet sich in Mt 16,15–17:

»Er fragte sie: Wer sagt denn ihr, daß ich sei? Da antwortete Simon Petrus und sprach: Du bist Christus, des lebendigen Gottes Sohn! Und Jesus antwortete und sprach zu ihm: Selig bist du, Simon, Jonas Sohn; denn Fleisch und Blut haben dir das nicht offenbart, sondern mein Vater im Himmel.«

Scheffrahn und *Kreyssler* schreiben darüber: »Anstatt Petrus wegen seiner vorlauten Worte zu tadeln [...], segnet Jesus ihn wegen seines Glaubensbekenntnisses. Während seines ganzen Dienstes akzeptierte Jesus Gebete und Anbetung als etwas, was ihm mit Recht zustand.« *Scheffrahn, Kreyssler/10*

In Apg 2,36 bekennt Petrus erneut seinen Glauben:

»So wisse nun das ganze Haus Israel gewiß, daß Gott diesen Jesus, den ihr gekreuzigt habt, zum Herrn und Christus gemacht hat.«

1.5.4 Thomas

»Der Zweifler« gibt folgendes Zeugnis in Joh 20,28: »Thomas antwortete und sprach zu ihm: Mein Herr und mein Gott!«

John Stott kommentiert hierzu: »Jesus nimmt diese Huldigung an. Er tadelt Thomas nur seines bisherigen Unglaubens wegen.« *J. R. W. Stott/23*

1.5.5 Verfasser des Hebräerbriefes

Hebr 1,8:

»Aber von dem Sohn [spricht Gott]: ›Gott, dein Thron währt von Ewigkeit zu Ewigkeit, und das Zepter der Gerechtigkeit ist das Zepter deines Reiches‹.«

Thomas Schultz erläutert dies anhand von Wortstudien. Er schreibt: »Der Vokativ [. . .] in ›Gott, dein Thron‹ wird dem Nominativ vorgezogen, der übersetzt würde mit ›Gott ist dein Thron‹ oder ›dein Thron ist Gott‹. Wiederum ist der Tatbestand schlüssig: Jesus Christus wird in der Schrift ›Gott‹ genannt.« *Th. Schultz/ 180*

1.5.6 Stephanus

Apg 7,59: »Und sie steinigten Stephanus; der rief den Herrn an und sprach: Herr Jesus, nimm meinen Geist auf!«

Stephanus bat hier genau um das, was Jesus von Gott erbeten hatte, als er am Kreuz hing. Somit schreibt Stephanus Jesus die Wesenseigenschaft der Gottheit zu.

1.6 Schlußfolgerung

William E. Biederwolf (zitiert in Frank Mead, *Encyclopedia of Religious Quotations)* schließt aus den dargestellten Tatsachen:

»Wer das Neue Testament liest und nicht sieht, daß Christus mehr beansprucht, als nur ein Mensch zu sein, der kann ebensogut zur Mittagszeit an einem wolkenlosen Tag den Himmel absuchen, ohne die Sonne zu sehen.« *F. Mead/50*

Zitieren wir abschließend die Worte des »geliebten Apostels« Johannes:

»Noch viele andere Zeichen tat Jesus vor seinen Jüngern, die nicht geschrieben sind in diesem Buch. Diese aber sind geschrieben, damit ihr glaubt, daß Jesus der Christus ist, der Sohn Gottes, und damit ihr durch den Glauben das Leben habt in seinem Namen« (Joh 20,30–31).

2. Indirekte Ansprüche Jesu

2.1 Überblick

Jesus ließ oft seine Gottheit indirekt erkennen. Nachstehend eine Liste dieser Bibelstellen einschließlich einiger seiner direkten Gottheitsansprüche. *N.Geisler/48*

Einige dieser Ansprüche erfordern nähere Erklärungen.

Jesus ist Jahve		
für Jhvh	gemeinsamer Titel oder Akt	für Jesus
Jes 40,28	Schöpfer	Joh 1,3
Jes 45,22; 43,11	Retter	Joh 4,42
1 Sam 2,6	Totenerweckung	Joh 5,21
Joel 4,12	Richter	Joh 5,27; vgl. Mt 25,31ff.
Jes 60,19–20	Licht	Joh 8,12
2 Mo 3,14	Ich bin	Joh 8,58 vgl. 18,5–6
Ps 23,1	Hirte	Joh 10,11
Jes 42,8; vgl. 48,11	Ehre Gottes	Joh 17,1.5
Jes 41,4; 44,6	Erster und Letzter	Offb 1,17; 2,8
Hos 13,14	Erlöser	Offb 5,9
Jes 62,5; Hos 2,16 ff.	Bräutigam	Offb 21,2; vgl. Mt 25,1 ff.
Ps 18,3	Fels	1 Kor 10,4
Jer 31,34	Sündenvergeber	Mk 2,7.10
Ps 148,2	Anbetung durch Engel	Hebr 1,6
im ganzen AT	Gebete an ihn gerichtet	Apg 7,58–59
Ps 148,5	Schöpfer der Engel	Kol 1,16
Jes 45,23 ff.	Bekenntnis als Herr	Phil 2,11

2.2 Das Recht, Sünden zu vergeben (s. Mk 2,5 und Lk 7,48)

Nach jüdischem Gesetz war dies Gottes alleiniges Recht, da nur er Sünden vergeben konnte. Dies ist aus Mk 2,7 ersichtlich, wo die Schriftgelehrten fragen: »Wie redet der so? Er lästert Gott! Wer kann Sünden vergeben als Gott allein?«

In Mt 9,5–6 fragt Jesus, was leichter sei – zu sagen: »Dir sind deine Sünden vergeben« oder zu sagen: »Steh auf und geh umher.« Nach dem *Wycliffe Bible Commentary* ist dies »eine nicht zu beantwortende Frage. Die Sätze sind beide einfach; aber wenn sie auch die entsprechenden Auswirkungen haben sollen, ist göttliche Macht erforderlich. Ein Hochstapler würde natürlich den ersten Satz leichter finden, um nicht entdeckt zu werden. Jesus heilte die Krankheit, damit die Menschen *wissen* konnten, daß er die *Vollmacht* besaß, sich auch ihrer Ursache anzunehmen [...]« *Pfeiffer, Harrison/944*

Daraufhin wurde er von den Schriftgelehrten und Pharisäern der Gotteslästerung beschuldigt: »Die Schriftgelehrten und Pharisäer [...] beschuldigten ihn, die Gott zustehenden Rechte an sich gerissen zu haben.« *Pfeiffer, Harrison/943*

C. E. Jefferson sagt: »[...] er vergab Sünden, er sprach wie einer, der Autorität besitzt. Selbst die schlimmsten Sünder erhielten von ihm vollmächtige Gewißheit der Vergebung, wenn sie ihm bußfertig zu Füßen fielen.« *C. E. Jefferson/330*

Bei *L. S. Chafer* heißt es: »Keiner auf Erden hat die Vollmacht oder das Recht, Sünden zu vergeben. Niemand konnte vergeben außer dem Einen, gegen den alle gesündigt haben. Als Christus Sünden vergab – und genau das tat er –, übte er kein menschliches Vorrecht aus. Da niemand außer Gott Sünden vergeben kann, wird in schlüssiger Weise gezeigt, daß Christus, weil er Sünden vergab, Gott ist und als Gott von Ewigkeit her existiert.« *L. S. Chafer Bd. 5/21*

Er vergab nicht nur die gegen ihn begangenen Sünden, sondern er vergab auch die Sünden der Menschen untereinander. Das war etwas radikal Neues.

Wir sehen also, daß Jesu Macht, Sünden zu vergeben, der »entscheidende Beweis einer Macht ist, die ausschließlich Gott zusteht.« *Brown, Fitzmeyer, Murphy Bd. 2/78*

2.3 Jesus unwandelbar

Lewis S. Chafer sagt, daß »die Unveränderlichkeit der Gottheit Christus zugeschrieben wird. Alles andere unterliegt der Veränderung.« *L. S. Chafer Bd. 5/18* Vgl. dazu Hebr 13,8 mit Mal 3,6.

2.4 Jesus, das Leben

In Joh 14,6 sagt Jesus: »Ich bin [...] das Leben.«

Aus der Untersuchung dieses Aussage schließt *Merrill Tenney:* »Er sagte nicht, er kenne den Weg, die Wahrheit und das Leben, noch, daß er diese Dinge lehre. Er machte sich nicht zum Verfechter eines neuen Systems; er erklärte, selber der endgültige Schlüssel aller Geheimnisse zu sein.« *M. C. Tenney b/215*

»Und das ist das Zeugnis, daß uns Gott das ewige Leben gegeben hat, und dieses Leben ist in seinem Sohn. Wer den Sohn hat, der hat das Leben; wer den Sohn Gottes nicht hat, der hat das Leben nicht« (1 Joh 5,11–12).

Über dieses ewige Leben schreibt *John Stott*: »Leben zu geben, steht in keines Menschen Macht. Wo Gott als der Schöpfer geehrt wird, gilt das geschöpfliche Leben als seine größte Gabe. Noch mehr aber ist das ›ewige‹ Leben als das endzeitliche Heilsgut Gottes ureigenste Gabe. Die Vollmacht, dieses Leben zu verleihen, nimmt Jesus hier für sich in Anspruch.« *J. R. W. Stott/24*

2.5 Jesu Autorität

»Und [Gott] hat ihm Vollmacht gegeben, das Gericht zu halten, weil er der Menschensohn ist« (Joh 5,27).

Jesus erhebt den Anspruch, der Richter der Welt zu sein: Er wird selbst die Toten auferwecken, er wird die Nationen vor sich versammeln, er wird auf dem Thron der Herrlichkeit sitzen, und er wird die Welt richten. Einige werden auf Grund seines Gerichtes den Himmel ererben, andere die Hölle.

3. Titel Jesu

3.1 JHVH – »Herr«

3.1.1 Den Juden heilig

Eine buchstäblichere Übersetzung von *JHVH (JHWH)* ist *Jahve (Jahwe, Jachwe)*, häufig (fälschlicherweise) *Jehova* übersetzt.

»Die genaue Bedeutung des Namens«, schreibt *Herbert F. Stevenson*, »ist nicht bekannt. Er war im Hebräischen ursprünglich aus den vier Konsonanten JHVH zusammengestellt worden – von Theologen ›Tetragrammaton‹ genannt –, denen hinterher die Vokale von *Adonai* hinzugefügt wurden (außer wenn der Name mit *Adonai* zusammen erscheint; dann wurden die Vokale von *Elohim* verwendet). Für die Juden war dieser Name jedoch zu heilig, als daß man ihn aussprechen durfte, und so ersetzten sie ihn bei der öffentlichen Schriftlese durch *Adonai*. Für sie war Jahve der ›nicht mitteilbare Name‹.« *H. F. Stevenson/20*

»[. . .] aus reiner Ehrfurcht weigerten sich die Juden sogar, den Namen auszusprechen [. . .]« *L. S Chafer Bd. 1/264*

L. S. Chafer schreibt: »Die Weigerung, diesen Namen überhaupt auszusprechen, mag als bloßer Aberglaube betrachtet werden; doch war sie offensichtlich ein Versuch der Ehrfurchtsbezeigung [...]. Und zweifellos diente diese Praxis mit all ihren verwirrenden Folgen dazu, allen einen tiefen Eindruck von dem unbegreiflich erhabenen Wesen Gottes zu vermitteln.« *L. S. Chafer Bd. 1/264*

Die *Jewish Encyclopedia* deutet an, daß die Wiedergabe des Wortes JHVH mit »Herr« auf die Septuaginta zurückgeführt werden kann. »Über die Aussprache des Shem ha Metorash, des ›besonderen Namens‹ JHVH, gibt es keine authentische Information.« Von der hellenistischen Periode an war der Gebrauch dieses Namens auf den Tempel beschränkt. *Schaff, Herzog Bd. 1/201*

»Nach dem Midrasch Sifre zu 4 Mo 6,27 und der Mischna Tamid 7,2 und Sotah 7,6 scheint es, daß es den Priestern nur gestattet war, den Namen bei der Segenssprechung im Tempel zu gebrauchen; ansonsten mußten sie den Anrufungsnamen (*kinny*) ›Adonai‹ gebrauchen.« *Schaff, Herzog Bd. 1/201f.*

In der *Jewish Encyclopedia* folgen Zitate von *Philo* und *Josephus.* Philo: »Die vier Lettern dürfen nur von heiligen Männern erwähnt oder gehört werden, deren Ohren und Zungen durch Weisheit gereinigt sind, und von keinem anderen an irgendeinem Ort« (*Leben Moses* III,41).

Josephus: »Mose [...] bat Gott [...] ihm ferner die Kenntnis seines Namens nicht vorzuenthalten, sondern ihm dieselbe zu gewähren [...] Da verkündete ihm Gott seinen Namen, der früher noch keinem Menschen war kundgetan worden. Diesen Namen aber darf ich nicht aussprechen« (*Jüdische Altertümer* II, 12.4) *Josephus a Bd. 1/120f.*

3.1.2 Christus spricht von sich als Jahve

W. C. Robinson zitiert Scotchmer: »Aus der Identifikation unseres Herrn Jesus Christus mit dem Herrn des Alten Testaments folgt die ausdrückliche Lehre seiner Gottheit.« *W. C. Robinson b/118*

»Jahve« (2 Mo 3,14) hat die Grundbedeutung »der Seiende« oder »Ich bin, der ich bin« und erklärt die göttliche Selbstexistenz.

Kreyssler und *Scheffrahn* sagen: »Er bezog den Bund JHVHs (oder Jahves) auf sich. Im 8. Kapitel des Johannesevangeliums finden wir: ›wenn ihr nicht glaubt, daß ICH [es] BIN, werdet ihr sterben in euren Sünden‹ (V. 24). ›Wenn ihr den Menschensohn erhöhen werdet [d. h. am Kreuz], dann werdet ihr erkennen, daß ICH [es] BIN . . .‹ (V. 28). ›Wahrlich, wahrlich, ich sage euch: Ehe Abraham wurde, BIN ICH‹ (V. 58). Seine Verwendung des ICH BIN bezieht sich auf 2 Mo 3,14, wo Gott sich Mose offenbart: ›ICH BIN, der ICH BIN‹ Und er [Gott] sagte: So sollst du zu den Kindern Israel sagen: ICH BIN, der hat mich zu euch gesandt‹ [nach Menge]. So ist der Name Gottes auf hebräisch JHVH oder ICH BIN.« *Scheffrahn, Kreyssler/11*

In Mt 13,14–15 identifiziert Christus sich mit dem »Herrn« (Adonai) des Alten Testaments (Jes 6,8–10). *F. J. Meldau a/15*

Clark Pinnock sagt: »Seine Lehren erschallten mit den großen ICH-BIN-Aussagen, die ihrer Struktur und ihrem Inhalt nach göttliche Ansprüche darstellen« (2 Mo 3,14; Joh 4,26; 6;35; 8,12; 10,9; 11,25). *C. H. Pinnock/60*

In Joh 12,41 wird Christus als der beschrieben, den Jesaja in Jes 6,1 sah. Auch schreibt Jesaja, wie *William C. Robinson* sagt, über den Herold Jahves: »Bereitet dem Herrn den Weg [. . .]« (Jes 40,3). Christus billigte das Bekenntnis der Samariter: »Wir [. . .] haben erkannt: Dieser ist wahrlich der Welt Heiland« (Joh 4,42). Vom Alten Testament her kann dies nur Jahve-Gott sein. Hos 13,4 erklärt: »Ich aber bin der Herr, dein Gott, [. . .] und du sollst keinen andern Gott kennen als mich und keinen Heiland als allein mich.« *W. G. Robinson b/117f.*

3.2 Sohn Gottes

Hilarin Felder berichtet: »Gustav Dalman, ein gründlicher Kenner der aramäischen, von Jesus gesprochenen Sprache, sieht sich zum Geständnis gezwungen: ›Nirgends finden wir, daß Jesus sich in einer Weise als Gottes Sohn bezeichnete, daß an eine bloße ethische Beziehung zu Gott zu denken wäre, welche andere auch tatsächlich ebenso besitzen könnten und sollten . . . Jesus hat unzweideutig zu erkennen gegeben, daß er nicht nur ›ein‹, sondern ›der‹ Sohn Gottes sei.« *H. Felder/271; vgl. G. Dalman/230.235*

H. F. Stevenson kommentiert: »Es stimmt zwar, daß der Begriff ›Söhne Gottes‹ im Alten Testament auch auf Menschen (Hos 1,10) und Engel angewandt wird (s. 1 Mo 6,2; Hi 1,6; 38,7). Aber im Neuen Testament wird der Titel ›Sohn Gottes‹ für unseren Herrn und von ihm selbst in ganz anderer Weise gebraucht.

Immer bedeutet der Begriff, daß er der eine, einziggeborene Sohn ist; wesensgleich und wesens-ewig mit dem Vater.« *H. F. Stevenson/123*

In der wiederholten Verwendung des Begriffes »Sohn« neben dem Begriff »Vater« wird ausdrücklich die Wesensgleichheit Jesu mit dem Vater proklamiert und die Lehre der Dreieinigkeit formuliert (Joh 10,33–38; 3,35; 5,19–27; 6,27; 14,13; Mk 13,32; Mt 23,9–10).

Jesus lobte Petrus, als der ihn als Sohn Gottes erkannte: »Selig bist du, Simon, Jonas Sohn; denn Fleisch und Blut haben dir das nicht offenbart, sondern mein Vater im Himmel!« (Mt 16, 16–17) *H. F. Stevenson/124*

Felder schreibt über Christi Vorstellung von Gott als seinem Vater: »So oft er von seinen Beziehungen zum Vater spricht, bedient er sich ausnahmslos des Ausdruckes ›Mein Vater‹; so oft er die Jünger auf ihr Kindesverhältnis zu Gott aufmerksam macht, gebraucht er die ebenso bestimmte Bezeichnung ›Euer Vater‹. Niemals schließt er sich mit den Jüngern und übrigen Menschen zusammen durch die naheliegende Redensart ›Unser Vater‹ [...]« *H. Felder/270*

Felder schreibt weiter: »Selbst bei jenen Gelegenheiten, in denen Jesus sich mit den Jüngern zusammenstellt bei Gott und somit unbedingt zu erwarten wäre, daß er den Sammelausdruck ›Unser Vater‹ anwenden würde, steht im Gegenteil ›Mein Vater‹: ›Ich sage euch aber, von jetzt an werde ich von diesem Gewächs des Weinstocks nicht mehr trinken bis zu dem Tage, da ich es mit euch neu trinke im Reiche *meines Vaters*.‹ ›Kommt, ihr Gesegneten *meines Vaters*! Nehmt das Reich in Besitz, das seit der Weltschöpfung für euch bereitet ist.‹ ›Und siehe, ich sende den Verheißenen *meines Vaters* auf euch herab.‹ [Mt 26,29; Mt 25,34; Lk 24,49] So und ähnlich scheidet Jesus seine Gottessohnschaft unzweideutig aus von derjenigen der Jünger und Menschen überhaupt.« *H. Felder/270f.*

3.3 Menschensohn

Jesus gebraucht den Titel »der Menschensohn« auf dreierlei Weise:

1. Bei seinem irdischen Dienst:
   Mt 8,20; 9,6; 11,19; 16,13; Lk 19,10; 22,48

2. Bei den Voraussagen seiner Leiden:
Mt 12,40; 17,9.22; 20,18

3. Bei seiner Lehre über seine Wiederkunft:
Mt 13,41; 24,27.30; 25,31; Lk 18,8; 21,36

Stevenson mißt dem Titel »Menschensohn« eine besondere Bedeutung bei, »weil dies die Bezeichnung war, die unser Herr für gewöhnlich für sich in Anspruch nahm. Sie findet sich im Neuen Testament nur auf seinen Lippen – außer wenn Fragesteller seine Worte zitierten (Joh 12,34) – sowie bei Stephanus, der im Augenblick seines Martyriums ekstatisch von ihm zeugt: ›Siehe, ich sehe den Himmel offen und den Menschensohn zur Rechten Gottes stehen‹ (Apg 7,56). Es ist deutlich ein messianischer Titel, und die Juden erkannten ihn auch als solchen« (Joh 12,34). *H. F. Stevenson/120*

Kreyssler und *Scheffrahn* schreiben: »Jesus glaubte unmißverständlich, daß er die Erfüllung der alttestamentlichen Prophezeiungen über den Messias war. In bezug auf sich selbst verwendete er ständig den Titel ›der Menschensohn‹ aus Daniels Vision« (Dan 7,13–14). *Scheffrahn, Kreyssler/9f.*

In Mk 14,61–64 bezieht Jesus Dan 7,13–14 und Ps 110,1 auf sich, und zwar als etwas, das sich vor den Augen seiner Ankläger ereignen wird.

C. G. Montefiore fügt hinzu: »Wenn Jesus diese Worte sprach, können wir kaum annehmen, daß er zwischen sich, dem Menschensohn und dem Messias einen Unterschied machte. Der Menschensohn muß der Messias sein, und er selbst ist beides.« *C. G. Montefiore/361*

Montefiore zitiert Professor Peak:

»Trotz der ›befremdenden Verwendung von »der Menschensohn« neben der ersten Person Singular ist es schwierig, der Schlußfolgerung zu widerstehen, daß Jesus in diesem Kontext die beiden miteinander identifiziert. Er hätte wohl kaum in einem Atemzug seine Identität mit dem Messias bestätigt und einen Unterschied zwischen sich und dem Menschensohn angedeutet. Das soll nicht heißen, daß der Menschensohn notwendigerweise dem Messias gleich ist; aber selbst wenn die beiden Konzepte verschieden gewesen wären, war Jesus sich doch bewußt, daß beide in ihm ihre Erfüllung fanden, genauso, wie er gleichzeitig Messias und Knecht Jahves war‹« [*Messiah and the Son of Man*; 1924, S. 26]. *C. G. Montefiore/362*

3.4 Abba – lieber Vater

Michael Green schreibt, daß Jesus »behauptete, in einer Verbindung zu Gott zu stehen, wie es nie jemand zuvor beansprucht hatte. Das aramäische Wort *Abba*, das er gerne gebrauchte, besonders im Gebet, bringt dies zum Ausdruck. Niemand vor ihm in der ganzen Geschichte Israels hatte Gott mit diesem Wort angesprochen [. . .] Natürlich beteten auch die Juden zu Gott als dem Vater. Aber sie gebrauchten das Wort *Abhinu*, eine Form der Anrede, die sich an den barmherzigen, vergebenden Gott wendet. Jesu Form der Anrede Gottes beinhaltet keine Bitte um Barmherzigkeit. Es ist ein Wort engster Zusammengehörigkeit. Darum unterschied er auch zwischen seiner eigenen Verbindung zu Gott und der anderer Menschen.« *M. Green a/118*

Interessanterweise sprach selbst David von Gott nicht als Vater, sondern sagte: »Wie [. . .] ein Vater [. . .], so [. . .] der Herr« (Ps 103,13).

Christus gebrauchte das Wort »Vater« oft im Gebet. »Die Pharisäer erkannten natürlich die Bedeutung und beschuldigten ihn der Gotteslästerung (Joh 5,18)! ›. . . sondern auch sagte, Gott sei sein Vater, und machte sich selbst Gott gleich.‹ Und in der Tat: War er Gott nicht gleich, so bedeuteten seine Worte eine Gotteslästerung.« *H. F. Stevenson/97*

KAPITEL 7

Das Trilemma: Gott, Lügner oder Geisteskranker?

1. Die Frage: Wer ist Jesus Christus?

Jesus hielt es für sehr wichtig, für *wen* ihn die Menschen hielten. *C. S. Lewis* schreibt:

»Ich möchte [. . .] jedermann vor dem wirklich dummen Einwand bewahren, er sei zwar bereit, Jesus als großen Morallehrer anzuerkennen, nicht aber seinen Anspruch, Gott zu sein. Denn gerade das können wir nicht sagen. Ein Mensch, der solche Dinge sagen würde, wie Jesus sie gesagt hat, wäre kein großer Morallehrer. Er wäre entweder ein Irrer – oder der Satan in Person. Wir müssen uns deshalb entscheiden: Entweder war – und ist – dieser Mensch Gottes Sohn, oder er war ein Narr oder Schlimmeres. Wir können ihn als Geisteskranken einsperren, wir können ihn verachten oder als Dämon töten. Oder wir können ihm zu Füßen fallen und ihn Herr und Gott nennen. Aber wir können ihn nicht mit gönnerhafter Herablassung als einen großen Lehrer der Menschheit bezeichnen. Das war nie seine Absicht; diese Möglichkeit hat er uns nicht offengelassen.« *C. S. Lewis a/57*

F. J. A. Hort sagt: »Seine Worte waren absoluter Teil und Ausdruck seiner selbst; es waren nicht bloße abstrakte Wahrheitsaussagen eines Sehers oder Propheten. Nähme man ihn selbst als primären (wenn auch nicht letzten) Gegenstand aller Aussagen weg, so hätten sie keinen Bestand mehr.« *F. J. A. Hort/207*

Nach den Worten des großen Historikers *Kenneth Scott Latourette* sind es »nicht seine Lehren, die Jesus so hervortreten lassen, obwohl sie sicherlich bemerkenswert sind. Es ist vielmehr eine Verknüpfung der Lehren mit der Person selbst. Beides kann man nicht voneinander trennen [. . .]« *K. S. Latourette b/44*

»Es muß jedem nachdenklichen Leser der Evangelienberichte auffallen, daß Jesus sich und seine Botschaft als unzertrennlich ansah. Er war zwar ein großer Lehrer, aber er war noch mehr. Seine Lehren über das Reich Gottes, über das menschliche Verhalten und über Gott waren wichtig; aber man konnte sie nicht von seiner Person trennen, ohne daß sie von seinem Standpunkt aus hinfällig wurden.« *K. S. Latourette b/48*

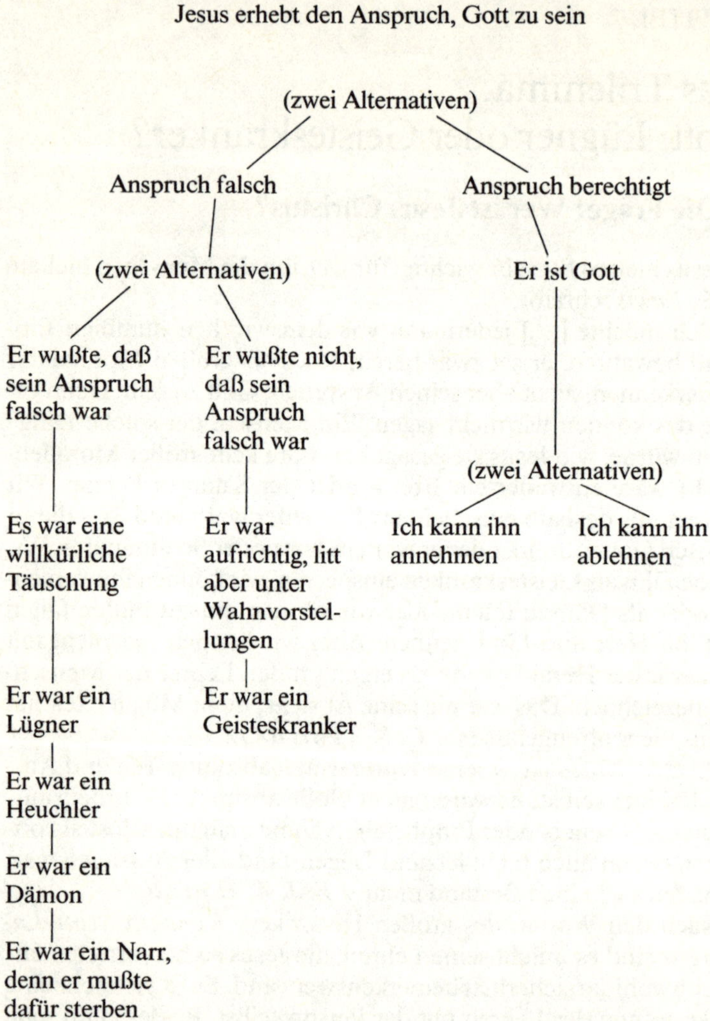

2. Ist Jesus Christus Gott?

Jesus erhob den Anspruch, Gott zu sein. Dieser Anspruch ist entweder wahr oder erlogen und muß gewissenhaft untersucht werden. Jesu Frage an die Jünger: »Ihr aber, wer sagt ihr, daß ich sei?« (Mk 8,29) wird auch uns heute gestellt.

Jesu Anspruch, Gott zu sein, ist entweder berechtigt oder falsch. Sind Jesu Ansprüche wahr, dann ist er der Herr, und wir müssen entweder seine Herrschaft anerkennen oder verwerfen. Wir sind »ohne Entschuldigung«.

Nehmen wir als erstes an, sein Anspruch, Gott zu sein, war falsch. Dann haben wir zwei und nur zwei Alternativen: Entweder wußte er, daß er falsch war, oder er wußte nicht, daß er falsch war. Wir wollen jede für sich betrachten und die Fakten prüfen.

3. War er ein Lügner?

Wenn Jesus den Anspruch erhob, Gott zu sein, und wußte, daß er nicht Gott war, dann war er ein Lügner. War er aber ein Lügner, dann war er auch ein Heuchler; denn er sagte anderen, sie sollten ehrlich sein, was immer es auch koste, während er selbst eine kolossale Lüge lehrte und lebte.

Darüber hinaus wäre er ein Dämon gewesen; denn er sagte anderen, sie sollten sich ihm für ihr ewiges Schicksal anvertrauen. Hätte er bewußt seine Ansprüche nicht aufrechterhalten können, dann wäre er unsagbar böse gewesen.

Letztlich wäre er auch ein Narr gewesen; denn sein Anspruch, Gott zu sein, brachte ihn ans Kreuz.

Mk 14,61–64: »Er aber schwieg still und antwortete nichts. Da fragte ihn der Hohepriester abermals und sprach zu ihm: Bist du der Christus, der Sohn des Hochgelobten? Jesus aber sprach: Ich bin's; und ihr werdet sehen DEN MENSCHENSOHN SITZEN ZUR RECHTEN DER KRAFT und KOMMEN MIT DEN WOLKEN DES HIMMELS. Da zerriß der Hohepriester seine Kleider und sprach: Was bedürfen wir weiterer Zeugen? Ihr habt die Gotteslästerung gehört. Was ist euer Urteil? Sie aber verurteilten ihn alle, daß er des Todes schuldig sei.«

Joh 19,7: »Die Juden antworteten ihm: Wir haben ein Gesetz, und nach dem Gesetz muß er sterben, denn er hat sich selbst zu Gottes Sohn gemacht.«

John Stuart Mill, Philosoph, Skeptiker und Gegner des Christentums, schrieb in einem seiner *Essays über Religion*:

»[. . .] dem Leben und den Reden Jesu ist ein Zeichen persönlicher, mit tiefster Einsicht verbundener Originalität aufgeprägt, das [. . .] den Propheten von Nazareth selbst in der Wertschätzung derer, die nicht an seine Inspiriertheit glauben, in die erste Reihe der

Männer von erhabenem Genius stellen muß, deren sich unser Geschlecht rühmen kann. Wenn dieser außerordentliche Genius mit den Eigenschaften des wahrscheinlich größten moralischen Erneuerers und Märtyrers, den es jemals auf Erden gegeben hat, verbunden erscheint, so kann man nicht sagen, daß die Religion eine schlechte Wahl getroffen hat, indem sie diesen Mann als den idealen Repräsentanten und Führer der Menschheit aufgestellt hat; auch jetzt noch würde es selbst für einen Ungläubigen nicht leicht sein, eine bessere Übersetzung der Regeln der Tugend vom Abstrakten ins Konkrete zu finden als die, so zu leben, daß Christus unser Leben gutheißen würde.« *J. S. Mill/210f.*

William Lecky, einer der namhaftesten Historiker Großbritanniens und erklärter Gegner des kirchlichen Christentums, schrieb:

»Dem Christenthume war es vorbehalten, der Welt einen idealen Charakter zu bieten, der durch alle Wandlungen von achtzehn Jahrhunderten den Herzen der Menschen, eine leidenschaftliche Liebe einflösste, sich fähig zeigte, auf alle Altersstufen, Völker, Temperamente und Verhältnisse einzuwirken, nicht bloss das höchste Muster der Tugend, sondern der stärkste Antrieb zu ihrer Uebung war: [...] die einfache Geschichte dreier kurzer Jahre thätigen Lebens haben mehr zur Neubelebung und Veredelung der Menschheit getan, als alle Erörterungen der Weltweisen und alle Ermahnungen der Sittenlehrer.« *W. E. H. Lecky Bd. 2/7*

Der christliche Historiker *Philip Schaff* sagte:

»Dieses Zeugnis muß, wenn es nicht wahr wäre, geradezu Gotteslästerung oder Wahnsinn sein. Die erstere Hypothese kann keinen Augenblick lang aufrechterhalten werden angesichts der moralischen Reinheit und Würde Jesu, die sich in jedem seiner Worte und Werke offenbarten und überall Anerkennung fanden. Selbstbetrug in einer so wichtigen Angelegenheit und bei einem in jeder Hinsicht so klaren und gesunden Intellekt ist gleichermaßen undenkbar. Wie könnte der ein Enthusiast oder ein Verrückter sein, der nie sein ausgeglichenes Gemüt verlor, der in heiterer Gelassenheit über allen Schwierigkeiten und Verfolgungen stand, wie die Sonne über den Wolken, der auf Versuchungsfragen stets die weisesten Antworten gab, der ruhig und besonnen seinen Tod am Kreuz, seine Auferstehung am dritten Tag, die Ausgießung des Heiligen Geistes, die Gründung seiner Gemeinde, die Zerstörung Jerusalems voraussagte – Weissagungen, die sich buchstäblich erfüllten? Ein so origineller, so vollständiger, so beständig gleichbleibender, so vollkommener, so menschlicher und doch über alle menschliche Größe so erhabener Charakter kann weder ein Betrug noch ein Wahn sein. Der Dichter – so sagt man treffend – wäre in diesem Falle größer als der Held. Es bedürfte eines Größeren als Jesus, um einen Jesus zu erfinden.« *Ph. Schaff c/109*

An anderer Stelle sagt Schaff: »Die Hypothese der Hochstapelei ist sowohl in moralischer als auch in allgemeiner Hinsicht so empörend, daß sie sich durch ihre bloße Aussage schon selber verdammt. [. . .] Kein Gelehrter, der irgend Anstand und Selbstachtung besitzt, würde es heute noch wagen, sich öffentlich zu dieser Theorie zu bekennen. Wie, im Namen der Logik, des gesunden Menschenverstandes und der Erfahrung, sollte ein Hochstapler – also ein betrügerischer, selbstsüchtiger, verderbter Mensch – den reinsten und edelsten Charakter, den die Geschichte überhaupt kennt, in der vollkommensten Atmosphäre der Wahrheit und Realität erfunden und zeitlebens aufrechterhalten haben? Wie sollte er einen solchen Plan beispielloser Wohltätigkeit, moralischer Größe und Erhabenheit erdacht und geopfert haben, angesichts größter Vorurteile seiner Mitmenschen und seines Zeitalters?« *Ph. Schaff b/94f.*

Jemand, der so lebte, wie Jesus lebte, lehrte, wie Jesus lehrte, und starb, wie Jesus starb, konnte kein Lügner sein. Welche Alternativen gibt es noch?

4. Geisteskrank?

Wenn es unvorstellbar ist, daß Jesus ein Lügner war, hätte er sich dann aber nicht irrigerweise für Gott halten können? Es ist ja tatsächlich möglich, gleichzeitig aufrichtig und im Irrtum zu sein.

Wir müssen uns jedoch darüber klar sein, daß es keine gewöhnliche Spinnerei ist, wenn jemand meint, Gott zu sein (besonders in einer Kultur, die fanatisch monotheistisch ist), und wenn er dann auch noch den Menschen sagt, daß ihr ewiges Schicksal vom Glauben an ihn abhängig sei; es könnten nur die Gedanken eines Geisteskranken im wahrsten Sinne des Wortes sein. War Jesus Christus eine solche Person?

C. S. Lewis schrieb: »Die Historiker stehen vor einem großen Problem, wenn sie für das Leben, die Aussagen und den Einfluß Jesu eine Erklärung finden sollen, die nicht schwerer ist als die christliche. Die Diskrepanz zwischen der Tiefe, der Vernünftigkeit und (lassen Sie mich das hinzufügen) dem *Scharfsinn* seiner Morallehre einerseits und dem zügellosen Größenwahn andererseits, der seiner Theologie zugrundeliegen müßte, wenn er nicht wirklich Gott wäre, ist niemals zufriedenstellend geklärt worden. Deshalb folgt eine nichtchristliche Hypothese der anderen, und alle bringen nur Verwirrung zustande.« *G. S. Lewis b/130*

Napoleon, ein Genie der Menschenkenntnis (zitiert von Vernon C. Grounds), sagte: »Ich kenne die Menschen; und ich sage euch, Jesus Christus ist kein Mensch. Oberflächliche Gehirne sehen eine Ähnlichkeit zwischen Christus und den Gründern von Königreichen sowie den Göttern anderer Religionen. Diese Ähnlichkeit existiert nicht. Zwischen dem Christentum und jeder anderen Religion besteht ein Abstand der Unendlichkeit. [. . .] Alles an Christus erstaunt mich. Sein Geist beeindruckt mich zutiefst, sein Wille bringt mich aus der Fassung. Zwischen ihm und jedem anderen in der Welt gibt es überhaupt keinen Vergleich. Er ist wahrlich ein Wesen für sich. Seine Ideen und seine Gesinnung, die Wahrheit, die er verkündet, seine Überzeugungskraft lassen sich weder durch menschliche Organisation noch durch die Natur der Dinge erklären. [. . .] Je mehr ich mich nähere, je sorgfältiger ich untersuche: alles steht über mir – alles bleibt erhaben, eine Erhabenheit, die überwältigt. Seine Religion ist die Offenbarung einer Intelligenz, die ganz gewiß keine menschliche ist. [. . .] Man kann absolut nirgendwo, außer in ihm allein, die Imitation oder das Vorbild seines Lebens finden. [. . .] Ich suche vergebens in der Geschichte nach etwas Ähnlichem wie Jesus Christus oder nach etwas, das dem Evangelium nahekommt. Weder die Geschichte noch die Menschheit, weder die Zeitalter noch die Natur bieten mir etwas, womit ich es vergleichen oder erklären könnte. Hier ist alles außergewöhnlich.« *V. C. Grounds/37*

Selbst *Channing*, ein unitarischer Autor, meint zur Wahnsinn-Theorie (zitiert von *Schaff*):

»Extravagante, selbstbetrügerische Schwärmerei wäre das letzte, was man Jesus anhängen könnte. Wo können wir die Spuren davon in seiner Geschichte finden? Entdecken wir sie etwa in der besonnenen Autorität seiner Satzungen? In dem milden, praktischen und wohltuenden Geist seiner Religion? In der mühelosen Einfachheit der Sprache, mit der er seine hohen Kräfte und die erhabenen Wahrheiten der Religion entfaltet? Oder in dem guten Sinn, der Kenntnis der menschlichen Natur, die er stets in seiner Einschätzung und Behandlung der verschiedenen Menschenklassen, mit denen er zu tun hatte, bewies? Entdecken wir diese

Schwärmerei etwa in der einzigartigen Tatsache, daß er zwar die Macht über die zukünftige Welt für sich in Anspruch nahm und den Sinn der Menschen immer auf den Himmel richtete, aber nie seiner eigenen Phantasie frönte oder die seiner Jünger anstachelte, indem er lebhafte Bilder oder minuziöse Beschreibungen jenes unsichtbaren Zustandes gab? Die Wahrheit lautet, daß sich der Charakter Jesu, so bemerkenswert er auch war, durch nichts mehr auszeichnete als durch Ruhe und Selbstbeherrschung. Dieser Charakterzug durchdringt seine anderen hervorragenden Eigenschaften. Wie ruhig war seine Frömmigkeit! Zeigen Sie mir, wenn Sie können, auch nur einen vehementen, leidenschaftlichen Ausbruch seiner religiösen Gefühle. Zeugt das Vaterunser von einem fieberhaften Geist? [. . .] Auch seine Wohltaten, obgleich von einzigartiger Ernsthaftigkeit und Tiefe, geschahen in Ruhe und Gelassenheit. Er verlor nie seine Beherrschung in der Anteilnahme mit anderen, ließ sich nie zu den ungeduldigen und vorschnellen Unternehmungen einer enthusiastischen Philanthropie hinreißen, sondern tat Gutes mit der Unerschütterlichkeit und Beständigkeit, die von der Vorsehung Gottes zeugen.« *Ph. Schaff b/98f.*

Philip Schaff: »Sollte solch ein Intellekt – klar wie der Himmel, frisch wie Bergesluft, scharf und durchdringend wie ein Schwert, von Grund auf gesund, kraftvoll, immer bereit und immer beherrscht – einem radikalen und so schwerwiegenden Wahn über sein eigenes Wesen und seine eigene Sendung unterliegen? Eine absurde Vorstellung!« *Ph. Schaff b/97f.*

5. Gott!

Die Entscheidung über die Person Christi darf keine bloße intellektuelle Übung bleiben. Man kann ihn nicht als einen großen Sittenlehrer ausrangieren. Entweder ist er ein Lügner oder Geisteskranker, oder er ist Gott, der Herr! Wir müssen uns entscheiden. »Diese (Dinge) aber sind geschrieben«, sagt der Apostel Johannes, »damit ihr glaubt, daß Jesus der Christus ist, der Sohn Gottes, und damit ihr durch den Glauben das Leben habt in seinem Namen« (Joh 20,31).

Die Tatsachen sprechen deutlich dafür, daß Jesus Gott und Herr ist. Dennoch verwerfen einige Menschen sie – weil sie so weiterleben wollen wie bisher. Es gehört eine innere Aufrichtigkeit dazu, nüchtern festzustellen, ob Jesus ein Lügner oder Geistesgestörter oder Herr und Gott ist.

KAPITEL 8

Und wenn Gott Mensch geworden wäre?

1. Einleitung

»WENN Gott Mensch geworden wäre, wie hätte er DANN sein müssen?« Oder: *»Besaß Jesus die Eigenschaften Gottes?«* Ehe wir diese Frage beantworten, müssen wir erst eine andere Frage beantworten, nämlich: »Warum mußte Gott Mensch werden?« Dazu wollen wir ein Beispiel betrachten: Stellen Sie sich vor, Sie beobachten einen Bauern beim Pflügen seines Feldes. Sie bemerken, daß der Bauer bei seiner nächsten Runde einen Ameisenhaufen unterpflügen würde. Weil Sie ein Ameisenliebhaber sind, laufen Sie zum Haufen, um die Ameisen zu warnen. Zuerst rufen Sie, daß ihnen Gefahr droht, aber sie arbeiten emsig weiter. Dann versuchen Sie es mit der Zeichensprache und mit allem, was Ihnen so einfällt; aber nichts hilft. Warum? Weil Sie sich nicht mit ihnen verständigen können. Was wäre die beste Art der Kommunikation mit Ameisen? Erst wenn Sie selbst eine Ameise würden, könnten Sie sich ihnen verständlich machen.

Was wäre nun für Gott die beste Methode, sich uns mitzuteilen? Er konnte nichts Sinnvolleres tun, als selbst Mensch zu werden, um uns direkt zu erreichen.

Wir können nun anfangen, unsere Frage zu beantworten: Wenn Gott Mensch geworden wäre, wer oder wie hätte er dann sein müssen? Nun, er besäße die Wesenseigenschaften Gottes; er wäre auf ungewöhnliche Weise in die Welt gekommen; er würde übernatürliche Dinge vollbringen; er wäre sündlos; er würde einen dauerhaften und weltweiten Eindruck hinterlassen und vieles andere mehr. Ich bin der Überzeugung, daß Gott in der Person Jesu Christi zur Erde kam und daß wir in Jesus die Eigenschaften Gottes und die Merkmale des Gott-Menschen verkörpert sehen.

Dieses Kapitel beschäftigt sich mit dem philosophischen Argument: »Wenn ... dann ...« Das erste Mal las ich davon in Bernard Ramms Buch *Protestant Christian Evidences. B. Ramm b/163–183*

2. Wenn Gott Mensch geworden wäre, dann hätte er eine ungewöhnliche Geburt haben müssen

Die Jungfrauengeburt Christi beweist dies.

2.1 Das biblische Zeugnis über die Jungfrauengeburt

Den Hauptteil des Zeugnisses über die Jungfrauengeburt liefern uns die Evangelien des Matthäus und Lukas. Somit ist ein Studium ihrer Zuverlässigkeit und Übereinstimmung von größtem Gewicht bei der Betrachtung des Wunders der Geburt Jesu.

2.1.1 Der Begriff

Die Jungfrauengeburt Jesu muß mit der im Alten Testament gegebenen Beschreibung der Geburt des Messias übereinstimmen.

Die erste Prophetie über das Kommen Christi finden wir in 1 Mo 3,15. Hier sagt Gott, daß »der Same der Frau« den Kopf der Schlange zertreten soll. Somit sollte der Erlöser aus dem Samen der Frau in die Welt kommen und nicht aus dem Samen des Mannes, wie es biologisch normal ist.

Eine klarere Prophezeiung haben wir in Jes 7,14, wo es heißt: »Siehe, eine Jungfrau ist schwanger und wird einen Sohn gebären, den wird sie nennen Immanuel.« Dies ist eine sehr konkrete Aussage, in der spezifisch eine *Jungfrau* erwähnt wird. Logischerweise bezieht sie sich auf die in 1 Mo 3,15 genannte Frau.

Henry Morris schreibt: »Das hebräische Wort für ›Jungfrau‹, das hier gebraucht wird, erscheint sonst nur noch sechsmal in der Bibel. Obschon seine genaue Bedeutung umstritten ist, stimmt es seinem Gebrauch nach immer mit dem Begriff ›Jungfrau‹ überein, und in einigen Fällen ist nur diese Deutung möglich. Die Gelehrten, die das Alte Testament in die griechische Septuaginta übersetzten, verwendeten das gebräuchliche griechische Wort für ›Jungfrau‹ auch bei der Übersetzung von Jes 7,14. Ebenso Matthäus, als er diese Prophezeiung zitierte (Mt 1,23), die sich in der Jungfrauengeburt Christi erfüllt hatte.« *H. M. Morris b/36*

In Jes 7,14 heißt es außerdem, daß die Geburt ein »Zeichen« vom »Herrn selbst« sei. Das heißt, sie ist einzigartig und kann darum keine gewöhnliche Geburt sein. So können wir also feststellen, daß die im Evangelium dargestellte Lehre der Jungfrauengeburt mit der Lehre früherer Schriften der Bibel übereinstimmt.

2.1.2 Zuverlässigkeit

Die Zuverlässigkeit der Evangelienberichte muß auf ihrer historischen Genauigkeit beruhen.

Die Historizität der Evangelienberichte wird durch die Zeitangaben bezeugt, die jeder Verfasser im Zusammenhang mit den Begebenheiten der Geburt Jesu macht, sowie durch die Begebenheiten selbst. Es hieß zunächst, es gebe Unstimmigkeiten im Bericht des Lukas hinsichtlich der Volkszählung unter Quirinius (Cyrenius). Man war der Meinung, Quirinius sei erst im Jahre 8 n. Chr. Statthalter gewesen; damit hätten er und die Volkszählung nach der Geburt Christi und nach dem Tod des Herodes gelegen. Heute wird jedoch allgemein angenommen, daß Quirinius zweimal im Amt war – das erste Mal 10–7 v. Chr., womit die Volkszählung ungefähr mit der Geburt Christi zusammenfiele, etwas vor dem Tod des Herodes im Jahre 4 v. Chr. *C. F. Rogers/113–115*

2.1.3 Übereinstimmung der Zeugnisse

Soll eine Wahrheit belegt werden, so müssen die Zeugen in ihren Aussagen übereinstimmen.

Was die Berichte in Matthäus und Lukas betrifft, so sagt *Orr*, daß sie zwar von verschiedenen Standpunkten aus verfaßt wurden und aus verschiedenen Quellen stammen, aber in der zentralen Tatsache übereinstimmen, nämlich »daß Jesus, empfangen vom Heiligen Geist, von Maria geboren wurde: von einer Jungfrau, die mit Joseph verlobt und dann verheiratet war, wobei Joseph volle Kenntnis der Sachlage hatte [. . .].« *J. Orr a/35*

2.1.3.1 Widersprüche?

Die Kritiker sprechen von den Widersprüchen der Berichte. Mir scheint aber, daß ihre Übereinstimmungen und die sie durchdringende verborgene Harmonie viel bemerkenswerter sind. Die Übereinstimmungen stellen sich, wenn wir sie einmal nachzählen, als viel zahlreicher heraus, als es einem zunächst auffällt. Nachstehend eine Liste von zwölf Punkten (nach *James Orr*):

1. Jesus wurde gegen Ende des Lebens des Herodes geboren (Mt 2,1.13; Lk 1,5).
2. Er war vom Heiligen Geist empfangen (Mt 1,18.20; Lk 1,35).
3. Seine Mutter war eine Jungfrau (Mt 1,18.20.23; Lk 1,27.34).
4. Sie war verlobt mit Joseph (Mt 1,18; Lk 1,27; 2,5).
5. Joseph entstammte dem Geschlecht Davids (Mt 1,16.20; Lk 1,27; 2,4).
6. Jesus wurde in Bethlehem geboren (Mt 2,1; Lk 2,4.6).
7. Auf Befehl Gottes wurde er Jesus genannt (Mt 1,21; Lk 1,31).
8. Er war der erklärte Erretter (Mt 1,21; Lk 2,11).
9. Joseph war Marias Zustand und seine Ursache bekannt (Mt 1,18–20; Lk 2,5).
10. Dennoch nahm er Maria zur Frau und übernahm die volle elterliche Verantwortung für ihr Kind (Mt 1,20.24–25; Lk 2,5ff.).
11. Die Verkündigung und Geburt waren von Offenbarungen und Visionen begleitet (Mt 1,20ff.; Lk 1,26ff.).
12. Nach der Geburt Jesu wohnten Joseph und Maria in Nazareth (Mt 2,23; Lk 2,39). *J. Orr a/36f.*

Eine scheinbare Unstimmigkeit in den Berichten ergibt sich aus den Stammbäumen Jesu. Die Bibel nennt uns zwei Genealogien; untersucht man sie, so scheinen sie sich zu widersprechen. Doch die in Matthäus aufgeführte Genealogie ist die von Joseph, die in Lukas gehört zu Maria. *H. M. Morris b/37* Da Joseph von Jojachin abstammte, hatte Jesus von daher kein Recht auf den Thron (vgl. Jer 22,30; Konja und Jojachin in 2 Kön 24, auch Jekonja genannt, sind identisch mit Jojachin in Mt 1,11). Der Stammbaum Marias hingegen schloß Jojachin nicht ein, und da Joseph nicht der leibliche Vater Jesu war, hatte Jesus als der Nachkomme der Frau, also Marias, doch das Recht auf den Thron.

2.1.3.2 Markus und Johannes

Folgendes Argument trifft hier zu:

»Es stimmt zwar, daß sie (die Geburt Jesu) am Anfang des ersten und des dritten Evangeliums erscheint, aber bei Markus fehlt; oder, wie es allgemein heißt: Markus ›weiß nichts davon‹, obwohl er als erster geschrieben hat und sein Evangelium von den anderen beiden benutzt wurde. Wie wir aus zuverlässiger Quelle wissen, entstand das Evangelium des Markus aus den Predigten des Petrus. Markus war sein ›Dolmetscher‹. Er gab wieder, was Petrus in seinen öffentlichen Predigten nützlich oder notwendig fand, so wie Paulus auf dem Areopag in Athen oder in Jerusalem, Antiochien und Rom predigte.

Nun ist aus offensichtlichen Gründen die Frage der Geburt unseres Herrn bei solchen Anlässen kein Diskussionsthema gewesen, besonders solange seine Mutter noch lebte und möglicherweise bei allen Zuhörern bekannt war. Das hauptsächliche Anliegen waren die Lehren Christi, die Zeichen, die er tat, und vor allem, wie wir aus dem Umfang des Berichtes sehen können, die Geschehnisse bei seiner Passion.

›Aber‹, so könnte man einwenden, ›die Geburt wird doch auch von Johannes im vierten Evangelium ausgelassen.‹ Ja, und genau aus dem entgegengesetzten Grund. Das Johannesevangelium wurde erst später für Menschen geschrieben, die bereits unterwiesen waren, um die synoptischen Evangelien, die Johannes und wahrscheinlich auch seinen Hörern bereits bekannt waren, zu ergänzen [. . .] Er setzt voraus, daß seine Leser wissen, wer Maria und Martha sind. Das Evangelium war für Christen geschrieben oder jedenfalls für Leute, die schon am Christentum interessiert waren. Es war mehr als ein Buch zum Lesen gedacht denn als ein Bericht für öffentliche Predigten. Es war nicht nötig, das zu wiederholen, was seine Leser bereits wußten und auch nicht leugneten. Hätte es solche gegeben, die die Jungfrauengeburt leugneten, wäre es wohl nötig gewesen, darauf zu bestehen; aber unter den Menschen, für die Johannes schrieb, scheint es keine solchen Leugner gegeben zu haben. Doch allem Anschein nach ist die Jungfrauengeburt in seinem Prolog enthalten, der einen Kommentar zu seinem Hauptthema ›Das Wort ward Fleisch und wohnte unter uns‹ bildet. In gleicher Weise erwähnt Johannes nirgends die Taufe oder das Abendmahl. Sie gehörten schon zum christlichen Leben. Aber er kommentiert sie in der Geschichte über den Besuch des Nikodemus und in der Rede nach der Speisung der Fünftausend.« *C. F. Rogers/99–101*

Wahrscheinlich deutet der vierte Evangeliumsschreiber durch das Wort »eingeboren« in Joh 3,16 auf das Wunder der Geburt Jesu hin.

John R. Rice:

»Jesus bezeichnete sich wiederholt als Gottes ›eingeborener Sohn‹. Das Wort ›geboren‹ ist ein Wort menschlicher Genealogien, ein Begriff für die männliche Seite bei der Zeugung eines Kindes. Es bezieht sich auf die leibliche Geburt. Jesus bestand darauf, daß er nicht von Joseph, sondern von Gott gezeugt war. Dasselbe Wort, *monogenes*, wird sechsmal im Neuen Testament in bezug auf Jesus als den von Gott Einziggeborenen oder Einziggezeugten gebraucht; zweimal gebrauchte Jesus es selbst! Beachten Sie, daß Jesus nicht den Anspruch erhebt, einfach *einer* zu sein, der von Gott geboren ist. Er erhebt vielmehr den Anspruch, *der Einzige* zu sein, der je so geboren wurde. Er ist der *einzig*geborene Sohn Gottes. Kein anderer war je von einer Jungfrau geboren worden. In geistlicher Hinsicht kann man von gläubigen Christen sagen, sie sind ›wieder*geboren*... zu einer lebendigen Hoffnung‹ (1 Petr 1,3); aber in dem Sinne, wie Jesus von Gott geboren war, gab es keinen anderen. Ganz deutlich erhob Jesus den Anspruch, leiblich von Gott geboren zu sein und nicht von einem menschlichen Vater.« *J. R. Rice/22f.*

Die Genealogie des Apostels Johannes betrifft im wesentlichen den »Anfang« und behandelt daher nicht die Jungfrauengeburt. »Im Anfang war das Wort... Und das Wort ward Fleisch« (Joh 1,1.14).

Das gleiche gilt für Paulus: »Paulus kannte Lukas sehr gut. Er war lange Zeit sein Reisebegleiter und war mit ihm auch in Rom. Und Lukas ist unsere Hauptquelle für die Geschichte der Geburt unseres Herrn. Paulus muß das gewußt haben; und so ist es ganz natürlich, daß er in diesem Wissen so von unserem Herrn sprach: ›Gott sandte seinen Sohn, geboren von einer Frau.‹« *C. F. Rogers/101*

2.2 Außerbiblische Zeugnisse

2.2.1 Die frühe Kirche

Es ist wichtig, bei den Evangelienberichten die Zeit ihrer Abfassung zu bedenken. Aufgrund des frühen Datums der Evangeliumsschriften gab es gar keine Zeit für die Entstehung eines Mythos um die Geburt Christi. Somit sollten wir Hinweise auf die Lehre von der Jungfrauengeburt in der Frühkirche finden. In dieser Beziehung wären zwei Fragen zu stellen:

a) Wie konnte die Lehre von der Jungfrauengeburt so früh aufkommen, wenn sie nicht auf Tatsachen beruhte?

b) Wenn die Evangelien nicht historisch fundiert waren, wie kam es dann, daß sie schon so früh und von so vielen akzeptiert wurden?

Über den frühkirchlichen Glauben an die Jungfrauengeburt schreibt *Gresham Machen*: »Selbst [. . .] wenn im Neuen Testament kein Wort über dieses Thema stünde, bewiese doch das Zeugnis des zweiten Jahrhunderts, daß der Glaube an die Jungfrauengeburt lange vor Ende des ersten Jahrhunderts – um es vorsichtig auszudrücken – aufgekommen sein muß.« *J. G. Machen/44*

Ganz zu Anfang der Kirchengeschichte gab es die Gruppe der sogenannten Ebioniten. Sie stellten sich gegen den Gebrauch von Jes 7,14 durch die Gemeinde und sagten, man müsse »eine junge Frau« übersetzen und nicht »Jungfrau«. *C. F. Rogers/105*

Woraus sich entnehmen läßt, daß die Gemeinde an die Jungfrauengeburt glaubte.

Diese Gedanken führt *James Orr* weiter aus:

»[. . .] außer den Ebioniten [. . .] und ein paar gnostischen Sekten weiß man von keiner Gruppe unter den ersten Christen, die es nicht als einen Teil ihres Glaubens akzeptierte, daß Jesus von der Jungfrau Maria geboren war; [. . .] wir haben genügend Beweise dafür, daß dieser Glaube zum allgemeinen Glaubensbekenntnis der Frühkirche gehörte.« *J. Orr a/138*

2.2.2 Die frühen Kirchenväter

Von großer Wichtigkeit in der Geschichte des frühkirchlichen Glaubens ist das Zeugnis der ersten Väter. 110 n. Chr. schreibt Ignatius in seinem *Brief an die Epheser*:

»Denn unser Gott, Jesus der Christus, wurde von Maria empfangen, nach dem Heilsplan Gottes zwar aus dem Samen Davids, aber vom Heiligen Geiste [...] Und es blieb dem Fürsten dieser Welt verborgen die Jungfrauenschaft Marias und ihr Gebären, ebenso auch der Tod des Herrn; drei laut rufende Geheimnisse, die in der Stille Gottes vollbracht wurden.« *Apostol. Väter/124*

Ignatius erhielt seine Informationen von seinem Lehrer, dem Apostel Johannes.

»Wir haben weitere Hinweise«, schreibt *C. F. Rogers*, »die uns zeigen, daß dies zur Zeit des Ignatius kein neuer Glaube war. Denn wir wissen, daß der Glaube der Christen an die Jungfrauengeburt von Außenstehenden angegriffen wurde, so z. B. von Cerinthos, einem Zeitgenossen und Gegner des Johannes. Es heißt, daß der Evangelist ihn in einem öffentlichen Bad sah und spontan ausrief: ›Laßt uns fliehen, falls das Bad einstürzt, weil Cerinthos, der Feind der Wahrheit, hier ist!‹ Cerinthos lehrte, wie Irenäus uns berichtet, daß unser Herr von Maria und Joseph geboren war wie andere Menschen.«

Ein weiterer nachapostolischer Verfasser, *Aristides* (125 n. Chr.), sagt über die Jungfrauengeburt: »Die Christen nun leiten ›ihre Abkunft‹ von Jesus Christus her. Dieser wird der Sohn des höchsten Gottes genannt, und es heißt (von ihm), daß er (als) Gott vom Himmel niederstieg und von einer hebräischen Jungfrau Fleisch nahm und anzog, und (daß so) in einer Menschentochter der Sohn Gottes Wohnung nahm.« (*Apologie*, II.6) *Aristides/28*

Justin der Märtyrer (150 n. Chr.) gibt eine Reihe von Hinweisen auf den Glaubenssatz der Jungfrauengeburt: »Wenn wir aber sagen, er sei auf ganz eigene Weise entgegen der gewöhnlichen Abstammungsweise als Logos Gottes aus Gott geboren worden [...] wenn wir ferner behaupten, er sei von einer Jungfrau geboren worden [...]« *Justin a/88f.*

»[...] die Kraft Gottes [kam] über die Jungfrau, beschattete sie und bewirkte, daß sie, obgleich sie Jungfrau war, schwanger wurde.« *Justin a/100*

»Der erste namhafte lateinisch sprechende Christ war der bekehrte Rechtsgelehrte Tertullian. Er sagt uns, daß es zu seiner Zeit (um 200 n. Chr.) nicht nur ein definitives christliches Glaubensbekenntnis gab, mit dem alle Gemeinden übereinstimmten, sondern er teilt uns auch mit, daß es unter dem Fachausdruck *tessera* bekannt war. Nun erhalten Dinge aber nur dann einen festgelegten Namen, wenn sie bereits einige Zeit existieren. Er zitiert dieses

Glaubensbekenntnis viermal. Es enthält die Worte *›ex virgine Maria‹* (von der Jungfrau Maria).« *C. F. Rogers/103*

2.2.3 Das Judentum

Wie zu erwarten, gibt es zur Jungfrauengeburt auch negative Argumente. Diese wurden vor allem durch die Juden vorgebracht. *Ethelbert Stauffer* schreibt:

»In einem jüdischen Geschlechtsregister aus der Zeit vor 70 erscheint Jesus als ›Bastard von einem Eheweibe‹ (Jebamoth 4,13). Schon der Evangelist Matthäus kannte offenbar solche Geschlechtsregister und kämpfte dagegen. Die Rabbinen der Folgezeit nennen Jesus ohne weiteres den Sohn der Ehebrecherin, den Sohn der Hure. Sie wissen auch ganz genau, wie der ›unbekannte Vater‹ hieß: Panthera. Schon in den altrabbinischen Texten hören wir mehrfach von Jesus ben Panthera, und der Jude des Celsus kennt um 160 bereits allerlei Klatschgeschichten über Maria und den Legionär Panthera.« *E. Stauffer/23*

In der *Toldoth Jeschu*, der jüdischen Geschichte über Christus, wird gelehrt, er sei »unehelichen Ursprungs durch die Vereinigung seiner Mutter mit einem Soldaten namens Panthera«. *J. Orr a/146*

Hugh Schonfield, der jüdische Skeptiker, schreibt: »R. Schimon ben Asai sagte: ›Ich fand in Jerusalem eine genealogische Rolle, in der geschrieben stand: Jener gewisse Mann ist der Bastard einer Ehebrecherin.‹« *H. Schonfield/139 f.*

(R. Schimon lebte Ende des 1./Beginn des 2. Jh. n. Chr. Laut Schonfield muß das erwähnte Dokument zur Zeit des Falls Jerusalems (70 n. Chr.) existiert haben. In älteren jüdischen Quellen wird Jesus als »jener Mann« [= Soundso] bezeichnet.)

Schonfield fährt fort, daß »es keinen Grund dafür gäbe, wenn nicht das christliche Original [des Stammbaums] Behauptungen enthielt, daß die Umstände der Geburt Jesu ungewöhnlich waren«. Er kommt zu dem Schluß, daß die Verleumdung Jesu als Bastardsohn sehr frühen Datums sei. *H. Schonfield/140*

Origenes stellt in *Contra Celsum I.32* fest:

»Doch wir wollen uns nun wieder zu den Worten zurückwenden, die Celsus den Juden sagen läßt, zu der Behauptung nämlich, *›die Mutter Jesu sei von dem Zimmermanne, mit dem sie verlobt war, verstoßen worden, weil sie des Ehebruchs überführt worden sei und von einem Soldaten namens Panthera geboren habe‹*. Wir wollen sehen, ob nicht die Fabeldichter ins Blinde hinein ›den

Ehebruch der Jungfrau mit Panthera‹ und ›die Vertreibung durch den Zimmermann‹, dies alles erfunden haben, um so die wunderbare Empfängnis vom Heiligen Geiste zu beseitigen. Sie hätten ja doch auf andere Weise die Geschichte wegen ihrer Unbegreiflichkeit verdächtigen können und nicht gleichsam wider Willen die Tatsache zuzugeben brauchen, daß Jesus nicht aus einer gewöhnlichen ehelichen Verbindung hervorgegangen ist. Und es war folgerichtig, daß die Leute, die die wunderbare Geburt Jesu nicht gelten lassen wollten, irgendeine Lüge ausdachten. Sie verfuhren aber dabei mit wenig Geschick: sie machten nämlich die Beobachtung, daß nicht von Joseph die Jungfrau Jesus empfangen habe. Darum mußten alle Leute, welche Erdichtungen zu erkennen und zu widerlegen vermögen, ihre Lüge bemerken. Denn wie wäre es begründet, daß derjenige, der so Großes für das Menschengeschlecht gewagt hat, damit, soviel an ihm läge, alle, Griechen und Barbaren, in Erwartung des göttlichen Gerichts von der Sünde abließen und all ihr Tun in Einklang mit dem Schöpfer der Welt brächten, daß dieser nicht einen wunderbaren Ursprung gehabt habe, sondern den gesetzwidrigsten und schimpflichsten von allen? [...] Es ist also wahrscheinlich, daß diese Seele, die bei ihrem Verweilen im Leben der Menschen mehr Nutzen gebracht hat als viele Menschen – um nicht anmaßend zu scheinen, wenn ich sagen würde ›alle‹ –, eines Körpers bedurfte, der sich nicht nur unter den Menschenkörpern auszeichnete, sondern auch besser und edler als alle war.« *Origenes/44f.*

Sogar in den Evangelien wird diese Kontroverse deutlich. In Mk 6,3 heißt es: »Ist er nicht der Zimmermann, Marias Sohn, und der Bruder des Jakobus und Joses und Judas und Simon? Sind nicht auch seine Schwestern hier bei uns? Und sie ärgerten sich an ihm.«

Joh 8,41: »Ihr tut die Werke eures Vaters. Da sprachen sie zu ihm: Wir sind nicht unehelich geboren; wir haben einen Vater: Gott.«

Ethelbert Stauffer schreibt: »Man hat die Tragweite dieses situationsgerechten, höchst urtümlichen und so nur bei Markus erhaltenen Berichtes bisher nicht gewürdigt, weil man die strengen Gesetze der jüdischen Namengebung nicht beachtet hat. Ein Jude heißt nach seinem Vater (z. B. Jochanan ben Sakkai), natürlich auch dann noch, wenn der Vater inzwischen verstorben ist. Nach seiner Mutter wurde er nur dann genannt, wenn der Vater unbekannt ist.« *E. Stauffer/23*

»Schon im Koran heißt Jesus ganz regelmäßig Isa ibn Mirjam, Jesus, der Sohn der Maria (Sure 3,40 u. ö.). Und der klassische Korankommentator Abdallah Al-Baidawi erklärt dazu ganz im Sinne der semitischen Namenspraxis: Man trägt den Namen der Mutter, wenn der Vater unbekannt ist. Aber diese Benennung und Erklärung hat hier einen höchst positiven Sinn, Jesus gilt im Islam als Sohn der Jungfrau Maria, der durch das Schöpfungswort Gottes erzeugt worden ist (Sure 19,16ff. u. ö.).« *E. Stauffer/23f.*

»In der Logienquelle erfahren wir, daß man Jesus als ›Fresser und Weinsäufer‹ beschimpfte (Mt 11,19; Lk 7,34). An der Echtheit dieses Scheltwortes kann kein Zweifel sein. Denn es stimmt zu allem, was wir über die Haltung Jesu und die Reaktion der pharisäischen Kreise wissen. Mit diesem Scheltwort aber bekämpfte man im antiken Palästinajudentum einen Menschen, der aus einer illegitimen Verbindung stammte und durch seinen Lebenswandel und Glaubensstand den Makel seiner Geburt verriet. Genau in diesem Sinne haben die Pharisäer und ihre Freunde dieses Kampfwort auf Jesus angewandt: Er ist ein Bastard!« *E. Stauffer/22*

Die frühen (vor 70 n. Chr.) Behauptungen einer unehelichen Geburt Christi zeigen, daß über seine Abstammung Kontroversen herrschten. Die Gemeinde muß spätestens 40 Jahre nach seinem Tod eine Lehre über seine Geburt (d. h. die Jungfrauengeburt) gehabt haben.

2.3 Zitate neuerer Autoren

Henry Morris erläutert: »Es ist ganz und gar angebracht, daß dieser Eine, der während seines Lebens so viele Wunder vollbrachte, der sich selbst am Kreuz als Sühnopfer für die Sünden der Menschen hingab und der dann zur Rechtfertigung aller seiner Ansprüche leiblich von den Toten auferstand, sein einzigartiges Leben auch mit einem einzigartigen Lebensanfang begann.« *H. M. Morris b/38*

»Wenn er wirklich unser Retter ist, muß er weit mehr als ein bloßer Mensch sein, obgleich er auch der wahre Menschensohn ist. Um für unsere Sünden zu sterben, mußte er selbst frei von eigenen Sünden sein. Um sündlos in der Tat zu sein, mußte er zuerst dem Wesen nach sündlos sein. Er hätte keine unter dem Fluch und der Knechtschaft der Sünde stehende menschliche Natur ererbt haben dürfen, wie es zwangsläufig bei allen anderen Menschensöhnen der Fall ist. Seine Geburt muß darum eine wunderbare Geburt gewesen sein. Der ›Same der Frau‹ wurde in den jungfräulichen Schoß gelegt, als der Engel sagte: ›Der heilige Geist wird über dich kommen, und die Kraft des Höchsten wird dich überschatten; darum wird auch das Heilige, das geboren wird, Gottes Sohn genannt werden‹ (Lk 1,35).« *H. M. Morris b/38*

»Die Jungfrauengeburt ist nicht nur deshalb wahr, weil sie in der Bibel deutlich gelehrt wird, sondern auch, weil sie die einzige Art der Geburt ist, die mit dem Wesen und der Sendung Jesu Christi und mit dem großen Errettungsplan Gottes für eine verlorene Welt übereinstimmt.« *H. M. Morris b/38*

»Wenn man sagt, solch ein Wunder sei unmöglich, so ist das gleichbedeutend mit der Leugnung der Existenz Gottes und der Herrschaft Gottes über seine Schöpfung.« *H. M. Morris b/38*

J. Gresham Machen konstatiert: »So besteht unseres Erachtens aller Grund zu der Annahme, daß die Ursache für den Glauben der christlichen Kirche an die Geburt Jesu ohne menschlichen Vater darin zu sehen ist, daß er einfach in der Tat so geboren wurde.« *J. G. Machen/269*

Clement Rogers folgert: »Alles vorliegende Material belegt die wundersame Geburt Christi.« *C. F. Rogers/115*

3. Wenn Gott Mensch geworden wäre, dann hätte er sündlos sein müssen

3.1 Jesu Selbstzeugnis

Joh 8,46 (Elberf.): »Wer von euch überführt mich einer Sünde?« Er erhielt keine Antwort. Er war ohne Sünde; darum konnte er sich seinen Kritikern in solcher Offenheit stellen.

Er sagte auch: »Ich tue allezeit, was ihm (Gott) gefällt« (Joh 8,29). Er lebte offensichtlich in ungebrochener Gemeinschaft mit Gott.

Christi selbstbewußte Reinheit ist erstaunlich, weil sie sich so gänzlich von der anderer Gläubiger unterscheidet. Jeder Christ weiß: Je näher er Gott kommt, um so mehr wird er sich seiner Sünden bewußt. Doch bei Christus ist das nicht der Fall. Jesus lebte in größerer Nähe zu Gott als sonst jemand, und er war frei von jeglichem Sündenbewußtsein.

Es wird uns von der Versuchung Jesu berichtet (Lk 4), aber nie von seinen Sünden. Wir lesen nie, daß er Sünden bekennen oder um Vergebung bitten mußte, obgleich er seinen Jüngern befahl, dies zu tun.

3.2 Das Zeugnis der Jünger

In der ganzen Bibel werden von allen Personen auch die Schwächen genannt. Keiner der großen jüdischen Helden wird ohne Flecken dargestellt, nicht einmal David oder Mose. Im NT werden in fast jedem Buch die Verfehlungen der Apostel beschrieben. Doch nirgendwo finden wir auch nur eine Sünde im Leben Christi erwähnt.

Als erstes müssen wir uns klar sein, weshalb wir die Berichte seiner Jünger studieren sollten. Wir sehen, daß ihr Zeugnis aus folgenden Gründen untersucht werden muß:

a) Sie lebten fast drei Jahre lang in engem Kontakt mit Jesus.

b) Sie waren sich als Juden von Geburt an ihrer eigenen Sünde wie auch der anderer Menschen bewußt.

c) Ihr Zeugnis über seine Sündlosigkeit ist indirekt.

Sie versuchen nichts zu »beweisen«; sie setzen seine Sündlosigkeit als selbstverständlich voraus.

Über ihre Schriften sagt *A. E. Garvie*: »[. . .] es erscheint absolut unglaublich, daß einer der Jünger die Persönlichkeit Jesu, wie sie in den Evangelien zutage tritt, erfunden [. . .] haben sollte.« *A. E. Garvie b/98*

Bei aller engen Berührung mit ihm sahen sie in ihm nie die Sünden, die sie in sich selbst sahen. Sie gingen sich gegenseitig auf die Nerven, sie murrten und stritten sich, aber nie sahen sie dergleichen in Jesus. Wegen ihrer strikt jüdischen Herkunft wäre es ihnen schwergefallen zu sagen, Jesus sei sündlos, es sei denn, daß er auch wirklich sündlos war.

Seine engsten Freunde, Petrus und Johannes, bezeugen, daß er ohne Sünde war:

». . . sondern mit dem teuren Blut Christi als eines unschuldigen und unbefleckten Lammes.« (1 Petr 1,19)

»... er, der keine Sünde getan hat und in dessen Mund sich kein Betrug fand« (1 Petr 2,22)

»Wenn wir sagen, wir haben keine Sünde, so betrügen wir uns selbst, und die Wahrheit ist nicht in uns. Wenn wir aber unsre Sünden bekennen, so ist er treu und gerecht, daß er uns die Sünden vergibt und reinigt uns von aller Ungerechtigkeit. Wenn wir sagen, wir haben nicht gesündigt, so machen wir ihn zum Lügner, und sein Wort ist nicht in uns.« (1 Joh 1,8–10)

»Und ihr wißt, daß er erschienen ist, damit er die Sünden wegnehme, und in ihm ist keine Sünde.« (1 Joh 3,5)

Johannes geht so weit, daß er sagt: Wenn irgend jemand sich selbst als sündlos bezeichnet, so ist er ein Lügner und nennt auch Gott einen Lügner. Dennoch bezeugt Johannes das sündlose Wesen Jesu, indem er sagt, daß in Christus »keine Sünde« ist (1 Joh 3,5).

Sogar der für seinen Tod Verantwortliche erkannte seine Unschuld und Frömmigkeit. Judas sah Jesu Gerechtigkeit, nachdem er ihn verraten hatte, und fiel in tiefe Reue, weil er »unschuldiges Blut verraten« hatte (Mt 27,3–4).

Der Apostel Paulus bezeugt in seinen Briefen ebenfalls Jesu Sündlosigkeit (vgl. 2 Kor 5,21).

3.3 Das Zeugnis der Feinde Jesu

Einer der mit Jesus Gekreuzigten legt Zeugnis über Jesu Sündlosigkeit ab. In Lk 23,41 tadelt er den anderen Verbrecher und sagt: »... dieser aber hat nichts Unrechtes getan.«

Pilatus' eigenes Zeugnis über Jesu Sündlosigkeit lautete: »Was hat denn dieser Böses getan?« (Lk 23,22)

Der Hauptmann am Kreuz rief aus: »Fürwahr, dieser ist ein frommer Mensch gewesen!« (Lk 23,47)

Seine Feinde suchten logischerweise Anklagen, um ihn des Unrechts zu beschuldigen. Doch sie konnten nichts finden (Mk 14,55–56).

Markus berichtet von vier Kritiken, die Jesu Feinde gegen ihn vorbrachten (2,1–3,6): Erstens klagten sie ihn der Gotteslästerung an, weil er einem Menschen die Sünden vergeben hatte. Wenn er jedoch Gott war, so hatte er jedes Recht und die Macht, Sünden zu vergeben. Zweitens waren sie über seinen Umgang mit schlechter Gesellschaft entsetzt (Sünder, Zöllner, Huren usw.). Die religiösen

Führer jener Zeit meinten, es sei fromm, den Kontakt mit solchen Menschen zu meiden. Gegen diese Anschuldigungen bezeichnete Jesus sich selbst als den Arzt der Sündenkranken (Mk 2,17). Drittens beschuldigte man ihn einer unseriösen Religion, weil er nicht fastete, wie die Pharisäer es taten. Es besteht jedoch kein Zweifel an seinem unbescholtenen Glaubensleben. Als letztes ärgerten sie sich über das Brechen des Sabbats (Heilen, Ährenpflücken usw.). Doch kann niemand bezweifeln, daß er sich dem Gesetz Gottes unterstellte. Weil er »Herr über den Sabbat« war, konnte er falsche Traditionen zerstören und Gottes Gesetz recht auslegen.

3.4 Das Zeugnis der Geschichte

Jesus wird sogar im Islam als sündlos betrachtet. Im *Koran* (Maria, Vers 18) kommt der Engel Gabriel zu Maria und sagt, daß ihr Sohn Jesus »heilig« oder »ohne Fehl«, d. h. sündlos, sein werde.

Philip Schaff versichert uns: »Hier bei Jesus ist das Allerheiligste der Menschheit ...« *Ph. Schaff c/107*

»Nie lebte ein friedfertigeres Wesen auf Erden. Er verletzte niemanden, er nutzte niemanden aus. Er sprach nie ein unrechtes Wort, nie beging er eine falsche Tat.« *Ph. Schaff b/36f.*

»Der erste Eindruck, den wir aus dem Leben Jesu erhalten, ist der vollkommener Unschuld und Sündlosigkeit mitten in einer sündhaften Welt. Er erhielt sich als einziger die Unschuld seiner Kindheit unversehrt alle Jahre seiner Jugend und seines Mannesalters hindurch. Daher sind das Lamm und die Taube passende Symbole für ihn.« *Ph. Schaff b/35*

»Es ist, mit einem Wort gesagt, die absolute Vollkommenheit, die sein Wesen über alle anderen Menschen erhebt und ihn zur Ausnahme einer weltweiten Regel macht: ein moralisches Wunder der Geschichte.« *Ph. Schaff c/107*

»Er ist die lebendige Fleischwerdung des idealen Maßstabs der Tugend und Heiligkeit und das höchste Vorbild alles dessen, was in den Augen Gottes und der Menschen rein, gut und edel ist.« *Ph. Schaff b/44*

»So war Jesus von Nazareth: ein wahrer Mensch an Leib, Seele und Geist und doch ganz anders als alle Menschen; ein Charakter, der von frühester Kindheit an bis zum reifen Mannesalter einzigartig und urtümlich war, der sich in ungebrochener Einheit mit

Gott bewegte, der eine überfließende Liebe zu den Menschen besaß, der frei war von jeder Sünde und jedem Irrtum, unschuldig und heilig, den edelsten Zielen hingegeben, der alle Tugenden in vollkommener Harmonie lehrte und praktizierte, der das reinste Leben mit dem erhabensten Tod besiegelte und der seither als das eine und einzig vollkommene Vorbild der Güte und Heiligkeit gilt.« *Ph. Schaff b/73*

John R. W. Stott fügt hinzu: »Diese äußerste Selbstlosigkeit im Dienst für Gott und am Menschen ist das, was die Bibel Liebe nennt. Liebe ist im Kern Selbstopfer. Selbst der verdorbenste Mensch trägt manchmal noch einen Abglanz dieses Lichtes an sich und wird davon geadelt. Aber das Leben Jesu ist von dieser Liebe durchströmt in einer niemals nachlassenden Glut. Jesus war sündlos, weil er selbstlos war. Solche Selbstlosigkeit ist Liebe. Liebe von der Art, wie Gott Liebe ist.« *J. R. W. Stott/36f.*

Wilbur Smith: »Die herausragende Eigenschaft Jesu in seinem irdischen Leben, die uns alle mit unserer Unzulänglichkeit konfrontiert, die aber gleichzeitig von allen Menschen als kostbarstes Wesensmerkmal, das ein Mensch überhaupt besitzen kann, anerkannt wird, war absolute *Güte* oder, um es anders auszudrücken, vollkommene *Reinheit*, echte *Heiligkeit* und – wie es bei Jesus der Fall war – nichts weniger als *Sündlosigkeit.*« *W. M. Smith f/7*

C. E. Jefferson schreibt: »Der beste Grund, den wir für unseren Glauben an die Sündlosigkeit Jesu haben, ist die Tatsache, daß er seinen liebsten Freunden diesen Glauben gestattete. In all seinem Reden zeigt sich keine Spur von Reue oder von Gewissensbissen, kein Anzeichen von Trauer über eine Verfehlung, nicht der geringste Hauch eines Schuldgefühls. Er lehrte andere Menschen, sich als Sünder zu sehen, er sagte deutlich, daß das menschliche Herz böse sei, er befahl seinen Jüngern, daß sie bei jedem Gebet um Vergebung bitten sollten; aber nie sprach oder handelte er so, als habe er selbst auch nur das geringste Bewußtsein gehabt, jemals etwas anderes getan zu haben als das, was Gott wohlgefällig war.« *C. E. Jefferson/225*

In dieser Hinsicht sagt *Philip Schaff*: »Es ergibt sich als unbestreitbare Tatsache aus seiner Sendung und seinem ganzen Verhalten wie auch aus seiner ausdrücklichen Hingabe, daß Christus sich sünd- und schuldlos *wußte.* Die einzige vernünftige Erklärung dieser Tatsache ist die, daß Christus kein Sünder *war.*« *Ph. Schaff b/40*

Ein weiteres Zeugnis von *A. E. Garvie*: »Wäre irgendeine geheime Sünde in ihm gewesen oder auch nur die Erinnerung an Sünden der Vergangenheit, so würde das eine moralische Unempfindlichkeit beweisen, die in unvereinbarem Gegensatz zu der moralischen Unterscheidungskraft seiner Lehren stünde.« *A. E. Garvie b/97*

C. E. Jefferson bemerkte: »Im Bewußtsein Jesu gibt es nichts, was auf irgendeine Sündenschuld hinwiese.« *C. E. Jefferson/328*

Kenneth Scott Latourette, der namhafte Historiker, bezeugt: »Eine weitere Eigenschaft, die oft erwähnt wird, war das Fehlen jedes Bewußtseins, Sünden begangen zu haben [. . .] Es ist höchst bedeutsam, daß in jemandem, der ein solches moralisches Empfinden hatte wie Jesus und der seine Anhänger lehrte, um die Vergebung ihrer Sünden zu bitten, nicht die Spur einer Notwendigkeit der eigenen Vergebung, kein Bitten um Gnade, weder von denen, die um ihn waren, noch von Gott, vorhanden war.« *K. S. Latourette b/47*

Thomas Wright: »Die Bergpredigt ist Christi Lebensbeschreibung. Jede Silbe hatte er bereits in seinen Taten niedergeschrieben. Die Predigt übertrug lediglich sein Leben in die Sprache.« *F. S. Mead/60*

Henry Morris schreibt: »Wenn Gott selber, Fleisch geworden in seinem einzigen Sohn, nicht dem Maßstab seiner eigenen Heiligkeit entsprechen könnte, wäre es völlig sinnlos, noch irgendwo nach Sinn und Errettung im Weltall zu suchen.« *H. M. Morris b/34*

Bernard Ramm sagt: »[. . .] Jesus führte das einzige vollkommene Leben der Frömmigkeit und der persönlichen Heiligkeit allein in Anbetracht der Tatsache, daß er Gott im Fleische war.« *B. Ramm b/169*

Hierzu schreibt *Griffith Thomas*: »[. . .] nicht einen einzigen Augenblick lang kam auch nur der flüchtigste Schatten zwischen ihn und seinen himmlischen Vater. Er war ohne Sünde.« *W. H. G. Thomas/17*

Thomas fährt fort: »Wäre Christi Leben nicht sündlos gewesen, hätte er nicht der Erlöser der Menschheit sein können.« *W. H. G. Thomas/17*

Von *Philip Schaff* lesen wir: »Je besser und heiliger ein Mensch ist, um so mehr spürt er, daß er Vergebung braucht und wie sehr er, gemessen an seinem eigenen unvollkommenen Maßstab der Tugend, versagt. Jesus aber, mit derselben Natur und in ständiger Versuchung wie wir, gab nie der Versuchung nach, hatte nie Ursache, einen Gedanken, ein Wort oder eine Tat zu bereuen, hatte nie

Vergebung, Bekehrung oder Besserung nötig; er verlor nie den Einklang mit seinem himmlischen Vater. Sein ganzes Leben war ein ununterbrochener Akt der Selbsthingabe zur Verherrlichung Gottes und zum ewigen Heil seiner Mitmenschen.« *Ph. Schaff c/107*

W. E. Channing: »Ich weiß von keinem anderen echten, dauerhaften Guten als allein der moralischen Vortrefflichkeit, die in Jesus Christus erstrahlt.« *F. S. Mead/51*

Wilbur Smith bemerkt: »Fünfzehn Millionen Minuten des Lebens auf dieser Erde, inmitten eines bösen und verkehrten Geschlechts – und doch war jeder Gedanke, jede Tat, jede Absicht, jedes Werk, ob privat oder öffentlich, von der Zeit an, da er seine Augen öffnete, bis er seinen Geist am Kreuz aufgab, Gott wohlgefällig. Kein einziges Mal mußte unser Herr eine Sünde bekennen; denn er war ohne Sünde.« *W. M. Smith f/8f.*

3.5 Das Zeugnis der Skeptiker

Im Zeugnis der Geschichte finden wir auch die Aussagen einiger namhafter Zweifler der Welt.

Rousseau sagte: »Als Platon seinen imaginären gerechten Menschen beschrieb, auf dem die ganze Strafe der Schuld liegen sollte, der aber dennoch des höchsten Lohnes der Tugend würdig war, beschrieb er genau das Wesen Jesu Christi.« *Ph. Schaff b/134*

Der englische Philosoph *John Stuart Mill* fragt: »Aber wer unter seinen Schülern oder unter den von ihnen Bekehrten war imstande, die Jesus zugeschriebenen Reden zu erfinden oder das Leben und den Charakter, wie sie uns in den Evangelien entgegentreten, zu erdenken?« *J. S. Mill/209f.*

R. W. Emerson: »Jesus ist der vollkommenste aller Menschen, die bisher erschienen sind.« *F. S. Mead/52*

»Selbst *David Strauß*«, schreibt Wilbur Smith, »der erbittertste aller Gegner der übernatürlichen Elemente in den Evangelien, dessen Werke mehr als die Schriften anderer in der heutigen Zeit zur Zerstörung des christlichen Glaubens beitrugen – selbst Strauß, mit all seiner geißelnden, brillanten, bissigen Kritik und seinem radikalen Leugnen alles dessen, was ans Wunderbare grenzt, war gezwungen, am Ende seines Lebens zu bekennen, daß in Jesu die moralische Vollkommenheit ist. ›Dieser Christus [. . .] ist *historisch*, nicht mythisch; er ist *eine Person*, kein bloßes Symbol. [. . .] Er ist und bleibt das höchste Vorbild der Religion, das wir uns vorstellen können; und es ist keine vollkommene Frömmigkeit möglich ohne seine Gegenwart im Herzen.‹« *W. M. Smith f/11*

Abschließend ein Zitat von *Bernard Ramm:* »Sündlose Vollkommenheit und vollkommene Sündlosigkeit ist das, was wir von einem Fleisch gewordenen Gott erwarten würden, und wir finden es in Jesus Christus. Die Hypothese stimmt mit den Fakten überein.« *B. Ramm b/169*

4. Wenn Gott Mensch geworden wäre, dann hätte er das Übernatürliche durch Wunder manifestieren müssen

4.1 Das Zeugnis der Schrift

»Geht und verkündet Johannes, was ihr gesehen und gehört habt: Blinde sehen, Lahme gehen, Aussätzige werden rein, Taube hören, Tote stehen auf, Armen wird das Evangelium gepredigt« (Lk 7,22).

Wir sehen also, daß Jesu Wunder Autorität in verschiedenen Machtbereichen offenbarten: Macht über die Natur, Macht über Krankheit, Macht über die Dämonen, Macht der Schöpfung und Macht über den Tod. Die Wunder sind messianische Erfüllungen alttestamentlicher Prophetie.

Heilungswunder (vgl. *M. F. Unger c/500):*

Ein Aussätziger: Mt 8,2–4; Mk 1,40–45; Lk 5,12–15
Ein Gelähmter: Mt 9,2–8; Mk 2,3–12; Lk 5,18–26
Fieber (die Schwiegermutter des Petrus): Mt 8,14–17; Mk 1,29–31; Lk 4,38–41
Heilung des Sohnes eines königlichen Beamten: Joh 4,46–53
Heilung des Kranken am Teich Betesda: Joh 5,1–9
Eine verdorrte Hand: Mt 12,9–13; Mk 3,1–6; Lk 6,6–11
Taubstummheit: Mk 7,31–37
Blinder in Betsaida: Mk 8,22–25; in Jerusalem: Joh 9; Bartimäus: Mk 10,46–52
Zehn Aussätzige: Lk 17,11–19
Ein abgeschlagenes Ohr: Lk 22,47–51
Blutfluß: Mt 9,20–22; Mk 5,25–34; Lk 8,43–48
Ein Wassersüchtiger: Lk 14,2–4

Naturwunder:

Verwandlung von Wasser in Wein: Joh 2,1–11
Stillung des Sturmes: Mt 8,23–27; Mk 4,35–41; Lk 8,22–25
Übernatürlicher Fischfang: Lk 5,1–11; Joh 21,6
Vermehrung von Speise, Speisung der 5000: Mt 14,15–21; Mk 6,34–44; Lk 9,11–17; Joh 6,1–14; Speisung der 4000: Mt 15,32–39; Mk 8,1–9
Wandeln auf dem Wasser: Mt 14,22–32; Mk 6,45–52; Joh 6,16–21
Steuergeld aus dem Fisch: Mt 17,24–27
Der verdorrte Feigenbaum: Mt 21,18–22; Mk 11,12–14

Totenauferweckungen:

Die Tochter des Jairus: Mt 9,18–26; Mk 5,35–43; Lk 8,41–56
Der Jüngling zu Nain: Lk 7,11–15
Lazarus von Bethanien: Joh 11,1–44

4.2 Kommentare und Zitate zu den Wundern

»Christus bewies eine Macht über die Naturgewalten, die nur Gott, dem Schöpfer dieser Gewalten, gehören konnte.« *P. E. Little/40*

Dazu die Worte von *C. S. Lewis*: »Alle wesentlichen Bestandteile des Hinduismus blieben, so glaube ich, unangefochten, wenn man das Wunderbare davon abzöge, und das gilt fast ebenso für den Islam. Doch mit dem christlichen Glauben kann man das nicht machen. Er ist ja gerade die Geschichte eines großen Wunders. Ein naturalistischer christlicher Glaube schließt alles das aus, was spezifisch christlich ist.« *C. S. Lewis b/83*

Eine weitere Funktion der Wunder wird von *Bernard Ramm* beschrieben: »In nichtchristlichen Religionen glaubt man an Wunder, weil man bereits an die Religion glaubt; aber bei der biblischen Religion gehören Wunder zum Nachweis der wahren Religion. Dieser Unterschied ist von gewaltiger Bedeutung. Israels Existenz wurde durch eine Serie von Wundern gegründet, das Gesetz wurde unter Begleitung übernatürlicher Wunder gegeben, viele der Propheten erwiesen sich als Sprecher Gottes durch ihre

Kraft, Wunder zu wirken. Jesus kam nicht nur predigend, sondern Wunder wirkend, und auch die Apostel vollbrachten von Zeit zu Zeit Wunder.« *B. Ramm b/142f.*

»Jesu Wunder«, so *Ph. Schaff,* »standen in auffallendem Gegensatz zu den betrügerischen Werken der Gaukler und den untauglichen und absurden Wundern der apokryphen Dichtung. Sie wurden ohne jegliche Schaustellung vollbracht, mit solcher Einfachheit und Leichtigkeit, daß sie schlicht als seine Werke bezeichnet wurden.« *Ph. Schaff c/105*

Thomas berichtet: »Es ist beachtenswert, daß ein sehr häufig im Zusammenhang mit diesen Wundern gebrauchter Begriff in den Evangelien das einfache Wort ›Werke‹ (*erga*) ist. Sie waren das natürliche und unausbleibliche Ergebnis seines Lebens, Ausdruck seiner selbst in entsprechenden Taten.« *W. H. G. Thomas/50*

Sie spiegeln das Wesen dessen wider, der sie wirkte.

Thomas fährt fort: »Unter der Voraussetzung, daß er eine übernatürliche Person war, stellt sich die Frage, ob seine übernatürlichen Taten seinem Leben entsprachen. Das Wesen der ihm zugeschriebenen Werke, ihre Wohltätigkeit, die Zurückhaltung, mit der sie vollbracht wurden, der vergleichsweise unbedeutende Raum, den sie in seinem Dienst einnahmen und seine ständige Betonung, daß die geistliche Verwandtschaft vorrangig sei – alle diese Dinge stimmen völlig mit der Offenbarung und dem Wirken einer so wundersamen und übermenschlichen Person [wie Jesus] überein.« *W. H. G. Thomas/54*

Philip Schaff sagt: »Alle seine Wunder sind natürliche Auswirkungen seiner Person, und daher wurden sie mit derselben Leichtigkeit gewirkt, mit der wir unsere alltägliche Arbeit vollbringen.« *Ph. Schaff b/76f.*

Weiter sagt Philip Schaff: »Seine Wunder waren ohne Ausnahme veranlaßt durch die reinsten Motive und galten der Verherrlichung Gottes sowie dem Wohl der Menschen; es sind Wunder der Liebe und Barmherzigkeit, voller Unterweisung und Bedeutung und im Einklang mit seinem Wesen und seiner Sendung.« *Ph. Schaff b/91*

F. H. Chase: »Das Motiv und das Ausmaß der Wunder des Herrn, wie sie in den Evangelien berichtet werden, ist stets dasselbe. Die Wunderberichte sind über die Evangelien verstreut; wenn man sie aber in der Beziehung zueinander betrachtet, entdeckt man eine unvorsätzliche Einheit. Zusammengenommen veranschaulichen sie das ganze Ausmaß des Rettungswerkes unseres

Herrn: Sie erneuern jedes Element der komplexen menschlichen Existenz und stellen wieder Frieden her in der Natur. Sie werden uns in den Evangelien nicht so dargestellt, als seien sie primär dazu gedacht, Jesu Würde und Macht fromm zu unterstreichen. Wären sie die Erfindung einer frommen Phantasie gewesen, mit dem Verlangen, durch imposante Geschichten [Jesu] Größe und Herrlichkeit zu illustrieren, dann wäre es moralisch unmöglich, daß sie diese verborgene Einheit der Intention so beständig und so unaufdringlich zeigen.« *H. B. Swete b/604*

»Die Wunder«, schreibt *A. E. Garvie*, »stehen im Einklang mit dem Wesen und Bewußtsein Jesu; sie sind nicht äußerliche Bestätigungen, sondern innere Bestandteile der Offenbarung der Liebe, Barmherzigkeit und Gnade seines himmlischen Vaters, gegeben in ihm, dem geliebten Sohn Gottes und anteilnehmenden Bruder der Menschen.« *A. E. Garvie a/51f.*

Thomas folgert: »Für uns ist heute die Person Christi das große Wunder; und der richtige Argumentationsweg führt von Christus zu den Wundern statt von den Wundern zu Christus.« *W. H. G. Thomas/49*

4.3 Das frühjüdische Zeugnis

»Haben wir auch jüdische Originalzeugnisse«, fragt *Ethelbert Stauffer*, »die die Nachrichten der Evangelien über die Wundertätigkeit Jesu und die polemische Stellungnahme seiner Gegner irgendwie bestätigen?

Es gibt solche Zeugnisse in großer Zahl. Wir nennen hier nur die ältesten. Um 95 spricht Rabbi Elieser ben Hyrkanos in Lydda von den Zauberkünsten Jesu (Sabbath 104b; Tos Sabbath 11,15). Um 110 hören wir von einer palästinajüdischen Kontroverse um die Frage, ob man sich im Namen Jesu heilen lassen dürfe (Aboda zara 27b; Tos Hullin 2,22f.). Wunderheilungen im Namen Jesu setzen aber voraus, daß Jesus selber Heilungswunder vollbracht hat. Um die gleiche Zeit (95–110) begegnet uns die Verdammungsformel: ›Jesus hat gezaubert und verführt und Israel abwendig gemacht‹ (Sanhedrin 43a, 107b; vgl. Sota 47a).« *E. Stauffer/19*

Wir besitzen auch ein unbeabsichtigtes Zeugnis von *Julian dem Abtrünnigen*, römischer Kaiser von 361–363, einem der begabtesten Gegner des Christentums in der Antike. In seinem Werk gegen das Christentum sagt er.

»Jesus [...] wird nun schon an die dreihundert Jahre gefeiert; doch hat er zu Lebzeiten nichts Ruhmwürdiges getan, es sei denn, man meint, es sei ein sehr großes Werk, in den Dörfern Bethsaida und Bethanien Lahme und Blinde zu heilen und Dämonen auszutreiben.« *Ph. Schaff b/133* Ungewollt schreibt er Christus die Kraft zu, Wunder zu tun.

Selbst der Islam erkennt Jesu Wunder an; im *Koran* (»Der Tisch«, Vers 110ff.) heißt es, daß er Blinde geheilt, Aussätzige gereinigt und Tote erweckt hat.

4.4 Was Kritiker bedenken sollten

»Wenn Wunder sinnlich wahrnehmbar sind«, sagt *Bernard Ramm*, »dann können sie als Beweismaterial herangezogen werden. Sind sie ausreichend bezeugt, dann hat das niedergeschriebene Zeugnis dieselbe Aussagekraft wie die Erfahrungen des Augenzeugen.« *B. Ramm b/140*

So wurden viele Wunder Jesu vor dem Volk vollbracht, damit Skeptiker sie offen prüfen und untersuchen konnten. Schauen wir uns zuerst den biblischen Bericht über die Auferweckung des Lazarus an.

Bernard Ramm bemerkt: »Wenn Johannes in der Tat Augenzeuge der Auferweckung des Lazarus war und dies getreu von ihm niedergeschrieben wurde, als er noch in seinen Fähigkeiten und seinem Gedächtnis bei voller Gesundheit war, dann ist es zum Zwecke der Beweisführung dasselbe, als wären wir dabei gewesen und hätten es gesehen.« *B. Ramm b/140f.*

Es ist beachtenswert, daß Jesu Feinde bei der Auferweckung des Lazarus das Wunder nicht leugneten, sondern vielmehr versuchten, ihn umzubringen, ehe alle Menschen »an ihn« glaubten (Joh 11,48).

Wir sehen also, daß Jesu Zeitgenossen, einschließlich seiner Feinde, seine Fähigkeit, Wunder zu wirken, nicht bestritten. Jedoch wurde diese Kraft von seinen Feinden Satan zugeschrieben und von seinen Freunden Gott (Mt 12,24). Jesus sagte auf diese Anschuldigung seiner Feinde: »Jedes Reich, das mit sich selbst uneins ist, wird verwüstet; und jede Stadt oder jedes Haus, das mit sich selbst uneins ist, kann nicht bestehen. Wenn nun der Satan den Satan austreibt, so muß er mit sich selbst uneins sein; wie kann dann sein Reich bestehen?« (Mt 12,25–26)

Die verfügbaren Zeugnisse zeigen uns, daß die in den Evangelien berichteten Wunder im Vergleich zu den extravaganten und abergläubischen Schilderungen heidnischer Wunder nicht angezweifelt werden können. Die bloße Existenz unechter Wunder ist noch lange kein Beweis dafür, daß alle Wunder Schwindel sind.

Oft werden Wunder angezweifelt, weil sie gegen die Naturgesetze verstoßen. Wie *Paul Little* jedoch sagt, können Gesetze an sich nichts verursachen. Sie sind lediglich Beschreibungen dessen, was Gott geschehen läßt. Jesu Wunder müssen als Gottes Eingreifen in den gewöhnlichen Lauf der Dinge gesehen werden. *P. E. Little/102*

Wir können die Wunder als einen wesentlichen Teil der Kommunikation Gottes mit uns ansehen. Somit hängt die ganze Frage letztlich von der Existenz Gottes ab.

Zu diesem Gedanken führt *W. H. Griffith Thomas* aus: »Sollten wir uns also durch die wissenschaftliche Lehre der Gleichförmigkeit und Gleichmäßigkeit der Natur den Weg verbauen lassen, kämen wir unausweichlich zu der Schlußfolgerung, daß Wunder unmöglich seien, und daraus folgt gewöhnlich, daß ein wunderwirkender Christus unmöglich sei. Die Frage wäre somit bereits aus *a priori*-Gründen entschieden, noch bevor man die Fakten geprüft hat.« *W. H. G. Thomas/52.*

Paul Little: »Die Wissenschaft kann nur sagen, daß Wunder im normalen Verlauf der Natur nicht geschehen. Die Wissenschaft kann Wunder nicht ›verbieten‹, weil die Naturgesetze nichts verursachen und deshalb auch nichts verbieten können.« *P. E. Little/110*

Philip Schaff: »Wahre Wunder sind übernatürlich, nicht *wider*natürlich. [. . .] Sie sind Manifestationen eines höheren Gesetzes, dem die untergeordneten Gesetze gehorchen müssen.« *Ph. Schaff b/92*

Abschließend zwei Zitate von John A. Broadus und *A. E. Garvie*:

»Nehmen wir die Evangelien so, wie sie geschrieben sind [. . .] wenn Jesus dann keine übernatürlichen Werke vollbrachte, dann hat er oft Falsches gesagt. Entweder hat er, der so sprach, wie nie ein Mensch gesprochen hat, und in dessen Wesen kein Kritiker auch nur einen Fehler finden kann, [. . .] übernatürliche Werke vollbracht, oder er hat Falsches gepredigt.« *A. E. Garvie b/72*

Garvie sagt: »[. . .] ein Christus, der Sohn Gottes war und danach trachtete, der Retter der Menschen zu sein, [aber] keine Wun-

vollbracht, oder er hat Falsches gepredigt.« *A. E. Garvie b/72*

Garvie sagt: »[. . .] ein Christus, der Sohn Gottes war und danach trachtete, der Retter der Menschen zu sein, [aber] keine Wunder vollbrachte, wäre weniger verständlich und glaubhaft als der Jesus, den uns die Evangelienberichte so übereinstimmend darstellen.« *A. E. Garvie b/73*

5. Wenn Gott Mensch geworden wäre, dann hätte er das Bewußtsein haben müssen, anders als andere Menschen zu sein

5.1 Positive Zeugnisse

Jesus hatte eine derartige Ausstrahlung, daß die Menschen sich entscheiden mußten, »sich auf seine Seite oder gegen ihn zu stellen. Gleichgültigkeit war immer schon unmöglich.« Im *Koran* (»Die Familie Amrans«, Vers 46) heißt es von Jesus: »Herrlich (der Größte) wird er in dieser und in jener Welt sein.« Pascal sagte: »Wer lehrte die Evangelisten die Wesenseigenschaften einer vollkommen heroischen Seele, daß sie sie vollkommen in Jesus Christus darstellten?« *R. Wolff/29*

»Jesus war in jeder Weise wahrer Mensch und auch mehr als Mensch.« *M. J. Scott/27*

Channing (zitiert von Frank Ballard) sagte: »Ich weiß nicht, was noch hinzugefügt werden könnte, um das Wunder, die Ehrfurcht und die Liebe, die Jesus zustanden, zu erhöhen.« *F. Ballard/252*

A. M. Fairbairn: »Jesus war, kurz gesagt, Gottheit sichtbar geworden in der Menschheit, in Raum und Zeit. Nun ist dies an sich schon ein außergewöhnlicher Gedanke, und er wird noch außergewöhnlicher durch die wunderbare Art und Weise seiner Verkörperung in einer persönlichen Geschichte. Nie gab es einen erhabeneren Gedanken.« *A. M. Fairbairn b/326*

»Sein Leben war heilig; sein Wort war wahr; sein ganzes Wesen war die Verkörperung der Wahrheit. Nie gab es einen wirklicheren oder echteren Menschen als Jesus von Nazareth.« *W. H. G. Thomas/11*

Hausrath (zitiert von Frank Ballard) meint: »Es gibt kein anderes edles Leben in der menschlichen Geschichte, das mit so wenig Irdischem, Vergänglichem, Lokalem belastet war; kein anderes, das für solche hohen und weltweiten Ziele eingesetzt werden könnte.« *F. Ballard/252*

John Young fragt: »Aber wenn nicht, wenn Er bloß Mensch war, so fragen wir im Namen jener Heiligkeit, welche das Leben des vernünftigen Universums ist, und im Namen Gottes, bei welchem die Interessen der Heiligkeit zu oberst sind, wie ist es gekommen, daß, von allen Menschen, *Er allein* geistige Vollkommenheit erreicht hat. Was Gott für die Frömmigkeit und Tugend auf der Erde zu einer Zeit und in einem Falle gethan hat, hätte Gott sicherlich auch zu anderen Zeiten und in anderen Fällen thun können. Wenn Jesus nur Mensch war, hätte Gott in den folgenden Jahrhunderten viele solcher lebendigen Beispiele geheiligter Menschlichkeit, *wie Er war*, aufstellen können, um die Welt zu bessern, zu unterrichten und zu begeistern. Aber Er that es nicht; [. . .]« *J. Young/217*

Carnegie Simpson (zitiert bei John Stott): »Instinktiv stellen wir ihn (Jesus) nicht auf eine Stufe mit anderen. Wenn wir seinen Namen in einer Liste lesen, die mit Konfuzius beginnt und mit Goethe aufhört, so sehen wir darin weniger einen Verstoß gegen eine orthodoxe Dogmatik als gegen die Pietät. Jesus ist nicht unter die Großen der Welt einzuordnen. Man mag von Alexander dem Großen und Karl dem Großen und Napoleon dem Großen sprechen, wenn man will. Jesus aber paßt nicht in diese Reihe. Er ist nicht »der Große«. Er ist der Eine. Er ist eben Jesus [. . .] Er entzieht sich unseren Analysen. Er wirft unsere Maßstäbe des Menschlichen über den Haufen. Er überrundet alle unsere Werturteile. Er zwingt uns zur Ehrfurcht [. . .] wenn Shakespeare diesen Raum beträte, ständen wir alle ehrfurchtsvoll auf. Wenn Jesus käme, fielen wir vor ihm nieder.« *J. R. W. Stott/28f.*

Philip Schaff: »Sein Eifer degenerierte nie zu Leidenschaft, seine Beständigkeit nie zu Halsstarrigkeit, sein Wohlwollen nie zu Schwäche und seine Herzlichkeit nie zu Sentimentalität. Seine Unweltlichkeit war frei von Gleichgültigkeit und Ungeselligkeit, seine Würde frei von Stolz und Anmaßung, seine Anteilnahme frei von ungebührlicher Anbiederung, seine Selbstverleugnung frei von Verdrießlichkeit, seine Enthaltsamkeit frei von unnahbarer Strenge. Er verband kindliche Unschuld mit männlicher Stärke, aufgehende Hingabe zu Gott mit unermüdlichem Interesse am Wohlergehen des Menschen, herzliche Liebe für den Sünder mit kompromißloser Härte gegen die Sünde, gebietende Würde mit gewinnender Demut, furchtlosen Mut mit weiser Vorsicht, unnachgiebige Festigkeit mit liebevoller Sanftheit.« *Ph. Schaff b/63*

Griffith Thomas sagt: »Er (Jesus) stellt ein definitives Eingreifen Gottes für die Menschen dar, das zu einem gegebenen zeitlichen Augenblick in der Weltgeschichte eintrat [...]« *W. H. G. Thomas/53*

»Er umschließt alle guten Elemente, die andere Menschen auszeichnen, und es ist nicht zuviel gesagt, wenn man bezeugt, daß kein Element fehlt, das man sich in einem menschlichen Charakter wünschen würde.« *W. H. G. Thomas/11*

Klausner, ein jüdischer Gelehrter, sagt: »Jesus war der jüdischste aller Juden; jüdischer sogar als Hillel.« *J. Klausner b/1249*

»Es wird allgemein anerkannt, [...] daß Christus das reinste und erhabenste ethische System lehrte, eines, das die moralischen Gebote und Grundsätze der weisesten Männer der Antike weit in den Schatten stellt.« *Ph. Schaff b/44*

Johann Gottfried von Herder (zitiert von Frank Mead) erklärte: »Jesus Christus ist im edelsten und vollkommensten Sinne das verwirklichte Ideal der Menschheit.« *F. S. Mead/53*

Napoleon Bonaparte (zitiert von Frank Mead) sagte: »Ich kenne die Menschen, und ich sage euch, daß Jesus Christus kein gewöhnlicher Mensch ist. Zwischen ihm und jeder anderen Person in der Welt gibt es überhaupt keinen Vergleich. Alexander, Cäsar, Karl der Große und ich haben Reiche gegründet. Aber worauf beruhten die Schöpfungen unseres Genies? Auf Gewalt. Jesus Christus gründete sein Reich auf der Liebe; und zu dieser Stunde würden Millionen von Menschen für ihn sterben.« *F. S. Mead/56*

Theodore Parker, ein bekannter Unitarier, gesteht: »Christus vereint in sich die erhabensten Prinzipien und die göttlichsten Praktiken auf eine Weise, die über die kühnsten Träume der Propheten und Weisen hinausgeht; er erhebt sich weit über alle Vorurteile seines Zeitalters, seiner Nation oder auch seiner Religion und gibt uns eine Lehre so schön wie das Licht, so erhaben wie der Himmel und so wahr wie Gott. Achtzehn Jahrhunderte sind vergangen, seit die Sonne der Menschheit so hoch in Jesus aufstieg. Welcher Mensch, welche Religion hat seine Gedanken gemeistert, seine Methoden begriffen und voll auf das Leben angewendet?« *F. Ballard/252*

Phillips Brooks: »Jesus Christus ist die Erniedrigung der Gottheit und die Erhöhung der Menschheit.« *F. S. Mead/56*

5.2 Anerkennung auch durch Gegner

»Und *Goethe*, ein weiteres Genie, von ganz anderem Wesen, aber genauso erhaben über den Verdacht, für die Religion zu sein, mußte, als er in den letzten Jahren seines Lebens das weite Feld der Geschichte überblickte, bekennen: ›Wenn je das Göttliche auf Erden erschien, so war es in der Person Christi‹, und: ›Der menschliche Geist, welche Fortschritte er auch auf anderen Gebieten zeitigen mag, wird nie die Höhe und die sittliche Kultur des Christentums übersteigen, das in den Evangelien aufstrahlt und erglüht.‹« *Ph. Schaff c/110*

Als der große Schriftsteller *H. G. Wells* gefragt wurde, welche Person den dauerhaftesten Eindruck in der Geschichte hinterlassen habe, antwortete er, daß dies Jesus Christus sei. *B. Ramm b/163*

Ernest Renan sagt: »Was die Zukunft auch an Überraschungen bringen mag: Jesus bleibt unübertroffen.« *Ph. Schaff b/146*

Thomas Carlyle sagt von Jesus, er sei »[. . .] unser göttlichstes Symbol. Höheres hat der menschliche Gedanke noch nicht erreicht. Ein Symbol des Immerwährenden, Unendlichen, dessen Bedeutung immer wieder gebietet, es neu zu erforschen und neu zum Ausdruck zu bringen.« *Ph. Schaff b/139*

Rousseau fragt: »Kann die Person, deren Geschichte die Evangelien wiedergeben, selbst Mensch sein? Welche Zartheit, welche Reinheit in seinem Verhalten! Welche Güte in seinen Unterweisungen! Welche Erhabenheit in seinen Lebensregeln! Welch tiefe Weisheit in seinen Reden! Welche Geistesgegenwart, welch geniale Gerechtigkeit in seinen Antworten! Ja, wenn das Leben und Sterben eines Sokrates das Leben und Sterben eines Philosophen waren, dann waren Leben und Sterben Jesu Christi das Leben und Sterben eines Gottes.« *F. Ballard/251*

Hören wir abschließend *Bernard Ramm*: »Jesus Christus als Gott-Mensch ist die größte *Persönlichkeit*, die je gelebt hat, und darum ist sein persönlicher Einfluß der größte unter allen Menschen, die je gelebt haben.« *B. Ramm b/173*

6. Wenn Gott Mensch geworden wäre, dann hätten seine Worte die größten Worte aller Zeiten sein müssen

6.1 Zeugnisse der Bibel

Jesus selber sagte: »Himmel und Erde werden vergehen; aber meine Worte vergehen nicht« (Lk 21,33).

Lk 4,32: »Und sie verwunderten sich über seine Lehre; denn er predigte mit Vollmacht.«

Von der Tempelwache hören wir: »Noch nie hat ein Mensch so geredet wie dieser« (Joh 7,46).

6.2 Was die Gelehrten sagen

Viele neuzeitliche Gelehrte sind der Meinung, daß Jesu Worte die größten sind, die je gesprochen wurden. Einer dieser Männer ist Bernard Ramm. Seines Erachtens liegt ihre Größe in ihrer Fähigkeit, vollmächtig und klar mit den größten Lasten und Problemen fertig zu werden, die dem Menschen begegnen; nämlich den Dingen, die die Beziehung des Menschen zu Gott betreffen.

Sholem Ash (zitiert von Frank Mead) schrieb: »Jesus Christus ist die hervorragendste Persönlichkeit aller Zeiten. [. . .] Kein anderer Lehrer – sei er jüdisch, christlich, buddhistisch, mohammedanisch – ist *noch immer* ein Lehrer, dessen Lehren solche Wegweiser für die Welt sind, in der wir leben. Andere Lehrer mögen etwas Grundsätzliches gesagt haben für einen Orientalen, einen Araber oder einen aus dem Abendland; aber jede Tat und jedes Wort Jesu hat Wert für uns alle. Er wurde das Licht der Welt. Warum sollte ich, ein Jude, nicht stolz darauf sein?« *F. S. Mead/49*

»Seit zweitausend Jahren *ist* er das Licht der Welt, und seine Worte sind *nicht* vergangen.« *H. M. Morris b/28*

Nach *B. Ramm* ist die große Persönlichkeit hinter seinen Worten der Grund für die Größe seiner Worte. *B. Ramm b/173*

»Aber Jesu Worte und Taten sind ein eindrucksvolles Ganzes, und wir halten jene Aussagen, die wir als authentisch beurteilen, für Offenbarungen seiner Person. Wenn Jesus das Personalpronomen ›ich‹ gebraucht (›*Ich* aber sage euch‹. ›Amen, *ich* sage euch‹), dann steht er hinter jedem Wort mit persönlicher Worttreue und persönlicher Intention. Wenn seine Worte und Taten messianischen Charakters sind, dann deswegen, *weil er sie so meint* – und er meint sie so, weil er sich selbst als Messias betrachtet.« *R. G. Gruenler/97*

»Christi Worte [. . .] haben Bestand, weil er Bestand hat.« *W. H. G. Thomas/44*

Joseph Parker sagt: »Nach dem Lesen der Lehren von Platon, Sokrates oder Aristoteles kommen wir zu dem Schluß, daß der spezifische Unterschied zwischen ihren und Christi Worten der Unterschied zwischen einer Frage und einer Offenbarung ist.« *F. S. Mead/57*

Bernard Ramm: »Statistisch gesehen, stellen die Evangelien die größte Literatur dar, die je geschrieben wurde. Sie werden von mehr Menschen gelesen, von mehr Autoren zitiert, in mehr Sprachen übersetzt, öfter künstlerisch dargestellt, mehr vertont als jedes andere Buch, das je von einem Menschen irgendeines Jahrhunderts in irgendeinem Land verfaßt wurde. Aber die Worte Christi sind nicht deshalb groß, weil sie statistisch den Werken anderer so überlegen sind. Sie werden deswegen mehr gelesen, mehr zitiert, mehr geliebt, mehr geglaubt und mehr übersetzt, weil sie die größten Worte sind, die je gesprochen wurden. Und worin liegt ihre Größe? Sie liegt in der reinen, lichten Geistlichkeit, mit der sie klar, definitiv und *autoritativ* die größten Probleme behandeln, die das menschliche Herz bewegen, nämlich: Wer ist Gott? Liebt er mich? Was muß ich tun, um ihm zu gefallen? Wie steht er zu meiner Sünde? Wie bekomme ich Vergebung? Wo werde ich hinkommen, wenn ich sterbe? Wie soll ich mit meinen Mitmenschen umgehen? – Keines anderen Menschen Worte haben diese Vollmacht der Worte Jesu, weil kein anderer Mensch diese fundamentalen menschlichen Fragen so beantworten kann, wie Jesus sie beantwortet hat. Es sind die Worte und Antworten, wie wir sie von Gott erwarten würden; und wir, die wir an die Gottheit Jesu glauben, haben kein Problem mit der Frage, warum diese Worte von seinen Lippen kamen.« *B. Ramm b/170f.*

»Nie schien ein Redner so unendlich allein zu stehen wie bei diesen Aussagen. Nie schien es unmöglicher zu sein, daß Worte in Erfüllung gingen. Wenn wir aber die Jahrhunderte überschauen, sehen wir, wie sie verwirklicht wurden. Seine Worte gingen in Gesetze ein, in Lehren, in Sprichwörter, in Trostreden, aber sie sind *nie* ›vergangen‹. Welcher menschliche Lehrer wagte es je, für seine Worte den Anspruch auf Ewigkeit zu erheben?« *G. F. Maclean/149*

»Systeme menschlicher Weisheit werden kommen und gehen,

König- und Kaiserreiche aufsteigen und untergehen, aber für alle Zeiten wird Christus ›der Weg, die Wahrheit und das Leben‹ bleiben.« *Ph. Schaff c/111*

Christi Lehren sind in jedem Punkt vollkommen, von der Steuerung der Gedanken bis zur Beherrschung des Willens. Deswegen weist *W. H. Griffith Thomas* darauf hin, daß Christi Botschaft »unerschöpflich« ist. Jede Generation wird neu von ihr gepackt. *W. H. G. Thomas/36*

Mark Hopkins stellt fest: »Keine Revolution, die je in der Gesellschaft stattgefunden hat, kann mit dem verglichen werden, was die Worte Jesu Christi hervorgerufen haben.« *F. S. Mead/53*

W. S. Peake: »Manchmal heißt es: ›Alles, was Jesus sagte, war vor ihm schon von anderen gesagt worden.‹ Nehmen wir einmal an, daß das stimmt; was folgt dann? Originalität kann ein Verdienst sein oder auch nicht. Wenn die Wahrheit bereits ausgedrückt worden ist, liegt der Verdienst in ihrer Wiederholung und darin, sie neu und umfassender anzuwenden. Aber es gibt hier noch andere Dinge, die zu beachten sind. Wir haben keinen anderen Lehrer, der so vollständig das Triviale, das zeitlich Begrenzte, das Falsche aus seinem System entfernte, keinen, der nur das Ewige und Universale erwählte und zu einer Lehre verband, in der alle diese großen Wahrheiten ihr angestammtes Zuhause fanden. Diese Parallelen von den Lehren anderer zu der Lehre Christi werden aus dieser und aus jener Richtung zusammengetragen; wie kommt es aber, daß keiner dieser Lehrer uns mit einer Parallele zu der *ganzen* Lehre Christi aufwarten kann? Wie kommt es, daß von ihnen Wahrheiten mit Trivialem, Großes mit Absurdem vermischt? Wie kommt es, daß ein Zimmermann, ohne besondere Bildung, unwissend in der Kultur und Weisheit der Griechen, geboren aus einem Volk, dessen große Lehrer eng, intolerant, pedantisch und gesetzlich waren, der höchste Religionslehrer wurde, den die Welt je kannte, und die bedeutendste Persönlichkeit der Weltgeschichte?« *W. S. Peake/226f.*

Griffith Thomas folgert: »Obschon er keine rabbinische Ausbildung genoß, zeigte er keine Schüchternheit oder Verlegenheit, kein Zögern hinsichtlich seiner Überzeugung von der Wahrheit. Ohne an sich oder seine Zuhörer zu denken, sprach er furchtlos bei jeder Gelegenheit, völlig ungeachtet der Folgen für sich und nur auf die Wahrheit und die Überbringung der Botschaft seines Vaters bedacht. Und seine Lehre war machtvoll. ›Seine Rede beruhte auf Vollmacht‹ (Lk 4,32/Menge). Die geistliche Kraft seiner

Persönlichkeit kam in seinen Aussagen zur Geltung und hielt seine Zuhörer in Bann. Und so sind wir nicht überrascht, von dem Eindruck, den seine Einzigartigkeit machte, zu lesen: ›Noch nie hat ein Mensch so geredet wie dieser‹ (Joh 7,46). Die Einfachheit und Wärme und gleichzeitig die Tiefe, die Direktheit, die Allgemeingültigkeit und die Wahrheit seiner Lehre hinterließen einen tiefen Eindruck bei seinen Zuhörern und riefen die Überzeugung hervor, daß sie sich in der Gegenwart eines Lehrers befanden, wie ihn die Menschen noch nie zuvor gekannt hatten. So überrascht es uns [...] nicht, daß Jahre danach der große Apostel der Heiden sagt: ›Erinnert euch der Worte des Herrn Jesus‹ (Apg 20,35). Derselbe Eindruck zeigt sich in jedem Zeitalter seit den Tagen Christi und seiner engsten Nachfolger; und bei jeder eingehenden Betrachtung seiner Person als Substanz des Christentums muß notwendigerweise auch seiner Lehre große Beachtung geschenkt werden.« *W. H. G. Thomas/32*

7. Wenn Gott Mensch geworden wäre, dann hätte er einen dauerhaften und weltweiten Einfluß ausüben müssen

Die Persönlichkeit Jesu Christi hat einen solchen Einfluß auf die Menschheit, daß dieser selbst nach 2000 Jahren noch nicht nachgelassen hat. Jeden Tag gibt es Menschen, die eine Wende in ihrem Leben durch Jesus Christus erfahren.

Der große Historiker *Kenneth Scott Latourette* sagte: »Das christliche Geschichtsverständnis leugnet nicht unbedingt den Fortschritt. [...] Mit dem Lauf der Jahrhunderte häufen sich die Beweise dafür, daß – gemessen an seiner Auswirkung auf die Geschichte – *Jesus das einflußreichste Leben auf diesem Planeten geführt hat.* Dieser Einfluß scheint noch zuzunehmen.« *K. S. Latourette c/272*

Philip Schaff fügt hinzu: »Dieser Jesus von Nazareth besiegte ohne Geld und Waffen mehr Millionen Menschen als Alexander, Cäsar, Mohammed und Napoleon; ohne Wissenschaft und Gelehrsamkeit warf er mehr Licht auf menschliche und göttliche Dinge als alle Philosophen und Gelehrten zusammen; ohne als Redner ausgebildet worden zu sein, sprach er Worte des Lebens, wie sie nie zuvor oder seither gesprochen wurden, und erzielte eine Wirkung wie kein anderer Redner oder Dichter. Ohne selber eine einzige Zeile zu schreiben, setzte er mehr Federn in Bewegung und lieferte Themen für mehr Predigten, Reden, Diskussionen, Lehrwerke, Kunstwerke und Lobgesänge als das gesamte Heer großer Männer der Antike und Moderne.« *Ph. Schaff b/33*

»Der Einfluß Jesu auf die Menschheit ist heute so stark wie damals, als er noch unter den Menschen wohnte.« *M. J. Scott/29*

»Jener Dienst dauerte nur drei Jahre – und doch ist in diesen drei Jahren die tiefste Bedeutung der Religionsgeschichte zusammengefaßt. Kein größeres Leben verlief jemals so schnell, so still, so demütig, so weit entfernt vom Getöse und Tumult der Welt; und kein größeres Leben erregte nach seinem Verlauf solch ein weltweites und dauerndes Interesse.« *Ph. Schaff c/103*

»Als Jesus Christus diese Erde verließ«, schreibt *Thomas*, »sagte er seinen Jüngern, daß sie nach seinem Weggang noch größere Werke tun würden als er, und die Jahrhunderte des Christentums haben die Wahrheit dieser Aussage bewiesen. Werke von größerer Art sind getan worden – und werden getan. Jesus Christus tut heute noch wunderbarere Dinge als damals auf Erden: Er erlöst Seelen, wandelt Menschenleben um, ändert Charaktere, erhöht Ideale, inspiriert mitmenschliche Ideen und bewirkt im menschlichen Leben und Fortschritt das Beste, Wahrste und Höchste.«

Thomas fährt fort: »Es ist daher gerechtfertigt, wenn wir die Aufmerksamkeit auf den Einfluß Christi durch alle Zeitalter lenken als einen der größten, direktesten und offenkundigsten Beweise, daß das Christentum Christus ist und daß mit Christus gerechnet werden muß. Es ist unmöglich, dies allein als historische Frage hinzustellen; denn überall werden heute Menschenleben davon berührt.« *W. H. G. Thomas/121*

Der Skeptiker *William Lecky* sagt in seinem Werk *Sittengeschichte Europas von Augustus bis auf Karl den Großen*:

»Der Platoniker ermahnte die Menschen zur Nachahmung Gottes, der Stoiker zur Befolgung der Vernunft, der Christ zur Liebe Christi. Die späteren Stoiker hatten oft in dem Ideal des Weisen das Urbild der Vollkommenheit ausgemalt, und Epiktetos hatte seinen Schülern sogar eingeschärft, sich dieses Ideal stets im Geiste zu vergegenwärtigen; dieses Ideal konnte indess höchstens Bewunderung und Nacheiferung, aber nimmer tiefe Liebe erwecken. Dem Christenthume war es vorbehalten, der Welt einen idealen Charakter zu bieten, der durch alle Wandlungen von achtzehn Jahrhunderten den Herzen der Menschen eine leidenschaftliche Liebe einflösste, sich fähig zeigte, auf alle Altersstufen, Völker,

Temperamente und Verhältnisse einzuwirken, nicht bloss das höchste Muster der Tugend, sondern der stärkste Antrieb zu ihrer Uebung war; und er hat einen so tiefen Einfluss geübt, dass man in Wahrheit sagen kann, die einfache Geschichte dreier kurzer Jahre thätigen Lebens haben mehr zur Neubelebung und Veredelung der Menschheit gethan, als alle Erörterungen der Weltweisen und alle Ermahnungen der Sittenlehrer. Dieser ideale Charakter war in der That der Urquell des Besten und Reinsten im christlichen Leben. Inmitten all der Sünden und Verirrungen, inmitten all des Pfaffentruges, der Verfolgung und des Fanatismus, welche die Kirche entstellt haben, bewahrte sie in dem Charakter und Beispiele ihres Stifters ein dauerndes Princip der Neubelebung.« *W. E. H. Lecky Bd. 1/7*

»Heute noch bezeugen Tausende und Millionen, wie zu allen Zeiten, die Kraft und Herrlichkeit des Christentums in der Überwindung ihrer Sünden und ihrer Bosheit. Dies sind Fakten, die der Untersuchung standhalten und für alle, die willens sind zu lernen, ihre eigene Schlußfolgerung in sich tragen.« *W. H. G. Thomas/119*

»[. . .] Er ist der größte Einfluß in der heutigen Welt. Es wird, wie treffend gesagt wurde, ein fünftes Evangelium geschrieben: das Werk Jesu Christi in den Herzen und im Leben der Menschen und Nationen.« *W. H. G. Thomas/117*

Napoleon sagte: »Christus allein hat es vermocht, den Sinn des Menschen so auf das Unsichtbare zu richten, daß er für die Schranken der Zeit und des Raumes unempfindlich wird. Über die Kluft von achtzehnhundert Jahren stellt Jesus Christus eine Forderung, die schwerer als alle anderen zu erfüllen ist. Er fordert das, wonach ein Philosoph oft vergebens bei seinen Freunden sucht oder ein Vater bei seinen Kindern oder eine Braut bei ihrem Bräutigam oder ein Mensch bei seinem Bruder. Er fordert das Herz des Menschen; er will es ganz für sich haben; er fordert es bedingungslos. Und das Herz antwortet und gibt sich ihm hin, wird mit seinen Kräften und Fähigkeiten ein Teil des Reiches Christi. Alle, die aufrichtig an ihn glauben, erfahren diese übernatürliche Liebe zu ihm. Dieses Phänomen ist unerklärlich, es liegt ganz und gar jenseits der schöpferischen Kraft des Menschen. Die Zeit, die große Zerstörerin, vermag weder seine Stärke zu erschöpfen noch seinen Wirkungskreis einzuengen.« *F. Ballard/265*

E. Y. Mullins schreibt: »Nun mag man sich fragen: ›Ist diese erhabene Religion etwas, das sich alle Menschen weltweit zu eigen machen können?‹ Spricht sie, wie wir erklärt haben, den Menschen als Menschen an, unabhängig von seiner Rasse, dem Klima oder seinen Lebensumständen? Erreicht sie Unwissende ebenso wie Gelehrte? Sind ihre Prinzipien für alle Menschen begreiflich?« *E. Y. Mullins/407*

Wo immer er ist, ist er der Meister. Wenn er Menschen auffordert, Opfer zu bringen, so tun sie es. Sein Ruf ist nicht der Ruf eines Fanatikers. Aber sein Ruf führt die Menschen zu großen Taten und zu persönlichen Opfern.

Wiederum *Napoleon*: »Das Wesen der Existenz Christi ist geheimnisvoll, das muß ich zugeben. Aber dieses Geheimnis begegnet den Bedürfnissen des Menschen – verwirf es, und die Welt ist ein unlösbares Rätsel; glaube es, und die Geschichte unseres Geschlechts ist zufriedenstellend erklärt.« *F. S. Mead/56*

Man »kann nicht umhin, zu sehen [...], daß seit den Tagen Christi, trotz aller gedanklichen Fortschritte, der Welt kein einziges neues ethisches Ideal gegeben wurde.« *W. H. G. Thomas/35*

R. G. Gruenler sagt: »Zum Kerygma der Gemeinde gehört, daß Jesus weltweite Relevanz besitzt. Wo und wann immer er verkündigt wird, werden Menschen mit seiner Konkretheit und seiner Menschlichkeit konfrontiert und in die Gegenwart Gottes gestellt.« *R. G. Gruenler/25*

Von *W. H. Griffith Thomas* hören wir: »Andere Religionen besitzen ihr ethisches Ideal der Pflicht, der Gelegenheit und sogar der Liebe, doch nirgendwo auch nur annähernd so wie bei Christus, weder mit derselben Realität noch mit der gleichen Anziehungskraft und Macht. Christi Botschaft ist bemerkenswert universal. Ihr Appell ist weltweit; sie spricht alle Menschen an, vom Erwachsenen bis zum Kind; sie richtet sich an alle Zeiten und nicht nur an das Zeitalter, in dem sie zuerst verkündigt wurde. Der Grund dafür liegt darin, daß sie eine dreifache ethische Einstellung zu Gott und zum Menschen betont, wie wir sie nirgendwo anders finden oder finden können: Christus ruft auf zur Buße, zum Vertrauen und zur Liebe.« *W. H. G. Thomas/35*

»Das Wunderbarste und Erstaunlichste in neunzehn Jahrhunderten der Geschichte ist die Kraft seines Lebens in den Gliedern der christlichen Gemeinde.« *W. H. G. Thomas/104*

George Bancroft sagt: »Ich finde den Namen Jesu Christi auf jeder Seite der modernen Geschichte geschrieben.« *F. S. Mead/50*

»Es trifft zwar zu, daß es andere Religionen mit Millionen von

Anhängern gibt; aber es trifft ebenfalls zu, daß die Existenz und die Ausbreitung der Gemeinde in der Geschichte einzigartig ist, ganz zu schweigen von der Tatsache, daß das Christentum die größten Denker der Menschheit zu sich hingezogen hat und in keiner Weise durch die immer weiter steigende Flut des menschlichen Wissens gehindert wird.« *W. H. G. Thomas/103*

A. M. Fairbairn bekundet: »Die bemerkenswerteste Tatsache in der Geschichte seiner (Christi) Religion ist die fortdauernde und allgegenwärtige Aktivität seiner Person. Er ist der permanente Wirkungsfaktor bei ihrer Ausbreitung und ihrem Fortschritt gewesen. In all ihren Formen, in allen ihren Epochen und durch all ihre Spaltungen hindurch lag und liegt ihre Realität und Einheit in der Hingabe an ihn.« *A. M. Fairbairn a/380*

William E. Channing: »Die Weisen und Helden der Geschichte weichen von uns, und die Geschichte kürzt den Bericht ihrer Taten auf eine immer schmaler werdende Seite. Aber die Zeit hat keine Macht über den Namen und die Taten und die Worte Jesu Christi.« *F. S. Mead/51*

Von *Ernest Renan* haben wir die beiden folgenden Zitate: »Jesus war das größte religiöse Genie, das je gelebt hat. Seine Schönheit ist ewig, und seine Herrschaft wird nie enden. Jesus ist in jeder Hinsicht einzigartig, und nichts kann mit ihm verglichen werden.« *F. S. Mead/57*

»Alle Geschichte ist ohne Christus unverständlich.« *F. S. Mead/57*

»Daß ein galiläischer Zimmermann so den Anspruch erhebt, das Licht der Welt zu sein und als solches auch nach so vielen Jahrhunderten noch anerkannt wird, erklärt sich am besten aufgrund seiner Gottheit.« *B. Ramm b/177*

In einem Artikel im *Life Magazine* schrieb *George Buttrick*: »Jesus gab der Geschichte einen neuen Anfang. In jedem Land ist er zu Hause: Überall denken die Menschen, sein Gesicht sei wie das beste ihrer Gesichter – und wie das Gesicht Gottes. Sein Geburtstag wird in aller Welt gefeiert. [. . .] Wer ist er?« *F. S. Mead/51*

In dem berühmten Essay »One Solitary Life« heißt es:

»Hier ist ein Mann, der in einem unbekannten Dorf geboren wurde, das Kind einer ländlichen Frau. Er wuchs in einem anderen Dorf auf. Er arbeitete in einer Zimmermannswerkstatt, bis er dreißig war, und verbrachte dann drei Jahre als Wanderprediger. Er besaß nie ein Haus. Er schrieb nie ein Buch. Er hatte nie ein

Amt inne. Er hatte nie eine Familie. Er ging nie zur Universität. Er setzte seinen Fuß nie in eine Großstadt. Er entfernte sich keine fünfhundert Kilometer von seinem Geburtsort. Er tat nie etwas, das gewöhnlich mit Größe in Verbindung gebracht wird. Er hatte keine andere Empfehlung als sich selbst. [. . .] Noch als er ein junger Mann war, wandte sich die öffentliche Meinung gegen ihn. Seine Freunde rannten davon. Einer von ihnen verleugnete ihn. Er wurde seinen Feinden ausgeliefert und in einem Scheinprozeß verurteilt. Er wurde zwischen zwei Verbrechern an ein Kreuz genagelt. Während er starb, würfelten seine Henker um das einzige, was er auf Erden besaß – sein Gewand. Als er tot war, wurde er vom Kreuz genommen und von einem mitleidigen Freund in ein geborgtes Grab gelegt.

Neunzehn Jahrhunderte sind gekommen und vergangen, und heute ist er der Mittelpunkt der Menschheit und der Anführer der Kolonne des Fortschritts. Es ist mehr als berechtigt, wenn ich sage, daß alle Heere, die je marschierten, alle Seestreitkräfte, die je aufgebaut wurden, alle Parlamente, die je getagt haben, und alle Könige, die je regiert haben, daß sie alle das Leben der Menschen auf dieser Erde nicht so machtvoll beeinflußt haben wie das Leben dieses Einen.«

In »The Incomparable Christ« heißt es:

»Vor über neunzehnhundert Jahren wurde ein Mensch entgegen den biologischen Gesetzen geboren. Dieser Mensch lebte in Armut und wuchs im verborgenen auf. Er ist nie weit gereist. Nur einmal überquerte er die Grenze seines Heimatlandes; das war während seines Exils in der Kindheit.

Er besaß weder Reichtümer noch Einfluß. Seine Verwandten waren unscheinbare Leute, die keine Schulbildung erhalten hatten. Im Säuglingsalter brachte er einen König aus der Fassung; als Kind verblüffte er Gelehrte; im Mannesalter herrschte er über den Lauf der Natur, wandelte auf den Wellen wie auf Straßenpflaster und besänftigte das tosende Meer. Er heilte das Volk ohne Medizin und erhob keine Gebühren für seine Dienste.

Er schrieb nie ein Buch, und doch könnten alle Bibliotheken des Landes nicht die Bücher fassen, die über ihn geschrieben wurden. Er komponierte nie ein Lied, und doch lieferte er das Thema für mehr Lieder als alle Komponisten zusammen.

Er gründete nie eine Universität, doch alle Schulen zusammengenommen können sich nicht so vieler Schüler rühmen, wie er sie hat.

Er führte nie ein Heer, zog nie Soldaten ein, feuerte nie ein Gewehr ab; und doch hatte kein Führer mehr Freiwillige, die unter seinem Befehl mehr Rebellen dazu brachten, ihre Waffen zu strekken und zu kapitulieren, ohne daß auch nur ein Schuß fiel.

Er besaß nie eine Praxis als Psychiater, und doch heilte er mehr gebrochene Herzen als alle Ärzte nah und fern. Einmal in jeder Woche hören die Räder des Handels auf, sich zu drehen, und Menschenscharen versammeln sich, um ihm Ehre und Anbetung darzubringen.

Die Namen der damaligen stolzen Staatsmänner Griechenlands und Roms sind gekommen und gegangen; [. . .] aber der Name dieses Mannes erstrahlt mehr und mehr. Obschon die Zeit neunzehn Jahrhunderte zwischen den Menschen unserer Generation und dem Schauplatz seiner Kreuzigung verstreichen ließ, lebt er immer noch. Herodes konnte ihn nicht umbringen, und das Grab konnte ihn nicht halten.

Er steht auf der höchsten Zinne der himmlischen Herrlichkeit, von Gott verkündet, von den Engeln verehrt, von den Heiligen angebetet und von den Teufeln gefürchtet, als der lebendige, persönliche Christus, unser Herr und Retter.«

8. Wenn Gott Mensch geworden wäre, dann müßte er das innere Verlangen des Menschen stillen können

»Selig sind, die da hungert und dürstet nach der Gerechtigkeit; denn sie sollen satt werden« (Mt 5,6).

»Wen da dürstet, der komme zu mir und trinke« (Joh 7,37).

»Wer aber von dem Wasser trinken wird, das ich ihm gebe, den wird in Ewigkeit nicht dürsten« (Joh 4,14).

»Den Frieden lasse ich euch, meinen Frieden gebe ich euch. Nicht gebe ich euch, wie die Welt gibt. Euer Herz erschrecke nicht und fürchte sich nicht« (Joh 14,27).

»Ich bin das Brot des Lebens. Wer zu mir kommt, den wird nicht hungern; und wer an mich glaubt, den wird nimmermehr dürsten« (Joh 6,35).

»Kommet her zu mir, alle, die ihr mühselig und beladen seid; ich will euch erquicken« (Mt 11,28).

»Ich bin gekommen, damit sie das Leben und volle Genüge haben sollen« (Joh 10,10).

Der Mensch hat einen natürlichen Hunger nach etwas Höherem und letztlich nach Gott. Alle großen Religionen bezeugen das. Die Pyramiden Mexikos und die Schreine Indiens sind Beispiele für die geistliche Suche des Menschen.

Fisher, der Historiker, sagte: »Es ist ein Schrei in der Seele, auf den aus der Welt keine Antwort kommt.«

Thomas von Aquin rief aus: » [...] das ruhelose Dürsten der Seele nach Glück; doch ist es ein Dürsten, das nur von Gott gestillt werden kann.«

Bernard Ramm schreibt: »Allein die christliche Erfahrung schenkt dem Menschen das, was seinem Wesen als freiem Geist angemessen ist. [...] Alles, was weniger ist als Gott, läßt den Geist des Menschen durstig, hungrig, rastlos, frustriert und unvollkommen.« *B. Ramm b/215*

Bei *Philip Schaff* lesen wir: »Er erhob sich über die Vorurteile der Parteien und der Sekten, über den Aberglauben seiner Zeit und seiner Nation. Er sprach das nackte Herz des Menschen an und berührte das Innerste seines Gewissens.« *Ph. Schaff c/104f.*

George Schweitzer sagt in seinem persönlichen Zeugnis: »Der Mensch hat seine Welt auf beachtliche Weise verändert, sich selbst hat er aber nicht ändern können. Da dieses Problem im Grunde ein geistliches ist und da der Mensch von Natur aus zum Bösen neigt (wie die Geschichte bezeugt), liegt die einzige Möglichkeit seiner Veränderung bei Gott. Nur wenn ein Mensch sich Christus Jesus übergibt und sich der Führung des Heiligen Geistes unterstellt, kann er verändert werden. Allein in diesem Wunder der Umwandlung ruht die Hoffnung für die atomgeängstigte, radioaktivitätsgestörte Welt unserer Zeit und ihre Bewohner.« *Ten Scientists*

Der Naturwissenschaftler *E. J. Matson* schreibt: »Es machte nichts, wie unerbittlich, wie ermüdend mein Leben als Wissenschaftler, als Geschäftsmann, als Bürger, als Ehemann oder als Vater auch sein mochte: Ich brauchte nur zu diesem Zentrum zurückzukehren, um Jesus Christus in seiner bewahrenden wie auch rettenden Kraft zu erfahren.« *Ten Scientists*

R. L. Mixter, Professer für Zoologie am Wheaton College: »Wenn ein Wissenschaftler dem Credo seines Berufs folgt, dann glaubt er an all das, was er belegen kann. Ich wurde Christ, weil ich in mir eine Not sah, der nur durch Jesus Christus abgeholfen werden konnte. Ich brauchte Vergebung, und er gab sie mir. Ich brauchte einen Begleiter, und er wurde mir zum Freund. Ich brauchte Ermutigung, und er schenkte sie mir.« *Ten Scientists*

Paul H. Johnson: »Gott hat ein eigenartiges Vakuum in uns geschaffen, ein Vakuum in den Umrissen Gottes. Nichts kann dieses Vakuum ausfüllen, außer Gott selbst. Man kann Geld, Häuser, Reichtum, Macht, Ruhm oder was man auch will in dieses Vakuum hineinstecken, aber es paßt nicht. Nur Gott füllt es aus, paßt dort hinein und gibt uns Frieden.« *P. H. Johnson*

9. Wenn Gott Mensch geworden wäre, dann hätte er die Macht über den Tod haben müssen

9.1 Jesu Tod

Es ist klar zu ersehen, daß Jesus nicht gezwungen wurde, sein Leben dahinzugeben. Wie es in Mt 26,53–54 heißt, stand ihm die Macht zur Verfügung, zu tun, was ihm beliebte. In Joh 10,18 sagt er: »Niemand nimmt es (mein Leben) von mir, sondern ich selber lasse es. Ich habe Macht, es zu lassen, und habe Macht, es wiederzunehmen. Dies Gebot habe ich empfangen von meinem Vater.« Wir sehen also, daß Christus freiwillig für die Sünden der Menschen starb.

W. H. Griffith Thomas kommentiert: »Es war nicht der Tod eines Selbstmörders, denn sagte er nicht: ›Ich selber lasse mein Leben‹? Der Tod war völlig freiwillig. Eigentlich müßten *wir* leiden; *er* hätte nicht zu leiden brauchen. Ein Wort von ihm hätte sein Leben retten können. Es war auch kein Unfall – Jesus hatte seinen Tod vorausgesehen, vorausgesagt und in verschiedener Weise vorbereitet. Es war auch nicht der Tod eines Verbrechers, denn es fanden sich keine zwei Zeugen, die in ihren Anklagen gegen ihn eins gewesen wären. Pilatus erklärte, daß er keine Schuld an ihm finde, und selbst Herodes hatte kein Wort gegen ihn vorzubringen. Dies war also keine gewöhnliche Hinrichtung.« *W. H. G. Thomas/61*

Eine weitere wichtige Tatsache wird von *W. C. Robinson* aufgegriffen: »Denn kein Mensch in der Geschichte hatte jemals die Macht, wie unser Herr Jesus seinen Geist aus eigenem Willen aufzugeben (Lk 23,46). [. . .] Lukas und Johannes verwenden hier Wörter, die nur dahingehend ausgelegt werden können, daß Jesus Christus auf übernatürliche Weise [. . .] seinen Geist in die Hände Gottes befahl, als er den vollen Preis für die Sünde gezahlt hatte. Es geschah am Freitag auf Golgatha ebenso ein Wunder wie am Ostermorgen im Garten.« *W. C. Robinson b/85f.*

9.2 Die Grablegung

»Am Abend aber kam ein reicher Mann aus Arimathäa, der hieß Josef und war auch ein Jünger Jesu. Der ging zu Pilatus und bat um den Leib Jesu. Da befahl Pilatus, man sollte ihm ihn geben.« (Mt 27,57–58)

»Es kam aber auch Nikodemus, der vormals in der Nacht zu Jesus gekommen war, und brachte Myrrhe gemischt mit Aloe, etwa hundert Pfund.« (Joh 19,39)

»Und er (Josef) kaufte ein Leinentuch und nahm ihn ab und wickelte ihn in das Tuch und legte ihn in ein Grab, das war in einen Felsen gehauen, und wälzte einen Stein vor des Grabes Tür. Aber Maria von Magdala und Maria, die Mutter des Joses, sahen, wo er hingelegt wurde.« (Mk 15,46–47)

»Sie kehrten aber um und bereiteten wohlriechende Öle und Salben. Und den Sabbat über ruhten sie nach dem Gesetz.« (Lk 23,56)

»Sie gingen hin und sicherten das Grab mit der Wache und versiegelten den Stein.« (Mt 27,66)

9.3 Die Auferstehung

»Wenn man alle Fakten zusammennimmt«, schreibt *B. F. Westcott*, »ist es nicht zuviel gesagt, daß kein historisches Ereignis besser oder häufiger belegt ist als die Auferstehung Christi. Nur das Vorurteil, daß sie nicht stattgefunden haben könne, kann einen zu der Annahme führen, sie sei nicht hinreichend belegt.« *B. F. Westcott a/4–6*

Bei *Henry Morris* lesen wir: »Die Tatsache seiner Auferstehung ist das wichtigste Geschehnis in der Geschichte und dementsprechend auch eine der sichersten Tatsachen der Geschichte.« *H. M. Morris b/46*

Jesus sagte nicht nur seinen Tod, sondern auch seine leibliche Auferstehung voraus. In Joh 2,19 sagt er: »Brecht diesen Tempel ab, und in drei Tagen will ich ihn aufrichten.« Mit »Tempel« ist hier sein Leib gemeint.

Morris schreibt weiter: »Von allen Menschen, die jemals lebten, hat er allein den Tod besiegt. Nach allen Regeln der Beweisführung kann seine leibliche Auferstehung aus dem Grabe als bestbewiesene Tatsache der Geschichte beurteilt werden. ›Ich bin die

Auferstehung und das Leben‹, sagt er. ›Ich lebe, und ihr sollt auch leben‹« (Joh 11,25; 14,19). *H. M. Morris b/28*

»Die Auferstehung Christi ist *das Garantiesiegel für unsere Auferstehung.* Die Heilung der Kranken berechtigt uns nicht, daran zu glauben, daß Christus einen jeden von uns heute heilen wird; genausowenig garantiert die Wiederbelebung des Lazarus unsere Unsterblichkeit. Es ist die Auferstehung Christi als *Erstling,* die allein das Grab öffnet – schon im voraus – für den Gläubigen zum ewigen Leben. Weil er auferstand, werden wir auferstehen« (Röm 8,11). *B. Ramm b/185f.*

Nach der Auferstehung Jesu konnten auch die Apostel durch seine Kraft Tote erwecken (Apg 9,40–41). Also gab er nach seinem Tod anderen das Leben. Daraus folgt, daß Jesus lebt (Hebr 13,8) und daß »dieser Jesus, der von euch weg gen Himmel aufgenommen wurde, so wiederkommen wird, wie ihr ihn habt gen Himmel fahren sehen« (Apg 1,11).

»Jesus Christus aber, der ewige Sohn Gottes und der verheißene Erlöser der Welt, hat den Tod bezwungen. [...]« *H. M. Morris b/46*

KAPITEL 9

Die messianischen Prophetien des Alten Testaments – erfüllt in Christus

Die Apostel beriefen sich das ganze Neue Testament hindurch auf zwei Tatsachen aus dem Leben Christi, um seine Messianität zu begründen: erstens die Auferstehung und zweitens die erfüllte messianische Prophetie. Das über eine Periode von mehr als 1500 Jahren geschriebene Alte Testament enthält mehrere hundert Hinweise auf den kommenden Messias. Alle wurden in Christus erfüllt, und sie ergeben die solide Basis seiner Beglaubigung als Messias.

1. Einleitung

1.1 Absicht der messianischen Prophetien

● Gott ist der einzig wahre Gott, dessen Wissen unendlich ist und der sein Wort nie brechen wird.

»Gott ist nicht ein Mensch, daß er lüge,
noch ein Menschenkind, daß ihn etwas gereue.
Sollte er etwas sagen und nicht tun?
Sollte er etwas reden und nicht halten?«

4 Mo 23,19

● Alle Dinge sind dem Willen Gottes untertan.

»Gedenket des Vorigen, wie es von alters her war:
Ich bin Gott, und sonst keiner mehr,
ein Gott, dem nichts gleicht.
Ich habe von Anfang an verkündigt, was hernach kommen soll,
und vorzeiten, was noch nicht geschehen ist.
Ich sage: Was ich beschlossen habe, geschieht,
und alles, was ich mir vorgenommen habe, das tue ich.«

Jes 46,9.10

- Der Messias wird sich erkennbar ausweisen.

»Ich habe vorzeiten verkündigt, was schon gekommen ist;
aus meinem Munde ist es gekommen, und ich habe es sagen lassen.
Ich tat es plötzlich, und es kam.
Darum habe ich dir's vorzeiten verkündigt
und es dir sagen lassen, ehe es gekommen ist,
damit du nicht sagen könntest: Mein Götze tat es,
und mein Abgott, der geschnitzt und gegossen wurde,
hat's befohlen.«

Jes 48,3.5

»... das Evangelium Gottes, das er zuvor verheißen hat durch seine Propheten in der heiligen Schrift,
von seinem Sohn Jesus Christus, unserm Herrn,
der geboren ist aus dem Geschlecht Davids nach dem Fleisch,
und nach dem Geist, der da heiligt, eingesetzt ist als Sohn Gottes in Kraft durch die Auferstehung von den Toten.«

Röm 1,2–4

1.2 Berufung auf messianische Prophetien

1.2.1 Bei Jesus

»Ihr sollt nicht meinen, daß ich gekommen bin,
das Gesetz oder die Propheten aufzulösen;
ich bin nicht gekommen, aufzulösen,
sondern zu erfüllen.«

Mt 5,17

»Und (Jesus) fing an bei Mose und allen Propheten
und legte ihnen aus,
was in der ganzen Schrift von ihm gesagt war.«

Lk 24,27

»Er (Jesus) sprach aber zu ihnen: Das sind meine
Worte, die ich zu euch gesagt habe, als ich
noch bei euch war: Es muß alles erfüllt werden,
was von mir geschrieben steht im Gesetz des Mose,
in den Propheten und in den Psalmen.« Lk 24,44

»Ihr sucht in der Schrift,
denn ihr meint, ihr habt das ewige Leben darin;
und sie ist's, die von mir zeugt;
aber ihr wollt nicht zu mir kommen,
daß ihr das Leben hättet.
Wenn ihr Mose glaubtet, so glaubtet ihr auch mir;
denn er hat von mir geschrieben.
Wenn ihr aber seinen Schriften nicht glaubt,
wie werdet ihr meinen Worten glauben?«

Joh 5,39.40.46.47

»Und an ihnen wird die Weissagung Jesajas erfüllt,
die da sagt (Jes 6,9.10): Mit den Ohren werdet ihr hören
und werdet es nicht verstehen;
und mit sehenden Augen werdet ihr sehen
und werdet es nicht erkennen.«

Mt 13,14
(über Gleichnisse)

»Dieser ist's, von dem geschrieben steht (Mal 3,1):
Siehe, ich sende meinen Boten vor dir her,
der deinen Weg vor dir bereiten soll.«

Mt 11,10
(über Johannes den Täufer)

»Jesus sprach zu ihnen: Habt ihr nie gelesen in der Schrift (Ps 118,22.23):
Der Stein, den die Bauleute verworfen haben,
der ist zum Eckstein geworden?«

Mt 21,42

»Aber das ist alles geschehen,
damit erfüllt würden die Schriften der Propheten.«

Mt 26,56

»Und dann werden sie sehen den Menschensohn kommen
in den Wolken mit großer Kraft und Herrlichkeit.«

Mk 13,26
(s. Dan 7,13.14)

»Und als er (Jesus) das Buch zutat,
gab er's dem Diener und setzte sich.
Und aller Augen in der Synagoge sahen auf ihn.
Und er fing an, zu ihnen zu reden:
Heute ist dieses Wort der Schrift erfüllt vor euren Ohren.«

Lk 4,20.21

»Denn ich sage euch: Es muß das an mir vollendet werden,
was geschrieben steht (Jes 53,12): ›Er ist zu den
Übeltätern gerechnet worden.‹
Denn was von mir geschrieben steht, das wird vollendet.«

Lk 22,37

»Aber es muß das Wort erfüllt werden, das
in ihrem Gesetz geschrieben steht (Ps 69,5):
›Sie hassen mich ohne Grund.‹«

Joh 15,25

1.2.2 Bei den Verfassern des Neuen Testaments

»Gott aber hat erfüllt, was er durch den Mund aller
seiner Propheten zuvor verkündigt hat:
daß sein Christus leiden sollte.«

Apg 3,18

»Von diesem bezeugen alle Propheten, daß durch seinen Namen
alle, die an ihn glauben,
Vergebung der Sünden empfangen sollen.«

Apg 10,43

»Und als sie alles vollendet hatten,
was von ihm geschrieben steht,
nahmen sie ihn von dem Holz und legten ihn in ein Grab.«

Apg 13,29

»Wie nun Paulus gewohnt war, ging er zu ihnen hinein
und redete mit ihnen an drei Sabbaten von der Schrift,
tat sie ihnen auf und legte ihnen dar,
daß Christus leiden mußte und von den Toten auferstehen
und daß dieser Jesus, den ich – so sprach er –
euch verkündige, der Christus ist.«

Apg 17,2.3

»Denn als erstes habe ich euch weitergegeben,
was ich auch empfangen habe:
Daß Christus gestorben ist für unsre Sünden
nach der Schrift;
und daß er begraben worden ist; und daß er auferstanden ist
am dritten Tage nach der Schrift.«

1 Kor 15,3.4

»... das er zuvor verheißen hat
durch seine Propheten in der heiligen Schrift.«

Röm 1,2

»Und auch ihr als lebendige Steine erbaut euch
zum geistlichen Hause und zur heiligen Priesterschaft,
zu opfern geistliche Opfer,
die Gott wohlgefällig sind durch Jesus Christus.
Darum steht in der Schrift (Jes 28,16): ›Siehe,
ich lege in Zion einen auserwählten, kostbaren Eckstein;
und wer an ihn glaubt, der soll nicht zuschanden werden!‹«

1 Petr 2,5.6

»Und (Herodes) ließ zusammenkommen alle Hohenpriester
und Schriftgelehrten des Volkes
und erforschte von ihnen, wo der Christus geboren werden sollte.
Und sie sagten ihm: In Bethlehem in Judäa;
denn so steht geschrieben durch den Propheten (Mi 5,1):
›Und du, Bethlehem im jüdischen Lande, bist keineswegs
die kleinste unter den Städten in Juda;
denn aus dir wird kommen der Fürst,
der mein Volk Israel weiden soll.‹«

Mt 2,4–6

1.2.3 Jesus als Erfüllung levitischer Feste *N. Geisler/41*

Fest (3. Mose 23)	Erfüllung in Christus
Passa (April)	Tod Christi (1 Kor 5,7)
Ungesäuerte Brote (April)	Heiliger Wandel (1Kor 5,8)
Erstlinge (April)	Auferstehung (1 Kor 15,23)
Pfingsten (Juni)	Ausgießung des Geistes (Apg 1,5; 2,4)
Posaunen (September)	Israels Sammlung (Mt 24,31)
Versöhnung (September)	Reinigung durch Christus (Röm 11,26)
Laubhütten (September)	Ruhe und Vereinigung mit Christus (Sach 14,16–18)

1.3 Die Bedeutung voraussagender Prophetien

- Hinweis, daß hinter dem Alten und dem Neuen Testament Gott steht
- Bestätigung der Wirklichkeit Gottes
- Verbürgung der Göttlichkeit Jesu
- Bekundung der Inspiration der Bibel

1.4 Über 300 alttestamentliche Messias-Prophetien in Jesus erfüllt

Denkbarer Einwand:

Die Prophetien seien erst zur Zeit Christi oder danach geschrieben worden und »erfüllten sich« daher von selbst.

Antwort:

Wer sich nicht mit dem Jahr 450 v. Chr. als historischem Datum der Beendigung des Alten Testaments zufriedengeben will, sollte folgendes beachten: Die Septuaginta, die griechische Übersetzung der hebräischen Schrift, wurde in der Regierungszeit Ptolemäus' II. Philadelphus (285–246 v. Chr.) fertiggestellt. Es liegt wohl auf der Hand, daß man für eine griechische Übersetzung im Jahre 250 v. Chr. auch den hebräischen Text im Jahre 250 v. Chr. brauchte, von dem sie erstellt wurde. Dies sollte als Beweis genügen, daß *mindestens* ein Zwischenraum von 250 Jahren zwischen der Niederschrift der Prophetien und ihrer Erfüllung in der Person Christi liegt.

2. Analyse: Prophetien und Erfüllungen

2.1 Jesu Geburt

2.1.1 Geboren aus dem Samen der Frau

Prophetie	*Erfüllung*
»Und ich will Feindschaft setzen zwischen dir und dem Weibe und zwischen deinem Nachkommen und ihrem Nachkommen; der soll dir den Kopf zertreten, und du wirst ihn in die Ferse stechen.« 1 Mo 3,15	»Als aber die Zeit erfüllt war, sandte Gott seinen Sohn, geboren von einer Frau und unter das Gesetz getan.« Gal 4,4 (s. auch Mt 1,20–23)

Jüdische Quelle: Das *Targum des Onkelos* sagt zu 1 Mo 3,15: »Und ich will Feindschaft setzen zwischen dir und dem Weibe und zwischen deinem Sohn und ihrem Sohn. Er wird sich deiner erinnern, dessen, was du ihm von Anfang an (am Anfang) zugefügt hast, und du sollst am Ende auf ihn merken.« *J. W. Ethridge Bd. I/41*

Jüdische Quelle: Das *Targum Pseudo-Jonathan* zu 1 Mo 3,15: »Und ich will Feindschaft setzen zwischen dir und dem Weibe und zwischen dem Samen deiner Nachkommenschaft und dem Samen ihrer Nachkommenschaft; und es wird geschehen, wenn die Nachkommen des Weibes die Gebote des Gesetzes halten, daß sie geradewegs (auf dich) zielen und dich aufs Haupt schlagen werden; wenn sie aber die Gebote des Gesetzes verlassen, wirst du geradewegs (auf sie) zielen, und du wirst sie in der Ferse verwunden. Für sie wird es jedoch eine Hilfe geben, aber für dich wird es keine geben, und in der Zukunft werden sie Frieden schließen mit der Ferse in den Tagen des Königs Messias.« *J. Bowker/122*

Dazu eine interessante Beobachtung von *David L. Cooper*:

»In 1 Mo 3,15 finden wir die erste Weissagung über den Retter der Welt, genannt ›der Nachkomme des Weibes‹. In diesem ersten prophetischen Ausspruch weissagte Gott den die Zeiten überdauernden Konflikt zwischen dem ›Nachkommen des Weibes‹ und dem ›Nachkommen der Schlange‹, der schließlich vom ersteren gewonnen wird. Diese Verheißung weist auf den Kampf zwischen dem Messias Israels, dem Retter der Welt, auf der einen und Satan, dem Widersacher der menschlichen Seele, auf der anderen Seite hin. Sie sagt den schließlichen vollen Sieg des Messias voraus. Einige Kommentatoren sind der Ansicht, daß sich ein Echo dieser Verheißung und ihrer Auffassung durch Eva in 1 Mo 4,1 befindet – in der Aussage Evas, als Kain, ihr erster Sohn, geboren wurde: ›Ich habe einen Mann gewonnen, nämlich Jehova.‹ Sie hatte zwar diese Urweissagung richtig verstanden, sie aber in ihrer Erfüllung falsch ausgelegt in bezug auf ihren Sohn Kain. Es ist klar, daß Eva glaubte, daß das Kind der Verheißung Jehova selbst sein würde. Einige alte jüdische Kommentatoren schalteten in dieser Schriftstelle das Wort ›Engel‹ ein und sagten, Eva betrachtete ihren Sohn als den ›Engel Jehovas‹. Diese Behauptung hat jedoch keine Grundlage.« *D. L. Cooper/8f.*

(Anmerkung: In der rev. Lutherbibel heißt es, wie in den meisten neueren Übersetzungen in 1 Mo 4,1: »Ich habe einen Mann gewonnen *mit Hilfe des Herrn.*«)

2.1.2 Geboren von einer Jungfrau

Prophetie	*Erfüllung*
»Darum wird euch der Herr selbst ein Zeichen geben: Siehe, eine Jungfrau ist schwanger und wird einen Sohn gebären, den wird sie nennen Immanuel.« Jes 7,14	». . . fand es sich, . . . daß sie schwanger war von dem heiligen Geist. Joseph aber . . . berührte sie nicht, bis sie einen Sohn gebar; und er gab ihm den Namen Jesus.« Mt 1,18–19.25
	(vgl. Lk 1,26–35)

Für »Jungfrau« gibt es im Hebräischen zwei Wörter:
1. *Bethulah* bezeichnet in der eigentlichen Bedeutung ein unver-

heiratetes, unberührtes Mädchen (1 Mo 24,16; 3 Mo 21,13; 5 Mo 22,14.23.28; Ri 11,37; 1 Kön 1,2); auch Joel 1,8 ist nach Unger keine Ausnahme, denn es »bezieht sich auf den Verlust einer Verlobten, nicht einer Verheirateten«.

2. *Almah* (Verschleierte) – eine junge Frau im heiratsfähigen Alter. Dieses Wort wird auch in Jes 7,14 gebraucht. »Der Heilige Geist gebraucht durch Jesaja nicht das Wort *bethulah*, weil die Gedanken der Unberührtheit und des heiratsfähigen Alters in einem Wort zusammengefaßt werden mußten, um der gegebenen historischen Situation ebenso wie dem prophetischen Aspekt, mit dem von der Jungfrau geborenen Messias im Mittelpunkt, gerecht zu werden.« *M. F. Unger d/1159*

»Jungfrau« wird im Griechischen bezeichnet durch das Wort *parthenos* – ein unberührtes, heiratsfähiges Mädchen oder eine junge verheiratete Frau, die noch unberührt ist (Mt 1,23; 25,1.7.11; Lk 1,27; Apg 21,9; 1 Kor 7,25.28.33; 2 Kor 11,2). *M. F. Unger d/1159*

Als die Übersetzer der Septuaginta Jes 7,14 ins Griechische übersetzten, gebrauchten sie das griechische Wort *parthenos*; für sie bedeutete Jes 7,14, daß der Messias von einer Jungfrau geboren werden sollte.

2.1.3 Sohn Gottes

Prophetie	*Erfüllung*
»Kundtun will ich den Ratschluß des Herrn. Er hat zu mir gesagt: ›Du bist mein Sohn, heute habe ich dich gezeugt.‹« Ps 2,17	»Und siehe, eine Stimme vom Himmel herab sprach: Dies ist mein lieber Sohn, an dem ich Wohlgefallen habe.« Mt 3,17
(s. auch 1 Chron 17,11–14; 2 Sam 7,12–16)	(s. auch Mt 16,16; Mk 9,7; Lk 9,35; 22,70; Apg 13,30–33; Joh 1,34.49)

Mk 3,11 – Sogar die Dämonen erkannten Jesu Gottessohnschaft an. Mt 26,63 – Sogar der Hohepriester erkannte seinen Anspruch auf Gottessohnschaft.

E. W. Hengstenberg: »Es ist keinem Zweifel unterworfen und auch von den neueren nichtmessianischen Auslegern einstimmig zugestanden, daß die Erklärung vom Messias unter den älteren Juden durchaus die herrschende war.« *E. W. Hengstenberg Bd. I.1/96*

»Bei der Fleischwerdung wurde der Erstgeborene in die Welt eingeführt (Hebr 1,6). Aber erst durch seine Auferstehung bewies sich unter der öffentlichen Bestätigung Gottes seine Göttlichkeit als der Einziggeborene vom Vater. ›Geboren aus dem Geschlecht Davids nach dem Fleisch‹, wurde er jetzt ›nach dem Geist, der da heiligt, eingesetzt (d. h. erwiesen) als Sohn Gottes in Kraft durch die Auferstehung von den Toten‹« (Röm 1,4). *Jamieson, Fausset, Brown/107*

2.1.4 Nachkomme Abrahams

Prophetie	*Erfüllung*
»Und durch dein Geschlecht sollen alle Völker auf Erden gesegnet werden, weil du meiner Stimme gehorcht hast.« 1 Mo 22,18	»Dies ist das Buch von der Geschichte Jesu Christi, des Sohnes Davids, des Sohnes Abrahams.« Mt 1,1
(s. auch 1 Mo 12,2.3)	»Nun ist die Verheißung Abraham zugesagt und seinem Nachkommen. Es heißt nicht: und den Nachkommen, als gälte es vielen, sondern es gilt einem: ›und deinem Nachkommen‹, welcher ist Christus.« Gal 3,16

Die Wichtigkeit des Geschehens in 1 Mo 22,18 wird deutlich, wenn wir uns vor Augen führen, daß dies das einzige Mal ist, daß Gott gegenüber den Erzvätern bei sich selbst schwört.

Matthew Henry sagt mit Bezug auf 1 Mo 22,18: »›In deinem Nachkommen‹: In einer besonderen Person, die von dir abstammen wird (denn er spricht nicht von vielen, sondern von einem, wie der Apostel bemerkt, Gal 3,16), sollen alle Völker auf Erden gesegnet werden oder sich segnen (sich glücklich preisen), Jes 65,16.« *M. Henry/82*

Die obige Schriftstelle bestimmt, daß der Messias aus dem Geschlecht der Juden stammen würde.

2.1.5 Nachkomme Isaaks

Prophetie	*Erfüllung*
»Aber Gott sprach zu ihm (zu Abraham): ... nach Isaak soll (wörtl.: dein Same genannt werden) dein Geschlecht benannt werden.« 1 Mo 21,12	»Und Jesus ... ein Sohn Isaaks ...« Lk 3,23.34 (s. auch Mt 1,2)

Abraham hatte zwei Söhne: Isaak und Ismael. Gott schloß die eine Hälfte der Nachkommenschaft Abrahams aus.

2.1.6 Nachkomme Jakobs

Prophetie	*Erfüllung*
»Ich sehe ihn, aber nicht jetzt; ich schaue ihn, aber nicht von nahem. Es wird ein Stern aus Jakob aufgehen und ein Zepter aus Israel aufkommen und wird zerschmettern die Schläfen der Moabiter und den Scheitel aller Söhne Sets.« 4 Mo 24,17 (s. auch 1 Mo 35,10–12)	»Jesus ... ein Sohn Jakobs ...« Lk 3,23.34 (s. auch Mt 1,2 und Lk 1,33)

Jüdische Quelle: Im *Targum Jonathan* heißt es in 1 Mo 35,11–12: »Und der Herr sagte zu ihm: Ich bin El-Schaddai – breite dich aus und vermehre dich; ein heiliges Volk und eine Versammlung von Propheten und Priestern soll aus deinen Söhnen entstehen, die du gezeugt hast, und zwei Könige sollen noch von dir abstammen. Und das Land, welches ich Abraham und Izhak gab, will ich dir geben, und deinen Söhnen nach dir will ich das Land geben.« *J. W. Ethridge Bd. I/279*

Jüdische Quelle: Das *Targum Onkelos* schreibt in 4 Mo 24,17: »Ich sehe ihn, aber nicht jetzt; ich schaue ihn, aber nicht von nahem. Wenn ein König aus Jakob aufgehen und der Meschiha von Israel gesalbt wird, [...]« *J. W. Ethridge Bd. II/309*

Wir sehen aus den obigen Targumen, daß die Juden den Schriftstellern messianische Bedeutung beimaßen. Ebenso gibt der *Midrasch Bamidbar Rabbah* diesem Text eine messianische Bedeutung. *Paul Heinisch* berichtet: »Als die Juden sich zur Zeit Hadrians (132 n. Chr.) gegen das römische Joch erhoben, nannte sich ihr Anführer Barkochba »Sternensohn«. Er behauptete damit, daß die Weissagung Bileams von dem Stern aus Jakob sich in ihm erfülle und Gott durch ihn den Feind zu Boden schmettern werde.« *P. Heinisch/84*

Hengstenberg: »Unter diesem Herrscher nun haben die Juden schon von alten Zeiten her, entweder ausschließlich, oder doch vorzugsweise, so daß sie eine niedere Beziehung auf David annahmen, den Messias verstanden. [...] Von den Juden ging diese Auslegung bald auch auf die Christen über. [...]Man behauptete entweder die ausschließliche Beziehung auf den Messias, oder nahm an, daß die Weissagung zwar zunächst auf David gehe, daß dieser und seine leiblichen Siege aber als Vorbild Christi und seiner geistigen Siege zu betrachten seyen, welche der Prophet vorzugsweise vor Augen gehabt habe.« *E. W. Hengstenberg Bd. I.1/78f.*

Isaak hatte zwei Söhne: Jakob und Esau. Gott schloß die Hälfte der Nachkommenschaft Isaaks aus.

2.1.7 Aus dem Stamm Juda

Prophetie	*Erfüllung*
»Es wird das Zepter von Juda nicht weichen noch der Stab des Herrschers von seinen Füßen, bis daß der Held (Schilo) komme, und ihm werden die Völker anhangen.« 1 Mo 49,10 (s. auch Mi 5,1)	»Jesus ... ein Sohn Judas ...« Lk 3,23.33 (s. auch Mt 1,2 und Hebr. 7,14)

Jüdische Quelle: Das *Targum Jonathan* sagt in 1 Mo 49,10.11a: »Weder Könige noch Herrscher sollen von dem Hause Jehudas weichen, noch Sapherim, die das Gesetz lehren, von seinem Samen, bis zu der Zeit, da der König, Meschiha, kommen wird, der jüngste seiner Söhne; und seinetwegen werden die Völker zusammenlaufen. Wie schön ist doch der König und Meschiha, der aus dem Hause Jehudas aufsteigen wird!« *J. W. Ethridge Bd. I/331*

Jüdische Quelle: Das *Targum Pseudo-Jonathan* lautet in 1 Mo 49,11: »Wie edel ist doch der König, Messias, der aus dem Hause Judas kommen wird!« *J. Bowker/278*

Jakob hatte zwölf Söhne, von denen jeder zu einem Stamm des hebräischen Volkes wurde. Hiermit schloß Gott elf Zwölftel der Nachkommenschaft Jakobs aus.

2.1.8 Aus dem Geschlecht Isais

Prophetie	*Erfüllung*
»Und es wird ein Reis hervorgehen aus dem Stamm Isais und ein Zweig aus seiner Wurzel Frucht bringen.« Jes 11,1 (s. auch Jes 11,10)	»Jesus ... ein Sohn Jesses (= Isais) ...« Lk 3,23,32 (s. auch Mt 1,6)

Jüdische Quelle: Das *Targum zu Jesaja* sagt: »Und ein König soll aus den Söhnen Jesses hervorgehen und ein Gesalbter (oder Messias) soll von seinen Sohnessöhnen erstehen. Und auf ihm wird ruhen ein Geist von dem Angesicht des Herrn, der Geist der Weisheit und des Verstandes, der Geist des Rates und der Macht, der Geist der Erkenntnis und der Furcht des Herrn.« *J. F. Stenning/40*

Franz Delitzsch kommentiert: »Aus dem Stumpfe Isai's d. i. aus dem bis zur Unansehnlichkeit des Stammhauses zurückgesunkenen Reste der erwählten Königsfamilie (›der verfallenen Hütte Davids‹, wie Amos 9,11 es ausdrückt) geht hervor ein Reis *choter* [...], welches Ersatz des Stammes und der Krone verspricht, und unten an den von Erde bedeckten und nur wenig darüber sich erhebenden Wurzeln zeigt sich ein *netzer*, ein frisches grünes Zweiglein (v. *natzer* glänzen, blühen). Die Erfüllungsgeschichte hat hier selbst an den Klang der Weissagung angespielt: der vorerst winzige und unscheinbare *netzer* war ein armer verachteter Nazarener Mt 2,23.« *F. Delitzsch/167*

2.1.9 Aus dem Hause Davids

Prophetie	*Erfüllung*
»Siehe, es kommt die Zeit, spricht der Herr, daß ich dem David einen gerechten Sproß erwecken will. Der soll ein König sein, der wohl regieren und Recht und Gerechtigkeit im Lande üben wird.« Jer 23,5 (s. auch 2 Sam 7,12–16; Ps 132,11)	»Jesus ... ein Sohn Davids ...« Lk 3,23.31 (s. auch Mt 1,1;9,27; 15,22; 20,30.31; 21,9.15; 22,41–46; Mk 10,47–48; Lk 18,38.39; Apg 13,22.23; Offb 22,16)

Jüdische Quelle: Immer wieder findet man im Talmud die Bezeichnung »Sohn Davids« für den Messias.

Driver sagt über 2 Sam 7,11b: »Hier kommt Nathan zum Hauptthema seiner Prophetie – der Verheißung, die sich nicht auf David selbst, sondern auf seine Nachkommen bezieht, und zur Erklärung, daß nicht David ein Haus für Jahve bauen wird, sondern daß Jahve ein Haus (d. h. eine Familie) für David bauen wird.« *S. R. Driver b/275*

Jacob Minkin gibt in seinem Buch *The World of Moses Maimonides* die Ansicht dieses großen jüdischen Gelehrten wieder: »Maimonides ließ die mystischen Spekulationen über den Messias, seinen Ursprung, seine Tätigkeit und die wunderbaren übermenschlichen Kräfte, die ihm zugeschrieben werden, beiseite und bestand darauf, daß er als sterblicher Mensch anzusehen sei, der sich von seinen Mitmenschen nur durch die Tatsache unterscheide, daß er größer, weiser und glanzvoller sein würde als sie. Er müsse ein Nachkomme des Hauses Davids sein und sich wie dieser mit dem Studium der Thora und der Einhaltung ihrer Gebote beschäftigen.« *J. S. Minkin/63*

»Siehe, es kommt die Zeit«, ist ein häufiger Ausdruck für den Anfang der messianischen Ära (s. Jer 31,27–34).

Isai (Jesse) hatte acht Söhne (s. 1 Sam 16,10–11). Gott schließt nun alle Söhne Isais aus, außer einem: David.

2.1.10 Geboren in Bethlehem

Prophetie	*Erfüllung*
»Und du, Bethlehem Efrata, die du klein bist unter den Städten in Juda, aus dir soll mir der kommen, der in Israel Herr sei, dessen Ausgang von Anfang und von Ewigkeit her gewesen ist.« Mi 5,1	»Als Jesus geboren war in Bethlehem in Judäa ...« Mt 2,1 (s. auch Joh 7,42; Mt 2,4–8; Lk 2,4–7)

In Mt 2,6 erzählen die Schriftgelehrten Herodes mit großer Gewißheit, daß der Messias in Bethlehem geboren werden würde. Es war unter den Juden allgemein bekannt, daß Christus aus Bethlehem kommen würde (vgl. Joh 7,42). Es ist nur logisch, daß Bethlehem (der Name bedeutet »Haus des Brotes«) der Geburtsort dessen war, der das Brot des Lebens ist. *M. Henry/1414*

Hier schließt Gott alle Städte der Welt als Geburtsorte seines menschgewordenen Sohnes aus, außer einer: Bethlehem.

2.1.11 Von Weisen beschenkt

Prophetie	*Erfüllung*
»Die Könige von Tarsis und auf den Inseln sollen Geschenke bringen, die Könige aus Saba und Scheba sollen Gaben senden.« Ps 72,10 (s. auch Jes 60,6)	»... da kamen Weise aus dem Morgenland nach Jerusalem ... und fielen nieder und beteten es (das Kind Jesus) an und taten ihre Schätze auf und schenkten ihm Gold, Weihrauch und Myrrhe.« Mt 2,1.11

Historisch ist Ps 72,10 zunächst auf Salomo anzuwenden. Die messianische Anwendung wird dann in Ps 72,12.15 unterstrichen.

Die Bewohner Sabas und Schebas – die Sabäer – lebten in Arabien. *Matthew Henry* sagt über Mt 2,1.11, die Weisen seien »Männer des Ostens gewesen, die wegen ihrer Wahrsagerei bekannt waren (Jes 2,6). Arabien wird Land des Ostens genannt (1 Mo 25,6) und die Araber Männer des Ostens (Ri 6,3). Die Geschenke, die sie mitbrachten, waren Produkte ihres Landes. [...]« *M. Henry/16*

2.1.12 Kindermord des Herodes

Prophetie	*Erfüllung*
»So spricht der Herr: Man hört Klagegeschrei und bitteres Weinen in Rama: Rahel weint über ihre Kinder und will sich nicht trösten lassen über ihre Kinder; denn es ist aus mit ihnen.« Jer 31,15	»Als Herodes nun sah, daß er von den Weisen betrogen war, wurde er sehr zornig und schickte aus und ließ alle Kinder in Bethlehem töten und in der ganzen Gegend, die zweijährig und darunter waren, nach der Zeit, die er von den Weisen genau erkundet hatte.« Mt 2,16

In Jer 31,17.18 wird die Zerstreuung Israels zur Sprache gebracht. Was hat der Kindermord des Herodes in Bethlehem mit der Deportation zu tun? War Matthäus im Irrtum, als er die Erfüllung der Prophetie Jeremias in den Untaten Herodes' sah (Mt 2,17.18) oder die Ermordung der Unschuldigen als Sinnbild der Zerstörung Israels oder Judas? *Laetsch* sagt: »Nein, ganz gewiß nicht. Der gesamte Kontext von Jeremia 31, angefangen von 30,20 bis Kapitel 33,26, ist messianisch. Die vier Kapitel sprechen von dem Kommen der Rettung des Herrn, vom Kommen des Messias zur Wiederaufrichtung des Reiches Davids in Gestalt eines neuen Bundes, bei dem die Sündenvergebung das Fundament bildet (31,31–34); ein Reich, in dem jede niedergedrückte und belastete Seele vollen Trost empfangen soll (Verse 12–14 und 25). Als ein Beispiel dieses Trostes führt der Herr die Tröstung an, die den Müttern widerfahren wird, die um Christi willen einen großen Verlust durch die grausame Ermordung ihrer neugeborenen Söhne erlitten hatten.« *Th. Laetsch a/250*

2.2 Jesu Wesen

2.2.1 Seine Präexistenz

Prophetie	*Erfüllung*
»Und du, Bethlehem Efrata, die du klein bist unter den Städten in Juda, aus dir soll mir der kommen, der in Israel Herr sei, dessen Ausgang von Anfang und von Ewigkeit her gewesen ist.« Mi 5,1 (s. auch Jes 9,5.6; 41,4; 44,6; 48,12; Ps 102,26; Spr 8,22.23)	»Und er ist (oder existierte) vor allem, und es besteht alles in ihm.« Kol 1,17 (s. auch Joh 1,1.2; 8,58; 17,5.24; Offb 1,17; 2,8; 22,13)

Jüdische Quelle: Das *Targum zu Jesaja* lautet: »Der Prophet sagt zum Hause Davids: Ein Kind ist uns geboren, ein Sohn ist uns gegeben; und er hat das Gesetz auf sich genommen, es zu halten, und sein Name ist von alters her genannt worden: Wunderbarer Rat, Heldengott, der Ewiglebende, der Gesalbte (oder Messias), zu dessen Zeit sich der Friede über uns mehren wird.« (Jes 9,5) *J. F. Stenning/32*

Jüdische Quelle: Das *Targum zu Jesaja* sagt weiter: »So spricht der Herr, der König Israels, und sein Erlöser, der Herr der Heerscharen: Ich bin es, ich bin es, der von alters her ist; ja, die ewigen Zeitalter sind mein, und außer mir ist kein Gott.« (Jes 44,6) *J. F. Stenning/148*

Hengstenberg sagt zu Mi 5,1: »Zuerst wird überhaupt die Existenz des Messias vor seiner zeitlichen Geburt in Bethlehem hervorgehoben; dann wird dieselbe im Gegensatze gegen alle Zeit der Ewigkeit vindicirt.« *E. W. Hengstenberg Bd. III/302*

2.2.2 »Herr«

Prophetie	*Erfüllung*
»Der Herr sprach zu meinem Herrn: ›Setze dich zu meiner	»Denn euch ist heute der Heiland geboren, welcher ist

Rechten, bis ich deine Feinde zum Schemel deiner Füße mache.‹«

Ps 110,1

(s. auch Jer 23,6)

Christus, der Herr.«

Lk 2,11

»Er sprach aber zu ihnen: Wieso sagen sie, der Christus sei Davids Sohn? Denn David selbst sagt im Psalmbuch: Der Herr sprach zu meinem Herrn: Setze dich zu meiner Rechten, bis ich deine Feinde zum Schemel deiner Füße mache. David nennt ihn also einen Herrn; wie ist er dann sein Sohn?«

Lk 20,41–44

Jüdische Quelle: »Der *Midrasch Tehillim*, ein Kommentar zu den Psalmen (200 bis 500 n. Chr.), sagt zu Psalm 21,1 (Luther: Ps 21,2): ›Gott nennt König Messias bei seinem eigenen Namen. Was ist aber sein Name? Antwort: Jahve ist ein Kriegsheld‹ (2 Mo 15,3).« *Th. Laetsch a/193*

Jüdische Quelle: »*Echa Rabbathi* (200 bis 500 n. Chr.), Klagelieder im Großen Kommentar zum Pentateuch und den fünf Schriftrollen, sagt zu Klagelieder 1,16: ›Was ist der Name des Messias?‹ R. Abba ben Cahana (200 bis 300 n. Chr.) hat gesagt: Jahve ist sein Name, und dies ist erwiesen durch ›Dies ist sein Name‹ (Jer 23,6).« *Th. Laetsch a/193*

»Der Herr sprach zu meinem Herrn. ›Jahve sagte zu Adonai‹, oder ›meinem Herrn‹ – d. h. dem Herrn Davids, nicht in seiner bloßen persönlichen Stellung, sondern als Repräsentant Israels im wörtlichen und geistlichen Sinn. Weil er (David) ihn (Christus) als Herrn Israels und der Gemeinde anredet, zitiert Christus diese Stelle in den drei Evangelien. ›David nennt ihn Herrn‹, nicht ›seinen Herrn‹.« *Jamieson, Fausset, Brown/346*

2.2.3 »Immanuel«

Prophetie	*Erfüllung*
»Darum wird euch der Herr selbst ein Zeichen geben:	»Siehe, eine Jungfrau wird schwanger sein und einen Sohn

Prophetie	Erfüllung
Siehe, eine Jungfrau ist schwanger und wird einen Sohn gebären, den wird sie nennen Immanuel.« Jes 7,14	gebären, und sie werden ihm den Namen Immanuel geben, das heißt übersetzt: Gott mit uns.« Mt 1,23 (s. auch Lk 7,16)

Jüdische Quelle: Das *Targum zu Jesaja* lautet in Jesaja 7,14: »Darum wird euch der Herr selbst ein Zeichen geben: Siehe, ein Mädchen ist schwanger und wird einen Sohn gebären und wird seinen Namen Immanuel heißen.« *J. F. Stenning/24*

Delitzsch sagt folgendes zu Jes 9,5: »Auch dürfen wir ja *El* in diesem Messiasnamen nicht anders fassen, als in *Immanu-El*, wozu kommt, daß *El* bei Jesaja immer Name Gottes ist und daß er sich, wie 31,3 (vgl. Hos 11,9) zeigt, des Gegensatzes zwischen *El* und *Adam* stark bewußt ist.« *F. Delitzsch/143 f.*

2.2.4 »Prophet«

Prophetie	*Erfüllung*
»Ich will ihnen einen Propheten, wie du bist, erwecken aus ihren Brüdern und meine Worte in seinen Mund geben; der soll zu ihnen reden alles, was ich ihm gebieten werde.« 5 Mo 18,18	»Die Menge aber sprach: Das ist Jesus, der Prophet aus Nazareth in Galiläa.« Mt 21,11 (s. auch Lk 7,16; Joh 4,19; 6,14; 7,40)

Jüdische Quelle: Der jüdische Gelehrte Maimonides widerspricht in einem Brief an die Juden im Jemen einem, der Ansprüche auf Messianität geltend machte, und schreibt: »Der Messias wird ein sehr großer Prophet sein, größer als alle Propheten mit Ausnahme Moses, unseres Lehrers [. . .] Sein Stand wird ein höherer sein als der der Propheten und ehrenhafter, Mose allein ausgenommen. Der Schöpfer, gepriesen sei er, wird ihn mit Vorzügen ausstatten, wie er Mose nicht ausgestattet hatte; denn es heißt mit Bezug auf ihn: ›Und Wohlgefallen wird er haben an der Furcht des Herrn. Er wird nicht richten nach dem, was seine Augen sehen, noch Urteil sprechen nach dem, was seine Ohren hören‹ (Jes 11,3).« *A. Cohen/221*

Christus wie Mose:

1. Im Säuglingsalter bewahrt vor einem gewaltsamen Tod.

2. Er wurde der Erlöser seines Volkes (2 Mo 3,10).

3. Er war Mittler zwischen Jahve und Israel (2 Mo 19,16ff.; 20,18ff.)

4. Er tat Fürbitte für ein sündiges Volk (2 Mo 32,7–14; 4 Mo 14,11–20).

Joh 4,19: »Herr, ich sehe, daß du ein Prophet bist.«

Kligerman sagt: »Die Verwendung des Ausdrucks ›Prophet‹ bei den Juden zu Lebzeiten Jesu zeigt nicht nur, daß sie vom Messias erwarteten, daß er nach 5 Mo 18 ein Prophet sein würde, sondern auch, daß dieser, der solche Wunder vollbrachte, in der Tat der verheißene Prophet war.« *A. J. Kligerman/22f.*

»Denn das Gesetz ist durch Mose gegeben; die Gnade und Wahrheit ist durch Jesus Christus geworden.« (Joh 1,17)

2.2.5 »Priester«

Prophetie	*Erfüllung*
»Der Herr hat geschworen, und es wird ihn nicht gereuen: Du bist ein Priester ewiglich nach der Weise Melchisedeks.« Ps 110,4	»Darum, ihr heiligen Brüder, die ihr teil habt an der himmlischen Berufung, schaut auf den Apostel und Hohenpriester, den wir bekennen, Jesus.« Hebr 3,1
	»So hat auch Christus sich nicht selbst die Ehre beigelegt, Hoherpriester zu werden, sondern der, der zu ihm gesagt hat (Ps 2,7): ›Du bist mein

Sohn, heute habe ich dich gezeugt.‹ Wie er auch an anderer Stelle spricht: ›Du bist ein Priester in Ewigkeit nach der Ordnung Melchisedeks.‹«

Hebr 5,5.6

»Der letzte Sieg des Messiasvolkes über die Welt und Satan ist [...] gewiß. Der Schwur Gottes begleitet nicht das aaronitische Priestertum, sondern unseren melchisedekschen Priester, ›der es nicht geworden ist nach dem Gesetz äußerlicher Gebote, sondern nach der Kraft unzerstörbaren Lebens‹. ›Nach der Ordnung Melchisedeks‹ wird in Hebr 7,15 erläutert durch den Ausdruck ›nach der Weise Melchisedeks‹. Der Bundeseid des Vaters gegenüber dem Sohn gilt dem Trost des Messiasvolkes. Usias Strafe für die unrechtmäßige Aneignung priesterlicher Funktionen zeigt, daß David nicht der hier beschriebene König-Priester sein kann (2 Chr 26,16–21). Der außergewöhnliche Gotteseid beweist, daß dieses Königspriestertum hier ohnegleichen ist. David starb, aber dieser melchisedeksche Priester lebt immerdar. Sach 6,9–15, besonders Vers 13, beschreibt den Messias in ähnlicher Weise: ›Er wird sitzen und herrschen auf seinem Thron, und er wird Priester sein auf seinem Thron.‹« *Jamieson, Fausset, Brown/347*

2.2.6 »Richter«

Prophetie	*Erfüllung*
»Denn der Herr ist unser Richter, der Herr ist unser Meister, der Herr ist unser König; der hilft uns!« Jes 33,22	»Ich kann nichts von mir aus tun. Wie ich höre, so richte ich, und mein Gericht ist gerecht; denn ich suche nicht meinen Willen, sondern den Willen dessen, der mich gesandt hat.« Joh 5,30 (s. auch 2 Tim 4,1)

Jüdische Quelle: Das *Targum zu Jesaja* lautet in Jes 33,22: »Denn der Herr ist unser Richter, der uns aus Ägypten herausbrachte durch seine Macht; der Herr ist unser Lehrer, der uns die Unterweisung seines Gesetzes vom Sinai gab; der Herr ist unser König, er wird uns befreien und gerechte Rache üben für uns über die Heere Gogs.« *J. F. Stenning/110*

»Richter [. . .] Gesetzgeber [. . .] König: perfektes Ideal der Theokratie, die unter dem Messias allein verwirklicht werden wird – die richterlichen, gesetzgeberischen und administrativen Funktionen als König, die er in seiner Person ausüben wird (Jes 11,4; 32,1; Jak 4,12).« *Jamieson, Fausset, Brown/666*

2.2.7 »König«

Prophetie	*Erfüllung*
»Ich aber habe meinen König eingesetzt auf meinem heiligen Berg Zion.« Ps 2,6 (s. auch Sach 9,9; Jer 23,5)	»Und oben über sein Haupt setzten sie eine Aufschrift mit der Ursache seines Todes: Dies ist Jesus, der Juden König.« Mt 27,37 (s. auch Mt 21,5; Joh 18,33–38)

2.2.8 Salbung mit dem Heiligen Geist

Prophetie	*Erfüllung*
»Auf ihm wird ruhen der Geist des Herrn, der Geist der Weisheit und des Verstandes, der Geist des Rates und der Stärke, der Geist der Erkenntnis und der Furcht des Herrn.« Jes 11,2 (s. auch Ps 45,8; Jes 42,1; 61,1.2)	»Und als Jesus getauft war, stieg er alsbald herauf aus dem Wasser. Und siehe, da tat sich ihm der Himmel auf, und er sah den Geist Gottes wie eine Taube herabfahren und über sich kommen. Und siehe, eine Stimme vom Himmel herab sprach: Dies ist mein lieber Sohn, an dem ich Wohlgefallen habe.« Mt 3,16.17 (s. auch Mt 12,17–21; Mk 1,10.11; Lk 4,15–21.43; Joh 1,32)

Jüdische Quelle: Das *Targum zu Jesaja* sagt in Jes 11,1–4a: »Und ein König soll aus den Söhnen Jesses hervorgehen, und ein

Gesalbter (oder Messias) soll von seinen Sohnessöhnen erstehen. Und auf ihm wird ruhen ein Geist von dem Angesicht des Herrn, der Geist der Weisheit und des Verstandes, der Geist des Rates und der Macht, der Geist der Erkenntnis und der Furcht des Herrn; und der Herr wird ihn zu seiner Furcht bringen; und er wird nicht richten nach dem, was seine Augen sehen, noch Urteil sprechen nach dem, was seine Ohren hören. Sondern er wird mit Wahrheit die Armen richten und mit Treue den Notleidenden unter dem Volk Urteil sprechen.« *J. F. Stenning/40*

Jüdische Quelle: Im *Babylonischen Talmud* heißt es in *Sanhedrin 93b*: »Vom Messias heißt es: *der Geist des Herrn wird auf ihm ruhen, der Geist der Weisheit und des Verstandes, der Geist des Rates und der Kraft, der Geist der Erkenntnis und der Gottesfurcht &c.* Es heißt: *er wird ihn an der Gottesfurcht Gefallen finden lassen.* R. Alexandri erklärte, dies besagte, daß er ihn mit gottgefälligen Handlungen und Leiden wie mit Mühlsteinen beladen wird.« *Babylon. Talmud Bd. 9/45f.*

2.2.9 Sein Eifer für Gott

Prophetie	*Erfüllung*
»Denn der Eifer um dein Haus hat mich gefressen, und die Schmähungen derer, die dich schmähen, sind auf mich gefallen.« Ps 69,10	»Und er machte eine Geißel aus Stricken und trieb sie alle zum Tempel hinaus ... und sprach ...: Tragt das und macht nicht meines Vaters Haus zum Kaufhaus!« Joh 2,15–17

A. R. Fausset sagt: »›Denn der Eifer um dein Haus hat mich gefressen‹ – verschlingt mich wie eine Flamme mit seiner Intensität (Ps 119,139). Stellt die Erweiterung zu ›um deinetwillen‹ (Vers 8) dar; vgl. Joh 2,17 als Beispiel des Eifers des Messias um die Ehre des Hauses Gottes. ›Und die Schmähungen derer, die dich schmähen, sind auf mich gefallen‹ – als Folge meines glühenden Eifers um deine Ehre fallen die auf dich gezielten Schmähungen auf mich.« *Jamieson, Fausset, Brown/245*

2.3 Jesu Dienst

2.3.1 Von einem Vorboten angekündigt

Prophetie	*Erfüllung*
»Es ruft eine Stimme: In der Wüste bereitet dem Herrn den Weg, macht in der Steppe eine ebene Bahn unserm Gott!« Jes 40,3 (s. auch Mal 3,1)	»... Johannes der Täufer ... predigte in der Wüste und sprach: Tut Buße, denn das Himmelreich ist nahe herbeigekommen!« Mt 3,1.2 (s. auch Mt 3,3; 11,10; Joh 1,23; Lk 1,17)

Jüdische Quelle: Das *Targum zu Jesaja* sagt in Jes 40,3: »Die Stimme eines Rufenden: Bereitet einen Weg in der Wüste vor dem Volk des Herrn, macht ebene Pfade in der Steppe vor der Versammlung unseres Gottes!« *J. F. Stenning/130*

2.3.2 Beginn in Galiläa

Prophetie	*Erfüllung*
»Doch es wird nicht dunkel bleiben über denen, die in Angst sind. Hat er in früherer Zeit in Schmach gebracht das Land Sebulon und das Land Naftali, so wird er hernach zu Ehren bringen den Weg am Meer, das Land jenseits des Jordans, das Galiläa der Heiden.« Jes 8,23	»Als nun Jesus hörte, daß Johannes gefangengesetzt worden war, zog er sich nach Galiläa zurück. Und er verließ Nazareth, kam und wohnte in Kapernaum, das am See liegt im Gebiet von Sebulon und Naftalie. Seit der Zeit fing Jesus an zu predigen: Tut Buße, denn das Himmelreich ist nahe herbeigekommen!« Mt 4,12.13.17

2.3.3 Von Wundern begleitet

Prophetie	*Erfüllung*
»Dann werden die Augen der Blinden aufgetan und die Ohren der Tauben geöffnet werden. Dann werden die Lahmen springen wie ein Hirsch, und die Zunge der Stummen wird frohlocken.«	»Und Jesus ging ringsum in alle Städte und Dörfer, lehrte in ihren Synagogen und predigte das Evangelium von dem Reich und heilte alle Krankheiten und alle Gebrechen.«
Jes 35,5.6	Mt 9,35
(s. auch Jes. 32,3.4)	(s. auch Mt 9,32.33; 11,4–6; Mk 7,33–35; Joh 5,5–9; 9,6–11; 11,43.44.47)

2.3.4 Gleichnisse

Prophetie	*Erfüllung*
»Ich will meinen Mund auftun zu einem Spruch (Gleichnis) und Geschichten (Rätsel) verkünden aus alter Zeit.«	»Das alles redete Jesus in Gleichnissen zu dem Volk, und ohne Gleichnisse redete er nichts zu ihnen, ...«
Ps 78,2	Mt 13,34

2.3.5 Einzug in den Tempel

Prophetie	*Erfüllung*
»... Und bald wird kommen (unversehens) zu seinem Tempel der Herr ...«	»Und Jesus ging in den Tempel hinein und trieb heraus alle Verkäufer und Käufer im Tempel ...«
Mal 3,1	Mt 21,12

2.3.6 Einzug in Jerusalem auf einem Esel

Prophetie

»Du, Tochter Zion, freue dich sehr, und du, Tochter Jerusalem, jauchze! Siehe, dein König kommt zu dir, ein Gerechter und ein Helfer (Retter), arm und reitet auf einem Esel, auf einem Füllen der Eselin.«

Sach 9,9

Erfüllung

»Und sie brachten's zu Jesus und warfen ihre Kleider auf das Füllen und setzten Jesus darauf.
Als er nun hinzog, breiteten sie ihre Kleider auf den Weg.
Und als er schon nahe am Abhang des Ölbergs war, ...«

Lk 19,35.36.37a

(s. auch Mt 21,6–11)

2.3.7 Den Juden ein »Stein des Anstoßes«

Prophetie

»Der Stein, den die Bauleute verworfen haben, ist zum Eckstein geworden.«

Ps 118,22

(s. auch Jes 8,14; 28,16)

Erfüllung

»Für euch nun, die ihr glaubt, ist er kostbar; für die Ungläubigen aber ist ›der Stein, den die Bauleute verworfen haben und der zum Eckstein geworden ist, ein Stein des Anstoßes und ein Fels des Ärgernisses‹ ...«

1 Petr 2,7.8

(s. auch Röm 9,32.33)

Jüdische Quelle: Das *Targum zu Jesaja* sagt in Jes 8,13–15: »Den Herrn der Heerscharen, ihn sollt ihr heilig nennen; und er soll eure Furcht sein, und er soll eure Stärke sein. Und wenn ihr nicht hören wollt, wird sein Memra unter euch sein zur Vergeltung und zu einem Stein des Anstoßes und zu einem Fels des Strauchelns für die beiden Häuser der Fürsten Israels, zum Zerbrechen und zum Straucheln; denn das Haus Israel wurde getrennt von denen aus dem Hause Juda, die in Jerusalem wohnen. Und viele sollen gegen sie straucheln und sollen fallen und zerschmettern und sich verstricken und gefangen werden.« *J. F. Stenning/28*

2.3.8 Den Heiden ein »Licht«

Prophetie	*Erfüllung*
»Und die Heiden werden zu deinem Lichte ziehen und die Könige zum Glanz, der über dir aufgeht.« Jes 60,3 (s. auch Jes 49,6)	»Denn so hat uns der Herr geboten: ›Ich habe dich zum Licht der Heiden gemacht, damit du das Heil seist bis an die Enden der Erde.‹ Als das die Heiden hörten, wurden sie froh und priesen das Wort des Herrn, und alle wurden gläubig . . .« Apg 13,47.48 (s. auch Apg 26,23; 28,28)

2.4 Geschehnisse nach der Grablegung

2.4.1 Die Auferstehung

Prophetie	*Erfüllung*
»Denn du wirst mich nicht dem Tode (Scheol) überlassen und nicht zugeben, daß dein Heiliger die Grube (Tophet) sehe.« Ps 16,10 (s. auch Ps 30,4; 41,11; 118,17; Hos 6,2)	». . . Er ist nicht dem Tod (Hades) überlassen, und sein Leib hat die Verwesung nicht gesehen.« Apg 2,31 (s. auch Apg 13,33; Lk 24,46; Mk 16,6; Mt 28,6)

Jüdische Quelle: *Friedlaender* sagt: »Ibn Esra ergreift häufig die Gelegenheit, seinen festen Glauben an die Auferstehung zu bekunden.« *M. Friedlaender/100*

Jüdische Quelle: Im *Babylonischen Talmud, Sanhedrin 90a*, erscheint folgende Aussage: »Ganz Israel hat Teil an der kommenden Welt, denn es heißt: *Und dein Volk besteht aus lauter Bewährten, für immerdar nehmen sie das Land in Besitz, ein Sproß meiner Pflanzung, ein Werk meiner Hände, mich zu ver-*

herrlichen. Und diese sind's, die nicht teilhaben an der kommenden Welt: Wer sagt: Die Belebung der Toten läßt sich nicht aus der Weisung (Thora) belegen, und die Weisung ist nicht vom Himmel, und ein Religionsverächter.« *Talmud/640; vgl. Babylon. Talmud Bd. 9/27*

2.4.2 Die Himmelfahrt

Prophetie	*Erfüllung*
»Du bist aufgefahren zur Höhe ...« Ps 68,19	»... wurde er zusehends aufgehoben, und eine Wolke nahm ihn auf vor ihren Augen weg.« Apg 1,9

2.4.3 Sitzend zur Rechten Gottes

Prophetie	*Erfüllung*
»Der Herr sprach zu meinem Herrn: ›Setze dich zu meiner Rechten, bis ich deine Feinde zum Schemel deiner Füße mache.‹« Ps 110,1	»... und hat vollbracht die Reinigung von den Sünden und hat sich gesetzt zur Rechten der Majestät in der Höhe.« Hebr 1,3 (s. auch Mk 16,19; Apg 2,34.35)

2.5 Prophetien, die sich an einem Tag erfüllten

Die folgenden 28 Prophezeiungen aus dem Alten Testament, die vom Verrat, Prozeß, Tod und von der Grablegung unseres Herrn Jesus Christus sprechen, wurden zu verschiedenen Zeiten von vielen verschiedenen Stimmen über die fünf Jahrhunderte von 1000 bis 500 v. Chr. abgegeben, und dennoch erfüllten sich alle von ihnen wortwörtlich in Jesus in einem vierundzwanzigstündigen Zeitabschnitt.

2.5.1 Verraten von einem Freund

Prophetie	*Erfüllung*
»Auch mein Freund, dem ich vertraute, der mein Brot aß, tritt mich mit Füßen.« Ps 41,10 (s. auch Ps 55,13–15)	». . . Judas Iskariot, der ihn verriet.« Mt 10,4 (s. auch Mt 26,49.50; Joh 13,21)

»Freund« in Ps 41,10 heißt wörtlich: »Der Mann meines Friedens – er, der mich mit dem Friedenskuß grüßte, wie Judas es tat« (Mt 26,49; vgl. als Typus Jer 20,10). *Jamieson, Fausset, Brown/ 191*

2.5.2 Für 30 Silberstücke verraten

Prophetie	*Erfüllung*
»Und ich sprach zu ihnen: Gefällt's euch, so gebt her meinen Lohn; wenn nicht, so laßt's bleiben. Und sie wogen mir den Lohn dar, dreißig Silberstücke.« Sach 11,12	»Was wollt ihr mir geben? Ich will ihn euch verraten. Und sie boten ihm dreißig Silberlinge.« Mt 26,15 (s. auch Mt 27,3)

2.5.3 Den Verräterlohn in den Tempel geworfen

Prophetie	*Erfüllung*
»Und ich nahm die dreißig Silberstücke und warf sie ins Haus des Herrn, dem Schmelzer (Töpfer) hin.« Sach 11,13b	»Und er warf die Silberlinge in den Tempel, ging fort und erhängte sich.« Mt 27,5

2.5.4 Der Preis für den Töpferacker

Prophetie	*Erfüllung*
»Und ich nahm die dreißig Silberstücke und warf sie ins Haus des Herrn, dem Schmelzer (Töpfer) hin.« Sach 11,13b	»Sie beschlossen aber, den Töpferacker davon zu kaufen zum Begräbnis für Fremde.« Mt 27,7

In den letzten vier Prophetien finden wir in der Weissagung wie in der Erfüllung die folgenden Elemente:

1. Verraten
2. Von einem Freund
3. Für 30 Geldstücke
4. Silber (nicht Gold)
5. Hingeworfen (nicht hingelegt)
6. In das Haus des Herrn
7. Geld zum Kauf des Töpferackers verwendet

2.5.5 Von seinen Jüngern verlassen

Prophetie	*Erfüllung*
»Schlage den Hirten, daß sich die Herde zerstreue . . .« Sach 13,7	»Da verließen ihn alle und flohen.« Mk 14,50 (s. auch Mt 26,31; Mk 14,27)

Laetsch sagt, Sach 13,7 sei »eine klare Prophezeiung des Anstoßes, den die Jünger an Christus nahmen, als er geschlagen wurde. So legt Christus selbst diese Worte aus (Mt 26,31; Mk 14,27). Sie wurden erfüllt (vgl. Mt 26,56; Mk 14,50ff.). Der Herr ließ seine Schafe jedoch nicht im Stich. Der Herr selber sollte [. . .] seine Hand den Kleinen zuwenden [. . .] den Kleinen zu Hilfe kommen [. . .] seinen verzweifelten, erschreckten Jüngern (Lk 24,4f.11.17ff.37; Joh 20,2.11ff.19.26). Diese Schwächlinge und Deserteure wurden zu mutigen, unbesiegbaren Herolden des messianischen Königreiches.« *Th. Laetsch b/491f.*

2.5.6 Von falschen Zeugen angeklagt

Prophetie	*Erfüllung*
»Es treten falsche Zeugen auf; sie fordern von mir, wovon ich nichts weiß.« Ps 35,11	»Die Hohenpriester aber und der ganze Hohe Rat suchten falsches Zeugnis gegen Jesus, daß sie ihn töteten. Und obwohl viele falsche Zeugen herzutraten, fanden sie doch nichts.« Mt 26,59–60

2.5.7 Stumm vor seinen Anklägern

Prophetie	*Erfüllung*
»Als er gemartert ward, litt er doch willig und tat seinen Mund nicht auf.« Jes 53,7	»Und als er von den Hohenpriestern und Ältesten verklagt wurde, antwortete er nichts.« Mt 27,12–14

2.5.8 Verwundet und zerschlagen

Prophetie	*Erfüllung*
»Aber er ist um unsrer Missetat willen verwundet und um unsrer Sünde willen zerschlagen. Die Strafe liegt auf ihm, auf daß wir Frieden hätten, und durch seine Wunden sind wir geheilt.« Jes 53,5 (s. auch Sach 13,6)	»Da gab er ihnen Barabbas los, aber Jesus ließ er geißeln und überantwortete ihn, daß er gekreuzigt werde.« Mt 27,26

»[. . .] eine leibliche Wunde, nicht nur geistige Traurigkeit: *mecholal*, von *chalal* = wörtlich: durchbohrt; entspricht bis ins einzelne dem Messias, dessen Hände, Füße und Seite durchbohrt wurden (Ps 22,17).« *Jamieson, Fausset, Brown/730*

»[...] aber vom Scheitel seines Hauptes, das mit Dornen gekrönt war, bis zu den Sohlen seiner Füße, die ans Kreuz genagelt waren, war nichts zu sehen außer Wunden und Striemen.« *M. Henry/826*

2.5.9 Geschlagen und angespuckt

Prophetie	*Erfüllung*
»Ich bot meinen Rücken dar denen, die mich schlugen, und meine Wangen denen, die mich rauften. Mein Angesicht verbarg ich nicht vor Schmach und Speichel.« Jes 50,6 (s. auch Mi 4,14)	»Da spien sie ihm ins Angesicht und schlugen ihn mit Fäusten. Einige aber schlugen ihn ins Angesicht ...« Mt 26,67 (s. auch Lk 22,63)

Jüdische Quelle: Das *Targum zu Jesaja* lautet in Jes 50,6: »Ich bot meinen Rücken den Schlagenden dar und meine Wangen denen, die das Haar ausraufen; ich verbarg nicht mein Angesicht vor Schmach und Speichel.« *J. F. Stenning/170*

M. Henry sagt: »In williger Ergebenheit unterwarf er sich 1. der Geißelung, [...] 2. den Schlägen, [...] 3. dem Bespucken, [...] All das machte Christus für uns durch, und zwar aus freiem Willen, um uns von seiner Bereitschaft, uns zu erretten, zu überzeugen.« *M. Henry Bd. I/816*

2.5.10 Verspottet

Prophetie	*Erfüllung*
»Alle, die mich sehen, verspotten mich, sperren das Maul auf und schütteln den	»Und als sie ihn verspottet hatten, zogen sie ihm den Mantel aus und zogen ihm

Kopf: ›Er klage es dem Herrn, der helfe ihm heraus und rette ihn, hat er Gefallen an ihm.‹«

Ps 22,8.9

»... seine Kleider an und führten ihn ab, um ihn zu kreuzigen.«

Mt 27,31

2.5.11 Die zu schwere Last des Kreuzes

Prophetie	*Erfüllung*
»Meine Knie sind schwach vom Fasten, und mein Leib ist mager und hat kein Fett. Ich bin ihnen zum Spott geworden; wenn sie mich sehen, schütteln sie den Kopf.« Ps 109,24.25	»Sie nahmen ihn aber, und er trug sein Kreuz ...« Joh 19,17 »Und als sie ihn abführten, ergriffen sie einen Mann, Simon von Kyrene, der vom Feld kam, und legten das Kreuz auf ihn, daß er's Jesus nachtrüge.« Lk 23,26 (s. auch Mt 27,31.32)

Offensichtlich war Jesus so schwach, daß seine Knie unter dem Gewicht des schweren Kreuzes nachgaben, so daß man es einem anderen auflegen mußte.

2.5.12 Hände und Füße durchbohrt

Prophetie	*Erfüllung*
»... sie haben meine Hände und Füße durchgraben.« Ps 22,17	»Und als sie kamen an die Stätte, die da heißt Schädelstätte, kreuzigten sie ihn dort ...« Lk 23,33 (s. auch Joh 20,25)

Jesus wurde auf gewöhnliche römische Weise gekreuzigt: Hände und Füße wurden mit stumpfen Eisennägeln durchstoßen, die den Leib an das Holzkreuz oder den Holzpfahl hefteten.

2.5.13 Mit Verbrechern gekreuzigt

Prophetie	*Erfüllung*
». . . dafür daß er sein Leben in den Tod gegeben hat und den Übeltätern gleichgerechnet ist.« Jes 53,12	»Und da wurden zwei Räuber mit ihm gekreuzigt, einer zur Rechten und einer zur Linken.« Mt 27,38 (s. auch Mk 15,27.28)

Blinzler führt aus: »Das jüdische Strafrecht kannte die Kreuzigung nicht. Das Aufhängen am Holz, das nach jüdischem Recht an gesteinigten Götzendienern und Gotteslästerern vollzogen wurde, war keine Todesstrafe, sondern eine Zusatzstrafe nach eingetretenem Tod und sollte den Hingerichteten zu einem Gottverfluchten stempeln. Im Alten Testament heißt es nämlich: ›Jeder, der am Holze hängt, ist von Gott verflucht‹ (Deut. 21,23 LXX). Natürlich wandte das Judentum dieses Wort auch auf einen Gekreuzigten an; war die Kreuzigung schon in den Augen der heidnischen Welt die schimpflichste und entehrendste Todesstrafe, so galt bei den Juden der Zeit Jesu ein so Exekutierter darüber hinaus noch als ein von Gott Verfluchter. Diese besondere religiöse Vorstellung muß man berücksichtigen, um zu verstehen, warum die Juden für Jesus gerade den Tod am Kreuze forderten.« *J. Blinzler/105*

Die *Encyclopedia Americana* schreibt:

»Die Geschichte der Kreuzigung als eine Strafform für Verbrechen muß als Teil des römischen Systems der Gerichtsbarkeit studiert werden [. . .] Die Hebräer z. B. übernahmen oder akzeptierten sie nur unter römischem Druck; unter ihrem eigenen System, ehe Palästina römisches Hoheitsgebiet wurde, führten sie die Todesstrafe durch Steinigung aus.« *Encyclopedia Americana, Bd. 8/253*

»Im Jahre 63 v. Chr. brachen Pompeius' Legionen in die judäische Hauptstadt ein. Palästina wurde römische Provinz, obwohl dem Namen nach eine jüdische Marionetten-Dynastie überlebte.« *Encyclopedia Americana Bd. 16*

Somit kam die in Jesaja 53 und Psalm 22 geschilderte Todesart im jüdischen System der Gerichtsbarkeit erst Hunderte von Jahren nach ihrer Beschreibung auf.

2.5.14 Fürbitte für seine Peiniger

Prophetie	*Erfüllung*
»... er (hat) die Sünde der vielen getragen und für die Übeltäter gebeten.« Jes 53,12	»Jesus aber sprach: Vater, vergib ihnen; denn sie wissen nicht, was sie tun!« Lk 23,34

»Dieses Amt fing er am Kreuze an (Lk 23,34) und führt es nun im Himmel fort [...]« (Hebr 9,24; 1 Joh 2,1). *Jamieson, Fausset, Brown/733*

2.5.15 Vom eigenen Volk verworfen

Prophetie	*Erfüllung*
»Er war der Allerverachtetste und Unwerteste, voller Schmerzen und Krankheit. Er war so verachtet, daß man das Angesicht vor ihm verbarg; darum haben wir ihn für nichts geachtet.« Jes 53,3 (s. auch Ps 69,9; 118,22)	»Denn auch seine Brüder glaubten nicht an ihn. Glaubt denn einer von den Oberen oder Pharisäern an ihn?« Joh 7,5.48 (s. auch Joh 1,11; Mt 21,42.43)

»Dies erfüllte sich in Christus, dessen Brüder nicht an ihn glaubten (Joh 7,5), der zu den Seinen kam, und die Seinen nahmen ihn nicht auf (Joh 1,11), und der von seinen Jüngern verlassen wurde, mit denen er frei wie mit Brüdern umgegangen war.« *M. Henry/292*

2.5.16 Gehaßt ohne Grund

Prophetie	*Erfüllung*
»Die mich ohne Grund hassen, sind mehr, als ich Haare auf dem Haupte habe.« Ps 69,5 (s. auch Jes 49,7)	»Aber es muß das Wort erfüllt werden, das in ihrem Gesetz 2 geschrieben steht: ›Sie hassen mich ohne Grund.‹« Joh 15,25

2.5.17 Freunde halten sich fern

Prophetie	*Erfüllung*
»Meine Lieben und Freunde scheuen zurück vor meiner Plage, und meine Nächsten halten sich ferne.« Ps 38,12	»Es standen aber alle seine Bekannten von ferne, auch die Frauen, die ihm aus Galiläa nachgefolgt waren, und sahen das alles.« Lk 23,49 (s. auch Mk 15,40; Mt 27,55.56)

»Gerade jetzt, wo meine Not sie hätte dazu bringen müssen, näher und fester bei mir zu stehen als je, fürchten sie sich vor der Gefahr, in die sie sich bringen könnten, wenn es so aussähe, als hielten sie zu mir. Während die Feinde nahe sind, stehen die Freunde fern. So erging es dem Messias« (Mt 26,56; 27,55; Lk 23,49; Joh 16,32). *Jamieson, Fausset, Brown/184*

2.5.18 Das Kopfschütteln der Leute

Prophetie	*Erfüllung*
»Ich bin ihnen zum Spott geworden; wenn sie mich sehen, schütteln sie den Kopf.« Ps 109,25 (s. auch Ps 22,8)	»Die aber vorübergingen, lästerten ihn und schüttelten ihre Köpfe.« Mt 27,39

»– eine Geste, die andeuten soll, daß es keine Hoffnung für den Leidenden gibt, über den sie verächtlich spotten« (Hiob 16,4; Ps 44,15). *Jamieson, Fausset, Brown/148*

»– als sei alles aus mit mir; und ich und meine Sache unwiederbringlich ruiniert« (Ps 22,8; Mt 27,39). *Jamieson, Fausset, Brown/345*

2.5.19 Angestarrt

Prophetie	*Erfüllung*
»Ich kann alle meine Knochen zählen; sie aber schauen zu und sehen auf mich herab.« Ps 22,18	»Und das Volk stand da und sah zu.« Lk 23,35

2.5.20 Kleidung verteilt und verlost

Prophetie	*Erfüllung*
»Sie teilen meine Kleider unter sich und werfen das Los um mein Gewand.« Ps 22,19	»Als aber die Soldaten Jesus gekreuzigt hatten, nahmen sie seine Kleider und machten vier Teile, für jeden Soldaten einen Teil, dazu auch das Gewand. Das war aber ungenäht, von obenan gewebt in einem Stück. Da sprachen sie untereinander: Laßt uns das nicht zerteilen, sondern darum losen, wem es gehören soll.« Joh 19,23.24

Die alttestamentliche Aussage in den Psalmen ist scheinbar widersprüchlich, bis wir uns den Bericht über die Szene unter dem Kreuz ansehen: Die Kleider wurden unter den Soldaten aufgeteilt, das nahtlose Gewand aber wurde an einen von ihnen verlost.

2.5.21 Durst

Prophetie	*Erfüllung*
»Sie geben mir Galle zu essen und Essig zu trinken für meinen Durst.« Ps 69,22	». . . gaben sie ihm Wein zu trinken mit Galle vermischt; und als er's schmeckte, wollte er nicht trinken.« Mt 27,34 (s. auch Joh. 19,28.29)

A. R. Fausset schreibt:

»Seine bitteren Leiden hätten, so meint man, selbst seine Feinde erweichen sollen, die ihm jene Leiden zugefügt hatten. Statt dessen aber gaben sie ihm Galle und Essig und nichts Stärkendes. Zweimal wurde dem Heiland am Kreuz Essig angeboten – zuerst Essig mit Galle vermischt (Mt 27,34) und mit Myrrhe (Mk 15,23). Aber als er es geschmeckt hatte, wollte er nicht trinken; denn er wollte seinen Leiden nicht in der Benommenheit begegnen, die von der

Myrrhe bewirkt worden wäre. Verbrechern gereicht, war das Getränk eine Freundlichkeit; dem gerechten Sündenträger gereicht, war es eine Beleidigung. Danach – um die Schrift zu erfüllen – rief er: ›Mich dürstet!‹, und man gab ihm Essig zu trinken« (Joh 19,28; Mt 27,48). *Jamieson, Fausset, Brown/246*

2.5.22 Schrei der Verlassenheit

Prophetie	*Erfüllung*
»Mein Gott, mein Gott, warum hast du mich verlassen?« Ps 22,2	»Und um die neunte Stunde schrie Jesus laut: ›Eli, Eli, lama asabtani?‹ das heißt: ›Mein Gott, mein Gott, warum hast du mich verlassen?‹« Mt 27,46

Psalm 22 – »Die ausdrückliche dreimalige (Verse 2 und 3) Wiederholung des Schreies ›Mein Gott!‹ deutet an, daß der Leidende sich fest an diese Wahrheit klammerte, daß Gott immer noch sein Gott war, trotz allem gegensätzlichen Anschein. Dies war sein Mittel gegen die Verzweiflung und die feste Zusage, daß Gott noch eingreifen würde als sein Befreier.« *Jamieson, Fausset, Brown/148*

Dieser Schrei lenkte die Aufmerksamkeit der Menschen zurück auf Psalm 22. Christus zitierte den Anfangsvers des Psalmes, und dieser Psalm ist eine klare Prophezeiung der Kreuzigung.

2.5.23 Er befahl sich Gott an

Prophetie	*Erfüllung*
»In deine Hände befehle ich meinen Geist.« Ps 31,6	»Und Jesus rief laut: Vater, ich befehle meinen Geist in deine Hände!« Lk 23,46

2.5.24 Beine nicht gebrochen

Prophetie	*Erfüllung*
»Er bewahrt ihm alle seine Gebeine, daß nicht eines zerbrochen wird.« Ps 34,21	»Als sie aber zu Jesus kamen und sahen, daß er schon gestorben war, brachen sie ihm die Beine nicht.« Joh 19,33

Obwohl nicht ausdrücklich im NT erwähnt, gibt es zwei weitere Prophetien, die sich ohne Zweifel erfüllten:

1. »Alle meine Knochen haben sich voneinander gelöst« (Ps 22,15) – Durch das Hängen am Kreuz an den Händen und Füßen konnten die Gelenke leicht ausgerenkt werden, besonders wenn man beachtet, daß sein Leib ans Kreuz geheftet wurde, als es auf dem Boden lag. Danach wurde es in das vorbereitete Loch gestoßen.
2. »Ich kann alle meine Knochen zählen« (Ps 22,18) – Alle seine Knochen waren leicht zu erkennen, als man ihn dort am Kreuz hängen ließ. Das Strecken des Leibes während der Kreuzigung ließ seine Knochen mehr als gewöhnlich hervortreten.

2.5.25 Sein gebrochenes Herz

Prophetie	*Erfüllung*
»Mein Herz ist in meinem Leibe wie zerschmolzenes Wachs.« Ps 22,15	». . . und sogleich kam Blut und Wasser heraus.« Joh 19,34

Das Blut und Wasser, das aus seiner geöffneten Seite floß, ist der Beweis, daß sein Herz buchstäblich gebrochen war.

2.5.26 Seine durchstochene Seite

Prophetie	*Erfüllung*
»Und sie werden mich ansehen, den sie durchbohrt haben . . .« Sach 12,10	». . . einer der Soldaten stieß mit dem Speer in seine Seite . . .« Joh 19,34

Theodore Laetsch schreibt:

»Nun kommt eine bemerkenswerte Aussage hinzu. Der Herr, Jahve, spricht von sich selbst als dem von Menschen Durchbohrten, den sie ansehen und um den sie klagen werden.

Das Wort ›durchbohren‹ – ›durchstechen‹ – erscheint neunmal als das Stechen mit einem Schwert oder Speer (4 Mo 25,8; Ri 9,54; 1 Sam 31,4; 1 Chr 10,4; Jes 13,15; Jer 37,10: ›Verwundete‹; 51,4; Sach 12,10; 13,3); einmal erscheint es als Stechen von Hungerschmerzen, die schlimmer sind als Schwertstiche (Klgl 4,9).« *Th. Laetsch b/483*

2.5.27 Die Finsternis

Prophetie	*Erfüllung*
»Zur selben Zeit, spricht Gott der Herr, will ich die Sonne am Mittag untergehen und das Land am hellen Tage finster werden lassen.« Am 8,9	»Und von der sechsten Stunde an kam eine Finsternis über das ganze Land bis zur neunten Stunde.« Mt 27,45

Weil die Juden von Sonnenaufgang bis Sonnenuntergang zwölf Stunden rechneten, war die sechste Stunde um die Mittagszeit und die neunte Stunde um drei Uhr nachmittags.

2.5.28 Begraben im Grab eines Reichen

Prophetie	*Erfüllung*
»Man bestimmte sein Grab bei Übeltätern, aber bei einem Reichen (ward es ihm zuteil) nach seinem Tode.« Jes 53,9 (s. Fußnote bei Menge)	». . . kam ein reicher Mann aus Arimathäa, der hieß Josef . . . und bat um den Leib Jesu . . . Und Josef nahm den Leib und wickelte ihn in ein reines Leinentuch und legte ihn in sein eigenes neues Grab . . .« Mt 27,57–60

3. Erfüllte Prophetien bestätigen Jesus als Messias und Sohn Gottes

3.1 Einwand: Erfüllungen von Jesus absichtlich hergestellt

Antwort: Der obige Einwand ist scheinbar plausibel, bis man erkennt, daß viele Prophezeiungen über den Messias ganz und gar jenseits der menschlichen Kontrolle Jesu lagen; so z. B.:

1. Der Geburtsort (Mi 5,1)
2. Die Geburtszeit (Dan 9,25; 1 Mo 49,10)
3. Die Art der Geburt (Jes 7,14)
4. Der Verrat
5. Die Art des Todes (Ps 22,17b)
6. Die Reaktion der Menschen (spotten, speien, starren usw.)
7. Das Durchbohren der Seite
8. Die Grablegung

3.2 Einwand: Erfüllungen waren Zufall

»Genausogut könnte man die Erfüllung einiger dieser Prophezeiungen in J. F. Kennedy, Martin Luther King und anderen sehen«, erwidert der Kritiker.

Antwort: Ja, man könnte möglicherweise eine oder zwei Prophezeiungen in anderen Menschen erfüllt sehen, aber nicht alle 60 Hauptprophezeiungen! In der Tat, wenn Sie außer Jesus jemanden finden können, sei er lebendig oder tot, der auch nur die Hälfte der Weissagungen über den Messias erfüllen kann, wie sie von Fred John Meldau in seinem Buch *Der Messias in beiden Testamenten* beschrieben wurden, so hätten Sie eine hohe Belohnung verdient!

Der Wissenschaftler *Peter Stoner* hat in seinem Buch *Science Speaks* dargelegt, daß nach mathematischer Wahrscheinlichkeitsrechnung ein Zufall hier ausgeschlossen ist. Zur Anwendung der modernen wissenschaftlichen Wahrscheinlichkeitsrechnung auf acht Prophetien (= unsere Nr. 2.1.10; 2.3.1; 2.3.6; 2.5.1; 2.5.2; 2.5.3–4; 2.5.7; 2.5.12–13) sagt Stoner: »[. . .] wir sehen also, daß die Chance der Erfüllung aller acht Prophezeiungen in einem beliebigen Menschen (von damals bis heute) $1:10^{17}$ ist.« Das ergäbe 1:100000000000000000!

Stoner weiter: »Diese Prophezeiungen wurden entweder durch die Inspiration Gottes geschrieben, oder die Propheten schrieben sie nach eigenem Gutdünken. In solch einem Fall hatten die Propheten nur eine Chance von $1:10^{17}$, daß sie sich alle in einem Menschen erfüllten; aber sie erfüllten sich alle in Christus.

Das bedeutet, daß die Erfüllung allein dieser acht Prophezeiungen beweist, daß Gott die Niederschrift dieser Prophetien mit einer Bestimmtheit inspirierte, der es nur mit einer Chance von $1:10^{17}$ an Absolutheit fehlt.« *P. W. Stoner/100–107*

Stoner zieht nun 48 Prophezeiungen in Betracht und sagt: »[...] Wir sehen, daß die Chance der Erfüllung aller 48 Prophetien in einem Menschen $1:10^{157}$ beträgt.« *P. W. Stoner/109*

3.3 Die Zeit des Kommens des Messias

3.3.1 Die Entfernung des Zepters

»Es wird das Zepter von Juda nicht weichen
noch der Stab des Herrschers von seinen Füßen,
bis daß der Held (Schilo) komme,
und ihm werden die Völker anhangen.«

1 Mo 49,10

Das Wort »schebet«, das in dieser Schriftstelle mit »Zepter« übersetzt wurde, bedeutet »Stammesstab«. Jeder der zwölf Stämme Israels besaß einen eigenen besonderen »Stab«, auf dem der Stammesname stand. Somit sollte also der »Stammesstab« oder die »Stammesidentität« Judas nicht verlorengehen, bis »Schilo« käme. Seit Jahrhunderten haben jüdische und christliche Kommentatoren das Wort »Schilo« als Namen des Messias angesehen.

Wir erinnern uns, daß Juda während der siebzigjährigen babylonischen Gefangenschaft die nationale Souveränität verloren hatte. Dennoch verlor der Stamm nie seinen »Stammesstab« oder seine »nationale Identität« während dieser Zeit. Er besaß selbst während der Gefangenschaft seine eigenen Gesetzgeber bzw. Richter (»Häupter«, vgl. Esra 1,5.8).

Der Schrift nach und auch dem Verständnis der damaligen Juden nach mußten also schon bald nach dem Kommen des Messias zwei Zeichen geschehen:

1. Entfernung des Zepters bzw. der Identität Judas
2. Auflösung der eigenständigen Gerichtsbarkeit

Das erste sichtbare Zeichen der Wegnahme des Zepters von Juda geschah, als Herodes der Große, der nicht jüdischen Blutes war, die makkabäischen Fürsten ablöste. Sie hatten zum Stamm Levi gehört und waren die letzten jüdischen Könige mit Regierungssitz in Jerusalem gewesen (Sanhedrin, folio 97, verso) (2. Buch der Makkabäer).

LeMann überschreibt das zweite Kapitel in seinem Buch *Jesus Before the Sanhedrin*: »Die juristische Zuständigkeit des Synedriums wird dreiundzwanzig Jahre vor dem Prozeß Christi eingeschränkt.« Diese Einschränkung bedeutete den Verlust des Rechtes, die Todesstrafe zu verhängen.

Dies geschah nach der Absetzung Archelaus', des Sohnes und Nachfolgers von Herodes, im Jahre 11 n. Chr. oder 7 v. Chr. (Josephus, *Altertümer* XVII, Kap. 13,1–5). Die Statthalter, die im Namen Augustus' das Land verwalteten, enthoben das Synedrium seiner höchsten Macht, damit sie selbst das »jus gladii« – d. h. das souveräne Recht über Leben und Todesstrafe – ausüben konnten. Alle Nationen, die sich das Römische Reich unterwarf, verloren dieses Recht, die Todesstrafe auszusprechen. Tacitus sagt: ». . . die Römer behaupteten für sich das Recht des Schwertes und vernachlässigten alles andere.«

Dem Synedrium verblieben jedoch gewisse Rechte:

1. Exkommunikation (Joh 9,22)
2. Inhaftierung (Apg 5,17.18)
3. Körperliche Züchtigung (Apg 16,22)

Der *Jerusalemer Talmud* gibt selbst zu: Vierzig Jahre vor der Zerstörung des Tempels wurde den Juden das Recht zur Erteilung der Todesstrafe entzogen. (*Sanhedrin*, folio 24b) *Talmud Yerushalmi/166*

Doch scheint es kaum möglich, daß das »jus gladii« bis zu dieser Zeit in den Händen der Juden verblieb. Wahrscheinlich war es ihnen schon zur Zeit des Coponius, 7 n. Ch., abgesprochen worden (*Essai sur l'histoire et la géograhie de la Palestine, d'après les Talmuds et les autres sources Rabbinique*, S. 90, Paris, 1867). Rabbi Rachmon sagt: »Als die Mitglieder des Synedriums sich ihres Rechtes über Leben und Tod beraubt sahen, bemächtigte sich ihrer eine allgemeine Bestürzung. Sie bedeckten ihre Häupter mit Asche und ihre Leiber mit Sack und riefen aus: ›Weh ist uns, denn das Zepter ist von Juda gewichen, und der Messias ist noch nicht gekommen!‹« *M. M. LeMann/28–30*

Josephus (Altertümer XX.9.1) schreibt unter anderem:

»Bald darauf gelangte die Nachricht vom Tode des Festus nach Rom, und nun schickte der Caesar den Albinus als Landpfleger nach Judaea. Der König aber entsetzte den Joseph wieder des Hohepriesteramtes und übertrug dasselbe dem Sohne des Ananus, der gleichfalls Ananus hiess. Dieser ältere Ananus soll einer der glücklichsten Menschen gewesen sein. Er hatte nämlich fünf Söhne, die alle dem Herrn als Hohepriester dienten, nachdem er auch selbst diese Würde lange Zeit hindurch bekleidet hatte, und so etwas war noch bei keinem unserer Hohepriester der Fall gewesen. Der jüngere Ananus jedoch, dessen Ernennung zum Hohepriester ich soeben erwähnt habe, war von heftiger und verwegener Gemütsart und gehörte zur Sekte der Sadducäer, die, wie schon früher bemerkt, im Gerichte härter und liebloser sind als alle anderen Juden. Zur Befriedigung dieser seiner Hartherzigkeit glaubte Ananus auch jetzt, da Festus gestorben, Albinus aber noch nicht angekommen war, eine günstige Gelegenheit gefunden zu haben. Er versammelte daher den hohen Rat zum Gericht und stellte vor dasselbe *den Bruder des Jesus, der Christus genannt wird, mit Namen Jakobus*, sowie noch einige andere, die er der Gesetzesübertretung anklagte und zur Steinigung führen liess. Das aber erbitterte auch die eifrigsten Beobachter des Gesetzes, und sie schickten deshalb insgeheim Abgeordnete an den König mit der Bitte, den Ananus schriftlich aufzufordern, dass er für die Folge sich ein ähnliches Unterfangen nicht mehr beifallen lasse, wie er auch jetzt durchaus im Unrecht gewesen sei. Einige von ihnen gingen sogar dem Albinus, der von Alexandria kam, entgegen und stellten ihm vor, daß Ananus ohne seine Genehmigung den hohen Rat gar nicht zum Gericht habe berufen dürfen.« *Josephus a/666f.*

Die Führer der Juden wollten ihr Gesicht wahren und erfanden darum allerlei Gründe für die Aufhebung der Todesstrafe. So heißt es im *Babylonischen Talmud (Aboda Zara* [»Vom Götzendienst«] 8b):

»Als sie sahen, daß die Mörder zahlreich wurden, sodaß sie (die Verhandlungen) nicht mehr bewältigen konnten, sagten sie: Lieber wollen wir von Ort zu Ort wandern, damit wir keine Verurteilung herbeiführen können, denn es heißt: *du aber sollst verfahren wie der Spruch lautet, den sie dir von jener Stätte aus mitteilen werden;* dies lehrt, daß die Stätte unerläßlich sei.« *Babylon. Talmud Bd. 9/460*

Dem fügt Maimonides im *Const. Sanhedrin*, Kap. 14, hinzu:

»Vierzig Jahre vor der Zerstörung des Tempels hörten die Strafverfahren in Israel auf, obgleich der Tempel noch stand. Die Ursache lag darin, daß die Mitglieder des Synedriums die Halle der behauenen Steine verließen und ihre Versammlungen nicht mehr dort abhielten.« *M. M. LeMann/30–33*

Bischof *Lightfoot* führt aus: »Die Mitglieder des Synedriums [. . .] hatten den Entschluß gefaßt, keine Todesstrafen mehr zu verhängen, solange das Land Israel unter der Herrschaft der Römer stand und das Leben der Kinder Israel und ihnen gefährdet war. Einen Sohn Abrahams zu einer Zeit zum Tode zu verurteilen, in der Judäa von allen Seiten besetzt wurde und unter dem Marsch der römischen Legionen erzitterte: wäre das nicht eine Beleidigung des altehrwürdigen Blutes der Patriarchen? Ist nicht der Geringste unter den Israeliten schon durch die Tatsache seiner Abstammung von Abraham ein höheres Wesen als die Heiden? Laßt uns darum die Halle der behauenen Steine verlassen, außerhalb derer niemand zum Tode verurteilt werden kann, und laßt uns mit diesem Proteste, durch unser freiwilliges Exil und durch das Schweigen der Justiz zeigen, daß Rom, wenn es auch die Welt regiert, dennoch nicht Herrin über das Leben noch die Gesetze Judäas ist.« *J. Lightfoot/275f.; zit. bei M. M. LeMann/33–34.38*

Nach der Einschränkung der Gerichtsbarkeit hatte das Synedrium keinen Bestand mehr. Ja, das Zepter war gewichen, und Juda verlor seine königliche bzw. gesetzgebende Kraft. Und die Juden wußten es selbst! »Weh ist uns, denn das Zepter ist von Juda gewichen, und der Messias ist noch nicht gekommen!« Sie merkten nicht, daß ihr Messias, ein junger Nazarener, mitten unter ihnen lebte.

3.3.2 Die Zerstörung des Tempels

»Und bald (unversehens) wird kommen zu seinem Tempel der Herr, den ihr sucht.« Mal 3,1

Dieser und vier weitere Verse (Ps 118,26; Dan 9,26; Sach 11,13 und Hag 2,7–9) fordern, daß der Messias kommt, solange noch der Tempel in Jerusalem steht. Dies ist von größter Bedeutung, wenn wir daran denken, daß der Tempel im Jahre 70 n. Chr. zerstört und seither nicht wieder aufgebaut wurde!

»Und nach den zweiundsechzig Wochen wird ein Gesalbter (Messias) ausgerottet werden und nicht mehr sein. Und das Volk eines Fürsten wird kommen und die Stadt und das Heiligtum zerstören . . .« Dan 9,26

Eine beachtenswerte Aussage! Chronologisch:

1. Der Messias kommt
2. Der Messias stirbt
3. Zerstörung der Stadt (Jerusalem) und des Heiligtums (Tempel). Tempel und Stadt wurden von Titus und seinem Heer 70 n. Chr. zerstört; entweder war der Messias also bereits gekommen, oder diese Prophetie war eine Lüge.

3.3.3 Die 70 »Wochen« Daniels

»Siebzig Wochen sind über dein Volk und über deine Heilige Stadt bestimmt, um das Verbrechen zum Abschluß zu bringen und den Sünden ein Ende zu machen und die Schuld zu sühnen und eine ewige Gerechtigkeit einzuführen und Gesicht und Propheten zu versiegeln, und ein Allerheiligstes zu salben.

So sollst du denn erkennen und verstehen: Von dem Zeitpunkt an, als das Wort erging, Jerusalem wiederherzustellen und zu bauen, bis zu einem Gesalbten, einem Fürsten, sind es sieben Wochen. Und zweiundsechzig Wochen lang werden Platz und Stadtgraben wiederhergestellt und gebaut sein, und zwar in der Bedrängnis der Zeiten.

Und nach den zweiundsechzig Wochen wird ein Gesalbter ausgerottet werden und wird keine Hilfe finden. Und das Volk eines kommenden Fürsten wird die Stadt und das Heiligtum zerstören, und sein Ende ist in einer Überflutung; und bis zum Ende ist Krieg, fest beschlossene Verwüstungen.

Und stark machen wird er einen Bund für die Vielen, eine Woche lang; und zur Hälfte der Woche wird er Schlachtopfer und Speisopfer aufhören lassen. Und auf dem Flügel von Greueln kommt ein Verwüster, bis festbeschlossene Vernichtung über den Verwüster ausgegossen wird.«

Dan 9,24–27 (rev. Elberf.)

3.3.3.1 Hauptmerkmale dieser Prophetie

(Aus Vorlesungsnotizen, Talbot Theological Seminary, Kalifornien)

Sie betrifft Daniels Volk, Israel, und Daniels Stadt, Jerusalem (Vers 24).

Zwei Fürsten genannt:

1. Messias (V. 25)
2. Der kommende Fürst (V. 26)

Zeit auf 70 »Wochen« festgesetzt (V. 24):

1. Als Einheit (V. 24)
2. Eingeteilt in drei Perioden: 7 Wochen, 62 Wochen und 1 Woche (V.25 und 27)

Konkreter Anfang der Wochen (V. 25)
Der Messias erscheint am Ende von 69 Wochen (V. 25).
Zerstörung der Stadt und des Heiligtums durch das Volk des kommenden Fürsten (V. 26)
Der Bund zwischen Israel und dem kommenden Fürsten am Anfang der letzten Woche (V. 27). Dieser Bund wird Mitte der Woche gebrochen (V. 27).
Am Ende der 70 Wochen wird Israel ewige Gerechtigkeit haben (V. 24).

3.3.3.2 Das Zeitmaß der 70 Wochen

Jüdischer Begriff einer »Woche«

1. Das hebräische Wort für »Woche« ist *shabua* und bedeutet wörtlich »sieben«. (Wir müssen jegliche deutsche Vorstellung von einer Woche bei der in Daniel vorgesehenen Bedeutung beiseite lassen.) Im Hebräischen wird demnach der Zeitraum von 70 Wochen als »siebzig mal Sieben« bezeichnet.
2. Die Juden kannten sowohl ein »Sieben« an Tagen als auch an Jahren. »Das (letztere) war in gewisser Hinsicht sogar das wichtigere.« *A. J. Mc Clain/13*

3. 3 Mo 25,2–4 illustriert die obige Tatsache. 3 Mo 25,8 zeigt, daß es auch ein Vielfaches solcher »Jahrwochen« gab.

Es gibt mehrere Gründe, weshalb die in Daniel genannten 70 Wochen 70 Jahrwochen sein müssen:

1. Daniel spricht bereits zu Anfang des Kapitels (Dan 9,1.2) von Jahren und einer Mehrzahl von »Sieben«.
2. Daniel wußte, daß die Babylonische Gefangenschaft wegen der Nichteinhaltung der Sabbatjahre verhängt worden war; und da sie sich 70 Jahre in Gefangenschaft befanden, war das Sabbatjahr offenbar 490 Jahre lang nicht eingehalten worden (3 Mo 26,32–35; 2 Chr 36,21 und Dan 9,24).
3. Der Kontext ist sinnvoll, wenn wir die 70 Wochen als Jahrwochen nehmen.
4. *Shabua* findet sich in Dan 10,2.3. Der Kontext verlangt hier die Bedeutung von »Woche« als Zeitabschnitt von sieben Tagen. Es heißt wörtlich »drei Sieben von Tagen«. Wenn Daniel auch in 9,24–27 Tage meinte, warum finden wir dort nicht denselben Ausdruck wie in Kapitel 10? Offensichtlich sind in Kapitel 9 Jahre gemeint.

3.3.3.3 Länge eines prophetischen Jahres

Der in der Bibel gebräuchliche Kalender muß sich aus der Schrift selbst ergeben.

1. Historisch – Vgl. 1 Mo 7,11 mit 1 Mo, 8,4 und beide wiederum mit 1 Mo 7,24 und 1 Mo 8,3.
2. Prophetisch – Viele Schriftstellen beziehen sich mit unterschiedlichen Begriffen auf die »Große Trübsal«, aber alle haben einen gemeinsamen Nenner von 360 Tagen pro Jahr.
   Dan 9,27 – »Hälfte« (Mitte) der 70. Woche (offensichtlich 3½ Jahre)
   Dan 7,24.25 – »eine Zeit und zwei Zeiten und eine halbe Zeit« (zusammen also 3½ Zeiten)
   Offb 13,4–7 – »zweiundvierzig Monate« (3½ Jahre)
   Offb 12,13.14 – »eine Zeit und zwei Zeiten und eine halbe Zeit«
   Offb 12,6 – »zwölfhundertsechzig Tage« (3½ Jahre)

3.3.3.4 Beginn der 70 Wochen

1. Der Schlüssel dazu liegt in Dan 9,25 (Erlaß bzw. Ausgehen des »Wortes«)
   Denkbare Erlasse, die jedoch *nicht* in Frage kommen:
   Cyrus (Kores) 536 v. Chr. . . . . Esra 1,1–4
   Darius 519 v. Chr. . . . . Esra 6,1–12
   Artaxerxes (Artahsasta) 458 v. Chr. . . . . Esra 7,11–26

2. Einzig möglicher Erlaß:
   Neh 2,1–8 – Artaxerxes

Datum: a) »Im Monat Nisan (März) des zwanzigsten Jahres des Königs Artahsasta . . .«
b) Artaxerxes bestieg 465 v. Chr. den Thron; daher ist Neh 2,1 definitiv auf 445 v. Chr. zu datieren.
c) Da kein besonderer Tag angegeben wurde, gilt nach jüdischem Brauch der erste des Monats als Erlaßdatum.
d) Der 14. März 445 v. Chr. wäre das nach unserem Kalender entsprechende Datum.

3.3.3.5 Die ersten sieben Wochen

1. Es dauerte 49 Jahre, um die Stadt wiederherzustellen (Dan 9,25).
2. Der Abschluß der hebräischen Prophetie und des alttestamentlichen Kanons ist bezeichnend: 49 Jahre nach 445 v. Chr.

3.3.3.6 Abschluß der 69 Wochen

1. Umrechnung der Wochen in Tage ergibt:
   a) 69 Wochen x 7 Jahre x 360 Tage = 173 880 Tage
   b) 173 880 Tage vom 14. März 445 v. Chr. an ergibt das Datum 6. April 32 n. Chr.

2. Das genaue und endgültige Datum, wie es *Sir Robert Anderson* nach vielen Kalkulationen festlegte (*The Coming Prince*, S. 127), war der 6. April 32 n. Chr. »Das julianische Datum des 10. Nisan war Sonntag, der 6. April 32 n. Chr. Wie lang war nun das Intervall zwischen der Erteilung des Erlasses zum Wiederaufbau Jerusalems und dem öffentlichen Einzug des ›Gesalbten, des Fürsten‹, also zwischen dem 14. März 445 v. Chr. und dem

6. April 32 n. Chr.? Es ergibt auf den Tag genau 173 880 Tage oder siebenmal 69 prophetische Jahre von je 360 Tagen: die ersten neunundsechzig Wochen der Prophezeiung Gabriels.«

3. Nachweis nach unserem Kalender:
   445 v. Chr. bis 32 n. Chr. sind 476 Jahre (1 v. Chr. bis 1 n. Chr. = 1 Jahr).

476 x 365 Tage	=	173 740 Tage	
Zusätzlich f. Schaltjahre	=	116 Tage	(in 4 Jh. 3 weniger)
14. März bis 6. April	=	24 Tage	(einschließl.)
		173 880 Tage	insgesamt

Abschließende Begebenheit der 69 Wochen:

1. Ankunft des Königs und des Reiches
   Obiges Datum war derselbe Tag, an dem der Herr Jesus Christus die Prophezeiung von Sach 9,9 erfüllte (vgl. Lk 19,28–44).

2. Zwei Geschehnisse kamen nach der 69. und vor der 70. Woche:
   a) Der Messias wird »ausgerottet« (gekreuzigt).
   b) Die Stadt und das Heiligtum werden zerstört (Zerstörung durch Titus 70 n. Chr.).

Wie immer man auch das Datum errechnet (selbst wenn man nicht die genauen Daten von Anderson akzeptiert), mußte der Messias noch vor der Zerstörung Jerusalems kommen.

4. Erfüllte Prophetien im Überblick

Floyd Hamilton sagt: »Canon (Dekan) Liddon ist die Autorität für die Aussage, daß es im Alten Testament 332 deutliche Voraussagungen gibt, die sich buchstäblich in Christus erfüllten.« *F. E. Hamilton/160*

4.1 Jesu Kommen

Die Tatsache: 1 Mo 3,15; 5 Mo 18,15; Ps 89,20–21; Jes 9,5–6; 28,16; 32,1; 35,4; 42,6; 49,1; 55,4; Hes 34,24; Dan 2,44; Mi 4,1; Sach 3,8

Die Zeit: 1 Mo 49,10; 4 Mo 24,17; Dan 9,24; Mal 3,1
Seine Göttlichkeit: Ps 2,7.11; 45,7.8.12; 72,8; 89,27.28; 102,25–28; 110,1; Jes 9,5; 25,9; 40,9.10; Jer 23,6; Mi 5,1; Mal 3,1
Seine Menschlichkeit: 1 Mo 12,3; 18,18; 21,12; 22,18; 26,4; 28,14; 49,10; Ps 18,5–7.51; 22,23.24; 89,5.30.37.38; 132,11; Jes 11,1; Jer 23,5; 33,15

4.2 Sein Vorläufer

Jes 40,3; Mal 3,1.23

4.3 Seine Geburt und Kindheit

Die Tatsache: 1 Mo 3,15; Jes 7,14
Der Ort: 4 Mo 24,17.19; Mi 5,1
Anbetung der Weisen: Ps 72,10.15; Jes 60,3.6
Flucht nach Ägypten: Hos 11,1
Ermordung der Kinder: Jer 31,15

4.4 Sein Auftrag und Amt

Sendung: 1 Mo 12,3; 49,10; 4 Mo 24,19; 5 Mo 18,18.19; Ps 21,2; Jes 59,20; Jer 33,16
Priester wie Melchisedeck: Ps 110,4
Prophet wie Mose: 5 Mo 18,15
Bekehrung der Heiden: 5 Mo 32,43; Ps 18,50; 19,5; 117,1; Jes 11,10; 42,1; 45,23; 49,6; Hos 2,1.25; Joel 3,5
Dienst in Galiläa: Jes 8,23; 9,1
Wunder: Jes 35,5.6; 42,7; 53,4
Geistliche Tugenden: Ps 45,8; Jes 11,2; 42,1; 53,9; 61,1.2
Predigen: Ps 2,7; 78,2; Jes 2,3; 61,1; Mi 4,2
Tempelreinigung: Ps 69,10

4.5 Seine Passion

Verworfen von Juden und Heiden: Ps 2,1.2; 22,13; 41,6; 56,6; 69,9; 118,22.23; Jes 6,9.10; 8,14.15; 29,13; 53,1ff.; 65,2
Verfolgung: Ps 22,7; 35,7.12; 56,6; 71,10; 109,2.3; Jes 49,7; 53,3
Einzug in Jerusalem: Ps 8,3; 118,26; Sach 9,9
Verraten durch einen Freund: Ps 41,10; 55,13–15; Sach 13,6

Verrat für 30 Silberstücke: Sach 11,12
Tod des Verräters: Ps 55,16.24; 109,17
Kauf des Töpferackers: Sach 11,13 (Schlachter)
Flucht der Jünger: Sach 13,7
Falsche Anklage: Ps 2,1.2; 27,12; 35,11; 109,2
Schweigen vor der Anklage: Ps 38,14; Jes 53,7
Spott: Ps 22,7.8.18; 109,25
Beleidigung, Schläge, Spucken, Geißelung: Ps 35,15.16.21; Jes 50,6
Geduldig im Leiden: Jes 53,7–9
Kreuzigung: Ps 22,15.17
Galle und Essig: Ps 69,22
Gebet für die Feinde: Ps 109,4
Ausruf am Kreuz: Ps 22,2; 31,6
Tod im blühenden Lebensalter: Ps 89,46; 102,24
Tod unter Übeltätern: Jes 53,9.12
Bezeugung des Todes durch Naturereignisse: Am 5,20
Verlosung des Gewandes: Ps 22,19
Gebeine nicht gebrochen: Ps 34,21
Durchstochen: Ps 22,17; Sach 12,10; 13,6
Freiwilliger Tod: Ps 40,7–9
Stellvertretendes Leiden: Jes 53,4–6.12; Dan 9,26
Grab bei den Reichen: Jes 53,9 (Elberfelder)

4.6 Seine Auferstehung

Ps 16,9–11; 30,4; 41,11; 118,17; Hos 6,2

4.7 Seine Himmelfahrt

Ps 16,11; 24,7; 68,19; 110,1; 118,19

4.8 Sein zweites Kommen

Ps 50,3–6; Jes 9,5.6; 66,18; Dan 7,13.14; Sach 12,10; 14,4–8
Weltweite und ewige Herrschaft: 1 Chr 17,11–14; Ps 2,6–8; 8,7; 45,7–8; 72,11; 110,1–3; Jes 9,6; Dan 7,14

KAPITEL 10

Die Auferstehung – Faktum oder Fabel?

Nach mehr als 700 Stunden Studiums zu diesem Thema bin ich zu dem Schluß gekommen, daß die Auferstehung Jesu Christi entweder eine der *»bösesten, übelsten, herzlosesten Lügen ist, die je den Menschen aufgehalst wurden*, oder die phantastischste Tatsache der Geschichte.«

Jesus besitzt drei grundlegende Beglaubigungen: 1. den Einfluß seines Lebens auf die Geschichte; 2. die in seinem Leben erfüllten Prophetien und 3. seine Auferstehung. Die Auferstehung Jesu Christi und das Christentum stehen oder fallen gemeinsam. Ein Student der Universität von Uruguay sagte zu mir: »Warum können Sie das Christentum nicht widerlegen?« Ich erwiderte: »Aus einem sehr einfachen Grunde: Ich kann eine bestimmte geschichtliche Begebenheit nicht leugnen – die Auferstehung Jesu Christi.«

> Der Auferstehungsbericht in Matthäus 28,1–11
> (s. auch Mk 16; Lk 24; Joh 20–21)
> 1 Nach Ablauf des Sabbats aber, als der erste Tag nach dem Sabbat anbrechen wollte, gingen Maria von Magdala und die andere Maria hin, um nach dem Grabe zu sehen.
> 2 Da entstand plötzlich ein starkes Erdbeben; denn ein Engel des Herrn, der vom Himmel herabgekommen und herangetreten war, wälzte den Stein weg und setzte sich oben darauf.
> 3 Sein Aussehen war leuchtend wie der Blitz und sein Gewand weiß wie der Schnee.
> 4 Aus Furcht vor ihm zitterten die Wächter und wurden wie tot.
> 5 Der Engel aber wandte sich an die Frauen mit den Worten: »Fürchtet *ihr* euch nicht! denn ich weiß, daß ihr Jesus, den Gekreuzigten, sucht.
> 6 Er ist nicht mehr hier, denn er ist auferweckt worden, wie er es vorausgesagt hat. Kommt her, seht euch die Stelle an, wo er gelegen hat.

7 Geht nun eilends hin und sagt seinen Jüngern: »Er ist von den Toten auferweckt worden und geht euch voran nach Galiläa; dort werdet ihr ihn wiedersehen; beachtet wohl, was ich euch gesagt habe!«
8 Da gingen sie eilends vom Grabe weg voller Furcht und zugleich voll großer Freude und eilten davon, um seinen Jüngern die Botschaft zu bringen.
9 Und siehe! Jesus kam ihnen entgegen mit den Worten: »Seid gegrüßt!« Da gingen sie auf ihn zu, umfaßten seine Füße und warfen sich anbetend vor ihm nieder.
10 Hierauf sagte Jesus zu ihnen: »Fürchtet euch nicht! Geht hin und verkündigt meinen Brüdern, daß sie nach Galiläa gehen sollen: dort werden sie mich wiedersehen.«
11 Während sie nun hingingen, begaben sich einige von der Wachmannschaft des Grabes in die Stadt und meldeten den Hohenpriestern alles, was sich zugetragen hatte.

(Menge-Übersetzung)

1. Die Bedeutung der Auferstehung Christi

Nur vier Hauptreligionen der Welt beruhen nicht auf bloßen philosophischen Anschauungen. Von diesen vier Religionen, die sich auf Persönlichkeiten anstatt auf ein philosophisches System gründen, macht allein das Christentum das leere Grab seines Gründers geltend. Abraham, der Vater des Judaismus, starb um 1900 v. Chr., und nie wurde behauptet, er sei auferstanden.

Wilbur M. Smith : »Die ursprünglichen Berichte über Buddha schreiben ihm nie eine Auferstehung oder dergleichen zu. Wir lesen in der frühesten Überlieferung seines Todes, der *Mahaparinibbana Sutta* , daß Buddha bei seinem Tod ›in das Nichts einging, in welchem nichts mehr ist‹.« *W. M. Smith d / 385*

»*Professor Childers* [zitiert von Samuel H. Kellogg in *The Light of Asia and the Light of the World*] schreibt: ›Es findet sich keine Spur in den *Pali* -Schriften oder den *Pali* -Kommentaren (oder, soweit ich weiß, in irgendeinem Palibuch), daß Sakya Muni nach seinem Tode existiert hätte oder seinen Jüngern erschienen wäre.‹ Mohammed starb am 8. Juni 632 n. Chr. im Alter von 61 Jahren in Medina, wo sein Grab jährlich von Tausenden frommer Moslems besucht wird. All die Millionen und Abermillionen von

Juden, Buddhisten und Moslems stimmen darin überein, daß ihre Gründer nie aus dem Staub der Erde auferstanden sind.« *W. M. Smith d / 385*

W. J. Sparrow-Simpson zitiert eine Äußerung von *Theodosius Harnack* (Vater von Adolf Harnack): »Welchen Standpunkt man zu der Tatsache der Auferstehung einnimmt, ist in meinen Augen keine Frage christlicher Theologie mehr. Für mich steht oder fällt das Christentum mit der Auferstehung.« *W. M. Smith d / 437; Sparrow-Simpson b / 396*

Wilbur Smith kommt zu dem Schluß: »Wenn unser Herr oftmals und mit großer Bestimmtheit bis ins Einzelne voraussagte, daß er nach seinem Gang nach Jerusalem getötet werden würde, am dritten Tage aber wieder aus dem Grabe auferstehen würde, und diese Weissagung eintraf, dann [. . .] muß alles andere, was unser Herr jemals sagte, ebenfalls wahr sein.« *W. M. Smith d / 419*

W. J. Sparrow-Simpson schreibt: »Auf die Frage, inwiefern die Auferstehung Christi der Beweis seiner Gottessohnschaft sein soll, kann geantwortet werden: Erstens, weil er in eigener Kraft auferstand. Er hatte Macht, sein Leben hinzugeben, und er hatte Macht, es wieder zu nehmen (Joh 10,18). Dies steht nicht in Widerspruch zu der an vielen anderen Stellen gelehrten Tatsache, daß er durch die Kraft des Vaters auferweckt wurde; denn was der Vater tut, das tut der Sohn gleicherweise; die Schöpfung und alle weiteren äußeren Werke werden ohne Unterschied dem Vater, Sohn und Heiligen Geist zugeschrieben. Zweitens hatte Christus sich öffentlich als Sohn Gottes erklärt; darum war seine Auferstehung von den Toten das Siegel Gottes auf die Wahrhaftigkeit dieser Erklärung. Wäre er im Machtbereich des Todes geblieben, hätte Gott damit seine Sohnschaftserklärung zunichte gemacht. Da er ihn aber von den Toten auferweckte, bekannte er sich öffentlich zu ihm und sagte: ›Du bist mein Sohn, heute habe ich dich als solchen erwiesen.‹« *W. M. Smith d / 583; Sparrow-Simpson a / 287f.*

Auch die Predigt des Petrus am Pfingsttage »baut ganz und gar auf der Auferstehung auf. Die Auferstehung ist nicht nur ihr Hauptthema, sondern wenn diese Lehre weggenommen würde, gäbe es keine Lehre mehr. Denn die Auferstehung wird dargelegt: 1. als Erklärung für den Tod Jesu; 2. als prophetisch geweissagte Messiaserfahrung; 3. als apostolisch bezeugt; 4. als Ursache der Ausgießung des Heiligen Geistes und Begründung sonst unerklärlicher religiöser Phänomene und 5. als Beglaubigung der messianischen und königlichen Stellung Jesu von Nazareth. Demnach sind alle Argumente und Schlußfolgerungen völlig von der Auferstehung abhängig. Ohne die Auferstehung könnte die messianische und königliche Stellung Jesu nicht überzeugend aufrechterhalten werden. Ohne sie wäre die neue Ausgießung des Geistes ein unerklärliches Geheimnis. Ohne sie wäre die Substanz des apostolischen Zeugnisses verschwunden. Das einzige, was von dieser Unterweisung noch bliebe, wäre die messianische Auslegung von Psalm 16, und das nur als Zukunftserfahrung eines noch nicht erschienenen Messias. Die göttliche Bestätigung Jesu, beglaubigt durch seine Werke, bliebe zwar bestehen – offensichtlich aber nur als Bestätigung, die sich auf sein irdisches Leben erstreckt – ein Leben, das wie das Leben eines jeden anderen Propheten endete, den das Volk nicht länger tolerieren wollte.« *W. M. Smith d / 230*

Selbst *Adolf von Harnack*, der den kirchlichen Glauben an die Auferstehung ablehnt, räumt ein: »In dem Glauben, dass Jesus nicht im Tode geblieben, sondern von Gott auferweckt sei, haben die Jünger Jesu ihr felsenfestes Vertrauen zu ihm bewährt. Dass Christus auferstanden, war ihnen auf Grund dessen, was sie an ihm erlebt – allerdings erst nachdem sie ihn in Visionen geschaut hatten – ebenso gewiß, wie die Thatsache seines Todes, und wurde das Hauptstück in der Verkündigung von ihm.« *A. v. Harnack / 94; E. H. Day / 3*

H. P. Liddon (zitiert bei W. M. Smith): »Der Glaube an die Auferstehung ist der wahre Schlußstein im Bogen des christlichen Glaubens; nimmt man ihn weg, bricht alles andere zusammen.« *H. P. Liddon / 73; W. M. Smith d / 577*

»Vom ersten Tag ihres von Gott gegebenen Lebens an gab die christliche Kirche Zeugnis von ihrem Glauben an die Auferstehung Christi. Sie ist eine der großen fundamentalen Lehren und Überzeugungen der Gemeinde und durchdringt die Literatur des Neuen Testaments so sehr, daß, wenn man jede Schriftstelle herausnehmen würde, in der die Auferstehung erwähnt wird, nur noch eine verstümmelte Schriftensammlung übrigbliebe, die man nicht verstehen könnte. Die Auferstehung wurde zu einem zentralen Bestandteil im Leben der Urchristen. Sie wurde auf ihren Gräbern und an den Wänden der Katakomben dargestellt. Sie drang tief in die christlichen Gesänge ein. Sie wurde zu einem der wesentlichen Themen der großen apologetischen Schriften der ersten vier Jahrhunderte; sie war das Dauerthema in den Predigten der vor- und der nachnicäischen Periode. Sie fand sofort Eingang in die Glaubensbekenntnisse der Kirche; sie ist Bestandteil unseres apostolischen Glaubensbekenntnisses; sie ist in allen nachfolgenden großen Bekenntnissen enthalten.

Alle Schriftbelege des Neuen Testaments beweisen, daß der Hauptgedanke des Evangeliums oder der Guten Nachricht nicht lautete: ›Folge diesem Lehrer und tue dein Bestes‹, sondern: ›Jesu und die Auferstehung‹. Man kann sie nicht aus dem Christentum wegnehmen, ohne dessen Charakter radikal zu verändern und seine Identität zu zerstören.« *W. M. Smith d / 369f.*

Professor Milligan sagt: »Somit wird deutlich, daß die christliche Kirche von der Morgendämmerung ihrer Geschichte an nicht nur an die Auferstehung ihres Herrn glaubte, sondern daß dieser Glaube mit ihrer ganzen Existenz verwoben war.« *W. Milligan / 70*

W. Robert Nicoll (zitiert bei W. M. Smith) zitiert Pressensé: »Das leere Grab Christi war die Wiege der Gemeinde ...« *W. M. Smith d / 580; W. R. Nicoll / 150*

W. J. Sparrow-Simpson : »Ist die Auferstehung keine historische Tatsache, so bleibt die Macht des Todes und damit die Auswirkung der Sünde ungebrochen; die Bedeutung des Todes Christi bleibt unbestätigt, und demnach sind die Gläubigen noch in ihren Sünden, genau da, wo sie sich befanden, ehe sie den Namen Jesus hörten.« *J. Hastings b / 514*

R. M'Cheyne-Edgar sagt in seinem Werk *The Gospel of a Risen Saviour* (zitiert bei W. M. Smith):

»Hier ist ein Religionslehrer, der in aller Besonnenheit alle seine Ansprüche auf seine Fähigkeit gründet, aus dem Grab wiederaufzuerstehen, nachdem man ihn vorher umgebracht haben wird. Wir dürfen mit Sicherheit annehmen, daß weder vor noch nach ihm dergleichen behauptet wurde. Die Annahme, daß dieser außergewöhnliche Test von mystischen Studenten der Prophetien *erfunden* und in die Evangeliumsberichte eingefügt worden sei, ist nun wirklich eine zu große Anforderung an jede Leichtgläubigkeit. Er, der bereit war, alles auf seine Fähigkeit zu setzen, vom Grabe zurückzukommen, steht als der originalste aller Lehrer vor uns, als einer, der in seinem eigenen, sich selbst offenbarenden Leben erstrahlt!« *W. M. Smith d / 364; M'Cheyne / 32*

Folgendes findet sich im *Dictionary of the Apostolic Church* : »D. F. Strauß z.B., der schärfste und unbarmherzigste ihrer Kritiker, erkennt in der Frage der Auferstehung an, daß sie [...] ›den Lebensnerv alles bisherigen Christentums berührt‹ und ›für die ganze Auffassung des Christentums entscheidend [...]‹ ist. Fällt sie weg, dann fällt auch alles andere, was im Christenum wesentlich ist, weg; bleibt sie aber, dann bleibt auch alles andere. Und so war die Auferstehung die Jahrhunderte hindurch, von Celsus angefangen, das Sturmzentrum des Angriffs auf den christlichen Glauben.« *J. Hastings a / 330; D. F. Strauß / 288*

»Christus selbst«, so drückt es *B. B. Warfield* aus (zitiert bei J. N. D. Anderson), »macht seinen ganzen Anspruch auf die Anerkennung seitens der Menschen von seiner Auferstehung abhängig. Als man ihn um ein Zeichen bat, wies er auf dieses Zeichen als einzige und ausreichende Beglaubigung hin.« *J. N. D. Anderson a / 103*

Ernest Kevan sagt über den berühmten schweizerischen Theologen Frédéric Godet: »In seinen *Vorlesungen zur Verteidigung des christlichen Glaubens* (1883, S. 41) spricht [er] von der Bedeutung der Auferstehung Christi und weist darauf hin, daß dies allein das Wunder war, auf das Christus zur Beglaubigung seiner Ansprüche und Vollmacht verwiesen hatte. *E. F. Kevan / 3*

Michael Green sagt treffend: »Denn der Glaube an die Auferstehung ist nicht bloß ein Glaubenssatz unter vielen. Ohne den Glauben an die Auferstehung gäbe es überhaupt kein Christentum. Die christliche Kirche wäre im Keim erstickt worden; die Jesus-Bewegung hätte mit der Kreuzigung ein Ende gefunden. Das Christentum steht oder fällt mit der Wahrheit der Auferstehung. Würde man das Gegenteil beweisen, so wäre das Christentum abgeschafft.« *M. Green b / 81*

John Locke, der namhafte britische Philosoph des 17. Jh., sagte über Christi Auferstehung (*A Second Vindication of the Reasonableness of Christianity*): »Die Auferstehung unseres Heilands [. . .] ist im Christentum von wahrhaft großer Bedeutung; so groß, daß die Frage, ob er der Messias ist oder nicht, mit ihr steht oder fällt: so daß diese zwei wichtigen Artikel unzertrennlich und eigentlich ein Artikel sind. Denn seit jener Zeit gilt: Glaube einen und du glaubst beide; leugne einen und du kannst keinen glauben.« *J. Locke / 341f; W. M. Smith d / 423*

Der Kirchengeschichtler *Philip Schaff* folgert: »Die Auferstehung Christi ist darum mit allem Nachdruck eine Testfrage, von der die Wahrheit oder die Unwahrheit der christlichen Religion abhängt. Sie ist entweder das größte Wunder oder der größte Wahn, von dem die Geschichte berichtet.« *Ph. Schaff c / 173*

Wilbur M. Smith, ein weithin bekannter Gelehrter, sagt: »Es ist noch keine Waffe geschmiedet worden und [. . .] es wird auch nie eine geschmiedet werden, die das vernünftige Vertrauen in die historischen Berichte dieses epochemachenden und geweissagten Geschehens zerstören könnte. Die Auferstehung Christi ist das Bollwerk des christlichen Glaubens. Dies ist die Lehre, die im ersten Jahrhundert die Welt auf den Kopf stellte, die das Christentum weit über das Judentum und die heidnischen Religionen der Mittelmeerwelt erhob. Wenn sie wegfällt, dann muß auch fast alles andere, was im Evangelium des Herrn Jesus Christus wesentlich und einzigartig ist, wegfallen: ›Ist Christus aber nicht auferstanden, so ist euer Glaube nichtig‹ (1 Kor 15,17).« *W. M. Smith c / 22*

2. Christi Voranküdigungen seiner Auferstehung

2.1 Die Bedeutung dieser Ankündigungen

Wilbur M. Smith führt aus:

»Es war derselbe Jesus, der Christus, der unter vielen anderen bemerkenswerten Dingen etwas sagte, das jede andere Person, die solche Aussagen gemacht hätte, sogleich entweder als aufgeblasenen Großtuer oder als gefährlich psychisch gestörten Menschen entlarvt hätte. Daß dieser Jesus sagte, er ginge nach Jerusalem, um zu sterben, ist an sich noch nicht so bemerkenswert, obschon all die Einzelheiten, die er über diesen Tod Wochen und Monate vorher voraussagte, insgesamt ein prophetische Phänomen ergeben. Als er aber sagte, daß er selbst *von den Toten auferstehen würde*, und zwar drei Tage nach seiner Kreuzigung, da sagte er etwas, das nur ein Narr zu sagen gewagt hätte, wenn er noch länger die Hingabe seiner Jünger erwartete – es sei denn, er war sich seiner Auferstehung sicher. Kein Stifter irgendeiner Weltreligion, die den Menschen bekannt ist, wagte es je, etwas Derartiges zu sagen!« *W. M. Smith a / 10f.*

Christus sagte seine Auferstehung in unzweideutiger und direkter Weise voraus. Während seine Jünger es einfach nicht verstehen konnten, nahmen die Juden seine Behauptung sehr ernst.

J. N. D. Anderson beschreibt, wie das Buch *Wer wälzte den Stein?* von *F. Morison* entstand:

»Vor nicht allzulanger Zeit lebte in England ein junger Rechtsanwalt namens Frank Morison. Er war ein Ungläubiger. Jahrelang nahm er sich vor, eines Tages ein Buch zu schreiben, in welchem er

er die Zeit dazu. Er war ein ehrlicher Mann und begann mit den nötigen Studien. Als er fertig war [und Christus in sein Leben aufgenommen hatte], schrieb er ein Buch: *Who Moved the Stone? (Wer wälzte den Stein?)* Er begann mit dem kritischst möglichen Standpunkt gegenüber den neutestamentlichen Berichten und kam unter anderem zu dem Schluß, daß man den Prozeß und die Verurteilung Jesu nur auf der Grundlage erklären kann, daß er selbst seinen Tod und seine Auferstehung vorausgesagt hatte.« *J. N. D. Anderson b / 9*

W. M. Smith: »Wenn Sie oder ich einer Gruppe von Freunden sagten, daß wir zu einer gewissen Zeit, sei es gewaltsam oder auf natürliche Weise, unseren Tod erwarteten, daß wir aber drei Tage nach dem Tode wieder auferstehen würden, so nähmen unsere Freunde uns still fort und brächten uns in eine Anstalt, bis unser Verstand wieder klar und gesund wäre. Das wäre richtig; denn nur ein Geistesgestörter würde über seine Auferstehung am dritten Tage sprechen; nur ein Geistesgestörter – *es sei denn*, er wüßte, daß sie stattfinden würde, und niemand in aller Welt hat das je von sich gewußt außer einem: Christus, der Sohn Gottes.« *W. M. Smith d / 364*

Bernard Ramm: »Nimmt man die Evangeliumsberichte als echte Dokumente, so gibt es keinen Zweifel darüber, daß Christus selbst seinen Tod und seine Auferstehung voraussah und dies seinen Jüngern sagte. [. . .] Die Verfasser der Evangelien geben ganz offen zu, daß diese Voraussagen für sie unverständlich waren, bis die Auferstehung Tatsache geworden war (Joh 20,9). Aber die Aussage von den Lippen unseres Herrn ist da, daß er nach drei Tagen von den Toten zurückkommen würde. Er sagte ihnen, daß er aus Haß gewaltsam getötet werden und am dritten Tag wieder auferstehen würde. All dies traf ein.« *B. Ramm b / 191*

John R. W. Stott schreibt: »Jesus hat in allen Ankündigungen seiner Passion auch von seiner Auferstehung gesprochen und ihr die Bedeutung eines Zeichens beigelegt. Paulus schreibt zu Beginn seines Briefes an die Römer (1,4), daß Jesus ›eingesetzt ist als Sohn Gottes in Kraft durch die Auferstehung von den Toten‹. Die frühesten Predigten der Apostel, wie sie uns die Apostelgeschichte überliefert, betonen wiederholt, daß Gott durch die Auferwekkung Jesu das Urteil der Menschen umgekehrt und seinen Sohn vor der Welt rehabilitiert hat.« *J. R. W. Stoff / 37f*

2.2 Liste der Ankündigungen

Mk 8,31 – 9,1; 9,10.31; 10,32–34; 14,28.58

Lk 9,22–27

Joh 2,18–22; 12,34; Kap. 14 bis 16

Mt 16,21: »Seit der Zeit fing Jesus an, seinen Jüngern zu zeigen, wie er nach Jerusalem gehen und viel leiden müsse von den Ältesten und Hohenpriestern und Schriftgelehrten und getötet werden und am dritten Tage auferstehen.«

Mt 17,9: »Und als sie vom Berge hinabgingen, gebot ihnen Jesus und sprach: Ihr sollt von dieser Erscheinung niemandem sagen, bis der Menschensohn von den Toten auferstanden ist.«

Mt 17,22–23: »Als sie aber beieinander waren in Galiläa, sprach Jesus zu ihnen: Der Menschensohn wird überantwortet werden in die Hände der Menschen, und sie werden ihn töten, und am dritten Tag wird er auferstehen. Und sie wurden sehr betrübt.«

Mt 20,18–19: »Siehe, wir ziehen hinauf nach Jerusalem, und der Menschensohn wird den Hohenpriestern und Schriftgelehrten überantwortet werden; und sie werden ihn zum Tode verurteilen und werden ihn den Heiden überantworten, damit sie ihn verspotten und geißeln und kreuzigen; und am dritten Tage wird er auferstehen.«

Mt 26,32: »Wenn ich aber auferstanden bin, will ich vor euch hingehen nach Galiläa.«

Mk 9,10: »Und sie behielten das Wort und befragten sich untereinander: Was ist das: auferstehen von den Toten?«

Lk 9,22–27: »Der Menschensohn muß viel leiden und verworfen werden von den Ältesten und Hohenpriestern und Schriftgelehrten und getötet werden und am dritten Tag auferstehen. Da sprach er zu ihnen allen: Wer mir folgen will, der verleugne sich selbst und nehme sein Kreuz auf sich täglich und folge mir nach. Denn wer sein Leben erhalten will, der wird es verlieren; wer aber sein Leben verliert um meinetwillen, der wird's erhalten. Denn welchen Nutzen hätte der Mensch, wenn er die ganze Welt gewönne und verlöre sich selbst oder nähme Schaden an sich selbst? Wer sich aber meiner und meiner Worte schämt, dessen wird sich der Menschensohn auch schämen, wenn er kommen wird in seiner Herrlichkeit und der des Vaters und der heiligen Engel. Ich sage euch aber wahrlich: Einige von denen, die hier stehen, werden den Tod nicht schmecken, bis sie das Reich Gottes sehen.«

Joh 2,18–22: »Da fingen die Juden an und sprachen zu ihm: Was zeigst du uns für ein Zeichen, daß du dies tun darfst? Jesus antwortete und sprach zu ihnen: Brecht diesen Tempel ab, und in drei Tagen will ich ihn aufrichten. [...] Er aber redete von dem Tempel seines Leibes. Als er nun auferstanden war von den Toten, dachten seine Jünger daran, daß er dies gesagt hatte, und glaubten der Schrift und dem Wort, das Jesus gesagt hatte.«

3. Historische Untersuchung

3.1 Die Auferstehung Christi als Ereignis in Raum und Zeit

(Vgl. Einführung, Abschnitt 2.5)

Die Auferstehung Christi ist ein historisches Ereignis, in welchem Gott in einer bestimmten zeitlich-räumlichen Dimension handelte. Darüber sagt *Wilbur Smith:*

»Die *Bedeutung* der Auferstehung ist eine theologische Sache, aber die Tatsache der Auferstehung ist eine historische Sache; das Wesen des Auferstehungsleibes Jesu mag ein Geheimnis sein, aber die Tatsache, daß der Leib aus dem Grab verschwand, ist eine Angelegenheit, die nach historischer Beweisführung entschieden werden muß.

Der Ort ist geographisch festgelegt; der Mann, dem das Grab gehörte, lebte in der ersten Hälfte des 1. Jh.; das Grab war aus dem Felsen eines Hügels nahe bei Jerusalem ausgehauen worden, ist also kein mythologisches Gespinst, sondern besitzt geographische Bedeutung. Die Wachen vor dem Grab waren keine ätherischen Wesen vom Olymp; das Synedrium war eine Gruppe von Männern, die regelmäßig in Jerusalem tagte. Die umfangreiche Literatur belegt, daß dieser Mensch, Jesus, eine lebendige Person, ein Mensch unter Menschen war, was immer sonst er noch war; und die Jünger, die den auferstandenen Herrn verkündigten, waren Menschen unter Menschen – Männer, die aßen, tranken, schliefen, litten, arbeiteten, starben. Was soll daran ›dogmatisch‹ sein? Dies ist ein historisches Problem.« *W. M. Smith d / 386*

Ignatius (um 50 bis 115 n. Chr.), Bischof von Antiochien, aus Syrien gebürtig und ein Jünger des Apostels Johannes, soll im Kolosseum zu Rom wilden Tieren vorgeworfen worden sein. Seine *Briefe* schrieb er auf seiner Reise von Antiochien zu seinem Martyrium in Rom. Zu einer Zeit also, wo er ohne Zweifel ziemlich nüchtern gewesen sein muß, sagte er über Christus: »[...] der aus dem Geschlechte Davids, der aus Maria stammt, der wahrhaft geboren wurde, aß und trank, wahrhaft verfolgt wurde unter Pontius Pilatus, wahrhaft gekreuzigt wurde und starb vor den Augen derer, die im Himmel, auf der Erde und unter der Erde sind, der auch wahrhaft auferweckt wurde von den Toten, da ihn sein Vater auferweckte; denn nach diesem Vorbild wird uns, die wir ihm glauben, sein Vater auch so auferwecken in Christus Jesus, ohne den wir das wahre Leben nicht haben.« *(Brief an die Traileser) Apostol. Väter / 134; E. S. Moyer / 209*

Der große Historiker *Alfred Edersheim* schreibt über die bestimmte Zeit des Todes und der Auferstehung Christi:

»Der kurze Frühlingstag neigte sich zum ›Sabbat(vor)abend‹ hin. Im allgemeinen bestimmte das Gesetz, daß der Leichnam eines Verbrechers nicht über Nacht unbeerdigt hängenbleiben durfte. Vielleicht hätten sich die Juden unter gewöhnlichen Umständen nicht so zuversichtlich an Pilatus gewandt, um ihn zu bitten, die Leiden der Gekreuzigten zu verkürzen, da ja die Strafe der Kreuzigung oft nicht nur Stunden, sondern Tage dauerte, ehe der Tod eintrat. Aber dies hier war eine besondere Angelegenheit. Der bevorstehende Sabbat war ein ›hoher Feiertag‹ – sowohl ein Sabbat als auch der zweite Passahtag, der in jeder Hinsicht als ebenso heilig galt wie der erste – eigentlich sogar noch heiliger, da an ihm das sogenannte Webopfer dargebracht wurde.« *A. Edersheim b/612f.*

Wie *Wilbur Smith* es ausdrückt: »Wir können sagen, daß wir mehr über die Details der Stunden kurz vor dem Tod Jesu und über diesen Tod selbst wissen als über den Tod irgendeines anderen Menschen in der gesamten antiken Welt.« *W. M. Smith d / 360*

» *Justin der Märtyrer* (um 100 bis 165 n. Chr.), Philosoph, Märtyrer, Apologet [...] Als eifriger Sucher der Wahrheit klopfte er der Reihe nach an die Türen des Stoizismus, des Aristotelismus, des Pythagoreismus und des Platonismus, haßte aber den Epikureismus [...] Dieser eifrige Platonist wurde ein gläubiger Christ. Er sagte: ›Ich fand allein diese Philosophie als etwas Sicheres und Nützliches.‹« *E. S. Moyer / 227*

In der Tat erkannte Justin der Märtyrer, daß die philosophischen Systeme der Welt zwar intellektuelle Sätze zu bieten hatten, daß aber allein das Christentum Gott selbst in seinem Eingreifen in Zeit und Raum durch Jesus Christus anbot. In sehr direkter

Weise lautet seine Aussage: »... Christus wurde vor einhundertfünfzig Jahren unter Cyrenius (Quirinius) geboren und später, in der Zeit des Pontius Pilatus [gekreuzigt]...« *Roberts, Donaldson Bd. 2 / 46*

Tertullian (um 160 bis 220 n. Chr.) von Karthago, Nordafrika, sagte: »Die Lehrer und Vornehmen der Juden waren aber gegen seine Lehre, durch welche sie widerlegt wurden, so erbittert, am meisten deswegen, weil sich eine sehr große Menge von ihnen weg ihm zuwandte, daß sie ihn zuletzt dem Pontius Pilatus, damaligem Prokurator Syriens von römischer Seite, überlieferten und durch das Ungestüm ihrer Stimmen von ihm erzwangen, daß er ihnen zur Kreuzigung ausgeliefert wurde.« *Tertullian / 101*

Über Christi Himmelfahrt bekundet Tertullian: » [...] wurde er, von einer Wolke umgeben, in den Himmel aufgenommen, was viel zuverlässiger ist, als was bei euch Leute wie Proculus von Leuten wie Romulus zu bekräftigen pflegen. Dies alles hat Pilatus, selbst schon in seinem Innersten ein Christ, dem damaligen Kaiser Tiberius über Christus gemeldet. Aber auch die Kaiser hätten hinsichtlich Christi geglaubt, wenn nicht einesteils die Kaiser für den Weltlauf notwendig wären, oder wenn andererseits Christen Kaiser sein könnten. – Die Jünger aber gehorchten folgend dem Befehl ihres göttlichen Lehrers und zerstreuten sich über den Erdkreis, und nachdem auch sie von den sie verfolgenden Juden vieles erduldet, haben sie – ihrem Vertrauen auf die Wahrheit entsprechend, mit Freudigkeit – zuletzt zu Rom durch die Grausamkeit des Nero ihr Christenblut als Samen ausgestreut.« *Tertullian / 103*

(Procullus war ein römischer Senator, der behauptet hatte, ihm sei Romulus, der sagenhafte Gründer Roms, erschienen.)

Der jüdische Historiker *Josephus* schrieb gegen Ende des 1. Jh. diese faszinierenden Sätze:

»Um diese Zeit lebte Jesus, ein weiser Mensch, wenn man ihn überhaupt einen Menschen nennen darf. Er war nämlich der Vollbringer ganz unglaublicher Thaten und der Lehrer aller Menschen, die mit Freuden die Wahrheit aufnahmen. So zog er viele Juden und auch viele Heiden an sich. Er war der Christus. Und obgleich ihn Pilatus auf Betreiben der Vornehmsten unseres Volkes zum Kreuzestod verurteilte, wurden doch seine früheren Anhänger ihm nicht untreu. Denn er erschien ihnen am dritten Tage wieder lebend, wie gottgesandte Propheten dies und tausend andere wunderbare Dinge von ihm vorherverkündigt hatten. Und noch bis auf den heutigen Tag besteht das Volk der Christen, die sich nach ihm nennen, fort.« (*Jüd. Altertümer* XVIII. 3.3) *Josephus a / 515f.*

Man hat versucht, nachzuweisen, daß Josephus dies nicht geschrieben haben könne. Dazu *Michael Green* : »Wir wissen, daß sich dieser Abschnitt im Text des Josephus befand, der im 4. Jahrhundert von Eusebius benutzt wurde. [...] Auch in der jüngsten englischen Ausgabe seiner Werke (Loeb) ist das Wesentliche unverändert geblieben. Dies alles ist um so bemerkenswerter, wenn wir uns daran erinnern, daß Josephus ein Jude war, der sich bei den Römern in ein günstiges Licht rücken wollte, weit davon entfernt, mit Christen zu sympathisieren. Diese Geschichte hätte die Römer nicht im geringsten erfreut. Er hätte diese Ereignisse kaum beschrieben, wenn sie nicht der Wahrheit entsprochen hätten.« *M. Green b / 55*

Professor Leany sagt über das historische Wesen des frühchristlichen Glaubens: »Das Neue Testament selbst gestattet keinen anderen Ausweg, als die Sache so zu sehen: Jesus wurde gekreuzigt und begraben. Seine Jünger waren äußerst niedergeschlagen. Sehr kurze Zeit danach waren sie höchst erfreut und zeigten eine Gewißheit, die sie durch ein beständiges Leben der Hingabe hindurchtrug bis zum Märtyrertod. Wenn wir sie anhand der Schriften, die von ihnen stammen, fragen, was diese Umwandlung bewirkte, so antworten sie nicht: ›die allmähliche Überzeugung, daß wir Todgeweihte waren, aber der Gekreuzigte und Begrabene lebte‹, sondern: ›Jesus, der gestorben war, erschien einigen von uns nach seinem Tode als der Lebendige, und die übrigen von uns glaubten ihrem Zeugnis.‹ Diese Ausdrucksweise ist eine historische Aussage, genau wie die historische Aussage ›Der Herr ist wahrhaftig auferstanden!‹, die Männer und Frauen zum Glauben veranlaßt hat.« *A. T. Hanson / 108*

Über den zeugnishaften Charakter der neutestamentlichen Berichte sagt *Bernard Ramm*: »In Apostelgeschichte 1 sagt uns Lukas, daß Jesus sich als der Lebendige erzeigte durch viele unfehlbare Beweise (*en pollois tekmeriois*), ein Ausdruck für die stärkste Art juristischer Beweisführung.« *B. Ramm b / 192*

Clark Pinnock bekundet ebenfalls: »Die Gewißheit der Apostel war in ihren Erfahrungen auf dem Gebiet der Tatsachen begründet. Ihnen erzeigte sich Jesus als der Lebendige ›durch viele unfehlbare Beweise‹ (Apg 1,3). Der Begriff, den Lukas hier gebraucht, ist *tekmerion*, was soviel wie ›belegbarer Beweis‹ bedeutet. Die Jünger erlangten ihren Osterglauben durch unanfechtbare empirische Beweise, die ihnen zur Verfügung standen und die uns durch ihr geschriebenes Zeugnis ebenfalls zur Verfügung stehen. Es ist für uns wichtig, in einem Zeitalter, das nach Beweisen zur Aufrechterhaltung des christlichen Anspruchs ruft, auf diesen Ruf mit angemessenen historischen Überlegungen einzugehen. Denn die Auferstehung fällt in das Gebiet historischer Fakten und bietet den Menschen eine ausgezeichnete Grundlage, Christus als ihrem Erretter zu vertrauen.« *J. N. D. Anderson c / 11*

Professor Ernest Kevan:

»Das Buch der *Apostelgeschichte* wurde von Lukas zwischen 63 n. Chr. und dem Fall Jerusalems im Jahre 70 n. Chr. verfaßt. Er erklärt in der Einleitung zu seinem Evangelium, daß er seine Informationen von Augenzeugen gesammelt habe, und es ist anzunehmen, daß er nach der gleichen Methode auch die *Apostelgeschichte* zusammenstellte. Lukas war auch, wie die Verwendung des Pronomens ›wir‹ in einigen Episoden zeigt, an einigen der von ihm berichteten Begebenheiten selbst beteiligt. Er stand mitten in der frühen Verkündigung und hatte Teil an den großen Geschehnissen der ersten Tage. Lukas ist daher ein Zeitgenosse und ein Zeuge erster Hand. [. . .] Es ist unmöglich, anzunehmen, daß die Urgemeinde ihre eigene Geschichte nicht gekannt habe; und gerade die Tatsache, daß die Gemeinde dieses Buch akzeptierte, beweist seine Genauigkeit.« *E. F. Kevan / 4f.*

Kevan zitiert einen bekannten christlichen Gelehrten und weist darauf hin: »So wie die Kirche für ein Fundament der Fäulnis zu heilig ist, ist sie auch zu real für ein Fundament des Mythos.« *E. F. Kevan / 4f.*

»Für die Erhärtung der als historisch behaupteter Tatsachen werden keine Dokumente höher geschätzt als zeitgenössische Briefe.« *E. F. Kevan / 6*

Professor Kevan sagt über die Briefe des Neuen Testaments: »[. . .] gibt es die unanfechtbaren Belege der zeitgenössischen Briefe des Apostels Paulus. Diese Briefe stellen historische Beweise höchsten Grades dar. Die an die *Galater*, die *Korinther* und die *Römer* gerichteten Briefe, über deren Echtheit und Datum wenig Unstimmigkeit herrscht, gehören in die Zeit der Missionsreisen des Paulus und können zwischen 55 und 58 n. Chr. datiert werden. Dies bringt die Beweisführung für die Auferstehung Christi noch näher an das Ereignis heran: das Intervall beträgt die kurze Spanne von fünfundzwanzig Jahren. Und da Paulus selbst deutlich sagt, daß das Thema seines Briefes dasselbe ist wie zu der Zeit, als er noch bei ihnen war, wird die Beweisführung in ein noch früheres Datum gerückt.« *E. F. Kevan / 6*

Bernard Ramm: »Schon das flüchtigste Lesen der Evangelien offenbart die Tatsache, daß die Evangelien Tod und Auferstehung Christi viel ausführlicher behandeln als alle anderen Ereignisse seines Lebens. Die Einzelheiten der Auferstehung dürfen nicht künstlich von den Passionsberichten getrennt werden.« *B. Ramm b / 191f*

Christus war mehrmals nach seiner Auferstehung erschienen. Diese Erscheinungen geschahen zu bestimmten Zeiten im Leben bestimmter Personen und waren überdies auf bestimmte Orte begrenzt.

(Weitere Informationen über die Erscheinungen Christi nach seiner Auferstehung siehe 4.2.6 in diesem Kapitel.)

Wolfhart Pannenberg, »Professor für systematische Theologie an der Universität München, studierte unter Barth und Jaspers und hat sich vor allem mit der Frage der Beziehung zwischen Glaube und Geschichte befaßt. Mit einer kleinen Gruppe dynamischer Theologen in Heidelberg hat er eine Theologie entwickelt, die ihre Hauptaufgabe in der Untersuchung der historischen Daten über den Ursprung des Christentums sieht.« *J. N. D. Anderson c / 9*

Dieser hervorragende Gelehrte sagt: »Ob die Auferstehung Jesu stattfand oder nicht, ist eine historische Frage, und die historische Frage ist in diesem Punkt unabdingbar. Und so muß die Frage auf der Ebene des historischen Argumentes entschieden werden.« *J. N. D. Anderson c / 10*

Der Neutestamentler *C. H. Dodd* schreibt (zitiert bei *H. H. Straton*): »Die Auferstehung bleibt ein Ereignis innerhalb der Geschichte. [...]« *H. H. Straton / 3; C. H. Dodd a / 108ff.*

J. N. D. Anderson zitiert den Cambridger Professor *C. F. D. Moule*: »Von Anfang an war die Überzeugung [der Christen], daß Jesus von den Toten auferweckt wurde, der Kernpunkt, mit dem ihre Existenz stand oder fiel. Es gab kein anderes Motiv, um sie zu begründen oder zu erklären. [...] An keiner Stelle im Neuen Testament gibt es irgendeinen Hinweis darauf, daß die Christen eine neue Lebensphilosophie oder Ethik vertraten. Ihre Rolle bestand allein darin, ein bestimmtes Ereignis zu bezeugen: die Auferstehung Jesu von den Toten. [...] Das große Erkennungsmerkmal der Christen war ihre Erklärung, daß Jesus nach dem Plan

Gottes auferweckt worden war und daß er der eine Sohn Gottes und der Menschensohn war, der uns den Weg zur Versöhnung mit Gott öffnet.« *J. N. D. Anderson a / 100f.; C. F. D. Moule 11, 14, 18*

W. J. Sparrow-Simpson: »Die Auferstehung Christi ist das *Fundament des apostolischen Christentums*, sowohl aus dogmatischen als auch aus beweisrechtlichen Gründen. [...] Das Bewußtsein der Christen von ihrem grundlegenden Charakter zeigt sich in der Stellung, die sie in ihrem Zeugnis einnimmt. Die Apostel sind eingesetzt als Zeugen der Auferstehung (Apg 1,22). Der Inhalt des paulinischen Christentums wurde in Athen als ›Jesus und die Auferstehung‹ verstanden (17,18). Die vorhergehenden Teile der Apostelgeschichte enthalten wiederholt die Aussage: ›Diesen Jesus hat Gott auferweckt; dessen sind wir alle Zeugen‹ (2,32).

Als eine historische Tatsache war es seine Auferstehung, die die Menschen befähigte, an seine Erhöhung über die Menschheit zu glauben. Es geht nicht nur um die Frage des moralischen Einflusses seines Charakters, seines Vorbilds und seiner Lehre. Sondern es geht darum, daß ihre gegenwärtige Hingabe an ihn als ihren Erlöser durch diesen Glauben veranlaßt wurde und ohne ihn nicht gerechtfertigt werden kann. In der Tat, wer Christi Auferstehung leugnet, der leugnet in der Regel auch unweigerlich seine Gottheit und sein Erlösungswerk in dem Sinne, wie Paulus sich dazu bekannt hat.« *J. Hastings b / 513f*

3.2 Das Zeugnis der Tatsachen und Indizien

Wenn ein Ereignis stattfindet und es genügend Menschen gibt, die als Augenzeugen dabei waren oder daran teilgenommen haben, dann ist dieses Ereignis überprüfbar; es läßt sich feststellen, ob es tatsächlich stattgefunden hat (Indizienbeweis).

William Lyon Phelps, über vierzig Jahre lang Professor für englische Literatur in Yale und Autor von über zwanzig Bänden literarischer Studien, schreibt (zitiert bei *W. M. Smith*): »In der ganzen Geschichte Jesu Christi ist die wichtigste Begebenheit die Auferstehung. Der christliche Glaube ist davon abhängig. Es ist ermutigend zu wissen, daß sie ausdrücklich von allen vier Evangelisten wiedergegeben und auch von Paulus erzählt wird. Die Namen derer, die ihn nach seinem Triumph über den Tod gesehen haben, wurden aufgeschrieben; und man kann sagen, daß die historischen Indizien für die Auferstehung stärker sind als für irgendein anderes Wunder, von dem an anderer Stelle berichtet wird; denn wie Paulus sagte: ›Ist aber Christus nicht auferstanden, so ist unsre Predigt vergeblich, so ist auch euer Glaube vergeblich.‹« *W. M. Smith a / 18; W. L. Phelps / 131f*

Professor Ambrose Fleming (zitiert von Wilbur Smith in *Therefore Stand*), Professor Emeritus für Elektrotechnik an der Universität London, Ehrenmitglied des St. John's College in Cambridge, Inhaber der Faraday-Medaille von 1928 und einer der hervorragendsten Wissenschaftler Englands, sagt über die neutestamentlichen Urkunden:

»Wir müssen diese Aussagen der Experten über das Alter und die Echtheit dieser Schrift genauso annehmen, wie wir die Fakten der Astronomie aufgrund der Aussagen der Astronomen annehmen, die sich nicht widersprechen. Da das der Fall ist, können wir uns fragen, ob es wahrscheinlich ist, daß ein solches Buch, in dem Ereignisse beschrieben werden, die sich ungefähr dreißig oder vierzig Jahre vorher zutrugen, akzeptiert und geschätzt worden wäre, wenn die darin enthaltenen Geschichten über gewisse abnorme Geschehnisse falsch oder mythisch gewesen wären. Das ist unmöglich, weil die Erinnerung aller älteren Personen an Ereignisse vor dreißig oder vierzig Jahren vollkommen klar ist.

Niemand könnte heute eine Biographie über Königin Viktoria schreiben, die vor einunddreißig Jahren starb [1901], und lauter unwahre Anekdoten einschieben. Man würde sofort widersprechen. Sie würden keinesfalls allgemein akzeptiert und als wahr weitergegeben werden. Daher ist es höchst unwahrscheinlich, daß der von Markus stammende Auferstehungsbericht, der im wesentlichen mit jenen der anderen Evangelien übereinstimmt, reine Erfindung sein sollte. Diese Mythen-Theorie mußte aufgegeben werden, weil sie einer genauen Untersuchung einfach nicht standhalten kann [. . .]« *W. M. Smith d / 427f.; A. Fleming / 11, 12, 15*

Ambrose Fleming sagt, daß es in den Evangelien nichts gibt, was einem wissenschaftlich denkenden Menschen Probleme mit den Wundern machen würde. Er fordert zu intellektueller Aufrichtigkeit auf und meint, wenn solch ein » [. . .] Studium mit dem unternommen würde, was eminente Rechtsgelehrte einen guten Willen nennen, so würde es eine tiefe Gewißheit hervorrufen, daß die christliche Kirche nicht auf Fiktionen beruht oder vom Wahn genährt wurde oder, wie Petrus es sagt, von ›klug ersonnenen Fabeln‹, sondern daß sie sich auf historische und wirkliche Ereignisse gründet, die – wie seltsam sie auch sein mögen – die gößten Ereignisse sind, die sich je in der Weltgeschichte zugetragen haben.« *W. M. Smith d / 427f*

Michael Green berichtet über die Entstehung des Buches *Wer wälzte den Stein?* von Frank Morison:

»In seinem Bestseller [...] erzählt uns Frank Morison, wie er, aufgewachsen in einer rationalistischen Umgebung, zu der Meinung gelangt war, die Auferstehung sei nichts als ein märchenhaftes Happy-End, das die unvergleichliche Geschichte von Jesus verdarb. So faßte er den Entschluß, einen Bericht der letzten tragischen Tage Jesu zu schreiben, über das gräßliche Verbrechen und die Heldenhaftigkeit Jesu. Er wollte natürlich jeden Verdacht des Wunderbaren fortlassen und sich mit der Auferstehung gar nicht befassen. Doch als er dann sorgfältig die Tatsachen prüfte, änderte er seinen Sinn und schrieb sein Buch vollkommen anders. Sein erstes Kapitel lautet: ›Das Buch, das nicht geschrieben werden wollte‹, und der Rest seines Werkes ist eine der scharfsinnigsten Abhandlungen, die ich jemals über die Wahrheit der Auferstehung gelesen habe.« *M. Green b / 80f.*

Der namhafte Gelehrte *Professor Edwin Gordon Selwyn* sagt: »Die Tatsache, daß Christus am dritten Tage in voller Kontinuität des Leibes und der Seele auferstand – diese Tatsache scheint mir so sicher zu sein, wie historische Beweisführung sie nur machen kann.« *E. G. Selwyn a / 199; W. M. Smith a / 14*

Viele unparteiische Forscher, die die Auferstehung Christi mit objektiver Gesinnung untersucht haben, wurden durch das Gewicht der Indizien zum Glauben an die Auferstehung als geschichtliche Tatsache gezwungen. Dazu ein Beispiel (zitiert von *John R. W. Stott*:

»Der bekannte englische Jurist Sir Edward Clarke schrieb einmal: ›Als Jurist habe ich mich längere Zeit mit den Zeugnissen für die Ereignisse von Ostern befaßt. Sie stellen in meinen Augen einen schlüssigen Beweis dar; oft genug habe ich am Obersten Gerichtshof ein Urteil herbeigeführt auf Grund von weit weniger zwingenden Indizien. Tatsachen fordern Erklärungen; ein zuverlässiges Zeugnis ist immer schlicht und geht nicht auf Effekt aus. Von solcher Art ist die Überlieferung von der Auferstehung im Neuen Testament, und als Jurist kann ich sie bedenkenlos annehmen als das Zeugnis zuverlässiger Leute von Dingen, die sie bezeugen konnten.‹« *J. R. W. Stott / 38*

»Man ist erstaunt: Obwohl keine Fakultät der Columbia-Universität in dieser Generation für die Verfechtung des christlichen Glaubens oder ein Lob auf Jesus von Nazareth bekannt ist, sagt dennoch ihre große *Enzyklopädie*, der wichtigste Band enzyklopädischen Charakters in der englischen Welt, ohne ein Wort der Einschränkung: ›Die Evangelien lassen Jesus nicht in seinem Grab. Am ersten Tag der Woche fanden es einige der Frauen, die zum Grabe gingen, offen, und der Leib Jesu war verschwunden. Ein Engel am Grabe sagte ihnen, er sei von den Toten auferstanden. Schon bald darauf sahen sie ihn und sprachen mit ihm, und seine Jünger sowie viele andere begegneten ihm.‹« *W. M. Smith a / 14*

Professor Thomas Arnold, zitiert von Wilbur Smith, vierzehn Jahre lang der berühmte Rektor von Rugby, Verfasser einer hervorragenden dreibändigen *Geschichte Roms (History of Rome)*, zum Professor für moderne Geschichte in Oxford ernannt, war ganz gewiß ein Mann, dem der Wert der Beweisführung in der Bestimmung historischer Daten sehr wohl bekannt war. Dieser große Gelehrte sagt in seinem Werk *Sermons on the Christian Life – Its Hopes, Its Fears, and Its Close*: »Die Indizien für das Leben und Sterben und Auferstehen unseres Herrn sind zufriedenstellend. Nach den allgemeinen Regeln zur Unterscheidung guter von schlechten Indizien sind sie gut. Tausend, ja Zehntausende von Personen haben sie Stück für Stück untersucht, so sorgfältig wie jeder Richter, der einen überaus wichtigen Fall zusammenfaßt. Ich habe es selbst vielmals getan, nicht um andere, sondern um mich selbst zu überzeugen. Ich bin nun schon viele Jahre lang daran gewöhnt, die Geschichte anderer Zeiten zu studieren und die Beweisführung derer zu untersuchen und abzuwägen, die darüber geschrieben haben, und ich kenne keine einzige Tatsache in der Geschichte der Menschheit, die von besseren und vollständigeren Belegen jeder Art bewiesen wurde [. . .] als das große Zeichen, das Gott uns gegeben hat: daß Christus starb und wiederauferstand von den Toten.« *W. M. Smith d / 425f.; T. Arnold / 324*

Wilbur Smith schreibt über eine große juristische Autorität des letzten Jahrhunderts, und zwar über *John Singleton Copley*, besser bekannt als Lord Lyndhurst (1772 bis 1863), anerkannt als einer der größten Rechtsgelehrten der britischen Geschichte, zweiter Kronanwalt der britischen Regierung im Jahre 1819, Generalstaatsanwalt von Großbritannien im Jahre 1824, dreimal Hochkanzler von England und 1846 gewählt als höchster Verwalter der Universität Cambridge, womit er zu Lebzeiten die höchsten Ämter innehatte, die einem Richter in Großbritannien je übertragen werden konnten. Als Kanzler Lyndhurst starb, fand man unter seinen privaten Papieren ein ausführliches Bekenntnis seines christlichen Glaubens. In diesem zuvor unbekannten Papier schrieb er: »Ich weiß sehr wohl, was Beweisführung ist; und ich sage Ihnen, eine Beweisführung wie die für die Auferstehung ist bisher noch nie zusammengebrochen.«

»Diese Aussage Lord Lyndhursts wurde Herrn E. H. Blakeney vom Winchester College durch den verstorbenen Bischof H. C. G. Moule übersandt. In der britischen Zeitschrift *Dawn* wurde vor ein paar Jahren Bezug auf diese Korrespondenz genommen. Ich habe es mir in einem Brief von Mr. Blakeney bestätigen lassen. In Marty Amoys Buch *The Domestic and Artistic Life of John Copley and Reminiscences of His Son, Lord Lyndhurst, High Chancellor of Great Britain* findet sich diese interessante Anmerkung: ›Ein Bericht über Lyndhursts Glauben an die Wahrheit der Religion sowie seine Anschauung über den Plan der Erlösung fand sich in seiner eigenen Handschrift nach seinem Tode im Schubfach seines Schreibtisches.‹ (Lord Lyndhurst starb am 11. Oktober 1863 im Alter von 91 Jahren.)« *W. M. Smith d / 425, 584; M. Amoy / 438f.*

Simon Greenleaf (1783–1853) war der namhafte Royall-Juraprofessor an der Harvard-Universität und trat an die Stelle des Richters Joseph Story als Dane-Juraprofessor derselben Universität nach Storys Tod im Jahre 1846. H. W. H. Knott sagt von dieser großen Autorität in der Rechtsprechung (*Dictionary of American Biography*, Bd. VII): »Den Anstrengungen Storys und Greenleafs ist der Aufstieg der Harvard-Rechtsakademie zu ihrer eminenten Stellung unter den Rechtsakademien der Vereinigten Staaten zuzuschreiben.« *W. M. Smith d / 423; H. W. H. Knott / 584*

Greenleaf schrieb ein hervorragendes Werk unter dem Titel *A Treatise on the Law of Evidence*, das »immer noch als größte Autorität über Beweisführung in der gesamten Literatur des Rechtsverfahrens gilt«. *W. M. Smith d / 423; S. Greenleaf a*

1846, als Greenleaf noch Professor der Rechtswissenschaft in Harvard war, schrieb er einen Band unter dem Titel *An Examination of the Testimony of the Four Evangelists by the Rules of Evidence Administered in the Courts of Justice* (»Eine Untersuchung des Zeugnisses der vier Evangelisten nach den Regeln der Beweisführung, wie sie in der Gerichtsbarkeit angewendet werden«). In diesem klassischen Werk untersucht der Autor den Wert des Zeugnisses der Apostel über die Auferstehung Christi. Er kommt dabei zu folgenden Schlüssen:

»Die großen Wahrheiten, die die Apostel verkündeten, waren, daß Christus von den Toten auferstand und daß die Menschen nur durch Umkehr von der Sünde und durch den Glauben an ihn Hoffnung auf Errettung haben können. Diese Lehre verkündeten sie einstimmig überall nicht nur unter größten Entmutigungen, sondern sogar angesichts der entsetzlichsten Irrtümer, die dem menschlichen Geist nur dargeboten werden können. Ihr Meister war erst kürzlich durch das Urteil eines öffentlichen Tribunals als Übeltäter umgekommen. Seine Religion trachtete danach, die Religionen der ganzen Welt umzuwerfen. Die Gesetze eines jeden Landes standen gegen die Lehren seiner Jünger. Die Interessen und Leidenschaften aller Herrscher und aller Großen der Welt richteten sich gegen sie. Die Lebensart der Welt war gegen sie. Bei der Verbreitung dieses neuen Glaubens, selbst in harmlosester und friedfertigster Weise, konnten sie nichts als Verachtung, Opposition, Verunglimpfungen, bittere Verfolgungen, Schläge, Gefangenschaft, Qualen und einen grausamen Tod erwarten. Dennoch propagierten sie diesen Glauben mit allem Eifer; und alle diese mißlichen Umstände ertrugen sie unverzagt, ja mit Freuden. Als einer nach dem anderen einen elenden Tod sterben mußte, führten die Überlebenden ihr Werk mit nur noch größerem Nachdruck und größerer Entschlossenheit aus. Die Annalen militärischer Kriegsführung geben uns kaum ein Beispiel ähnlich heldenhafter Beständigkeit, Geduld und unerschrockener Tapferkeit. Sie hatten jedes nur erdenkliche Interesse, die Gründe ihres Glaubens sowie die Beweise für die großen Tatsachen und Wahrheiten, die sie bezeugten, sorgfältig zu prüfen und zu überdenken; und dieses Interesse wurde ihnen immer wieder mit düsterer und furchtbarer Regelmäßigkeit [von ihren Verfolgern] aufgedrängt. Es war darum unmöglich, daß sie unbeirrt die Wahrheiten, von denen sie berichteten, weiterhin bestätigt hätten, wenn Jesus nicht in der Tat von den Toten auferstanden wäre und sie diese Tatsache nicht genauso gewiß wie jede andere Tatsache gewußt hätten. Wäre es moralisch möglich gewesen, daß sie in dieser Angelegenheit im Irrtum waren, so hätten sie jeden Anlaß gehabt, ihren Irrtum einzusehen und einzugestehen. Hätten sie dennoch beharrlich an der Unwahrheit festgehalten, so hätten sie damit nicht nur in ihrem Leben alles Böse, was man ihnen antun konnte, weiter ausgestanden, sondern auch die heftigen Qualen innerer bewußter Schuld ertragen müssen, und das alles ohne Hoffnung auf zukünftigen Frieden, ohne Zeugnis eines guten Gewissens, ohne Erwartung von Ehre und Wertschätzung seitens der Menschen, ohne Hoffnung auf Erfüllung in diesem Leben oder in der zukünftigen Welt.

Ein solches Verhalten der Apostel wäre darüber hinaus auch äußerst unvereinbar gewesen mit der Tatsache, daß sie [...] Menschen wie alle anderen waren: bewegt von denselben Motiven, beseelt von denselben Hoffnungen, beeinflußt von denselben Freuden, bedrückt von denselben Sorgen, aufgerüttelt von denselben Ängsten und denselben Leidenschaften, Versuchungen und Schwächen unterworfen wie wir. Und ihre Schriften zeigen, daß sie Männer mit einem lebendigen Verstand waren. Sollte darum ihr Zeugnis nicht wahr gewesen sein, so gäbe es keinen möglichen Beweggrund für seine Erfindung.« *S. Greenleaf b / 28–30*

John Locke war vielleicht der größte Philosoph des 17. Jh. Dieser britische Gelehrte sagt in seinem Werk *A Second Vindication of the Reasonableness of Christianity*:

»Es gibt einige Besonderheiten im Leben unseres Heilandes, die so sehr auf den Messias gehen [...], daß jemand, der sie von Jesus von Nazareth glaubte, damit gleicherweise glaubte, daß er der Messias war [...]Die wichtigste unter ihnen ist seine Auferstehung von den Toten. Und da diese der große Beweis und das Zeichen seiner Gottessohnschaft war, ist es keineswegs merkwürdig, daß der Glaube an seine Auferstehung gleichgesetzt wurde mit dem Glauben an ihn als den Messias; denn die Verkündigung seiner Auferstehung war die Verkündigung, daß er der Messias sei.« *J. Locke / 339f; W. M. Smith d / 422f*

Brooke Foss Westcott (1825–1901), der englische Gelehrte, der 1870 die königliche Professur in Cambridge erhielt, sagte (zitiert von *Paul Little*): »In der Tat, wenn man alle Beweise zusammenfaßt, kann man sagen, daß kein historisches Ereignis besser oder verschiedenartiger bewiesen ist als die Auferstehung Christi.« *P. E. Little / 56*

Clifford Herschel Moore, Professor an der Harvard-Universität, sagt treffend: »Das Christentum kannte seinen Retter und Erlöser nicht als irgendeinen Gott, dessen Geschichte auf einem mythischen Glauben beruhte, mit groben, primitiven und sogar verletzenden Elementen. [...] Jesus war ein historisches, kein mythisches Wesen. Es drängte sich kein ferner oder fauler Mythos dem christlichen Gläubigen auf; sein Glaube beruhte auf positiven, historischen und akzeptierbaren Fakten.« *C. H. Moore / 357; W. M. Smith a / 48*

Benjamin Warfield von Princeton erklärt in seinem Artikel »The Resurrection of Christ an Historical Fact, Evinced by Eye-Witnesses«, zitiert von Wilbur Smith in *Therefore Stand*:

»Die Inkarnation eines ewigen Gottes ist notwendigerweise ein Dogma; kein menschliches Auge könnte Zeuge seiner Erniedrigung in den Menschenstand sein, keine menschliche Zunge könnte sie als Tatsache bezeugen, und doch wäre unser Glaube vergeblich, und wir wären noch in unseren Sünden, wenn sie keine Tatsache wäre. Andererseits ist die Auferstehung Christi eine Tatsache, ein äußerliches Ereignis innerhalb der menschlichen Erkenntnis, durch andere Zeugnisse zu bestätigen und dennoch die Hauptlehre unseres Systems: an ihr hängen alle anderen Lehren.« *B. Warfield a / 305; W. M. Smith d / 361f.*

Wilbur Smith stellt einen eminenten Gelehrten dieses Jahrhunderts vor: »Einer der größten Physiologen unser Generation ist Dr. A. C. Ivy von der Fakultät für chemische Wissenschaften an der Universität von Illinois, der von 1946 bis 1963 Leiter der Abteilung für Physiologie an den Chicago Professional Colleges war. Als Vorsitzender der American Physiological Society von 1939 bis 1949 und Verfasser vieler wissenschaftlicher Artikel sind seine Worte heilsam:

›Ich glaube an die leibliche Auferstehung Christi. Wie Sie sagen, ist dies eine »persönliche Angelegenheit«, aber ich schäme mich nicht, die Welt wissen zu lassen, was ich glaube und daß ich meinen Glauben intellektuell vertreten kann [. . .] Ich kann diesen Glauben nicht so beweisen, wie ich bestimmte wissenschaftliche Tatsachen in meiner Bibliothek beweisen kann, die vor einhundert Jahren fast noch so geheimnisvoll waren wie die Auferstehung Jesu Christi. Auf der Basis der historischen Fakten unserer gegenwärtigen biologischen Kenntnisse kann der Wissenschaftler, der sich an die Philosophie der Wissenschaft hält, zwar die leibliche Auferstehung Jesu Christi bezweifeln, aber er kann sie nicht leugnen. Denn wenn er das täte, hieße das, er könnte beweisen, daß sie *nicht* stattfand. Ich kann nur sagen, daß die heutige biologische Wissenschaft keinen Leichnam auferstehen lassen kann, der drei Tage lang tot und begraben war. Wer die Auferstehung Jesu Christi aufgrund des gegenwärtigen Erkenntnisstandes der Biologie leugnet, der zeigt damit nach meinem Verständnis von aufrichtiger Wissenschaft eine unwissenschaftliche Haltung.‹« *W. M. Smith c / 622*

Michael Green berichtet, wie im 18. Jh. zwei intelligente junge

Männer, Gilbert West und Lord Lyttleton, die Freunde von Samuel Johnson und Alexander Pope waren, versuchten, das Christentum anzugreifen und als Lüge zu entlarven:

»Lyttleton wollte den Beweis erbringen, daß Saulus von Tarsus sich niemals zum Christentum bekehrt hatte, West wollte zeigen, daß Jesus nie auferstand.

Nach einiger Zeit trafen sie sich, um ihre Ergebnisse auszutauschen. Beiden war ein wenig eigentümlich zumute. Denn sie waren unabhängig voneinander zu gleichen und beunruhigenden Schlüssen gekommen. Lyttleton hatte nach genauen Forschungen herausgefunden, daß Saulus von Tarsus tatsächlich durch seine Hinwendung zum Christentum ein völlig neuer Mensch wurde. West mußte bekennen, daß das Beweismaterial unmißverständlich auf die Tatsache deutete, daß Jesus von den Toten auferstand. Heute noch kann man sein Buch in größeren Bibliotheken finden. Sein Titel lautet: ›Beobachtungen über die Geschichte und Beweise der Auferstehung Jesu Christi‹ (›Observations on the History and Evidences of the Resurrection of Jesus Christ‹), herausgegeben im Jahr 1747. Auf das Vordruckblatt ließ West ein Zitat aus Ecclesiasticus (Buch Jesus Sirach 11,7) drucken, das von jedem modernen Agnostiker [...] mit Gewinn angenommen werden könnte: ›Verdamme niemand, bevor du die Sache untersucht hast!‹« *M. Green b / 81f.*

»Alles weist unzweifelhaft darauf hin, daß Jesus am dritten Tag auferstand.«

Zu diesem Schluß kam auch ein früherer Lord Chief Justice, höchster Gerichtsbeamter der Regierung in England, Lord Darling. Auf einer privaten Abendgesellschaft kam man auf die Wahrheit des Christentums zu sprechen und besonders auf ein bestimmtes Buch, das von der Auferstehung handelte. Er verschränkte seine Finger, setzte eine richterliche Miene auf und sprach mit ruhiger, eindrucksvoller Stimme. ›Wir als Christen‹, sagte er, ›müssen viel glauben, die Lehren und Wunder Jesu zum Beispiel. Wenn wir lediglich auf den Glauben angewiesen wären, würde ich, glaube ich, skeptisch werden. Die Lösung des Problems, ob Jesus der war, als den er sich selbst bezeichnete, oder nicht, ist sicher bei der Frage zu suchen, ob die Auferstehung wahr ist. An diesem – dem größten – Punkt sind wir nicht nur auf unseren Glauben angewiesen. Es gibt eine solche Beweisfülle für die Auferstehung, positiv und negativ, durch Tatsachen und Indizien, daß es jeder intelligenten Jury der Welt gelänge, das Urteil zu fällen: die Auferstehungsgeschichte ist wahr.‹« *M. Green b / 79 (korrigierte Übersetzung)*

Armand Nicholi von der Harvard Medical School spricht von J. N. D. Anderson als » [. . .] einem Gelehrten von internationalem Ruf und einem, der vorzüglich qualifiziert ist, das Thema ›Beweisführung‹ zu behandeln. Er ist eine der führenden Autoritäten der Welt im islamischen Recht. [. . .] Er ist Dekan der juristischen Fakultät an der Universität London, Vorsitzender der Abteilung für orientalisches Recht an der Schule für orientalische und afrikanische Studien sowie Direktor des Instituts für fortgeschrittene Rechtsstudien an der Londoner Universität.« *J. N. D. Anderson b / 4*

Dieser hervorragende britische Gelehrte, der auf dem Gebiet der internationalen Rechtsprechung großen Einfluß hat, sagt: »Die Indizien für die historische Grundlage des christlichen Glaubens, für die wesentliche Echtheit des neutestamentlichen Zeugnisses über die Person und die Lehren Christi, für die Tatsache und Bedeutung seines Sühnetodes und für die Historizität des leeren Grabes und das apostolische Zeugnis über die Auferstehung sind dergestalt, daß sie ein ausreichendes Fundament für das Wagnis des Glaubens bilden.« *J. N. D. Anderson a / 106*

3.3 Das Zeugnis der frühkirchlichen Väter

Professor W. J. Sparrow-Simpson sagt: »Neben der Christologie ist die Auferstehung zweifelsohne die Lehre, die in der frühchristlichen Literatur den wichtigsten Platz einnahm.

Das subapostolische Zeitalter bietet viele Hinweise, aber das zweite Jahrhundert gibt uns Abhandlungen, die sich ausschließlich damit beschäftigen; so z. B. Athenagoras und das Justin dem Märtyrer zugeschriebene Werk.« *W. J. Sparrow-Simpson a / 339*

Professor Bernard Ramm kommentiert: »Sowohl in der Kirchen- als auch der Bekenntnisgeschichte wird die Auferstehung von frühester Zeit an bezeugt. Sie wird im Brief des Klemens von Rom an die Korinther erwähnt (95 n. Chr.) und dann die gesamte patristische Tradition hindurch bezeugt. Sie erscheint in allen Formen des *Apostolischen Glaubensbekenntnisses*, ohne je in Frage gestellt zu werden.« *B. Ramm b / 192*

Sparrow-Simpson sagt:

»Die Substanz des Evangeliums des Ignatius [ca. 50–115

n. Chr.] ist Jesus Christus, und die christliche Religion besteht im ›Glauben an ihn und Liebe zu ihm, sowie in seiner Passion und Auferstehung‹. Er befiehlt den Christen, sie sollten ›völlig überzeugt sein von der Geburt und Passion und Auferstehung‹.

Jesus Christus wird als ›unsere Hoffnung durch die Auferstehung‹ beschrieben. Die Auferstehung Jesu ist gleichzeitig die Verheißung unserer Auferstehung.

Ignatius erklärt überdies, daß die Gemeinde ›sich freut über die Passion unseres Herrn und über seine Auferstehung, ohne zu wanken‹. Die Hauptfakten, von denen er spricht, sind Christi Kreuz und Tod und Auferstehung. Diese faßt er zusammen. Über gewisse Häretiker sagt er: ›Sie entziehen sich der Eucharistie und dem Gebet, weil sie nicht bekennen, daß die Eucharistie das Fleisch unseres Heilands Jesu Christi ist, das für unsere Sünden litt und das der Vater in seiner barmherzigen Güte auferweckte.‹ Wiederum sagt er, daß die Auferstehung ›sowohl für das Fleisch wie für den Geist‹ galt.« *W. J. Sparrow-Simpson a / 339*

Sparrow-Simpson fügt hinzu:

»In den Briefen des Polykarp an die Philipper (um 110 n. Chr.) spricht der Verfasser über unseren Herrn Jesus Christus, der ›ausharrte bis zum Tode für unsere Sünden, den Gott auferweckte, indem er die Bande des Todes löste.‹ Er sagt, Gott ›erweckte unseren Herrn Jesus Christus von den Toten und gab ihm Ehre und einen Thron zu seiner Rechten und unterwarf ihm alle Dinge im Himmel und auf Erden.‹ Der auferstandene Jesus ›wird kommen als Richter der Lebendigen und der Toten.‹ Und ›er, der ihn von den Toten auferweckte, wird auch uns auferwecken, wenn wir seinen Willen tun und in seinen Geboten wandeln.‹

Für den Polykarp ist der erhöhte Jesus ›der ewige Hohepriester‹. Und des frommen Bischofs letztes Gebet vor seinem Martyrium war, daß er ›teilhaben möge an der Zahl der Märtyrer im Kelch Christi zur Auferstehung des ewigen Lebens der Seele wie des Leibes in der Unverweslichkeit des Heiligen Geistes‹.« *W. J. Sparrow-Simpson a / 341*

Professor Sparrow-Simpson sagt über die Abhandlung von Justin dem Märtyrer über die Auferstehung (um 100–165): »[Sie] behandelt die christliche Lehre. Zeitgenössische Opposition gegen den Glauben behauptete, die Auferstehung sei unmöglich; unerwünscht, da das Fleisch die Ursache der Sünde sei; unvorstellbar, da das Überleben existierender Organe keinen Sinn haben könne. Weiterhin behaupteten sie, daß die Auferstehung Christi nur physischer Erscheinung nach und nicht physischer Wirklichkeit nach stattgefunden habe. Auf diese Einwände und Schwierigkeiten [... gab] Justin [Antwort...]« *W. J. Sparrow-Simpson a / 342*

Elgin Moyer erwähnt einen weiteren Kirchenvater, Quintus Septimus Florens Tertullian:

»(um 160–220), lateinischer Kirchenvater und Apologet, geboren in Karthago, Nordafrika [...] Eine gründliche Bildung bereitete ihn auf eine erfolgreiche Schriftstellerlaufbahn sowohl in Griechisch als auch in Latein vor, ebenso für die Politik, die Rechtsprechung und Redegewandtheit vor Gericht. Dreißig oder vierzig Jahre lang lebte er in Zügellosigkeit. Um 190 n. Chr. nahm er das Christentum mit tiefer Überzeugung an. Der Rest seines Lebens war treu der Verfechtung des christlichen Glaubens gegen Heiden, Juden und Häretiker gewidmet. Er war [...] ein starker Verteidiger des Glaubens.« *E. S. Moyer / 401*

Bernard Ramm folgert: »Der Unglaube muß das gesamte Zeugnis der Väter leugnen [...] Er muß unterstellen, daß diese Männer entweder nicht die Motivation oder nicht die historischen Maßstäbe besaßen, um die Auferstehung Christi wirklich zu untersuchen. Die Väter, die von der orthodoxen Ostkirche, von der römisch-katholischen Kirche und der anglikanischen Kirche als autoritativ [...] angesehen und von den Reformatoren respektiert werden, denen von allen Theologen gebührende Bedeutung beigemessen wird, *werden durch den Unglauben einfach abgeschrieben* . Sie werden in bezug auf Daten über die apostolische oder den Aposteln nahestehende Theologie als vertrauenswürdig bezeichnet, aber wo es um die Tatsachen geht, wird ihnen keine Spur von Zeugnisfähigkeit zugebilligt. Aber das muß so sein, sonst könnte der Unglaube seine Sache nicht durchsetzen.« *B. Ramm b / 206*

4. Detailanalyse

4.1 Die Lage vor der Auferstehung

4.1.1 Jesus war tot

Markus berichtet über folgende Ereignisse nach dem Tod Jesu:

»Pilatus aber wollte dem Volk zu Willen sein und gab ihnen

er gekreuzigt werde. Die Soldaten aber führten ihn hinein in den Palast, das ist ins Prätorium, und riefen die ganze Abteilung zusammen und zogen ihm einen Purpurmantel an und flochten eine Dornenkrone und setzten sie ihm auf und fingen an, ihn zu grüßen: Gegrüßet seist du, der Juden König! Und sie schlugen ihn mit einem Rohr auf das Haupt und spien ihn an und fielen auf die Knie und huldigten ihm. Und als sie ihn verspottet hatten, zogen sie ihm den Purpurmantel aus und zogen ihm seine eigenen Kleider an. Und sie führten ihn hinaus, daß sie ihn kreuzigten.« (Mk 15, 15–20)

Die Geißelung eines Opfers vor der Kreuzigung schildert *John Mattingly* folgendermaßen:

»Dem für schuldig erklärten Verbrecher wurden für gewöhnlich zuerst die Kleider gewaltsam ausgezogen, dann wurde er an einen Pfosten oder eine Säule im Gerichtshaus angebunden. Die schreckliche und grausame Geißelung wurde danach von den Liktoren oder Geißelknechten vorgenommen. Während die Hebräer durch ihr Gesetz die Zahl der Geißelschläge auf vierzig begrenzten, setzen die Römer keine solche Einschränkungen fest, und das Opfer war der Gnade oder Ungnade seiner Peiniger ausgeliefert.«

Das brutale Instrument zur Auspeitschung des Opfers wurde *flagrum* genannt. Über dieses Gerät sagt *Mattingly*: »Es ist leicht zu sehen, daß die langen Knochen- und Metallstücke das menschliche Fleisch tief aufrissen.« *J. P. Mattingly / 21*

John Mattingly weist auf eine Beobachtung von *Johann Peter Lange* hin (*Leben Jesu*, II. Buch) und sagt: »Man hat vermutet, daß [Jesu] Geißelung das normale Maß an Grausamkeit noch überstieg. Während nämlich die normale Geißelung von Liktoren vorgenommen wurde, kommt Lange zu dem Schluß, daß Pilatus Soldaten dafür einsetzte, weil ihm keine Liktoren zur Verfügung standen. So kann man aus dem Charakter dieser gemeinen, niederträchtigen Soldaten schließen, daß sie über die von den Liktoren ausgeübten Grausamkeiten noch hinausgingen.« *J. P. Mattingly / 33; J. P. Lange Bd. II / 1522 Fußnote*

Nach Erleiden der intensivsten Formen physischer Züchtigungen mußte Christus auch noch den Weg zur Kreuzigungsstätte erdulden. Dazu Mattingly:

1. »Schon die Vorbereitung für diesen Gang muß eine Quelle akuter Qual gewesen sein. Mt 27,31 lautet: ›Und als sie ihn verspottet hatten, zogen sie ihm den Mantel aus und zogen ihm seine Kleider an und führten ihn ab. um ihn zu kreuzigen.‹ Das rück-

sichtslose Herunterziehen seiner eigenen Kleider, was zweifellos ohne Rücksicht auf die von der Geißelung zerschnittene und zerschlagene Haut geschah, verursachte große Schmerzen.« *J. P. Mattingly / 35*

2. »Die Aussage ›Und sie brachten ihn zu der Stätte Golgatha‹ (Mk 15,22) deutet auch an, daß Christus nicht fähig war, in eigener Kraft zu gehen, und buchstäblich zur Hinrichtungsstätte gebracht oder getragen werden mußte. So wurden die ekelhaften und entsetzlichen Leiden vor dem Kreuz beendet, und die eigentliche Kreuzigung begann.« *J. P. Mattingly / 36*

Markus berichtet folgendes über Christi Kreuzigung:
»Und sie brachten ihn zu der Stätte Golgatha, das heißt übersetzt: Schädelstätte. Und sie gaben ihm Myrrhe in Wein zu trinken; aber er nahm's nicht. Und sie kreuzigten ihn. Und sie teilten seine Kleider und warfen das Los, wer was bekommen solle. Und es war die dritte Stunde, als sie ihn kreuzigten. Und es stand über ihm geschrieben, welche Schuld man ihm gab, nämlich: Der König der Juden. Und sie kreuzigten mit ihm zwei Räuber, einen zu seiner Rechten und einen zu seiner Linken. Und die vorübergingen, lästerten ihn und schüttelten ihre Köpfe und sprachen: Ha, der du den Tempel abbrichst und baust ihn auf in drei Tagen, hilf dir nun selber und steig herab vom Kreuz! Desgleichen verspotteten ihn auch die Hohenpriester untereinander samt den Schriftgelehrten und sprachen: Er hat andern geholfen und kann sich selber nicht helfen. Ist er der Christus, der König von Israel, so steige er nun vom Kreuz, damit wir sehen und glauben. Und die mit ihm gekreuzigt waren, schmähten ihn auch. Und zur sechsten Stunde kam eine Finsternis über das ganze Land bis zur neunten Stunde. Und zur neunten Stunde rief Jesus laut: Eli, Eli, lama asabtani? das heißt übersetzt: Mein Gott, mein Gott, warum hast du mich verlassen? Und einige, die dabeistanden, als sie das hörten, sprachen sie: Siehe, er ruft den Elia. Da lief einer und füllte einen Schwamm mit Essig und steckte ihn auf ein Rohr, gab ihm zu trinken und sprach: Halt, laßt sehen, ob Elia komme und ihn herabnehme! Aber Jesus schrie laut und verschied. Und der Vorhang im Tempel zerriß in zwei Stücke von obenan bis untenaus. Der Hauptmann aber, der dabeistand, ihm gegenüber, und sah, daß er so verschied, sprach: Wahrlich, dieser Mensch ist Gottes Sohn gewesen!« (Mk 15,22–27.29–39)

Über die Kreuzigung selbst sagt *Mattingly*: »Es kann nicht zu sehr betont werden, daß die am Kreuz erduldeten Leiden äußerst intensiv und grausam waren. Die Greulichkeit dieser Qual erkannte auch der berühmteste Redner Roms, Marcus Tullius Cicero. Er sagt: ›Selbst das *Wort* ›Kreuz‹ muß nicht nur von den Lippen der Bürger Roms fernbleiben, sondern auch von ihren Gedanken, ihren Augen, ihren Ohren‹ [Marcus Tullius Cicero, *Pro Rabirio*, V,16].« *J. P. Mattingly / 26*

Farrar gibt uns eine realistische Schilderung des Kreuzigungstodes:

»Denn in der Tat scheint ein Kreuzigungstod alles zu enthalten, was Schmerzen und Tod überhaupt an Fürchterlichem und Grausigem haben *können*: Benommenheit, Krampf, Durst, Hunger, Schlaflosigkeit, Wundfieber, Tetanus, Schande, Zurschaustellung der Schande, lange Dauer der Qual, Schrecken des zu Erwartenden, Nekrose der unbehandelten Wunden – alles intensiviert bis zu dem Punkt, an dem man es überhaupt noch ertragen kann, aber alles knapp vor dem Punkt, der dem Leidenden eine Erleichterung durch die Bewußtlosigkeit gäbe.

Die unnatürliche Haltung machte jede Bewegung zur Qual; die zerrissenen Adern und zerfetzten Sehnen pulsierten mit unaufhörlichem Schmerz; die Wunden, entzündet durch ihre Entblößung, wurden allmählich brandig; die Arterien – besonders am Kopf und am Bauch – schwollen unter dem Druck des angestauten Blutes an; und während jede einzelne Qual langsam zunahm, kam noch die unerträgliche Pein eines brennenden und wütenden Durstes hinzu; und all diese physischen Komplikationen verursachten eine innere Erregung und Angst, die den Ausblick auf den Tod selbst – den Tod, den unbekannten Feind, vor dessen Nahen die Menschen sonst am meisten erzittern – als eine köstliche und wünschenswerte Erlösung erscheinen ließen.« *F. W. Farrar / 440*

Professor E. H. Day erläutert: »Es ist Markus, der Pilatus' Verwunderung betont, als dieser hörte, daß Christus bereits gestorben sei, sowie sein persönliches Befragen des Hauptmanns, ehe er die Erlaubnis gab, den Leichnam vom Kreuz zu nehmen. Den römischen Soldaten waren die Anzeichen des Todes oder der Anblick des Todes nach einer Kreuzigung nicht unbekannt.« *E. H. Day / 46–48*

Wie *Michael Green* erwähnt, waren Kreuzigungen in Palästina nichts Ungewöhnliches. *M. Green b / 50*

Pilatus forderte eine Bestätigung über den Tod Christi. Er bekam sie von Fachleuten, die den Umgang mit dem Tod gewohnt waren: »Vier Soldaten kamen, um zu prüfen, ob er tot sei, bevor ein Freund, Joseph von Arimathia, den Leichnam zum Begräbnis fortholen durfte. [. . .] Sie erkannten, ob ein Mensch tot war, sobald sie ihn sahen. Außerdem hatte ihr Befehlshaber den Todesschrei des Verurteilten selbst gehört und dem Landpfleger Pontius Pilatus den Tod bestätigt (Markus 15,39–44).« *M. Green b / 50*

John R. W. Stott schreibt: »Bekanntlich wunderte sich Pilatus, daß Jesus schon gestorben sein sollte, aber der Offizier, den er befragte, bestätigte es ihm (vgl. Mark. 15,44f.), und diese Auskunft genügte für Pilatus, die Leiche zur Bestattung freizugeben.« *J. R. W. Stott / 39*

Professor Day bemerkt: »Der Bericht im Matthäusevangelium über die Bewachung des Grabes ist ein klarer Beweis dafür, daß die Juden ihrerseits Jesus für tot hielten.« Day weist ferner darauf hin, daß keiner »von denen, die bei der Abnahme des Leichnams vom Kreuz und bei der Grablegung anwesend waren, irgendeinen Verdacht hegte, daß noch Leben vorhanden sei.« *E. H. Day / 46–48*

Day sagt in einer Betrachtung des Buches *The Physical Cause of the Death of Christ* über den Verfasser, *James Thompson*: »[Er] zeigt auf, daß der Tod Christi nicht auf physische Erschöpfung oder auf die Schmerzen der Kreuzigung zurückzuführen war, sondern auf seelische Pein, die einen Bruch des Herzens hervorrief. Seine Geistes- und Leibesenergie beim Sterben beweist unwiderleglich, daß sein Tod nicht das Ergebnis von Erschöpfung war; der Speer des Soldaten war das Werkzeug, mit dem der Welt gezeigt wurde, daß sein Tod auf einen Riß des Herzens zurückzuführen war.« *E. H. Day / 48f.*

Samuel Houghton, der große Physiologe der Universität Dublin, erklärt seine Ansicht über die physische Ursache des Todes Christi:

»Als der Soldat mit seinem Speer die Seite Christi durchstach, war dieser bereits tot; und der folgende Ausfluß von Blut und Wasser war entweder ein natürliches Phänomen, erklärbar durch natürliche Ursachen, oder ein Wunder. Daß Johannes es, wenn nicht für ein Wunder, dann wenigstens für ungewöhnlich hielt, wird durch den Kommentar deutlich, den er darüber gibt, und durch die betonte Weise, in der er seine Genauigkeit bei der Berichterstattung erklärt.

Wiederholte Beobachtungen und Experimente an Menschen und Tieren haben mich zu folgenden Resultaten geführt:

Wenn die linke Seite nach Eintritt des Todes ungehemmt mit einem großen Messer, vergleichbar mit einem römischen Speer, durchstochen wird, tritt einer von drei deutlich unterschiedlichen Fällen ein:

1. Kein Ausfluß irgendwelcher Art folgt auf die Wunde, außer einem leichten Bluttröpfeln.
2. Ein reichlicher Blutfluß folgt auf die Wunde.
3. Nur ein Ausfluß von Wasser und danach ein paar Tropfen Blut folgen der Wunde.

Von diesen drei Fällen tritt für gewöhnlich der erste ein; der zweite ist bei Todesfällen durch Ertrinken und durch Strychnin zu finden, er läßt sich durch Vernichten eines Tieres mit diesem Gift demonstrieren und kann als natürlicher Umstand bei einer gekreuzigten Person nachgewiesen werden; der dritte findet sich bei Todesfällen durch Pleuritis, Perikarditis und Herzriß. Mit den genannten Fällen sind die meisten Anatomisten, die diesem Fall ihre Aufmerksamkeit gewidmet haben, vertraut; aber die beiden folgenden Fälle – obschon sie sich leicht anhand physiologischer Prinzipien erklären lassen – werden in den Büchern nicht genannt (außer bei Johannes). Auch ich habe nicht die Gelegenheit gehabt, ihnen zu begegnen:

4. Ein reichlicher Ausfluß von Wasser, danach ein reichlicher Ausfluß von Blut, folgt auf die Wunde.
5. Ein reichlicher Ausfluß von Blut, danach ein reichlicher Ausfluß von Wasser, folgt auf die Wunde.

[...] Tod durch Kreuzigung ruft in den Lungen einen Blutzustand ähnlich dem durch Ertrinken und Strychnin hervor; der vierte Fall würde bei einem gekreuzigten Menschen eintreten, der zuvor einen pleuritischen Bluterguß erlitten hat; und der fünfte Fall würde bei einem gekreuzigten Menschen eintreten, der am Kreuz durch einen Herzriß gestorben ist. Die Vorgeschichte aus den Tagen vor der Kreuzigung unseres Herrn schließt die Vermutung einer Pleuritis völlig aus, die schon dann nicht in Frage käme, wenn zuerst Blut und dann Wasser auf die Wunde folgte. Daher bleibt keine andere Möglichkeit zur Erklärung des berichteten Phänomens als die *Kreuzigung in Verbindung mit dem Bruch des Herzens*.

Daß ein Herzriß die Ursache des Todes Christi war, ist in fähiger Weise von Dr. William Stroud dargelegt worden; und daß ein

Herzriß in der Tat vorlag, davon bin ich fest überzeugt [...]« *F. C. Cook / 349f.*

Der Apostel Johannes berichtet in einer minuziös detaillierten Beschreibung über seine Beobachtungen auf Golgatha. Daraus folgert Houghton:

»Die Bedeutung dessen liegt auf der Hand. Es beweist, daß der Bericht in Johannes 19 niemals erfunden sein kann; daß die angeführten Fakten von einem *Augenzeugen* stammen mußten; und daß der Augenzeuge so erstaunt war, daß er anscheinend das Phänomen als ein Wunder betrachtete.« *F. C. Cook / 349f.*

Michael Green schreibt über den Tod Christi: »Durch Augenzeugenbericht wissen wir, daß ›Blut und Wasser‹ aus der durchbohrten Stelle herauskamen (Johannes 19,34.35). Der Augenzeuge schien dies für sehr wichtig zu halten. Wäre Jesus noch am Leben gewesen, als der Speer seinen Körper durchbohrte, wären mit jedem Herzschlag starke Blutstöße herausgestürzt. Statt dessen bemerkte der Beobachter, wie ein halbflüssiges, schwarzrotes Gerinnsel aus der Wunde sickerte, das klar von der gleichzeitig herausfließenden wasserartigen Flüssigkeit getrennt war. Dies ist ein Zeichen für ein starkes Gerinnen des Blutes in den Hauptschlagadern, ein klarer medizinischer Beweis des Todes.« *M. Green b / 50f.*

Samuel Chandler sagt: »Alle Evangelisten stimmen darin überein, daß *Joseph Pilatus um den Leib Jesu gebeten hatte*; und daß Pilatus ihn ihm überließ, nachdem er von dem Hauptmann, der das Kreuz bewachte, erfahren hatte, daß Jesus [...] *schon seit einiger Zeit tot war*.« *S. Chandler / 62f.*

Chandler erklärt dazu: »Der bemerkenswerte Umstand, daß *Joseph und Nikodemus nach der jüdischen Sitte der Grablegung den Leichnam Jesu mit den Spezereien in leinene Tücher banden,* ist ein voller Beweis dafür, daß Jesus *tot war* und daß man dies wußte. Wenn noch *ein Funke* an Leben in ihm gewesen sein sollte, nachdem man ihn vom Kreuz abgenommen hatte, so muß die *beißende Eigenart* der Myrrhe und Aloe, ihr stechender Geruch, ihre Bitterkeit, die leinenen *Bandagen*, mit denen sie seinen Leib umwickelten, dazu Kopf *und Gesicht* mit einem Schweißtuch, ›*wie die Juden pflegen zu begraben*‹, auch diesen Funken völlig ausgelöscht haben.« *S. Chandler / 62f.*

Ein Heidelberger Professor namens *Paulus* versuchte Anfang des 19. Jh. die Auferstehung zu widerlegen, indem er behauptete, Jesus sei nicht wirklich gestorben, sondern habe lediglich am

Kreuz einen Ohnmachtsanfall erlitten. Dazu der französische Bischof *E. Le Camus* in seinem Buch über das Leben Jesu:

»Er rief die ärztliche Wissenschaft als Bundesgenossin an; allein gerade diese erklärte alsbald seine Anschauung für unhaltbar. Sie hielt ihm entgegen, daß Jesus, wenn lebend vom Kreuze herabgenommen, im Grabe sicher gestorben wäre, indem die Berührung seines erstarrten Leibes mit dem kalten Stein ein Gerinnen des Blutes, dessen Kreislauf ja aufgehört hatte, hätte herbeiführen müssen. Nicht durch Einsperrung in eine Grabeshöhle, sondern durch Zuführung frischer Luft wird ein Ohnmächtiger wieder belebt. Der betäubene Duft der Spezereien an dem luftdicht verschlossenen Orte hätte einem Kranken, von alleräußerster Schwäche Befallenen den Tod geben müssen. [. . .] Heutzutage ist man denn doch zur Einsicht gekommen, daß es gut sei, dieser ebenso unsinnigen als gehässigen Hypothese zu entsagen.« *E. Le Camus Bd. II / 571 f. Fußnote*

Wie *Professor Albert Roper* es formuliert: »Jesus wurde von römischen Soldaten gekreuzigt, und zwar nach dem Gesetz Roms, das die Soldaten bis zum äußersten getreu ausführten.« *A. Roper / 33*

Abschließend können wir nur der Aussage zustimmen, die der Apostel Johannes über seine Beobachtungen beim Tode Christi machte, als er sein Zeugnis über dieses Geschehen für gültig erklärte:

»Und der das gesehen hat, hat es bezeugt, und sein Zeugnis ist wahr, und er weiß, daß er die Wahrheit sagt [. . .]« (Joh 19,35).

4.1.2 Das Grab

Wilbur M. Smith bemerkt, daß »das Wort für *Grab* oder *Gruft* zweiunddreißigmal in diesen vier Evangeliumsberichten über die Auferstehung vorkommt [. . .].« *W. M. Smith b / 38*

Das Grab Josephs von Arimathäa am Ostermorgen war in der Tat von größtem Interesse für die Evangeliumsschreiber. Über die Beerdigung Christi sagt *W. J. Sparrow-Simpson*:

»Es war römische Gewohnheit, das Kreuzigungsopfer am Kreuz als Beute für Raubvögel und -tiere hängen zu lassen. Wem aber würde es im Traum einfallen, daß es für diese Regel keine Ausnahmen gegeben habe? Josephus (*Lebensbeschreibung,* Kap. 75) bewog Kaiser Titus, drei Gekreuzigte, die noch lebten, vom Kreuz abnehmen zu lassen. Würde jemand behaupten wollen, daß dies nicht historisch sein könne, weil die Regel anders lautete? Zweifellos war es bei den Juden üblich, Hingerichtete zu begraben; das war jüdisches Gesetz. Aber Josephus versichert uns, daß zuweilen die Juden selbst dieses Beerdigungsgesetz brachen. In seiner *Geschichte des jüdischen Krieges* (IV.5.2) schreibt er:

›Sie trieben ihren Mutwillen so weit, daß sie die toten Körper unbeerdigt beiseite warfen, während doch die Judäer um das Begräbnis ihrer Toten so ängstlich besorgt sind, daß sie selbst die Leichen der zum Kreuzestod Verurteilten vor Sonnenuntergang abnehmen und bestatten.‹ [*Josephus b / 304*]

Loisy ist der Ansicht, daß Verwandte eventuell Erlaubnis bekamen, einen Hingerichteten zu begraben. Jedoch holte kein Verwandter Jesu eine solche Erlaubnis ein, auch keiner der Zwölf. Die drei Gekreuzigten, um deren Kreuzesabnahme Josephus die kaiserliche Autorität ersuchte, waren keine Verwandten; sie waren nur Freunde. Er ›erinnerte sich ihrer als ehemalige Bekannte‹. Es gäbe sehr triftige Gründe gegen die Wahrscheinlichkeit der Bitte Josephus', mehr noch gegen ihre Erfüllung. Doch niemand scheint deren Tatsächlichkeit zu bezweifeln. Sie werden immer wieder als Tatsachen zitiert. Weshalb also sollte nicht auch Joseph von Arimathäa eine ähnliche Bitte an Pilatus gerichtet haben?« *W. J. Sparrow-Simpson a / 21f.*

Henry Latham gibt in seinem Buch *The Risen Master* folgende Information über die Grablegung Jesu. Er zitiert zuerst » [. . .] die Beschreibung des Felsengrabes unseres Herrn nach der angeblichen Neuentdeckung durch die Kaiserin Helena. Der Bericht stammt von Eusebius von Cäsarea – dem Vater der Kirchengeschichte. Er wurde seinem Werk *Theophania* entnommen – ein Werk, das in diesem Jahrhundert wiedergefunden wurde und von dem eine englische Übersetzung im Jahre 1843 von Dr. Lee in Cambridge herauskam.

›Das Grab selbst war eine Höhle, die gerade erst aus dem Felsen herausgehauen war und die (die Aufnahme von) keinem anderen Leib erfahren hatte. Denn es gebührte sich, daß sie, die selbst ein Wunder war, nur diesem Leichnam allein dienen sollte. Es ist erstaunlich, schon allein diesen Felsen zu sehen, der da aufrecht und als einziger auf ebenem Boden steht und nur eine Höhle enthält; damit nicht durch eine Vielzahl von Höhlen das Wunder dessen, der den Tod überwand, verdunkelt würde.‹« *H. Latham / 87; Eusebius b (III. 61) / 199*

Latham weiter:

»Auszug aus *Architectural History of the Holy Sepulchre* von R. Willis, in: *The Holy City* von G. Williams, Bd. II, Kap. III, S. 143f.:

›In vielen Fällen wurde der Sarkophag, die Bahre oder sonstige Liegestatt aus dem festen Felsen herausgemeißelt und muß somit aus dem Boden oder aus der Seite herausgeragt haben, nachdem man die Grabkammer herausgehauen hatte. Wurde die Steinliege in Gebrauch genommen, ließ man die Oberfläche entweder eben oder höhlte sie zwei bis fünf Zentimeter tief aus, damit der Leib darauf ruhen konnte; und ein erhöhter Teil wurde oft am Kopfende belassen, um als Kissen zu dienen, oder es wurde eine runde Höhlung ausgemeißelt für denselben Zweck. Solche Liegen findet man in den etruskischen Felsengräbern und in jenen von Griechenland und Kleinasien [. . .] In den jüdischen Gräbern von Syrien jedoch schien man stets eine Nische in der Seite des Grabraumes benutzt zu haben. Aber selbst hier gibt es große Unterschiede. In ihrer einfachen Form war sie eine rechteckige Öffnung oder Höhle in der Wand auf der felsigen Seite des Grabes, wobei der Boden gewöhnlich höher lag als im Grabraum selbst; und ihre Länge und Tiefe waren gerade groß genug für den menschlichen Leichnam, den man dort hineinlegte. Oftmals wurde ihre Decke oder Laibung zu einem Bogen gewölbt, der entweder segmentär oder halbkreisförmig war; und dies war auch ihre gewöhnliche Form, wenn ein Sarkophag dort abgestellt wurde.‹« *H. Latham / 87f.; G. Williams / 143f.*

4.1.2.1 Grab oder Grube?

Professor Guignebert macht in seinem Werk *Jesus* folgende völlig unbegründete Aussage: »Die Wahrheit ist, daß wir nicht wissen – und aller Wahrscheinlichkeit nach wußten es die Jünger nicht besser –, wohin man den Leichnam Jesu geworfen hatte, nachdem er vom Kreuz abgenommen worden war, wahrscheinlich von den Urteilsvollstreckern. Es ist wohl eher anzunehmen, daß man ihn in die *Grube* für die Hingerichteten geworfen hatte, anstatt ihn in ein neues *Grab* zu legen.« *W. M. Smith d / 372; Ch. Guignebert / 500*

- Professor Guignebert kann diese Behauptung durch nichts stützen.

- Er ignoriert völlig die Zeugenaussagen zu den Ereignissen, wie sie uns aus der weltlichen und kirchlichen Literatur der ersten drei Jahrhunderte erhalten sind.
- Er läßt den so einfachen, klaren Bericht der Evangelien vollständig unbeachtet:

1. Weshalb wurden denn die folgenden Berichte gegeben, wenn der Leib Christi nicht von Josef von Arimathäa abgeholt worden war?
   »Am Abend aber kam ein reicher Mann aus Arimathäa, der hieß Josef und war auch ein Jünger Jesu. Der ging zu Pilatus und bat um den Leib Jesu. Da befahl Pilatus, man sollte ihm ihn geben.« (Mt 27,57–58)
   »Und als es schon Abend wurde und weil Rüsttag war, das ist der Tag vor dem Sabbat, kam Josef von Arimathäa, ein angesehener Ratsherr, der auch auf das Reich Gottes wartete, der wagte es und ging hinein zu Pilatus und bat um den Leichnam Jesu. Pilatus aber wunderte sich, daß er schon tot sei, und rief den Hauptmann und fragte ihn, ob er schon lange gestorben sei. Und als er's erkundet hatte von dem Hauptmann, gab er Joseph den Leichnam.« (Mk 15,42–45)
   »Und siehe, da war ein Mann mit Namen Josef, ein Ratsherr, der war ein guter, frommer Mann und hatte ihren Rat und ihr Handeln nicht gebilligt. Er war aus Arimathäa, einer Stadt der Juden, und wartete auf das Reich Gottes. Der ging zu Pilatus und bat um den Leib Jesu [...]« (Lk 23,50-52)
   »Danach bat Josef von Arimathäa, der ein Jünger Jesu war, doch heimlich, aus Furcht vor den Juden, den Pilatus, daß er den Leichnam Jesu abnehmen dürfe. Und Pilatus erlaubte es.« (Joh 19,38)
   Die Dokumente sprechen für sich; der Leib Christi wurde alles andere als in eine Grube für Hingerichtete geworfen!

2. Wie ist es mit den Berichten über die Beerdigungsvorbereitungen?
   »Und Josef nahm den Leib und wickelte ihn in ein reines Leinentuch [...]« (Mt 27,59)
   »Und (Josef) kaufte ein Leinentuch und nahm ihn ab und wickelte ihn in das Tuch [...]« (Mk 15,46)
   »Und als der Sabbat vergangen war, kauften Maria von Magdala und Maria, die Mutter des Jakobus, und Salome wohlriechende Öle, um hinzugehen und ihn zu salben.« (Mk 16,1)

»Sie kehrten aber um und bereiteten wohlriechende Öle und Salben.« (Lk 23,56)
»Da kam (Josef von Arimathäa) und nahm den Leichnam Jesu ab. Es kam aber auch Nikodemus [. . .] und brachte Myrrhe gemischt mit Aloe, etwa hundert Pfund. Da nahmen sie den Leichnam Jesu und banden ihn in Leinentücher mit wohlriechenden Ölen, wie die Juden zu begraben pflegen.« (Joh 19,38b–40)
Weshalb diese Berichte, wenn solche Vorbereitungen gar nicht getroffen wurden?

3. Wie ist es mit den Frauen, die beobachteten, wie Josef von Arimathäa und Nikodemus Jesu Leichnam in das Grab legten?
»Es folgten aber die Frauen nach [. . .] und beschauten das Grab und wie sein Leib hineingelegt wurde.« (Lk 23,55)
Und sie »[. . .] saßen dem Grab gegenüber« (Mt 27,61)
und »[. . .] sahen, wo er hingelegt wurde.« (Mk 15,47).
Diese Frauen wußten genau, daß das Grab vorhanden war. Die Berichte lassen dies sehr deutlich werden.

4. Wie kann man die Beobachtungen über das Grab selbst einfach ignorieren?
»Und Josef nahm den Leib [. . .] und legte ihn in sein eigenes neues Grab [. . .]« (Mt 27,59.60)
»[. . .] das war in einen Felsen gehauen [. . .]« (Mk 15,46)
»[. . .] in dem noch nie jemand gelegen hatte.« (Lk 23,53)
Das Grab befand sich » [. . .] an der Stätte, wo er gekreuzigt wurde [. . .] im Garten [. . .]« (Joh 19,41).
Professor *Alford* schreibt über seine Untersuchungen zum Material in den Evangeliumsberichten:
»Matthäus allein berichtet, daß es Josefs *eigenes* Grab war; Johannes, daß es *in einem Garten* und *an der Stätte*, wo *er gekreuzigt wurde*, lag. Alle, außer Markus, bemerken, daß es ein *neues* Grab war. Johannes erwähnt nicht, daß es *Josef gehörte* [. . .]« *H. Alford / 298 f.*
Über Josef von Arimathäa sagt Alford: »Er legte den Leib dorthin, *weil das Grab nahe war* und der Rüsttag Eile gebot.« *H. Alford / 298 f.*
Mit Alford können wir »in bezug auf das Grab aus den hier gegebenen Daten feststellen: 1. daß es keine *natürliche* Höhle, sondern eine *künstliche Felsengruft* war; 2. daß es nicht *nach unten* ausgegraben war, wie es bei unseren Gräbern der Fall ist, son-

dern *horizontal* oder *fast horizontal* in die Felswand hinein.« *H. Alford / 298f.*

5. Weshalb sollten die Juden Pilatus gebeten haben, Christi Grab bewachen zu lassen, wenn es gar nicht existierte?
»Am nächsten Tag, der da auf den Rüsttag folgt, kamen die Hohenpriester mit den Pharisäern zu Pilatus und sprachen: Herr, wir haben daran gedacht, daß dieser Verführer sprach, als er noch lebte: Ich will nach drei Tagen auferstehen. Darum befiel, daß man das Grab bewache bis zum dritten Tag, damit nicht seine Jünger kommen und ihn stehlen und zum Volk sagen: Er ist auferstanden von den Toten, und der letzte Betrug ärger wird als der erste. Pilatus sprach zu ihnen: Da habt ihr die Wache; geht hin und bewacht es, so gut ihr könnt. Sie gingen hin und sicherten das Grab mit der Wache und versiegelten den Stein.« (Mt 27,62-66)
In der Tat, die Wahrheit liegt bei dieser Sache auf der Hand. Wie *Professor Major* so deutlich formuliert (*The Mission and Message of Jesus*, zitiert von Wilbur Smith):
»Wäre der Leib Christi lediglich in ein Massengrab geworfen worden und unversorgt geblieben, so hätte es für seine Feinde keinen Grund gegeben, darauf bedacht zu sein, das Gerücht zu verbreiten, daß der Leib gestohlen worden sei.« *W. M. Smith d / 578; H. D. A. Major / 215*

6. Was sollen wir von dem Besuch der Frauen am Grab nach dem Sabbat halten?
»Als aber der Sabbat vorüber war und der erste Tag der Woche anbrach, kamen Maria von Magdala und die andere Maria, um nach dem Grab zu sehen.« (Mt 28,1)
»Und sie kamen zum Grab am ersten Tag der Woche, sehr früh, als die Sonne aufging.« (Mk 16,2)
»Aber am ersten Tag der Woche sehr früh kamen sie zum Grab und trugen bei sich die wohlriechenden Öle, die sie bereitet hatten.« (Lk 24,1)
»Am ersten Tag der Woche kommt Maria von Magdala früh, als es noch finster war, zum Grab und sieht, daß der Stein vom Grab weg war.« (Joh 20,1)
Wenn Jesus nicht tatsächlich in Josefs Grab gelegt worden wäre, erschienen solche Berichte über den Besuch der Frauen nicht in den Evangelien.

7. Was sollen wir von Petrus' und Johannes' Besuch am Grab halten, nachdem sie den Bericht der Frauen gehört hatten?
»Petrus aber stand auf und lief zum Grab und bückte sich hinein und sah nur die Leinentücher und ging davon und wunderte sich über das, was geschehen war.« (Lk 24,12)
»Da ging Petrus und der andere Jünger (Johannes) hinaus, und sie kamen zum Grab. Es liefen aber die zwei miteinander, und der andere Jünger lief voraus, schneller als Petrus, und kam zuerst zum Grab, schaut hinein und sieht die Leinentücher liegen; er ging aber nicht hinein. Da kam Simon Petrus ihm nach und ging in das Grab hinein und sieht die Leinentücher liegen, aber das Schweißtuch, das Jesus um das Haupt gebunden war, nicht bei den Leinentüchern liegen, sondern daneben, zusammengewickelt an einem besonderen Ort. Da ging auch der andere Jünger hinein, der zuerst zum Grab gekommen war, und sah und glaubte.« (Joh 20,3–8)
Dieser Bericht wird ebenfalls ignoriert.

8. Wilbur Smith macht in seinem Buch *Therefore Stand* folgende Aussagen über Guigneberts Hypothese:
»Er leugnet die Tatsache, die in den vier Evangelien deutlich dargelegt wird, daß nämlich der Leib Jesu in das Grab Josefs von Arimathäa gelegt wurde. Er gibt dabei jedoch keine Beweise zur Widerlegung, sondern macht eine Aussage, die seiner eigenen Phantasie entspringt. Ja, man kann sagen, daß seine Aussage über den Leib Jesu nicht nur seiner Phantasie entspringt, sondern auch seinem vorweggefaßten (philosophischen, nicht historischen) Vorurteil [. . .]« *W. M. Smith d / 372*
Die Fakten sprechen klar für sich, aber Professor Guignebert lehnt sie ab, weil sie nicht mit seiner Weltanschauung übereinstimmen, daß nämlich Wunder nicht möglich sind. Der französische Professor zieht seine Schlüsse trotz und nicht wegen der vorliegenden Tatsachen. Treffend sagt Smith über seine Theorie: »Wir weisen sie ab, weil sie völlig ohne historische Begründung und aus diesem Grunde weiterer Betrachtung beim Studium der vier *historischen* Urkunden, die vor uns liegen (der Evangelien), nicht würdig ist.« *W. M. Smith d / 372*

4.1.3 Die Grablegung

Bei der Besprechung der Berichte über Jesu Beerdigung im Grab Josefs von Arimathäa schreibt *Wilbur Smith*:

»Wir wissen mehr über die Beerdigung des Herrn Jesus als über die Beerdigung sonst einer Persönlichkeit der antiken Geschichte. Wir wissen unendlich viel mehr über seine Grablegung als über die Grablegung sonstiger alttestamentlicher Personen, der Könige Babyloniens, der Pharaonen Ägyptens, der Philosophen Griechenlands oder der siegreichen Cäsaren. Wir wissen, wer seinen Leib vom Kreuz abnahm; wir wissen einiges über das Einwickeln des Leibes in Spezereien und Grabgewänder; wir kennen sogar das Grab, in das dieser Leichnam gelegt wurde, sowie den Namen des Eigentümers: ein gewisser Josef aus einem Ort namens Arimathäa. Wir wissen auch, wo das Grab gelegen war: in einem Garten nahe dem Ort, wo man ihn kreuzigte, außerhalb der Stadtmauern. Wir haben vier Berichte über diese Beerdigung unseres Herrn, die alle erstaunlich übereinstimmen: den Bericht von Matthäus, einem Jünger Christi, der bei der Kreuzigung zugegen war; den Bericht von Markus, von dem einige sagen, er sei innerhalb von zehn Jahren nach der Himmelfahrt unseres Herrn geschrieben worden; den Bericht von Lukas, einem Begleiter des Apostels Paulus und großen Historiker; und den Bericht von Johannes, der als letzter das Kreuz verließ und als erster von den Zwölfen mit Petrus zu Ostern das leere Grab beschaute.« *W. M. Smith d / 370f*

Der Historiker *Alfred Edersheim* gibt in seinem Werk *The Life and Times of Jesus the Messiah* folgende Einzelheiten über die Beerdigungsbräuche der Juden:

»Nicht nur die Reichen, sondern auch die mäßig Wohlhabenden besaßen eigene Gräber, die wahrscheinlich erworben und vorbereitet wurden lange ehe man sie brauchte, und die als privates und persönliches Eigentum behandelt und vererbt wurden. In solche Höhlen oder aus dem Felsen gehauene Gräber wurden die Leiber gelegt, nachdem man sie mit vielen Spezereien, mit Myrrhe, Aloe und in einer späteren Zeit auch mit Hyssop, Rosenöl und Rosenwasser gesalbt hatte. Der Leichnam wurde in Kleider gehüllt – später sogar, wenn möglich, in ein gebrauchtes Tuch zur Aufbewahrung einer Gesetzesrolle. Die ›Gräber‹ waren entweder ›aus dem Felsen gehauen‹ oder ›natürliche Höhlen‹ oder auch große gemauerte Gruften mit Nischen an den Seiten.« *A. Edersheim b / 318f*

Über Christi Grablegung sagt Edersheim:

»Die Nähe des heiligen Sabbats und die sich daraus ergebende Notwendigkeit zur Eile mögen Josef bewogen haben, den Leib Jesu in sein eigenes aus dem Felsen gehauenes Grab zu legen, in dem noch keiner gelegen hatte. [...]

Das Kreuz wurde herabgelassen und auf den Boden gelegt; die grausamen Nägel herausgezogen und die Seile gelöst. Josef ›wikkelte‹ mit seinen Begleitern den heiligen Leib ›in ein reines Leinentuch‹, und sie trugen ihn schnell zu dem Felsengrab im nahen Garten. Solch ein aus Felsen gehauenes Grab oder Höhle (*Meartha*) enthielt Nischen (*Kukhin*), in die man die Toten legte. Man vergegenwärtige sich, daß sich am Eingang zum ›Grab‹ – und im ›Felsen‹ – ein ca. 7,5 qm großer ›Vorhof‹ befand, wo man gewöhnlich die Bahre hinstellte und wo die Träger sich versammelten, um dem Toten den letzten Dienst zu erweisen.« *A. Edersheim b / 617*

Weiter erwähnt Edersheim » [...] den anderen Synedristen, Nikodemus [... der] kam nun und brachte ›eine Rolle‹ Myrrhe und Aloe in der duftenden Mischung, die den Juden zum Zweck der Salbung oder Beerdigung so bekannt ist.

Die eilige Einbalsamierung – wenn man sie so nennen kann – fand im ›Vorhof‹ des Grabes statt.« *A. Edersheim b / 617*

Es war zur Zeit Christi Sitte, große Mengen Spezereien zur Einbalsamierung der Toten zu gebrauchen, besonders wenn es sich um hochgeachtete Persönlichkeiten handelte.

Michael Green schreibt folgendes über die Vorbereitung des Leichnams Jesu für die Beerdigung:

»Der Körper wurde auf eine Steinplatte gelegt, fest in Tücher eingehüllt und mit wohlriechenden Kräutern bedeckt. Im Johannesevangelium wird uns berichtet, daß an die hundert Pfund verwendet wurden. Joseph war reich, und zweifellos wollte er seine Feigheit während der Lebenszeit Jesu wiedergutmachen, indem er ihm ein glanzvolles Begräbnis bereitete. Die große Menge der Kräuter wurde häufig bei Begräbnissen verwendet. Rabbi Gamaliel, ein Zeitgenosse Jesu, wurde mit über hundert Pfund Kräutern begraben.« *M. Green b / 51*

Flavius Josephus, der jüdische Geschichtsschreiber des 1. Jh., erwähnt den Tod des Aristobulus (*Jüd. Altertümer XV 3.3*): »So kam Aristobulus im blühenden Alter von noch nicht achtzehn Jahren ums Leben, nachdem er nur ein Jahr lang die Hohepriesterwürde bekleidet hatte, die nun wieder auf Ananel überging.« *Josephus a / 299*

Aristobulus wurde beim Schwimmen in einem Fischteich auf Herodes' Befehl ertränkt. Bei der Beerdigung lesen wir über Herodes: »Besonders aber überschritt er [Herodes] in der Pracht des

Leichenbegräbnisses alles Maß, indem er die Aufbahrung mit peinlichster Sorgfalt und unter Herbeischaffung einer großen Menge von kostbaren Spezereien vollziehen, wie auch viele Kleinodien mit begraben ließ.« *(Jüd Altertümer XV 3.4) Josephus a / 300*

Professor James Hastings erläutert zu den Grabtüchern, die man im leeren Grab Christi fand: »Bis in die Zeit des Chrysostomus zurück [4. Jh. n. Chr.] machte man darauf aufmerksam, daß Myrrhe ein Mittel ist, das so sehr am Leib haften bleibt, daß man die Grabtücher nicht leicht entfernen kann.« *Hastings, Selbie, Lambert / 507*

Merrill Tenney erläutert zu den Grabtüchern: »Bei der Vorbereitung eines Leichnams für die Beerdigung nach jüdischer Sitte wurde dieser gewöhnlich gewaschen und gestreckt und dann von den Achselhöhlen bis zu den Fußknöcheln eng in leinene Streifen von ca. 30 cm Breite eingewickelt. Aromatische Gewürze, oft von gummiartiger Konsistenz, wurden zwischen die Umwicklungen bzw. Falten eingeschoben. Sie dienten teils zur Konservierung, teils als Klebemasse, um die Tücher zu einer festen Hülle zusammenzufügen. [. . .] Johannes' Ausdruck ›banden‹ (griech. *edesan*) stimmt völlig mit der Formulierung in Lk 23,53 überein, wo der Verfasser sagt, der Leib sei in Leinwand *gewickelt* worden. [. . .] Am Morgen des ersten Tages der Woche war der Leib Jesu verschwunden, aber die Grabtücher waren noch dort [. . .]« *M. C. Tenney b / 117*

Professor George B. Eager sagt über Christi Beerdigung: »Es geschah in strikter Übereinstimmung mit solchen Bräuchen und den Vorschriften des mosaischen Gesetzes (5 Mo 21,23) [». . . so soll sein Leichnam nicht über Nacht an dem Holz bleiben, sondern du sollst ihn am selben Tage begraben – denn ein Aufgehängter ist verflucht bei Gott –, auf daß du dein Land nicht unrein machst, das dir der Herr, dein Gott, zum Erbe gibt.«] (vgl. Gal 3,13) [»Christus aber hat uns erlöst von dem Fluch des Gesetzes, da er zum Fluch wurde für uns; denn es steht geschrieben: ›Verflucht ist jeder, der am Holz hängt.‹«] wie auch mit der Erfüllung der Impulse wahrer Menschlichkeit, daß Josef von Arimathäa zu Pilatus ging, um von ihm den Leichnam Jesu zur Beerdigung noch am Tage der Kreuzigung zu erbitten (Mt 27,58 ff.).« *I. S. Bible Encycl / 529*

Professor Eager weiter: »Missionare und Einheimische aus Syrien sagen uns, daß es immer noch Sitte ist, den Leichnam zu waschen (vgl. Joh 12,7; 19,40; Mk 16,1; Lk 24,1), Hände und Füße in Grabtücher – gewöhnlich aus Leinen – zu wickeln (Joh 19,40) und das Gesicht zu bedecken oder mit einem Schweißtuch oder dergleichen zuzubinden (Joh 11,44b). Es ist immer noch Brauch, in die Umwicklungen aromatische Würzkräuter und andere Präparate zum Aufhalten der Verwesung einzulegen [. . .] Wir erfahren [. . .], daß Nikodemus nach der Beerdigung Jesu ›Myrrhe gemischt mit Aloe (brachte), etwa hundert Pfund‹ und daß sie ›nahmen [. . .] den Leichnam Jesu und banden ihn in Leinentücher mit den wohlriechenden Ölen, wie die Juden zu begraben pflegen‹ und daß Maria von Magdala und zwei andere Frauen solche Salben für denselben Zweck mitbrachten (Mk 16,1; Lk 23,56).« *I. S. Bible Encyclopaedia / 529*

Henry Latham gibt folgende Einzelheiten über die Beerdigung Christi:

»Wir können [. . .] aus alten Quellen ersehen, daß der Leichnam ohne Sarg oder sonstige feste Umhüllung zur Beerdigung getragen wurde; er wurde auf einer Bahre auf den Schultern von Männern getragen, und zwar angezogen mit gewöhnlicher Kleidung, die mit Grabtüchern umwickelt war, um vielleicht die Spezereien zu fassen, oder aber mit leinenen Tüchern bandagiert. ›Das Gesicht des Leichnams‹, sagt Dr. Edersheim (Bd. I, S. 556), ›blieb unbedeckt. Der Leib lag mit dem Gesicht nach oben und den Händen auf der Brust gefaltet.‹ Ich glaube – dem existierenden Brauch nach zu urteilen –, daß der Hals und der obere Teil der Schultern für gewöhnlich ebenso unbedeckt blieben wie das Gesicht.

Der Leib des Herrn, so lesen wir (Joh 19,38-42), wurde von Nikodemus und Josef von Arimathäa in großer Eile für das Grab vorbereitet. Ich nehme an, daß er mit drei oder vier Längen Leinentüchern umwickelt wurde, mit reichlich Spezereien zwischen jeder Falte, und daß das Schweißtuch mit überkreuzten Enden um den Kopf geschlungen wurde. Als der Leib in das Grab gelegt wurde, ruhte der Kopf auf dem erhöhten Teil des Simses an der hinteren Seite, der als Kissen diente.

Ich komme nun zu den Spezereien. Weder bei Johannes noch in den anderen Evangelien heißt es, daß man im Grab Spezereien fand. Dies halte ich für sehr wichtig. Nach meinem Dafürhalten lagen die Spezereien zwischen den Falten der leinenen Umhüllungen. Daß die Menge der Spezereien, die Nikodemus laut Johannes zur Vorbereitung des Leibes für die Grablegung mitbrachte, äußerst groß war, ist allgemein bekannt; die Menge scheint mir jedoch weniger wichtig zu sein als die aus den besten Quellen bekannte Tatsache, daß die Spezereien trocken waren und somit zu einem Haufen auf den Boden gefallen wären, wenn der Leib aufgerichtet oder die Leichentücher entfernt worden wären. Eine Menge, die einhundert Pfund wog, wäre schon durch ihren Umfang aufgefallen. Was hier mit ›Aloe‹ bezeichnet wird, war ein duftendes Holz, das man zerstieß oder zu Staub machte, während die Myrrhe ein aromatisches Gummi war, von dem kleine Stückchen unter das zerstoßene Holz gemischt wurden. Es war ebenfalls Brauch, wie wir den Quellen entnehmen können, einen Leichnam mit einer halbflüssigen Salbe wie Narde einzubalsamieren, mit der Wirkung, daß ein Teil des Holzpulvers unmittelbar am Leib haftete, während jedoch der größere Teil trocken blieb. Haupt und Haar wurden ebenso mit dieser Salbe einbalsamiert. Ich sehe nirgends, daß die pulverige Spezerei auch für das Gesicht oder den Kopf verwendet wurde. Als jedoch der Leib unseres Herrn in aller Eile für das Grab vorbereitet wurde, gab es keine Zeit mehr für eine Salbung oder sonst einen ausführlichen Vorgang, weil der Sonnenuntergang und damit der Sabbat kurz bevorstand. So hat man wohl den Leib einfach in die pulverige Spezerei eingebettet. Es mag sein, daß die Frauen den Wunsch hatten, diese Unterlassung, soweit sie konnten, gutzumachen, und daß es Narde war, was sie am Sonntagmorgen mitbrachten, oder sonst eine kostbare Salbe, um die Salbung zu vervollständigen. Johannes spricht nur von Myrrhe und Aloe, aber Lukas sagt, daß die Frauen Spezerei und *Salben* vorbereiteten, und bei Markus heißt es, sie ›kauften ... wohlriechende Öle, um hinzugehen und ihn zu salben‹ (Kap. 16,1). Möglicherweise hatten sie nicht vor, die Grabtücher abzunehmen, sondern wollten nur Kopf und Nacken einbalsamieren.« *H. Latham/35-37*

4.1.4 Der Stein

Über den Verschluß des Grabes Jesu schreibt *A. B. Bruce:* »Die Juden nannten den Stein *golel.« A. B. Bruce a/334*

H. W. Holloman zitiert G. M. Mackie und schreibt: »Die Öffnung zur Hauptkammer wurde geschützt durch eine große und schwere Felsscheibe vor dem Grabeingang, die in einer Rinne entlanggerollt werden konnte, die sich zur Mitte hin etwas senkte.« *H. W. Holloman/38*

Professor T. J. Thorburn erwähnt, daß dieser Stein »als Schutz gegen Mensch und Tier« gebraucht wurde. Weiterhin bemerkt er: »Dieser Stein wird oft von den Talmudisten erwähnt. Nach Maimonides wurde auch eine Konstruktion *ex lingo, alia Materia* verwendet.« Über die enorme Größe eines solchen Steines sagt Thorburn: »Für gewöhnlich brauchte man mehrere Männer, um ihn zu bewegen.« Da der Stein, der vor den Eingang des Grabes Jesu gerollt wurde, einen erwarteten Diebstahl verhindern sollte, war er wahrscheinlich sogar größer als die normalerweise verwendeten! *T. J. Thorburn/97f.*

Thorburn bemerkt über das gewaltige Gewicht des Steins: »Eine Anmerkung im Codex Bezae [eine in Klammern angeführte Aussage im Text von Mk 16,4 von einem Manuskript aus dem 2. Jh., dem Codex Bezae in der Cambridger Bibliothek] besagt: ›Und als man ihn dorthin gelegt hatte, setzte er (Josef) gegen das Grab einen Stein, den zwanzig Männer nicht wegrollen konnten.‹«

Die Bedeutung dieser Beobachtung von Thorburn zeigt sich, wenn man die Regeln für das Abschreiben der Manuskripte in Betracht zieht. Es war Brauch, daß, wenn ein *Abschreiber* seine eigene Auslegung betonte, er seinen Gedanken am Rande und nicht im Text selbst vermerkte. Man darf daher folgern, daß dieser Einschub nicht vom Kopisten stammt, sondern von einem Text kopiert wurde, der näher an die Zeit Christi heranreicht, vielleicht von einem Manuskript aus dem 1. Jh. Die Aussage könnte also von einem Augenzeugen stammen, der von dem gewaltigen Ausmaß des Steines beeindruckt war, den man vor das Grab Jesu gerollt hatte. Auch Gilbert West von Oxford hebt die Bedeutung dieses Teiles des Codex Bezae hervor, und zwar auf den Seiten 37-38 seines Werkes *Observations on the History and Evidences of the Resurrection of Jesus Christ. T. J. Thorburn/1f.*

Professor Samuel Chandler schreibt: »Die Zeugen stimmen alle überein, daß die Frauen *den Stein hinweggerollt* oder weggenommen fanden, als sie zum Grab kamen. Die Frauen hätten das nicht tun können, da der Stein für sie *zu groß* war.« *S. Chandler/33*

Professor Edersheim, der hebräische Christ, der eine außergewöhnlich gute Quelle für den historischen Hintergrund der neutestamentlichen Zeit ist, berichtet folgendes über die Grablegung Jesu: »Und so legten sie ihn zur Ruhe in der Nische des aus dem Felsen gehauenen neuen Grabes. Und als sie hinausgingen, rollten sie, wie es Brauch war, einen ›großen Stein‹ – den *Golel* – als Verschluß vor den Grabeingang und lehnten wahrscheinlich, wie es üblich war, zur Abstützung einen kleineren Stein – den sogenannten *Dopheg* – dagegen. Am nächsten Tag, obgleich es Sabbat war, haben dann wohl die jüdischen Behörden das Siegel an der Stelle angebracht, wo der eine Stein gegen den anderen gelehnt war, damit auch die leichteste Veränderung der Lage erkenntlich sein würde.« *A. Edersheim b/618*

Professor Frank Morison kommentiert den Besuch der Maria und ihrer Freundin beim Grabe Jesu am frühen Sonntagmorgen:

»Die Frage, wie sie diesen Stein beiseitewälzen sollten, muß die Frauen in erhebliche Bedrängnis gebracht haben. Wenigstens zwei von ihnen hatten die Beisetzung beobachtet und wußten ungefähr, was sie erwartete. Der Stein, von dem man weiß, daß er mächtig und sehr schwer gewesen ist, bedeutete für sie eine große Schwierigkeit. Wenn wir also in dem frühesten Bericht, dem Markus-Evangelium, die Worte finden: ›Wer wälzt uns den Stein von des Grabes Tür?‹, so können wir nachfühlen, daß die Beschäftigung der Frauen mit diesem Stein nicht nur eine notwendige psychologische Seite des Problems, sondern ein entscheidender historischer Umstand bis zu dem Augenblick gewesen ist, in dem die Frauen das Grab erreicht haben.« *F. Morison/83f.*

Morison weiter: »Wir haben uns, wie ich schon sagte, hauptsächlich mit dem Stein selbst zu beschäftigen, diesem einen schweigenden und unfehlbaren Zeugen des ganzen Vorgangs, und gewisse Tatsachen, die mit diesem Stein im Zusammenhang stehen, bedürfen der genauesten Untersuchung.

Betrachten wir zunächst seine Größe und seine wahrscheinlichen Eigenschaften: Die angeführte Stelle läßt uns nicht im Zweifel darüber, daß der Stein groß und folglich sehr schwer war. Dieser Umstand wird von allen Schriftstellern behauptet oder unterstellt, die ihn erwähnen. Markus sagt, er sei ›sehr groß‹; Matthäus spricht von ihm als einen ›großen Stein‹. Petrus sagt: ›Denn der Stein war groß.‹ Ein weiteres Zeugnis darüber gibt uns die überlieferte Besorgnis der Frauen, wie sie ihn bewegen sollten. Wenn der Stein nicht ein erhebliches Gewicht gehabt hätte, müßte die vereinte Kraft der drei Frauen ausgereicht haben, ihn zu bewegen. Wir erhalten also einen sehr bestimmten Eindruck davon, daß er mindestens zu schwer war, um von den Frauen ohne Hilfe fortgewälzt zu werden. Das alles hat sehr entscheidenden Einfluß auf die Beurteilung des Falles [. . .].« *F. Morison/170f.*

4.1.5 Das Siegel

Mt 27,66 lautet: »Sie gingen hin und sicherten das Grab mit der Wache und versiegelten den Stein.«

Nach *A. T. Robertson* geschah die Versiegelung des Steines vor Jesu Grab »wahrscheinlich mittels einer Schnur, die über den Stein gelegt und wie in Dan 6,18 an jedem Ende versiegelt wurde. [›Und sie brachten einen Stein, den legten sie vor die Öffnung der Grube; den versiegelte der König mit seinem eigenen Ring und mit dem Ringe seiner Mächtigen, damit nichts anderes mit Daniel geschähe.‹] Die Versiegelung erfolgte in der Gegenwart der römischen Wache, die beordert war, diesen Stempel römischer Autorität und Macht zu hüten. Sie taten ihr Bestes, um Diebstahl und Auferstehung zu verhindern (Bruce), aber sie schossen über ihr Ziel hinaus und sorgten für ein zusätzliches Zeugnis von der Tatsache des leeren Grabes und der Auferstehung Jesu (Plummer).« *A. T. Robertson b/239*

A. B. Bruce erläutert: »Die Partizipialkonstruktion [den Stein versiegelnd] ist eine Einschiebung, die auf eine zusätzliche Vorsichtsmaßnahme hinweist, nämlich auf die Versiegelung des Steines mit einem darübergelegten Faden, der an beiden Enden am Grab versiegelt wurde. Die werten Männer taten ihr Bestes, um Diebstahl und – die Auferstehung zu verhindern!« *A. B. Bruce a/335*

Henry Summer Maine, » [. . .] Mitglied des Obersten Rates von Indien, Dozent für Rechtswissenschaft und Zivilgesetz beim Middle Temple und königlicher Professor für Bürgerliches Gesetz an der Universität Cambridge«, spricht von der gesetzlichen Autorität, der das römische Siegel Ausdruck gab. Er weist darauf hin, daß es »als eine Form der öffentlichen Beglaubigung« betrachtet wurde. *H. S. Maine/203 f.*

Maine führt weiter aus: »Die Siegel auf römischen Testamenten und anderen wichtigen Urkunden dienten nicht nur als Hinweis der Gegenwart oder Zustimmung des Unterzeichnenden, sondern auch buchstäblich als Verschlüsse, die man aufbrechen mußte, ehe man das Schreiben einsehen konnte.« *H. S. Maine/203 f.*

Das Siegel am Grab Jesu sollte also jegliche unbefugte Öffnung verhindern. Wer versuchte, den Stein vom Grabeingang zu entfernen, mußte das Siegel brechen und sich damit den Zorn der römischen Gerichtsbarkeit zuziehen.

Professor Henry Alford sagt: »Die Versiegelung wurde mittels einer Kordel oder Schnur vorgenommen, die man über den Stein vor der Öffnung der Gruft legte und an beiden Enden mit Siegelmasse am Felsen befestigte.« *H. Alford/301*

Marvin Vincent kommentiert: »Der Gedanke ist, daß sie den Stein in Gegenwart der Wache versiegelten und sie dann zur Bewachung zurückließen. Es war wichtig, daß die Wache Zeuge der Versiegelung war. Die Versiegelung wurde vorgenommen, indem man eine Schnur über den Stein spannte und sie an beiden Enden mit Siegelwachs befestigte. Oder, falls der Stein am Eingang mit einem Querbalken befestigt war, wurde dieser am Felsen versiegelt.« *M. R. Vincent/147*

Professor D. D. Whedon : »Die Tür konnte daher nicht geöffnet werden, ohne das Siegel zu brechen, was ein Verbrechen gegen die Autorität des Eigentümers des Siegels war. Die Wache sollte den Intrigen der Jünger zuvorkommen; das Siegel sollte eine Komplizenschaft mit der Wache verhindern. So auch in Dan 6,18: ›Und sie brachten einen Stein, den legten sie vor die Öffnung der Grube; den versiegelte der König mit seinem eigenen Ring und mit dem Ringe seiner Mächtigen.‹« *D. D. Whedon/343*

Johannes Chrysostomos, im 4. Jh. n. Chr. Erzbischof von Konstantinopel, macht folgende Beobachtungen zu den Sicherheitsmaßnahmen am Grabe Jesu:

1. »Überall gerät der Irrtum mit sich in Widerspruch und muß wider Willen der Wahrheit Zeugnis geben. Sieh nur! Es war eine Beglaubigung notwendig, daß der Herr gestorben und begraben worden war und daß er auferstanden ist: all das geschieht nun durch die Feinde. Beachte nur, wie ihre Worte das alles bezeugen. ›Wir haben uns erinnert‹, sagen sie, ›daß jener Verführer gesprochen hat, während er noch lebte‹; also war er gestorben; ›nach drei Tagen werde ich auferstehen. Befiehl nun, daß das Grab versiegelt werde‹; Jesus war mithin begraben worden; ›damit nicht etwa seine Jünger kommen und ihn stehlen‹. Wenn also das Grab versiegelt war, ist kein Frevel möglich, unbedingt keiner. Mithin ist durch eure Vorkehrungen der Beweis seiner Auferstehung unumstößlich geliefert. Da nämlich Siegel angelegt worden waren, konnte kein Betrug geschehen. Wenn nun der Betrug ausgeschlossen ist, das Grab aber leer gefunden wird, so ist es über jeden Widerspruch erhaben, daß Christus auferstanden ist. Siehst du, wie sie, ohne es zu wollen, zum Beweise der Wahrheit beitragen?« *(Matthäus-Kommentar: 89. Homilie) J. Chrysostomos/217*

4.1.6 Die Wache am Grab

4.1.6.1 Der biblische Bericht

»Am nächsten Tag, der auf den Rüsttag folgt, kamen die Hohenpriester mit den Pharisäern zu Pilatus und sprachen: Herr, wir haben daran gedacht, daß dieser Verführer sprach, als er noch lebte: Ich will nach drei Tagen auferstehen. Darum befiehl, daß man das Grab bewache bis zum dritten Tag, damit nicht seine Jünger kommen und ihn stehlen und zum Volk sagen: Er ist auferstanden von den Toten, und der letzte Betrug ärger wird als der erste. Pilatus sprach zu ihnen: Da habt ihr die Wache; geht hin und bewacht es, so gut ihr könnt. Sie gingen hin und sicherten das Grab mit der Wache und versiegelten den Stein.« (Mt 27,62-66)

Albert Roper kommentiert diesen Bericht:

»Geführt von Hannas und Kaiphas, ihren Hohenpriestern, suchte eine Abordnung führender Juden Pilatus auf. Sie baten darum, daß das Grab, in dem Jesus beerdigt war, versiegelt und eine römische Wache davor aufgestellt werden sollte. Als Beweggrund nannten sie ihre Sorge, daß die Freunde Jesu heimlich bei Nacht kommen könnten, um seinen Leib zu stehlen und vorzugeben, daß eine Auferstehung stattgefunden habe.

Auf diese Bitte hin erwiderte Pilatus einwilligend: ›Ihr sollt eine Wache haben; geht hin, sichert das Grab nach eurem Wunsch.‹ Sie gingen ihres Weges, begleitet von einer Wachmannschaft römischer Soldaten, etwa zehn bis dreißig Mann stark, die unter ihrer Anweisung das Grab Josefs von Arimathäa mit dem kaiserlichen Siegel Roms und dem offiziellen Stempel des Prokurators versiegelten. Es war ein Verbrechen, dieses Siegel auch nur zu beschädigen. Somit sorgten die eifrigen Feinde Jesu unwissend im voraus für eine Widerlegung ihrer späteren eigenen Erklärung der Auferstehung [. . .]« *A. Roper/23f.*

Albert Roper führt weiter aus:

»Der Anführer der Wache war ein Hauptmann, den Pilatus bestimmt hatte, vermutlich einer, in den er volles Vertrauen setzte; sein Name war der Überlieferung nach Petronius.

Es ist daher eine vernünftige Annahme, daß diese Vertreter des Kaisers der Pflicht, das Grab zu sichern, genauso strikt und treu nachkamen, wie sie auch die Kreuzigung vollstreckt hatten. Sie hatten nicht das geringste Interesse an der ihnen aufgetragenen Aufgabe. Es war ihre einzige Absicht und Pflicht, als Soldaten des römischen Reiches, dem sie die Treue geschworen hatten, in strenger Disziplin ihre Aufgabe zu erfüllen. Das römische Siegel, das am Stein vor Josefs Grab befestigt war, war ihnen viel heiliger als alle Religionen Israels und die Heiligkeit seines alten Glaubensbekenntnisses. Soldaten, die kaltblütig genug sind, um den Mantel eines Sterbenden zu losen, sind nicht die Art Männer, die sich von ein paar verschüchterten Galiläern hinters Licht führen lassen oder die ihren römischen Hals riskieren, indem sie auf ihrem Posten schlafen.« *A. Roper/37*

4.1.6.2 Jüdische oder römische Wache?

Die Aussage in Mt 27,65: »Da habt ihr die Wache« ist viel diskutiert worden. Es geht um die Frage, ob sie sich auf die »Tempelwache« oder auf eine »römische Wachmannschaft« bezieht.

Nach *Professor Alford* kann dieser Satz übersetzt werden »entweder 1. im Indikativ: *Ihr habt* – aber dann ergibt sich die Frage: *Was für eine Wache* hatten sie?; und wenn sie eine hatten, weshalb gingen sie dann noch zu Pilatus? Vielleicht ist darunter ein Sonderkommando zu verstehen, das ihnen zum Fest zur Verfügung gestellt wurde – aber es scheint keinen Bericht über eine solche Gewohnheit zu geben [. . .] oder 2. [. . .] im Imperativ; [. . .] und der Sinn [. . .] wäre: *Nehmt euch eine Wachmannschaft.« H. Alford/301*

E. Le Camus kommentiert: »Diese Bemerkung des Pilatus beziehen einige auf die Tempelwache, welche ja die Hohenpriester zu ihrer beständigen Verfügung hatten und die sie ganz zweckmäßig für die Bewachung des Grabes verwenden konnten. Leuten dieses Schlages wäre es freilich weit eher als römischen Kriegern zuzutrauen gewesen, daß sie sich hätten zur Aussage verleiten lassen, sie haben geschlafen; allein das aus dem Latein entlehnte Wort *koustodia* dürfte doch eher auf eine römische Wache hindeuten.« *E. Le Camus Bd.II/514 Fußnote*

A. T. Robertson, der bekannte Griechisch-Gelehrte, sagt, daß der Satz »Habt eine Wache« (*echete koustodian*) im Präsens Imperativ steht und sich auf eine Wache römischer Soldaten bezieht und nicht auf eine Tempelwache. *A. T. Robertson b/239*

Robertson führt weiter aus: »Der lateinische Begriff *koustodia* erscheint in einem Oxyrhynchus-Papyrus aus dem Jahre 22 n. Chr.« *A. T. Robertson b/239*

Professor T. J. Thorburn bemerkt: »Es wird allgemein angenommen, daß Matthäus es so verstanden wissen will, daß die genannte Wache aus *römischen* Soldaten bestand. [...] Aber [...] die Priester hatten eine jüdische Tempelpolizei, die wahrscheinlich keine Erlaubnis seitens der Römer hatte, irgendwelche Dienste außerhalb jener Räumlichkeiten zu tun. Pilatus' Erwiderung, die entweder als ›Nehmt euch eine Wache‹ oder *›Ihr habt eine Wache‹* (eine höfliche Form der Ablehnung, wenn es bei der Bitte um römische Soldaten ging) gelesen werden kann, ergibt in beiden Fällen einen Sinn. War es eine jüdische Wache, so erklärt sich die Tatsache, daß Pilatus ihre Nachlässigkeit übersah. Vers 14 jedoch [= Mt 28,14] scheint gegen diese Ansicht zu sprechen [...]« *T. J. Thorburn/179-182*

A. B. Bruce sagt über den Satz »Ihr habt«: » [...] wahrscheinlich im Imperativ, nicht im Indikativ – ›Da habt ihr eine Wache‹, die bereitwillige Zustimmung eines Mannes, der kaum eine Notwendigkeit dafür sieht, aber nichts dagegen hat, ihren Wunsch in einer so kleinen Angelegenheit zu erfüllen.« *A. B. Bruce a/335*

Arndt und Gingrich (A Greek-English Lexicon of the New Testament) geben folgende Quellen an, in denen das griechische Wort »Koustodian« für Wache zu finden ist: »POxy. (Papyrus Oxyrhynchus) 294,20 (22 ad); PRyl. (Rylands-Papyrus) 189,2; BGU (Berliner Griechische Urkunden) 341,3; vgl. Hahn 233,6; 234,7 mit lit. Lat. Lehnwort »custodia«, auch in rabb. Schriften [...]« Sie definieren das Wort als *»eine Wache*, die aus Soldaten besteht«, Mt 27,66; 28,11 ... *»nehmt eine Wache«*, 27,65. *Arndt, Gingrich/448; vgl. W. Bauer/884*

Professor Harold Smith gibt folgende Information über die römische Wache: » *Wache* – [...] Wiedergabe des Wortes [Koustodian] (Lat. *custodia*), Mt 27,65.66; 28,11 [Luther: ›Hüter‹]; erhielten die Hohenpriester und Pharisäer von Pilatus zur Bewachung des Grabes. Die Notwendigkeit der Autorisierung durch Pilatus und das Risiko der Bestrafung durch ihn (Mt 28,14) beweisen, daß diese Wache nicht aus jüdischen Tempelhütern, sondern aus Soldaten der römischen Kohorte in Jerusalem bestanden haben muß; möglicherweise, obgleich nicht wahrscheinlich, dieselben, die das Kreuz bewacht hatten ... [Ihr habt] ist wahrscheinlich imperativ: ›Habt (nehmt) eine Wache!‹« *Hastings, Selbie, Lambert/694*

Der Kontext von Mt 27 und 28 erhärtet die Ansicht, daß eine römische Wachmannschaft zur Sicherung des Grabes Jesu eingesetzt wurde. Hätte Pilatus den Hohenpriestern gesagt, sie sollten ihre Tempelhüter verwenden, so wären diese Wächter nur den Priestern und nicht Pilatus verantwortlich gewesen. Gab ihnen Pilatus jedoch eine römische Wachmannschaft zur Bewachung des Grabes, dann waren die Soldaten Pilatus und nicht den Priestern verantwortlich. Der Schlüssel liegt in den Versen 11 und 14 von Kapitel 28.

In Vers 11 heißt es, daß die Wachen kamen und den Hohenpriestern Bericht erstatteten. Auf den ersten Blick sieht dies aus, als seien sie den Hohenpriestern verantwortlich. Hätten sie aber Pilatus Bericht erstattet, so wären sie sofort getötet worden (siehe unten). Vers 14 bestätigt die Ansicht, daß es sich um eine römische Wachmannschaft handelte, die direkt Pilatus unterstand. Wenn es sich um bloße Tempelhüter gehandelt hätte, weshalb sollten sie sich dann Sorgen machen, daß Pilatus davon hörte? Es gibt keinen Hinweis, daß die Tempelpolizei ihm unterstand. Der Verfasser meint, daß folgendes geschah: Sie waren eine römische Wache, der Pilatus Anweisung gegeben hatte, das Grab zu sichern, um Frieden zu haben und die religiöse Hierarchie zufriedenzustellen.

Wenn die Priester lediglich Tempelhüter beim Grab hätten postieren wollen, wäre kein Befehl des Statthalters dafür nötig gewesen. Es war nun so, daß die römischen Soldaten die Hohenpriester um Schutz ersuchten, weil sie wußten, daß sie bei Pilatus Einfluß besaßen und ihre Hinrichtung verhindern konnten: »... wollen wir ihn (den Statthalter Pilatus) beschwichtigen und dafür sorgen, daß ihr sicher seid« (Mt 28,14b).

4.1.6.3 Die militärische Disziplin der Römer

George Currie sagt über die Disziplin der römischen Wachen: »Auf das Verlassen des Postens stand nach dem Gesetz die Todesstrafe (Dionysius Halicarnassensis, *Römische Altertümer* VIII.79). Der berühmteste Text über die Strenge der Lagerdisziplin ist der von Polybius (VI. 37-38), in dem deutlich wird, daß die Furcht vor der Strafe fehlerloses Pflichtbewußtsein, besonders zur Nachtwache, hervorrief. Er erhält noch mehr Gewicht durch das Ansehen des Verfassers, der hier beschreibt, was er mit eigenen Augen sehen konnte. Seine Aussagen werden von anderen mehr oder weniger wiederholt.« *G. Currie/41-43*

Professor Currie zitiert den Historiker Polybius: »Eine Art Spießrutenlaufen mit Keulen [...] wird als Strafe erwähnt für fehlerhafte Nachtwachen, Stehlen, falsche Zeugenaussagen und Verletzung des eigenen Leibes; Dezimation wegen Fahnenflucht aus Feigheit wird ebenfalls genannt.« *G. Currie/43f.*

Currie fährt fort: »Vegetius spricht von täglicher Überprüfung der Disziplin durch den Präfekten der Legion *(Militärische Institutionen II,9)*. Und Vegetius stellt immer wieder fest *(Militärische Institutionen I,21)*, daß die Römer früher [zur Zeit Christi] viel strenger disziplinierten als zu seiner Zeit.« *G. Currie/43f.*

Currie sagt über Vegetius' Bemerkungen zur römischen Armee: »Das von ihm beschriebene System sah härteste Strafen vor. Das Klassikum war der Trompetenstoß zur Ankündigung einer Hinrichtung (II.22). Tägliche Überprüfung der Disziplin war die Pflicht des Präfekten der Legion (II.9).« *G. Currie/49f.*

Weiter schreibt Currie: »Von den verschiedenen Schreibern des Breviers 49.16 [von Justinian] werden achtzehn Vergehen erwähnt, für die Soldaten mit dem Tode bestraft wurden: Kundschafter, der beim Feind bleibt (-3.4); Fahnenflucht (-3.11;-5.1-3); Verlust oder Beseitigung der Waffen (-3.13); Ungehorsam zur Kriegszeit (-3.15); Übersteigen der Mauer oder Brüstung (-3.17); Anstiftung zur Meuterei (-3.19); Weigerung, einen Offizier zu schützen, oder Verlassen des Postens (-3.22); ein Einberufener, der sich versteckt, um nicht dienen zu müssen (-4.2); Mord (-4.5); sich vergreifen an einem Vorgesetzten oder Beleidigung eines Generals (-6.1); Ergreifen der Flucht, wenn andere dem Beispiel folgen konnten (-6.3); Verrat von Plänen an den Feind (-6.4;-7); Verwundung eines Kameraden mit dem Schwert (-6.6); Selbstverstümmelung oder versuchter Selbstmord, ohne daß ein vernünftiger Grund vorlag (-6.7); Verlassen der Nachtwache (-10.1); Zerbrechen des Hauptmannsstabes oder Schlagen des Hauptmanns, wenn er einen Soldaten strafte (-13.4); Flucht aus der Arrestzelle (-13.5) und Friedensstörung (-16.1).« *G. Currie 49f.*

Currie dokumentiert folgende Beispiele aus den Annalen der römischen Militärgeschichte, die uns zeigen, welche Art disziplinarischer Maßnahmen im römischen Heer angewendet wurden: »Im Jahre 418: Fähnrich, der im Kampf zurückbleibt, wird vom General eigenhändig getötet; 390: im Dienst geschlafen, von der Felsenklippe des Kapitols heruntergeworfen [Brevier 49.16.3.6; -10.1]; 252: Nachlässigkeit, Schläge und Degradierung; 218: Nachlässigkeit bestraft; 195: zurückgeblieben, mit Waffe erschlagen; [...] Die oben erwähnten Strafformen würden die Beschreibung mit dem Wort ›streng‹ rechtfertigen.« *G. Currie/33*

Currie kommentiert weiter: »Da in 40 von 102 Fällen, bei denen die Strafe erwähnt wird, die Todesstrafe verhängt wurde, dürfte klar sein, daß eine Bestrafung im römischen Heer im Vergleich mit heutigen Armeen hart war.« Currie spricht von der römischen Armee als einem »Instrument für Eroberungen und Herrschaftsausübung« und schreibt über ihre strikte Zuchtordnung: »Valerius Maximus [. . .] bezieht sich auf scharfe Einhaltung der Lagerdisziplin und Militärtheorie (II.8 Einf.; II.9 Einf.) [als Hauptgrund für] die großen Eroberungen und die Macht Roms.« *G. Currie/ 33,38,43f.*

T. G. Tucker gibt folgende wirklichkeitsnahe Beschreibung der Waffenausrüstung eines römischen Soldaten:

»In seiner rechten Hand trägt er den berühmten römischen Spieß. Dies ist eine derbe, um 2 Meter lange Waffe, bestehend aus einer scharfen Eisenspitze an einem hölzernen Schaft. Der Soldat kann damit entweder angreifen wie mit einem Bajonett, oder er kann ihn wie einen Speer werfen, um dann mit seinem Schwert auf Nahkampf überzugehen. Am linken Arm befindet sich ein großer Schild, der verschiedene Formen haben kann. Eine übliche Form ist an den Seiten eingebogen wie ein Teil eines Zylinders, etwa 1,20 m lang und 0,90 m breit; ein anderer Schild ist sechsseitig – ein rautenförmiges Muster, wobei die Ecken der Raute abgeflacht sind. Manchmal ist er auch oval. Er ist aus Flechtwerk oder Holz hergestellt, mit Leder bezogen und mit einem Wappen aus getriebenem Metall versehen; besonders bekannt ist das Wappenbild eines Donnerkeils. Der Schild wird nicht nur mittels eines Handgriffs getragen, sondern kann auch mit einem Riemen über die rechte Schulter geschlungen werden. Damit es nicht durch den Schild behindert wird, hängt das Schwert – mehr eine Stich- als eine Hiebwaffe, fast 1m lang – an der rechten Seite an einem Riemen, der über die linke Schulter geht. Diese Anordnung mag uns umständlich erscheinen, doch ist zu bedenken, daß das Schwert nicht gebraucht wird, bis die rechte Hand den Spieß nicht mehr hält, und daß die Waffe, ehe sie gezogen wird, mittels des Hängeriemens leicht zur Linken geschwungen werden kann. An seiner Linken trägt der Soldat einen Dolch im Gürtel.« *T. G. Tucker/ 342-344*

4.1.6.4 Was war eine römische Wache?

Professor William Smith gibt uns Auskunft über die Anzahl der Männer in einer römischen »Wachmannschaft«. Nach Smith stellte die Manipel (eine Unterabteilung der römischen Legion), die aus entweder 120 oder 60 Männern bestand, »[. . .] für den Tribun, dem sie speziell unterstellt war [. . .] zwei Wachmannschaften [. . .] von je vier Mann zur Verfügung, die Wache hielten: einige vor dem Zelt und einige dahinter bei den Pferden. Vier war die übliche Stärke einer römischen Wache [. . .] von diesen fungierte stets einer als Wachtposten, während die anderen eine gewisse Ruhe genießen konnten, aber beim ersten Anzeichen von Alarm bereitstanden.« *W. Smith/250f.*

Professor Harold Smith sagt: »Eine Wache bestand gewöhnlich aus vier Männern (*Polybius* VI,33), von denen jeder der Reihe nach die Wache übernahm, während die anderen neben ihm ruhten, um beim geringsten Alarm zur Hand zu sein; aber in diesem Fall kann es sich um eine zahlenmäßig stärkere Wache gehandelt haben.« *Hastings, Selbie, Lambert/694*

Professor Whedon sagt über eine Wache: »Wahrscheinlich eine Wachmannschaft von vier Soldaten. Das war sicherlich die Zahl, die bei der Kreuzigung Wache hielt (Joh 19,23) [. . .]« *D. D. Whedon/343*

4.1.6.5 Was war die Tempelwache?

Der jüdische Historiker *Alfred Edersheim* gibt uns folgende Auskunft über die »Tempelwache«: »Nachts wurden Wachen an vierundzwanzig Stellen bei den Toren und in den Höfen postiert. Davon wurden einundzwanzig allein von Leviten besetzt; die anderen drei im Innersten gemeinsam von Priestern und Leviten. Jede Wache bestand aus zehn Männern, so daß insgesamt zweihundertvierzig Leviten und dreißig Priester jede Nacht Dienst taten. Die Tempelwachen wurden tagsüber abgelöst, nicht aber in der Nacht, die von den Römern in vier, den Juden in drei Wachabschnitte (während die vierte eigentlich die Morgenwache war) eingeteilt wurde.« *A. Edersheim a/147–149*

Die Mischna (Middot) berichtet folgendes über die Tempelwache: »An drei Stellen wachten die Priester im Heiligtum: // Im Haus des Abtinas, im Funkenhaus und im Warmhaus. // Und die Leviten an einundzwanzig Stellen: // Fünf an fünf Toren des Tempelbergs, // vier an seinen vier Ecken innen; // fünf an fünf Toren des Vorhofs, // vier an seinen vier Ecken außen; // einer für die Zelle der Opfergaben, // einer für die Zelle der Vorhänge //

und einer für den Raum hinter dem Haus der Versöhnung.« *Mischna/47*

Professor P. Henderson Aitken schreibt: »Es war die Pflicht dieses ›Hauptmanns des Tempelberges‹, im Tempel für Ordnung zu sorgen, die Wachtposten während der Nacht zu inspizieren und darauf zu achten, daß die Wachen vorschriftsmäßig aufgestellt und wachsam waren. Man nimmt an, daß mit den ›Oberen‹ in Esra 9,2 und Nehemia [. . .] er und seine unmittelbaren Untergebenen gemeint sind. [. . .]« *Hastings, Selbie, Lambert/271*

4.1.6.6 Die militärische Disziplin der Tempelwache

Alfred Edersheim gibt uns die folgende Beschreibung der strikten Disziplin, die bei der Tempelwache herrschte: »In der Nacht machte der ›Hauptmann des Tempelberges‹ seine Runden. Wenn er kam, mußten die Posten aufstehen und ihn in ganz bestimmter Weise grüßen. Jeder Wachhabende, der während seiner Wache schlafend gefunden wurde, erhielt Schläge; es kam sogar vor, daß man seine Kleider anzündete. Daher auch die Ermahnung an uns, die wir hier sozusagen auf Tempelwache sind: ›Selig ist, der da wacht und seine Kleider bewahrt‹ [Offb 16,15].« *A. Edersheim a/147–149*

Die Mischna (Middot) berichtet von der Behandlung derer, die während ihrer Wache schlafend gefunden wurden:

»Der Mann des Tempelbergs ging umher bei jedem einzelnen Posten, // und Fackeln brannten vor ihm; // und zu jedem Posten, welcher nicht stand, // da sprach der Mann des Tempelbergs: ›Friede sei mit dir!‹ // Bemerkte er, daß er schlief, so schlug er ihn mit seinem Stock, // und er hatte ein Recht, sein Gewand zu verbrennen. // Da sagte man: ›Was für ein Geschrei ist im Vorhof?‹ // ›Es schreit ein Levit, der geschlagen wird und dessen Kleider verbrannt werden, // weil er auf seinem Posten geschlafen hat.‹ // R. Eliezer, der Sohn Jakobs, sprach: // Einmal fanden sie den Bruder meiner Mutter eingeschlafen // und verbrannten sein Gewand.« *Mischna/49*

In der *Jewish Encyclopedia* steht folgender Kommentar über »die heiligen Räumlichkeiten innerhalb [des Tempels]«: Alle, die dort Wache hielten, »durften sich nicht hinsetzen und noch weniger schlafen. Der Hauptmann der Wache sah darauf, daß jeder wachsam war; er züchtigte einen Priester, wenn er ihn auf seinem

Posten schlafend fand, und bestrafte ihn manchmal sogar, indem er ihm das Hemd vom Leibe abbrannte, als Warnung für die anderen (Mid.k.I.).« *Jewish Encyclopedia/81*

4.1.6.7 Schlußfolgerung

E. Le Camus sagt über die strengen Sicherheitsmaßnahmen am Grab Jesu: »Noch niemals hatte ein Hingerichteter so viel Ungelegenheiten gemacht. Vollends war noch nie ein am Kreuze Gestorbener mit einer kriegerischen Ehrenwache bedacht worden.« *E. Le Camus Bd.II/514*

G. W. Clark folgert: »Somit war alles getan, was an menschlichen Vorsichtsmaßnahmen möglich war, um eine Auferstehung zu verhindern; doch gerade diese Vorkehrungen dienen als direkte Bestätigung für die Auferstehung.« *G. W. Clark zu Mt 27,35*

4.1.7 Die Verzagtheit der Jünger

Matthäus zeigt uns in seinem Evangelium (26,56) die Feigheit der Jünger. Jesus war im Garten Gethsemane gefangengenommen worden, und »da verließen ihn alle Jünger und flohen«.

Markus sagt in seinem Evangelium (14,50): »Da verließen ihn alle und flohen.«

Professor George Hanson kommentiert: »Sie waren von Natur aus weder sehr mutig noch aufgeschlossen. In feigster Weise ›verließen sie ihn alle‹, als ihr Meister verhaftet wurde, und flohen und überließen ihn so seinem Schicksal.« *G. Hanson/24-26*

Professor Albert Roper spricht von Simon Petrus, der sich »unter dem höhnischen Vorwurf einer Magd im Hofe des Hohenpriesters verkroch und mit einem Fluch leugnete, ›diesen Mann, von dem ihr sprecht‹, zu kennen.« *A. Roper/50*

Seiner Ansicht nach war es »Furcht, elende Furcht um seine persönliche Sicherheit, die Petrus veranlaßte, den Mann zu verleugnen, den er wirklich liebte. Furcht, feige Furcht ließ ihn abtrünnig werden von dem, der ihn von seinen Netzen zum Menschenfischer berufen hatte.« *A. Roper/52*

Über die Jünger allgemein schreibt Roper:

»Sie sind Galiläer, größtenteils Fischer, denen Städte und städtische Lebensweise mehr oder weniger fremd waren. Einer nach dem anderen hatten sie sich dem jungen Lehrer aus Nazareth angeschlossen [. . .] Sie waren ihm froh und ehrfurchtsvoll gefolgt, bis die Krise kam. Als er am Rande des Gartens Gethsemane verhaftet wurde, fielen sie alle von ihm ab, verängstigt durch die Fackeln und den Lärm der rasselnden Waffen.

Die Jünger verbargen sich in ihren Unterkünften, und man hört nichts mehr von ihnen, bis ihnen am Morgen des dritten Tages Maria von Magdala die unglaubliche Nachricht bringt. Daraufhin besitzen zwei – und nur zwei – die Kühnheit, sich hinauszuwagen, um mit eigenen Augen zu sehen, ob es sich wirklich so verhält, wie Maria gesagt hat, oder ob es (wie sie glauben) bloß ›leeres Gerede‹ ist. Ihr ganzes Verhalten zeugt von feiger Furcht und Selbsterhaltungstrieb.« *A. Roper/34f.*

Alfred Edersheim fragt: »Welche Gedanken über den toten Christus füllten den Sinn Josefs von Arimathäa, Nikodemus' und der anderen Jünger Jesu sowie der Apostel und der gottesfürchtigen Frauen?« *A. Edersheim b/623*

Auf diese Frage antwortet er: »Sie glaubten, daß er tot sei, und sie erwarteten nicht, daß er wieder von den Toten auferstehen würde – wenigstens nicht nach unserem Verständnis von Auferstehung. Dafür gibt es vom Eintritt seines Todes an genügend Beweise: die Beerdigungsspezereien, die Nikodemus brachte, wie auch die von den Frauen zubereiteten (in beiden Fällen war die Absicht, die Verwesung aufzuhalten), die Traurigkeit der Frauen am leeren Grab, ihre Annahme, der Leichnam sei gestohlen worden, die Verwirrung und das Verhalten der Apostel, die Zweifel so vieler Menschen und nicht zuletzt die Aussage: ›Denn sie verstanden die Schrift noch nicht, daß er von den Toten auferstehen müßte‹ [Joh 20,9].« *A. Edersheim b/623*

4.2 Die Lage nach der Auferstehung

4.2.1 Das leere Grab

W. J. Sparrow-Simpson weist darauf hin, daß das leere Grab an sich die Jünger nicht zum Glauben brachte. Von Johannes heißt es zwar, daß er »sah und glaubte« (Joh 20,8). Wahrscheinlich aber tat er das, weil er sich daran erinnerte, daß Christus seine Auferstehung vorausgesagt hatte. Weder Maria von Magdala noch die Frauen, ja nicht einmal Petrus wurden durch das Zeugnis des leeren Grabes allein zum Glauben geführt. *Hastings, Selbie, Lambert/506*

Es waren Christi Erscheinungen nach der Auferstehung, die seine Jünger vergewisserten, daß er tatsächlich von den Toten auferstanden war. Das leere Grab stand da als historische Tatsache und als Beglaubigung, daß es sich bei den Erscheinungen um keinen Geringeren als Jesus von Nazareth handelte, der in Fleisch und Blut auferstanden war. *Hastings, Selbie, Lambert/506*

J. N. D. Anderson, Rechtsanwalt und Professor für orientalisches Recht an der Universität London, fragt:

»Haben Sie beachtet, daß sämtliche Hinweise auf das leere Grab in den Evangelien vorkommen, die ja geschrieben wurden, um der christlichen Gemeinde die Tatsachen zu liefern, die sie wissen wollte? In der öffentlichen Predigt an Ungläubige dagegen, wie sie die Apostelgeschichte berichtet, haben wir eine starke Betonung der Tatsache der Auferstehung, aber keinen einzigen Hinweis auf das leere Grab. Warum wohl? Für mich gibt es nur eine Antwort: Es nützte nichts, über das leere Grab zu debattieren. Jeder, ob Freund oder Feind, wußte, daß es leer war. Die einzigen Fragen, die es sich zu erörtern lohnte, waren, warum es leer war und was dieses Leersein bewies.« *J. N. D. Anderson b/4-9*

Anderson fährt fort: »Das leere Grab steht wie ein wahrer Fels da; es ist das Kernelement unter den Fakten, die die Auferstehung beweisen. Die manchmal zu hörende Annahme, daß es überhaupt nicht leer gewesen sei, scheint mir lächerlich zu sein. Es ist eine geschichtliche Tatsache, daß die Apostel von Anfang an viele Bekehrungen in Jerusalem bewirkten, so feindselig die Stadt auch war, indem sie die frohe Nachricht verkündeten, daß Christus aus dem Grabe auferstanden war – und das taten sie in der Nähe dieses Grabes. Jeder Zuhörer hätte das Grab besuchen und zwischen dem Mittagessen und dem, was unserem Nachmittagskaffee entsprochen hätte, zurücksein können. Ist es dann vorstellbar, daß die Apostel diesen Erfolg gehabt hätten, wenn der Leib dessen, den sie als auferstandenen Herrn verkündigten, die ganze Zeit über in Josefs Grab verweste? Hätten sich eine große Anzahl Priester und viele hartgesottene Pharisäer von der Verkündigung einer Auferstehung beeindrucken lassen, die überhaupt keine Auferstehung war, sondern bloß eine Botschaft geistlichen Überlebens, gekleidet in die irreführenden Worte eines ›buchstäblichen‹ Auferstehens aus dem Grabe?« *J. N. D. Anderson a/95f.*

Paul Althaus sagt: »Denn die Jünger Jesu, denen er erschienen war, traten bald nach Jesu Hinrichtung in Jerusalem, an dem Orte, wo er gestorben und begraben war, auf mit der Verkündigung, daß er von Gott auferweckt sei. Diese Botschaft besagte für alle, die sie verkündeten, und für alle, die sie hörten: das Grab ist leer. Sie hätte sich keinen Tag, keine Stunde in Jerusalem halten können, wenn das Leersein des Grabes nicht als Tatsache für alle Beteiligten festgestanden hätte, wenn sie nur irgendwie fraglich gewesen wäre.« *P. Althaus /25; teilw. zitiert bei W. Pannberg /97f.*

Professor E. H. Day kommentiert:

»Wenn behauptet wird, daß man das Grab nicht leer vorgefunden habe, so stellen sich dem Kritiker mehrere Schwierigkeiten. Er muß z. B. dem Problem des rapiden Aufstiegs dieser sehr deutlichen Tradition, die nie ernsthaft in Frage gestellt wurde, begegnen, dazu dem Problem der an Zeugenaussagen erinnernden Berichte, in denen diese Tradition verkörpert ist, sowie dem Problem, warum die Juden es nicht schafften, einen Beweis gegen die Auferstehung zu erbringen (durch Beschaffung des Leichnams Christi oder eine offizielle Inspektion des Grabes) – einen Beweis, der in ihrem größten Interesse gewesen wäre.« *E. H. Day/25f.*

Der englische Rechtsanwalt *Frank Morison* schreibt:

»In all den Fragmenten, in all den Auswirkungen dieser weit zurückliegenden Kämpfe, die auf uns gekommen sind, wird uns nirgends erzählt, daß irgendeine verantwortliche Persönlichkeit behauptet hätte, Jesu Leichnam liege noch im Grabe. Wir hören nur von Gründen, warum er nicht mehr da sei. Durch all diese alten Dokumente zieht sich beharrlich die Annahme, Christi Grab sei leer gewesen. Können wir diesem gesammelten und sich gegenseitig bekräftigenden Beweismaterial entfliehen? Ich denke, nicht.« *F. Morison/131f.*

Michael Green erwähnt eine frühe heidnische Quelle, die indirekt das leere Grab bezeugt: die »nazarenische Inschrift«, so benannt nach dem Ort, wo sie gefunden wurde. »Es ist ein kaiserlicher Erlaß, der entweder in die Zeit des Tiberius (14-37) oder des Claudius (41-54) fällt. Es ist eine Schimpfrede gegen die Schändung von Gräbern, die mit schweren Zwangsmaßnahmen droht. Es sieht fast so aus, als ob die Nachricht von dem leeren Grab in einer zurechtgestutzten Form nach Rom gelangt war (Pilatus hatte wohl einen Bericht geben müssen; er hatte sicherlich behauptet, das Grab sei ausgeraubt worden). Es scheint so, als ob diese Verordnung die kaiserliche Reaktion darauf gewesen ist.« Green folgert: »Es besteht kein Zweifel, daß das Grab Jesu am ersten Ostertag tatsächlich leer war.« *M. Green b/56*

Mt 28,11-15 berichtet vom Versuch der jüdischen Obrigkeit, die römische Wache zu bestechen, daß sie sagen sollten, Jesu Jünger hätten seinen Leib gestohlen. *The Dictionary of the Apostolic Church* kommentiert (mit Zitat aus H. B. Swete (Hg.), *Essays):*

»Dieser Schwindel folgt dem Eingeständnis der Feinde des Christentums, daß das Grab leer war – ein Eingeständnis, das genügt, um zu zeigen, daß die Indizien für das leere Grab ›zu allgemein bekannt waren, als daß man sie leugnen konnte‹.« *J. Hastings/340; H. B. Swete/336*

W. J. Sparrow-Simpson schreibt: »Das Leersein des Grabes wird sowohl von den *Gegnern* zugegeben als auch von den Jüngern behauptet. Die Story der Wachen ist ein Versuch, die Sachlage durch einen Schwindel zu erklären (Mt 28,11-15). ›Aber diese jüdische Anschuldigung gegen die Apostel nimmt es als selbstverständlich hin, daß das Grab leer war. Man brauchte eben eine Erklärung.‹ [. . .] Dieses Eingeständnis der Juden, daß das Grab leer war, gilt auch für alle folgenden jüdischen Kommentare zu dieser Sache.« *Hastings, Selbie, Lambert/507f.*

Sparrow-Simpson zitiert dazu als Beispiel »eine Version aus dem 12. Jahrhundert vom leeren Grab, die von der jüdischen antichristlichen Propaganda in Umlauf gesetzt worden war. Die Geschichte lautet: Als die Königin hörte, daß die Ältesten Jesus getötet und begraben hatten, und daß er wiederauferstanden sei, befahl sie ihnen, innerhalb von drei Tagen den Leib herbeizuschaffen, oder sie würden ihr Leben verlieren. ›Da sprach Judas: »Kommt, ich werde euch den Mann zeigen, den ihr sucht; denn ich war es, der den Vaterlosen aus seinem Grab nahm. Denn ich fürchtete, daß die Jünger ihn stehlen würden, und versteckte ihn in meinem Garten und leitete einen Bach über die Stelle.«‹ Und die Geschichte erklärt, wie der Leib herbeigeschafft wurde (*Toledoth Jesu;* s. Baring Gould: *Lost and Hostile Gospels,* S. 88).« *Hastings, Selbie, Lambert/507f.*

Sparrow-Simpson folgert: »Man braucht wohl nicht erst zu sagen, daß diese kühne Behauptung, man habe den Leichnam gefunden, eine mittelalterliche Erfindung ist. Aber es ist eine sehr notwendige Behauptung, um den Fakten Rechnung zu tragen, wenn man das Leersein des Grabes zugab und dennoch die Auferstehung leugnete.« *Hastings, Selbie, Lambert/507f.*

Ernest Kevan betont » [. . .] die unwiderlegliche Tatsache des *leeren Grabes.* Das Grab war leer; und die Feinde Christi vermochten es nicht zu leugnen.« *E. F. Kevan/14*

Er bekräftigt: »Die Tatsache des leeren Grabes erteilt allen Hypothesen, die gegen das christliche Zeugnis aufgestellt wurden, den Todesstoß. Dies ist der Stein, über den alle Scheintheorien zu Fall kommen. Und es ist deshalb nicht überraschend, wenn man feststellt, daß in vielen Gegenargumenten, die vorgebracht werden, jegliche Bezugnahme auf das leere Grab mit Fleiß vermieden wird.« *E. F. Kevan/14*

W. J. Sparrow-Simpson zitiert *Julius Wellhausen* , den namhaften deutschen Gelehrten, der für seine Literaturkritik des Alten Testaments bekannt ist. Wellhausen kommentiert zu Mt 27,62-66: »Es wird angenommen, daß mit der Auferstehung auch der Leib Jesu aus dem Grabe verschwunden sei, und es soll unmöglich gemacht werden, dies auf natürliche Weise zu erklären.« *Hastings, Selbie, Lambert/508; J. Wellhausen/150*

Weshalb wurde Jesu Grab keine Anbetungsstätte?

J. N. D. Anderson kommentiert: »Es ist auch bedeutsam, daß uns kein Hinweis überkommen ist, daß das Grab zur Zeit der Urgemeinde zu einer Anbetungs- oder Pilgerstätte geworden wäre. Selbst wenn die überzeugten Christen durch die Gewißheit, daß ihr Meister von den Toten auferstanden war, davon absahen, das Grab aufzusuchen, fragt man sich doch, was mit all den anderen war, die seine Lehre gehört und sogar das Wunder seiner heilenden Berührung erfahren hatten, ohne sich der christlichen Gemeinde anzuschließen. Auch sie, so scheint es, wußten, daß sein Leib nicht da war, und mußten zu dem Schluß gekommen sein, daß ein Besuch des Grabes sinnlos war.« *J. N. D. Anderson a/97*

Frank Morison erwähnt in seinem Buch *Wer wälzte den Stein?* eine interessante Beobachtung: »[. . .] weder in der Apostelgeschichte, in den Missionsbriefen noch in irgendeinem apokryphen Dokument aus unstreitig früher Zeit [ist] auch nur eine Spur davon zu finden [. . .], daß irgend jemand dem Schrein Jesu Christi Verehrung erwiesen hätte. Das ist bemerkenswert – dieses nie gebrochene Schweigen über den heiligsten Ort christlichen Gedenkens. Sollte niemals eine Frau, der die Gestalt des Herrn eine geheiligte Erinnerung bedeutete, gewünscht haben, einige Augenblicke an dieser weihevollen Stätte zu verbringen? Sollte weder Petrus noch Johannes oder Andreas jemals den Ruf dieses Heiligtums gespürt haben, das all das enthielt, was von dem großen Meister sterblich war? Sollte selbst Saulus nicht einmal in der Erinnerung an seinen früheren Hochmut und seine Selbstsicherheit den einsamen weg gegangen sein und heiße Tränen der Reue über seine Verleugnung jenes Namens vergossen haben? Wenn diese Menschen wirklich gewußt hätten, daß der Herr dort begraben läge, dann wäre das sehr, sehr seltsam gewesen.« *F. Morison/158*

4.2.2 Die Grabtücher

Im folgenden Bericht zeigt uns Johannes die Bedeutung der Grabtücher als Indizien für die Auferstehung auf:

»Da ging Petrus und der andere Jünger hinaus, und sie kamen zum Grab. Es liefen aber die zwei miteinander, und der andere Jünger lief voraus, schneller als Petrus, und kam zuerst zum Grab, schaut hinein und sieht die Leinentücher liegen; er ging aber nicht hinein. Da kam Simon Petrus ihm nach und ging in das Grab hinein und sieht die Leinentücher liegen, aber das Schweißtuch, das Jesus um das Haupt gebunden war, nicht bei den Leinentüchern liegen, sondern daneben zusammengewickelt an einem besonderen Ort. Da ging auch der andere Jünger hinein, der zuerst zum Grab gekommen war, und sah und glaubte. Denn sie verstanden die Schrift noch nicht, daß er von den Toten auferstehen müßte.« (Joh 20,3-9)

In seinem Kommentar zu Johannes' Bericht sagt *J. N. D. Anderson* über das leere Grab:

» [...] Es scheint, daß es nicht völlig leer war. Sie erinnern sich an den Bericht im Johannesevangelium, wie Maria von Magdala hinlief, um Petrus und Johannes zu rufen, und wie die beiden sich zum Grab begaben. Johannes, der Jüngere, lief schneller als Petrus und kam als erster zum Grab. Er bückte sich, ›blinzelte‹ hinein (meines Erachtens die buchstäbliche Bedeutung im Griechischen) und sah die leinenen Binden und das Schweißtuch, das um den Kopf gebunden gewesen war. Und dann kam Simon Petrus und lief (typisch für ihn) geradewegs hinein, gefolgt von Johannes; und sie bemerkten die leinenen Binden und das Schweißtuch, das nicht bei den leinenen Tüchern lag, sondern für sich an einem Ort zusammengefaltet. Das Griechische scheint zu bedeuten, daß die Leinentücher nicht im Grabe verstreut lagen, sondern da, wo der Leib gelegen hatte, und daß an der Stelle, wo der Hals Christi gewesen war, eine Lücke war – und daß das Schweißtuch, das um seinen Kopf gebunden worden war, nicht bei den Leinentüchern lag, sondern für sich gefaltet an seinem Ort: was meiner Ansicht nach bedeutet, daß es immer noch so zusammengewickelt war, als habe sich der Leib lediglich daraus entzogen. Uns wird gesagt, daß Johannes keines weiteren Zeugnisses von Mensch oder Engel bedurfte, als er das sah; er sah und glaubte, und sein Zeugnis ist uns überliefert.« *J. N. D. Anderson b/7f.*

Cyrill von Alexandrien (376–444 n. Chr.) vertritt die Ansicht, daß die Apostel durch die Art und Weise, wie die Grabtücher zusammengefaltet waren, zum Gedanken der Auferstehung geführt wurden. *(Migne, 7,683)*

Professor E. H. Day sagt über den Bericht des Johannes: »Er trägt durchaus das Merkmal der persönlichen Note, er enthält alle Zeichen der Aussagen nicht nur eines Augenzeugen, sondern auch eines sorgfältigen Beobachters [...] Das Laufen der Jünger, die Reihenfolge ihrer Ankunft beim Grab und ihr Hineingehen; die Tatsache, daß Johannes sich zuerst bückte und durch den niedrigen Eingang die Leinentücher sehen konnte, während Petrus, als der Mutigere, als erster hineinging; das genaue Wort, ... [*theorei*], das für Petrus' sorgfältige Beobachtung der Grabtücher gebraucht wird (es kann sogar ›Untersuchung‹ bedeuten); die Beschreibung der Lage der leinenen Tücher und des Schweißtuches, eine Beschreibung, die nicht umständlich ist, sondern in der Wahl der Worte bis ins einzelne sorgfältig; das folgende Eintreten des Johannes und der Glaube, der sich aus dem Anblick der Grabtücher ergab – das kann gewiß nichts anderes sein als die Beschreibung eines Menschen, der es tatsächlich *sah*, in dessen Erinnerung sich die Szene noch eingeprägt hatte, für den der Anblick des leeren Grabes und die zurückgelassenen Grabtücher ein entscheidender Punkt im Glauben und Leben waren.« *E. H. Day/16f.*

John R. W. Stott macht folgende Bemerkungen:

»Es ist eine auffällige Einzelheit, daß die Erzählungen, die vom Verschwinden der Leiche Jesu berichten, mitteilen, daß die Grabtücher noch vorhanden waren (Luk. 24,12; Joh. 20,1-10). Der Evangelist Johannes hebt diese Tatsache besonders hervor, denn er war mit Petrus am Ostermorgen zum Grabe gelaufen und hatte diese Feststellung gemacht. Der Bericht von diesem Ereignis trägt unverwechselbar die Spuren der Augenzeugenschaft. Der Evangelist schreibt, was er selbst erlebt hat. Er ist ›der andere Jünger, den Jesus liebhatte‹ (Joh. 20,2). Er lief an jenem Morgen voraus, warf aber nur einen kurzen Blick in Jesu Grab, um Petrus den Vortritt zu lassen. Dann ging auch er hinein ›und sah und glaubte‹ (V. 8).

[...] Die Frage ist: Was konnte er sehen, das ihn zum Glauben bringen konnte? Der Bericht legt die Vermutung nahe, daß es nicht nur das Fehlen der Leiche war, sondern das Vorhandensein der Grabtücher, und zwar insbesondere ihre unveränderte Lage.

Im folgenden stütze ich mich auf die Arbeit von Henry Latham, *The Risen Master* (1900) und gebe eine kurze Zusammenfassung seiner Ergebnisse. Versuchen wir eine Rekonstruktion des Hergangs. Johannes berichtet (19,38–42), daß Joseph von Arimathia bei Pilatus die Freigabe der Leiche erwirkte und währenddessen Nikodemus ›eine Mischung von Myrrhenharz und Aloeholz, gegen hundert Pfund‹, besorgte. Beides war, wie es scheint, gepulvert, und dieses Pulver wurde zwischen die Grabbinden gestreut (Albrecht). ›Nun nahmen sie den Leichnam Jesu und hüllten ihn samt den wohlriechenden Gewürzen in leinene Binden ein, wie es nach jüdischer Begräbnissitte üblich war‹ (V. 40). Der Körper wurde also ganz mit Binden umwickelt. Für den Kopf wurde sicher, wie im Falle des Lazarus (Joh. 11,44), ein besonderes Tuch verwendet. Gesicht und Nacken blieben vielleicht unverhüllt, wurden jedenfalls nicht umwickelt. Wie sollen wir uns nun die Auferstehung Jesu vorstellen? [...] Ein Zeuge der Auferstehung hätte wahrscheinlich nichts anderes gesehen, als daß der Leichnam Jesu plötzlich nicht mehr da war. [...] Plötzlich waren die Leichentücher leer. Das ganze Gebinde mußte, zumal unter dem Gewicht der Würzstoffe, in sich zusammenfallen und flach am Boden liegen, ohne auseinandergewickelt zu sein. An der Stelle des Kopfes mußte das Schweißtuch getrennt von den übrigen Binden zurückgeblieben sein.

Ein sorgfältiges Studium des Vokabulars ergibt, daß der Bericht des Johannes eben diese Anordnung der Tücher meint. Die Verse lauten in der revidierten Lutherbibel [von 1956]: › ... Der andere Jünger schaut hinein und sieht die leinenen Binden gelegt: er ging aber nicht hinein. Da kam Simon Petrus ihm nach und ging hinein in das Grab und sieht die Binden gelegt und das Schweißtuch, das Jesus um das Haupt gebunden war, nicht zu den Binden gelegt, sondern beiseite, zusammengewickelt, an einen besonderen Ort‹ (V. 5-7). Im Griechischen heißt dieses zweimalige ›gelegt‹ eigentlich ›liegend‹, und an der ersten Stelle ist dieses ›liegend‹ durch die Wortstellung betont (vorangestellt). Wir müßten in der Übersetzung etwa durch Sperrung hervorheben: ›Er sah die Binden *liegen.*‹ Sodann wird die getrennte Lage des Kopftuches hervorgehoben. Nicht daß es in eine Ecke gelegt worden wäre, sondern es lag

›für sich‹, nicht bei den Körperbinden. Schließlich wird gesagt, dieses Schweißtuch sei ›zusammengewickelt‹ gewesen. Diese Vokabel ist ein Fachwort für das ›Einwickeln‹ von Leichen in Grabtücher und wird auch in Verbindung mit dem Schweißtuch gebraucht. (Vgl. Bauer, Griechisch-deutsches Wörterbuch etc. 5. Aufl. 1958, 535: entylisso.) Es ist also nicht, wie es häufig geschieht, an die Ordnung und Sorgfalt zu denken, mit der Jesus (!) oder ein anderer die Grabstätte ›aufgeräumt‹ habe, sondern die Tücher lagen so, wie sie nur nach Jesu Auferstehung liegen konnten. [...] In ähnlicher Weise lassen auch Matthäus und Markus einen Engel auf die Stelle deuten, an der Jesus gelegen hatte, um die Nachricht von der Auferstehung damit zu bekräftigen. Wahrscheinlich ist auch hier dasselbe Bild vorausgesetzt (s. Matth. 28,6; Mark. 16,6).« *J. R. W. Stott/42-44*

Henry Latham sagt: » [...] Es scheint mir klar zu sein, daß Johannes' Bericht aufzeigt, daß eine Veränderung mit den zwei Aposteln aufgrund dessen geschah, was sie gesehen hatten [...]« Warum? *H. Latham/45*

Latham beschreibt, was die Apostel in Jesu Grab gesehen hatten:

»In [...] der Nische, auf dem niedrigeren Teil des Simses, lagen die Grabtücher. Sie waren nicht in Unordnung; sie waren so, wie sie gelegen hatten, als Josef und andere sie um den Leib des Herrn gewickelt hatten, nur daß sie flach lagen, eins um das andere geschlagen, denn der Leib war verschwunden. Auf dem erhöhten Teil des Simses lag auf der anderen Seite ganz für sich das Schweißtuch, das den Kopf umgeben hatte; dieses lag nicht flach da, sondern war etwas gewölbt, weil es noch die gewickelte Form besaß, die es erhielt, als man es um das Haupt des Herrn gewickelt hatte. Nichts am Orte verriet irgendein Zeichen der Berührung durch Menschenhände: Der Leib war in die pulverisierte Myrrhe und Aloe gebettet worden, aber nun war von ihm keine Spur mehr da; die Spezerei blieb von den ›Tüchern‹ umhüllt, in die man sie mit eingewickelt hatte, als der Leib auf das Sims gelegt worden war. Etwas, das der Ort des Geschehens vermittelte, war Petrus und Johannes zu Herzen gegangen; jedenfalls können wir sehen, daß sie nicht in derselben Gemütsverfassung waren, als sie herauskamen, wie bei der Ankunft am Grab. Ich denke, als sie das, was sie sahen, untersuchten, überkam sie der Eindruck, daß ›Gott gegenwärtig‹ war.« *H. Latham/34*

Latham über das Schweißtuch, das Jesu Haupt bedeckt hatte:

»Die Worte ›nicht zu den Binden gelegt‹ sagen mir etwas [. . .]; sie sagen mir übrigens auch, daß die leinenen Tücher alle an einer Stelle lagen. Wenn sie, wie ich es annehme, alle auf der tieferen Seite des Simses lagen, ist der Ausdruck vollkommen klar; wenn aber die leinenen Tücher mal hier, mal dort, wie in aller Hast beiseitegeworfen, umhergelegen hätten, dann wäre kein Sinn darin, zu sagen, daß das Schweißtuch ›nicht zu den Binden gelegt‹ war; denn die ›Binden‹ hätten ja keinen bestimmten Platz angegeben. Wir beachten wieder die Verwendung des Wortes ›liegen‹, wo es nicht absolut notwendig war [s. andere als Luther-Übersetzungen]. Das Schweißtuch lag nicht flach da wie die anderen leinenen Tücher, und Johannes betont vielleicht diesen Unterschied.« *H. Latham/44*

Latham fährt fort: » [. . .] Das Schweißtuch, das oben um den Kopf gewickelt gewesen war, blieb auf ... [der] erhöhten Platte liegen; dort fand man es ›für sich aufgewickelt an einer besonderen Stelle‹.« *H. Latham/36*

Latham sagt, der Ausdruck »›aufgewickelt‹ ist unklar. Ich nehme an, daß das gedrehte Schweißtuch einen Ring bildete wie die Rolle eines gelösten Turbans ohne den Mittelteil.« *H. Latham/36*

Latham folgert:

»Dort liegen die Tücher – sie sind etwas zusammengefallen, aber immer noch Wickel für Wickel umeinandergeschlagen, und kein Stäubchen Spezerei ist von seinem Platz entfernt. Auch das Schweißtuch liegt auf der ein wenig höheren Stufe, die als Kissen für den Kopf des Leichnams dient; es ist zu einer Art Kopfbedekkung zusammengedreht und liegt ganz für sich. Gerade die Stille dieser Szene scheint etwas zu sagen zu haben. Die die Szene sahen, wurden davon angesprochen, und sie spricht auch mich an, wenn ich sie mir vor meinem geistigen Auge vorstelle – mit dem Morgenlicht, das durch den offenen Eingang hereinströmt.

Was sie zu sagen hat, stellt sich mir so dar:

›Alles, was Jesus von Nazareth war, hat sich gewandelt und ist verschwunden. Wir – die Grabtücher und Spezereien und das Schweißtuch – gehören zum Irdischen und sind geblieben.‹« *H. Latham/11*

4.2.3 Die Lage des Steines

Die griechischen Wörter, die für die Lage des Steines im Verhältnis zum Grab benutzt werden, sind sehr bedeutungsvoll:

Mt 27,60 – gebraucht das Wort *kulio*: »rollen« oder »wälzen«.

Mk 16,3.4 – hat dasselbe Stammwort *kulio*, fügt aber die Präposition *ana* (»auf« oder »aufwärts«) hinzu. Wenn Markus dieses Verb benutzte, muß am Grabeingang eine Neigung oder Schräge gewesen sein.

Lk 24,2 – verwendet wieder *kulio*, jedoch mit einer anderen Präposition als Markus, nämlich *apo*: »weg von, getrennt von« (im Sinne der Entfernung). Der Stein war in einer Stellung, die im Sinne der Entfernung als getrennt von der gesamten Grabesgruft beschrieben wird (das griechische Wort bezeichnet das ganze Grab).

Joh 20,1 – mußte ein völlig anderes griechisches Wort benutzen, um die Position des Steines anzugeben, nämlich einen Hang hinauf vom Grabe (nicht nur vom Grabeseingang) entfernt. Johannes gebraucht hier das Wort *airo*: »aufheben und wegtragen«. Weshalb die Mühe, einen so großen Stein fortzubewegen?

4.2.4 Das Siegel

A. T. Robertson kommentiert: »Die Versiegelung geschah in der Gegenwart der römischen Wache, der befohlen war, diesen Stempel römischer Autorität und Macht zu hüten.« *A. T. Robertson b/239*

D. D. Whedon sagt: »Die Tür konnte daher nicht geöffnet werden, ohne das Siegel zu brechen; was ein Verbrechen gegen die Autorität des Eigentümers des Siegels war.« *D. D. Whedon /343*

Das Siegel wurde gebrochen, als der Stein hinweggerollt wurde. Die Person oder Personen, die für das Brechen des Siegels verantwortlich waren, hatten es mit dem Statthalter der Provinz und mit dessen Vollzugsorganen zu tun. Zur Zeit der Auferstehung Christi schreckte in der Tat jeder davor zurück, das römische Siegel zu brechen.

4.2.5 Die römische Wache

Matthäus macht folgende Bemerkungen:

»Und siehe, es geschah ein großes Erdbeben. Denn der Engel des Herrn kam vom Himmel herab, trat hinzu und wälzte den Stein weg und setzte sich darauf. Seine Gestalt war wie der Blitz und sein Gewand weiß wie Schnee. Die Wachen aber erschraken aus Furcht vor ihm und wurden, als wären sie tot. [. . .]

Als sie aber hingingen, siehe, da kamen einige von der Wache in die Stadt und verkündeten den Hohenpriestern alles, was geschehen war. Und sie kamen mit den Ältesten zusammen, hielten Rat und gaben den Soldaten viel Geld und sprachen: Sagt, seine Jünger sind in der Nacht gekommen und haben ihn gestohlen, während wir schliefen. Und wenn es dem Statthalter zu Ohren kommt, wollen wir ihn beschwichtigen und dafür sorgen, daß ihr sicher seid. Sie nahmen das Geld und taten, wie sie angewiesen waren. Und so ist dies zum Gerede geworden bei den Juden bis auf den heutigen Tag.« (Mt 28,2-4.11-15)

Wenn man sich vor Augen hält, wer diese Wachen waren, wird der Bericht in Matthäus 28 sehr eindrucksvoll: Der Anblick, der sich bei der Auferstehung Jesu bot, war furchterregend genug, daß diese rauhen Soldaten »wurden, als wären sie tot« (Mt 28,4).

Professor Roper gibt diese Beschreibung von der Wache: »Sie hatten nicht das geringste Interesse an der ihnen aufgetragenen Aufgabe. Es war ihre einzige Absicht und Pflicht, als Soldaten des Römischen Reiches, dem sie Treue geschworen hatten, in strenger Disziplin ihre Aufgabe zu erfüllen. Das römische Siegel, das am Stein vor Josefs Grab befestigt war, betrachteten sie als viel heiliger denn alle Philosophie Israels und die Heiligkeit seines alten Glaubensbekenntnisses. [Sie waren . . .] Soldaten, die kaltblütig genug [waren], um den Mantel eines sterbenden Opfers zu losen [. . .]« *A. Roper /33*

T. G. Tucker beschreibt in detaillierter Weise Waffen und Rüstung eines damaligen Hauptmanns. Er präsentiert uns das Bild einer menschlichen Kampfmaschine. *T. G. Tucker /342-344*

Thomas Thorburn sagt uns, daß die Mannschaft, die dort Wache gestanden hatte, in schlimmer Bedrängnis war. Nachdem der Stein hinweggerollt und das Siegel gebrochen war, waren sie so gut wie verurteilt. Thorburn schreibt: »Die Soldaten konnten nicht behaupten, geschlafen zu haben; denn sie wußten sehr wohl, daß auf Schlafen während der Wache die Todesstrafe stand – stets rigoros durchgeführt.« *T. J. Thorburn /179–182*

»Hier gab es für die Soldaten«, fährt Thorburn fort, »keine andere Alternative, als sich auf die guten Beziehungen der Priester zu verlassen. Der Leib (nehmen wir einmal an) war *verschwunden* , und ihre Nachlässigkeit wäre in *jedem* Falle (unter gewöhnlichen Umständen) mit dem Tode bestraft worden (vgl. Apg 12, 19).« *T. J. Thorburn /179-182*

4.2.6 Jesus lebte – Erscheinungen nach der Auferstehung

4.2.6.1 Die Wichtigkeit der Erscheinungen

C. S. Lewis spricht über die Wichtigkeit der Erscheinungen Christi nach der Auferstehung und sagt: »Der erste Tatbestand in der Geschichte des Christentums ist eine Anzahl von Leuten, die sagen, daß sie die Auferstehung gesehen haben. Wenn sie gestorben wären, ohne irgend jemand anders zum Glauben an dieses ›Evangelium‹ gebracht zu haben, wären die Evangelien niemals geschrieben worden.« *C. S. Lewis b/168*

J. N. D. Anderson schreibt über die Zeugenaussagen zu den Erscheinungen:

»Die dramatischste Weise, diese Zeugenaussagen abzuweisen, wäre die, daß man sagt, sie seien Erfindungen oder pure Lügen. Aber soweit ich weiß, würde heute kein einziger Kritiker eine solche Einstellung vertreten. In der Tat wäre es auch eine unmögliche Haltung. Man bedenke die Zahl der Zeugen: über 500. Man bedenke den Charakter der Zeugen: Männer und Frauen, die der Welt die höchste ethische Lehre gaben, die sie je kannte, und die diese Lehre, wie selbst ihre Feinde bezeugen, mit ihrem Leben demonstrierten. Man bedenke die psychologische Absurdität, wenn man sich eine kleine Gruppe geschlagener Feiglinge vorstellt, die an einem Tag in einem Obergemach kauert und sich ein paar Tage später in eine Schar verwandelt, die keine Verfolgung zum Schweigen bringen kann – um dann zu versuchen, diese dramatische Veränderung auf nichts Überzeugenderes zurückzuführen als eine elende Erfindung, die sie der Welt aufschwatzen wollten. Das wäre einfach sinnlos.« *J. N. D. Anderson b/5f.*

John Warwick Montgomery kommentiert:

»Beachten Sie, daß die Jünger die Auferstehung als Augenzeugen verkündeten, und zwar noch zu Lebzeiten anderer, die in Berührung mit den Ereignissen standen, von denen sie sprachen. Im Jahre 56 n. Chr. schrieb Paulus, daß über 500 Menschen den auferstandenen Jesus gesehen hatten und daß die meisten von ihnen noch lebten (1 Kor 15,6ff.). Es übersteigt die Grenzen der Glaubwürdigkeit, daß die Urchristen ein solches Märchen erfunden haben sollten, um es dann unter denen zu verkündigen, die es ganz einfach durch die Herbeischaffung des Leichnams Jesu hätten widerlegen können.« *J. W. Montgomery b/19*

Bernard Ramm schreibt:

»Hätte es keine Auferstehung gegeben, so muß der radikale Kritiker zugeben, daß Paulus den Aposteln eine Erscheinung Christi, die ihm widerfahren sein sollte, vorgetäuscht hätte, wohingegen sie ihn wiederum mit den ihnen widerfahrenen Erscheinungen Christi getäuscht hätten. Wie schwierig ist es doch, die Aussage der Briefe in diesem Punkt zu widerlegen, wo sie einen so starken Nachweis ihrer Echtheit enthalten!« *B. Ramm b/203*

4.2.6.2 Liste der Erscheinungen

Maria von Magdala – Joh 20,14; Mk 16,9
den vom Grab kommenden Frauen – Mt 28,9.10
Petrus (später am Tage) – Lk 24,34; 1 Kor 15,5
den Emmausjüngern – Lk 24,13–35
den Aposteln außer Thomas – Lk 24,36–43; Joh 20,19–24
den Aposteln, Thomas anwesend – Joh 20,26–29
den sieben Jüngern am See Tiberias – Joh 21,1–23
einer Menge von über 500 Gläubigen auf einem galiläischen Hügel – 1 Kor 15,6
Jakobus – 1 Kor 15,7
den Elfen – Mt 28,16–20; Mk 16,14–20; Lk 24,33-53; Apg 1,3–11
bei der Himmelfahrt – Apg 1,3–11
Paulus – Apg 9,3–6; 1 Kor 15,8
Stephanus – Apg 7,55
Paulus im Tempel – Apg 22,17–21; 23,11
Johannes auf Patmos – Offb 1,10–19

4.2.7 Die Feinde Christi widerlegten die Auferstehung nicht

4.2.7.1 Sie schwiegen

In Apg 2 gibt Lukas die Pfingstpredigt des Petrus wieder. Niemand widerlegte seine freimütige Verkündigung der Auferstehung Christi. Warum nicht? Weil jeder zum Grab gehen und sich überzeugen konnte, ob es wirklich leer war; alle wußten jedoch, daß das Grab den Leib Christi nicht mehr enthielt.

In Apg 25 sehen wir Paulus in Cäsarea im Gefängnis. Festus »setzte [. . .] sich auf den Richterstuhl und ließ Paulus holen. Als der aber vor ihn kam, umringten ihn die Juden, die von Jerusalem herabgekommen waren, und brachten viele und schwere Klagen gegen ihn vor, die sie aber nicht beweisen konnten« (Vers 6–7). Was genau war es, das die Juden so am Evangelium des Paulus irritierte? Festus erklärt den Fall vor König Agrippa: Es geht um »einen verstorbenen Jesus, von dem Paulus behauptete, er lebe« (Apg 25,19). Die Juden konnten das leere Grab nicht erklären.

Das Schweigen der Führer der Juden spricht lauter als die Stimme der Christen; oder, wie *Fairbairn* sagt:

»Das Schweigen der Juden ist so bedeutungsvoll wie das Reden der Christen.« *A. M. Fairbairn c/357*

Professor Day sagt: »Der einfache Gegenbeweis, eine effektive Widerlegung der Tatsache der Auferstehung, hätte dem Christentum den Todesstoß versetzt. Und sie hatten jede Gelegenheit, den Gegenbeweis anzutreten, wenn es möglich gewesen wäre.« *E. H. Day /33-35*

W. Pannenberg: »Zu den allgemeinen historischen Gründen, die für die Zuverlässigkeit der Nachricht von der Auffindung des leeren Grabes Jesu sprechen, gehört vor allem auch die Tatsache, daß die frühe jüdische Polemik gegen die christliche Botschaft von der Auferstehung Jesu, die bereits in den Evangelien ihre Spuren hinterlassen hat, keinerlei Hinweise darauf bietet, daß das Grab Jesu unberührt gewesen wäre. Die jüdische Polemik hätte an der Aufbewahrung einer solchen Nachricht alles Interesse haben müssen. Sie teilte aber ganz im Gegenteil mit ihren christlichen Gegnern die Überzeugung, daß das Grab Jesu leer war. Sie beschränkte sich darauf, diese Tatsache in einem eigenen, der christlichen Botschaft abträglichen Sinne zu erklären.« *W. Pannenberg /98f.; vgl. J. N. D. Anderson a/96*

Die Kirche wurde auf die Auferstehung gegründet. Hätte man diese widerlegt, so wäre die gesamte christliche Bewegung zerstört worden. Aber statt irgendeines solchen Gegenbeweises wurden die Christen im ganzen ersten Jahrhundert bedroht, geschlagen, ausgepeitscht und getötet wegen ihres Glaubens. Es wäre viel einfacher gewesen, sie zum Schweigen zu bringen, indem man den Leib Jesu herbeigeschafft hätte. Das aber wurde nie getan.

John R. W. Stott sagt sehr treffend, das Schweigen der Feinde Christi »spricht hier ebenso deutlich wie das Zeugnis der Jünger.« *J. R. W. Stott /41*

4.2.7.2 Sie spotteten

a) In Athen

»Als sie von der Auferstehung der Toten hörten, begannen die einen zu spotten ...« (Apg 17,32). Die Athener lachten Paulus einfach aus, weil sie nicht verstanden, wie jemand von den Toten auferstehen konnte. Sie versuchten nicht, ihre Haltung zu begründen. Sie sagten sozusagen: »Laß uns mit deinen Tatsachen in Ruhe, unsere Meinung steht schon fest!«

Weshalb erlebte Paulus in Athen, nicht aber in Jerusalem einen solchen Unglauben? Weil die Tatsache des leeren Grabes in Jerusalem unbestreitbar war (es war dort für jeden erreichbar, der es untersuchen wollte); aber in Athen war der Beweis weit entfernt, so daß das Leersein des Grabes nicht allgemein bekannt war. Paulus' Zuhörer hatten die Geschichte nicht selbst nachgeprüft, und anstatt sich erst die Mühe zu machen, Untersuchungen anzustellen, gaben sie sich damit zufrieden, in ihrer Unwissenheit zu lachen. Ihr Standpunkt ließe sich am besten als intellektueller Selbstmord bezeichnen.

b) Vor Agrippa und Festus in Cäsarea

Paulus sagte Agrippa und allen anderen im Gericht, daß Christus als erster von den Toten auferstehen und Juden und Heiden das Licht verkündigen mußte. »Als er aber dies zu seiner Verteidigung sagte, sprach Festus mit lauter Stimme: Paulus, du bist von Sinnen! Das große Wissen macht dich wahnsinnig. Paulus aber sprach: Edler Festus, ich bin nicht von Sinnen, sondern ich rede wahre und vernünftige Worte. Der König, zu dem ich frei und offen rede, versteht sich auf diese Dinge. Denn ich bin gewiß, daß ihm nichts davon verborgen ist; denn dies ist nicht im Winkel geschehen. Glaubst du, König Agrippa, den Propheten? Ich weiß, daß du glaubst. Agrippa aber sprach zu Paulus: Es fehlt nicht viel, so wirst du mich noch überreden und einen Christen aus mir machen.« (Apg 26,23-28)

Wieder – wie in Athen – traf Paulus auf Unglauben. Seine Botschaft war wiederum Christi Auferstehung von den Toten (Apg 26,23), und wieder wurden keine Gegenbeweise zur Widerlegung erbracht. Nur vergeblicher Spott kam von Festus. Paulus brachte seine Verteidigung in Worten der Wahrheit und Vernunft vor (Apg 26,25). Er unterstrich die empirische Natur seiner Sache und sagte: »Dies ist nicht im Winkel [= im Versteck] geschehen« (Apg 26,26). Er legte Agrippa und Festus die Tatsachen vor; Festus aber, wie die Athener, konnte nur mit Spott reagieren. Diese Begebenheit trug sich in Cäsarea zu, wo nicht jeder gewußt haben wird, daß das Grab leer war. Eine Reise nach Jerusalem hätte den Nachweis erbracht.

4.3 Gesicherte historische Tatsache

Das leere Grab ist das schweigende Zeugnis der Auferstehung Christi, das noch nie widerlegt worden ist. Weder Römer noch Juden konnten Christi Leib herbeischaffen oder erklären, wohin er verschwunden war, aber trotz allem weigerten sie sich zu glauben. Nicht etwa wegen unzureichender Beweise, sondern trotz der Beweismenge verwerfen die Menschen noch immer die Auferstehung.

Professor E. H. Day schreibt:

»Im leeren Grab sah das Christentum schon immer ein wichtiges Zeugnis für die Vernunftmäßigkeit des Glaubens. Christen haben nie bezweifelt, daß es tatsächlich am dritten Tag leer vorgefunden wurde; die Evangeliumsberichte betonen es übereinstimmend; [die Beweislast] ... obliegt nicht denen, die an dieser Überlieferung festhalten, sondern denen, die entweder leugnen, daß das Grab leer vorgefunden wurde, oder die die Abwesenheit des Leibes des Herrn durch irgendeine rationalistische Theorie erklären wollen.« *E. H. Day /25*

Professor James Denney, zitiert von Smith, sagt:

» [...] Das leere Grab ist nicht das Produkt eines naiven apologetischen Geistes, eines Geistes, der sich nicht mit den Beweisen für die Auferstehung zufriedengibt, wie sie sich aus der Tatsache ergeben, daß der Herr den Seinen erschienen ist und sie zu einem neuen, siegreichen Leben erweckt hat; [...] es ist vielmehr ein ursprünglicher, unabhängiger und unmanipulierter Teil des apostolischen Zeugnisses.« *W. M. Smith d/374*

4.4 Psychologische Indizien

4.4.1 Das verwandelte Leben der Jünger

J. R. W. Stott: »Vielleicht bezeugt die Veränderung der Jünger am deutlichsten die Auferstehung Jesu [...]« *J. R. W. Stott /47*

Simon Greenleaf, der Harvard-Rechtsgelehrte, sagt von den Jüngern: »Es war daher unmöglich, daß sie weiterhin beharrlich die von ihnen berichteten Wahrheiten hätten behaupten können, wenn Jesus nicht tatsächlich von den Toten auferstanden wäre und wenn sie sich dieser Tatsache nicht genauso bewußt gewesen wären wie jeder anderen Tatsache.

Die Annalen der militärischen Kriegsführung geben uns kaum ein ähnliches Beispiel heroischer Beständigkeit, Geduld und unerschütterlichen Mutes. Sie hatten jedes mögliche Motiv, die Gründe für ihren Glauben sowie die Beweise für die großen Fakten und Lehren, die sie verkündeten, sorgfältig zu überprüfen [...]« *S. Greenleaf b/29*

Paul Little fragt: »Sind diese Männer, die zur Umwandlung der moralischen Struktur der Gesellschaft beitrugen, denn nun Lügner oder gar Geisteskranke? Es ist schwieriger, an diese Möglichkeiten zu glauben, als an die Tatsache der Auferstehung. Diese Behauptungen werden nämlich nicht von einem einzigen Beweis unterstützt.« *P. E. Little /47*

Man schaue sich das veränderte Leben des Jakobus, Jesu Bruder, an. Vor der Auferstehung verachtete er alles, was sein Bruder vertrat. Er meinte, Christi Ansprüche seien nichts als Angeberei und dienten nur dazu, den Familiennamen in Verruf zu bringen. Doch nach der Auferstehung finden wir Jakobus unter den anderen Aposteln in der Verkündigung des Evangeliums ihres Herrn. Sein Brief schildert sehr gut die neue Beziehung, die er zu Christus hatte. Er beschreibt sich selbst als »Knecht Gottes und des Herrn Jesus Christus« (Jak 1,1). Die einzige Erklärung für diese Veränderung in seinem Leben gibt uns Paulus: »Danach ist er (Jesus) gesehen worden von Jakobus ...« (1 Kor 15,7).

George Matheson sagt: »Die Skepsis des Thomas zeigt sich in dem Glauben, daß der Tod Jesu auch der Tod seines Reiches bedeute. ›Laßt uns mitziehen, damit wir mit ihm sterben!‹ Der Mann, der diese Worte aussprach, hatte zum damaligen Zeitpunkt keine Hoffnung auf Christi Auferstehung. Kein Mensch würde vorschlagen, mit einem anderen zu sterben, wenn er erwartete, ihn in ein paar Stunden wiederzusehen. Thomas hatte in jenem Augenblick jeden intellektuellen Glauben aufgegeben. Er sah keine Chance mehr für Jesus. Er glaubte nicht an seine physische Kraft. Für ihn stand es fest, daß die Kräfte der Außenwelt zu stark sein und ihn (Christus) zerstören würden.« *G. Matheson /140*

Doch Jesus offenbarte sich auch Thomas, und der rief aus:

»Mein Herr und mein Gott!« (Joh 20,28). Thomas machte eine völlige Kehrtwendung nachdem er seinen Herrn vom Grabe auferstanden sah, und ging diesen Weg, bis er den Märtyrertod starb.

Die folgende Beschreibung der Umwandlung im Leben der Apostel nach der Auferstehung ist ein interessantes poetisches Porträt:

»Am Tage der Kreuzigung waren sie von Trauer erfüllt; am ersten Tag der Woche von Freude. Bei der Kreuzigung waren sie hoffnungslos; am ersten Tag der Woche glühten ihre Herzen vor Gewißheit und Hoffnung. Als sie die Botschaft der Auferstehung das erste Mal erreichte, waren sie ungläubig und schwer zu überzeugen. Als sie dann aber Gewißheit hatten, zweifelten sie nie wieder. Was konnte die erstaunliche Verwandlung im Leben dieser Männer innerhalb so kurzer Zeit erklären? Das bloße Entfernen des Leibes aus dem Grab hätte nie ihren Geist und ihren Charakter verändern können. Drei Tage sind nicht genug für die Entstehung einer Legende, die solche Auswirkungen bei ihnen hatte. Legenden brauchen Zeit. Es handelt sich hier vielmehr um ein psychologisches Faktum, das eine volle Erklärung verlangt. [...]

Man bedenke den Charakter der Zeugen: Männer und Frauen, die der Welt die höchste ethische Lehre gaben, die sie je kannte, und die diese Lehre, wie selbst ihre Feinde bezeugen, mit ihrem Leben demonstrierten. Man bedenke die psychologische Absurdität, wenn man sich eine kleine Gruppe geschlagener Feiglinge vorstellt, die an einem Tag in einem Obergemach kauert und sich ein paar Tage später in eine Schar verwandelt, die keine Verfolgung zum Schweigen bringen kann –, um dann zu versuchen, diese dramatische Veränderung auf nichts Überzeugenderes zurückzuführen als eine elende Erfindung, die sie der Welt aufschwatzen wollten. Das wäre einfach sinnlos.« *J. N. D. Anderson b/5f.*

4.4.2 Fast 2000 Jahre umgewandelter Menschenleben

In den knapp 2000 Jahren seit Jesu Auferstehung haben zahllose Menschen dieselbe Erfahrung gemacht wie damals die Jünger: Ihr Leben wurde neu.

4.4.3 Ergebnis

Die Tatsache veränderter Menschenleben ist somit ein einleuchtender Grund für den Glauben an die Auferstehung. Sie ist ein subjektiver Beweis, der die objektive Tatsache bezeugt, daß Christus am dritten Tage auferstanden ist. Denn nur ein auferstandener Christus kann eine solch umwandelnde Kraft im Leben eines Menschen haben.

4.5 Soziologische Indizien

4.5.1 Die christliche Kirche (Gemeinde)

Entscheidende Grundlage für die Gründung der Gemeinde war die Verkündigung der Auferstehung Christi:

Apg 1,21–22: »So muß nun einer von diesen Männern, die bei uns gewesen sind die ganze Zeit über, als der Herr Jesus unter uns ein- und ausgegangen ist – von der Taufe des Johannes an bis zu dem Tag, an dem er von uns genommen wurde –, mit uns Zeuge seiner Auferstehung werden.«

Apg 2,23–24: »... diesen Mann, der durch Gottes Ratschluß und Vorsehung dahingegeben war, habt ihr durch die Hand der Heiden ans Kreuz geschlagen und umgebracht. Den hat Gott auferweckt und hat aufgelöst die Schmerzen des Todes, wie es denn unmöglich war, daß er vom Tode festgehalten werden konnte.«

Apg 2,31–32: »[David hat es] vorausgesehen und von der Auferstehung des Christus gesagt: Er ist nicht dem Tod überlassen, und sein Leib hat die Verwesung nicht gesehen. Diesen Jesus hat Gott auferweckt; dessen sind wir alle Zeugen.«

Apg 3,14–15: »Ihr aber habt den Heiligen und Gerechten verleugnet und darum gebeten, daß man euch den Mörder schenke; aber den Fürsten des Lebens habt ihr getötet. Den hat Gott auferweckt von den Toten; dessen sind wir Zeugen.«

Apg 3,26: »Für euch zuerst hat Gott seinen Knecht Jesus erweckt und hat ihn zu euch gesandt, euch zu segnen, daß ein jeder sich bekehre von seiner Bosheit.«

Apg 4,10: »So sei euch und dem ganzen Volk Israel kundgetan: Im Namen Jesu Christi von Nazareth, den ihr gekreuzigt habt, den

Gott von den Toten auferweckt hat; durch ihn steht dieser hier gesund vor euch.«

Apg 5,30: »Der Gott unserer Väter hat Jesus auferweckt, den ihr an das Holz gehängt und getötet habt.«

Apg 10,39–41: »Und wir sind Zeugen für alles, was er getan hat im jüdischen Land und in Jerusalem. Den haben sie an das Holz gehängt und getötet. Den hat Gott auferweckt am dritten Tag und hat ihn erscheinen lassen, nicht dem ganzen Volk, sondern uns, den von Gott vorher erwählten Zeugen, die wir mit ihm gegessen und getrunken haben, nachdem er auferstanden war von den Toten.«

Apg 13,29–39: »Und als sie alles vollendet hatten, was von ihm geschrieben steht, nahmen sie ihn von dem Holz und legten ihn in ein Grab. Aber Gott hat ihn auferweckt von den Toten; und er ist an vielen Tagen denen erschienen, die mit ihm von Galiläa hinauf nach Jerusalem gegangen waren; die sind jetzt seine Zeugen vor dem Volk. Und wir verkündigen euch die Verheißung, die an die Väter ergangen ist, daß Gott sie uns, ihren Kindern, erfüllt hat, indem er Jesus auferweckte; wie denn im zweiten Psalm geschrieben steht (Ps 2,7): ›Du bist mein Sohn, heute habe ich dich gezeugt.‹ Daß er ihn aber von den Toten auferweckt hat und ihn nicht der Verwesung überlassen wollte, hat er so gesagt (Jes 55,3): ›Ich will euch die Gnade, die David verheißen ist, treu bewahren.‹ Darum sagt er auch an einer andern Stelle (Ps 16,10): ›Du wirst nicht zugeben, daß dein Heiliger die Verwesung sehe.‹ Denn nachdem David zu seiner Zeit dem Willen Gottes gedient hatte, ist er entschlafen und zu seinen Vätern versammelt worden und hat die Verwesung gesehen. Der aber, den Gott auferweckt hat, der hat die Verwesung nicht gesehen. So sei euch nun kundgetan, liebe Brüder, daß euch durch ihn Vergebung der Sünden verkündigt wird; und in all dem, worin ihr durch das Gesetz des Mose nicht gerecht werden konntet, ist der gerecht gemacht, der an ihn glaubt.«

Apg 17,30–31: »Zwar hat Gott über die Zeit der Unwissenheit hinweggesehen; nun aber gebietet er den Menschen, daß alle an allen Enden Buße tun. Denn er hat einen Tag festgesetzt, an dem er den Erdkreis richten will mit Gerechtigkeit durch einen Mann, den er dazu bestimmt hat, und hat jedermann den Glauben angeboten, indem er ihn von den Toten auferweckt hat.«

Apg 26,22–23: »Aber Gottes Hilfe habe ich erfahren bis zum heutigen Tage und stehe nun hier und bin sein Zeuge bei groß und klein und sagt nichts, als was die Propheten und Mose vorausgesagt haben: daß Christus müsse leiden und als erster auferstehen von den Toten und verkündigen das Licht seinem Volk und den Heiden.«

Die Kirche ist eine geschichtliche Tatsache.

Die Erklärung für die Existenz der Gemeinde ist ihr Glaube an die Auferstehung. In ihren frühen Jahren erlitt diese Institution viele Verfolgungen durch Juden und Römer. Viele Christen erduldeten Qualen und den Tod für ihren Herrn, nur weil sie wußten, daß er vom Grabe auferstanden war.

Wilbur Smith sagt, daß sogar der Rationalist Guignebert folgendes Eingeständnis machen mußte: »Es gäbe kein Christentum, wenn der Glaube an die Auferstehung nicht begründet und systematisiert worden wäre [...] Die Gesamtheit der Soteriologie und der wesentlichen Lehre des Christentums ruht auf dem Glauben an die Auferstehung, und auf der ersten Seite einer jeden Abfassung christlichen Dogmas muß als Motto Paulus' Erklärung stehen: ›Ist aber Christus nicht auferstanden, so ist unsre Predigt vergeblich, so ist auch euer Glaube vergeblich.‹ Vom streng historischen Standpunkt her ist die Bedeutung der Auferstehung kaum weniger groß [...] Mittels dieses Glaubens wurde der Glaube an Jesus und an seinen Auftrag zum fundamentalen Element einer neuen Religion, die nach der Absonderung vom Judaismus dessen Opponent wurde und anfing, die Welt zu erobern.« *W. M. Smith a/20f.; Ch. Guignebert/536*

Paul Little weist auf, daß die Gemeinde, die um das Jahr 32 n. Chr. gegründet wurde, nicht nur eben so zusammenkam, sondern eine bestimmte Sache vertrat. Von den Christen zu Antiochien hieß es in den ersten Tagen der Gemeinde, daß sie die ganze Welt auf den Kopf stellten (Apg 17,6). Die Ursache? Die Auferstehung. *P. E. Little /46*

H. D. A. Major sagt (zitiert von Smith): »Hätte die Kreuzigung Jesu die Erfahrungen seiner Jünger mit ihm beendet, wie hätte dann die christliche Kirche entstehen können? Diese Kirche wurde auf den Glauben an die Messianität Jesu gegründet. Ein gekreuzigter Messias war überhaupt kein Messias. Er war ein von den Juden Verworfener und von Gott Verfluchter. Es war die Auferstehung Jesu, wie Paulus in Röm 1,4 erklärt, die ihn mit Macht zum Sohn Gottes einsetzte.« *W. M. Smith d/368; H. D. A. Major/213*

Kenneth S. Latourette, zitiert von Straton, sagt: »Es war die Überzeugung von der Auferstehung Jesu, die seine Nachfolger aus der Verzweiflung, in die sein Tod sie geworfen hatte, heraushob und die zum Fortbestand der von ihm begonnenen Bewegung führte. Ohne den tiefen Glauben der Jünger, daß der Gekreuzigte von den Toten auferstanden war und daß sie ihn gesehen und mit ihm geredet hatten, wäre wahrscheinlich der Tod Jesu und sogar Jesus selbst in Vergessenheit geraten.« *H. H. Straton /3; K. S. Latourette a/59 (Bd. I)*

4.5.2 Der christliche Sonntag

»Die Christen trafen sich am ersten Tag der Woche zum Gottesdienst. Dies taten sie deshalb, weil es der Tag war, an dem ihr Herr von den Toten auferstand, deswegen nannten sie ihn ›den Tag des Herrn‹ (Offenbarung 1,10). Jesus ist am ersten Tag der jüdischen Woche auferstanden. Nun war der jüdische Ruhetag der Samstag. Dieser Tag war geheiligt aufgrund der Schöpfung, als Gott am siebten Tag der Woche ›ausruhte‹, nachdem er sein Schöpfungswerk vollendet hatte. Den Christen gelang es, diesen jahrtausendealten und theologisch gestützten Ruhetag zu verlegen, wo sie doch selbst Juden waren. [...] Es wäre die Mühe nicht wert gewesen, hätten sie nicht genau gefühlt, daß der erste Tag der Woche der Verehrung des Herrn dienen solle, der an diesem Tag nicht die Schöpfung, sondern die neue Schöpfung beendet hatte. Wie könnten wir ohne die Auferstehung diesen Feiertagswechsel verstehen?« *M. Green b/76*

J. N. D. Anderson bemerkt, daß die Mehrheit der ersten Christen jüdischer Herkunft und damit stark an ihren Sabbat gebunden waren. Also brauchte es etwas extrem Bedeutungsvolles, um diese Gewohnheit zu ändern; die Auferstehung war dazu nötig! *J. N. D. Anderson b/9*

4.5.3 Die christlichen Sakramente

4.5.3.1 Abendmahl (Apg 2,46; Joh 6,22–59; Mt 26,26–29; Mk 14,22–25; Lk 22,19 f.; 1 Kor 11,23–26)

Das Abendmahl ist eine Erinnerung an Jesu Tod; aber wir lesen in Apg 2,46 f., daß es ein Mahl der Freude war. Wenn es keine Auferstehung gegeben hätte, wie hätte es da Freude geben können? Die Erinnerung an das Mahl, das direkt zum Verrat und zur Kreuzigung Jesu, ihres Herrn, führte, wäre doch ein unerträglicher Schmerz für die Christen gewesen. Was verwandelte die Qual des letzten Mahles in eine weltweite Abendmahlsfeier der Freude?

Michael Green kommentiert: »Sie erkannten die Gegenwart des auferstandenen Herrn beim Brotbrechen [. . .]. Sie begegneten Jesus in diesem Sakrament. Er war nicht tot, sondern auferstanden und lebendig. Sie würden diesen seinen Tod im Bewußtsein seiner auferstandenen Gegenwart feiern bis zu seiner Wiederkunft am Ende der Geschichte (1. Korinther 11,26). Wir besitzen ein kurzes Abendmahlsgebet aus der frühesten christlichen Gemeinschaft, der aramäisch sprechenden Kirche (1. Korinther 16,22 und Didache 10): »Maranatha!« Das bedeutet: »Unser Herr, komm!« Diese Einstellung der ersten Christen, als sie zusammenkamen, um das Herrnmahl zu feiern, ist völlig unverständlich, wäre Jesus nicht tatsächlich am dritten Tage von den Toten auferstanden.« *M. Green b/78*

4.5.3.2 Taufe (Kol 2,12; Röm 6,1-6)

Die Christen hatten eine Aufnahmefeier: die Taufe. Hier wagten sie es wiederum, sich vom Judentum zu unterscheiden. Die Juden beharrten auf der Beschneidung, und die Christen folgten dem Befehl ihres Herrn zur Taufe. Man mußte sich von seinen Sünden abkehren, an den auferstandenen Herrn glauben und sich taufen lassen. Was symbolisierte die Taufe? Paulus erklärt, daß ein Mensch in der Taufe mit Christus in seinem Tod und seiner Auferstehung eins ist. Das Untertauchen im Wasser drückt das Sterben seines alten Sündenwesens aus, und er kommt aus dem Wasser heraus, um an dem neuen Auferstehungsleben Christi teilzunehmen. Es gibt nichts Älteres im Christentum als diese Sakramente, und sie stehen in direkter Verbindung zum Tod und zur Auferstehung Christi. Wie soll man den Sinn der christlichen Taufe deuten, wenn die Auferstehung nie stattgefunden hätte?

4.5.4 Ergebnis

Die Institution der Kirche bzw. Gemeinde ist also ein historisches Phänomen, das sich nur durch Jesu Auferstehung erklären läßt. *L. L. Morris* (in *The New Bible Dictionary*) kommentiert über die ersten Gläubigen, die Zeugen der Auferstehung waren: »Sie waren Juden, und Juden sind bekannt für ihr Festhalten an religiösen Bräuchen. Und doch feierten diese Menschen den Tag des Herrn, eine wöchentliche Gedächtnisfeier der Auferstehung, anstelle des Sabbats. An diesem Tag des Herrn feierten sie das heilige Abendmahl, das keine Gedächtnisfeier für einen toten Christus war, sondern eine dankbare Erinnerung an die Segnungen, die ihnen durch einen lebendigen und triumphierenden Herrn zuteil wurden. Ihr zweites Sakrament, die Taufe, war eine Erinnerung daran, daß die Gläubigen mit Christus begraben und auferstanden waren (Kol 2,12). Die Auferstehung gab allem, was sie taten, seinen Sinn.« *J. D. Douglas/1088*

5. Dichtung statt Wahrheit: Versuche zur Leugnung der Auferstehung

»O Nichtigkeit der Nichtigkeiten: alles ist nichtig!« (Pred 1,2b/Menge)

Im folgenden sind die populärsten theoretischen Erklärungen zusammengestellt, die erfunden wurden, um die Auferstehung Christi wegzudiskutieren. Wir wollen jede Erklärung mitsamt der dazugehörigen Widerlegung untersuchen.

J. N. D. Anderson, der britische Rechtsgelehrte, weiß, wie wichtig eine gute Beweisführung ist. Er schreibt über das geschichtliche Zeugnis über die Auferstehung:

»Ich muß betonen, daß das Material als ganzes betrachtet werden muß. Es ist relativ leicht, für die eine oder andere der verschiedenen Zeugenaussagen eine alternative Erklärung zu finden. Aber solche Erklärungen sind wertlos, wenn sie nicht auch zu den übrigen Zeugenaussagen passen. Eine Anzahl verschiedener Theorien, von denen jede möglicherweise auf einen Teil des Materials passen würde, die jedoch insgesamt kein zusammenhängendes sinnvolles Bild ergeben, kann für eine Auslegung, die dem *Gesamt*bild entspricht, keine Alternative bieten.« *J. N. D. Anderson a/105*

Unter dieser Voraussetzung wollen wir die folgenden Theorien untersuchen.

5.1 Die Ohnmachtstheorie

5.1.1 Darstellung

Als man Jesus in das Grab Josefs von Arimathäa legte, soll er noch gelebt haben. Nach mehreren Stunden habe ihn die kühle Luft des Grabes wieder zur Besinnung gebracht, und er sei aufgestanden und fortgegangen.

Professor J. N. D. Anderson sagt über diese Theorie, daß sie »[. . .] zuerst von einem Mann namens Venturini vor ein paar Jahrhunderten vorgebracht wurde. Sie wurde in den letzten Jahren in leicht veränderter Form wiederbelebt durch eine heterodoxe Gruppe von Moslems, die sich Ahmadija nennen, ihr Hauptquartier an einem Ort namens Qadian hatten und die heute ihr englisches Hauptquartier in dem Londoner Stadtteil Putney haben.

Ihre Erklärung lautet etwa so: Christus ist tatsächlich ans Kreuz genagelt worden. Er litt entsetzlich unter Schock, Blutverlust und Schmerzen und fiel dann in Ohnmacht, starb aber nicht. Die medizinischen Kenntnisse waren damals noch nicht sehr groß, und die Apostel meinten, er sei tot. Es heißt doch, daß Pilatus überrascht war, als er hörte, daß Jesus bereits gestorben sei. Die Lösung des Rätsels ist, daß Jesus im Zustand der Ohnmacht von denen vom Kreuz abgenommen wurde, die ihn fälschlich für tot hielten, und in ein Grab gelegt wurde. Und die Kühle des Grabes belebte ihn wieder so weit, daß er schließlich aus dem Grab herauskommen konnte. Seine unwissenden Jünger konnten nicht glauben, daß es sich um eine bloße Wiederbelebung handelte. Sie bestanden darauf, daß es eine Auferstehung von den Toten sei.« *J. N. D. Anderson b/7*

Professor Kevan sagt zur Ohnmachtstheorie, daß für die Wiederbelebung Christi auch »die belebende Wirkung der Spezereien, mit denen er einbalsamiert war« verantwortlich gemacht wird. *E. F. Kevan/9*

5.1.2 Widerlegung

Anderson kommt zu dem Schluß. »Diese Theorie hält einer Untersuchung nicht stand.« *J. N. D. Anderson a/95*

W. J. Sparrow-Simpson sagt, sie sei »heutzutage völlig überholt«. *Hastings, Selbie, Lambert/510*

Die folgenden Ausführungen zeigen, weshalb diese Männer zu dieser Schlußfolgerung kamen.

5.1.2.1 Nach den Soldaten, Josef und Nikodemus starb Jesus am Kreuz

Paul Little: »[Die Ohnmachtstheorie] erschien zum ersten Mal Ende des achtzehnten Jahrhunderts. Es ist bedeutsam, daß kein Vorschlag dieser Art während der früheren heftigen Angriffe gegen den christlichen Glauben gemacht wurde. Alle frühen Berichte betonten Jesu *Tod.*« *P. E. Little/50*

Professor T. J. Thorburn zählt auf, was Christus unter Pontius Pilatus zu erleiden hatte: » [. . .] das Ringen im Garten, die Verhaftung um Mitternacht, die brutale Mißhandlung in der Halle des hohepriesterlichen Palastes und im Prätorium des Pilatus, die erschöpfenden Hin- und Rückwege zwischen Pilatus und Herodes, die entsetzliche römische Geißelung, der Weg nach Golgatha, als er vor Erschöpfung hinfiel, die Qualen der Kreuzigung und der damit einhergehende Durst und das Fieber.« *I. J. Thorburn/ 183–185*

Thorburn bemerkt: »Es wäre schwierig, sich einen (selbst den kräftigsten) Menschen vorzustellen, der nach all diesen Leiden nicht dem Tode verfallen wäre. Überdies wird berichtet, daß Kreuzigungsopfer selten überlebten, sogar unter den günstigsten Umständen.« *T. J. Thorburn/183–185*

Er folgert: »Wir können die unüberwindlichen Einwände gegen diese Theorie nicht besser ausdrücken als in [diesen] Worten [von Th. Keim]: ›Und dann das Unmöglichste: der arme, schwache, kranke, mühsam auf den Füßen erhaltene, versteckte, verkleidete, schließlich hinsterbende Jesus ein Gegenstand des Glaubens, des Hochgefühles, des Triumphes seiner Anhänger, ein auferstandener Sieger und Gottessohn! In der That hier beginnt die Theorie armselig, abgeschmackt, ja verwerflich zu werden [. . .]‹« *T. J. Thorburn/183–185; Th. Keim/576*

Professor F. Godet, zitiert von Kevan, sagt: »Jesus hatte vor seiner Kreuzigung schon viel gelitten, körperlich wie auch seelisch. Er hatte die Todesangst im Garten Gethsemane durchstanden. Er hatte die fürchterlichen Schmerzen einer römischen Geißelung hinter sich, die tiefe Striemen auf dem Rücken des Leidenden hinterließ und der Todesstrafe fast gleichkommt. Dann hatte man seine Hände und Füße mit Nägeln durchbohrt. Der kleine Rest an Kraft, den er vielleicht noch besaß, war von den sechs Stunden furchtbarer Leiden, die er bereits durchgemacht hatte, aufgezehrt worden. Vom Durst gequält und völlig erschöpft hauchte er endlich in dem letzten Schrei, den der Evangelist wiedergibt, seine Seele aus. Dazu hatte ein römischer Soldat sein Herz mit einem Speer durchbohrt. Ohne Essen und Trinken, ohne daß jemand seine Wunden verband oder irgendwie seine Leiden linderte, verbrachte er einen ganzen Tag und zwei Nächte in der Höhle, in die man ihn gelegt hatte. Und dennoch: Siehe, wie er am Morgen des dritten Tages wiedererscheint – aktiv und strahlend!« *E. F. Kevan/9f.*

J. N. D. Anderson bemerkt zu der Annahme, daß Jesus nicht am Kreuz gestorben sei: »Sie ist sehr einfallsreich, aber sie hält keiner Überprüfung stand. Zunächst einmal wurden offenbar Schritte unternommen, um ganz sicherzugehen, daß Jesus tot war; das ist doch wohl die Bedeutung des Speerstichs in seine Seite. Aber nehmen wir ruhig einmal an, er sei noch nicht ganz tot gewesen. Glauben wir wirklich, die Stunden in dem Felsengrab (das um diese Zeit, zu Ostern, sehr kalt gewesen sein muß), ohne jede medizinische Hilfe, hätten ihn so weit wiederhergestellt, daß er sich aus den meterlangen Grabtüchern und den vielen Pfund schweren Spezereien befreien, einen Stein, der für die vereinten Kräfte dreier Frauen zu schwer war, fortrollen und dann auf seinen zerstochenen Füßen meilenweit laufen konnte?« *J. N. D. Anderson b/7*

Wie *John R. W. Stott* fragt: »Sollten wir ernsthaft annehmen, daß Jesus die ganze Zeit über nur ohnmächtig gewesen sei? Daß er nach der grausamen Behandlung während des Prozesses und nach den Qualen der Hinrichtung etwa 36 Stunden ohne jegliche Pflege und Versorgung in einem Steingrab überlebt habe und dann noch genügend bei Kräften gewesen sei, den Stein zu entfernen, der den Grabeingang verschloß? Daß er dann seinen Jüngern erscheinen konnte und bei ihnen den Eindruck hervorrufen, daß er über die Macht des Todes triumphiert habe? Daß er die Jünger davon überzeugen konnte, er sei auferstanden, um sie nun in alle Welt auszusenden und alle Tage bei ihnen zu sein bis an der Welt Ende? Daß er noch vierzig Tage sich irgendwo versteckt aufgehalten habe, gelegentlich aufgetreten sei, um schließlich auf unbekannte Weise von der Bühne der Welt abzutreten? Das alles zu glauben, bedarf wohl eben der Leichtgläubigkeit, die dem Kreis der Jünger zu Unrecht vorgeworfen wird, wie das Beispiel des Thomas beweist.« *J. R. W. Stott/39f.*

Über die Rationalisten, die die Auferstehung Christi leugnen, schreibt *E. Le Camus:*

»Um nun das Wunder nicht zugeben zu müssen, hat der Unglaube bald den Tod des Herrn bald sein zweites Leben in Abrede gezogen, indem er folgerte: Wenn er auferstanden ist, so ist er nicht todt gewesen, oder wenn er todt war, so ist er nicht auferstanden. Nun sind es zwei gleich unläugbare Thatsachen, um die sich dieses Dilemma dreht: daß Jesus am Freitag Abend todt war, ist die erste, und die andere, daß er am Sonntag und an den folgenden Tagen im Vollbesitze des Lebens aufgetreten ist. Daß er am Freitag Abend gestorben, ist von keiner Seite bezweifelt worden, weder im Hohen Rathe noch im Gerichtshause noch auf dem Calvarienberge; Pilatus allein sahen wir über sein frühes Hinscheiden erstaunt: sein zweifelndes Erstaunen hat jedoch nur ein Zeugniß veranlaßt, durch das die Aussage der um den Leichnam Anhaltenden bestätigt wurde. Augenzeugen, auf freundlicher wie auf feindlicher Seite, hatten also vollständige Klarheit darüber erlangt, daß der Gekreuzigte gestorben war. Behufs Feststellung dieser Thatsache hat ihn der Hauptmann mit der Lanze durchbohrt, ohne daß der Leib gezuckt hätte. Aus der Wunde ist eine Mischung von Wasser und Blut geflossen, was eine tiefgehende Zersetzung der Lebenssäfte anzeigt. Im Falle starker Ohnmacht wird Blutentziehung für tödtlich angesehn: hier hat sie den nicht getödtet, der vorher schon todt war. Die Umstände, unter denen sie vor sich gegangen, thun ja dar, daß Jesus schon seit einiger Zeit zu leben aufgehört hatte, daher auch seine durchtriebensten Gegner, die Hohenpriester, sich nicht werden einfallen lassen, die Wirklichkeit seines Todes anzuzweifeln. Daß die Jünger den Leichnam stehlen könnten, das ist der ganze Betrug, der ihnen bange macht; von seiten Jesu, dessen letzten Atemzug sie belauscht haben, fürchten sie keinen. Man hat ihn vom Kreuze herabgenommen, und der unter der Lanze des Kriegers kein Lebenszeichen von sich gegeben, bleibt kalt und starr in der Umarmung seiner Freunde, die ihn umfangen, wegheben, einbalsamieren, einhüllen und bestatten, nachdem sie ihn mit den zärtlichsten Liebesbeweisen überhäuft haben. Wo hätte es je eine so hartnäckige, eine so genau zu richtiger Zeit erfolgte Ohnmacht gegeben wie diese? Und ein von so wunderbarer Heiligkeit überströmendes, seiner Bedeutung nach allwirksames Leben hätte einen so zufälligen, nichtssagenden Abschluß gefunden? Welch undenkbares Zusammenwirken von Umständen! Das wäre ja noch wundersamer als sogar die Auferstehung selbst!« *E. Le Camus Bd. II/573f.*

5.1.2.2 Jesu Jünger hatten nicht den Eindruck, als sei er gerade aus einer Ohnmacht erwacht

Sogar der Skeptiker *David Friedrich Strauß* – der ganz gewiß nicht an die Auferstehung glaubte – wandte sich entschieden gegen die Vorstellung, Jesus sei aus einer Ohnmacht erwacht. »Ein halbtodt aus dem Grabe Hervorgekrochener, siech Umherschleichender, der ärztlichen Pflege, des Verbandes, der Stärkung und Schonung Bedürftiger, und am Ende doch dem Leiden Erliegender, konnte auf die Jünger unmöglich den Eindruck des Siegers über Tod und Grab, des Lebensfürsten, machen, der ihrem späteren Auftreten zu Grunde lag; ein solches Wiederaufleben hätte den Eindruck, den er im Leben und Tode auf sie gemacht hatte, nur schwächen, denselben höchstens elegisch ausklingen lassen, unmöglich aber ihre Trauer in Begeisterung verwandeln, ihre Verehrung zur Anbetung steigern können.« *D. F. Strauß/298*

William Milligan beschreibt Jesu Erscheinungen vor seinen Jüngern: Sie waren » [...] nicht von der Art des Krankenzimmers, sondern in Gesundheit und Kraft und geschäftiger Vorbereitung für ein großes Werk, das sofort in Angriff genommen werden sollte.« Er fährt fort: »Verzagtheit machte der Hoffnung Raum, Verzweiflung dem Triumph, Erschöpfung tätiger Energie.« *W. Milligan/76f.*

Milligan weiter: »Als die ersten Ängste der Jünger vertrieben waren, spürten sie [...] Freude, Freimut und Begeisterung; wir sehen nichts von jenem Mitleid, jenem schmerzlichen Verlangen zu helfen, das sich beim Erscheinen einer Person eingestellt hätte, die vor Erschöpfung und Qualen ohnmächtig geworden war, von Freitagnachmittag bis Sonntagmorgen hilflos dagelegen hatte und gerade erst wieder zu sich gekommen war.« *W. Milligan/76f.*

Professor E. H. Day sagt: »In den Berichten über die verschiedenen Erscheinungen des auferstandenen Christus gibt es nicht eine Spur jener körperlichen Schwäche, die unvermeidlich gewesen wäre, wenn Jesus gerade dabeigewesen wäre, sich von einem Scheintod zu erholen. Die Jünger sahen in ihrem auferstandenen Meister nicht jemanden, der wider Erwarten furchtbare Qualen lebendig überstanden hatte; sie sahen den Herrn des Lebens, den Sieger über den Tod, der nicht mehr [. . .] an physische Grenzen gebunden war.« *E. H. Day/49f.*

5.1.2.3 Das Zeugnis der Grabtücher

Der Vertreter der Ohnmachtstheorie muß auch annehmen, daß Jesus das Wunder vollbrachte, sich aus seinen engen Grabtüchern zu befreien, ohne sie in Unordnung zu bringen.

Merrill C. Tenney schreibt zu den Grabtüchern:

»Bei der Vorbereitung eines Leichnams für die Beerdigung wurde er, der jüdischen Sitte nach, gewöhnlich gewaschen und gestreckt und dann eng eingewickelt von den Achselhöhlen bis zu den Fußknöcheln in leinene Streifen von ca. 30 cm Breite. Aromatische Gewürze, oft von gummiartiger Konsistenz, wurden zwischen die Umwicklungen oder in die Falten eingeschoben. Sie dienten teils als Konservierungs- teils als Klebemasse, um die Tücher zu einer festen Hülle zusammenzufügen [. . .] Johannes' Ausdruck ›banden‹ (griech. *edesan*) stimmt völlig überein mit der Formulierung in Lk 23,53, der Leib sei *gewickelt* worden [. . .] in Leinwand [. . .]

Am Morgen des ersten Tages der Woche war der Leib Jesu verschwunden, aber die Grabtücher waren noch dort [. . .]

Die Binden lagen auch dort, wo der Kopf gewesen war, getrennt von den anderen in einem Abstand von den Achselhöhlen bis zum Hals. Die Form des Körpers ließ sich an ihnen noch erkennen, aber Fleisch und Bein waren verschwunden [. . .] Wie sollte der Leichnam aus den Binden herausgezogen worden sein, wenn diese sich nicht über die Körperrundungen schieben ließen, da sie doch so eng gewickelt waren?« *M. C. Tenney b/116f.*

5.1.2.4 Was machte Jesus mit dem Stein?

»Wer diese Theorie vertritt«, sagt *James Rosscup*, »ist gezwungen zu sagen, daß Christus in seiner geschwächten Verfassung fähig war, den Stein vom Eingang des Grabes fortzurollen – eine Leistung, zu der mehrere Männer nötig sind, wie uns die Historiker sagen –, aus dem Grab herauszutreten, ohne einen der Soldaten aufzuwecken (wenn wir einmal annehmen, daß sie schliefen, was sie ganz gewiß nicht taten!), über die Soldaten hinwegzusteigen und zu entkommen.« *J. Rosscup/3*

Professor E. H. Day kommentiert hierzu: »Die physische Unwahrscheinlichkeit ist überwältigend. Selbst wenn wir den Bericht über die Bewachung des Grabes verwerfen (im Gehorsam gegenüber den Diktaten einer Kritik, für die sie ein unbequemer Umstand ist), so bleibt dennoch die Schwierigkeit, daß jemand, der gerade aus einer Ohnmacht erwacht ist, den Stein vom Eingang des Grabes habe wegrollen können, der doch ›sehr groß‹ war (Mk 16,4).« *E. H. Day/48f.*

Erst recht absurd ist die Annahme, Jesus habe die römische Wache überwältigen können. Sie hätte wohl kaum Schwierigkeiten gehabt, mit einem gerade aus tiefer Ohnmacht erwachten Halbtoten fertigzuwerden. Außerdem stand auf Einschlafen während der Wache die Todesstrafe; die Wachtposten werden also hellwach gewesen sein.

5.1.2.5 Der Gang nach Emmaus

Wäre Jesus lediglich aus einer Ohnmacht erwacht, hätte er unmöglich zu einem zwei Wegstunden von Jerusalem entfernten Ort (vgl. Lk 24,13) gehen können.

Day schreibt: »Ein langer Fußmarsch, gefolgt von dem Erscheinen vor seinen Jüngern in Jerusalem, ist unvorstellbar, wenn es sich um einen Menschen handelt, der aus einer durch Wunden und Erschöpfung verursachten tiefen Ohnmacht erwacht war.« *E. H. Day/48f.*

E. F. Kevan gibt hierzu folgenden Kommentar: »Auf seinen Füßen, die erst vor zwei Tagen ganz und gar durchstochen wurden, geht er ohne Schwierigkeit von Jerusalem nach Emmaus (ca. 12 km). Er ist so aktiv, daß er während der Abendmahlzeit plötzlich verschwindet. Und als sie zur Hauptstadt zurückkehren, um den Aposteln die gute Nachricht zu verkünden, finden sie ihn dort wieder! Er hat sie also überholt. Mit derselben Schnelligkeit, die für alle seine Bewegungen charakteristisch ist, zeigt er sich unversehens in dem Raum, wo die Jünger sich versammelt haben [...] Sollen das die Aktivitäten eines Mannes sein, den man kurz zuvor halbtot vom Kreuz genommen und in einem Zustand völliger Erschöpfung in ein Grab gelegt hatte? Nein!« *E. F. Kevan/9f.*

5.1.2.6 Warum erklärte Jesus den Jüngern seine »Ohnmacht« nicht?

Wenn Jesus bloß aus einer todesähnlichen Ohnmacht wieder zu sich gekommen wäre, hätte er den Jüngern seinen Zustand erklärt; er wäre sonst ein Lügner und Betrüger gewesen, der es zuließ, daß seine Anhänger eine Auferstehungsbotschaft verkündeten, die doch in Wirklichkeit nur ein Auferstehungsmärchen war.

E. Le Camus schreibt: »Ferner ist zu bemerken, daß, wenn Jesus nicht todt war, er, ohne seinen Charakter herabzuwürdigen, nicht andere auf dem Glauben an seinen wirklich erfolgten Tod hätte belassen können. Anstatt sich als einen zum Leben *Wiedergekehrten* auszugeben, hätte er seine zufällige Lebens*erhaltung* bezeugen müssen. Hier so wenig als an allen anderen Stellen des Evangeliums wird man dem ›entweder – oder‹ ausweichen können: entweder ist Jesus der Gerechte gewesen, der Mann Gottes, oder er hat sich schwer an der Menschheit versündigt. Wenn er sich für den Auferstandenen ausgegeben, der er nicht war, hat er gelogen und muß sich die allergewöhnlichste Ehrlichkeit absprechen lassen.« *E. Le Camus Bd. II/574*

Paul Little: »Schließlich, wenn diese Theorie stimmt, war Christus selbst auch in das Lügennetz verwickelt. Seine Jünger glaubten und predigten, er sei tot gewesen, aber wieder lebendig geworden. Jesus hatte ja nichts unternommen, um diesen Glauben zu verbannen, sondern hatte ihn sogar noch unterstützt.« *P. E. Little/51*

John Knox, der Neutestamentler, sagt (zitiert von Straton): »Nicht die Tatsache, daß ein Mensch von den Toten auferstanden war, sondern daß es ein ganz bestimmter Mensch war, hatte die christliche Bewegung ausgelöst [...] Das Wesen Jesu war ihre tiefere Ursache.« *H. H. Straton/3; J. Knox/13ff.*

Jesus hätte sich nie darauf eingelassen, eine Lüge zu verbreiten. Sein makelloser Charakter hätte es nicht zugelassen.

5.1.2.7 Wenn Christus nicht damals starb, wann und wie starb er dann?

E. H. Day: »Wenn man die Ohnmachtstheorie akzeptiert, ist es nötig, aus den Evangelien und der Apostelgeschichte den gesamten Himmelfahrtsbericht zu eliminieren und den plötzlichen Abbruch der Erscheinungen Christi damit zu erklären, daß er sich auf einmal völlig [von den Jüngern] zurückzog, um als absoluter Einsiedler zu leben, und ihnen eine ganze Serie falscher Eindrücke über seine Person und über ihren Auftrag in der Welt hinterließ.« *E. H. Day/50*

William Milligan: »[Jesus] müßte sich an irgendeinen einsamen Ort zurückgezogen haben, der selbst den engsten seiner Jünger unbekannt war. Während seine Gemeinde um ihn her im Aufstieg begriffen war, die alte Welt bis zu ihren Grundfesten erschütterte und überall unter vielen Schwierigkeiten eine neue Ordnung einführte – während sie von Kontroversen zerrissen wurde, Versuchungen und Anfechtungen ausgesetzt war und, kurz gesagt, genau in der Lage war, in der sie seiner Hilfe am meisten bedurfte –, war er von ihr abwesend und verbrachte den Rest seiner Tage [. . .] in feiger Einsamkeit. Und dann starb er eines Tages – keiner kann sagen, wo und wann oder wie! Nicht ein Lichtstrahl durchdringt das Dunkel; und diese ersten Christen, die – wie uns gesagt wird – doch an Legenden so reich waren, haben nicht eine Legende, die uns hier helfen könnte!« *W. Milligan/79*

5.1.3 Schlußfolgerung

Mit *George Hanson* kann man über die Ohnmachtstheorie wahrhaftig sagen: »Es ist kaum zu glauben, daß dies die bevorzugte Erklärung des Rationalismus des 18. Jahrhunderts war.« Alle Anzeichen sprechen so sehr gegen sie, daß diese Hypothese heute überholt ist.« *G. Hanson/19*

5.2 Die Diebstahlstheorie

5.2.1 Darstellung

Matthäus berichtet folgendes über die Theorie, die zu seiner Zeit die Auferstehung Christi wegerklären sollte:

»Als sie aber hingingen, siehe, da kamen einige von der Wache in die Stadt und verkündeten den Hohenpriestern alles, was geschehen war. Und sie kamen mit den Ältesten zusammen, hielten Rat und gaben den Soldaten viel Geld und sprachen: Sagt, seine Jünger sind in der Nacht gekommen und haben ihn gestohlen, während wir schliefen. Und wenn es dem Statthalter zu Ohren kommt, wollen wir ihn beschwichtigen und dafür sorgen, daß ihr sicher seid. Sie nahmen das Geld und taten, wie sie angewiesen waren. Und so ist dies zum Gerede geworden bei den Juden bis auf den heutigen Tag.« (Mt 28,11–15)

Die Diebstahltheorie war in der Tat einige Zeit unter den Juden populär, wie z. B. aus den Schriften Justins des Märtyrers, Tertullians und anderer Kirchenväter ersichtlich ist. Professor *Thorburn* weist auf folgende Stimmen hin: *T. J. Thorburn/191f.*

In Justins *Dialog mit Tryphon* 108 ist die Rede von einem »gewissen Galiläer Jesus, einem Verführer [. . .]; wir haben ihn gekreuzigt, aber seine Jünger haben ihn aus der Gruft, in welche er nach der Kreuzesabnahme gelegt worden war, bei Nacht gestohlen und machen den Leuten weis, er sei von den Toten auferstanden und in den Himmel aufgefahren.« *Justin b/175*

Tertullian sagt (*Apologie 21*): »[. . .] und ohne daß irgendein Jünger dabei zugegen war, wurde nichts im Grabe gefunden, als die abgelegten Umhüllungen des Begrabenen. Nichtsdestoweniger sprengten die Vornehmen der Juden, denen daran lag, das Vorkommnis eines Verbrechens auszusprengen und das ihnen steuerpflichtige und untergebene Volk vom Glauben fernzuhalten, aus, er sei von den Jüngern gestohlen worden.« *Tertullian Bd. 2/102f.*

In *Über die Schauspiele* (Abschnitt 30) sagt er mit feiner Ironie, als er über die Wiederkunft Christi spricht: »Das ist der, den die Schüler [= Jünger] heimlich entwendet haben, um nachher sagen zu können, er sei auferstanden, den der Gärtner beiseite geschafft hat, damit nicht durch die Menge der Besucher sein Salat beschädigt würde.« *Tertullian Bd. 1/136*

»Diese Aussage finden wir wiederholt in der jüdischen Literatur des Mittelalters. Reimarus wiederholt dieselbe Geschichte: ›Die Jünger Jesu‹, sagt er, ›entwendeten den Leib Jesu, ehe er vierundzwanzig Stunden begraben war, und verzögerten die öffentliche Verkündigung der Auferstehung bis zum fünfzigsten Tag, als der Leib vollständig verwest war.‹« *T. J. Thorburn/191f.*

»Die Aussagen und Argumente dieser sehr alten Theorie wurden von Origenes voll beantwortet (*Contra Celsum*).« *T. J. Thorburn/191f.*

Johannes Chrysostomos von Antiochien (347–407 n. Chr.) sagte über die Diebstahlstheorie:

»Gerade ihre Behauptung, die Jünger hätten den Herrn gestohlen, erhärtet die Tatsache der Auferstehung, denn damit gestehen sie zu, daß der Leichnam nicht mehr im Grabe war. Wenn nun nach ihrem Zugeständnis der Leichnam sich nicht mehr dort befand, wenn andererseits durch ihre Bewachung, sowie durch die Zeichen und die Feigheit der Jünger, der Diebstahl als erfunden und unwahrscheinlich erwiesen wird, so ergibt sich hieraus ein unzweifelhafter Beweis für die Auferstehung.« (*Matthäus-Kommentar, 90. Homilie) J. Chrysostomos/231*

5.2.2 Widerlegung

5.2.2.1 Das leere Grab

E. F. Kevan sagt, daß das leere Grab zwar nicht unbedingt die Auferstehung beweist, aber daß es nur zwei deutliche Alternativen bietet. Kevan schreibt: »Diese Alternativen sind, daß das leere Grab entweder ein göttliches oder ein menschliches Werk war.« Beides muß objektiv in Betracht gezogen werden, und die Alternative mit der höchsten Wahrscheinlichkeit muß akzeptiert werden. *E. F. Kevan/14*

Kevan fährt fort: »Es ist jedoch nicht schwer, zwischen diesen Alternativen zu unterscheiden. Jesu Feinde hatten keinen Beweggrund, den Leib zu entfernen; die Freunde Jesu hatten keine Macht dazu. Es wäre zum Vorteil für die Behörden gewesen, den Leib zu belassen, wo er war; und die Ansicht, daß die Jünger den Leib gestohlen hätten, ist unhaltbar. Die Macht, die den Leib des Heilands aus dem Grab entfernte, muß daher von Gott gewesen sein.« *E. F. Kevan/14*

E. Le Camus drückt es so aus: »Wenn Jesus, den am Freitag das Grab aufgenommen, am Sonntag [sic!] nicht mehr darin war, hat man ihn entweder weggetragen, oder er ist selbst entwichen. Eine andere Möglichkeit gibt es nicht. Man hat ihn weggetragen. Aber wer denn? Die Feinde oder die Freunde? Die ersteren haben ihn in bewaffnete Hut gegeben, folglich lag ihnen seine Wegnahme fern; auch mußte Vorsicht ihnen entschieden von einem derartigen Schritt abrathen: gar leicht hätten sie so den Auferstehungsgerüchten, welche die Jünger in Umlauf setzen konnten, Vorschub geleistet. Sie konnten nichts Klügeres thun, als die Leiche als Beweisstück sorgfältig bewahren; so konnten sie dann allen etwa auftauchenden Erfindungen entgegenhalten: hier ist der Leichnam, er ist nicht auferstanden! – Die Freunde aber hatten weder den Einfall noch auch die Macht, den Todten zu holen.« *E. Le Camus Bd II/574*

Wilbur Smith sagt: »[...] diese Soldaten wußten nicht, wie sie das leere Grab erklären sollten; es wurde ihnen vom Synedrium gesagt, was sie sagen sollten, und sie wurden bestochen, damit sie in ihrer Furcht dieses eiligst erfundene Märchen erzählen sollten.« *W. M. Smith a/22f.*

A. B. Bruce bemerkt: »Der zu verbreitende Bericht setzt voraus, daß es eine Tatsache zu erklären galt: das Verschwinden des Leibes. Und es ist impliziert, daß die Aussage darüber falsch war und die Soldaten dies wußten.« *A. B. Bruce a/337f.*

5.2.2.2 Die Jünger als Diebe?

Daß die Jünger den Leib Christi gestohlen haben sollen, ist keine vernünftige Erklärung für das leere Grab.

a) Die Aussagen der Wache wurden nicht bezweifelt: »Da kamen einige von der Wache in die Stadt und verkündeten den Hohenpriestern alles, was geschehen war.« (Mt 28,11)

Professor R. C. H. Lenski weist darauf hin, daß die Botschaft von der Auferstehung Jesu den Hohenpriestern durch ihre eigenen Zeugen überbracht wurde, »die Soldaten, die sie selbst aufgestellt hatten, die unantastbarsten Zeugen, die es überhaupt geben konnte.« Das Zeugnis der Wache wurde als völlig wahr akzeptiert; sie wußten, daß die Soldaten keinen Grund hatten zu lügen. *R. C. H. Lenski; 1161f.*

Wilbur Smith schreibt: »Es ist zunächst einmal zu beachten, daß die jüdischen Behörden den Bericht der Wachen nie in Frage gestellt haben. Sie gingen nicht einmal selbst hinaus, um zu sehen, ob das Grab leer sei, weil sie wußten, daß es leer war. Die Wachtposten wären nie mit einer solchen Geschichte angekommen, wenn sie nicht tatsächliche, unanfechtbare Ereignisse, [...] zu berichten gehabt hätten. Die Geschichte, die den Soldaten von den jüdischen Behörden zur Verbreitung gegeben wurde, war eine Geschichte, die erklären sollte, wie das Grab *leer* wurde.« *W. M. Smith d/375f.*

Albert Roper schreibt über Hannas und Kaiphas: »Ihre heuchlerische Erklärung des leeren Grabes straft ihre Behauptungen Lügen; weshalb hätten sie sonst danach getrachtet, die Soldaten zum Meineid anzustiften und zu bestechen?« *A. Roper/37*
Die Führer der Juden gaben also stillschweigend zu, daß das Grab Christi leer war, indem sie die Wahrhaftigkeit der Aussagen der Wache nicht anzweifelten. Die Geschichte, die Jünger hätten den Leib Jesu gestohlen, war nur eine lahme Ausrede, die sie mangels einer besseren vorbrachten.

b) Große Vorkehrungen wurden getroffen, um das Grab gegen Diebstahl zu sichern. Für die Jünger wären solche Maßnahmen unüberwindliche Hindernisse gewesen.
Albert Roper sagt: »Laßt uns fair sein. Wir sind mit einer Erklärung konfrontiert, die einem vernünftigen Menschen nichts erklärt und nichts erklären kann; es ist eine Lösung, die nichts löst. Da die Hohenpriester Pilatus veranlaßten, zu befehlen, ›daß man das Grab bewachte bis zum dritten Tag‹, rechtfertigt der faktische Bericht die Folgerung, daß die Gruft in der Tat bewacht wurde. Von diesem Bericht her gesehen, stehen wir unausweichlich vor der Schlußfolgerung, daß die Maßnahmen, die es den Freunden Jesu unmöglich machen sollten, seinen Leib zu stehlen, nunmehr den unanfechtbaren Beweis erbringen, daß sie ihn weder gestohlen haben noch stehlen konnten.« *A. Roper/34*
Fallow's Encyclopedia: »Die Jünger wären der römischen Macht nicht gewachsen gewesen. Wie hätten bewaffnete wachhabende Soldaten sich von ein paar furchtsamen Leuten überrumpeln lassen?« *S. Fallow Bd. III/1452*
Johannes Chrysostomos schreibt über die Frauen, die am frühen Morgen zum Grab kamen: »Sie begriffen [...], daß ihn niemand hätte fortschaffen können, da so viele Soldaten dort lagerten, er mußte selbst auferstanden sein.« (*Matthäus-Kommentar: 90. Homilie*) *J. Chrysostomos/222*

c) Die Niedergeschlagenheit und Feigheit der Jünger ist ein starkes Argument dafür, daß sie nicht plötzlich so waghalsig werden konnten, einer Abteilung Soldaten entgegenzutreten und den Leib zu stehlen. Ihnen stand nicht der Sinn danach.

Wilbur M. Smith sagt: »Die Jünger, die Jesus fluchtartig verließen, als er verhört wurde, hatten weder den Mut noch die physische Kraft, gegen eine Gruppe von Soldaten anzugehen.« *W. M. Smith a/22f.*

Smith fährt fort: »Diese Jünger waren nicht in der Gemütsverfassung, eine römische Wache zu überwältigen und den Leib aus dem Grab wegzuholen. Ich glaube, wenn sie es versucht hätten, wären sie getötet worden; aber sie waren ganz bestimmt nicht geneigt, es auch nur zu versuchen. Am Donnerstagabend jener Woche hatte Petrus sich so als Feigling erwiesen, daß er [...] fluchend und schimpfend seinen Herrn verleugnete, um seine Haut zu retten. Was hätte denn mit Petrus innerhalb so weniger Stunden geschehen müssen, daß er sich von einem solchen Feigling in einen Mann verwandelte, der es mit römischen Soldaten aufnahm?« *W. M. Smith d/376f.*

Fallow schreibt in seiner Enzyklopädie: »Es ist unwahrscheinlich, daß sie [die Jünger] es nicht tun wollten, und es ist auch so gut wie sicher, daß sie es nicht tun konnten.

Wie hätten sie es anfangen sollen, den Leib zu entfernen? Schwächliche und verzagte Kreaturen waren sie, die davonliefen, als sie sahen, daß Jesus verhaftet wurde; sogar Petrus, der Mutigste von allen, zitterte vor der Stimme einer Dienstmagd und leugnete dreimal, daß er ihn kannte. Würden solche Leute es gewagt haben, sich der Autorität des Statthalters zu widersetzen? Hätten sie es versucht, sich dem Synedrium entgegenzustellen, eine Wache anzugreifen und Soldaten, die bewaffnet und auf einen Überfall vorbereitet waren, zu umgehen oder zu überwältigen? Wenn Jesus Christus nicht auferstanden wäre (ich rede die Sprache des Ungläubigen), so hätte er die Jünger mit vergeblichen Hoffnungen auf seine Auferstehung betrogen. Wie kamen sie denn dazu, den Schwindel nicht zu entdecken? Oder hätten sie ein so gefährliches Unternehmen in Angriff genommen für einen Mann, der ihre Leichtgläubigkeit ausgenutzt hatte? Doch selbst wenn wir einräumten, daß sie den Plan gefaßt hätten, den Leib zu entfernen: wie hätten sie ihn ausführen können?« *S. Fallow Bd. III/1452*

A. Roper stellt fest: »Es gab auch nicht einen in jener kleinen Jüngergruppe, der es gewagt hätte, das versiegelte Grab mit Gewalt zu öffnen, selbst wenn keine römischen Soldaten es bewacht hätten. Der Gedanke, daß einer von ihnen ein solches Unternehmen hätte ausführen können, ist angesichts der Vorsichtsmaßnahmen, die man getroffen hatte, geradezu phantastisch.« *A. Roper/37*

d) Wenn die Soldaten schliefen, wie konnten sie da sagen, die Jünger hätten den Leib gestohlen? Dazu *Fallow*: »›Entweder‹, sagt Augustinus, ›schliefen sie oder sie waren wach; wenn sie wach waren, weshalb sollten sie es zulassen, daß der Leib gestohlen wurde? Wenn sie schliefen, wie konnten sie wissen, daß die Jünger ihn weggeholt hatten? Wie konnten sie es wagen, auszusagen, er sei gestohlen worden?‹« *S. Fallow Bd. III/1452*
A. B. Bruce sagt über die römische Wache: »[. . .] Sie waren sich sehr wohl bewußt, daß sie auf ihrem Posten weder eingeschlafen waren noch daß ein Diebstahl stattgefunden hatte. Die Lüge, für die die Hohenpriester soviel Geld zahlten, ist selbstzerstörerisch; die eine Hälfte zerstört die andere. Schlafende Posten konnten nicht wissen, was geschah.« *A. B. Bruce a/337f.*
David Brown bemerkt: »Wenn noch irgend etwas fehlte, um den Beweis für die Auferstehung Christi zu vervollständigen, dann wäre es die alberne Erklärung, zu der die Wachen bestochen wurden. Daß eine ganze Wache überhaupt bei ihrem Dienst einschlief, war nicht sehr wahrscheinlich; und daß sie es in diesem Falle tat, wo die Behörden solchen Wert darauf legten, daß das Grab auch ja unberührt bliebe, war im höchsten Grade undenkbar [. . .]« *Jamieson, Fausset, Brown/133*
Paul Little: »Sie gaben den Soldaten Geld und befahlen ihnen zu erklären, die Jünger wären nachts gekommen und hätten die Leiche gestohlen, während sie schliefen. Diese Geschichte war so offensichtlich falsch, daß sich Matthäus erst gar nicht die Mühe gibt, sie zu widerlegen! Welcher Richter würde zuhören, wenn Sie ihm sagten, daß Ihr Nachbar ins Haus gekommen wäre und Ihren Fernseher gestohlen hätte, während Sie schliefen? Wer weiß, was passiert, während er schläft? Zeugenaussagen wie diese würden in jedem Gerichtshof verlacht werden.« *P. E. Little/47*

e) Die Soldaten wären auf ihrem Wachtposten nicht eingeschlafen; es hätte ihren Tod bedeutet. *A. B. Bruce* schreibt: »Die gewöhnliche Strafe für Einschlafen während der Wache war der Tod. Konnten die Soldaten durch irgendeine Geldmenge zu diesem Risiko überredet werden? Natürlich hätten sie das Geld nehmen und lachend davongehen können, mit der Absicht, ihrem Vorgesetzten die Wahrheit zu sagen. Konnten die Priester anderes erwarten? Wenn nicht, konnten sie dann das Projekt allen Ernstes ins Auge fassen? Die Geschichte hat ihre Schwierigkeiten.« *A. B. Bruce a/337f.*

Edward Gordon Selwyn, zitiert von Wilbur Smith, kommentiert die Möglichkeit, daß die Wache eingeschlafen sei: »Daß ohne Ausnahme *alle* eingeschlafen sein sollen, obgleich sie zu einem so außergewöhnlichen Zweck dort postiert waren, nämlich darauf zu achten, daß der Leichnam nicht gestohlen wurde [...] ist nicht glaubhaft, besonders wenn man in Betracht zieht, daß diese Wachen der strengsten Disziplin unterworfen waren. Es bedeutete den Tod für einen römischen Wachsoldaten, auf seinem Posten zu schlafen. Diese Wachen wurden jedoch nicht exekutiert; sie wurden nicht einmal nach den Regeln für schuldig befunden, obschon es ihnen sehr peinlich gewesen sein muß, daß ihr Vorhaben, den Leib zu bewachen, fehlgeschlagen war. [...] Daß die jüdischen Oberen nicht an das glaubten, was sie den Soldaten durch Bestechung auftrugen, versteht sich fast von selbst. Und falls sie es glaubten, warum wurden dann die Jünger nicht sofort verhaftet und verhört? Denn die Tat, die man ihnen hier zuschob, stellte ein ernstes Vergehen gegen die Obrigkeit dar. Weshalb zwang man sie nicht, den Leib herbeizuschaffen? Oder, falls sie nicht fähig waren, ihre Unschuld zu beweisen, weshalb wurden sie dann nicht für ihr Verbrechen bestraft? [...] Nirgends wird auch nur angedeutet, daß die Oberen der Juden es je unternahmen, ihre Beschuldigung zu erhärten.« *W. M. Smith d/578f., E. G. Selwyn b/318*

William Paley, der englische Theologe und Philosoph, schreibt: »Dr. Townshend hat meines Erachtens zu Recht bemerkt (*Dis. upon the Resurrection,* S. 126), daß die Geschichte der Wachen sich schon durch ihren Wortlaut als abgekartetes Spiel erweist: ›Seine Jünger sind in der Nacht gekommen und haben ihn gestohlen, während wir schliefen.‹ Männer in ihrer Situation hätten kein solches Zugeständnis ihrer Nachlässigkeit gegeben, ohne vorherige Zusicherung des Schutzes der Straflosigkeit.« *W. Paley/196*

f) Der Stein vor dem Grab war äußerst groß. *Wilbur Smith* sagt: »Gewiß wären diese Soldaten durch das Abrollen eines schweren Steines und die Herausnahme des Leibes Jesu aufgewacht.« *W. M. Smith a/22f.*

David Brown schreibt: »Aber selbst wenn man annimmt, daß genügend Jünger zum Grab gekommen wären, um das Siegel zu brechen, den riesigen Stein abzuwälzen und den Leib davonzutragen – daß die Wächter alle so tief und so lange schliefen, daß diese ganze langwierige und geräuschvolle Arbeit unmittelbar neben ihnen vonstatten gehen konnte, ohne daß sie aufwachten, -st ausgeschlossen.« *Jamieson, Fausset, Brown/133*

g) Die Grabtücher sind ein schweigendes Zeugnis für die Unmöglichkeit eines Diebstahls.

Merrill Tenney stellt fest: »Kein Dieb hätte jemals die Binden wieder zur ursprünglichen Form zusammengerollt, denn dazu wäre keine Zeit gewesen. Er hätte die Tücher einfach beiseitegeworfen und wäre mit dem Leichnam geflohen. Die Furcht vor der Entdeckung hätte ihn zu größtmöglicher Eile angetrieben.« *M. C. Tenney b/119*

Albert Roper: »Solche Ordentlichkeit paßt nicht zu Grabschändung und Leichendiebstahl. Jemand, der waghalsig genug für eine derartige Aktion gewesen wäre, [...] hätte sicherlich keinen solchen Ordnungssinn, solche Gemächlichkeit und Ruhe bewiesen. Es ist überhaupt nicht typisch für ähnliche Verbrechen, die uns bekannt sind, daß die Täter die Räumlichkeiten, die sie geplündert oder verwüstet haben, so peinlich sauber und ordentlich hinterlassen. Im Gegenteil: Unordnung und Durcheinander sind typisch für den Einbrecher. Diese Taten [...] müssen in aller Hast verübt werden, und Sauberkeit spielt keine Rolle. Gerade die von Johannes bezeugte Ordentlichkeit des Grabes zeigt uns, wie absurd die Behauptung ist, die Jünger hätten den Leib Jesu gestohlen.« *A. Roper/35 – 37*

Gregor von Nyssa (335–394) schrieb darüber vor über 1500 Jahren: »Die Lage der Tücher im Grab, des Schweißtuches, das um das Haupt unseres Heilands gewunden war und nicht bei den Leinentüchern lag, sondern für sich zusammengerollt an einem Ort, zeugt nicht von der Furcht und Eile von Dieben und widerlegt daher das Gerücht über den gestohlenen Leib.« *J. F. Whitworth/64f.*

Chrysostomos schreibt ähnlich: »Was sollen ferner die Tücher, die von der Myrrhe zusammengeklebt sind? Petrus hatte sie nämlich dort liegen sehen. Wenn sie ihn hätten stehlen wollen, so hätten sie die Leiche doch nicht nackt weggetragen, denn abgesehen von der Unschicklichkeit hätte auch das Aufwickeln (der Tücher) Zögerung bereitet, so daß sie die Soldaten geweckt hätten und in ihre Hände gefallen wären. Dies besonders deshalb, weil es Myrrhe war, eine Salbe, die so leicht am Leibe klebt und die Kleider verkittet, so daß es ihnen schwer geworden wäre, die Tücher von der Leiche loszulösen; das hätte vielmehr geraume Zeit in Anspruch genommen. Mithin ist der Diebstahl auch aus diesem Grunde unwahrscheinlich. Kannten sie überdies nicht auch die Leidenschaftlichkeit der Juden, die ihre Rache an ihnen gekühlt hätten? Was hätten sie überhaupt dabei gewonnen, wenn der Herr nicht wirklich auferstanden war?« *(Matthäus-Kommentar, 90, Homilie) J. Chrysostomos/230f.*

Simon Greenleaf, der berühmte Harvard-Professor für Rechtswissenschaften, sagt: »Die Grabtücher, die ordentlich an ihrem Platz lagen, und das Schweißtuch, das für sich zusammengerollt war, ließen erkennen, daß weder das Grab ausgeraubt noch der Leib gewaltsam gestohlen worden war; denn diese Tücher und Spezereien wären für Diebe von größerem Wert gewesen als nur eine nackte Leiche; zumindest hätten sie sich nicht die Mühe gemacht, die Tücher so zusammenzulegen. Dieselben Umstände zeigten auch, daß der Leib nicht von Freunden entfernt worden war; denn sie hätten die Grabtücher nicht so zurückgelassen. Alle diese Überlegungen ließen in den Gedanken des Johannes den Glauben aufkommen, daß Jesus von den Toten auferstanden war.« *S. Greenleaf b/542*

Henry Latham, der eine gute Beschreibung der Grabtücher gibt, bemerkt, daß sie an einer Stelle lagen, und erwähnt weiter: »[...] die hundert Pfund Spezereien. Diese Spezereien waren trocken; die genannte Menge ist groß; und wenn man die Tücher aufgewickelt hätte, wären die zu Pulver zerstoßene Myrrhe und Aloe auf die Steinplatte oder auf den Boden gefallen; es wäre ein ansehnlicher Haufen gewesen. Petrus hätte dies, als er aus dem Innern des Grabes für Johannes beschrieb, was er sah, bestimmt nicht übersehen. Beard denkt zwar an die Spezereien und spricht davon, daß sie die Grabtücher durch ihr Gewicht zusammendrückten, aber er verpaßt, worum es geht – nämlich um das, was meines Erachtens so bedeutungsvoll ist: daß die Spezereien beim Abwickeln der Tücher sehr sichtbar herausgefallen wären. Da nichts über die Spezereien gesagt wird, müssen wir wohl annehmen, daß sie zwischen den Umwicklungen blieben, in die sie ursprünglich gesteckt worden waren, und daher nicht sichtbar waren.« *H. Latham/9*

h) Die Jünger hätten Christi Leib nicht entfernt.
Wilbur Smith kommentiert: »Die Jünger hatten absolut keinen Grund, den Leib wegzuholen, der doch in Ehren bestattet worden war. Sie konnten nicht mehr für den Leichnam ihres Herrn tun, als getan worden war. Josef von Arimathäa hatte ihnen nicht aufgetragen, den Leichnam von seinem ersten Grab zu entfernen; auch kein anderer hatte ihnen dazu geraten. Wenn sie daher ein solches Unternehmen *doch* durchgeführt hätten, wäre dies nicht zur Ehre des Herrn und auch nicht aus Selbsterhaltung geschehen, sondern einzig als Betrugsmanöver – um dem Volk in Palästina eine Lüge über Jesus aufzubinden. Aber was immer sonst die Jünger, die dem Herrn drei Jahre lang gefolgt waren, gewesen sein mögen, sie waren keine Lügner, mit Ausnahme von Judas, der bereits tot war. [...] Es ist unvorstellbar, daß die Elf, nachdem sie so lange mit dem heiligen Sohn Gottes gelebt hatten, der doch alle Falschheit verurteilte und stets die Wahrheit hochhielt und ein Evangelium predigte, das von erhabenerer Gerechtigkeit war als alles, was man je zuvor in der Welt gehört hatte – es ist unvorstellbar, daß diese elf Jünger plötzlich alle übereingekommen sein sollen, sich auf eine derart üble Verschwörung einzulassen.« *W. M. Smith d/377*

i) Die Jünger begriffen die Wahrheit der Auferstehung noch gar nicht richtig und hätten daher nicht versucht, eine Auferstehung vorzutäuschen (vgl. Lk 24).
Wie *John F. Whitworth* konstatiert: »[...] Sie schienen gar nicht zu verstehen, daß er am dritten Tag auferstehen mußte; sie waren überrascht, als sie herausfanden, daß er auferstanden war. Diese Umstände verneinen den Gedanken, daß es ihnen überhaupt eingefallen wäre, den Leib zu stehlen, um dadurch den Eindruck zu erwecken, er sei auferstanden.« *J. F. Whitworth/64*
A. B. Bruce schreibt: »Selbst wenn die Jünger einen solchen Diebstahl ohne Gewissensbisse hätten durchführen können – sie waren nicht in der richtigen Verfassung [...] für solch ein Wagnis. Die Trauer lag wie Blei auf ihren Herzen und machte sie fast ebenso leblos, wie der Leichnam es war, den sie gestoh-

len haben sollen. Und das Motiv für den Diebstahl hätten sie damals wohl kaum haben können. Den Leichnam stehlen, um den Glauben an die Auferstehung zu fabrizieren? Welches Interesse hatten sie denn daran, für einen Glauben zu werben, den sie selbst nicht besaßen? ›Denn sie verstanden die Schrift noch nicht, daß er von den Toten auferstehen müßte‹ (Joh 20,9); sie erinnerten sich auch an nichts von dem, was ihr Meister vor seinem Tod darüber gesagt hatte.« *A. B. Bruce b/494*

j) »Die Jünger waren ehrenhafte Männer«, schreibt James Rosscup, »und hätten den Leuten keine Lüge aufbinden können. Sie brachten den Rest ihres Lebens damit zu, die Botschaft der Auferstehung zu verkündigen; ehemalige Feiglinge waren in mutige Männer verwandelt, die Verhaftung, Gefängnis, Schläge und ein schrecklicher Tod nicht abhalten konnten; und keiner von ihnen verleugnete je seinen Herrn oder sagte seinem Glauben an die Auferstehung Christi ab.« *J. Rosscup/4*

Paul Little bemerkt zur Diskussion über die Diebstahlstheorie: »Außerdem stehen wir einer psychologischen und ethischen Unmöglichkeit gegenüber. Die Leiche Christi zu stehlen, wäre den Charakteren der Jünger und allem, was wir von ihnen wissen, völlig fremd. Es würde bedeuten, sie hätten absichtlich eine Lüge ausgesprochen, die für das Irreführen und die Ermordung von Tausenden von Menschen verantwortlich war. Selbst wenn nur einige der Jünger diesen Diebstahl geplant und vollzogen hätten, bleibt die Frage, wie es gelingen konnte, daß die anderen nie davon erfahren haben.« *P. E. Little/47f.*

J. N. D. Anderson, der britische Rechtsanwalt, sagt zu der Theorie: »Dies würde in völligem Gegensatz stehen zu allem, was wir über sie wissen: ihrer ethischen Lehre, ihrem Lebenswandel, ihrer Beständigkeit in Leiden und Verfolgung. Und es würde uns ohne jede Erklärung lassen für ihre dramatische Umwandlung von mutlosen Flüchtlingen in Zeugen, die sich von keinem Widerstand mundtot machen ließen.« *J. N. D. Anderson a/92*

E. F. Kevan: »Gerade hier kommen uns sogar die Gegner des christlichen Glaubens zu Hilfe: denn der Skeptiker D. F. Strauß verwirft die Hypothese eines Betrugs durch die Jünger als moralisch unmöglich. ›Es muß anerkannt werden‹, sagt Strauß, ›daß die Jünger fest geglaubt haben, Jesus sei auferstanden.‹« *E. F. Kevan/9; D. F., Strauß/289*

Wilbur Smith sagt: »Selbst viele orthodoxe jüdische Gelehrte von heute weisen diese Geschichte völlig zurück, einschließlich Klausner selbst, der nichts damit zu tun haben will und der ebenfalls zugibt, daß die Jünger zu ehrenhaft waren, als daß sie sich eine solche Täuschung geleistet hätten.« *W. M. Smith a/22f.; J. Klausner a/496*

War es etwa ein »gestohlener Leichnam«, der Petrus bei seiner Widerlegung in Apg 4,8 solchen Mut gab?

»Petrus, voll des heiligen Geistes, sprach zu ihnen: Ihr Oberen des Volks und ihr Ältesten! Wenn wir heute verhört werden wegen dieser Wohltat an dem kranken Menschen, durch welche er gesund geworden ist, so sei euch und dem ganzen Volk Israel kundgetan: Im Namen Jesu Christi von Nazareth, den ihr gekreuzigt habt, den Gott von den Toten auferweckt hat; durch ihn steht dieser hier gesund vor euch. Das ist der Stein, von euch Bauleuten verworfen, der zum Eckstein geworden ist. Und in keinem andern ist das Heil, auch ist kein andrer Name unter dem Himmel den Menschen gegeben, durch den wir sollen selig werden.« (Apg 4,8 – 12)

Wilbur Smith erläutert: »Die Kraft Gottes kam zu Pfingsten so auf Petrus herab, daß an dem einen Tag durch eine Predigt, die zum größten Teil von der Auferstehung Christi handelte, dreitausend Seelen für den Herrn gewonnen wurden. Eins ist klar; *Petrus predigte, was er glaubte:* daß Gott Christus von den Toten auferweckt habe. Man kann nicht mit einer solchen Kraft Lügen predigen. Und die Jünger predigten weiterhin die Auferstehung, bis die ganze Welt durch den Glauben an diese herrliche Wahrheit wie auf den Kopf gestellt war. Nein, die Jünger hatten den Leib unseres Herrn nicht gestohlen und konnten es auch nicht.« *W. M. Smith d/377f.*

Alle Jünger, außer Johannes, starben den Märtyrertod. Sie wurden verfolgt, weil sie an ihrem Glauben festhielten. Wie *Paul Little* schreibt: »Menschen sind bereit, für das zu sterben, was sie *glauben* [...]. Sie würden aber nicht für eine Sache sterben, wenn sie *wüßten*, es ist eine Lüge.« Hätten die Jünger Jesu Leib gestohlen, wären sie sich auch bewußt gewesen, daß ihre Auferstehungsbotschaft falsch war. Aber sie »bezogen sich ständig auf die Auferstehung als Grundlage für ihre Lehre, ihre Predigten, ihr Leben und – dies ist wichtig – ihr Sterben.« Die Diebstahlstheorie ist also völlig absurd! *P. E. Little/48.46*

Ich stimme mit *John R. W. Stott* überein: Die Theorie, daß die

Jünger den Leichnam Christi stahlen, »klingt doch allzu phantastisch. Es ist so unwahrscheinlich, daß man es fast für unmöglich erklären kann. Wenn in den Evangelien und in der Apostelgeschichte *etwas* deutlich wird, dann dies, daß die Apostel es ehrlich meinten. Sie mögen sich getäuscht haben, wenn man das glauben will, aber Betrüger waren sie mit Sicherheit nicht. Heuchler und Märtyrer sind nicht vom selben Stoff gemacht.« *J. R. W. Stott/41*

5.2.2.3 Andere Diebe?

Die Theorie, daß die Juden, die Römer oder Josef von Arimathäa Christi Leib entfernt hätten, ist als Erklärung für das leere Grab nicht vernünftiger als der angebliche Diebstahl der Jünger.

a) Haben die Juden den Leib entfernt?
J. N. D. Anderson sagt: »Innerhalb sieben kurzer Wochen [nach Christi Auferstehung] – wenn man den Berichten überhaupt glauben will, und ich sehe keinen möglichen Grund, weshalb christliche Verfasser jene schwierige Lücke von sieben Wochen hätten erfinden sollen –, innerhalb sieben kurzer Wochen brodelte es in Jerusalem von der Verkündigung der Auferstehung. Die Apostel predigten sie straßauf, straßab. Die Hohenpriester waren sehr verärgert darüber. Sie sagten, die Apostel versuchten, dieses Mannes Blut über sie zu bringen: Sie beschuldigten sie ja, den Herrn der Herrlichkeit gekreuzigt zu haben. Die Hohenpriester waren bereit, vor fast nichts zurückzuschrecken, um diese gefährliche Irrlehre schon im Keime zu ersticken.« *J. N. D. Anderson b/6*
Wenn die Juden einen offiziellen Befehl gegeben hätten, den Leichnam zu entfernen, warum erklärten sie dann nicht, als die Apostel in Jerusalem die Auferstehung predigten: »Halt! Wir haben den Leib weggenommen – Christus ist nicht aus dem Grab auferstanden.« Und falls diese Behauptung allein nichts geholfen hätte, warum erklärten sie dann nicht, wo sein Leib lag? Falls schließlich auch das nichts fruchtete, weshalb schafften sie den Leichnam nicht herbei, legten ihn auf einen Karren und zogen ihn durch das Zentrum Jerusalems? Ein solches Vorgehen hätte das Christentum zerstört.
William Paley, der englische Theologe und Philosoph, sagt: »Es liegt auf der Hand, daß die Juden den Leib beschafft hät-

ten, wenn er zu finden gewesen wäre; das wäre die kürzeste und vollständigste Antwort auf die ganze Geschichte gewesen. Aber trotz ihrer Vorsichtsmaßnahmen und obschon sie vorbereitet und vorgewarnt waren: Als die Geschichte von der Auferstehung Christi verbreitet wurde – wie es sogleich geschah –, als sie öffentlich von seinen Jüngern geltend gemacht wurde und zum Motiv und zur Grundlage ihrer Verkündigung in seinem Namen wurde und Menschen in die Nachfolge seiner Religion berief, da konnten die Juden den Leib Jesu nicht vorzeigen ...«
W. Paley/196–198

John Whitworth schreibt über das Schweigen der Juden: »Während diese Geschichte [vom Diebstahl] hinterher als allgemeines Gerücht unter den Juden kursierte, war es doch so, wie Dr. Gilmore bemerkt, daß ›es kein einziges Mal bei den Gerichtsverhandlungen vorgebracht wurde, die schon bald in Jerusalem gegen die Apostel wegen ihrer [...] Verkündigung der Auferstehung ihres Meisters stattfanden.‹ Obgleich die Apostel vor eben die Institution gestellt wurden, die das Gerücht über den Diebstahl der Jünger in Umlauf gebracht hatte, wurde ihnen ein solches Verbrechen auch nicht einmal zur Last gelegt; nicht einmal ein Flüstern kam von den Lippen des Synedriums über dieses Thema; und die Geschichte wurde bald als unhaltbar und absurd fallengelassen.« *J. Whitworth/66*

b) Haben die Römer den Leib entfernt?
Es wäre zum Vorteil des Statthalters gewesen, den Leib im Grabe zu bewahren.
Das Entfernen des Leibes hätte zu unerwünschten Unruhen unter Juden und Christen geführt.
J. N. D. Anderson sagt über Pilatus: »Er war [...] über diese seltsame Lehre verärgert. Wenn er den Leib entfernt hätte, hätte er ganz sicher auch die Hohenpriester davon in Kenntnis gesetzt, da sie doch so aufgebracht waren.« *J. N. D. Anderson b/6*

c) Hat Josef von Arimathäa den Leib entfernt?
Josef war ein heimlicher Jünger und hätte als solcher nicht ohne vorherige Übereinkunft mit den anderen Jüngern den Leib fortgeholt. Wenn er aber trotzdem den Leib Christi ohne vorherige Absprache mit den anderen entfernt hätte, so hätte er sicher hinterher, als die Auferstehungsbotschaft verkündigt wurde, den anderen Jüngern gesagt, was er getan hatte.

d) Abschließend kann man nur sagen, daß die Fakten deutlich gegen die Theorie sprechen, daß Christi Leib entfernt worden war.

Wie *George Hanson* sagt: »Der einfache Glaube des Christen, der an die Auferstehung glaubt, ist nichts im Vergleich zu der Leichtgläubigkeit des Skeptikers, der lieber die wildesten und unwahrscheinlichsten Märchen akzeptieren würde als das deutliche Zeugnis historischer Gewißheiten. *Die Schwierigkeiten des Glaubens mögen groß sein; die Absurditäten des Unglaubens sind größer.« G. Hanson/24*

5.3 Die Halluzinationstheorie

5.3.1 Darstellung

Alle Erscheinungen Christi nach der Auferstehung sollen bloße Einbildungen gewesen sein – Halluzinationen.

5.3.2 Widerlegung

5.3.2.1 Waren Christi Erscheinungen so wichtig?

C. S. Lewis schreibt: »In den frühesten Tagen der Christenheit war ein ›Apostel‹ zuerst und vor allem ein Mann, der den Anspruch erheben konnte, Augenzeuge der Auferstehung zu sein. Als nur wenige Tage nach der Kreuzigung zwei Kandidaten für die Vakanz aufgestellt wurden, die durch den Verrat des Judas entstanden war, bestand ihre Qualifikation darin, daß sie Jesus persönlich vor und nach seinem Tod gekannt hatten und daß sie bei der Verkündigung gegenüber der Welt unmittelbares Zeugnis für die Auferstehung ablegen konnten (Apg. 1,22). Ein paar Tage darauf erhebt Petrus in der ersten christlichen Predigt denselben Anspruch: ›Diesen Jesus hat Gott auferweckt; des sind wir alle Zeugen‹ (Apg. 2,32). Im ersten Brief an die Korinther begründet Paulus seinen Anspruch auf das Apostelamt ebenfalls damit: ›Bin ich nicht ein Apostel? Habe ich nicht unseren Herrn Jesus gesehen?‹ (1. Kor 9,1).« *C. S. Lewis b/167*

5.3.2.2 Und wenn es nur Visionen waren?

Nach C. S. Lewis' Definition wäre der Wert des Apostelamtes gleich Null, wenn alle Erscheinungen Christi lediglich Halluzinationen waren. Man müßte dann mit *Gresham Machen* sagen, »[. . .] daß die christliche Gemeinde sich auf eine pathologische Erfahrung gewisser Personen im ersten Jahrhundert unseres Zeitalters gründete. Wenn es einen guten Neurologen für Petrus und die anderen gegeben hätte, so wäre nie eine christliche Kirche entstanden.« (Zitiert von E. F. Kevan) *E. F. Kevan/10f.*

J. N. D. Anderson erörtert »die Glaubwürdigkeit des apostolischen Zeugnisses« und sagt, daß es »steht oder fällt mit der Gültigkeit ihrer Zeugenaussagen [. . .]« *J. N. D. Anderson a/100*

5.3.2.3 Was ist eine Vision?

Für *Wilbur Smith* ist die beste Definition die, die *Johannes Weiß* in seinem Buch *Das Urchristentum* gibt. Weiß bezieht sich auf die Psychologen Höffding und Wundt und schreibt: »Wissenschaftlich versteht man [unter Vision] den Vorgang, daß im Gesichtsfeld ein Bild auftaucht, dem kein äußerer Gegenstand entspricht. Der Sehnerv ist also nicht durch von außen kommende Licht- oder Äther-Wellen in Schwingungen versetzt, sondern er ist erregt worden durch einen inneren physiologischen Vorgang; aber der dadurch geweckte Sinneseindruck wird von dem Visionär genauso empfunden wie ein ›objektiver‹; er glaubt den Gegenstand wirklich vor sich zu sehen.« *J. Weiß/20; zitiert bei W. M. Smith d/581*

5.3.2.4 Halluzinationstheorie nicht plausibel

Bloße Visionen waren nicht das, was die Jünger erfuhren. Das Zeugnis des Neuen Testaments steht in totalem Widerspruch zu dieser Annahme.

Wie *Hillyer Straton* sagt: »Menschen, die zu Halluzinationen neigen, werden nie moralische Helden. Die Wirkung der Auferstehung Jesu auf das Leben der Menschen war beständig, und die meisten dieser frühen Zeugen gingen in den Tod, weil sie diese Wahrheit verkündigten.« *H. H. Straton/4*

Die Halluzinationstheorie ist nicht glaubwürdig, weil sie gewissen Gesetzen und Prinzipien widerspricht, die aus psychologischer Sicht für Visionen kennzeichnend sind.

5.3.2.4.1 Im allgemeinen haben nur bestimmte Menschentypen Halluzinationen. *J. N. D. Anderson b/4–9; P. E. Little/ 67–69; P. W. Peru/97–99*

Es sind Menschen, die man als »überempfindlich«, als sehr phantasiereich und sehr nervös bezeichnen würde.

Christi Erscheinungen waren aber nicht auf Personen einer bestimmten psychologischen Richtung begrenzt.

John R. W. Stott sagt: »Auch die psychischen Voraussetzungen waren verschieden. Maria Magdalena weinte, die übrigen Frauen waren bestürzt und erschreckt, Thomas skeptisch; Petrus stand vielleicht noch unter dem Eindruck seines Versagens in der Verleugnung. Die beiden Jünger von Emmaus waren ganz mit den Ereignissen der vergangenen Woche beschäftigt, die Jünger in Galiläa gingen wieder fischen. Aber ihren Zweifeln zum Trotz und mitten in ihre Trostlosigkeit hinein beglaubigte der auferstandene Herr sich selbst vor ihren Augen und Ohren. [. . .] Wer könnte diese Bezeugungen des lebendigen Herrn als Einbildung abnormer Gehirne abtun!« *J. R. W. Stott/47*

5.3.2.4.2 Halluzinationen sind im Unterbewußtsein an vergangene Erlebnisse gekoppelt. *J. N. D. Anderson b/4–9; P. E. Little/67–69; P. W. Peru/97–99*

a) *Halluzinationen sind individuell und äußerst subjektiv.*
Heinrich Klürer erwähnt einen berühmten Neurobiologen: »[Raoul] Mourgue kam in seiner fundamentalen Abhandlung über die Neurobiologie der Halluzinationen zu der Schlußfolgerung, daß Schwankungen und Unbeständigkeit die beständigsten Faktoren bei halluzinativen und verwandten Phänomenen sind. Für ihn ist die Halluzination kein statisches Phänomen, sondern im wesentlichen ein dynamischer Vorgang, wobei die Unbeständigkeit eben gerade die Unbeständigkeit der Faktoren und Zustände im Zusammenhang mit ihrem Ursprung widerspiegelt.« *Hoch, Zubin, Stratton/18; R. Mourgue*
Es ist somit äußerst unwahrscheinlich, daß zwei Personen zur selben Zeit dieselbe Halluzination haben können.

b) Die Erscheinungen Christi wurden von vielen Menschen gesehen. *Thomas J. Thorburn*: »Es ist absolut unvorstellbar, daß

[...] (sagen wir) fünfhundert Personen von durchschnittlich gesundem Verstand und Temperament in unterschiedlicher Anzahl, zu den verschiedensten Zeiten und in verschiedenen Situationen alle möglichen Arten von Sinneseindrücken haben – visuell, auditiv und taktil – und daß alle diese mannigfaltigen Erfahrungen gänzlich auf subjektiver Halluzination beruhen. [...] Eine solche Theorie würde sofort als lächerlich ungenügende Erklärung verworfen, wenn man sie auf andere als ›übernatürliche‹ Ereignisse in der Geschichte anwenden würde.« *T. J. Thorburn/158f.*

Theodor Christlieb: »Wo aber, wie wir nicht leugnen wollen, die Wissenschaft sonstige Fälle von Visionen anführt, die ganze Haufen ansteckten, da zeigt sich bei diesem Phänomen stets eine *krankhafte* Erregung des Seelenlebens, oder auch krankhafte Zustände des leiblichen Organismus, besonders des Nervensystems. Wäre nun auch eine solche krankhafte Disposition in dem Einen oder Andern der Jünger vorhanden gewesen, so wird uns doch nichts berechtigen, eine solche bei *Allen* zusammen anzunehmen. Sie waren doch ganz verschiedene Naturen, von ganz verschiedenem Temperament, wohl auch nicht von gleicher Constitution. Denoch soll Einer um den Andern in diesen krankhaften Zustand gefallen sein, nicht bloß die aufgeregten Frauen, sondern auch Petrus, der sicherlich nicht nervenschwache, sondern kräftige, abgehärtete Fischer, Jakobus, die Emmausjünger bis auf den nüchternen Thomas hinaus, ja alle Elfe zu *gleicher* Zeit, und endlich gar *500 Brüder auf Ein Mal!* Sie Alle zusammen sollen plötzlich in diese Selbsttäuschung gerathen sein, und zwar, was doch auch zu beachten ist, zu den verschiedensten Tageszeiten, an verschiedenen Orten und bei den verschiedensten Beschäftigungen (trauernd am Grab, im Gespräch unterwegs, im trauten Freundeskreis, bei der Arbeit auf dem See Genezareth), bei denen doch ihre Stimmungen und *Seelenzustände qualitativ sehr verschieden* und daher auch ihre etwaige innere Disposition zu visionären Zuständen eine ganz andere sein mußte? – Man hat letzteren Punkt noch gar nicht gehörig betrachtet; es liegt aber auf der Hand, wie wichtig die verschiedenen *Qualitäten* in der Stimmung der Jünger sind für die Frage nach der psychologischen Möglichkeit der Visionen!
Und sie alle sollten noch dazu übereingekommen sein, ihre Visionen als äußere Thatsachen, als leibhaftige Erscheinungen des

Auferstandenen der Welt zu verkündigen? Könnte denn das ganz auf Rechnung der Selbsttäuschung und nicht am Ende des absichtlichen Betrugs kommen? Sollte kein Einziger von ihnen sich nachher gefragt haben, ob denn auch dem geschauten Bild objective Realität beizulegen sei? – »Wer voraussetzt«, macht *Schleiermacher* mit Recht geltend, »die Jünger hätten sich getäuscht und Inneres für Aeußeres genommen, der legt ihnen eine solche geistige Schwäche bei, durch welche nicht nur ihr ganzes Zeugniß von Christo unzuverlässig würde, sondern auch Christus müßte, als er sich solche Zeugen wählte, nicht gewußt haben, was in dem Menschen ist (Joh. 2,25). Oder sollte er selbst es gewollt oder veranstaltet haben, daß sie innere Erscheinungen mußten für äußere Wahrnehmungen halten, so wäre er selbst ein Urheber des Irrthums, und alle sittlichen Begriffe würden durcheinandergeworfen, wenn damit eine solch höhere Würde verträglich sein sollte.« *Th. Christlieb/568f.; zitiert in W. M. Smith d/396f.*

5.3.2.4.3 Halluzinationen sind »falsche« Wahrnehmungen

Zwei namhafte Psychiater, *L. E. Hinisie* und *J. Shatsky*, definieren eine Illusion als »irrtümliche Wahrnehmung, eine falsche Reaktion auf einen Sinnesreiz.« *Hinisie, Shatsky/280*

»[. . .] aber bei einem normalen Menschen erweckt dieser falsche Glaube gewöhnlich das Verlangen, das Wahrgenommene zu überprüfen, oder andere Sinne kommen zu Hilfe und überzeugen ihn, daß es sich um eine bloße Illusion handelt.« *Hinisie, Shatsky/280*

Die Erscheinungen Christi konnten jedoch keine »irrtümlichen« Wahrnehmungen sein:

Wilbur Smith schreibt über Lukas' Beobachtungen. Er schildert ihn als einen »Mann, der es gewohnt ist, das, was er untersucht, wissenschaftlich zu betrachten. Lukas sagt am Anfang seines zweiten Buches, der Apostelgeschichte, daß unser Herr sich nach seinen Leiden ›durch viele Beweise‹ als der Lebendige gezeigt habe.« *W. M. Smith d/400*

Smith fährt fort: »[. . .] Genau die Art von Beweis, auf denen die moderne Wissenschaft und auch die Psychologen bestehen, um die Realität einer untersuchten Sache feststellen zu können, ist die Beweisführung, die uns in den Evangelien in bezug auf die Auferstehung des Herrn Jesus gegeben wird: nämlich Dinge, die das menschliche Auge gesehen, die menschliche Hände betastet und menschliche Ohren gehört haben. Dies ist das, was wir empirische Beweise nennen.« *W. M. Smith d/389f.*

W. J. Sparrow-Simpson: »Die Erscheinungen des auferstandenen Herrn lassen sich nach den menschlichen Sinnen, auf die sie sich bezogen, analysieren – also Sehvermögen, Gehör und Tastsinn. Die verschiedenen Phänomene lassen sich so gut einordnen.«

Sparrow-Simpson weiter: »Zuerst das Sehvermögen. Dies steht ganz natürlich an erster Stelle, als das erste Mittel, ihre Aufmerksamkeit zu fesseln. Dies wird in den Evangelien mit verschiedenen Ausdrücken beschrieben:

›Da begegnete ihnen Jesus.‹	Mt 28,9
›Sie sahen ihn‹, und dieses Sehen schloß auch diejenigen ein, die zweifelten.	Mt 28,17
›Sie erkannten ihn.‹	Lk 24,31
›Sie meinten, sie sähen einen Geist.‹	Lk 24,37
›Seht meine Hände und meine Füße, ich bin's selber. Faßt mich an und seht; denn ein Geist hat nicht Fleisch und Knochen, wie ihr seht, daß ich sie habe. Und als er das gesagt hatte, zeigte er ihnen die Hände und Füße.‹	Lk 24,39 f.
Ähnlich auch im vierten Evangelisten: ›Ich habe den Herrn gesehen.‹	Joh 20,18
›Er zeigte ihnen die Hände und seine Seite.‹	Joh 20,20
›Sie sahen den Herrn.‹	Joh 20,20
›Wir haben den Herrn gesehen.‹	Joh 20,25
›Wenn ich nicht in seinen Händen die Nägelmale sehe . . .‹	Joh 20,25
›Weil du mich gesehen hast . . .‹	Joh 20,29
›Niemand aber unter den Jüngern wagte, ihn zu fragen: Wer bist du? Denn sie wußten, daß es der Herr war.‹	Joh 21,12
›Er ließ sich sehen unter ihnen vierzig Tage lang.‹	Apg 1,3
Bei diesen Erscheinungen wies der Herr besonders auf die Wunden hin, die er in seiner Passion erlitten hatte.	
Lukas spricht von seinen Händen und Füßen.	Lk 24,39–40
Matthäus erwähnt keins von beiden.	
Johannes erwähnt ›die Hände und seine Seite‹.« *W. J. Sparrow-Simpson a/183f.*	Joh 20,27

»Die Erscheinungen des auferstandenen Christus beziehen sich den Berichten nach auch auf den Tastsinn. Die in dieser Hinsicht ausdrücklichsten Worte finden wir bei Lukas: ›Faßt mich an und

seht; denn ein Geist hat nicht Fleisch und Knochen, wie ihr seht, daß ich sie habe.‹ Lk 24,39
›Und sie legten ihm ein Stück gebratenen Fisch vor. Und er nahm's und aß von ihnen.‹« *W. J. Sparrow-Simpson a/92f.* Lk 24,42.43
Thomas Thorburn sagt: »[...] die ›halluzinative‹ Vision am Grabe geht mit einer *autitiven* Erfahrung einher: Der Engel befiehlt den Frauen, hinzugehen und den Jüngern die Tatsache zu verkündigen. Mk 16,5–7
Ähnlich bei Matthäus (der sich großenteils auf die gleichen Quellen bezog wie Markus), wo die Frauen Jesus *hören* und *sehen* und ihn auch *anrühren*.« *T. J. Thorburn/133* Mt 28,9.10

5.3.2.4.4 Halluzinationen sind gewöhnlich zeitlich und örtlich begrenzt. *J. N. D. Anderson b/4–9; P. E. Little/67–69; P. W. Peru/97–99*

Üblicherweise ergeben sich Halluzinationen an Orten mit einer nostalgischen Atmosphäre oder zu einer Zeit, die die Personen in besonderer Weise in Erinnerungen schwelgen läßt.

Die Zeiten und Orte der Erscheinungen Christi waren für Halluzinationen nicht günstig. Die Zeugen befanden sich in ihrer gewohnten Umgebung.

John R. W. Stott: »Aber auch die äußeren Bedingungen für solche Wunschprojektionen fehlten. Wenn alle Erscheinungen sich an einem oder zwei Orten zugetragen hätten, die für die Jünger mit lebhaften Erinnerungen an Jesus verknüpft waren, dann kämen uns mit Recht einige Zweifel. Dann wären wenigstens die örtlichen Umstände günstig gewesen. Das wäre der Fall, wenn wir nur von Erscheinungen im Versammlungsraum der Jünger hörten, wo Jesus das letzte Mahl mit ihnen gefeiert hatte. Man könnte sich dann denken, sie hätten seinen Platz unbesetzt gelassen und in wehmütigen Erinnerungen die Vergangenheit beschworen; dann wäre an einigen seiner Äußerungen vielleicht ein Hoffnungsfunke entstanden, hätte sich zu glühender Erwartung gesteigert, die schließlich von der ›Erscheinung‹ des Auferstandenen glänzend bestätigt worden wäre. Dann wären sie wohl einem Wunschbild zum Opfer gefallen.« *J. R. W. Stott/46f.*

W. Robertson Nicoll, zitiert von Kevan, sagt: »Denken wir daran, daß die Jünger nicht nur der Meinung waren, Jesus gesehen zu haben, sondern daß sie auch Gespräche mit ihm führten, die in verschiedenen Situationen stattfanden, und daß es viele Zeugen dafür gab.« *W. R. Nicoll/146; E. F. Kevan/10f.*

James Orr diskutiert den Zeitfaktor und sagt über die Erscheinungen: »[Sie] waren keine flüchtigen Wahrnehmungen Christi, sondern ›längere Gespräche‹.« *J. Orr b/145, zitiert bei B. Ramm b/186*

Man beachte die große Verschiedenheit der Zeiten und Örtlichkeiten:

Mt 28,9.10 – Die Erscheinung bei den Frauen frühmorgens am Grab.

Lk 24,13–33 – Die Erscheinung auf der Straße nach Emmaus an einem Nachmittag.

Lk 24,34; 1 Kor 15,7 – Einige private Erscheinungen am hellen Tage.

Joh 21,1–23 – Am See an einem frühen Morgen.

1 Kor 15,6 – Auf einem Hügel Galiläas vor über 500 Gläubigen.

(Für eine volle Liste der Erscheinungen Christi vgl. oben Abschnitt 4.2.6.2 in diesem Kapitel.)

Die Vielfalt der Erscheinungsorte und -zeiten spricht gegen die Halluzinationshypothese.

5.3.2.4.5 Der Wunsch-Vater des Gedankens

Halluzinationen erfordern bei den betreffenden Personen eine erwartungs- und hoffnungsvolle Gemütseinstellung, die ihre Sehnsucht zum Vater des Gedankens werden läßt. *J. N. D. Anderson b/4–9; P. E. Little/67–69; P. W. Peru/97–99*

a) Folgende Merkmale sind charakteristisch für Halluzinationen. *Professor William Milligan* stellt fest, daß der Gegenstand der Vision charakterisiert sein muß durch den »Glauben an den Gedanken, den er vermittelt, sowie durch die erregte Erwartung, daß dieser Gedanke irgendwie realisiert werden wird«. *W. Milligan/93-95*

- *Paul Little.* »Um ein solches Erlebnis zu haben, muß man so danach *verlangen* , daß man etwas projiziert, das eigentlich nicht da ist, und die Einbildung mit der Wirklichkeit verbindet.« *P. E. Little /53*

- *E. H. Day.* »[. . .] das Sehen von Visionen, die subjektive Wahrnehmung außergewöhnlicher Phänomene durch eine große Personenzahl zur gleichen Zeit bedingt eine gewisse ›psychologische Vorbereitung‹, die sich auf einen ziemlich langen Zeitraum erstrecken muß.« *E. H. Day/51-53*

- *Paul Little* fährt fort: »Eine Mutter zum Beispiel, die ihren Sohn im Krieg verloren hat, erinnert sich daran, daß er jeden Abend um 17.30 Uhr von der Arbeit nach Hause kam. Jeden Nachmittag sitzt sie jetzt in ihrem Schaukelstuhl und träumt und denkt nach. Schließlich stellt sie sich vor, daß er durch die Tür kommt, und unterhält sich mit ihm. An dieser Stelle hat sie den Kontakt mit der Wirklichkeit verloren.« *P. E. Little/53*

b) Bei den Erscheinungen Christi nach der Auferstehung dagegen wurden seine Jünger *gegen ihren Willen* zum Glauben geführt.
W. J. Sparrow-Simpson schreibt: »Die Phänomene deuten darauf hin, daß sich die Erscheinungen von außen her ihren Gedanken aufdrängten, anstatt von innen her zu kommen.« *W. J. Sparrow-Simpson a/88*

Alfred Edersheim sagt: »[. . .] solche Visionen setzen eine vorherige Erwartung der Ereignisse voraus, was, wie wir wissen, im Gegensatz zu den Tatsachen steht.« *A. Edersheim b/626*
E. H. Day: »[. . .] wir sehen, wie langsam die Jünger zu ihrer Überzeugung gelangten, ja, daß nur die unerbittliche Logik der Tatsachen sie dorthin führte.« *E. H. Day/53f.*

Über das Fehlen jeglicher »psychologischen Vorbereitung« bemerkt Day:

»Beim ersten Erscheinen des Herrn befanden sich die Jünger in unterschiedlichen Gemütsverfassungen; aber der Zustand der Erwartung, der Hoffnung oder der Bereitschaft, ihn zu sehen, fehlte völlig. [. . .] der Glaube aller war durch die Katastrophe des schändlichen Todes erschüttert worden, eines Todes, der so lebhaft die Worte des jüdischen Gesetzes ins Gedächtnis rief: ›Ein Aufgehängter ist verflucht bei Gott‹ (5 Mo 21,23). Die Theorie subjektiver Visionen könnte plausibel erscheinen, wenn die Jünger sich geweigert hätten, das Schlimmste zu glauben. Doch die Hoffnungen der Jünger waren so weit zerstört worden, daß sie sich nur sehr langsam erholten.« *E. H. Day/53f.*
Paul Little: »Maria kam am ersten Ostersonntag morgens mit Spezereien zum Grab. Warum? Um die Leiche des Herrn, den sie liebte, zu salben. Sie erwartete offensichtlich nicht, ihn lebendig vorzufinden. Als sie ihn dann sah, dachte sie zunächst, er wäre der Gärtner! Erst nachdem er mit ihr gesprochen hatte, erkannte sie

ihn. [. . .] Als der Herr schließlich seinen Jüngern erschien, waren sie erschrocken und dachten, sie sähen einen Geist!« *P. E. Little/ 53f.*

Alfred Edersheim kommentiert: »Ein Bericht wie der von Lukas scheint fast dazu gedacht zu sein, die ›Visionshypothese‹ unmöglich zu machen. Uns wird ausdrücklich gesagt, daß die Erscheinung des auferstandenen Christus ihnen Furcht einjagte, anstatt ihrer Erwartung zu entsprechen, und daß sie sie für ein Gespenst hielten, worauf Christus sie beruhigte und ihnen sagte, sie könnten ihn anrühren, ›denn ein Geist hat nicht Fleisch und Knochen, wie ihr seht, daß ich sie habe.‹« *A. Edersheim b/628*

Edersheim weiter: »*Reuss (Hist. Evang.*, S. 698) bemerkt treffend, daß, wenn dieses fundamentale Dogma der Kirche das Ergebnis einer Erfindung gewesen wäre, man sehr darauf geachtet hätte, daß die Berichte darüber in striktester und buchstäblichster Weise übereinstimmten.« *A. Edersheim b/628*

C. S. Lewis: »Jegliche Halluzinationstheorie zerbricht jedoch angesichts der Tatsache (die, sollte sie eine Erfindung sein, die seltsamste ist, die jemals einem Menschen in den Sinn gekommen ist), daß die Halluzinationen bei drei verschiedenen Gelegenheiten nicht sofort als Jesus erkannt wurden (Luk. 24,13–31; Joh. 20,15; 21,4). Selbst wenn wir zugäben, Gott habe eine heilige Halluzination gesandt (die Wahrheiten lehren sollte, die bereits ohne sie weithin geglaubt wurden und mit Hilfe anderer Methoden viel einfacher hätten gelehrt werden können und die außerdem durch die Halluzination völlig verdunkelt werden mußten), könnten wir dann nicht wenigstens erwarten, daß er das Gesicht der Halluzination *richtig* hinbekommt? Ist er, der alle Gesichter schuf, so ein Stümper, daß er nicht einmal ein erkennbares Abbild des Menschen zustandebringt, der er selbst war?« *C. S. Lewis b/172*

Thorburn: »[. . .] wenn es sich um bloße subjektive Vorstellungen gehandelt hätte, die eine Reihe ähnlicher unrealistischer Konzeptionen in anderen hervorrief, so hätte uns die Überlieferung bestimmt einen weitaus gründlicheren Bericht darüber gegeben. [. . .]« *T. J. Thorburn/29–31*

5.3.2.4.6 Regelmäßige Wiederkehr

Halluzinationen pflegen über einen längeren Zeitraum mit auffallender Regelmäßigkeit wiederzukehren. *J. N. D. Anderson b/ 4–9; P. E. Little/67–69; P. W. Peru/97–99*

Entweder kehren sie immer häufiger wieder, bis eine Krise erreicht wird, oder sie werden weniger, bis sie eines Tages völlig verschwinden.

Beachten Sie folgende Beobachtungen zu Christi Erscheinungen:

C. S. Lewis schreibt: »Sämtliche Berichte deuten an, daß die Erscheinungen des auferstandenen Körpers aufhörten; einige beschreiben ein abruptes Ende sechs Wochen nach dem Tode. [...] ein Phantom kann sich einfach auflösen; eine objektive Wesenheit aber muß irgendwohin gehen – es muß irgend etwas mit ihr geschehen.« *C. S. Lewis b/173*

Abschließend bemerkt er: »Ist es eine Vision gewesen, dann war es die am systematischsten vortäuschende und vorlügende Vision, von der jemals berichtet wurde. Ist es aber Wirklichkeit gewesen, dann muß nach dem Aufhören seines Erscheinens etwas mit ihm geschehen sein. Man kann die Himmelfahrt nicht wegnehmen, ohne etwas anderes an ihre Stelle zu setzen.« *C. S. Lewis b/173f.*

Hastings' *Dictionary of the Apostolic Church* berichtet: »Die Theorie stimmt nicht mit der Tatsache überein, daß die Visionen so plötzlich zu Ende gingen. Nach den vierzig Tagen wird von keiner Erscheinung des auferstandenen Herrn berichtet, außer der, die Paulus sah, und bei der Umstände und Zweck völlig anders lagen. So funktioniert keine Vorstellungskraft.« *J. Hastings/360*

Professor Kevan fragt: »Wenn aber die Visionen vom auferstandenen Heiland Halluzinationen waren, weshalb hörten sie dann so plötzlich auf? Weshalb finden wir nicht nach der Himmelfahrt immer noch Berichte über die begehrte Vision? Nach dem Gesetz der Entwicklung, sagt Dr. Mullins, ›hätten die Halluzinationen chronisch werden müssen, nachdem fünfhundert Personen in ihren Bann geraten waren. Statt dessen weichen die Halluzinationen einem klaren und siegreichen Evangelisationsprogramm.‹« *E. F. Kevan/11; E. Y. Mullins/201*

5.3.3 Schlußfolgerung

John R. W. Stott schreibt über die Jünger Jesu: »Wir hören nichts von Wunschdenken, naiver Gläubigkeit, unkritischer Übernahme. Die Osterbotschaft war für sie kein gefundenes Fressen, sondern sie waren vorsichtig, ja ausgesprochen skeptisch (vgl. Luk. 24,25!). Ihr Glaube erhob sich erst langsam aus dem Zwielicht der Ungläubigkeit. Die inneren Voraussetzungen für Halluzinationen waren einfach nicht gegeben. Ihr Glaube gründete sich auf harte Tatsachen, die ihnen so begegnet waren, daß sie sich ihnen schließlich nicht entziehen konnten.« *J. R. W. Stott/46*

Halluzinationen haben noch nie, wie *T. J. Thorburn* schreibt, »[. . .] Menschen angespornt, ein Werk von enormen Ausmaßen anzugehen und bei seiner Durchführung ein Leben der strengsten und beständigsten Selbstverleugnung, ja sogar des Leidens zu führen. In einem Wort: [. . .] wir sehen uns genötigt, mit Dr. Sanday übereinzustimmen, wenn er sagt: ›Noch nie hat ein Spuk, eine bloße Halluzination der Sinne, die Welt bewegen können.‹« *T. J. Thorburn/136*

5.4 Die Theorie, daß die Frauen und dann alle anderen auch zum falschen Grab gingen

5.4.1 Darstellung

Professor Kirsopp Lake schreibt: »Es ist ernstlich zu bezweifeln, ob die Frauen wirklich ganz sicher sein konnten, daß das Grab, das sie besuchten, dasselbe war, in das sie Josef von Arimathäa den Leib des Herrn hatten legen sehen. Die Umgebung von Jerusalem ist voll von Felsengräbern, und es war sicher nicht leicht, sie auseinanderzuhalten [. . .] Es ist sehr zweifelhaft, ob die Frauen bei der Beerdigung in unmittelbarer Nähe des Grabes waren. [. . .] Es ist wahrscheinlich, daß sie aus einiger Entfernung zusahen und daß Josef von Arimathäa eher ein Repräsentant der Juden als ein Vertreter der Jünger war. Falls dies so war, dann war es ihnen nur beschränkt möglich, ein Felsengrab von einem anderen in der Nähe zu unterscheiden. Man muß daher mit der Möglichkeit rechnen, daß sie zum falschen Grab kamen; und dies ist wichtig, denn es gibt uns die natürliche Erklärung der Tatsache, daß die Frauen ein geschlossenes Grab verlassen hatten und ein offenes vorfanden. [. . .]

War es nicht dasselbe Grab, dann lassen sich die Umstände alle gut erklären. Die Frauen kamen früh am Morgen zu einem Grab, das sie für dasjenige hielten, in welchem man den Herrn begraben hatte. Sie erwarteten, ein geschlossenes Grab zu finden, und fanden ein offenes vor. Ein junger Mann [...], der ihr Vorhaben erriet, versuchte ihnen zu sagen, daß sie sich mit dem Ort geirrt hatten: ›Er ist nicht hier; kommt her und seht, wo sie ihn hingelegt haben!‹ Wobei er wahrscheinlich auf das nächste Grab wies. Aber die Frauen bekamen es, als sie sich so entdeckt sahen, mit der Angst zu tun und flohen.« *K. Lake/250-253*

5.4.2 Widerlegung

Der Besuch der Frauen am Sonntagmorgen beim leeren Grab ist eines der bestbezeugten Ereignisse in den neutestamentlichen Berichten. Kirsopp Lakes Theorie setzt die Historizität ebenfalls voraus.

Frank Morison untersucht die Theorie von Lake und schreibt dabei: »Die Geschichte von dem Erlebnis der Frauen findet sich in dem frühesten authentischen Dokument, das wir besitzen, im Markus-Evangelium. Sie wird bei Matthäus und Lukas wiederholt und, soweit es Maria Magdalena betrifft, bei Johannes bestätigt. Sie findet sich im apokryphen Petrus-Evangelium, und – was vielleicht von noch größerer Bedeutung ist – sie steht in jenem unabhängigen, ganz alten Fragment, das uns Lukas in Kapitel XXIV, Vers 13–24 aufbewahrt hat, im Gang nach Emmaus.« *F. Morison/109*

Professor Lake akzeptiert den Besuch als historisch, liegt aber bei seinen Spekulationen über das Geschehen am Grab verkehrt.

a) Diese Frauen hatten sich sorgfältig gemerkt, wo der Leib Jesu 38 Stunden zuvor begraben worden war:
»Es waren aber dort Maria von Magdala und die andere Maria; die saßen dem Grab gegenüber.« (Mt 27,61)
»Aber Maria von Magdala und Maria, die Mutter des Joses, sahen, wo er hingelegt wurde.« (Mk 15,47)
»Es folgten aber die Frauen nach, die mit ihm gekommen waren aus Galiläa, und beschauten das Grab und wie sein Leib hineingelegt wurde.« (Lk 23,55)
Meinen Sie, daß Sie oder ich oder sonst ein vernünftiger Mensch so schnell vergessen würde, an welcher Stelle man einen geliebten Menschen gerade 38 Stunden zuvor zur Ruhe gelegt hatte?

b) Die Frauen berichteten den Jüngern über das, was sie erlebt hatten; und später fanden auch Petrus und Johannes das Grab leer vor. Vgl. dazu Joh 20,2 – 8.
Soll man also annehmen, daß auch Petrus und Johannes zum falschen Grab gingen?
Paul Little ist überzeugt: »Außerdem ist es undenkbar, daß Petrus und Johannes genau denselben Fehler gemacht hätten [. . .]« *P. E. Little/49*

c) Überdies saß hier ein Engel auf dem Stein und sagte: »Kommt her und seht die Stätte, wo er gelegen hat« (Mt 28,6).
War denn dem Engel auch ein Fehler unterlaufen?
Wilbur Smith sagt: »Jemand, der die Theorie vom falschen Grab stützen wollte, machte geltend, daß die Worte des Engels in Wirklichkeit bedeuten: ›Ihr seid an der falschen Stelle; kommt hierher und seht, wo man den Leib des Herrn hingelegt hat.‹
Nun, nach neunzehnhundert Jahren des neutestamentlichen Studiums, bedurfte es erst unseres ach so modernen Zeitalters, um *das* in den Evangeliumsberichten zu finden; kein vertrauenswürdiger Kommentar zu irgendeinem der Evangelien gibt eine derart törichte Auslegung.« *W. M. Smith d/381f.*

d) Wenn die Frauen zum falschen Grab gegangen wären (einer leeren Felsengruft), hätte der Hohe Rat zum *richtigen* Grab gehen und den Leib herbeischaffen können (falls Jesus nicht auferstanden wäre!). Das hätte den Jüngern für immer den Mund gestopft!
Die Hohenpriester und die anderen Feinde Christi wären sicherlich zum richtigen Grab gegangen!

e) Selbst wenn die Frauen, die Jünger, die Römer und die Juden *alle* zum falschen Grab gegangen wären – eines ist sicher:
»[. . .] Joseph von Arimathäa, der Besitzer des Grabes, hätte das Problem bestimmt gelöst.« *P. E. Little/49*

f) Der Bericht des Markus lautet: »Und sie gingen hinein in das Grab und sahen einen Jüngling zur rechten Hand sitzen, der hatte ein langes weißes Gewand an, und sie entsetzten sich. Er aber sprach zu ihnen: Entsetzt euch nicht! Ihr sucht Jesus von Nazareth, den Gekreuzigten. Er ist auferstanden, er ist nicht hier. Siehe da die Stätte, wo sie ihn hinlegten!« (Mk 16,5.6)

Professor Lakes Zitat von Mk 16,6 ist unvollständig. Er zitiert nämlich nur einen Teil dessen, was der junge Mann sagte, und ignoriert die Schlüsselaussage. Die Aussage »Er ist auferstanden« fällt durch ihre Abwesenheit in Lakes Zitat dieses Verses auf. Beachten wir folgenden Vergleich:

Lakes Version	Richtige Version
›. . . Er ist nicht hier. Kommt her und seht, wo sie ihn hingelegt haben.«	». . . Er ist auferstanden, er ist nicht hier. Kommt her und seht, wo sie ihn hingelegt haben.«

J. N. D. Anderson schreibt über Lakes falsches Zitat: »Dafür kann ich keinerlei wissenschaftliche Rechtfertigung sehen.« *J. N. D. Anderson b/7*

Wenn man den Text korrekt zitiert, kann Lakes Theorie nicht bestehen bleiben!

g) Anderson weist noch auf ein weiteres Problem hin, das sich denen stellt, die Lakes Theorie für wahr halten: Als die Frauen zu den Jüngern zurückkamen, konnten diese zweierlei tun:
Entweder konnten sie ebenfalls zum Grab gehen, um sich über den Bericht der Frauen zu vergewissern;
oder sie konnten sofort anfangen, die Auferstehung zu verkündigen. *J. N. D. Anderson b/7*
Diese Verkündigung geschah jedoch erst sieben Wochen später.
Anderson sagt: »Ich sehe überhaupt keinen möglichen Beweggrund, weshalb die christlichen Verfasser diese Lücke von sieben Wochen hätten erfinden sollen. Somit will man uns glauben machen, daß die Frauen diese Geschichte den Aposteln erst viel später erzählten. Warum? Weil die Apostel angeblich nach Galiläa geflohen waren.« *J. N. D. Anderson b/7*
Zu diesem Punkt sagt *Frank Morison*:
»Diese gegenseitige Abhängigkeit zwischen den Frauen und den Männern bringt Prof. Lake mit seiner Theorie im entscheidenden Punkte in arge Verlegenheit. Er ist gezwungen, die Frauen bis Sonntagmorgen in Jerusalem zurückzuhalten, weil er

fest daran glaubt, daß sie tatsächlich zum Grabe gegangen seien. Er ist ferner gezwungen, die Jünger am Sonntagmorgen vor Sonnenaufgang aus Jerusalem zu entfernen, weil er meint, die Frauen hätten über ihr Erlebnis Stillschweigen bewahrt. Um endlich dieses Stillschweigen mit der Tatsache in Einklang zu bringen, daß die Frauen die Geschichte später mit all den sich daraus ergebenden unvermeidlichen Folgen erzählt hätten, hält er es für nötig, die Frauen mehrere Wochen lang in Jerusalem zu belassen, während die Jünger nach Hause zurückgekehrt wären, bestimmte Erlebnisse gehabt hätten und dann wieder in die Hauptstadt gekommen wären.« *F. Morison/113*

h) *John R. W. Stott* erwähnt die Einstellung der Frauen. Sie waren nicht aus lauter Trauer tränenblind, sondern kamen zu einem ganz praktischen Zweck am frühen Morgen zum Grab.
Stott sagt: »Sie hatten Salben gekauft, um die Einbalsamierung der Leiche zu Ende zu führen. Die Arbeit hatte zwei Tage zuvor wegen des Sabbats, der nach jüdischer Berechnung schon am Vorabend beginnt, abgebrochen werden müssen. Diese pflichtbewußten, gewissenhaften Frauen sind nicht der Typ, der sich leicht täuschen oder abschlagen läßt.« *J. R. W. Stott/39*

i) Dies war kein öffentlicher Friedhof, sondern eine private Begräbnisstätte. Es gab kein anderes Grab dort, das eine Verwechslung zugelassen hätte. Wilbur Smith sagt zu diesem Punkt: »Die ganze Idee ist so völlig phantastisch, daß sich Professor A. E. J. Rawlinson, der kein Konservativer ist, in seinem epochemachenden Kommentar zum Markusevangelium gedrungen sah, über Lakes Theorie zu sagen: ›Daß die Frauen aus Versehen zum falschen Grab gegangen sein sollen und daß der Versuch eines unbeteiligten Zuschauers, sie auf das richtige Grab hinzuweisen, von ihnen mißverstanden wurde, ist eine Konstruktion, die dem Geist des Berichtes völlig fremd ist.‹«
W. M. Smith d/382; A. E. J. Rawlinson/243

j) *Merrill Tenney* sagt: »Lake gibt keine Erklärung, weshalb der ›junge Mann‹ [Mk 16,5] zu einer so frühen Stunde entweder auf einem öffentlichen Friedhof oder in einem privaten Garten zugegen war.« *M. C. Tenney/115f.* Er fragt: »Welches Motiv hätte einen Fremden dort hinziehen können? Und wenn es kein Fremder war, sondern einer der Jünger, der unabhängige Ermittlungen anstellte, weshalb sollte dann seine Gegenwart die

Frauen erschreckt haben?« *M. C. Tenney/115f.* Tenney weiter: »Markus' Bericht, auf den Lake sich bezieht, sagt aus, daß er *innen* im Grab saß (Vers 5), so daß er kaum gemeint haben konnte, sie befänden sich an der verkehrten Stelle [...], sondern vielmehr daß Jesus nicht mehr da war. Sie konnten sehen, wo er gelegen hatte, aber der Leib war verschwunden.« *M. C. Tenney/115f.*

k) Einige Autoren sagen, der »junge Mann« sei ein Gärtner gewesen. Dazu Frank Morison: »Wir erkennen leicht, daß diese Theorie trotz ihrer scheinbaren Vernünftigkeit eine große Schwäche hat. Wenn es so dunkel war, daß die Frauen versehentlich an das falsche Grab geraten konnten, dann ist es außerordentlich unwahrscheinlich, daß der Gärtner bereits bei der Arbeit war; wenn es aber für seine Tätigkeit schon spät und hell genug war, dann ist es unwahrscheinlich, daß die Frauen sich getäuscht haben. So beruht die Theorie auf dem Zusammenfügen zweier recht zweifelhafter Möglichkeiten. Das ist jedoch nur ein Teil der Unwahrscheinlichkeit und der verstandesmäßigen Schwierigkeit, die damit verknüpft ist.« *F. Morison/108f.*

Wenn der »junge Mann« überdies wirklich der Gärtner gewesen sein soll, weshalb stellten dann die Priester nicht seine Zeugenaussage sicher, daß Christi Leib noch im Grabe lag? *F. Morison/114f.*

Er war eben nicht der Gärtner, sondern ein Engel vom Himmel. Jeder *wußte* wohl, daß Christi Grab leer war – die eigentliche Frage lautete, *wie* es leer wurde.

l) Was sollen wir von Professor Lakes Theorie halten, daß die Leute zum verkehrten Grab gegangen seien?

George Hanson stellt fest: »Wenn ich irgendwelche Zweifel über die Auferstehung hegte, würde Professor Lakes Buch eine höchst gesunde Gegenwirkung auf meine Skepsis ausüben. Nachdem ich es gelesen habe, bin ich mehr denn je der Meinung, die De Wette zum Ausdruck brachte: ›Die *Tatsache* der Auferstehung – obgleich ein Dunkel, das nicht auszulösen ist, über ihrer Art und Weise liegt – kann nicht angezweifelt werden.‹« *G. Hanson/8*

Wilbur Smith zitiert das Urteil des britischen Gelehrten A. E. Morris: »Ihre Theorie, daß die Frauen zum falschen Grab gekommen seien, entstammt nicht irgendwelchen Tatsachen, sondern dem Unglauben gegenüber der Möglichkeit des übernatürlichen Leerwerdens des Grabes unseres Herrn.« *W. M. Smith d/382; A. E. Morris/319*

6. Ergebnis: Er ist auferstanden, er ist wahrhaftig auferstanden!

John Warwick Montgomery sagt: »Die frühesten Berichte, die wir über das Leben und Dienen Jesu besitzen, geben uns den überwältigenden Eindruck, daß dieser Mann nicht einfach nur umherging und ›Gutes tat‹, sondern sich entschieden lästig machte.

In dieser Hinsicht ergeben sich deutliche Parallelen zu Sokrates: Beide Männer erbosten ihre Zeitgenossen dermaßen, daß sie schließlich umgebracht wurden. Aber während Sokrates den Quälgeist im kollektiven Nacken der Athener spielte, indem er von ihnen forderte, sich ›selbst zu erkennen‹ – ihr ungeprüftes Leben zu überprüfen –, entfremdete sich Jesus seine Zeitgenossen, indem er sie beständig zwang, ihre Einstellung zu ihm persönlich zu überdenken. ›Wer sagen die Leute, daß der Menschensohn sei? ... Wer sagt denn ihr, daß ich sei?‹ ›Was denkt ihr von dem Christus? Wessen Sohn ist er?‹ Das waren die Fragen, die Jesus stellte.« *J. W. Montgomery b/12*

Christus stellte ganz klar, wer er war. Er sagte zu Thomas: »Ich bin der Weg und die Wahrheit und das Leben; niemand kommt zum Vater denn durch mich« (Joh 14,6).

Der Apostel Paulus sagte, daß Christus »eingesetzt ist als Sohn Gottes in Kraft durch die Auferstehung von den Toten« (Röm 1,4).

Simon Greenleaf schreibt: »Alles, was das Christentum von den Menschen fordert [...] ist, daß sie mit sich selbst konsequent sind; daß sie seine Aussagen genauso behandeln wie die in anderen Dingen; und daß sie versuchen, seine Personen und Zeugen genauso zu behandeln, wie sie ihre Mitmenschen behandeln, wenn diese vor menschlichen Gerichten über menschliche Angelegenheiten und Taten als Zeugen aussagen. Man vergleiche ruhig die Zeugen mit sich selbst und gegenseitig und mit den begleitenden Tatsachen und Umständen; man unterziehe sie, wie vor Gericht, einem rigorosen Kreuzverhör. Wir sind sicher, daß das Ergebnis eine feste, zweifelsfreie Überzeugung von ihrer Aufrichtigkeit, Fähigkeit und Wahrhaftigkeit sein wird.« *S. Greenleaf b/46*

Wie *G. B. Hardy* sagte: »Hier ist das Ergebnis:

Konfuzius' Grab	–	belegt
Buddhas Grab	–	belegt
Mohammeds Grab	–	belegt
Jesu Grab	–	LEER.«

Die Entscheidung liegt nun bei Ihnen; die Tatsachen sprechen für sich. Sie sagen sehr deutlich:
Christus ist wahrhaftig auferstanden!

Teil III

Gottes Werk in der Geschichte

Wenn Gott existiert und lebt,
dann sollte es möglich sein,
konkrete Spuren davon in der
menschlichen Geschichte wie auch im Leben
einzelner Menschen festzustellen. Dies ist
das Thema der folgenden Seiten.
Am Beispiel erfüllter biblischer Prophetie
wird deutlich, daß Gott ein
handelnder Gott ist.

Die in der amerikanischen Originalausgabe
dieses Buches in einem Kapitel 12
zusammengetragenen Beispiele (persönliche
Erlebnisberichte), wie Menschen aus unserem
Jahrhundert zu Christus fanden,
sind in dieser Ausgabe weggelassen.
Der Leser findet eine Fülle solcher
Bekehrungsgeschichten
in der christlichen Literatur sowie
in den Gemeinden.

KAPITEL 11

Erfüllte Prophetie

In diesem Kapitel werden wir verschiedene historische und geographische Prophezeiungen aus der Bibel studieren, die sich sämtlich erfüllt haben.

Selten hat ein Forscher Gelegenheit, solch ein faszinierendes Thema anzugeben. Gottes Hand liegt auf den Schultern dieser Propheten, die denen, die es hören wollen, sein Wort geben. In der erfüllten Prophetie erkennen wir besonders klar Gottes Allwissenheit und Allmacht. Wir werden auch neu herausgefordert, über solche Frage wie die Inspiration der Bibel nachzudenken.

Wir haben die in diesem Kapitel behandelten Prophetien in 12 Themenkreise eingeteilt, in denen es jeweils um eine bestimmte Stadt, Nation usw. geht. Zuerst werden wir jedoch einige Grundfragen zu biblischer Prophetie behandeln müssen.

1. Einleitung

1.1 Definition von »Prophetie«

1.1.1 Außerbiblische Definition

In der *Encyclopaedia Britannica* heißt es: »Die literarischen Berichte der hebräischen Prophetie in Jesaja machen deutlich, daß Prophetie an erster Stelle und hauptsächlich ein Wort oder eine gesprochene Botschaft bedeutet, wobei durch einen erwählten Boten den Hörern der Wille Gottes verkündet wird. Das voraussagende Element einer Drohung oder einer Verheißung ist von der Reaktion der Hörer abhängig (1,18–20) oder wird als ›Zeichen‹ von etwas Zukünftigem gegeben (7,14), weil alles, was geschieht, letztlich dem Vorsatz des Willens Gottes untersteht.« *Encycl. Brit. Bd. 12/656f.*

1.1.2 Biblische Definition

Nach biblischer Definition ist ein »Prophet« jemand, der den Menschen durch göttliche Inspiration Gottes Willen und Zukunft verkündet. *M. F. Unger d/890*

Merrill F. Unger (in *Unger's Bible Dictionary*): »Neben der Erklärung des Willens Gottes, der Androhung seiner Gerichte, der Verteidigung der Wahrheit und Gerechtigkeit und der Bezeugung der Vorrangigkeit des Moralischen über das Rituelle besaß die Prophetie stets eine enge Beziehung zu Gottes Gnadenabsichten gegenüber Israel.« (Mich 5,3;7,20; Jes 60,3;65,25) *M. F. Unger d/891*

Der Prophet hatte neben der Weissagung ein moralisches Ziel, was nach Charles Elliot (*Old Testament Prophecy*, S.44) die Existenz Gottes offenbart, wie sie wirklich ist, und zeigt, daß er »nach dem Vorsatz seines Willens« wirkt. Die Prophetie offenbart also dem Menschen Gott und Gottes Willen und Werke. *M. F. Unger d/892*

Alle Verfasser, einschließlich der Propheten, haben ihren eigenen Stil beim Schreiben, genauso wie sie einen eigenen Stil beim Reden und in ihrem Auftreten haben. Jede Person bewahrt somit durch ihren Stil ihre Individualität. Aber dennoch sind die Propheten anders als die nichtbiblischen Verfasser. Obgleich ihre Individualität bestehen bleibt, hat Gottes Geist vollständige Kontrolle über sie. *M F. Unger d/893*

Die meisten Leute stellen sich unter einem Propheten jemanden vor, der voraussagende Prophezeiungen macht. Gewiß ist dies ein großer Teil der Botschaft des Propheten; aber die großen Propheten waren auch aktive Reformer auf gesellschaftlichem und politischem Gebiet, die Gerechtigkeit und Erwekkung predigten. Der Prophet sprach stets in geistlicher Weise, spiegelte Gottes Willen wider und rief zum Gehorsam auf. *M. F. Unger d/893*

Die prophetischen Voraussagen gingen nicht auf Effekthascherei aus. Sie wurden wegen (nicht trotz) der Zustände, die der Prophet wahrnahm, verkündet. Fast jedes Kapitel, in dem Unheil verkündet wird, hat parallel dazu ein Kapitel, in dem genau erklärt wird, warum die Gerichtsbotschaft ergangen ist. *M. F. Unger d/893*

Die erste Prophezeiung der Bibel geht bis auf Adam und Eva zurück. Sie handelt von dem verheißenen göttlichen Erlöser

(1 Mo 3,15–16). Von hier an können wir die Prophetien Gottes bis hin zum Buch der Offenbarung verfolgen. Einige der ersten Propheten waren Henoch, Abraham und Mose (4 Mo 12,6–8; 5 Mo 18,18; 1 Mo 20,7; Jud 14). *M. F. Unger d/893*

Prophetie ist göttlichen Ursprungs, wie 1 Sam 9,9 und 2 Sam 24,11 zeigen. *M. F. Unger d/893*

Die Bibel sagt sehr deutlich, daß voraussagende Prophetie ein Zeichen der Kraft und Herrlichkeit Gottes ist und daß sie das übernatürliche Wesen seines Wortes darstellt. Sie ist nicht nur eine Demonstration der Kraft Gottes, sondern auch seine Antwort auf die Gebete und Nöte des Menschen. Da Gott die Zukunft offenbart – etwas, wozu kein Mensch fähig ist, – dürfen wir wissen, daß er die Zukunft sieht und alle Dinge kennt, schon ehe sie die Gegenwart erreichen. Christen dürfen die Gewißheit haben, wo immer sie auch sind, daß nichts geschehen wird, was der Vater nicht vorhergesehen hat. *M. F. Unger d/894*

1.2 Wahre und falsche Propheten

Die folgenden Ausführungen folgen dem Artikel »Prophetie, Prophetien« von J. A. Motyer im *New Bible Dictionary.*

Wir finden in der Bibel verschiedene Fälle, in denen es zu einem Konflikt über die Frage kommt, wer ein wahrer und wer ein falscher Prophet ist (vgl. 1 Kön 22; Jer 28; 1 Kön 13,18–22). Die Lösung ist nicht akademisch-kompliziert, sondern sehr praktisch. Es gibt gewisse Kennzeichen, anhand derer man den wahren vom falschen Propheten unterscheiden kann.

Ein möglicher Prüfstein ist die von Prof. Motyer so genannte »prophetische Ekstase«. Dieser Zustand stellte sich offenbar spontan ein oder auch als Folge gewisser äußerer Bedingungen, insbesondere gewisser Arten von Musik, und äußerte sich in solchen Symptomen wie völliger Trance und Selbstvergessenheit und Unempfindlichkeit gegenüber Schmerz und Angst. Diese Ekstase war in Kanaan, vor allem im Baalskult, weit verbreitet. Freilich ist auch den wahren, von Gott gesandten Propheten Ekstase nicht immer fremd. Wir finden sie z.B. in der Tempelvision Jesajas sowie fast durchgängig bei Hesekiel. *J. D. Douglas/1041*

Eine weitere Beobachtung kann auf dem Gebiet des Status gemacht werden. Die falschen Propheten gehörten meist zum bezahlten Mitarbeiterstab eines Königs. Diese Männer »prophezeiten«, was der König zu hören wünschte. Wiederum ist dieser Test nicht endgültig. Samuel und Nathan etwa wurden mehr oder weniger als professionelle Propheten angesehen, waren aber ganz deutlich keine falschen Propheten. Diese bezahlten »angestellten« Propheten befanden sich gewöhnlich in Gruppen, ähnlich den Ekstatikern (s. Dan 2,2). *J. D. Douglas/1041*

Das Alte Testament enthält u.a. drei Kernpassagen zum Thema der wahren und falschen Prophetie: 5 Mo 13 u. 18; Jer 23; Hes 12,21–14,11. In 5 Mo 18 lesen wir, daß eine Prophezeiung falsch ist, wenn sie sich nicht erfüllt. Dies ist ein negatives Kriterium, denn auch was sich erfüllt, muß nicht unbedingt von Gott sein. Wenn ein falscher Prophet eine Voraussage machte, die in Erfüllung ging, so konnte das eine Prüfung des Volkes Gottes sein. 5 Mo 13 geht das Problem vom Gottesbegriff her an: Wenn der Prophet sich auf andere Götter als den wahren Gott beruft (Vers 3), dann ist er offenkundig nicht von Jahwe gesandt. Durch Mose wurde die Frage für alle zukünftige Prophetie besiegelt, indem er die Theologie festsetzte, an die sich alle zukünftigen Propheten halten mußten. Wenn ein Prophet in Erfüllung gehende voraussagende Prophezeiungen machte, in seiner Theologie aber nicht mit der Norm, die Mose festgelegt hatte, übereinstimmte, hatte das Volk es mit einem falschen Propheten zu tun. *J. D. Douglas/1041f.*

Jer 23 baut die Aussage von 5 Mo 13 weiter aus und schildert einen falschen Propheten als unmoralisch (Verse 10–14), der dazu noch die Unsittlichkeit anderer gutheißt (Vers 17); er predigt Frieden, aber nicht einen göttlichen Frieden, sondern einen künstlichen, selbstgemachten Frieden. Der wahre Prophet dagegen verkündigt die Botschaft der Buße und Umkehr (Vers 29) und ruft das Volk zu Gerechtigkeit und Gottesgehorsam auf (Vers 22). *J. D. Douglas/1042*

Es ist jedoch sehr wichtig, den Grund für die oft so strengen Worte der Propheten zu bedenken. Einer der Gründe, weshalb die prophetischen Bücher so sehr von Kritikern zerstückelt wurden, ist der irrtümliche Eindruck, daß wahre Propheten nur eine Botschaft hätten: Unheil. Dies ist jedoch nicht der Fall. Der Grund, weshalb diese Propheten nicht mit einer Friedensbotschaft beginnen, liegt darin, daß göttlicher Friede allein durch Heiligkeit, Gerechtigkeit und Umkehr kommt. Das Thema des

Propheten wurde durch Mose festgelegt, nämlich das Gesetz Gottes. Falsche Propheten, wie Jeremia sagt, stehlen den Namen des Herrn, gebrauchen ihre eigene Autorität in seinem Namen und machen ihren erhabenen Status geltend (Verse 30–32). Der wahre Prophet ist von Jahwe beauftragt und spricht in Jahwes Namen, mit Jahwes Autorität (Verse 18.21.22.28.32). *J. D. Douglas/1042*

Die Aussage in Hes 12,21–14,11 ähnelt der in Jeremia. Hesekiel sagt deutlich, daß falsche Propheten ihren eigenen Weg gehen und ihre eigenen Prophezeiungen erfinden (13,2.3). Folglich führen sie das Volk in eine falsche Sicherheit (13,4–7). Ihr Kennzeichen ist die Botschaft eines falschen Friedens und eines trügerischen Optimismus (13,10–16), die keine geistliche Gerechtigkeit und Heiligkeit fördert (13,22). Der wahre Prophet dagegen spricht direkt die Seele an und fordert seine Hörer geradeheraus auf, sich selbst zu prüfen (14,4–5) im Hinblick auf den Lebenswandel, den Gott von ihnen verlangt (14,7.8). »Wieder sehen wir, daß der wahre Prophet der mosaische Prophet ist.« Er spricht nicht leise, sondern mit aller Offenheit für den Gott des babylonischen Exils und wiederholt mit neuem, frischem Klang die Wahrheiten, die noch nie verbessert und noch nie verändert wurden. *J. D. Douglas/1042*

1.3 Prophezeiung erst nach der Erfüllung?

1.3.1 Datierung der Prophezeiungen

Was die Frage des Datierens der Prophezeiungen betrifft, greifen viele Leute voraussagende Prophetien vom Standpunkt der nachträglichen Datierung her an, d.h. sie verlegen den Zeitpunkt der Prophetie hinter die Erfüllung und nicht davor, Tatsache ist jedoch, daß diese Propheten ihre Prophezeiungen sehr klar machen – die Zeitformen sind nur allzu deutlich. Sie beanspruchen ausdrücklich, daß sie das Wunder der voraussagenden Prophetie vollbringen.

In *Unger's Bible Dictionary (M. F. Unger d)* werden die Zeiten für die Dienste oder für die Bücher der verschiedenen Propheten folgendermaßen datiert:

Hesekiel	592–570 v. Chr.	S.336
Jesaja	783–738 v. Chr.	
	735–719 v. Chr.	
	719–704 v. Chr.	S.534
Jeremia	626– nach 586 v. Chr.	S.568–570
Amos	2. Quartal d. 8. Jh. v. Chr.	S.46
Hosea	748–690 v. Chr.	S.501
Micha	um 738–690 v. Chr.	S.726
Obadja	vor 300 v. Chr.	S.1185
Nahum	nach 661– vor 621 v. Chr.	S.774
Zephanja	zwischen 640–621 v. Chr.	S.1185
Mose (3 Mo)	1520–1400 v. Chr.	S.760–762
Joel	vor 300 v. Chr.	S.1149
Daniel	605–538 v. Chr.	S.491

Diese Daten sind in einigen Fällen nicht sicher, weil Unger den Inhalt der Schriften der Propheten benutzt, um die verschiedenen Bücher zu datieren. Manchmal gab der Prophet keinen deutlichen Hinweis auf die Zeit seines Schreibens. Joel und Obadja sind die einzigen auf der Liste, bei denen seitens der Verfasser überhaupt keine konkreten Angaben, die eine Datierung erlauben, gemacht werden.

Alle alttestamentlichen Propheten wurden mit der Septuaginta um 280 v. Chr. ins Griechische übersetzt. Wir wissen daher, daß alle Propheten, einschließlich Joel und Obadja, vor dieser Zeit wirkten.

1.3.2 Die Datierung Hesekiels

Hesekiel wird hier mehr als jeder andere Prophet genannt werden; daher wollen wir uns an dieser Stelle kurz mit diesem Buch, das auf 570 v. Chr. datiert ist, beschäftigen. Wir fangen an mit der *Encyclopaedia Britannica*:

»Es gibt die verschiedensten Meinungen über die Einheit und das Datum des Buches Hesekiel. Nach dem Buch selbst wirkte der Prophet von 592 bis 570 v. Chr., aber ein Gelehrter (James Smith) plaziert ihn ins 7. Jh. in die Zeit Manasses, ein anderer

(N. Messel) nach Nehemia, etwa 400 v. Chr. Die meisten jedoch akzeptierten die Chronologie des Buches.« *Encycl. Brit. Bd. 9/17*

»Zwei Fragmente des Textes von Hesekiel IV, 16–Bd. I fanden sich unter den Schriftrollen vom Toten Meer in der Qumranhöhle I und Fragmente von zwei Hesekiel-Manuskripten wurden aus der Höhle IV gemeldet.« *Encycl. Brit. Bd. 9/16*

»Oft wiederholte typische Wörter und Redewendungen geben einen starken Eindruck von der literarischen Einheit des Buches: ›Dann werden sie erfahren, daß ich der Herr bin‹ (über 50mal); ›So wahr ich lebe, spricht Gott der Herr‹ (13mal); ›meine Sabbate‹ (12mal); ›Länder‹ (24mal); ›Götzen‹ ([...] ca. 40mal); ›in meinen Geboten wandeln‹ (11mal) usw.« *Encycl. Brit. Bd. 9/17*

Joseph P. Free schreibt in seinem Buch *Archaeology and Bible History*: »[Als ich] das erste Mal einen Kurs in Bibelkritik absolvierte [...] wurde mir gesagt, daß die Kritiker das Buch Hesekiel nicht angetastet hätten und daß die Echtheit des Buches akzeptiert sei. [...] In den vergangenen Jahren jedoch wurde das Buch angegriffen [...,] aber – wie W. F. Albright deutlich macht – diese kritische Einstellung ist nicht im geringsten gerechtfertigt, und seines Erachtens gibt es allen Anlaß, wieder zu einer konservativeren Haltung zurückzukehren.« *J. P. Free/ 226; vgl. W. F. Albright h/164*

Free führt weiter aus: »Eines der Hauptargumente von C. C. Torrey [Professor an der Universität Yale] gegen die Echtheit des Buches betraf die ungewöhnliche Datierung der Ereignisse anhand der Jahre ›der Gefangenschaft König Jojachins‹ [Albright h/164]. Diese Datierungsmethode erweist sich nun jedoch als ›unangreifbares Argument‹ [Albright h/164] zugunsten der Echtheit Hesekiels, wie archäologische Entdeckungen gezeigt haben. Vom Siegelabdruck auf drei Tonkrughenkeln [eine Beschreibung dazu siehe in Frees *Archaeology and Bible History*, Abschnitt ›Archaeological Confirmation of Jehoiachin's Exile in Babylon‹] mit dem Hinweis auf ›Eljakim, Mundschenk des Jojachin‹ kam man zu dem Schluß, daß Eljakim der Verwalter des Kronbesitzes war, der immer noch Jojachin gehörte, während er im Exil war. Offensichtlich wurde Jojachin vom Volk in Juda immer noch als König betrachtet, während Zedekia nur insoweit als König galt, als er für seinen gefangenen

Neffen Jojachin die Regentschaft übernommen hatte. Somit stand es völlig im Einklang mit der Haltung des jüdischen Volkes, daß Hesekiel die Ereignisse gemäß der Regierung Jojachins datierte, obwohl dieser im Exil war.« *J. P. Free/226*

Als Folgerung ergibt sich: »Das ungewöhnliche Datierungssystem im Buch Hesekiel ist also kein Beweis für seine Nichtechtheit, sondern ›beweist‹, im Lichte der Ergebnisse der Archäologie, ›seine Authentizität in bemerkenswerter Weise‹.« (Albright, 165) *J. P. Free/227*

E. J. Young kommentiert zu Hesekiel: »Die obige Übersicht zeigt, wie unterschiedlich die Ansichten der jüngsten negativen Kritik im Hinblick auf das Buch Hesekiel sind. Die sogenannten Probleme des Buches lassen sich am besten auf der Grundlage der traditionellen Annahme lösen, daß nämlich Hesekiel selbst das gesamte Buch verfaßt hat.« *E. J. Young/237*

Young fährt mit Bezugnahme auf H. H. Rowley und S. R. Driver fort: »1953 vertrat H. H. Rowley die wesentliche Einheit des Buches und wies in überzeugendster Weise darauf hin, daß die ›[...] Theorien, die entweder den Propheten selbst oder seinen literarischen Schöpfer in ein nachexilisches Zeitalter versetzen, nicht überzeugend sind‹ (S. 182). Dieses Werk Rowleys ist eine ausgezeichnete Einführung in das Studium der modernen Kritik an Hesekiel.« *E. J. Young/237; H. H. Rowley c/182*

»Und Driver«, fügt Young hinzu, »schrieb: ›In Verbindung mit der Verfasserschaft des Buches ergibt sich keine kritische Frage, da das Gesamtwerk von Anfang bis Ende unverkennbar das Merkmal eines einzigen Geistes trägt.‹ In der Tat sind die Gründe für ein Festhalten an der Verfasserschaft Hesekiels für das gesamte Buch ziemlich überzeugend. Das Buch ist autobiographisch – durchweg wird die erste Person Singular verwendet. Es erweckt den starken Eindruck, das Werk einer einzigen Persönlichkeit zu sein. Des weiteren sind viele der Prophezeiungen datiert und lokalisiert. Die durchweg erkennbare Ähnlichkeit in Denken und Struktur macht deutlich, daß das gesamte Buch das Werk eines einzigen Menschen ist. Somit dürfen wir zuversichtlich an der Ansicht festhalten, daß Hesekiel der Autor war. Sehr interessant ist auch, daß einer der jüngsten wissenschaftlichen Kommentare, nämlich der von *Cooke*, Hesekiel als den grundlegenden Autor des Buches bezeichnete.« *E. J. Young/234; S. R. Driver a/279*

1.3.3. Prophezeiungen über konkrete Orte

Peter Stoner kommentiert zu den Prophezeiungen über Tyrus, Samaria, Gaza-Askalon, Jerusalems Erweiterung, Palästina, Moab, Ammon, Petra-Edom und Babylon:

»Kein Mensch hat je Voraussagen gemacht, die sich mit denen vergleichen ließen, die wir betrachtet haben, und die sich genau erfüllten. Die Zeitspanne zwischen der Niederschrift dieser Prophezeiungen und ihrer Erfüllung ist so groß, daß der strengste Kritiker nicht behaupten kann, die Voraussagen seien gemacht worden, nachdem die Ereignisse schon eingetreten waren.« *P. Stoner/115*

Und weiter: »Andere mögen sagen, diese Berichte in der Bibel seien keine Prophezeiungen, sondern historische Berichte, die erst nach den Ereignissen geschrieben wurden. Dies ist absurd, denn alle Prophezeiungen befinden sich im Alten Testament und datieren, wie jeder einsieht, aus der Zeit vor Christus. Eine der Prophezeiungen erfüllte sich vollständig vor Christus. Bei zweien erfüllten sich kleine Teile vor Christus und die restlichen Teile nach Christus. Alle anderen von uns betrachteten Prophezeiungen erfüllten sich vollständig nach Christus. Selbst wenn wir alle Schätzungen für die Teile der Prophezeiungen wegstrichen, die sich vor Christus erfüllten, blieb unsere Wahrscheinlichkeitsziffer immer noch so groß, daß man ihre Argumentationskraft nicht erfassen könnte.« *P. Stoner/96*

H. Harold Hartzler, Schriftführer und Schatzmeister der American Scientific Affiliation, vom Goshen College, Indiana, schreibt im Vorwort zu Peter Stoners Buch:

»Das Manuskript zu *Sciene Speaks* ist sorgfältig durchgesehen worden von einem Komitee der Mitglieder der American Scientific Affiliation und vom geschäftsführenden Vorstand derselben Vereinigung, und der dargebrachte wissenschaftliche Stoff wird als allgemein zuverlässig und genau betrachtet.

Die darin enthaltene mathematische Analyse basiert auf Prinzipien der Wahrscheinlichkeitsrechnung, die vollständig korrekt sind, und Professor Stoner hat diese Prinzipien in korrekter und überzeugender Weise angewandt.« *P. Stoner/4*

Bernard Ramm gibt folgenden Kommentar zu den Prophezeiungen:

»Weiterhin haben wir in praktisch jedem Fall etwaige Zweifel an der Datierung der Prophetien zugunsten der Radikalen ausgelegt, so daß die Beispiele erfüllter Voraussagen *außerhalb der Daten liegen, die radikale Kritiker für diese Schriftstellen festgesetzt haben.« B. Ramm b/96*

1.3.4 Prämissen der Kritiker

Die Probleme der meisten Kritiker voraussagender Prophetie ergeben sich aus ihren vorgefaßten Ansichten, daß wir in einem geschlossenen System lebten, daß es keinen Gott gebe, daß Wunder unmöglich seien und daß es darum keine voraussagende Prophetie geben könne. Was also geschieht, ist folgendes: Sie lesen ein Buch, das prophetische Aussprüche enthält, sehen deren Erfüllung zu einem viel späteren Datum und kommen daher zu dem Schluß, daß die sogenannte prophetische Aussage zu diesem späteren Datum stattgefunden habe. Diese Schlußfolgerung ist das Resultat vorgefaßter Meinungen und gründet sich nicht auf die Ergebnisse der Archäologie oder auf die Fakten der Geschichte.

James Davis, früherer Student der Technischen Hochschule Louisiana, stellte für dieses Buch Nachforschungen an. Er sagt über viele Kritiker der Prophetie:

»Ich frage mich oft, ob das, was diese Männer sagten, wirklich die Wahrheit sei. Das tue ich jetzt nicht mehr; nicht, seit ich anfing zu sehen, wie solche Behauptungen immer und immer wieder von der Archäologie und der Wissenschaft widerlegt wurden. Ich sah schließlich, daß die Skeptiker die eigentlichen Feinde der Wahrheit sind. Sie sind diejenigen, die in ihrer Einstellung mit Vorurteilen behaftet sind und von dogmatischen Voraussetzungen ausgehen. Sie hören nicht auf, ihre Behauptungen zu wiederholen. Aber eine Behauptung nach der anderen brach in sich zusammen, als die Archäologie objektiv weiterforschte und Fakten über Fakten zutage brachte. Ich weigerte mich schließlich, die Zweifel überhaupt zugunsten der Kritiker auszulegen, und habe mein Vertrauen in sie völlig aufgegeben.«

1.4 Erfüllung bis ins Detail

Wir werden in diesem Kapitel jeweils die Schriftstelle(n) zitieren, in denen die gerade behandelte Prophetie vorkommt, und dann ihre historische Erfüllung nachweisen. Der Leser kann auf diese Weise die Genauigkeit, mit der die von Gott inspirierten Voraussagen sich erfüllt haben, anschaulich nachvollziehen. *John Urquhart* schreibt in seinem Buch *Die erfüllten Weissagungen*: »Wer Gewißheit in der Religion sucht, wird dankbar sein für die Menge sowohl wie für die Genauigkeit und Deutlichkeit der Weissagungen der Schrift.« *J. Urquhart/59*

Urquhart weiter: »Die Schrift enthält, was ich prophetische Bilder nennen kann. Sie zeichnet nicht nur *einen* Zug unter den vielen späteren Merkmalen der Völker und Länder: sie beschreibt einen Zug nach dem andern, bis ihr Zustand vollständig abgebildet ist. Bei der Erfüllung von einem oder zweien könnte der Zufall die Hand mit im Spiele gehabt haben, aber wenn einer nach dem andern hinzugefügt wird, so wird dieser Verdacht immer unvernünftiger, bis er von den angehäuften Beweisen ganz und für immer hinweggeräumt wird.« *J. Urquhart/31*

Henry Morris schreibt treffend: »Es gibt natürlich noch Probleme bei der völligen Harmonisierung des archäologischen Materials mit der Bibel, aber keines davon ist so ernst, daß weitere Forschungen keine rasche Lösung versprächen.« *H. M. Morris a/95*

Bernard Ramm gibt eine gute Analyse der Position des christlichen Apologeten, der den Glauben an erfüllte Prophetie verteidigt: »Der Feind des Christentums muß *alle* unsere Kanonen zum Schweigen bringen; wenn er auch nur eine erfüllte Prophetie nicht wegerklären kann, ist sein Widerspruch nutzlos.« *B. Ramm b/88*

Unsere folgenden Analysen werden gleich an zwölf Beispielen zeigen, wie unhaltbar der Einspruch des Feindes des Christentums ist.

2. Tyrus

Eine der ungewöhnlichsten Prophetien in der Bibel ist die über die Stadt Tyrus. Wahrscheinlich nennen alle Bücher, die das Christentum verfechten, dieses Beispiel, und zwar mit gutem Grund.

2.1 Bibeltext und Datierung

Hesekiel 26 (592–570 v. Chr.)

3. Darum spricht Gott der Herr: Siehe, ich will an dich, Tyrus, und will viele Völker gegen dich heraufführen, wie das Meer seine Wellen heraufführt.

4. Die sollen die Mauern von Tyrus zerstören und seine Türme abbrechen; ja, ich will sogar seine Erde von ihm wegfegen und will einen nackten Fels aus ihm machen, [. . .]

7. Denn so spricht Gott der Herr: Siehe, ich will über Tyrus kommen lassen Nebukadnezar, den König von Babel, von Norden her, den König der Könige, mit Rossen, Wagen, Reitern und einem großen Heer.

8. Der soll deine Tochterstädte auf dem Festland mit dem Schwert schlagen; aber gegen dich wird er Bollwerke errichten und einen Wall gegen dich aufschütten und ein Schilddach gegen dich erstellen. [. . .]

12. Sie werden deine Schätze rauben und deine Handelsgüter plündern. Deine Mauern werden sie abbrechen und deine schönen Häuser einreißen und werden deine Steine und die Balken und den Schutt ins Meer werfen. [. . .]

14. Und ich will einen nackten Fels aus dir machen, einen Platz, an dem man Fischnetze aufspannt, und du sollst nicht wieder gebaut werden. Denn ich bin der HERR, der dies redet, spricht Gott der HERR. [. . .]

21. ja, tödlichem Schrecken gebe ich dich preis, daß es aus ist mit dir und man dich nie mehr findet, wenn man nach dir sucht, spricht Gott der HERR.

2.2 Voraussagen

a) Nebukadnezar wird die Festlandstadt Tyrus zerstören (Vers 8).

b) Viele Nationen werden gegen Tyrus sein (Vers 3).
c) Tyrus wird zu einem nackten Felsen und flach wie die Oberfläche eines Felsens sein (Vers 4).
d) Fischer werden ihre Netze dort aufspannen (Vers 14).
e) Der Schutt wird ins Wasser geworfen werden (Vers 12).
f) Die Stadt wird nie wieder aufgebaut werden (Vers 14).
g) Die Stadt soll nie wieder gefunden werden (Vers 21).

Die vorgenannten Voraussagen scheinen für sich selbst zu sprechen. Dies ist die Art Prophetie, die widersprüchlich klingt – glücklicherweise ist die Geschichte nicht widersprüchlich. Man braucht also lediglich die Geschichte von Tyrus mit diesen Prophezeiungen zu vergleichen.

2.3 Geschichte von Tyrus

In einer weltlichen Quelle heißt es: »Hesekiels Unheilsbotschaft (besonders 27,27) zeigt, wie wichtig Tyrus in den Augen der hebräischen Propheten und wie vielfältig und einträglich sein Handel war.« *N. Jidejian/1*

2.3.1 Nebukadnezar

Nebukadnezar belagerte die Stadt Tyrus auf dem Festland drei Jahre nach der Prophezeiung. Die *Encyclopaedia Britannica* sagt: »Nach 13jähriger Belagerung (585–573 v. Chr.) durch Nebukadnezar II. handelte Tyrus Bedingungen aus und erkannte die babylonische Oberherrschaft an. 538 v. Chr. kam Tyrus mit dem Rest Phöniziens unter die Oberherrschaft des achämenidischen Persiens.« *Encycl. Brit. Bd. 22/452*

Als Nebukadnezar die Tore durchbrach, fand er die Stadt fast leer vor. Die Mehrzahl der Einwohner war mit Booten auf eine Insel entkommen, die knapp einen Kilometer weit vor der Küste lag. Dort befestigten sie eine neue Stadt. Die Festlandstadt wurde im Jahre 573 zerstört (Voraussage *a*), aber die Stadt Tyrus auf der Insel blieb noch mehrere hundert Jahre eine mächtige Stadt.

2.3.2 Alexander der Große

Das nächste Geschehen betraf Alexander den Großen.
»In seinem Krieg gegen die Perser«, schreibt die *Encyclopaedia*

Britannica, »marschierte Alexander III., nachdem er Darius III. in der Schlacht bei Issus (333 v. Chr.) besiegt hatte, südwärts nach Ägypten. Unterwegs forderte er die Phönizierstädte auf, ihre Tore zu öffnen, da es zu seinem Plan gehörte, sie der persischen Flotte zu entziehen. Die Bürger von Tyrus weigerten sich, und so belagerte Alexander die Stadt. Da er keine eigene Flotte besaß, zerstörte er das alte Tyrus auf dem Festland und baute aus dem Schutt eine 60 m breite Mole über die Wasserenge, die die alte Stadt von der neuen trennte; am Ende der Mole errichtete er Belagerungstürme und Angriffsmaschinen.« (Voraussage *e*) *Encycl. Brit. Bd. 22/452*

Curtius Rufus, ein Autor des Altertums (*Geschichte Alexanders d. Gr.*, Buch IV. 2.18–19), beschreibt den Bau des Dammes. Er sagt, das Libanongebirge habe das nötige Bauholz geliefert, und die Altstadt Tyrus Steine und Erde. (Voraussage *e*) *Curtius Rufus/96f.*

Der griechische Historiker *Arrian* gibt in seinem Werk *Der Alexanderzug* (II. 18–20) eine lebendige Schilderung der Belagerung und Eroberung von Tyrus. Tyrus bestand, wie gesagt, aus einem Festlandsteil und einer vorgelagerten Inselfestung. Nebukadnezar hatte die Festlandstadt eingenommen, und Alexander plante nun, ganz Tyrus zu erobern. Die Inselstadt war rundum von mächtigen Mauern umgeben, und die Tyrianer und Alexanders Feinde, die Perser unter Darius, hatten immer noch die Vorherrschaft auf dem Meer. Der griechische Feldherr beschloß, eine Landbrücke zur Insel zu bauen. Zuerst ging die Arbeit gut voran, aber dann nahm sowohl die Wassertiefe als auch die Belästigung durch die Tyrianer zu. Von ihren hohen Mauern aus konnten die Inselbewohner unter den Arbeitern am Damm (die keine Rüstung trugen) viel Schaden anrichten; dann und wann überfielen sie auch den Damm. Die Griechen bauten daraufhin zwei große Schutztürme, die sie direkt auf den Damm setzten. Die Tyrianer konterten mit einem Großangriff: Sie schleppten ein mit Brennstoffen vollgestopftes Schiff zum Damm, setzten die Türme in Brand und verwüsteten den Damm.

Alexander erkannte, daß er Schiffe brauchte, und begann von besiegten Untertanen Schiffe einzuziehen. Folgende Städte und Gebiete trugen zu Alexanders Flotte bei: Sidon, Arados, Byblos (mit insgesamt 80 Schiffen), Rhodos (zehn Schiffe), Soli und Mallos (drei), Lykien (zehn), Zypern (120) und Mazedonien (ein Großschiff). (Voraussage *b*)

Mit dieser nun überlegenen Kriegsflotte war die Eroberung von Tyrus, auch wenn Darius III. nicht tatenlos blieb, nur noch eine Frage der Zeit. Der Damm wurde fertig, die Flotte begann ihren Angriff, und die Stadt wurde erstürmt. *Arrian/159–181*

»Der Damm ist immer noch vorhanden«, schreibt *Philip Myers*, »er verbindet den Felsen mit dem Festland. Als die Stadt schließlich nach siebenmonatiger Belagerung eingenommen worden war, wurden achttausend Einwohner getötet und dreißigtausend als Sklaven verkauft.« *Ph. Myers/153*

Philip Myers macht eine weitere interessante Aussage; er ist ein weltlicher Historiker (kein Theologe), und wir finden folgendes in einem Geschichtsbuch:

»Alexander der Große [...] zerstörte die Stadt (332 v. Chr.). Zu einem gewissen Grade erholte sie sich von diesem Schlag, nahm aber nie wieder ihren Platz ein, den sie zuvor in der Welt besaß. Der größere Teil des Gebietes der einstmals großen Stadt ist heute nackt wie die Oberfläche eines Felsens (Voraussage *c*) – ein Ort, an dem Fischer, die immer noch an diese Stelle kommen, ihre Netze zum Trocknen ausbreiten.« (Voraussage *d*) *Ph. Myers/55*

John C. Beck zur weiteren Geschichte der Inselstadt Tyrus: »Die Geschichte von Tyrus hört nach der Eroberung durch Alexander nicht auf. Die Menschen bauen sie immer wieder auf und Heere belagern immer wieder ihre Mauern, bis sie schließlich, nach sechzehnhundert Jahren, fällt, um nie wieder aufgebaut zu werden.« *J. C. Beck/41*

2.3.3 Antigonos

314 v. Chr. wurde Tyrus erneut eingenommen – von Antigonos, einem der Nachfolger (Diadochen) von Alexander d. Gr. *Nina Jidejian* schreibt: »Von erfolgreichen Feldzügen in Babylonien zurückgekehrt, unterwarf Antigonos leicht die Städte Phöniziens, traf aber in Tyrus auf harten Widerstand. Achtzehn Jahre zuvor hatte Alexander Tyrus erobert, und die Stadt hatte sich rasch erholt. [...] Nach fünfzehnmonatiger Belagerung konnte Antigonos die Stadt unterwerfen.« *N. Jidejian/80f.*

Aus der Regierungszeit des Ptolemäus II. Philadelphus (285–247 v. Chr.) berichtet Jidejian:

»Als Ptolemäus Philadelphus jedoch den Hafen von Berenike am Roten Meer baute und eine Straße mit Wegstationen und Wasserstellen nach Coptos anlegte und den Kanal wiedereröffnete, der den pelusischen Arm des Nils mit dem Golf von Suez verband, war das ein großer und dauerhafter Schaden für Tyrus. Der Handelsverkehr vom Roten Meer und vom Indischen Ozean, der zuvor durch den Hafen von Elath über Petra nach Rhinocolura in Phönizien lief und von dort aus in alle Mittelmeergebiete mit Schiffen von Tyrus, lief nun über den Kanal nach Alexandria. Der Reichtum, der vormals nach Tyrus floß, fand seinen Weg jetzt nach Alexandria.« *N. Jidejian/81f.*

1047 n. Chr. besuchte der persische Reisende *Nasir-i-Khurran* die Stadt. Er schreibt: »Sie haben die Stadt auf einem Felsen erbaut (der im Meer liegt), und zwar, daß das Rathaus nur etwa einhundert Meter auf trockenem Land steht, während der Rest direkt aus dem Wasser aufsteigt. Die Mauern sind aus behauenen Steinen erbaut, wobei man ihre Fugen mit Bitumen ausfüllte, um das Wasser abzuhalten. Ich schätzte das Stadtgebiet auf tausend Arschin [pers. Längenmaß, das ungefähr einer Elle entspricht] im Quadrat, und ihre Karawansereien sind mit fünf oder sechs Stockwerken gebaut, eines über dem anderen. Es gibt zahlreiche Wasserbrunnen, die Basare sind sehr sauber; die Menge der ausgestellten Reichtümer ist groß. Diese Stadt Tyrus ist berühmt wegen ihres Wohlstands und ihrer Macht unter den Küstenstädten Syriens. Sie haben einen Mash-had [einen Märtyrerschrein oder eine Märtyrerstätte] am Stadttor errichtet, wo man große Mengen von Teppichen und Gehängen und Lampen und Laternen aus Gold und Silber sehen kann. Die Stadt selbst steht auf einer Erhöhung. Das Wasser wird von einem Berg dort hingeleitet; und bis zum Stadttor hat man Bögen (für das Aquädukt) gebaut, über die das Wasser in die Stadt läuft.« *Nasir-i-Khurran/11f.; vgl. N. Jidejian/122*

2.3.4 Mittelalter

638 n. Chr. wurde Tyrus von den Moslems erobert. Zur Zeit der Kreuzzüge wurde es eine wichtige Basis der Kreuzritter, die es erst 1291, als eine der letzten Städte im Heiligen Land, endgültig wieder verloren. *J. F. Michaud* schildert die Katastrophe von 1291 in lebhaften Farben:

»Nach der Einnahme und Zerstörung von Ptolemais schickte der Sultan einen seiner Emirn mit einer Schaar ab, um sich der Stadt Tyrus zu bemächtigen. Diese von Schrecken ergriffene Stadt öffnete ihre Thore ohne Widerstand. Die Sieger nahmen auch Beruth, Sidon und alle christlichen Küstenstädte ein. Diese Städte, welche Ptolemais nicht unterstützt hatten und sich durch einen Waffenstillstand geschützt glaubten, mußten ihr Volk niederhauen, zerstreuen, in die Sklaverei führen sehen; ja die Wuth der Muselmänner erstreckte sich über die Steine, denn man wühlte sogar den Fußboden um, welchen die Christen betreten hatten. Ihre Häuser, ihre Tempel, die Denkmäler ihres Gewerbefleißes, ihrer Frömmigkeit und ihrer Tapferkeit. Alles wurde verdammt, mit ihnen durch Eisen und Feuer unterzugehen.« (Voraussage *f*) *J. F. Michaud/125f.*

LeStrange (*Palestine under the Moslems*, zitiert von *N. Jidejian*) zitiert Abu'l fiela, der im Jahre 1321 n. Chr. schrieb: »Die Stadt wurde von den Moslems im (moslemischen) Jahre 690 [(= 1291] zurückerobert, zur gleichen Zeit wie Akko und andere Küstenstädte, und wurde dann zu Ruinen zerstört, wie es bis heute geblieben ist [d.h. bis 1321 n. Chr.].« *N. Jidejian/139; G. LeStrange/345*

LeStrange (S.345) führt Ibn Batutah an, der 1355 die Ruinen aufsuchte und kommentierte: »Es war vormals sprichwörtlich bekannt für seine Macht, umspült vom Meer auf drei Seiten. Von der alten Mauer und dem Hafen sind noch Spuren zu sehen, und früher befand sich eine Kette vor der Einfahrt zum Hafen.« (Voraussage *f*) *N. Jidejian/139*

Plinius der Ältere resümierte treffend (hier zitiert von Jidejian, S.17): »Tyrus [. . .] vormals berühmt als Mutterstadt, von der die Städte Leptis, Utica und die große Rivalin des römischen Reiches um die Weltherrschaft, Karthago, und auch Cadiz, das sie außerhalb der Grenzen der Welt gründete, abstammten; aber der gesamte Ruhm von Tyrus besteht nur noch in einem Schellfisch und einem Purpur-Farbstoff.« (Voraussage *g*) *N. Jidejian/5,17,76*

2.3.5 Tyrus heute

Wir wollen uns nun das gegenwärtige Tyrus ansehen, wie es von *Nina Jidejian* beschrieben wird: »Der ›sidonische‹ Hafen Tyrus ist heute noch in Gebrauch. Kleine Fischerboote liegen dort vor Anker. Eine Untersuchung der Fundamente zeigt Granitsäulen aus der römischen Zeit, die von den Kreuzzüglern als Einfassungen mit in die Wälle eingemauert wurden. Der Hafen dient heute als Ankerplatz für Fischerboote und als Ort zum Ausbreiten der Netze.« *N. Jidejian/139*

»Das Schicksal von Tyrus war laut dem Propheten, ein Ort zu sein, an dem Fischer ihre Netze aufspannen. Die Existenz eines kleinen Fischerdorfes [es gibt auch heute eine Stadt Tyrus, die aber nicht die ursprüngliche Stadt ist, sondern weiter an der Küste entlang, vom ursprünglichen Gebiet von Tyrus entfernt, erbaut wurde] auf dem Gebiet der alten Stadt Tyrus bedeutet nicht, daß die Prophetie sich nicht erfüllte, sondern ist vielmehr die endgültige Bestätigung dafür, daß die Prophetie in Erfüllung ging. Tyrus, die Herrin der Meere, das jahrhundertealte Handels- und Umschlagszentrum der Welt, verging, um nie wieder aufgebaut zu werden. Die Fischer, die ihre Netze auf den Felsen trocknen, die einst das Fundament jener Metropole des Altertums bildeten, sind das letzte Glied in der Kette der Prophetien, die Hesekiel vor über fünfundzwanzig Jahrhunderten aussprach.« (Voraussage *d*) *J. G. Beck/47f.*

Jidejian sagt in ihrem ausgezeichneten Buch, daß die Steine von Tyrus »bis nach Akko und Beirut verstreut aufzufinden sind. Hinweise auf eine große Vergangenheit gibt es noch in Fülle, und unlängst haben Ausgrabungen verschiedene Schichten aus der Zeit dieses stolzen phönizischen Seehafens freigelegt [. . .] Die große alte Stadt Tyrus lag begraben unter einer dicken Schuttschicht. Die Ruinen eines Aquädukts und ein paar verstreute Säulen sowie die Ruinen einer christlichen Basilika waren die einzigen Reste, die man noch über der Erde fand. [. . .] Schaut man ins Wasser hinunter, kann man eine große Menge von Granitsäulen und Steinblöcken erkennen, die über den Meeresboden verstreut liegen. Bis vor kurzem gab es nur wenige Ruinen von Tyrus über dem Wasser.« *N. Jidejian/XVI,2, XVI*

2.4 Erfüllungen im einzelnen

Bis dahin also die Geschichte des antiken Tyrus. Sehen wir uns nun die Erfüllung der einzelnen Voraussagen an.

a) Nebukadnezar zerstörte in der Tat die alte (Festlands-)Stadt Tyrus.

b) Viele Nationen waren gegen Tyrus.
Diese Tatsache z.B. in dieser sehr kurzgefaßten Geschichte bei *John C. Beck*: »Weil es ein Merkmal der Wellen ist, durch ihre fortwährende Brandung immer wieder ihre zerstörerische Kraft auszuüben, versteht dieser Hesekiel so, daß er sich auf wiederholte Invasionen bezieht, die sich über eine längere Zeit hin erstrecken.
Wir erhalten damit folgende Zusammenfassung der Verse 3–6: Erstens: ›Die sollen die Mauern von Tyrus zerstören und seine Türme abbrechen‹ (Nebukadnezars Belagerung). Als nächstes: ›Ich will sogar seine Erde von ihm wegfegen und will einen nackten Fels aus ihm machen‹ (Alexanders Belagerung). Und schließlich: ›Es soll den Völkern zum Raub werden‹ (Geschichte nach der Eroberung durch Alexander.)« *J. G. Beck/11f.*

c) Alexander fegte das alte Stadtgebiet von Tyrus blank, als er den Molendamm zur Insel baute, und hinterließ einen »nackten Felsen«.

d) Zahlreiche Hinweise auf das Ausbreiten der Netze wurden bereits gegeben (einige von weltlichen Verfassern).

e) Alexander warf den Schutt ins Wasser, um den Molendamm zu bauen.
»Hesekiels Prophetie«, schreibt *Joseph Free*, »über das Werfen der Steine, der Balken und des Schuttes ins Wasser (Hes 26,12b) erfüllte sich buchstäblich, als Alexanders Ingenieure die Mole bauten und dabei die Überreste der antiken Festlandsstadt Tyrus verwendeten, die sie ins Meer warfen.« *J. P. Free/263f.*

f) Die Stadt wurde nie wieder aufgebaut.
Floyd Hamilton schreibt: »Es steht auch geschrieben: ›Du sollst nicht wieder gebaut werden‹ (26,14). Andere von Feinden zerstörte Städte wurden wieder aufgebaut; Jerusalem wurde oft zerstört, erstand aber immer wieder aus den Ruinen; welchen Grund gab es daher zu sagen, daß Alttyrus nicht wieder erbaut würde? Aber vor fünfundzwanzig Jahrhunderten schaute ein Jude im Exil in Babylon auf Gottes Geheiß in die Zukunft und schrieb die Worte: ›Du sollst nicht wieder gebaut werden!‹ Die Stimme Gottes hatte gesprochen, und Alttyrus steht heute noch

wie vor fünfundzwanzig Jahrhunderten als nackter Fels da, von Menschen unbewohnt! Will heute jemand das Gebiet der alten Stadt sehen, kann er es sich am Strand zeigen lassen; aber da steht keine Ruine, die die Stelle angibt. Sie wurde leergefegt und nie wieder bebaut.« *F. E. Hamilton/299*

»Die großen Frischwasserquellen von Reselain befinden sich auf dem Gebiet der ehemaligen Festlandsstadt Tyrus; sie versorgten die Stadt zweifellos mit einer Fülle frischen Wassers. Diese Quellen sind immer noch vorhanden und fließen auch noch, aber ihr Wasser läuft ins Meer. Das Ausflußvolumen dieser Quellen wurde von einem Ingenieur gemessen; es ergab über 44 Millionen Liter pro Tag. Es ist immer noch ein ausgezeichnetes Gebiet und hätte genug Wasser für eine moderne Stadt, wurde aber nie wieder bebaut. Somit ist Punkt [*f*] der Prophetie seit über 2500 Jahren wahr geblieben.« *P. Stoner/76f.*

g) Die Stadt sollte nie wieder gefunden werden. In Hes 26,21 heißt es: »daß man dich nie mehr findet, wenn man nach dir sucht«. Dazu *J. G. Beck*: »Die meisten Kommentatoren sagen, daß das eigentliche Stadtgebiet aus dem Altertum nach der Zerstörung in Vergessenheit geraten oder verloren gehen würde. Eine bessere Auslegung ist, daß die Suche der Menschen dem Vorhaben gilt, Tyrus zu seiner ehemaligen Position des Reichtums und Glanzes zu erheben. Es ist schwer anzunehmen, daß das eigentliche Stadtgebiet verloren gehen sollte, wenn es doch zuvor die Insel vollständig einnahm, wobei die Mauern bis an den Rand des Wassers reichten.« *J. G. Beck/47*

Einige Leute mögen es noch schwierig finden, die Erfüllung der Voraussage über das Nichtwiederfinden mit dem Fischerdorf, das sich heute auf dem Gebiet der alten Stadt Tyrus befindet, in Einklang zu bringen. Niemand sollte die Existenz des Dorfes leugnen, ebensowenig wie die Tatsache voraussagender Prophetie. Aber erinnern wir uns an die *gesamte* Prophezeiung. Es heißt, das Gebiet sollte ein Ort zum Aufspannen von Fischernetzen werden, und so geschah es auch. Wir brauchen also Fischer, die Netze haben, die aufzuspannen sind. Die Fischer müssen irgendwo leben; und wenn sie ihre Netze auf dem Gebiet der alten Stadt aufspannen (und die Prophezeiung sagt, daß dies geschehen muß), dann werden sie nicht zehn oder zwanzig Kilometer entfernt wohnen, sondern da, wo sie ihre Netze haben.

Tyrus wurde 1291 zerstört und starb damals für immer, um nie wieder aufgebaut zu werden. Zwar entstand etwas an der gleichen Stelle, aber das war ebensowenig die alte Stadt Tyrus wie die Stadt Hamburg.

Peter W. Stoner, der Hesekiels Prophezeiung ebenfalls in sieben Voraussagen einteilt (entsprechend unseren Voraussagen *a* bis *f* sowie einer anderen Voraussage), kommentiert:

»Wenn Hesekiel [. . .] diese sieben Voraussagen in rein menschlicher Weisheit gemacht hätte, so wäre nach unseren Schätzungen nur eine Chance von 1 zu 75 Millionen gewesen, daß alle eingetroffen wären. Aber alle bewahrheiteten sich bis ins einzelne.« *P. Stoner/80*

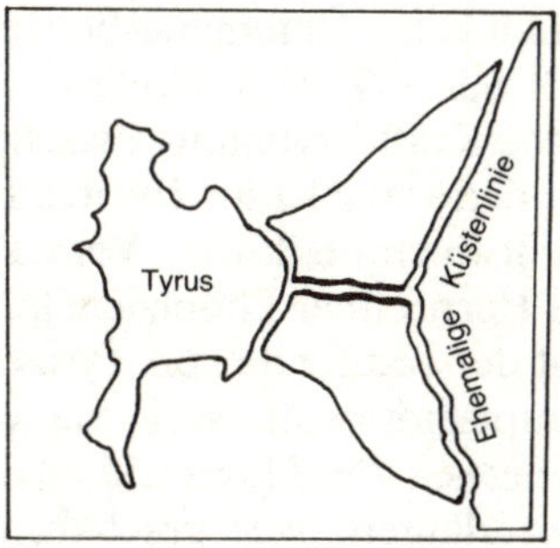

3. Sidon

3.1 Bibeltext und Datierung

Hesekiel gab eine weitere Prophezeiung über Tyrus' Schwesterstadt Sidon.

Hesekiel 28 (592–570 v. Chr.)

22 Und sprich: So spricht Gott der HERR: Siehe, ich will an dich, Sidon, und will meine Herrlichkeit erweisen in deiner Mitte, damit man erfahren soll, daß ich der HERR bin, wenn ich das Gericht über die Stadt ergehen lassen und an ihr zeige, daß ich heilig bin.

23 Und ich will Pest und Blutvergießen in ihre Gassen schicken, und überall sollen in ihr liegen vom Schwert Erschlagene, und sie sollen erfahren, daß ich der HERR bin.

3.2 Voraussagen und Erfüllungen

Drei Voraussagen wollen wir betrachten:
a) Keine Erwähnung der Zerstörung der Stadt.
b) Blut in ihren Gassen (Vers 23).
c) Vom Schwert Erschlagene überall (Vers 23).

George Davis stellt in treffender Weise den Unterschied zwischen Tyrus und Sidon dar. Er sagt: »Die Prophetie gegen Sidon lautet ganz anders als die über Tyrus. Es wurde vorausgesagt, daß Tyrus zerstört, ein nackter Felsen und nicht wieder aufgebaut werden würde. Die Voraussage gegen Sidon lautet indes, daß in seinen Gassen Blut vergossen wird, seine Verwundeten mitten in der Stadt hinsinken werden und überall das Schwert sein soll; aber es wird gegen diese Stadt keine Untergangsbotschaft verkündigt, wie es bei Tyrus der Fall war.« *G. T. B. Davis a/16,18*

Über das politische Kräfteverhältnis zwischen Tyrus und Sidon gab es viele Jahrhunderte lang kaum Zweifel. In einem amerikanischen Schulgeschichtsbuch heißt es: »Vom 11. bis zum 4. Jh. v. Chr. war Tyrus die Herrin über Phönizien. [. . .] Die Tatkraft und Unternehmungslust der Kaufleute von Tyrus trugen den Namen der kleinen Inselhauptstadt in alle Welt. Sie war die Königin und Herrin des Mittelmeeres.« *Ph. Myers/55*

Floyd Hamilton erläutert, was geschah, als »im Jahre 351 v. Chr. die Sidonier, die bis dahin Vasallen des persischen Königs gewesen waren, rebellierten und ihre Stadt mit Erfolg gegen seine Angriffe verteidigten. Schließlich verriet ihr eigener König – um sein Leben zu retten – die Stadt an den Feind. Da sie sehr wohl wußten, wie die Rache des persischen Königs aussehen würde, schlossen sich 40000 der Bürger in ihren Häusern ein und zündeten sie an, um lieber in den Flammen umzukommen, als sich den Folterungen durch den Feind auszuliefern! In der Tat, es wurde Blut in den Gassen vergossen.« (Voraussage *b*) *F. E. Hamilton/300*

Davis erklärt: »Nicht nur einmal, sondern viele Male floß Blut in seinen [Sidons] Straßen, fielen die Verwundeten mitten in der Stadt, und das Schwert war auf allen Seiten.« (Voraussage *b, c) G. T. B. Davis a/19*

Floyd Hamilton berichtet über eine weitere Eroberung und Zerstörung der Stadt und schreibt: »[Sidon] war jedoch schon bald wieder aufgebaut. Und obgleich die Stadt immer wieder erobert wurde und ihre Bürger abgeschlachtet und die Häuser abgerissen wurden, hat man die Stadt stets wieder aufgebaut. Heute [1927] wohnen in ihr 15000 Menschen. Immer wieder wurde in den Straßen Blut vergossen; aber die Stadt existierte immer weiter und steht heute da als ein Denkmal erfüllter Prophetie.« *F. E. Hamilton/300*

George Davis berichtet:

»In den Tagen der Kreuzzüge wurde es [Sidon] immer wieder von feindlichen Mächten erobert und zurückerobert. Dreimal wurde es von der Kreuzrittern erobert, und dreimal fiel es vor den moslemischen Heeren.« *G. T. B. Davis a/18f.*

Weiter bemerkt er: »Selbst in der Neuzeit ging die Stadt immer wieder durch schwere Zeiten. Sie war Austragungsort von Kämpfen zwischen Drusen und Türken, sowie zwischen Türken und Franzosen. 1840 wurde Sidon ›von den Flotten Englands, Frankreichs und der Türkei bombardiert‹.« *Davis a/19*

Henry Morris erklärt:

»Für Sidon wurde kein Untergangsschicksal vorausgesagt, und selbst heute [1956] ist es eine Stadt von ungefähr 20000 Einwohnern. Aber diese Stadt hat eine der blutigsten Vergangenheiten, die je eine Stadt gehabt hat.« (Voraussage *a, b*) *H. M. Morris a/113*

3.3 Schlußfolgerung

George Davis: »Kein menschlicher Geist hätte vor 2500 Jahren voraussagen können, daß Tyrus ausgelöscht sein würde, Sidon aber weiterbesteht, wenn es auch in den folgenden Jahrhunderten durch viele schwere Zeiten gehen mußte; anstatt daß Tyrus lediglich Schweres erleben würde und Sidon während dieser langen Zeit verwüstet und verlassen sein würde.« *G. T. B. Davis a/19f.*

4 Samaria

4.1 Bibeltext und Datierung

Die Propheten Hosea und Micha prophezeiten gegen die Stadt Samaria.

Hosea 14 (748–690 v. Chr.)

1 Samaria wird wüst werden (oder: büßen müssen); denn es ist seinem Gott ungehorsam. Sie sollen durchs Schwert fallen und ihre kleinen Kinder zerschmettern und ihre Schwangeren aufgeschlitzt werden.

Micha 1 (738–690 v. Chr.)

6 Und ich will Samaria zu Steinhaufen im Felde machen, die man für die Weinberge nimmt (oder: Samaria soll zu einem Gelände für Weinberge werden), und will seine Steine ins Tal schleifen und es bis auf den Grund bloßlegen.

4.2 Voraussagen

a) Samaria wird fallen (Hosea).
b) Es wird zu einem »Steinhaufen im Felde« werden (Micha).
c) Weinberge sollen dort angelegt werden (Micha).
d) Seine Steine werden ins Tal gestürzt werden (Micha).
e) Es soll bis auf den Grund bloßgelegt werden (Micha).

4.3 Geschichte und Erfüllungen

Die Geschichte Samarias ist relativ kurz und sehr stürmisch. Samaria war nach der Teilung des salomonischen Reiches die Hauptstadt des Nordreiches Israel und ein Symbol der Abkehr von Jahwe. Laut *Joseph Free* wird nach der neueren Forschung angenommen, daß die Stadt von dem Assyrerkönig Salmanasser V. belagert, jedoch erst von seinem Nachfolger Sargon II. 722 v. Chr. erobert wurde; Sargon weist in einigen seiner erhaltenen Urkunden auf die Eroberung hin. *J. P. Free 199; vgl. D. D. Lukkenbill Bd. II/2, Abs. 4*

Samaria sollte in den folgenden Jahrhunderten noch zweimal fallen: 331 v. Chr. durch Alexander d. Gr. und 120 v. Chr. durch den Hasmonäerkönig Johannes Hyrkanos. Alle drei Eroberungen brachten der Stadt sehr viel Zerstörung und Tod. (Voraussage *a*) *I. S. Bible Encycl./2672*

John Urquhart berichtet: »Aber das Gericht ist längst eingetreten, und die Weissagung, derer so viele Jahrhunderte zu spotten schienen, ist zur genauesten Beschreibung geworden. Henry Maundrell, der erzählt, was er 1697 sah, sagt: ›Sebaste ist das alte Samaria, die königliche Stadt der zehn Stämme, nachdem sie vom Hause Davids abgefallen. ... Es liegt auf einem langen Berg von ovaler Figur, um den zuerst ein fruchtbares Thal und dann ein Ring von Hügeln läuft. Diese große Stadt ist jetzt ganz in Gärten verwandelt, und alle Zeichen, die noch übrig sind, um zu bezeugen, daß hier einst ein solcher Ort gestanden, sind nur auf der Nordseite ein großer viereckiger Platz, der von Säulen umgeben ist und im Osten einige armselige Ueberbleibsel einer großen Kirche.‹ ›Samaria‹, schreibt Dean Stanley, ›ein großer Steinhaufen! Ihr Grund bloßgelegt, ihre Straßen umgepflügt und mit Kornfeldern und Olivengärten bedeckt. Samaria ist zerstört, aber ihr Schutt ist in das Thal hinunter geworfen; ihre Grundsteine, jene grauen, alten vierwinkeligen Steine aus der Zeit von Omri und Ahab liegen zerstreut auf dem Abhange des Berges.‹ – ›Ruinen überall‹, sagt ein anderer, ›im Thal, am Bergesabhang, unter den Olivengärten, den Kornfeldern, den Weingärten, die uns den Zorn Gottes über diese Stadt vor Augen stellen.‹ Hier auch sind die Worte buchstäblich erfüllt. Die Steine der großen Stadt sind von den Bebauern des Landes zusammengehäuft oder den Hügel hinabgeworfen, damit ihre Stätte in Felder und Weingärten verwandelt würde. Samaria ist in ›den Haufen des Feldes‹ und ›das Pflanzen eines Weinbergs‹ verwandelt worden.« *J. Urquhart/86f.*

Auch Voraussagen *b–e* sind erfüllt worden.

Floyd Hamilton gibt ebenfalls eine Beschreibung: »Heute befindet sich auf dem Hügel, wo Samaria stand, ein bebautes Feld, auf dem die Fundamente der Säulen die Lage der einstigen Paläste und Herrschaftshäuser markieren. Am Fuße des Hügels, im Tal, liegen die Grundsteine der Stadt [...]« (Voraussage *d, e*) *F. E. Hamilton/316*

Mit *John Urquhart* kann man abschließend über Samaria sagen: »Aber das Gericht ist längst eingetreten, und die Weissagung, derer so viele Jahrhunderte zu spotten schienen, ist zur genauesten Beschreibung geworden.« *J. Urquhart/86*

Peter Stoner errechnete folgende Wahrscheinlichkeit: »Wenn Micha diese fünf Voraussagen in menschlicher Weisheit gemacht hätte, so wäre die Chance ihrer Bewahrheitung ungefähr 1 zu 4 [Chance der Zerstörung] mal 5 [Chance des Steinhaufens im Felde statt Wiederaufbau] mal 100 [Chance der Verwandlung in Gärten] mal 10 [Chance der ins Tal zu stürzenden Steine] mal 2 [Chance der Entfernung der Grundsteine]. Das wäre 1 zu 40 000 oder 1 zu 4 mal 10^4.« *P. Stoner/82*

Der Artikel *»Samaria«* in der International Standard *Bible Encyclopaedia* liefert uns eine sehr gute Beschreibung der ehemaligen Stadt. Sie war zwar jüdisch, aber dennoch voll von Bösem, voll Götzendienst und in sündhafter Auflehnung gegen Gott. Das Gericht, das auf die Stadt fiel, war gründlich, wie die Erfüllung der Prophezeiung.« *I. S. Bible Encycl./2671*

5 Gaza und Aschkelon

Zwei Städte an der Mittelmeerküste, westlich des Toten Meeres, Gaza und Aschkelon, werden in der nächsten Prophetie genannt.

5.1 Bibeltext und Datierung

Amos 1 (775–750 v. Chr.)

8 Und ich will die Einwohner aus Aschdod und den, der das Zepter hält, aus Aschkelon ausrotten und meine Hand gegen Ekron wenden, und es soll umkommen, was von den Philistern noch übrig ist, spricht Gott der Herr.

Jeremia 47 (626–586 v. Chr.)

5 Über Gaza wird Trauer kommen (oder: Gaza wird kahlgeschoren werden), und Aschkelon wird vernichtet, der Rest der Enakiter. Wie lange willst du dich wundritzen?

Zefanja 2 (640–621 v. Chr.)

4 Denn Gaza wird verlassen und Aschkelon verwüstet werden. Aschdod soll am Mittag vertrieben und Ekron ausgewurzelt werden. […]

6 Dann sollen am Meer hin Hirtenfelder und Schafhürden sein.

7 Und das Land am Meer soll den Übriggebliebenen vom Hause Juda zuteil werden, daß sie darauf weiden, und am Abend sollen sie sich in den Häusern von Aschkelon lagern, wenn nun der Herr, ihr Gott, sie wie-

derum heimsuchen, (oder: sich ihrer wieder annehmen) und ihre Gefangenschaft (ihr Schicksal) wenden wird.

(Zur Beachtung: Aschdod ist eine andere Stadt an der Küste, ca. 15 km nördlich von Aschkelon.

5.2 Voraussagen

a) Die Philister werden nicht weiterbestehen (Am 1,8).
b) Gaza soll kahl werden (Jer 47,5).
c) Aschkelon soll verwüstet werden (Zef 2,4).
d) Hirten und Schafe sollen sich um Aschkelon herum lagern (Zef 2,6).
e) Der Überrest des Hauses Judas soll Aschkelon bewohnen (Zef 2,7).

5.3 Geschichte und Erfüllungen

George Davis beginnt die Geschichte Aschkelons folgendermaßen: »Das Gericht kam über die Philister genau wie vorausgesagt. Sultan Baibars zerstörte Aschkelon 1270 n. Chr. und füllte den Hafen mit Steinen auf. Seit der Zeit lag die einst mächtige Stadt Aschkelon verlassen und verwüstet.« (Voraussage *c*) *G. T. B. Davis b/46*

Peter Stoner führt dazu weiter aus: »Aber 1270 n. Chr. zerstörte Sultan Baibars die Stadt, und sie wurde zum Weideplatz für viele Schafherden. Überall verstreut sieht man Schäferhütten und Schafhürden.« (Voraussage *d*) *P. Stoner/83*

Georg Davis fährt fort: »Und nicht nur Aschkelon wurde zerstört, sondern die gesamte Nation der Philister ›kam um‹, genau wie der Prophet Hesekiel es vor 2500 Jahren vorausgesagt hatte. Die Philister wurden so vollständig vernichtet, daß heute in der ganzen Welt kein einziger Philister mehr lebt.« (Voraussage *a*) *G. T. B. Davis b/46*

(Hinweis: Die Stelle in Hesekiel bezieht sich auf die gesamte Nation der Philister und wurde deshalb von uns nicht mit in diesen Abschnitt einbezogen. Sie steht in Hes 25,15–17.)

Floyd Hamilton zur weiteren Geschichte Aschkelons: »Noch im 17. Jh. befand sich eine türkische Garnison in Aschkelon, aber seit der Zeit ist es verlassen. Teile der Mauer mit ihren Turmruinen und Zinnen sind noch vorhanden [. . .]« (Voraussage *c*) *F. E. Hamilton/314*

Hamilton kommentiert dann die fünfte Voraussage: »Die Mauern der Häuser stehen noch teilweise. Das Gebiet ist zur Zeit zwar völlig verlassen (selbst die Besitzer der Gärten, die innerhalb der Mauern liegen, wohnen nicht dort), doch irgendwann in der Zukunft, wenn die Juden in ihr eigenes Land zurückkehren werden, wird Aschkelon möglicherweise wieder an der alten Stelle aufgebaut werden.« *F. E. Hamilton/314*

George Davis gibt uns ein gutes Bild vom heutigen Aschkelon: »Nach der Gründung des Staates Israels erkannten die Juden die hervorragende Lage der alten Stadt Aschkelon an der Seeküste ihres Landes. Sie entschlossen sich, sie zu einer schönen Stadt des neuen Staates Israel zu machen. Die *Jerusalem Post* sagt, daß die neue Stadt Aschkelon ›nach dem Plan einer Gartenstadt entworfen‹ wurde.« *G. T. B. Davis b/48*

Davis fügt hinzu: »Nachdem das mächtige Aschkelon jahrhundertelang verwüstet und verlassen dalag, wird es heute in eine Gartenstadt verwandelt. Die Küste des Mittelmeers wurde in der Tat ›dem Haus Juda‹ zuteil, und ›am Abend sollen sie sich in den Häusern von Aschkelon lagern.‹« (Voraussage *e*) *G. T. B. Davis b/48*

Davis kommt zu einer guten Schlußfolgerung: »Aschkelon wurde genau wie vorausgesagt zerstört! Die Philister ›kamen um‹. Sie sind von der Erdoberfläche verschwunden, so daß es in der ganzen Welt keinen einzigen Philister mehr gibt! [Voraussage *a*] Und endlich erstand das lange verwüstete Aschkelon. [Voraussage *c*] wieder aus seinen jahrhundertealten Ruinen und wird immer mehr zur Gartenstadt. Und Gott hat sich seines Volkes Israel wieder angenommen und sein Schicksal gewendet und es im einst verwüsteten und heute wiederhergestellten Aschkelon wohnen lassen!« *G. T. B. Davis b/49*

Die Geschichte der Stadt Gaza ist noch geheimnisvoller.

»Es existiert heute noch eine Stadt Gaza«, schreibt *Peter Stoner*, »so daß man lange Zeit meinte, die Prophezeiung über Gaza sei ein Irrtum. Schließlich untersuchte man sorgfältig die Örtlichkeit Gazas, wie sie in der Bibel beschrieben wird, und fand heraus, daß die neue Stadt Gaza an der falschen Stelle liegt. Man suchte daraufhin nach der alten Stadt und fand sie unter Sanddünen vergraben. Sie war in der Tat kahl geworden. Was für eine bessere

Beschreibung könnte man von einer unter Sanddünen begrabenen Stadt geben als die, daß sie kahl geworden sei?« (Voraussage *b*) *P. Stoner/83*

John Urquhart erwähnt ebenfalls das moderne Gaza als vermeintlichen Widerspruch gegen die Prophezeiung und schreibt: »[...] Aber mittlerweile war die Weissagung so vollständig erfüllt worden, daß das alte Gaza keinen Widerspruch gegen den gemachten Irrtum erheben konnte. Die neue Stadt ist nicht, wie Dr. Keith später entdeckte, auf dem Platz der alten erbaut, und deshalb beziehen sich die Weissagungen nicht auf sie. Das große Gaza der Philister lag zwei Meilen näher dem Ufer und ist jetzt eine Reihe von Sandhügeln, mit winzigen, aber mannigfaltigen Ueberbleibseln bedeckt. Es ist so verlassen, daß nicht eine einzige Hütte auf dem Platze steht. Es ist so kahl, daß weder Säule noch Stein den Platz bezeichnet, wo die Stadt stand, auch ist kein einziger Grashalm da, auf dem das müde Auge ruhen kann.« *J. Urquhart/71*

Peter Stoner folgert: »Somit wäre die menschliche Wahrscheinlichkeit für die Erfüllung dieser vier Prophezeiungen [über Gaza und Aschkelon] 1 zu 5 [Chance des Verschwindens der Philister] mal 100 [Chance der Sandverwehung Gazas] mal 5 [Chance der Verwüstung Aschkelons] mal 5 [Chance der Verwandlung Aschkelons in Weideland für Schafe] oder 1,2 mal 10^4 .« *P. Stoner/84*

Mit anderen Worten: 1:12000.

6. Moab und Ammon

Zwei kleine Königreiche, Moab, östlich vom Toten Meer, und Ammon, nördlich von Moab, waren ebenfalls Gegenstand des Gerichtes Gottes.

6.1 Bibeltext und Datierung

Hesekiel 25 (592–570 v. Chr.)

3 ... und sprich zu den Ammonitern: Hört das Wort Gottes des HERRN! So spricht Gott der HERR: Weil ihr über mein Heiligtum ruft: »Ha! es ist entweiht!« und über das Land Israels: »Es ist verwüstet!« und über das Haus Juda: »Es ist weggeführt!«,

4 darum siehe, ich will dich den Söhnen des Ostens übergeben, daß sie ihre Zeltdörfer in dir aufschlagen und ihre Wohnungen in dir bauen sollen; sie sollen deine Früchte essen und deine Milch trinken.

Jeremia 48 (626–583 v. Chr.)

47 Aber in der letzten Zeit will ich das Geschick Moabs wenden, spricht der HERR. Das sei gesagt von der Strafe über Moab.

Jeremia 49

6 Aber danach will ich wieder wenden das Geschick Ammons, spricht der HERR.

6.2 Voraussagen

a) Die Länder werden von »Söhnen des Ostens« erobert werden, die von den Früchten des Landes leben sollen (Hes 25,4).
b) »Söhne des Ostens« werden Ammon als Ort ihrer Wohnungen (oder Paläste) erwählen (Hes 25,4).
c) Die Völker des alten Moab und Ammon werden wieder ihr Land bewohnen (Jer 48,47; 49,6).

6.3 Geschichte und Erfüllungen

Howard Vos schreibt: »Eine Untersuchung der Topographie dieser Gegend demonstriert den uneinnehmbaren Charakter der Gebirgsfestungen. Und wir sehen einen Hinweis auf die militärische Kühnheit der Bewohner in der Tatsache, daß Baasa, der Ammoniter, im Jahre 854 v. Chr. 10000 Soldaten nach Karkar entsandte, um gegen Salmanasser von Assyrien zu kämpfen [A. T. Plumstead, *History of Assyria*, 1923, S. 136]. Die Nation war so reich und so mächtig, daß es unwahrscheinlich schien, als Jeremia schrieb: ›Rabbath-Ammon ... soll zu einem wüsten Schutthügel werden‹, daß eine solche Katastrophe je eintreten könnte.« (Voraussage *a*) *H. Vos a/131*

Aber die erste und zweite Voraussage erfüllten sich buchstäblich, wie Howard Vos schreibt: »Der Emir Abdullah des Ostens, Herrscher von Transjordanien, erbaute dort seinen Palast und erfüllte damit eine weitere Prophezeiung, die besagt, daß die Söhne des Ostens Rabba besitzen und in ihr Zeltdörfer und Paläste errichten würden. Unlängst tat sich der Emir als Leiter der Arabischen Liga hervor, die in den Kämpfen gegen die Juden in Palästina so aktiv geworden ist. Heute [1950] hat die Stadt Ammon [Amman] eine Einwohnerschaft von über zwanzigtausend, ist eine Bahnstation der Eisenbahnlinie Damaskus-Hedjas und zählt Beamte anderer Nationen zu ihrer Bevölkerung. Die Größe der Stadt ist bedeutsam, wenn man bedenkt, daß sie 1920 lediglich ein paar hundert Einwohner zählte.« *H. Vos a/136*

In einer einfachen Zusammenfassung sagt Vos: »Söhne des Ostens sind seine (Moabs) gegenwärtigen Erben . . .«

Zur Zeit aber erwachen Moab und Ammon. Vergessen wir nicht die dritte Voraussage. *George Davis* schrieb 1931 folgendes über Moab und Ammon:

»Beide Länder machen rapide Fortschritte nach ihrem jahrhundertelangen Schlaf. Amman, die Hauptstadt Transjordaniens, ist das alte Rabba der Ammoniter, das von Joab und den Israeliten unter König David erobert worden war. Noch vor zwölf Jahren war Amman nur ein Dorf von zwei- bis dreihundert Einwohnern. Heute ist es eine blühende Stadt mit einer Einwohnerschaft von zwanzigtausend und ist der Sitz des Herrschers von Transjordanien, des Emirs Abdallah.« *G. T. B. Davis a/60,62*

Möglicherweise sind die heutigen Bewohner Moabs und Ammons nicht die alten Moabiter und Ammoniter. Aber selbst wenn das der Fall wäre: würde es unsere Vorstellung zu sehr strapazieren, die Möglichkeit für die Zukunft ins Auge zu fassen?

Howard Vos sagt: »Dieses Material ist so beeindruckend, daß ein Autor in einer rein weltlichen, auflagestarken Enzyklopädie sagte: ›Doch Israel blieb eine große Macht, während Moab verschwand. Es stimmt zwar, daß Moab ständig von Wüstenhorden bedrängt wurde; der ungeschützte Zustand des Landes wird durch die Vielzahl der Festungs- und Burgruinen unterstrichen; selbst die Römer waren gezwungen, solche Festungen zu errichten. Aber die eigentliche Erklärung findet sich in Israel selbst und besonders im Werk der Propheten.‹« (Stanley Arthur Cook, »Moab«; *Encyclopaedia Britannica*, 14. Ausg., Bd. XV, 626) *H. F. Vos a/215*

Peter Stoner schätzt die Wahrscheinlichkeit der Erfüllung auf 1:1000.

»Die Schätzungen der Wahrscheinlichkeit der Erfüllung dieser Punkte in den Moab-Ammon-Prophezeiungen wurden angegeben mit:

1) 1:5 für die Inbesitznahme durch Söhne des Ostens;
2) 1:10 [für] Paläste in Ammon;
3) 1:20 [für die] Rückkehr der Moabiter und Ammoniter. Dies ergibt eine Wahrscheinlichkeitsrechnung für die gesamte Prophetie von $1:10^3$.« *P. Stoner/92*

7. Petra und Edom

Die Prophezeiungen über das Königreich Edom (südöstlich vom Toten Meer) und seine Hauptstadt Petra schienen zunächst so einfach zu sein wie die beiden vorhergehenden Prophezeiungen über die Gebiete Gaza-Aschkelon und Moab-Ammon. Unser Studium begann mit drei einfachen Voraussagen aus Jesaja und Jeremia; aber je mehr wir uns damit beschäftigten, um so weitläufiger wurden die Quellen und um so faszinierender die ganze Prophetie. Petra ist eine der geheimnisvollsten Städte der Erde; das liegt sicher an der Art und Weise, wie von ihr gesprochen wird. Als wir schließlich mit den Nachforschungen in diesem Gebiet aufhörten, waren die Voraussagen von drei auf sieben angestiegen, und dieses Zitat wurde entdeckt: »Insgesamt häuften sechs Propheten Verdammungsurteile auf die Nation Edom: Jesaja, Jeremia, Hesekiel, Joel, Amos und Obadja.« *H. Vos a/173*

Edom muß eine sehr gottlose Nation gewesen sein.

»Ihre Prophezeiungen über Edom«, schreibt *George Smith*, »sind so zahlreich, so übersprudelnd in ihrer Sprache, so vielfältig, großartig und minuziös, daß man viele Blätter damit füllen könnte, wenn man sie aufzählte, und noch mehr Blätter bräuchte, um ihre genaue und vollständige Erfüllung aufzuzeigen.« *G. Smith/217f.*

7.1 Bibeltext und Datierung

Jesaja 34 (783–704 v. Chr.)

6 Des HERRN Schwert ist voll Blut und trieft von Fett, vom Blut der Lämmer und Böcke, vom Nierenfett der Widder. Denn der HERR hält ein Schlachten in Bozra und ein großes Opfer im Lande Edom.

7 Da werden Wildstiere mit ihnen niedersinken und jun-

ge Stiere samt den Büffeln. Und ihr Land wird trunken werden von Blut, und die Erde wird triefen von Fett.

10 ... das weder Tag noch Nacht verlöschen wird, sondern immer wird Rauch von ihm aufgehen. Und es wird verwüstet sein von Geschlecht zu Geschlecht, daß niemand hindurchgehen wird auf ewige Zeiten. [...]

13 Dornen werden wachsen in seinen Palästen, Nesseln und Disteln in seinen Schlössern; und es wird eine Behausung sein der Schakale und eine Stätte für die Strauße.

14 Da werden Wüstentiere und wilde Hunde einander treffen, und ein Feldgeist wird dem anderen begegnen. Das Nachtgespenst wird auch dort herbergen und seine Ruhestatt dort finden.

15 Da wird auch die Natter nisten und legen, ihre Eier aufhäufen und ausbrüten. Auch die Raubvögel werden dort zusammenkommen. Keines vermißt das andere.

Jeremia 49 (626–586 v. Chr.)

17 Also soll Edom wüst werden, daß alle, die vorübergehen, sich entsetzen und spotten über alle seine Plagen.

18 Gleichwie Sodom und Gomorra samt ihren Nachbarn zerstört wurden, spricht der HERR, so soll auch dort niemand wohnen noch ein Mensch darin hausen.

Hesekiel 25 (592–570 v. Chr.)

13 Darum spricht Gott der HERR: ich will meine Hand ausstrecken gegen Edom und will von ihm ausrotten Menschen und Vieh und will es wüst machen von Teman bis nach Dedan, und sie sollen durchs Schwert fallen.

14 Und ich will mich an Edom rächen durch mein Volk Israel, und sie sollen mit Edom umgehen nach meinem

Zorn und Grimm, daß sie meine Vergeltung erfahren
sollen, spricht Gott der HERR.

Hesekiel 35

5 Weil ihr ewige Feindschaft hattet gegen die Israeliten und sie dem Schwert preisgegeben habt, als es ihnen übel ging und ihre Schuld zum Ende führte, –

6 darum, so wahr ich lebe, spricht Gott der HERR, will ich auch dich bluten lassen, und du sollst dem Blutbad nicht entrinnen. Weil du dich mit Blut verschuldet hast, soll auch dein Blut fließen.

7 Und ich will das Gebirge Seïr wüst und öde machen und alle ausrotten, die dort hin- und herziehen.

7.2 Voraussagen

a) Das Land sollte verwüstet werden (Jes 34,13).

b) Es sollte nie wieder bevölkert werden (Jer 49,18).

c) Heiden würden es erobern (Hes 25,4).

d) Israel würde es erobern (Hes 25,14).

e) Es sollte eine blutige Geschichte haben (Hes 35,5.6; Jes 35,6.7).

f) Edom sollte bis zur Stadt Teman verwüstet werden (Hes 25,13).

g) Wilde Tiere sollten das Gebiet bewohnen (Jes 34,13–15).

h) Der Handel sollte aufhören (Jes 34,10; Hes 35,7).

i) Wer es sieht, wird schockiert sein (Jer 49,17).

Es gibt noch viele weitere Kommentare über die Edomiter. Hier ein Beispiel:

»Das schreckliche Schicksal Edoms und seine Ursache«, sagt *David Higgins*, »sind klar. Edom sollte eine öde Wüste werden, weil es Israel mißhandelt hatte. (Im Gegensatz dazu weissagt Vers 20 von Joel 4 das Fortbestehen Judas und Jerusalems.) Alle anderen prophetischen Aussprüche, die gegen Edom folgten, waren lediglich eine Weiterentwicklung dieser beiden Verse aus Joel (Joel 4,19f.).« *D. C. Higgins/47*

Higgins fährt fort: »Jes 34 sagt voraus, daß wilde Tiere und Unkraut sein werden, wo einst Menschen mit ihren Palästen und Festungen waren. Reisende in Edom waren erstaunt über die Erfüllung dieser Prophetie bis in die kleinste Einzelheit.« *D. C. Higgins/57*

7.3 Geschichte

7.3.1 Vorprophetische Zeit

Die Geschichte Edoms fängt stürmisch an und beruhigt sich kaum. Hier die vorprophetische Geschichte, d.h. die Geschichte vor Verkündigung der Prophezeiungen.

George L. Robinson schreibt: »Nach Sauls Tod nahmen die Edomiter die erste Gelegenheit wahr, um ihren Haß gegen Israel zu zeigen. Während David in Nordsyrien damit beschäftigt war, Hadadeser, den König von Zoba, zu schlagen, scheint Edom in den südlichen Teil Judas eingefallen zu sein und sogar Jerusalem bedroht zu haben. Doch nach Davids Rückkehr wurde das viel ältere Reich Edom durch das jüngere Reich Israel entsetzlich dezimiert; achtzehntausend Edomiter fanden dabei im Salztal am Südende des Toten Meeres den Tod.« *G. L. Robinson/348*

»David besiegte Edom, das auch während der Zeit des geteilten Reiches – bis zur Regierungszeit Jorams – Juda unterworfen blieb.« *H. Vos a/179*

(Die *International Standard Bible Encyclopaedia* datiert die Regierungszeit Jorams auf 853–841 v. Chr., also vor den meisten Propheten.) *I. S. Bible Encycl./1580*

»Ungefähr fünfzig Jahre nach Jorams Tod«, schreibt *David Higgins*, »marschierte Amazja (um 800–775 v. Chr.), König von Juda, in Edom ein und eroberte die Festungsstadt Sela.« (*Sela* ist das hebräische und *Petra* das griechische Wort für »Felsen«.) *D. C. Higgins/36*

Howard Vos schreibt: »Die Freiheit, die Edom von Juda gewann, erwies sich nur als Vorbote größerer Knechtschaft – diesmal unter Assyrien.« *H. Vos a/179*

Vos sagt weiter: »Als die Kraft der Assyrer sank, überschwemmten die chaldäischen Horden von Transjordanien aus das Land und verschluckten Edom mitsamt den restlichen Nationen.« *H. Vos a/180*

7.3.2 Nachprophetische Zeit

Der Fall Assyriens kennzeichnet die ungefähre Zeit des Abschlusses der Prophetien gegen Edom. Nun die Geschichte nach Abschluß der Prophetien.

»Die Nabatäer sind wahrscheinlich die in Hes 25,4 genannten ›Söhne des Ostens‹. Irgendwann während des 6. Jh. v. Chr. verjagten die Nabatäer die Edomiter aus ihren Felsenfestungen und eroberten die Stadt Petra.« (Voraussage *c*) *D. C. Higgins/40*

Bernard Ramm erklärt zur jüdischen Eroberung Petras und Edoms (Erfüllung der Voraussage *d*): »Daß die Juden sie [die Edomiter] besiegten, ist bewiesen durch 1 Makk 5,3 und durch Josephus' *Altertümer* (XII, 18,1). Sie wurden nacheinander von Johannes Hyrkanos und Simon von Gerasa angegriffen. Somit erfüllte sich auch die Voraussage, daß die Juden sie besiegen würden.« *B. Ramm b/103*

Um die Zeit der Geburt Christi blühte der Wohlstand Petras. *George Davis* zitiert den Historiker Strabo, der um die damalige Zeit lebte, und erläutert: »Petra war auch eine Stadt von großem Wohlstand. Strabo berichtet, daß sie der Endpunkt einer der großen Handelsstraßen Asiens war. Sie war der Markt der Araber für ihre Gewürze und Spezereien.« *G. T. B. Davis b/52*

Unger's Bible Dictionary berichtet über Edom zur Zeit der Römer: »Die Edomiter waren nun mit dem jüdischen Volk vereinigt, und die ganze Provinz wurde seitdem von griechischen und römischen Schriftstellern oft als *Idumäa* bezeichnet. Kurz vor der Belagerung Jerusalems durch Titus ließ man 20000 Idumäer in die Heilige Stadt ein, die sie mit Plünderungen und Blutvergießen erfüllten. Seit dieser Zeit verschwanden die Edomiter als eigenständiges Volk aus der Geschichte.« *M. F. Unger d/286*

Als die Juden am meisten in Not waren (während der römischen Belagerung 70 n. Chr.), setzten ihnen die Edomiter am schlimmsten zu. *Higgins* schreibt: »Nach dem Massaker an den

Juden kehrten die Idumäer zurück in ihr Gebiet. Aber mit dem Fall Jerusalems im Jahre 70 n. Chr. verschwanden die Kinder Esaus als eigenständiges Volk von der Bühne der geschichtlichen Überlieferung.« (Voraussage *e*) *D. C. Higgins/44f.*

Doch die Felsenfestung Petra lebte weiter. Die *Encyclopaedia Britannica* sagt uns: »Es [Petra] war bereits zur Zeit der islamischen Invasion im 7. Jh. im Verfall begriffen [Voraussage *c*]. Im 12. Jh. bauten die Kreuzritter dort eine Burg, die sie Sel nannten. Ansonsten wurde die Stelle nur von Nomaden bewohnt, und in diesem Zustand wurde sie von dem schweizerischen Reisenden J. L. Burckhardt für die westliche Welt im Jahre 1812 wiederentdeckt. (Voraussage *h*) *Encycl. Brit Bd. 17/751*

George L. Robinson schrieb 1930: »Seit Burckhardt im Jahre 1812 diese wilde Wüstenhauptstadt entdeckte, haben es nur der eine oder andere Forscher sowie eine vergleichsweise geringe Zahl Touristen gewagt, ihre Ruinen zu besuchen.« *G. L. Robinson/4*

Über die Skepsis hinsichtlich der Existenz Edoms erklärt *Henry Morris*: »Edom und die Edomiter finden immer wieder Erwähnung in der Bibel, aber sie waren in der weltlichen Geschichte bis zum 19. Jh., als man auf ägyptischen und assyrischen Monumenten Hinweise auf sie fand, völlig in Vergessenheit geraten. Schließlich entdeckte man die hervorragend erhalten gebliebenen Überreste ihrer Hauptstadt Petra, »der Felsenstadt«. *Somit waren die Kritiker, die behauptet hatten, daß die Edomiter legendär seien, wieder vernichtend geschlagen.«* (Hervorhebung vom Verfasser dieses Buches.) *H. M. Morris a/93*

Dem fügt *Davis* hinzu: »Petra, die Hauptstadt des Landes Edom, war eines der Wunder der antiken Welt. Sie war auf einem Felsenberg erbaut. Viele ihrer Gebäude waren aus dem Felsen gehauen worden. Petra bietet mit diesen Gebäuden, die man direkt aus dem herrlichen rosenroten Gestein herausgemeißelt hatte, einen gewaltigen Anblick. Es war praktisch uneinnehmbar gegen alle Angriffe der Feinde geschützt. Es gab nur einen langen, engen, schluchtartigen Eingang, in dem eine kleine Abteilung Soldaten die Stadt vor der Eroberung durch ein großes Heer schützen konnte.« *G. T. B. Davis b/50–52*

Wie aber sieht Petra heute aus? Die Beschreibung gleicht in etwa den schaurigsten Geschichten von Edgar Allen Poe, nur daß sie völlig auf der Wahrheit beruht. Unter Bezugnahme auf verschiedene Autoren gibt uns *George Smith* eine lebendige Beschreibung Edoms:

»Die Erfüllung dieser Prophezeiungen ist genauso vollständig und bis ins Detail exakt wie die vorherige. Captain Mangles, der diese Ruinen besuchte, sagt über den Anblick der Szenerie von Petra: ›Das Schreien der Adler, Falken und Eulen, die in beträchtlicher Zahl über unseren Köpfen in der Luft schwebten und anscheinend über jeden Eindringling in ihre Einsamkeit erbost waren, steigerte die Einzigartigkeit der Szene noch.‹ Es war auch verkündet worden: ›Und es wird eine Behausung der Drachen [hebr. *tannim* = Schakale oder Reptilien] sein. Ich habe sein Erbe den Drachen zur Wüste gemacht.‹ Dr. Shaw stellt das Land Edom und die Wüste, von der es heute ein Teil ist, so dar: ›[Es] wimmelt von Echsen und Vipern, die sehr zahlreich und lästig sind.‹ Und Volney berichtet, daß ›die Araber im allgemeinen die Ruinen der Städte von Idumäa wegen der riesigen Skorpione, die dort überall herumkriechen, meiden.‹ So massenhaft, wie Cory beobachtete, ›kommen die Skorpione in Petra vor, daß wir sie trotz Kälte und Schnee unter den Steinen fanden, manchmal zwei unter einem Stein!‹ Der Scheich und sein Bruder, die Cory begleiteten, versicherten ihm, daß ›man oft Löwen und Leoparden in Petra und auf den unmittelbar dahinter liegenden Hügeln sehen kann, aber daß sie nie zur Ebene hinabkommen.‹ Da der Begriff ›Satyr‹ für gewöhnlich auf Fabelwesen angewendet wird, hat der Gebrauch des Namens in der Schrift [auch mit ›Feldgeist‹ oder ›Feldteufel‹ übersetzt] einige Überraschung und Fragen ausgelöst. Das Wort bedeutet ›rauhhaariges Wesen‹ und kann sehr wohl als Bezeichnung für Wildziegen gelten, von denen sich große Herden auf diesen Bergen befinden.« (Voraussagen *a, b, g, i*) *G. Smith/221f.*

Higgins faßt Prophetie und Erfüllungen folgendermaßen zusammen:

»Immer wieder wird die Verwüstung Edoms geweissagt. Zur Zeit der Propheten schien die Erfüllung einer solchen Prophezeiung höchst unwahrscheinlich zu sein. Selbst nachdem die Edomiter vertrieben worden waren, entwickelten die Nabatäer eine blühende Zivilisation, die Jahrhunderte überdauerte. Aber Gott hatte gesagt: ›Ich will deine Städte wüstmachen.‹ Heute ist das Land verödet, ein stummes Zeugnis des sicheren Wortes des Herrn. Petra ist ein bemerkenswertes Beispiel der buchstäblichen Erfüllung dieser Prophetie. Diese große Hauptstadt der Antike, mit ihrem 4000 Menschen fassenden Theater, ihren Tempeln, ihren Altären und ihren Monumenten liegt heute schweigend und verlassen da, zerfallend mit dem Lauf der Zeit.« (Voraussage *a, b, h*) *D. C. Higgins/55*

Herbert Stewart gibt diese Beschreibung: »Der Boden ist bedeckt von zerbrochenen Säulen und Pflastersteinen, Haufen von behauenen Steinblöcken und vielen anderen Ruinen. Skorpione und Eulen hausen in großer Fülle in den Ruinen. Burckhardt, einer der mutigsten und waghalsigsten Reisenden, sagt, er habe nie gewußt, was Angst ist, bis er in die Nähe Petras kam. Beim Einbruch der Nacht hört man das Heulen der Schakale von den Felsenhöhen, worauf die Antwort von weiter oben aus dem Wadi zurückhallt. Der Stein, auf dem der Reisende sitzt, ist von Nesseln und Disteln umgeben, die sich in den Vorhöfen einstmals prunkvoller Tempel oder Paläste befinden; und alles, was in den zitierten Schriftstellen [Jes 34,10–14; Jer 49,16] erwähnt wird, hat in der verlassenen Stadt während der vergangenen Jahrhunderte einen Wohnort gefunden.« (Voraussage *a, g, h*) *H. Stewart/71f.*

George L. Robinson schildert das Gefühl, das man empfindet, wenn man in Petra steht, so:

»Petra ist ein Ort, der einen erstaunt und verblüfft, vor allem aber fasziniert. Der erste Besuch ist ein Ereignis im Leben. Elementare Gefühle regen sich; man weiß wieder, was Ehrfurcht und Demut sind. Man spürt Gottes Werk durch den Menschen und ohne den Menschen. Wer noch nie zuvor dieses Empfinden gehabt hat, kommt hier endlich in den Bann des Geheimnisvollen. Der Ort scheint so entlegen, so ohne Beziehung zu seiner Umgebung zu sein [. . .] so unentdeckt und so unentdeckbar. Welche andere Stadt war tausend Jahre lang verloren und hatte, als man endlich durch Zufall auf sie stieß, noch so viel von ihrer Herrlichkeit übrig, womit sie den verwunderten Reisenden in Erstaunen versetzen konnte?« *G. L. Robinson/9*

Ein weiteres lebendiges Bild Petras wird uns von *Alexander Keith* in einem Zitat eines Reisenden aus dem 19. Jh. geschildert: »Ein neuerer Reisender schreibt: ›Ich wünschte nur, der Zweifler könnte wie ich unter den Ruinen dieser Stadt, unter den Felsen stehen, und *hier* das heilige Buch öffnen und die Worte lesen, die der vom Geiste erfüllte Mann Gottes zu einer Zeit niederschrieb, als dieser wüste Ort noch eine der bedeutendsten Städte in der Welt war! Schon sehe ich, wie sich sein Spott in Ernst verwandelt, wie seine Wange erblaßt, seine Lippe zittert, sein Herz sich vor Furcht bewegt; denn die zerstörte Stadt ruft laut und stark wie ein vom Tode Erstandener ihm zu, und, wollte er Mosi und den Propheten nicht glauben, so glaubt er doch der eigenen Handschrift Gottes in der Verwüstung und ewigen Zerstörung, die ihn umgibt.‹« *A. Keith/213*

7.4 Erfüllungen im einzelnen

Wenden wir uns nun den neun Einzelvoraussagen zu. Die Erfüllung der ersten haben wir bereits gesehen: Edom ist eindeutig ein verwüstetes Land. Die zweite ist damit ebenfalls erfüllt. Die Einnahme Edoms durch die Moslems im 7. Jh. n. Chr. kann sicherlich als »heidnische« Eroberung gemäß der dritten Voraussage gelten. Die vierte Voraussage betraf die Eroberung durch Israel: »In Hes 25, 14 wurde geweissagt, daß Gott Israel gebrauchen würde, um an Edom Vergeltung zu üben. Bedenkt man die Tatsache, daß sich Israel damals in der Babylonischen Gefangenschaft befand, so schien eine solche Prophezeiung bestimmt lächerlich. Dennoch findet die Voraussage vier Jahrhunderte später ihre Erfüllung in Judas Makkabäus und Johannes Hyrkanos. Tausende von Edomitern wurden getötet, und die Nation wurde der jüdischen Beschneidung unterworfen; damit wurde das Volk praktisch zu Juden.« *D. C. Higgins/58f.*

Die fünfte Voraussage (blutige Geschichte) folgt: »Ein Studium der Geschichte Edoms hat dies bereits bewiesen. Assyrien marschierte ins Land ein und machte sich Edom untertan. Das Kommen Nebukadnezars forderte seinen Zoll. Die Völkerwanderung der Nabatäer dezimierte ihre Zahl. Vierzigtausend Edomiter starben durch die Hand des Judas Makkabäus.« *D. C. Higgins/55*

Die Erfüllung der sechsten Voraussage, über Teman, wird von *Floyd Hamilton* so beschrieben: »Und so seltsam es scheinen mag: Teman oder Maan, wie es heute genannt wird, ist immer noch ein wohlhabender Ort an der Ostgrenze des Landes Edoms und die einzige Stadt im ganzen Land, die nicht verlassen ist! Man bedenke, wie klein die Wahrscheinlichkeit wäre, daß ein Mensch eine Stadt aus dem ganzen Land als die herausgriff, die die Jahrhunderte überleben würde, während alle anderen Städte dem allgemeinen Schicksal der Zerstörung und Verwüstung anheimfallen sollten! Gott allein konnte ein solches Ergebnis voraussagen, und das Buch, das solche Prophezeiungen enthält, muß sein Buch sein!« *F. E. Hamilton/312f.*

Die siebte Voraussage, über wilde Tiere, wurde schon oben belegt.

Nun zur achten Voraussage, über das Aufhören des Handels: »Eingeschlossen in die Prophezeiung über die Verwüstung Edoms«, sagt *D. Higgins*, »ist die Tatsache, daß der Handel aufhören werde. Jesaja sagte, daß ›niemand hindurchgehen wird auf ewige Zeiten‹ (34,10); wozu Hesekiel noch hinzufügt: ›Ich will alle ausrotten, die dort hin- und herziehen‹ (35,7). Daß der Handelsverkehr Edoms aufhören sollte, war undenkbar; denn das Land war der Schnittpunkt der Handelsrouten. Aber die Prophetie wurde buchstäblich erfüllt [. . .]« *D. C. Higgins/56*

William G. Blaikie schreibt: »Der Einwand, daß sich die Prophezeiung ›niemand wird hindurchgehen‹ [. . .] nicht buchstäblich erfüllt habe, da dennoch Reisende durch Edom hindurchgezogen sind, ist offensichtlich leichtfertig. Wenn die umfangreichen Verkehrsströme, die durch Edom hindurchzuziehen pflegten, so zurückgegangen sind, daß man nie eine Karawane auf dieser Route sieht, dann ist die Prophezeiung sicher mehr als in Erfüllung gegangen.« *W. Blaikie/141*

Die neunte Voraussage ist gleichfalls untersucht worden. *Higgins* gibt eine gute Zusammenfassung: »Jeremia wies darauf hin, daß alle, die durch Edom ziehen, über seine Verwüstung entsetzt sein werden [. . .] Die großartigen Städte Edoms wurden verwüstet, und schaulustige Reisende hören nicht auf, über die verlassenen Festungen in den Bergen betroffen und verwundert zu sein.« *D. C. Higgins/59*

7.5 Schlußfolgerung

Peter Stoner findet eine große Wahrscheinlichkeit für die Erfüllung von drei dieser Weissagungen: »Die Wahrscheinlichkeit für die Erfüllung dieser verschiedenen Punkte wurde folgendermaßen geschätzt [für die Voraussagen über Edom]: 1) 1 zu 10 [für die Eroberung Edoms]; 2) 1 zu 10 [für die folgende Verwüstung]; 3) 1 zu 100 [für die Voraussage, daß es nie wieder bewohnt werden würde]. Dies ergibt eine Wahrscheinlichkeit für die gesamte Prophetie von 1 zu 10^4 .« Das wäre also 1:10000. *P. Stoner/93*

Wenn heutzutage jemand derartige Voraussagen machte, würde man ihn entweder verspotten, ignorieren oder einsperren. Es klingt zu lächerlich. Edom war dichtbevölkert und mächtig; Israel befand sich gebrochen und gefangen in Babylon. Hesekiels Prophezeiungen schienen zu fantastisch, um wahr zu sein – und doch sind sie eingetreten! Die Prophetien wurden Realität. Gottes Zorn ist Realität. Hesekiel ist Realität. Die Ruinen von Petra sind Wirklichkeit.

8. Theben und Memfis

Wenige Länder sind faszinierender als das alte Ägypten. Hesekiel prophezeite über viele ägyptische Städte; zwei davon wollen wir betrachten: Theben (früher: No) und Memfis (früher: Nof). John Urquharts Buch *Die erfüllten Weissagungen* ist uns dabei eine wertvolle Quelle.

8.1 Bibeltext und Datierung

Hesekiel 30 (592–570 v. Chr.)

13 So spricht Gott der HERR: Ich will von Memfis (Nof) die Götzen ausrotten und die Abgötter vertilgen, und Ägypten soll keinen Fürsten mehr haben, und ich will Schrecken über Ägyptenland bringen.

14 Ich will Patros zur Wüste machen und an Zoan Feuer legen und das Gericht über No (Theben) ergehen lassen

15 und will meinen Grimm ausschütten über Sin, die Festung Ägyptens, und will den Reichtum von No vernichten.

16 Ich will Feuer an Ägypten legen, und Sin soll es angst und bange werden, und No soll erobert und Nof täglich geängstigt werden.

8.2 Voraussagen

a) Ausrottung der Götzen von Memfis (Hes 30,13).
b) Theben wird gerichtet und erobert (oder »zerrissen«) (Hes 30;14.16).
c) Thebens Reichtum (oder »Menge«) soll ausgerottet werden (Hes 30,15).
d) Es wird keinen einheimischen Fürsten von Ägypten mehr geben (Hes 30,13).

8.3 Geschichte und Erfüllungen

Wir nehmen zunächst die Geschichte von Memfis. *John Urquhart* gibt uns die einführende Information: »Noph ist das ägyptische Pa-Nouf, wie die Stadt genannt wurde, die uns als *Memfis* bekannt ist. Sie soll von Menes gegründet sein, und die ersten Regulierungen der Götterverehrung und des Tempeldienstes sollen dort gemacht sein. Gewiß ist es, daß sie mit der tiefsten Verehrung betrachtet ward. Die Monumente zählen ihre Götter und ihre Tempel auf, und Brugsch Bey nennt sie ›die große Tempelstadt Aegyptens‹.« *J. Urquhart/32*

Wir können sehen, welchen hohen Rang Götzen und Abgötter in der frühen Geschichte Memfis' besaßen. Folgende Darstellung befindet sich in *A Commentary: Critical, Experimental and Practical on the Old Testament:* »Memfis, Hauptstadt Mittelägyptens und Hochburg der ›Götzen‹. Obwohl kein Bericht darüber existiert, daß Nebukadnezar diese ›ausrottete‹, wissen wir von *Herodot*, daß Kambyses Pelusium, den Schlüssel zu Ägypten, einnahm, indem er Hunde, Katzen usw., die sämtlich von den Ägyptern heilig gehalten wurden, vor sein Heer setzte, so daß es kein Ägypter wagen würde, Waffen gegen sie zu gebrauchen. Er erschlug Apis, den heiligen Stier, und verbrannte andere Götzen Ägyptens.« (Voraussage *a*; Urquhart datiert diese Invasion auf 525 v. Chr., also weit nach der Prophezeiung.) *Jamieson, Fausset, Brown Bd. IV/318*

Wir wissen aus der Bibel, daß Gott (Jahwe) jede Art von Götzendienst haßt, und Memfis fiel denn auch wegen dieser Sünden. Lange Zeit sah es jedoch nicht danach aus, daß die Stadt untergehen würde. Wir geben im folgenden in geraffter Darstellung Teile von *John Urquharts* Kommentar zu Ägypten wieder.

Um die Zeit Christi erschien die Erfüllung der Prophetie recht unwahrscheinlich. Der griechische Geograph und Historiker Strabo bezeichnet Memfis als die zweitgrößte ägyptische Stadt nach Alexandrien. Erst mit der Gründung des nahe gelegenen Kairo im 7. Jh. beginnt der Verfall von Memfis; Teile der Stadt werden als Baumaterial für Kairo benutzt. Aber noch im 13. Jh. kann ein arabischer Reisender namens Abd-ul-Latif berichten, die Ruinen der Stadt böten dem Betrachter »eine Sammlung von wundervollen Werken« dar. *J. Urquhart/32f.*

Urquhart fährt jedoch fort: »Und heute? So vollständig ist der Richterspruch vollzogen, daß vor einem Jahrhundert sogar die Lage von Memfis eine streitige Sache war. Spätere Nachforschungen haben diese Frage entschieden, aber sie haben auch die Wahrheit der Vorhersagung bewiesen.« *J. Urquhart/33*

Viele andere Reisende haben über Memfis berichtet. Urquhart nennt Wilkinson und Amelia B. Edwards, die in ihrem Buch *A Thousand Miles up the Nile* (S. 97–99) die spärlichen Überreste beschreibt und sagt: »Man kann kaum glauben, daß je eine große Stadt auf diesem Platze blühte, kaum verstehen, wie sie so gänzlich vertilgt werden konnte.« *J. Urquhart/34; A. B. Edwards/97–99*

Thebens Geschichte verlief anders. Zwei massive Hammerschläge, von denen keiner vor der Prophezeiung geschah, ließen die Stadt im Boden versinken. Urquhart weist darauf hin, daß Hesekiel während Nebukadnezars Regierungszeit lebte und daß 13 Jahre nach dem Ende dieses Königs der Perserkönig Kambyses in Ägypten einmarschierte (525 v. Chr.) und eine unsinnige Zerstörungswut an Theben ausließ. Er verbrannte die Tempel und versuchte, die Kolossalstatuen zu zerstören. Theben wurde wieder aufgebaut, aber ganz heilen wollte die Wunde nicht mehr. *J. Urquhart/22*

Der zweite Schlag kam um 85 v. Chr., als Ptolemäus Lathyrus die Stadt nach dreijähriger Belagerung praktisch dem Erdboden gleichmachte. Hes 30,14–15 war erfüllt. *J. Urquhart/22*

Urquhart zitiert den griechischen Geschichtsschreiber Diodor von Sizilien (um 50 v. Chr.), der noch in den Ruinen der Stadt ihre einstige Größe erkannte und bewunderte; besonders die Haupttempel der Stadt hatten es ihm angetan. *J. Urquhart/20*

Der Historiker Strabo besuchte die Ruinen etwa 25 v. Chr. Er fand die Stadt in zahlreiche Dörfer zerrissen, die frühere Einheit war vollständig verschwunden. *J. Urquhart/23*

Beim Vergleichen der beiden Städte müssen wir folgendes bedenken: Theben sollte zerrissen und sein Reichtum vernichtet werden; in Memfis sollten die Götzen ausgerottet werden, was praktisch der Ausrottung der ganzen Stadt gleichkam. *Floyd Hamilton* erläutert hierzu: »Wenn wir nun Memfis mit Theben vergleichen, wo die Götzen immer noch in großer Zahl vorhanden sind und man die Bildnisse immer noch auf den Tempelmauern sehen kann, dann wird das Wunder erfüllter Prophetie nur noch erstaunlicher. Wie kam es, daß die Prophetien über die beiden Städte nicht verwechselt wurden? [. . .] Wie kam es, daß unter allen zerstörten Städten Ägyptens gerade Memfis zu diesem eigenartigen Schicksal der Ausrottung der Götzen bestimmt wurde?« *F. E. Hamilton/308*

Urquhart fand auch einen schönen Vergleich in Brugsch Beys Buch *Egypt Under the Pharaohs*, in dem Bey Memfis als Stadt der Götter sieht. Es ist logisch, daß Gott, der gegen jeglichen Götzendienst ist, gegen Memfis angehen würde – obwohl zu der Zeit der Fall der Stadt fast unmöglich schien. An anderen Orten, d.h.

Theben, das bereits zu Fall kam, als Memfis seinen Höhepunkt erlebte, blieben die Götzen; doch auch das Verdammungsurteil über Memfis blieb bestehen. *J. Urquhart/32*

Die letzte Voraussage (Voraussage *d*) wurde wenig beachtet, hat sich aber ebenfalls voll erfüllt: die Prophetie über das zukünftige Fehlen eines einheimischen Fürsten aus Ägypten. Es ist offenkundig, daß die Voraussage keine ewige Anarchie bedeutete, sondern daß Ägyptens Regierung ausländischen Herrschern unterstehen würde. Die Perser eroberten Ägypten 525 v. Chr., und es blieb die ganzen folgenden 170 Jahre hindurch eine rebellische Provinz. 350 v. Chr. wurde Ägypten schließlich von Ochos vernichtend geschlagen; und von der Zeit an kontrollierten Ausländer die dortige Regierung. *Urquhart/30*

9. Ninive

Die nächsten beiden prophetischen Gebiete sollten zusammen betrachtet werden, da sie sich sehr ähneln. Die zwei Hauptstädte der antiken Welt waren Ninive und Babylon. Beide waren unglaublich starke Städte, wie wir gleich sehen werden. Sie waren dicht bevölkert und sehr militaristisch – Zentren von extrem starken Königreichen. Dennoch wurden gegen ihre unbezwingbaren Mauern um die Zeit ihres jeweiligen Höhepunkts an Macht und Einfluß Untergangsprophetien geschleudert – woraufhin sie auch bald erobert wurden: Ninive nach einer dreimonatigen (sehr kurzen) Belagerung und Babylon ohne Widerstand.
Als erstes beschäftigen wir uns mit Ninive, der gottlosen Hauptstadt des assyrischen Reiches. Nahum wurde dorthin gesandt, um (erfolglos) Buße zu predigen und dann, um Gottes Willen zu prophezeien.

9.1 Bibeltext und Datierung

Nahum (661 bis vor 612 v. Chr.)

1,8 Und mit einer überschwemmenden Flut wird er ihre (Ninives) Stätte gänzlich zerstören, und Finsternis wird seine Feinde verfolgen. (Elberfelder)

1,10 Denn wären sie gar wie Dornen verflochten und von ihrem edlen Weine berauscht, sie sollen völlig verzehrt werden wie dürre Stoppeln. (Elberfelder)

2,7 Da werden die Tore an den Wassern geöffnet, und der Palast vergeht in Angst.

3,13 Siehe, dein Kriegsvolk soll zu Weibern werden, und die Tore deines Landes sollen deinen Feinden geöffnet werden, und das Feuer soll deine Riegel verzehren.

3,19 Niemand wird deinen Schaden lindern, und deine Wunde wird unheilbar sein. Alle, die das von dir hören, werden in die Hände klatschen über dich; denn über wen ist nicht deine Bosheit ohne Unterlaß ergangen?

Über die Datierung Nahums schreibt *George E. Meisinger*:

»Das früheste und das spätestmögliche Datum für Nahum werden vom Propheten selbst festgesetzt. Das früheste Datum ergibt sich aus 3,8, wo der Prophet die Eroberung No-Ammons (Thebens) als vergangenes Ereignis betrachtet. Man weiß aus den assyrischen Annalen, daß Assurbanipal Theben 663 v. Chr. zerstörte. *[J. Bright/313]*

Das spätestmögliche Datum steht durch das Thema des Buches fest, d.h. es betrachtet den Fall Ninives als Zukunftsereignis. Die *Babylonische Chronik* setzt das Datum des Untergangs Ninives auf 612 v. Chr. fest.« *[D. J. Wiseman/24–26] G. E. Meisinger/ 12*

9.2 Voraussagen

a) Ninive sollte in berauschtem Zustand zerstört werden (Nah 1,10/Elberf.).

b) Die Stadt sollte in einer »überschwemmenden Flut« vernichtet werden (Nah 1,8/Elberf.; 2,7/Luther).

c) Sie sollte verbrannt werden (Nah 3,13).

d) Sie sollte völlig zerstört werden (»deine Wunde wird unheilbar sein«) und nie wieder erbaut werden (Nah 3,19).

9.3 Hintergrund

Wie sich zeigen wird, sollten die Flüsse um Ninive eine wichtige Rolle in der Geschichte der Stadt spielen.

»Sanherib, Assurbanipals Großvater«, schreibt *Walter A. Mai-*

er, »beklagte sich darüber, daß der Fluß im Laufe der Jahrhunderte nicht nur wiederholt über seine Ufer trat, sondern auch die Fundamente einiger Paläste aushöhlte und wahrscheinlich ihren Abbruch verursachte. Zu seiner Zeit stellte der Fluß eine solche Bedrohung dar, daß er (Sanherib) seinen Lauf änderte, wobei er wahrscheinlich einige der Windungen begradigte, um die Strömung zu beschleunigen. Er befestigte auch die Fundamente des Tempels mit ›mächtigen Kalksteinblöcken‹, damit ›seine Plattform nicht durch Hochwasserüberflutungen beschädigt‹ würden.« *W. A. Maier/124*

Ninives Befestigungsanlagen waren sehr eindrucksvoll. Aus gewissen Quellen (*Diodor* Buch II. 26–27; II.3; *International Standard Bible Encyclopaedia*, S. 1248–1251) können wir uns ein gutes Bild machen:

die größte der antiken Städte;
innere Mauer: ca. 30 m hoch (10stöckiges Gebäude)
ca 15 m dick (8 Autos nebeneinander)
3 Kriegswagen konnten auf ihr nebeneinander fahren
Türme 60 m hoch (20 Stockwerke)
15 Tore
45 m breiter Wallgraben
äußerer Umfang über 11 km

Austen H. Layard, ein Fachmann zu Ninive und Babylon in seinem Buch *Discoveries in the Ruins of Nineveh and Babylon*:

»Ein von Osten kommender Feind, also von der Seite, auf der die Befestigungsanlage am wenigsten gegen Angriffe geschützt war, mußte folglich erst einmal eine gewaltige Mauer bezwingen, die durch gesonderte Forts noch verstärkt war. Zwei tiefe Gräben und zwei weitere Mauern, von denen die innere kaum kleiner war als die äußere, mußten sodann passiert werden, ehe man die Stadt einnehmen konnte.

(Wie *Rich* sagt, betrug die Entfernung von der Innenseite der inneren Mauer bis zur Innenseite der äußeren Mauer 612 Meter. Berechnet man 60 Meter für die äußere Befestigungsanlage, so war die Breite der gesamten Befestigungsanlage etwa 670 Meter – über einen halben Kilometer.)

Die immer noch vorhandenen Reste dieser Befestigungsanlage bestätigen im wesentlichen die Ausagen von Diodor von Sizilien, daß die Mauern 30 Meter hoch waren und daß drei Kriegswagen auf ihnen nebeneinander fahren konnten. Sie lassen auch darauf schließen, daß antike Historiker bei der Beschreibung der Schutzwälle, die einen Ring um die ganze Stadt bilden, diese mit jenen verwechselten, die nur ein abgesondertes Viertel oder eine königliche Residenz umgaben; dieser Fehler war ihnen auch in bezug auf Babylon unterlaufen. Während die inneren Mauern aus Steinen und Ziegeln gebaut waren, bestanden die äußeren anscheinend im wesentlichen aus dem Erdreich, dem losen Kies und dem Schotter aus den Gräben, die mit enormer Mühe aus dem festen Konglomeratgestein ausgeschachtet worden waren.« *A. H. Layard a/360*

9.4 Geschichte

Hören wir die Analyse von *George Meisinger*: »Unter dem Pharao Psammetich I. [664–610 v. Chr.] erlebte Ägypten bald einen Machtaufschwung, der den assyrischen Ambitionen in Ägypten für immer ein Ende setzte. Noch vor Assurbanipals Tod ging auch das Gebiet Elam verloren. Es waren relativ geringe Verluste, [. . .] aber sie zeigten an, daß das Rad der Vorsehung sich nun gegen Assyrien zu drehen begann. Sein letzter Akt auf der Bühne der Geschichte hatte begonnen. Es ist eines der größten Rätsel der Geschichte, daß diese Nation, die noch 663 v. Chr. auf dem Gipfel ihrer Macht stand, in nur 51 Jahren in völlige Vergessenheit geriet.« *G. E. Meisinger/65*

Die Mauern Ninives mochten stark sein; Assyrien begann zu zerbröckeln.

Meisinger fährt fort: »Im Sommer 614 v. Chr. marschierte der medische König Kyaxares gegen Ninive selbst. Der Text ist an dieser Stelle unklar, aber es ist klar, daß er die Mauern nicht durchbrechen konnte. Er gab die Belagerung auf und verwüstete das ein paar Meilen südwestlich von Ninive gelegene Tarbis. Dann marschierte er nach Süden, und Nimrud fiel.« *G. E. Meisinger/82; vgl. M. E. L. Mallowan Bd. II/388ff.*

Meisinger weiter: »Selbst wenn man bedenkt, daß nationale und/oder militärische Rückschläge in den letzten Jahren der Moral der assyrischen Armee empfindliche Schläge versetzt hatten, bleibt ihr geradezu panisches Debakel im Jahre 612 ein Rätsel. [. . .] Überwältigende militärische Macht allein kann das Bild, das der Prophet Nahum zeichnet, kaum erfüllen. Selbst unter der Voraussetzung, daß die Koalition *alle* damals modernsten Techniken, das beste militärische Können und die besten Waffen besaß, konnte sie nicht fähig sein, Ninives Mauern ›mit Leichtigkeit‹ zu durchbrechen. Mauern, die 30 Meter hoch sind und deren Türme von kampferprobten Soldaten bemannt sind, nebst einem Wallgraben von an die 50 Meter Breite, gehen innerhalb von drei Monaten nicht so leicht in die Brüche.« *G. E. Meisinger/88*

Und dann kam der letzte Schlag: »Am Ende der Regierungszeit Assurbanipals ›sammelten sich‹ die Meder und die verbündeten Stämme der Umman-Manda ›[. . .] wie Geier, die auf den letzten Atemzug ihres Opfers warten‹. Die Geier stürzten sich 612 v. Chr. auf ihr Opfer und fraßen es mit Haut und Haaren auf.« *G. E. Meisinger/97; Zitat: H. R. Hall/511*

Eine nur dreimonatige Belagerung ist fast unvorstellbar. »Wenn man bedenkt, daß Psammetich Aschdod 29 Jahre lang belagerte [Herodot II, 157; Axotus = Aschdod], eine Stadt von beträchtlich kleineren Ausmaßen als Ninive, ist es erstaunlich, daß Ninive in nur drei Monaten fiel. Der Prophet Nahum hatte indes vorausgesagt, daß diese große Stadt mit Leichtigkeit fallen würde. Er prophezeite, daß Ninive fallen würde, wie eine reife Feige vom Baum fällt, wenn er geschüttelt wird (Nah 3,12).« *G. E. Meisinger/87*

Wir kommen nun von Meisinger zu *Gleason Archer*: »Nahum 2, 6 [2,7 bei Luther] enthält eine bemerkenswert exakte Voraussage; denn in den historischen Berichten ist zu lesen, daß ein wesentlicher Teil der Stadtmauer durch eine große Flut davongeschwemmt wurde, und dieser Zusammenbruch des Verteidigungssystems gestattete es den belagernden Medern und Chaldäern, die Stadt ohne Schwierigkeiten zu erstürmen.« (Voraussage *b*) *G. L. Archer/341*

Ninives Fall war hart. Nach dem im 1. Jh. v. Chr. lebenden Historiker *Diodor von Sizilien (Geschichtsbibliothek Buch II. 25–27)* ergibt sich folgendes Bild:

Der letzte König von Assyrien hatte zunächst Erfolge gegen die rebellierenden Meder und Chaldäer, die unter dem skythischen General Arbakes gegen ihn kämpften. Durch diese Erfolge in Sicherheit gewiegt, hielt er mit seinen Soldaten vor den Toren der Stadt ein großes Gelage. Er wußte nicht, daß inzwischen eine Armee des Königs von Baktrien zu den Aufständischen übergelaufen war. Die Aufständischen griffen das Lager des Königs mitten in der Nacht an, rieben es fast auf und schlossen den König in der Stadt ein.

Dieser richtete sich auf die Belagerung ein und verließ sich dabei auf eine alte Weissagung, in der es hieß, daß niemand die Stadt erobern könne, wenn nicht zuerst der Strom ihr feindlich geworden wäre – etwas, was mehr als unwahrscheinlich schien.

Die Aufständischen waren denn auch nicht imstande, die Mauern zu durchbrechen, und die Stadtbewohner hatten große Vorräte an Nahrungsmitteln; über zwei Jahre lang trotzten sie den Belagerern. Aber im dritten Jahr trat nach anhaltenden schweren Regenfällen der Euphrat (eigentlich: Tigris) über die Ufer, überschwemmte einen Teil der Stadt und riß einen Teil der Mauern nieder. Der König sah die alte Weissagung erfüllt, gab alle Hoffnung auf und verbrannte sich und seine Diener und Reichtümer. Daraufhin drangen die Aufständischen über die eingestürzte Mauer in die Stadt ein und eroberten sie. *Diodor/37–40* (Voraussage *c*)

(Diodor spricht von einer dreijährigen, nicht dreimonatigen Belagerung; vgl. jedoch dazu unten S. 441 die Erklärung im Zitat von Meisinger!)

Ausgedehnte Aschespuren, die von der Plünderung der Stadt durch die Babylonier, Skythen und Meder im Jahre 612 v. Chr. zeugen, wurden in vielen Teilen des Burggebietes gefunden. Danach verlor die Stadt ihre Bedeutung.

Wir kommen nun zur Gegenwart.

Joseph P. Free stellt fest: »Vor einem Jahrhundert noch waren solche bekannten biblischen Städte wie [. . .] Ninive [. . .] und viele andere formlose Hügel. Ihre Identität war in einigen Fällen völlig in Vergessenheit geraten.« (Voraussage *d*) *J. P. Free/5*

Edward Chiera fügt hinzu: »Wenn der Besucher sich selbst heute, nachdem so viel über die babylonische und assyrische Kultur geschrieben worden ist, keine richtige Vorstellung von der Vergangenheit machen kann, so ist es nur zu begreiflich, daß die ersten Reisenden das Land mehr als einmal durchqueren konnten, ohne auf die Vermutung zu kommen, sie befänden sich in der Nähe der historischen Stätte von Babylon und Ninive. Selbst wissenschaftlich Interessierte, die aus der Bibel Kenntnis von der Existenz dieser Städte hatten und sich bemühten, ihre Lage ausfindig zu machen, wanderten mehrere Male über diese Ruinen hin, ohne es zu merken.« (Voraussage *d*) *E. Chiera/41*

Merrill Unger berichtet von der Verwüstung Ninives: »612 v. Chr. wurde die großartige antike Stadt und Hauptstadt des Assyrischen Reiches so völlig ausgelöscht – wie von den hebräischen

Propheten vorausgesagt –, daß sie zu einem bloßen Mythos wurde, bis sie im 19. Jh. von Sir Austen Layard und anderen wiederentdeckt wurde. Mittlerweile haben dort große Ausgrabungen stattgefunden.« *M. F. Unger d/795*

George Meisinger wendet sich an die Kritiker, die über die bloße Idee einer Existenz Ninives gespöttelt hatten. »Die unschätzbaren Urkunden über dieses einst unerschrockene Reich waren den Annalen der Weltgeschichte bis zum 19. Jh. n. Chr. vorenthalten worden. Sir Henry Layard, der unermüdliche englische Pionier-Archäologe, war der erste, der die Geheimnisse dieser Nation lüftete – einer Nation, die sich so lange geweigert hatte, der Menschheit ihre Geheimnisse zu enthüllen. Doch nahezu vom ersten Spatenstich Layards an begann die Stadt [Ninive], Hunderte und dann Tausende von Hinweisen auf die Vergangenheit zu liefern. Jahrhundertelang befand sich alles, was man über die Existenz eines solchen Reiches wußte, in den direkten und indirekten Aussagen der Bibel. Als die Jahrhunderte vorübergingen und keine archäologischen Beweise auftauchten, die die biblischen Berichte ›unterstützen‹ konnten, begannen sich Zweifel anzumelden, ob ein solches Volk überhaupt jemals existiert habe. Der Historiker stand vor einem Rätsel; der Skeptiker lachte über die biblischen Aussagen. So vollständig war Assyriens Untergang!« *G. E. Meisinger/ 4f.*

Die Archäologen stehen in einer mißlichen Lage, schreibt *Merrill Unger*: »Ninive ist eine so riesige Anlage, daß man sie vielleicht nie vollständig wird ausgraben können. Heute steht ein Dorf über einem der größeren Paläste. Friedhöfe, die man nicht anrühren darf, bedecken andere Gebiete. Die Ausgräber müssen 10 bis 15 Meter durch den Schutt dringen, ehe sie assyrische Schichten erreichen.« *M. F. Unger d/796*

M. E. L. Mallowan gibt eine lebhafte Schilderung von der Zerstörung Assyriens. Seine Beschreibung des Untergangs ist ähnlich der von der Katastrophe, die über Ninive kam. »Der Zustand, in dem wir ihn [den Königssaal in der Festung Salmanassers] vorfanden, war eine dramatische Illustration der totalen Zerstörung: Der Wandputz war von den Flammen gehärtet und gelb gebrannt und dann vom Ruß geschwärzt worden, der sogar ins eigentliche Mauerwerk eingedrungen war. Die intensive Hitze hatte die Südwand bis zu einem gefährlichen Grad nach innen verbogen, und der Fußboden des Raumes war unter einem großen Haufen von verbranntem Schutt, in dem sich Asche, verkohlte Reste und kleinere

Funde befanden, über anderthalb Meter tief begraben worden [. . .] es gab auch viele Hunderte Fragmente von Elfenbeinschnitzereien, die schwarz und grau gebrannt waren, manchmal von der Hitze wie auf Hochglanz poliert. Dieser Schutt war vermischt mit brennbarem Getreide wie Hirse, Gerste, Weizen und Emmer. Ich habe zu meiner Zeit die verkohlten Reste so mancher antiker Brandstellen gesehen – im Ur der Chaldäer, in Ninive, in Arpachija, auf Fundstellen im Habur- und Balihtal –, doch noch nie sah ich ein derart vollkommenes Beispiel eines Rachefeuers [. . .], wobei der Ruß noch die Luft schwängerte, als wir kamen. Nach diesem großen Inferno waren Teile der Wände in den Raum gefallen, der zu einer Gesamthöhe von drei Metern mit Lehmziegeln gefüllt worden war. Die harte obere Deckschicht, die aus weiteren anderthalb Metern Schutt über der Brandschicht bestand, hatte schließlich den Inhalt versiegelt, der somit unangetastet [sic!] blieb, bis wir 1958 dort hinkamen.« *M. E. L. Mallowan Bd. II/434*

9.5 Erfüllungen im einzelnen

Die Prophetie erwähnte eine Überschwemmung. Folgender Auszug aus *Walter Maiers* Buch belegt die Flut in eindeutiger Weise: »Dreimal sagt Nahum voraus, daß Ninive durch eine Flut zerstört werden sollte [. . .] (1,8) [. . .] (2,7) [. . .] (2,9). Diese dreifache Betonung der Überschwemmung ist mehr als bildlich gemeint, und die Ausdrücke ›überlaufende Flut‹, ›Tore an den Wassern‹ und ›ein voller Teich‹ können nicht als bloße poetische Symbolik abgetan werden.« *W. A. Maier/118*

George Meisinger sagt: »Es zeigte sich darüber hinaus, daß sogar die Verbündeten unfähig waren, alle Einzelheiten beim Untergang Ninives zu erklären. Aus diesem Grunde gingen wir der Flut-Überlieferung nach. Genügend Beweise – so macht diese Abhandlung geltend – wurden beigebracht, die aufzeigen, daß eine Flut-Theorie die einzig zufriedenstellende Antwort auf den Fall Ninives ist, weil sie allen Details gerecht wird. Eine Flut, die einen Teil der Verteidigungsanlagen Ninives zerstörte, ermöglichte es den Verbündeten, Ninive zu erstürmen und Rache an ihr zu üben.« *G. E. Meisinger/96*

Walter Maier erläutert: »Die babylonische Schrifttafel enthält einen indirekten Hinweis [. . .] zur Erfüllung der Prophetie Nahums. Nach dieser Chronologie fiel Ninive im Monat Ab. Die Zeit der schweren Regenfälle in Ninive kommt normalerweise im März, während die Flüsse in den Monaten April und Mai, also etwa zur gleichen Zeit wie der Monat Ab, ihren höchsten Stand erreichen.« *W. A. Maier/118f.*

Meisinger bezieht sich auf *C. J. Gadd* und sagt: »Der berühmteste der antiken Berichte ist der von Diodor, der sich auf den noch viel früheren Ktesias beruft. Er erzählt, daß die Mauern ständig angegriffen wurden, jedoch ohne Erfolg, daß aber im dritten Jahr (dies bezieht sich augenscheinlich auf 614 v. Chr., als Kyaxares seinen fehlgeschlagenen Versuch unternahm, die Mauer Ninives zu durchbrechen; es war keine *ununterbrochene* dreijährige Belagerung, denn in der *Babylonischen Chronik* heißt es ganz klar, daß die Meder 613 von Assyrien abwesend waren und daß sich die assyrische Armee im gleichen Jahr auf Manövern gegen die babylonische Armee befand) eine Kette schwerer Regenfälle den Euphrat [sic!] anschwellen ließ, der einen Teil der Stadt überschwemmte und die Mauer auf einer Länge von 20 Stadien zum Einsturz brachte.« *G. E. Meisinger/89f.; C. J. Gadd/27–30*

George Badger berichtet: »Die Tatsache [der Flut], von der hier berichtet wird, erfüllt buchstäblich die von Nahum gemachte Prophetie [1,8; 2,7] und erklärt das Vorhandensein einer Schicht Sand und Kies, die man ein paar Fuß unter der Oberfläche [des Flusses] in den Ruinenhügeln von Kujundschik und Nimrud vorfand.« *G. P. Badger/78f.*

Einige Gelehrte meinen, der Tigris sei nie an der antiken Stadt Ninive vorbeigeflossen, da er es heute auch nicht tue. *Walter Maier* antwortet diesen Kritikern und gibt Hinweise zur weiteren Nachforschung: »[. . .] die Mehrheit der Gelehrten ist der Ansicht, daß der Tigris direkt im Westen an der Stadt vorbeifloß. (Carl Ritter, *Die Erdkunde* (1822–59), S. 224; Sir Austen Henry Layard, *Niniveh and Babylon*, (1875), S. 77; Felix Jones, »Niniveh's Location«, *Journal of Royal Asiatic Society* (1855), XV, 316,323; F. E. Peiser, »Tigris im Osten Ninives«, *Mitteilungen der Vorderasiatischen Gesellschaft* III, 277,278; C. F. Lehmann und Paul Haupt, *Israel, seine Entwicklung im Rahmen der Weltgeschichte*, 1911, S. 149; Claude Hermann und Walter Johns, »Location of Tigris« in *Encyclopaedia Britannica*, 11. Ausg., 1911, XIX, Sp. 3,421.)« *W. A. Maier/120*

Meisinger fügt hinzu: »Der Streit darüber, ob dieser Fluß (der Tigris) bei Hochwasserstand nicht auch Stadttore zerstören konnte, ebbt immer mehr ab.« *G. E. Meisinger/93*

Nicht nur der Tigris war dazu imstande, sondern es gibt zwei weitere Möglichkeiten; dazu *Walter Maier*:

»Der zweite Fluß, der die Flut hätte verursachen können, war der Chausar [od. Khosr] [...] An diesen beiden Dämmen [die das Hochwasser vom Chausar zurückhalten sollten], die in typisch assyrischer Weise gebaut waren, befand sich nach Meinung der Forscher ursprünglich ein Tor oder eine Schleuse, die die Strömung des Wassers regulieren sollte. Wie leicht war es also für die belagernde Armee, den Chausar an dieser Stelle aufzustauen, die Schleusen des *agammu* zu schließen und damit diese Trinkwasserversorgung abzuschneiden (das Wasser des Tigris war ungenießbar), um dann die Flußtore zu öffnen und die Massen des aufgestauten Wassers auf die Stadt herabstürzen, die Flußtore davontragen, und die tieferen Stadtviertel überschwemmen zu lassen – der Anfang vom Ende Ninives! Heute noch verbreitert sich der Chausar an der vermutlichen Stelle des Ninliltores in der Stadtmauer, um die Worte des Propheten ins Gedächtnis zu rufen: ›Ninive ist wie ein voller Teich‹« (2,9). *W. A. Maier/121f.*

»Der dritte Fluß, dessen Tore man hätte öffnen können oder der die Überschwemmung hätte verursachen können, ist der Tebiltu. Dieser Bach kann, wie sein Name andeutet (interessanterweise kommt er von dem assyrischen Verb *tabalu* – wegnehmen, wegreißen –), zu einem reißenden Strom werden.« *W. A. Maier/123*

Ein kurzer Rückblick auf die erfüllten Voraussagen:

1. Ninive fiel in einem Zustand der Trunkenheit. Bernard Ramm stellt fest: »Ein Teil des Erfolgs der Meder ist auf den Optimismus der Niniviten zurückzuführen, die annahmen, daß der Feind für immer zurückgeschlagen worden sei, und die sich deshalb einem Trink- und Eßgelage hingaben.« *B. Ramm b/107*

Weiter dürfen wir annehmen:

2. Ninive wurde durch eine Flut zerstört.
3. Ninive wurde gebrandschatzt.
4. Ninive wurde völlig zerstört.

10. Babylon

Das geheimnisvolle Babylon, eine der größten Städte der Antike, Haupt des Babylonischen Reiches, Zentrum von Handel, Kultur und vielen anderen Dingen, steht gleichfalls im Brennpunkt gewisser Prophezeiungen.

10.1 Bibeltext und Datierung

Jesaja 13 (783–704 v. Chr.)

19 So soll Babel, das schönste unter den Königreichen, die herrliche Pracht der Chaldäer, zerstört werden von Gott wie Sodom und Gomorra,

20 daß man hinfort nicht mehr da wohne noch jemand da bleibe für und für, daß auch Araber dort keine Zelte aufschlagen noch Hirten ihre Herden lagern lassen,

21 sondern Wüstentiere werden sich da lagern, und ihre Häuser werden voll Eulen sein; Strauße werden da wohnen, und Feldgeister (oder: Langhaarziegen) werden da hüpfen,

22 und wilde Hunde (oder: Hyänen) werden in ihren Palästen heulen und Schakale in den Schlössern der Lust. Ihre Zeit wird bald kommen, und ihre Tage lassen nicht auf sich warten.

Jesaja 14

23 Und ich will Babel (Babylon) machen zum Erbe für die Igel und zu einem Wassersumpf und will es mit dem Besen des Verderbens wegfegen, spricht der HERR Zebaoth.

Jeremia 51 (626–586 v. Chr.)

26 ... daß man weder Ecksteine noch Grundsteine aus dir nehmen kann, sondern eine ewige Wüste sollst du sein, spricht der HERR.

43 Seine (Babyloniens) Städte sind zur Wüste und zu einem dürren, öden Land geworden, zum Lande, darin niemand wohnt und das kein Mensch durchzieht.

10.2 Voraussagen

a) Babylon soll wie Sodom und Gomorra werden (Jes 13,19).
b) Es soll nie wieder bewohnt werden (Jer 51,26; Jes 13,20).
c) Araber werden dort keine Zelte aufschlagen (Jes 13,20).
d) Es wird dort keine Weideplätze geben (Jes 13,20).
e) Wüstentiere werden in den Ruinen hausen (Jes 13,21).
f) Die Steine werden nicht für andere Bauarbeiten benutzt werden (Jer 51,26).
g) Die ehemalige Stadt wird nicht mehr besucht werden (Jer 51,43).
h) Das Gebiet soll von Wassersümpfen bedeckt werden (Jes 14,23).

10.3 Geschichte

In bezug auf die Geschichte heißt es in der *Encyclopaedia Britannica*: »Bis zum 19. Jh. gründete sich jede Kenntnis über Babylonien und Assyrien auf das Alte Testament und auf einige wenige griechische Verfasser. Erst nach der Entdeckung antiker Monumente und schriftlicher Urkunden in diesen beiden Ländern, und insbesondere nach der Entzifferung der Keilschrift und der in dieser Schrift vorhandenen Sprachen wurde die Geschichte und Kultur Babyloniens und Assyriens bekannt.« (Voraussage *a, b*) *Encycl. Brit. Bd. 2/950*

Babylon (Babel) war eine reiche Stadt. »Schon lange bevor Babylon seine Rivalin Ninive überwunden hatte«, schreibt *Austen Layard*, »war es wegen der Reichweite und Bedeutung seines Handels bekannt. Keine Lage hätte für einen Handel mit allen Regionen der damals bekannten Welt günstiger sein können als seine. Es stand an einem schiffbaren Strom, der [...] an einer Stelle seines Laufes fast hundertfünfzig Kilometer an das Mittelmeer heranreichte und seine Wassermassen in einen Golf des Indischen Ozeans entleerte. Parallel zu diesem großen Fluß lief ein weiterer, der ihm an Größe und Bedeutung kaum nachstand; der Tigris [...] floß durch die fruchtbaren Gegenden Assyriens und trug ihre verschiedenen Produkte in die babylonischen Städte. Kunstfertigkeit und Unternehmungsgeist konnten gar nicht fehlschlagen, Babylon nicht nur zur Handelsstadt der östlichen Welt zu machen, sondern auch zum Hauptbindeglied im Handelsverkehr zwischen Ost und West.« *A. H. Layard a/455*

Babylon war eine geschäftige Stadt. *Joseph Free* spricht von seinen großen Gebäuden: »Die archäologischen Ausgrabungen in Babylon haben Inschriften zutage gefördert, die von der großen Bautätigkeit Nebukadnezars erzählen. Die East India House-Inschrift, heute in London, enthält sechs Spalten in babylonischer Schrift, die von den gewaltigen Bauunternehmungen berichten, die der König zur Erweiterung und Verschönerung Babylons ausführte.« *J. P. Free/228*

Es fing alles mit Nabopolasser an. *Charles Feinberg* erläutert: »Im späten 7. und frühen 6. Jh. v. Chr. bauten Nabopolasser und sein Sohn Nebukadnezar die Stadt wieder auf, deren Überreste bis heute noch vorhanden sind; und zu dieser Zeit erlangte Babylon seinen größten Ruhm.« *C. L. Feinberg/II. 948*

Die Stadt war von Sümpfen umgeben. »Nach dem einstimmigen Zeugnis der Schriftsteller der Antike«, schreibt *Austen Layard,* »war die Stadt durch den Euphrat in zwei Teile geteilt. Die hauptsächlichen noch existierenden Ruinen liegen auf der Ostseite des Flusses; es gibt nur sehr wenige Überreste auf der Westseite zwischen Hillah und dem Birs Nimrud. In einigen Gegenden der Ebene gibt es sogar überhaupt keine. Diese Tatsache erklärt sich zu einem gewissen Grade folgenderweise: Bis auf den heutigen Tag neigt der Euphrat dazu, seinen Lauf zu wechseln und sich in den Sümpfen *westlich* seines eigentlichen Flußbettes zu verlieren. Man weiß, daß das tiefer liegende Land auf dieser Seite schon in frühester Zeit immer wieder Überschwemmungen ausgesetzt war und daß Semiramis laut Überlieferung dort Deiche zur Eindämmung des Flusses baute, während eine spätere Königin, wie es scheint, sich den Überlauf des Wassers zunutze machte und einen großen See außerhalb der Mauern anlegen ließ (Herodot I. 184,185). Von Arrian wissen wir auch [*Alexanderzug* VIII.17; vgl. Diodor II.7], daß das Westviertel der Stadt von gewaltigen Sümpfen umgeben und geschützt war, die jeglichen Zugang versperrten. Dieses Marschland wurde vom Euphrat bewässert.« *A. H. Layard/420; vgl. Arrian/579; Diodor/17; Herodot/101f.*

In der *International Standard Bible Encyclopaedia* und bei *Herodot* (I.178–181) erhalten wir den Eindruck von den erstaunlichen Dimensionen Babylons:

508 qkm Fläche
22,5 km Seitenlänge
90 km Umfang

umgeben von einem 9 m breiten Wallgraben
doppelte Mauern
äußere Mauer:
95 m hoch – also ca. 30 Stockwerke hoch
27 m breit – Platz für 14 Autos nebeneinander oder
8 nebeneinander fahrende Kriegswagen
100 bronzebeschlagene Tore
250 Wachttürme, 30 m höher als die äußere Mauer

I. S. Bible Encycl./350; Herodot/98ff.

Der Untergang Babylons ist von *Herodot* (I.190–191) und vor allem von *Xenophon* (*Cyropädie,* VII. Buch, Kap. 5) geschildert worden. Die angreifenden Perser unter Cyrus, die Babylon belagerten, sahen ein, daß sie kaum in der Lage waren, die massiven Mauern zu durchbrechen oder zu erstürmen. Sie entdeckten jedoch, daß der Euphrat unter diesen Mauern hindurch mitten durch die Stadt floß, und machten sich diesen Umstand zunutze: Sie hoben tiefe Gräben aus, um den Fluß umzuleiten. In einer Nacht, in der in Babylon ein orgienhaftes Fest gefeiert wurde, öffneten sich die Gräben und konnten, unter der Führung zweier babylonischer Deserteure, über das nun halbtrockene Flußbett in die Stadt eindringen. Die ahnungslosen Babylonier, die lange genug die scheinbar hilflosen Belagerer von den Mauern herab verhöhnt hatten, waren völlig überrumpelt. *Xenophon/66ff.*

Man kann sagen, daß die Stadt durch zwei Überläufer und die Trunkenheit der Babylonier fiel. Vgl. auch Jes 21,5; 44,27; Jer 51,36. Zu Belsazars Tod siehe Jes 14,18–20; Jer 51,57.

So fiel Babylon die Große in aller Stille, wie *Merril Unger* schreibt: »Am 13. Oktober 539 v. Chr. fiel Babylon durch Cyrus von Persien, und von der Zeit an begann der Verfall der Stadt. Xerxes (Ahasveros) plünderte sie. Alexander der Große wollte ihren großen Tempel wiederaufbauen, der zu seiner Zeit in Ruinen lag, wurde aber durch die unerschwinglichen Kosten davon abgehalten. In der Zeit der Nachfolger Alexanders verfiel das Gebiet immer mehr und wurde bald zur Wüste.« (Voraussage *a*) *M. Unger d/116*

(Zur Beachtung: *Die International Standard Bible Encyclopaedia,* S. 3126, gibt als Regierungszeit Xerxes' 485–465 v. Chr. an.)

Alexanders Tod war tragisch. *Gerald A. Larue* schreibt: »Sofort begann unter den Generälen Alexanders der Streit um die

Aufteilung des Reiches. Babylon wurde durch politische Intrigen und Machtkämpfe sowie Plündereien der Soldaten der sich bekämpfenden Parteien zerrüttet. Die Stadt ging von einer Hand in die andere über, bis sie schließlich in den Besitz der Seleukiden gelangte. So verwüstet war die einst schöne Stadt, daß ein Wiederaufbau genauso kostspielig erschien wie der Bau einer neuen Stadt, und die Seleukiden entschlossen sich zu Letzterem. Die Stadt Seleukia wurde 65 km nördlich von Babylon am Tigris erbaut, und nach und nach zogen Handel und Industrie von Babylon nach Seleukia.« *G. A. Larue/79*

Das Sterben ging langsam, schreibt Larue: »Während der Regierungszeit des Kaisers Augustus (27 v. Chr. bis 14 n. Chr.) bereiste Strabo die Gegend und kommentierte: ›Doch große Wüstenei ist jetzt die Große Stadt.‹« (XVI:I) *G. A. Larue/79f; Strabo/739*

»Trajan kam 116 n. Chr. auf seinem Feldzug gegen die Parther nach Babylon und fand dort, wie Cassius Dio sagt, ›Schutthalden, Steine und Ruinen‹ [*Röm. Geschichte,* Buch 68.30].« *G. A. Larue/ 80; Cassius Dio Bd. V/219*

»363 n. Chr. zog Kaiser Julian in den Krieg gegen die sassanidischen Herrscher Persiens und zerstörte während eines seiner Feldzüge die Mauern Babylons, die von den Sassaniden teilweise wiedererrichtet worden waren, um das umschlossene Gebiet als Jagdgrund zu nutzen.« *G. A. Larue/80* (Voraussage *e*)

»87 km südlich des modernen Bagdad liegen die öden, sandverwehten Ruinen der einst stolzen Stadt Babylon.« (Voraussagen *a, b*) *G. A. Larue/11*

Die modernen Wissenschaftler können nur staunen. *George Davis* berichtet: »Professor Kerman Kilprect, der bekannte Archäologe, sagt in seinem Buch *Explorations in Bible Lands in the Nineteenth Century*: ›... Welch ein Kontrast zwischen der antiken Zivilisation und dem heutigen Verfall. [Voraussage *a*] Wilde Tiere – Wildschweine und Hyänen, Schakale, Wölfe und gelegentlich auch Löwen – hausen in der Wildnis.‹« (Voraussage *e*) *G. T. B. Davis b/78f.*

Die Archäologen stehen beklommen vor der gigantischen Aufgabe der Ausgrabungen. *Robert Koldewey,* der durch seine Funde in Babylon bekannt wurde, schreibt im Vorwort zu *Das wiedererstehende Babylon* über die Größe der Arbeit: »Das wird verständlich, wenn man die Größe des Objekts bedenkt, und daß zum Beispiel gewöhnliche Festungsmauern, deren Dicke in andern antiken Städten 3 m oder 6 bis 7 m beträgt, hier in Babylon leicht 17 m oder 22 m Dicke erreichen. Während in vielen antiken Ruinen-Orten die Schuttmassen nicht mehr als 2 bis 3 oder 6 m hoch auf den Fundschichten ruhen, sind hier oft 12 m oder 24 m zu bewältigen, und die ungeheuren Ausdehnungen des einst bewohnten Gebietes entsprechen diesem Grundmaßstab der Ruinen vollkommen.« *R. Koldewey/III*

Werner Keller schreibt in seinem Buch *Und die Bibel hat doch recht*: »30000 Kubikmeter Schutt mußten die deutschen Forscher beiseite räumen, bis sie einen Teil des Marduk-Tempels am Euphrat freigelegt hatten, der unter Nebukadnezar wieder aufgebaut worden war. Das Bauwerk maß einschließlich der Nebengelasse 450 mal 550 Meter! Dem Tempel gegenüber erhob sich die Ziggurat, der Turm des Marduk-Heiligtums.« *W. Keller/255*

10.4 Erfüllungen im einzelnen

Die spezifischen Erfüllungen ergeben sich aus der obigen Geschichte Babylons. Zunächst Voraussage *a*: Babylon sollte zerstört und Sodom und Gomorra gleich werden (Jes 13,19). Man beachte dabei, daß nicht die gleiche *Art* der Zerstörung wie für Sodom und Gomorra vorausgesagt wird.

Austen H. Layard vergleicht in lebendiger Weise die zerstörten Überreste Babylons mit denen Sodoms und Gomorras. Er berührt auch die spezifischen Voraussagen *b*, *c*, *d*, *e* (unbewohnt; keine Araberzelte; keine Herden; Behausung für Wüstentiere): »[. . .] das Gebiet Babylons [ist] eine nackte und scheußliche Einöde. Eulen fliegen aus dem dürftigen Dickicht hervor, und der tückische Schakal schleicht durch die Vertiefungen. Wahrlich, ›so soll Babel, das schönste unter den Königreichen, die herrliche Pracht der Chaldäer, zerstört werden von Gott wie Sodom und Gomorra. Wüstentiere werden sich da lagern, und ihre Häuser werden voll Eulen sein; Strauße werden da wohnen, und Feldgeister werden da hüpfen, und wilde Hunde werden in ihren Palästen heulen und Schakale in den Schlössern der Lust‹, denn ihre Zeit war gekommen.« (Jes 13,19–22) *A. H. Layard a/413*

Floyd Hamilton: »Reisende berichten, daß die Stadt [Babylon] absolut unbewohnt ist, selbst von Beduinen. Es gibt gewisse abergläubische Ansichten unter den Arabern, die sie davon abhalten, dort ihre Zelte aufzuschlagen, während die Natur des Bodens jegliches Pflanzenwachstum, das zur Weide der Herde geeignet wäre, verhindert.« *F. E. Hamilton/310*

Peter Stoner: »Es gibt keine Herden um Babylon.« *P. Stoner/ 93f.*

Über den Ausspruch »Wüstentiere werden sich da lagern« schreibt *A. Layard*: »Eine große Graueule findet sich in großer Zahl, oft in Schwärmen von fast hundert Vögeln, in den niedrigen Büschen zwischen den Ruinen Babylons.« *A. H. Layard a/414*

Noch vielen anderen Reisenden und Archäologen sind die wilden Tiere im ehemaligen Babylon aufgefallen.

Stoner erläutert zur Voraussage, daß man »weder Ecksteine noch Grundsteine aus (Babylon) nehmen« wird (Voraussage *f*): »Ziegel und Baumaterial verschiedenster Art hat man zum Bau der umliegenden Städte aus den Ruinen geborgen, aber die Felsblöcke, deren Import nach Babylon mit so großen Kosten verbunden gewesen war, sind nie entfernt worden.« *P. Stoner/94*

Voraussage *f* ist relativ schwierig. In Jer 51,26 bezieht sich das unpersönliche Pronomen »man« auf niemand Bestimmten, könnte sich also auf den Eroberer beziehen. Wenn ja, dann erfüllte Cyrus der Große, der Eroberer Babylons, die Prophezeiung, die wir gesehen haben. In der Tat fand man zwar Bauziegel aus Babylon anderswo, hier aber geht es, wie Jeremia sagt, um buchstäbliche »Ecksteine« und »Grundsteine«, und einfache Bauziegel können als solche nicht gelten.

Voraussage *g*, »ein Land, das kein Mensch durchzieht«, wird von Peter Stoner so erläutert: »Obgleich nahezu alle antiken Städte beliebte Touristenplätze sind, ist dies bei Babylon nicht der Fall, und es wird selten aufgesucht.« *P. Stoner/94*

Die Erfüllung der Voraussage *h*, daß Babylon »zu einem Wassersumpf« werden soll, wird in der *Encyclopaedia Britannica* deutlich: »Ein großer Teil der alten, unter einem tiefen Schlammbett begrabenen Stadt muß noch gefunden werden. Und das Babylon Hammurabis, von dem man nur die blassesten Spuren gefunden hat, liegt heute unter der Wasserfläche.« *Encycl. Brit. Bd. 2/950*

Austen Layard führt weiter aus: »Der Großteil des Landes unterhalb des alten Babylon ist nun seit Jahrhunderten ein großer Sumpf [...] Die völlig verwahrlosten Ufer der Flüsse sind zerbrökkelt, und die Wasser haben sich über das Land verteilt.« *A. H. Layard a/480*

10.5 Schlußfolgerung

Alle acht Voraussagen haben sich erfüllt. *Floyd Hamilton* schreibt: »Man beachte einmal den Unterschied zwischen den Prophetien über Babylonien und jenen über Ägypten! Die babylonische Nation sollte verschwinden, Ägypten sollte als untergeordnete Nation weiterbestehen und *besteht* auch als solche. Wie geschah es, daß diese beiden unwahrscheinlichen Ereignisse sich genau nach dem Wortlaut der Prophetien zutrugen und daß die Namen nicht vertauscht wurden? *F. E. Hamilton/311*

Werner Keller hebt eine interessante Tatsache hervor: »Babel war nicht nur die Handels-, sondern auch die Kultmetropole, wie aus einer Inschrift ersichtlich wird: ›Im ganzen gibt es in Babylon 53 Tempel der großen Götter, 55 Kapellen des Marduk, 300 Kapellen für die Erdgottheiten, 600 für die Himmelsgottheiten, 180 Altäre für die Göttin Ischtar, 180 für die Götter Nergal und Adad und 12 andere Altäre für die verschiedenen Götter.‹« *W. Keller/315*

Es gab viele Zentren religiöser Verehrung in der Welt der Antike: unter anderem Memfis-Theben, Babylon, Ninive und Jerusalem. Die heidnischen Götzen, für die von den Menschen Gleichrangigkeit mit dem einen Gott, Jahwe, behauptet wurde, waren nie von Dauer, schon gar nicht seit Jesus Christus. Gott verdammte die Städte, in denen dieser Götzenkult blühte. Überlegen wir selbst: Welche von den aufgeführten heidnischen Städten blieb bestehen?

Peter Stoner untersucht die ersten sieben Voraussagen zu Babylon und kommt zu dem unglaublichen Ergebnis einer Wahrscheinlichkeit der Erfüllung von 1 zu 5 Milliarden: »Die Wahrscheinlichkeit der Erfüllung eines jeden Punktes in der babylonischen Prophezeiung errechnet sich wie folgt: 1) 1 zu 10 [für die Zerstörung]; 2) 1 zu 100 [daß die Stadt nie wieder bewohnt werden sollte]; 3) 1 zu 200 [daß Araber dort keine Zelte aufschlagen würden]; 4) 1 zu 4 [daß dort keine Herden lagern würden]; 5) 1 zu 5 [daß wilde Tiere in den Ruinen hausen würden]; 6) 1 zu 100 [daß Eck- und Grundsteine nicht für andere Gebäude verwendet werden sollten]; 7) 1 zu 10 [daß die Ruinen nicht mehr besucht werden]. Dies ergibt eine Wahrscheinlichkeit für die gesamte Prophetie von 1 zu 5 mal 10^9.« Das wäre 1:5000000000. *P. Stoner/95*

10.6 Ninive und Babylon

Zwei kleine Anmerkungen zu den Prophetien über Ninive und Babylon als Einheit sollen noch gemacht werden. Die erste betrifft die Verteidigungsanlagen: Sogar im Ersten Weltkrieg hätte eine Verteidigungsanlage von dem Ausmaß dieser beiden Städte einer ganzen Armee Einhalt geboten. Erst mit der Entwicklung des Flugzeugs und technisch verfeinerter Artillerie wurde das Verteidigungsmittel der Stadtfesten völlig überholt.

Babylon	Ninive
22,5 km Seitenlänge der Mauer	45 m breiter Wallgraben
Wallgraben um die ganze Stadt	60 m hohe Türme (20 Stockwerke)
doppelte Mauer:	innere Mauer:
95 m hoch (30 Stockwerke)	30 m hoch (10 Stockwerke)
27 m breit (14 Autos nebeneinander bzw. 8 Kriegswagen)	15 m breit (8 Autos nebeneinander bzw. 4 Kriegswagen)
100 Tore	
genügend Ackerland in der Stadt	

Wir können eines daraus schließen: Es gibt keine Mauer, die hoch oder dick genug wäre, keinen Wallgraben, der tief genug wäre, und keine Verteidigungsanlage, die stark genug wäre, um Gott oder sein Gericht fernzuhalten. Der Mensch kann ihn nicht mit Mauern ignorieren, genausowenig wie mit Rationalismus oder sonst etwas.

Die zweite Anmerkung betrifft die Wahrscheinlichkeit des Untergangs dieser beiden Städte. Wenn Ninive und Babylon auch in gewisser Hinsicht gleich waren, unterschieden sie sich doch in anderen Aspekten, genauso wie zwei beliebige andere Städte heutzutage, z.B. Hamburg und München. Wenn man heute jemand fragte, welche von diesen beiden Städten jemals vollständig untergehen würde, so würde er sagen: keine von beiden, oder: die eine oder die andere, aber gewiß nicht: beide. Der völlige Untergang des alten Ninive und Babylon steht heute als ein Wunder da, wie es der völlige Untergang von Hamburg oder München samt allen Vororten sein würde. Doch Ninive wie Babylon verfielen – um nie wieder bewohnt zu werden.

Die folgenden Absätze sind ein passender Abschluß zu diesem Abschnitt. Es sind Auszüge aus einem Brief, der als Prolog zu *Edward Chieras* Buch *Sie schrieben auf Ton* veröffentlicht wurde – einem Brief Chieras, den er an seine Frau schrieb, als er in Kish, einer antiken Stadt ca. 13 km östlich von Babylon, Ausgrabungen machte.

»Heute abend bin ich, wie es meine Gewohnheit ist, zum Hügel hinaufgepilgert, der den alten Tempelturm bedeckt. Er befindet sich in nächster Nähe unseres Lagers, und es ist schön, diesen Turm, der die ganze Gegend überragt, zu besteigen. Dies tue ich gewöhnlich abends, nach dem Essen, im hellen Mondlicht. Heute bin ich in der Absicht hergekommen, meine Eindrücke aufzuzeichnen, denn das Schauspiel bewegt mich stets aufs tiefste.

Von unten gesehen, sieht er nicht so hoch aus, wie man es von einem babylonischen Tempelturm erwarten sollte. Erhob der Turm von Babel nicht Anspruch darauf, bis zum Himmel zu reichen? Man findet die Erklärung dafür, wenn man oben ist. Obgleich er ziemlich niedrig ist – kaum über 150 Meter hoch – schweift doch das Auge von seiner Höhe über eine ungeheure Weite ebenen, grenzenlos erscheinenden Landes. Nichts behindert die Aussicht; die Ebene geht allmählich in den Horizont über. In einer Entfernung von etwa 30 Kilometern erhebt sich der hohe Hügel von Kutha. Diese Stadt war dem Nergal, dem Gott der Pest und der Unterwelt geweiht. Die Ruinen von Babylon liegen näher. Rings um den Turm bezeichnen kleine Erdhaufen alles, was von Kisch, einer der ältesten Städte Mesopotamiens, erhalten geblieben ist.

Ringsum breitet sich Wüste aus. Das gelbliche Erdreich ist ausgedörrt und durstig; keine Pflanze kann die sengende Hitze des Sommers überdauern; Schafe und Kamele müssen sich von den dürftigen Resten des Grases nähren, das in den wenigen Wochen nach den Regenfällen wuchs. Das große Netzwerk der Kanäle, die in alter Zeit das Wasser des Euphrats über das Land verteilten, ist heute nur noch durch eine Reihe kleiner, nach allen Richtungen laufender Erdhügel gekennzeichnet. Selbst der Euphrat hat dieses Land verlassen, indem er seinen Lauf änderte. In alten Zeiten floß er ganz nahe bei der Stadt vorbei, gab Wasser in Überfluß und diente zudem als bequemer Verkehrsweg. [. . .]

Eine tote Stadt! Ich habe Pompeji und Ostia besucht, ich bin den leeren Gängen des palatinischen Hügels entlanggewandelt. Aber jene Städte sind nicht tot; sie sind nur zeitweilig verlassen.

Die Geräusche des Lebens sind noch hörbar, und rings umher blüht Leben. Sie sind nur eine Entwicklungsstufe jener Kultur, zu der sie so viel beigetragen haben, und die in ihrer unmittelbaren Nähe weitergeht.

Nur hier herrscht wahrhaft der Tod. Keine einzige Säule, kein einziger Torbogen ragt empor, von der Dauer menschlichen Wirkens zu künden. Alles ist zu Staub zerfallen. Selbst der Tempelturm, das imposanteste unter all diesen alten Bauwerken, hat seine ursprüngliche Form vollkommen verloren. Wo sind nun seine sieben Stufen? Wo ist die breite Treppe, die hinaufführte? Wo ist der Altar, der ihn krönte? Wir sehen nichts mehr als einen Erdhügel – alles, was von den Millionen Steinen, aus denen er erbaut war, geblieben ist. Ganz oben sind noch Spuren von Mauern erhalten. Doch auch sie verloren ihre Form: Zeit und Vernachlässigung haben ihr Werk vollendet.

Zu meinen Füßen sind ein paar von Füchsen und Schakalen gegrabene Löcher. Nachts steigen die Tiere aus ihren Schlupfwinkeln hervor, um mühsam ihre Nahrung zu erbeuten; schattenhaft heben sie sich vom Himmel ab. Heute abend scheinen sie meine Anwesenheit zu wittern und halten sich verborgen; voll Verwunderung vielleicht über den Fremden, der gekommen ist, ihren Frieden zu stören. Der Hügel ist mit weißen Knochen bedeckt, Überbleibseln ihrer Jagdausflüge. Nun wird es allmählich ganz dunkel; der klagende Gesang der Araber ist verstummt. Nichts durchbricht die tödliche Stille. [. . .]

Ein Schakal erhebt nun sein Geheul, das halb klagend, halb drohend klingt. Alle Hunde in dem Araberdorf nehmen sofort die Herausforderung auf, und eine Weile wird der Friede durch Heulen und Bellen gestört.

Es ist nun schon recht dunkel. Die Vorsicht würde empfehlen, sogleich hinabzusteigen, um nicht Gefahr zu laufen, in einen der vielen Gräben zu fallen. Aber ein seltsamer Zauber hält mich fest. Ich möchte die Ursache all dieser traurigen Verlassenheit ergründen. Warum mag wohl eine blühende Stadt, die Hauptstadt eines großen Reiches, vollkommen verschwunden sein? Ist es am Ende ein prophetischer Fluch, dessen Erfüllung einen prächtigen Tempel in einen Schlupfwinkel der Schakale verwandelt hat? Tragen die Handlungen der Menschen, die hier gelebt haben, die Schuld an dem Untergang, oder ist es die unabwendbare Bestimmung des Menschengeschlechtes, daß alle Kulturen in Staub zerfallen müssen, wenn sie ihren Höhepunkt erreicht haben? Und welches

Recht haben wir, der Vergangenheit ihre Geheimnisse zu entreißen, da doch vermutlich wir selbst und unsere Errungenschaften eines Tages eine Fundgrube für spätere Völker sein werden?« *E. Chiera/13–16*

11. Chorazin, Betsaida, Kapernaum

Unser nächstes Thema ist etwas ganz Besonderes: eine erfüllte *neutestamentliche* Prophezeiung. Hören wir zur Einleitung *G. T. B. Davis*: »Wir lesen im Neuen Testament von vier Städten des Altertums, die sich in herrlicher Lage in der Nähe bzw. am Ufer des Galiläischen Meers befanden. Diese Städte waren Kapernaum, Chorazin, Betsaida und Tiberias. Drei von ihnen sind untergegangen; nur die zuletzt genannte steht noch heute.« *G. T. B. Davis b/33*

Die Prophezeiung steht im Matthäusevangelium und wurde von Jesus gegeben.

11.1 Bibeltext und Datierung

Matthäus 11 (um 30 n. Chr.)

20 Da fing er an, die Städte zu schelten, in denen die meisten seiner Taten geschehen waren; denn sie hatten nicht Buße getan:

21 Wehe dir, Chorazin! Weh dir, Betsaida! Wären solche Taten in Tyrus und Sidon geschehen, wie sie bei euch geschehen sind, sie hätten längst in Sack und Asche Buße getan.

22 Doch ich sage euch: Es wird Tyrus und Sidon erträglicher ergehen am Tage des Gerichts als euch.

23 Und du, Kapernaum, wirst du bis zum Himmel erhoben werden? Du wirst bis in die Hölle (Hades) hinuntergestoßen werden. Denn wenn in Sodom die Taten geschehen wären, die in dir geschehen sind, es stünde noch heutigen Tages.

24 Doch ich sage euch: Es wird dem Land der Sodomer erträglicher ergehen am Tage des Gerichts als dir.

Obwohl keine spezifische Prophetie gegeben wird, wie diese Städte zerstört werden sollten, ist Gottes Zorn und Gericht doch unüberhörbar, und die Geschichte hat dies bestätigt.

11.2 Geschichte

Die *Encyclopaedia Britannica* erwähnt kurz Kapernaum: »[...]eine Stadt des Altertums am nordwestlichen Ufer des Galiläischen Meeres in Israel, identifiziert mit dem Ort Tell Hum [...] Ihr Ruhm verhinderte nicht das völlige Verschwinden des Namens und einen langen Streit über ihre tatsächliche Lage.« *Encycl. Brit. Bd. 4/826*

George Davis berichtet: »Ein Erdbeben zerstörte Kapernaum um 400 n. Chr., und zweifellos gingen Chorazin und Betsaida zur selben Zeit unter.« *G. T. B. Davis b/36*

Davis weiter: »Die Lage des antiken Betsaida am Ufer des Sees Genezareth war so herrlich, daß sich der König Albalid I. von Damaskus um das Jahr 700 n. Chr. entschloß, einen großartigen Winterpalast auf den Trümmern dieser Stadt zu erbauen. Fünfzehn Jahre lang arbeiteten seine Handwerker an der Errichtung des Palastes. Dann starb König Albalid, und der große Palast wurde nie vollendet. Im Laufe der Jahrhunderte blieben vom Palast nur noch Ruinen übrig. Alles, was heute noch von der einstigen Pracht vorhanden ist, sind einige Grundsteine und ein Stück Mosaikboden. Archäologen haben dieses Mosaik mit Sand bedeckt, damit es nicht auch noch von Vandalen abgetragen wird und somit alle Spuren des Palastes vergehen.« *G. T. B. Davis b/36f.*

»Lange Jahrhunderte hindurch lagen die Synagoge und der Rest der zerstörten Stadt unter der Erde begraben [...] Jemand bekam die Idee, die alte Synagoge wieder aus den Ruinen erstehen zu lassen. Nach längerer Zeit war ein Teil der Mauern des Gebäudes wieder errichtet und eine Anzahl der Säulen wieder aufgestellt worden.

Dann geschah das Unerwartete. Der Architekt der teilweise wiederhergestellten Synagoge starb plötzlich – genauso wie König Albalid Jahrhunderte zuvor gestorben war, ehe sein Palast in Betsaida vollendet war.« *G. T. B. Davis b/38*

Unger's Bible Dictionary faßt das Schicksal der drei Unglücksstädte zusammen: »Der Untergang, der gegen Kapernaum und die anderen ungläubigen Städte verkündigt wurde (Mt 11,23), hat sich in beachtenswerter Weise erfüllt. Tell Hum – seine heute allgemein akzeptierte Lage – ist eine Masse von Trümmern, angrenzend an Betsaida und Tabgha. Als man dort Ausgrabungen machte, fand man eine Synagoge aus dem 3. Jh. n. Chr.« *M. F. Unger d/180*

Davis schließt mit einem Kommentar über Tiberias: »Nicht ein Wort des Gerichtes wurde seitens unseres Herrn gegen die Stadt Tiberias verkündet. Sie wurde mehrmals teilweise zerstört, aber immer wieder aufgebaut.« *G. T. B. Davis b/40*

»Jedesmal«, fügt Davis hinzu, »wenn wir Tiberias und die Gegenden um den See Genezareth besuchten, wurden wir erneut von der Wahrhaftigkeit und der übernatürlichen Inspiration des Wortes Gottes beeindruckt. Da liegen die Trümmer dreier Städte, zerstört genau nach der Voraussage unseres Herrn, während eine Stadt, Tiberias, über die kein Wort des Gerichtes gefallen war, nach neunzehn langen Jahrhunderten immer noch steht und blüht.« *G. T. B. Davis b/41*

12. Jerusalems Erweiterung

Jeremia, der von 626 bis 586 v. Chr. lebte, machte in Kapitel 31,38–40 eine überraschende Voraussage. Er legte einen Plan für das Wachstum der Stadt Jerusalems vor.

12.1 Bibeltext und Datierung

Jeremia 31 (626–586 v. Chr.)

38 Siehe, es kommt die Zeit, spricht der HERR, daß die Stadt des HERRN gebaut werden wird vom Turm Hanael an bis ans Ecktor;

39 und die Meßschnur wird weiter geradeaus gehen bis an den Hügel Gareb und sich nach Goa hin wenden.

40 Und das ganze Tal der Leichen und der Asche und die Hänge bis zum Bach Kidron, bis zu der Ecke am Roßtor im Osten, wird dem HERRN heilig sein. Und die Stadt wird niemals mehr eingerissen und abgebrochen werden.

12.2 Erfüllung

Diese Prophetie könnte vage klingen, wenn man sich nicht die Karte am Schluß dieses Abschnitts ansieht. *George T. B. Davis* beschreibt die Erfüllung dieser Prophetie in seinem Buch *Fulfilled Prophecies That Prove the Bible.* Er stützt sich dabei auf G. Olaf

Matsons Heft »The American Colony Palestine Guide«. Im folgenden eine freie Nacherzählung und Zitate aus Davis' Buch. *G. T. B. Davis a/88–104*

»Es wäre schwierig, eine biblische Prophetie zu zitieren, die genauer und anschaulicher wäre als diese Voraussage Jeremias über die oft zerstörte Stadt Jerusalem.« *G. T. B. Davis a/90*

Jeremia nennt klare Orientierungspunkte bei seiner Skizze des Verlaufs der ungewöhnlichen Vergrößerung dieser Stadt. Diese Punkte überdauerten viele Jahrhunderte, bis einige von ihnen durch die Stadterweiterung zerstört wurden, d.h. durch die Erfüllung der Prophetie.

Sacharja ergänzt Jeremias Aussagen auf einem Gebiet. In Sach 14,10 heißt es:

> »Und das ganze Land wird verwandelt werden in eine Ebene, von Geba bis nach Rimmon im Süden. Aber Jerusalem wird hoch liegen und an seiner Stätte bleiben, vom Tor Benjamin bis an die Stelle des ersten Tors, bis an das Ecktor, und vom Turm Hanael bis an des Königs Kelter.«

Wir wollen uns nun die Prophetie Punkt für Punkt vornehmen. Für einige der Orientierungspunkte werden wir moderne Bezeichnungen einsetzen. Wie ein Blick auf einen Stadtplan lehrt, ging die von Jeremia vorausgesagte Erweiterung der Stadt hauptsächlich in nördlicher Richtung vor sich.

Der Hanael-Turm stand an der Nordwestecke des Tempelbezirks; das Ecktor befand sich in der Nähe des heutigen Jaffa-Tors. Das Gebiet zwischen diesen beiden Punkten liegt innerhalb der heutigen Altstadt und wurde lange vor unserer Zeit, jedoch nach Jeremia, bebaut.

Der Hügel Gareb liegt nordöstlich des ehemaligen Ecktors und beherbergt heute u.a. die russische Kathedrale. Er wurde in unserem Jahrhundert, zumeist von Juden, aufgekauft.

Auf dem Hügel Goa liegt das Schnellersche Waisenhaus (= 4 auf der Karte von Stoner, s.u.). Bis vor kurzem verlief hier die nordwestliche Stadt- und Bebauungsgrenze. Die Hauptverbindung von der Altstadt zum Hügel Goa ist die Jaffa Road, und die Stadterweiterung nach Nordwesten verlief ungefähr entlang dieser Straße (= 3 auf der Karte).

Punkt 5 auf der Karte markiert das »Tal der Leichen«, heute eine staatliche Baumschule und früher ein Friedhof. Die Königskelter aus Sach 14,10 lag nördlich dieses Tals. Seit 1925 entstand in diesem Gebiet ein neues Viertel der jemenitischen Juden.

Die in Jer 31,40 erwähnte »Asche« war noch Anfang unseres Jahrhunderts im Südosten des Hügels Goa zu sehen. Es handelte sich ganz buchstäblich um Aschehaufen, wahrscheinlich die Überreste von Opfern im Tempel. Da sie sich gut zur Herstellung von Mörtel eignete, wurde die Asche zwischen 1900 und 1930 allmählich für verschiedene Bauvorhaben abgetragen. Auch dieses Gebiet (= 6 auf der Karte) wurde bebaut.

7, 8 und 9 auf der Karte markieren die Abhänge zum Kidrontal. Die Stadt wird wohl nicht zuletzt in dieser Richtung weiterwachsen; als *Davis* sein Buch fertigstellte (Copyright 1931), war in die-

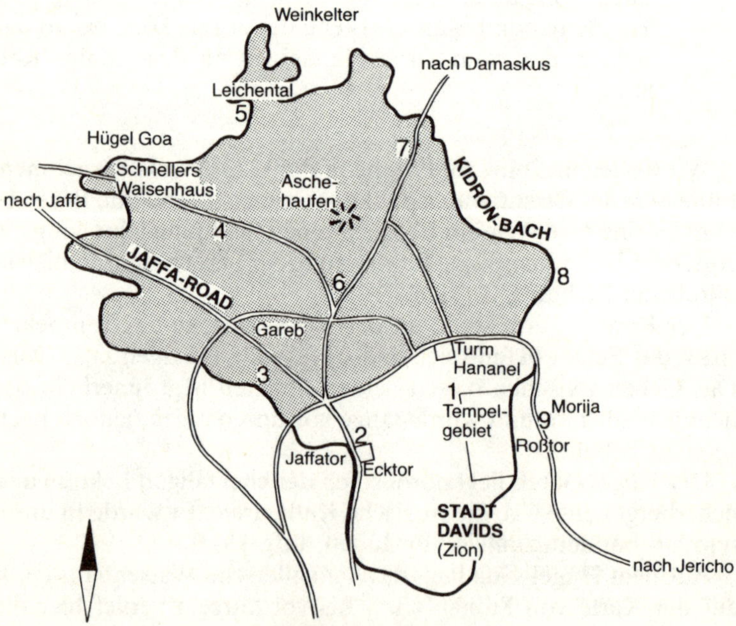

ALTJERUSALEM (weiß)
und **ERWEITERUNGEN** (punktiert)

sem Gebiet eine rege Bautätigkeit zu beobachten. Das Roßtor war in der Ostmauer des alten Jerusalem, nicht weit von dem heutigen (zugemauerten) Goldenen Tor.

Das Wachstum der Stadt ist Punkt für Punkt nach der bei Jeremia gegebenen Reihenfolge verlaufen. Es gibt andere Prophezeiungen, die die Stadterweiterung in südlicher Richtung behandeln, und auch hier ist die Geschichte treu der Prophetie gefolgt.

Jeremia (31,40) schloß die Prophetie (die ungefähr zwischen 1880 und 1935 erfüllt wurde) mit diesen Worten. »... wird dem HERRN heilig sein. Und die Stadt wird niemals mehr eingerissen und abgebrochen werden.« *Davis* kommentiert dazu (man beachte, daß sein Buch vor 1948 entstand!):

»Wie bald dieser letzte Teil der Prophezeiung, daß all dies dem Herrn heilig sein wird, sich verwirklichen wird, und auf welche Weise dies geschehen wird, ist eine Frage, die in unserer Zeit mit ihren politischen und rassischen Antipathien und Kämpfen leichter zu stellen als zu beantworten ist. Doch wird es zweifellos zur rechten Zeit geschehen, gerade so wie auch der mehr materielle Teil der Prophetie eingetroffen ist: und es wird auf eine genau so natürliche Art sein.« *G. T. B. Davis a/104*

Peter Stoner hat auf seiner Karte (s. dort) neun Punkte zur Erweiterung Jerusalems markiert. Er bemerkt dazu: »Die ersten Erweiterungen der Stadt decken die Punkte 1 und 2 ab und liegen innerhalb der Mauer Suleimans. Vor 50 Jahren [Stoners Buch erschien 1963] dehnte Jerusalem sich über die Mauer hinaus aus und wuchs in Richtung von Nummer 3. [...] Die Prophezeiung nannte also für die Erweiterung Jerusalems neun Punkte. Sie sagte erstens voraus, daß die Stadt wachsen würde, und nannte dann die Reihenfolge des Wachstums.« *P. Stoner/88*

Peter Stoner erläutert die Wahrscheinlichkeit der Erfüllung dieser Prophetie:

»Es ist ziemlich leicht, die Anzahl der Wachstumsmöglichkeiten der Stadt Jerusalem für die ersten neun Phasen zu finden. Die alte Stadt hatte sechs Ecken. Gewiß hätte das Wachstum von jeder dieser Ecken ausgehen können, ganz zu schweigen von den Seiten. Wir wollen einmal sagen, daß die erste Weiterentwicklung bei irgendeiner der alten Ecken hätte anfangen können. Nach dem Ausbau von Punkt 1 hätte man von jeder der alten Ecken weiterbauen können oder in irgendeine dieser Richtungen von Punkt 1 aus vorgehen können; somit hätte die zweite Ausdehnung von irgendeiner von acht Stellen kommen können. Fährt man damit bei den neun Punkten fort und multipliziert die Resultate miteinander, so erhielten wir für die Wahrscheinlichkeit der Erfüllung dieser Prophetie Jeremias vom menschlichen Wissen her eine Chance von 1 zu 8 mal 10^{10}.« *P. Stoner/88*

Die Wahrscheinlichkeit beträgt also 1:80000000000.

13. Palästina

13.1 Bibeltext und Datierung

3. Mose 26 (1520–1400 v. Chr.)

31 Und ich will eure Städte wüst machen und eure Heiligtümer verheeren und will den lieblichen Geruch eurer Opfer nicht mehr riechen.

32 So will ich das Land wüst machen, daß eure Feinde, die darin wohnen werden, sich davor entsetzen.

33 Euch aber will ich unter die Völker zerstreuen und mit gezücktem Schwert hinter euch her sein, daß euer Land soll wüst sein und eure Städte zerstört.

Hesekiel 36 (592–570 v. Chr.)

33 So spricht Gott der HERR: Zu der Zeit, wenn ich euch reinigen werde von allen euren Sünden, will ich die Städte wieder bewohnt sein lassen, und die Trümmer sollen wieder aufgebaut werden.

34 Das verwüstete Land soll wieder gepflügt werden, nachdem es verheert war vor den Augen aller, die vorüberzogen.

35 Und man wird sagen: Dies Land war verheert, und jetzt ist's wie der Garten Eden, und diese Städte waren zerstört, öde und niedergerissen und stehen nun fest gebaut und sind bewohnt.

Unser letztes Thema ist Palästina. Dies ist ein Gebiet, auf dem jegliche Dokumentation praktisch unnötig ist, weil die Erfüllung sich vor unseren Augen zuträgt. Doch je tiefer man Einblick gewinnt, um so faszinierender wird es. Was die Datierung betrifft, so gehört das 3. Buch Mose zum Pentateuch. *Unger's Bible Diction-*

ary setzt das Datum seiner Niederschrift auf ca. 1520 bis 1400 v. Chr. fest (die Lebenszeit Moses). Der letzte Bibeltext aus Hesekiel ist auf 592 bis 570 v. Chr. datiert. Wenn man die Erfüllungen untersucht, so wird jeglicher Versuch einer späteren Datierung einfach lächerlich. Folgendes sind die Voraussagen:

13.2 Voraussagen

a) Palästinensische Städte werden der Wüste ähneln (3 Mo 26,31.33).
b) Verwüstung wird über die Heiligtümer einbrechen (3 Mo 26,31).
c) Verwüstung wird über das Land kommen (3 Mo 26,32.33).
d) Palästina wird von Feinden bewohnt sein (3 Mo 26,32).
e) Das Volk Israel wird zerstreut sein (3 Mo 26,33).
f) Man wird die Juden verfolgen (3 Mo 26,33).
g) Palästina wird wieder von den Juden bewohnt werden, die Städte werden wiedererstehen, und das Land wird wieder bebaut werden (Hes 36,33–35).

13.3 Geschichte

Die Erfüllungen begannen erst nach Christus. *John Urquhart (Die erfüllten Weissagungen)* dient uns als ausgezeichnete Quelle.

Die Warnung in 3 Mo 26 – so beginnt John Urquhart – begleitet die Juden gleich bei ihrem Einzug in das Verheißene Land. Mose warnte sie, daß dieses schreckliche Schicksal über sie kommen würde, wenn sie gegen den göttlichen Plan Jahwes sündigten.

Das wurde im Jahre 70 n. Chr. Wirklichkeit, als die Römer das Land zerschlugen, zertrümmerten und zerrissen, während die Einwohner sich den Eindringlingen fanatisch widersetzten. Die Römer zerstörten alles, was den Judaismus ausmachte (Voraussage *c*). Der Tempel wurde zertrümmert und verbrannt. Das greuliche Bild eines Schweines ruhte über dem Bethlehem-Tor. Seit dieser Zeit brachten die Juden keine Opfer mehr dar, und der alte Gottesdienst fand ein abruptes Ende (Voraussage *b*). Die Zerstreuung der Juden ist eine allgemein bekannte historische Tatsache. Sie wurden entwurzelt; doch geschah das noch nicht ganz bei der ersten römischen Zerstörung Palästinas. Damals wurden die Juden zwar zu Boden geworfen, aber nicht eigentlich zerstreut. Diese Voraussage erfüllte sich jedoch total im Jahre 135 n. Chr., als das ganze Land von Hadrian beschlagnahmt und den Heiden verkauft wurde. Von der Zeit an hatten die Heiden, die Feinde der Juden, die Herrschaft über Palästina. Und obgleich die Eigentümer des Landes oft wechselten, kennzeichnete sie stets zweierlei: heidnische Herkunft und Feindseligkeit gegen die Juden (Voraussage *d, e*). *J. Urquhart/73–78*

Doch die Erfüllung der jüdischen Zerstreuung schien der Erfüllung der Verwüstung der Städte im Wege zu stehen. Die neuen Landbesitzer erbauten die Städte wieder, und das Land war weit entfernt von Verödung. Unter Konstantins Herrschaft wurden neue Kirchen an berühmten biblischen Stätten errichtet. Das Land wurde so stark, daß dadurch die persische Invasion unter Chosroës (Chosrau) im 7. Jh. behindert wurde. Später hielt Jerusalem vier Monate arabischen Angreifern stand. Die Kreuzritter (11. Jh.) sahen zwar noch die Stärke der Städte Palästinas, doch die Prophezeiung über diese Städte war keine leere Drohung gewesen und hatte sich inzwischen längst erfüllt (Voraussage *a*). *J. Urquhart/78–80*

Werner Keller schreibt: »Aus den Jahren nach 70 finden die Archäologen in Palästina nichts mehr, was baulich von Israel Zeugnis ablegen könnte, nicht einmal einen Grabstein, der eine jüdische Inschrift trägt. Die Synagogen wurden zerschlagen, auch von dem Gotteshaus im stillen Kapernaum blieben nur Trümmer. Eine unerbittliche Schicksalshand hatte Israels Rolle in der Partitur der Staaten gestrichen.« *W. Keller/412*

Mark Twain erwähnt in seinem Buch *Die Arglosen im Ausland* unter anderem die Ebene Jesreel; seine Eindrücke aus dem Jahre 1869: »In seiner [des Tals] ganzen Ausdehnung gibt es kein einziges Dorf – dreißig Meilen in jeder beliebigen Richtung auch nicht. Es gibt nur zwei oder drei kleine Grüppchen Beduinenzelte, aber keine einzige beständige Siedlung. Man kann in dieser Gegend zehn Meilen weit reiten, ohne zehn menschlichen Wesen zu begegnen« (Voraussage *c*). *M. Twain/446*

Mark Twain geht mit gewissen idyllischen Reisebeschreibungen Palästinas ins Gericht. Nachdem er Auszüge aus zweien zitiert hat, fährt er fort: »Ich habe zwei angemessene Proben davon gegeben, welcherart die Zeugnisse sind, die die meisten Schriftsteller, welche diese Gegend besuchen, anzubieten haben. Der eine sagt: ›Von der Schönheit der Szene kann ich nicht genug reden‹, und geht daran, etwas mit einem Gewebe glitzernder Sätze zuzudekken, das sich, wenn man es zur Nachprüfung entblößt, als ein bescheidenes Wasserbecken, etwas bergige Einöde und ein Baum erweist. Nach einem gewissenhaften Versuch, aus denselben Materialien unter Beifügung eines ›ernsten und stattlichen Storches‹ ein irdisches Paradies zu bauen, verdirbt der andere alles dadurch, daß er zum Schluß aus Versehen doch die entsetzliche Wahrheit ausplaudert. [. . .] Die Verehrung und die Gemütsbewegung, die manche dieser Männer angesichts der Bilder empfanden, von denen sie sprachen, erhitzten ihre Phantasie und machten sie voreingenommen; aber die angenehmen Unwahrheiten, die sie schreiben, waren zumindest voll ehrlicher Aufrichtigkeit.« *M. Twain/470f.*

Mark Twains Buch (es entstand aus einer touristischen Mittelmeer- und Palästinareise, an der er als Journalist teilnahm) ist voll von Ironie und sarkastischer Beobachtungsgabe, aber durch den ironischen Ton hindurch wird die schier öde, hoffnungslose Atmosphäre, die sich ihm in Palästina bot, sehr deutlich. Er schildert es gewissermaßen als ein im wörtlichen Sinne gottverlassenes Land. Im Anschluß an die Beschreibung der Einsamkeit der Ebene Jesreel (s. o.) zitiert er die Prophezeiung aus 3 Mo 26,32–33 und sagt: »Niemand, der hier neben dem verlassenen Ain Melleha steht, kann sagen, die Prophezeiung sei nicht erfüllt worden.« *M. Twain/446*

John Urquhart zitiert Rabbinowitz, der das Gebiet auf eine mögliche jüdische Wiederansiedelung hin untersuchte: »Aber mittlerweile dauert das Gericht an. Rabbinowitz, der 1882 nach Palästina ging, um zu untersuchen, ob die Stämme mit ›dem wandernden Fuß und der müden Brust‹ nicht eine Zuflucht in ihrer alten Heimat finden könnten, mußte den Gedanken aufgeben. Er war gezwungen, einzuräumen, daß die Armut des Bodens und der Druck der türkischen Regierung die Rückkehr zur Unmöglichkeit machten.« *J. Urquhart/78*

»Nach dieser Prophetie«, schreibt *Floyd Hamilton* im Jahre 1927, »sollten die Städte des Landes verwüstet und das Land eine Einöde sein. Das Palästina von heute ist ein Land der Ruinen. In fast keinem anderen Land sind die Ruinen der Städte und Dörfer so zahlreich wie heute in Palästina. Das Land, das früher eine so große Bevölkerung ernährte, liegt nun unfruchtbar da und kann nur einen Bruchteil der früheren Einwohnerzahl ernähren.« *F. E. Hamilton/316*

Die Verfolgung der Juden (Voraussage *f*) ist eine der grauenvollsten und bekanntesten Tatsachen der Geschichte, und das nicht erst seit Hitlers Versuch zur »Endlösung«. Sie gibt uns ein deutliches Bild von der Fähigkeit des Menschen zum Bösen. Hier in geraffter Form die Darstellung bei *John Urquhart*, der im 19. Jh. schrieb *(J. Urquhart/181ff.)*:

Im 2. Jh. n. Chr. fanden auf Zypern, in Ägypten, Babylonien und Kyrene Revolten der Juden statt, die mit aller Härte niedergeschlagen wurden. In Zypern wurden die Juden unter Androhung der Todesstrafe für vogelfrei erklärt, und selbst Schiffbruch galt nicht als Entschuldigung. Ägypten verfolgte sie dermaßen, daß nach Meinung mancher Forscher mehr Juden in diesem Gemetzel umkamen als einst unter Mose von dort fliehen konnten.

Die Geschichte der Juden ist Verfolgung. Manchmal hatten sie sie selbst mit heraufbeschworen. Im 7. Jh. halfen sie den Persern bei der Eroberung Jerusalems und metzelten ihre christlichen Gefangenen wie auch die persischen christlichen Gefangenen nieder. Dieses Vorgehen sollte sich als Schuß nach hinten herausstellen. Nicht viel später begann Peter von Amiens (der Einsiedler od. der Eremit) den ersten Kreuzzug, jedoch nicht ins Heilige Land, sondern durch Deutschland, wo man zur Verteidigung der »christlichen« Heimat in irrsinniger Wut alle Juden umbrachte, derer man unterwegs habhaft wurde. Niemand hatte daraus gelernt; denn schon 50 Jahre später wütete derselbe Wahnsinn im Rheinland. Die Juden litten bei jedem Volksaufstand in diesem Land.

Milman weist darauf hin (in seinem Buch *History of the Jews*, S. 222, 223), daß diese periodischen Ausbrüche nicht durch bestimmte Ereignisse entfacht wurden, sondern aus einem tiefen, verborgenen Haß kamen, der keine Grenzen kannte. Den Juden wurde die Schuld an der Schwarzen Pest zugeschoben: So kamen die »Geißler« oder »Flagellanten«, eine irrsinnige Bewegung von Schwärmern, die hinter einem Kruzifix herzogen und sich selbst für ihre Sünden mißhandelten, zu dem Trugschluß, daß sie zur Ehre Gottes und als Buße die Juden in Frankfurt und andernorts plündern und umbringen müßten. Man verbreitete auch Gerüchte über vergiftete Brunnen, gekreuzigte Kinder, gestohlene und geschändete Hostien. Die Juden konnten keinen fairen Schutz des Gesetzes finden. Sie zerstreuten sich und wanderten von Ort zu Ort: Braunschweig, Österreich, Franken, Rheinland, Schlesien, Brandenburg-Preußen, Böhmen, Litauen und Polen. Diese Menschen waren gehaßte Fremdlinge in einer Welt voller Sünde.

Urquhart nimmt den Faden bei Milman auf und berichtet, daß selbst ein so fortschrittlicher Herrscher wie Friedrich der Große imstande war, die Juden zu drangsalieren.

England war kaum besser. Beraubt und geschunden, starben bei einem Aufruhr in York 500 bis 1500 Juden. Ihr gesamter Besitz wurde Ende des 13. Jhs. beschlagnahmt, und sie selbst wurden brutal aus dem Reich verstoßen und erst unter Charles II. wieder hereingelassen.

Eine Zeitlang war Frankreich ein Garten Eden für sie. Sie hatten Ämter und hohe Stellungen inne und waren sehr belesen und gelehrt; doch gerade diese hohe Position bedeutete schließlich um so größere Unterdrückung für sie. Sie wurden von den Erben der Edlen, deren Ratgeber sie einst gewesen waren, versklavt und ausgebeutet. Philipp II. August verbannte sie, nachdem er sie beraubt hatte. Gegen einen Preis erlaubte man ihnen zurückzukehren; aber zu spät fanden sie heraus, daß es eine Falle war. Louis VIII. verbot ihnen, Schuldzinsen einzuziehen, und verurteilte sie zur Leibeigenschaft. In Paris inszenierte der Pöbel 1239 einen Aufstand gegen sie, ähnlich wie es die Deutschen getan hatten. Zwischen ca. 1400 und 1794 wurden die Juden in ganz Frankreich für vogelfrei erklärt.

Ihre Geschichte in Spanien ist noch schlimmer.

Der Haß seitens vieler anderer unerwähnter Länder ist ebenfalls bekannt.

»Die Verachtung und der Haß, mit dem die Juden [. . .] betrachtet werden, ist bekannt«, schreibt Urquhart, »und das Beben des Herzens, wovon der Prophet sprach, hat noch jetzt nicht aufgehört.« *J. Urquhart/184*

An diesem Punkt mag man sich daran erinnern, was ein pharisäischer Jude vor dem Fall Jerusalems schrieb:

»Alle haben ja gesündigt und ermangeln des Ruhmes, den Gott verleiht« (Röm 3,23/Menge).

Es muß angesichts des Hasses und der Ungerechtigkeit in der Welt einen Gott geben, der Liebe und Gerechtigkeit kennt und der die Waagschalen ausgleichen und den Haß auslöschen wird. Mit anderen Worten: Es muß einen gerechten Gott geben, der alle Ungerechtigkeit der Menschen ausgleichen wird. Gott sei Dank – es gibt ihn!

Die Juden kamen in ihr Land zurück. *George Davis* kann 1955 schreiben:

»Die Rückkehr von über einer Million Juden in das Land Israel, nachdem sie fast 2000 Jahre lang nicht mehr in ihrem alten Heimatland gewesen waren, ist eines der erstaunlichsten und bemerkenswertesten Wunder aller Zeiten. Das Überraschendste an dieser Rückkehr der Juden in ihr Heimatland ist jedoch: Sie wurde bis ins einzelne vor 2500 Jahren durch den Propheten Jeremia vorausgesagt.« (Voraussage *g*) *G. T. B. Davis b/1*

Das Land soll wieder bebaut werden: »Seit vielen Generationen war der Negev im südlichen Teil Israels im großen und ganzen eine trockene und abgeschiedene Wüste. Es gab ein paar Städte und Dörfer im Negev, aber ein großer Teil der Bewohner waren umherstreifende Scharen von Beduinen. Heute werden einzelne Gebiete des lange unfruchtbaren Negevs kultiviert, und allmählich wird Wüste zu fruchtbarem Land.« *G. T. B. Davis b/80*

Und die Städte sollen wiedererstehen: »Jahrelang«, schreibt Davis, »war Beerseba ein schläfriges Araberdorf mit primitiven Bauten. Aber nicht lange nach der Inbesitznahme des Negevs durch die Juden im arabisch-jüdischen Krieg zeichnete sich in Beerseba eine Veränderung ab. Es begann langsam. Als ich 1950 Beerseba besuchte, zwei Jahre nach dem Krieg, gab es nur wenige sichtbare Zeichen des Fortschritts. Drei Jahre später, als ich wieder nach Beerseba kam, war die Entwicklung der Stadt in vollem Gange. Moderne Häuser traten an die Stelle verfallener Behausungen, als viele der Juden ihre Heimat in Beerseba einrichteten. Man zeigte mir ein Gebiet außerhalb der alten Stadt, wo das Geschäftszentrum von Beerseba entstehen sollte, und ein Gelände, das für Baufirmen bestimmt war. Die Einwohnerzahl der Stadt ist bereits auf mehr als 20000 angewachsen und steigt immer noch weiter.« *G. T. B. Davis b/85*

13.4 Ergebnis

Ein verwüstetes Land ist wieder lebendig geworden, vergessene Orte stehen wieder im Brennpunkt der Weltgeschichte. Es gibt kaum eine Prophezeiung, deren Erfüllung in den vergangenen 19 Jahrhunderten unwahrscheinlicher erscheinen mußte, als die Wiederherstellung Israels als Staat im eigenen Land. Aber die Erfüllung ist gekommen.

Peter Stoner schätzt die Wahrscheinlichkeit der Erfüllung der Prophetien über Palästina auf 1:200000. Im einzelnen:

a) Die Städte ähnelten der Wüste: 1 zu 10
b) Verwüstung kam über die Heiligtümer: 1 zu 2
c) Das Land wurde verwüstet: 1 zu 10
d) Feinde bewohnten Palästina: 1 zu 2
e) Die Juden wurden zerstreut: 1 zu 5
f) Die Juden wurden verfolgt: 1 zu 10
g) Die Juden sammeln sich wieder, bauen die Städte und kultivieren das Land wieder: 1 zu 10. *P. Stoner/90f.*

14. Prophetische Wahrscheinlichkeit

Hier ist *Peter Stoner* mit seinem Buch *Science Speaks* eine ausgezeichnete Quelle. *P. Stoner/95–98*

Für acht der Prophezeiungen, die wir betrachtet haben, und drei von Stoner, bestehen folgende Wahrscheinlichkeiten der Erfüllung:

Tyrus	1 zu 7,5 mal 10^7
Samaria	1 zu 4 mal 10^4
Gaza und Aschkelon	1 zu 1,2 mal 10^4
Jericho	1 zu 2 mal 10^5
Das Goldene Tor	1 zu 10^3
Zion gepflügt	1 zu 10^2
Jerusalem erweitert	1 zu 8 mal 10^{10}
Palästina	1 zu 2 mal 10^5
Moab und Ammon	1 zu 10^3
Edom	1 zu 10^4
Babylon	1 zu 5 mal 10^9

Die Wahrscheinlichkeit der Erfüllung aller dieser 11 Prophezeiungen, wenn sie in menschlicher Weisheit niedergeschrieben worden wären, errechnet man, indem man die obigen Wahrscheinlichkeitsraten miteinander multipliziert, und das Resultat ist $1:5{,}76 \times 10^{59}$.

Mancher mag sagen, die Schätzungen seien bei einigen Prophezeiungen zu hoch und sollten verringert werden. Andere meinen vielleicht, daß einige Prophezeiungen miteinander verbunden werden müßten und daß sie daher niedriger zu schätzen wären. Das mag wohl zutreffen, und ich schlage vor, daß solche Leser die Prophetien noch einmal durchgehen und eigene Schätzungen aufstellen. Sie werden sich als immer noch groß genug herausstellen, daß man zu triftigen Schlußfolgerungen kommt. Man kann auch noch weitere Prophezeiungen in Betracht ziehen und die Wahrscheinlichkeit ihrer Erfüllung errechnen. Dazu eignen sich z.B. Prophetien wie die über Sidon (Hes 28,20–23) oder die Straße zwischen Ägypten und Assyrien (Hes 29,12–14; 30,13; Jes 19) u.a. Ich bin sicher, daß es mehr als genug erfüllte Prophezeiungen gibt, um zur obigen Wahrscheinlichkeitsrate zu gelangen, selbst wenn die Schätzungen sehr vorsichtig sind.

Andere mögen behaupten, daß diese Berichte in der Bibel keine Prophetien, sondern historische Aufzeichnungen seien, die man nach den Ereignissen niedergeschrieben habe. Dies ist absurd; denn alle diese Prophetien befinden sich im Alten Testament, und die Niederschrift jeder einzelnen datiert aus der Zeit vor Christus. Eine dieser Prophezeiungen erfüllte sich völlig vor Christus. Zwei fanden ihre Erfüllung zum kleinen Teil vor Christus und zum Großteil nach Christus. Alle anderen Prophetien, die wir betrachtet haben, erfüllten sich vollständig nach Christus. Wenn wir alle Schätzungen für die Teile der Prophezeiungen ausließen, die sich vor Christus erfüllten, so wäre die Wahrscheinlichkeitsrate immer noch groß genug, daß man die Kraft ihres Argumentes nicht erfassen könnte.

Versuchen wir, uns die Wahrscheinlichkeit von $1:5{,}76 \times 10^{59}$ bildlich vorzustellen. Wir können sie ruhig auf 5×10^{59} abrunden. Nehmen wir an, wir hätten diese Anzahl von amerikanischen Silberdollars. Wie groß wäre solch ein Haufen?

Das Volumen der Sonne ist über eine Million mal so groß wie das der Erde; dennoch könnten wir aus 5×10^{59} Silberdollars 10^{28} Silberbälle von der Größe der Sonne machen!

Unsere Sternengruppe, die Milchstraße, besteht aus allen Sternen, die in dieses Sternensystem gehören. Es ist eine unvorstellbar große Menge von wenigstens 100 Milliarden Sternen, wobei jeder Stern im Durchschnitt so groß wie unsere Sonne ist. In großer Entfernung von unserer Galaxis befinden sich andere Galaxien, ähnlich der unsrigen, die etwa die gleiche Menge Sterne enthalten. Wollte man nun die 100 Milliarden Sterne zählen, und zwar 250 Sterne pro Minute, so bräuchte man 750 Jahre dazu – Tag und Nacht – und hätte doch nur die Sterne einer einzigen Milchstraße gezählt.

(Zur Beachtung: Es handelt sich hier nur um ungefähre Angaben mit ein- oder zweistelligen Zahlen.)

Man hat geschätzt, daß das Weltall ungefähr 2 Billionen Milchstraßen enthält, von denen jede ca. 100 Milliarden Sterne umfaßt. Mit unseren 5×10^{59} Silberdollars könnten wir alle diese Sterne in allen Galaxien 2×10^5 mal herstellen.

Nehmen wir weiter an, wir hätten einen der Silberdollars gekennzeichnet und ihn unter den gesamten Haufen gemischt, ehe wir die Bälle von der Größe der Sonne daraus formten. Nun nehmen wir einen Mann, verbinden ihm die Augen und sagen ihm, er solle jeden einzelnen dieser großen Bälle untersuchen und den Dollar, den er für den richtigen hält, heraussuchen. Welche Chance hätte er, den richtigen zu finden? Wenn unser Mann mit den verbundenen Augen Tag und Nacht mit 100 km Geschwindigkeit reiste, würde er 5 Jahre benötigen, um einen Stern einmal zu umrunden. Damit hätte er zwar nur eine sehr dürftige Chance, den gekennzeichneten Dollar zu finden, aber selbst diese ziemlich kurze Zeit pro Stern würde für jede Milchstraße 500 Milliarden Jahre ausmachen. Gesetzt den Fall, unser Mann wäre äußerst schnell und könnte alle Dollars in 100 Milliarden Sternen in einer Sekunde überblicken (anstatt in 500 Milliarden Jahren), so benötigte er insgesamt immer noch ca. 3×10^9 Jahre. Das wären also 3 Milliarden Jahre. Es ist absurd zu meinen, er habe wirklich eine Chance, den richtigen Dollar zu erwischen.

Die Wahrscheinlichkeit nun, daß alle diese 11 Prophezeiungen in Erfüllung gingen, wenn sie in menschlicher Weisheit gemacht worden wären, ähnelt der Chance, die der Mann mit den verbundenen Augen hätte, um den richtigen Dollar zu finden. Doch diese Prophetien und viele andere dazu haben sich alle bewahrheitet. Wir können darum nur zu einer Schlußfolgerung kommen: daß nämlich Gott die Niederschrift jeder einzelnen dieser Prophezeiungen inspirierte. Welch stärkeren Beweis könnte irgendein Mensch für die Inspiration der Bibel fordern?

In Jesaja 41,23 schleuderte der Prophet den heidnischen Göttern diese Herausforderung ins Gesicht: »Verkündigt uns, was hernach kommen wird, damit wir erkennen, daß ihr Götter seid!«

Gott hat diese Herausforderung angenommen. Er hat unzählige Ereignisse, die in der Zukunft geschehen sollten, vorausgesagt. Sie sind der Weissagung entsprechend eingetroffen, wenngleich die Erfüllung in einigen Fällen Tausende von Jahren auf sich warten ließ. Gott hat bewiesen, daß er unser übernatürlicher Gott aller Weisheit ist. Uns bleibt keine Alternative, als zu glauben.

Was scheinbar ein großer Schlag gegen den christlichen Glauben war – die Besetzung des Heiligen Landes durch die Moslems und das Scheitern der Kreuzzüge – ist in Wirklichkeit ein großer Sieg für den Christen. Die Moslems beschleunigten die endgültige Erfüllung vieler Prophetien. Wie viele für den Untergang bestimmte Städte, die wir oben erwähnt haben, fielen im Zuge der moslemischen Invasionen? (Tyrus, Petra, Samaria, Aschkelon) Es ist eine ziemliche Ironie, daß der offensichtliche Feind des Christentums sich bei näherem Betrachten als eine Hauptschachfigur herausstellt, die Gott gebraucht, um seinen Vorsatz in diesem Zeitalter der Gemeinde auszuführen.

Die überwältigende Wahrheit, die als Ergebnis dieses Studiums so deutlich hervorsticht, ist die, daß Gott seine Hand direkt in aller Geschichte hat. Diese Propheten hatten keine Kontrolle über die Erfüllungen und behaupteten auch nie, in eigener Autorität zu reden. Sie beanspruchten, Propheten des lebendigen Gottes zu sein, und folglich ist der lebendige Gott direkt verantwortlich für die Erfüllung dieser seiner Gerichte.

Literaturverzeichnis

Albright, William F.: *Von der Steinzeit zum Christentum. Monotheismus und geschichtliches Werden* (München: Lehnen, 1949)
(a)

Albright, William F.: »Old Testament and the Archaeology of the Ancient East«, in: H. H. Rowley, *Old Testament and Modern Study* (London: Oxford University Press, 1951)
(b)

Albright, William F.: *Die Religion Israels im Lichte der archäologischen Ausgrabungen* (München: Reinhardt, 1956)
(c)

Albright, William F.: *Die Bibel im Licht der Altertumsforschung. Ein Bericht über die Arbeit eines Jahrhunderts* (Stuttgart: Calwer Verlag, 1957)
(d)

Albright, William F.: *The Biblical Period from Abraham to Ezra* (New York: Harper & Row, 1960)
(e)

Albright, William F.: *Archäologie in Palästina* (Einsiedeln: Benzinger, 1962)
(f)

Albright, William F.: »The Elimination of King ›So‹«, in: *The Bulletin of the American Schools of Oriental Research* Nr. 171, Oktober 1963
(g)

Albright, William F.: »The Old Testament and Archaeology«, in: H. C. Alleman, E. E. Flack, *Old Testament Commentary* (Philadelphia: Muhlenberg Press, 1948)
(h)

Albright, William F.: The Biblical Period«, in: L. Finkelstein (Hg.), *The Jews,* Bd. 1 (New York: Harper & Brothers, 1952) S. 3–69
(i)

Alford, Henry: *The Greek Testament. With a Critically Revised Text . . . And a Critical Exegetical Commentary,* Bd 1, 6. Ausgabe (London: Deighton, Bell & Co., 1868)

Alleman, H. C., Flack, E. E.: *Old Testament Commentary* (Philadelphia: Muhlenberg Press, 1948)

Allnutt, Frank: in: *Contact* 30. 5 (Mai 1972)

Althaus, Paul: *Die Wahrheit des kirchlichen Osterglaubens. Einspruch gegen Emanuel Hirsch* (Gütersloh: Bertelsmann, 2. Aufl. 1941) (= Beiträge zur Förderung christlicher Theologie 42.2)

Amoy, Marty: *The Domestic and Artistic Life of John Copley and Reminiscences of His Son, Lord Lyndhurst, High Chancellor of Great Britain* (London, 1882)

Anderson, J.: *The Bible, the Word of God* (Brighton, 1905)

Anderson, J. N. D.: *Christianity: The Witness of History* (London: Tyndale Press, 1969)
(a)

Anderson, J. N. D.: »The Resurrection of Jesus Christ«, in: *Christianity*
(b) *Today*, 29. März 1968
Anderson, J. N. D., Pannenberg, Wolfhart, Pinnock, Clark: »A Dialogue
(c) on Christ's Resurrection«, in: *Christianity Today*, 12. April 1968
Anderson, Robert: *The Lord from Heaven* (London: James Nisbet & Co., 1910)
Die Apostolischen Väter. Aus dem Griechischen übersetzt von F. Zeller (Kempten, München: Kösel, 1918) (= Bibliothek der Kirchenväter, Bd. 35)
Archer, Gleason L.: *A Survey of Old Testament Introduction* (Chicago: Moody Press, 1964)
Aristides von Athen: *Apologie.* Übersetzt von K. Julius, in: *Frühchristliche Apologien und Märtyrerakten,* Bd. 1 (Kempten, München: Kösel, 1913) (= Bibliothek der Kirchenväter, Bd. 12)
Aristoteles, *Poetik.* Übersetzung, Einleitung und Anmerkungen von Olof Gigon (Stuttgart: Reclam, 1961)
Arndt, William F., Gingrich, F. Wilbur: *A Greek-English Lexicon of the New Testament and Other Early Christian Literature* (Chicago: University Press, 1952)
Arnold, Thomas: *Sermons on the Christian Life. Its Hopes, Its Fears, and Its Close* (London: 6. Aufl. 1859)
Arrian: *Der Alexanderzug. Indische Geschichte.* Griechisch und deutsch, hg. und übersetzt von G. Wirth und O. von Hinüber (München: Artemis, 1985)
Auer, Eberhard G.: *Die Urkunde der Auferstehung Jesu, Ev. Johannes 20,5–7. Unter Beiziehung der Geschichte der Auslegung entdeckt und im Rahmen von V. 1–10 ans Licht gebracht* (Wuppertal, 1939)
Der Babylonische Talmud. Neu übertragen durch Lazarus Goldschmidt. Bd. 8 und 9 (Berlin: Jüdischer Verlag, 1933, 1934)
Badger, George Percy: *The Nestorians and Their Rituals* (London, 1952)
Ballard, Frank: *The Miracles of Unbelief* (Edinburgh: T & T Clark, 1908)
Bauer, Walter: *Griechisch-Deutsches Wörterbuch zu den Schriften des Neuen Testaments und der übrigen urchristlichen Literatur* (Berlin: de Gruyter, 1971)
Beattie, F. R.: *Apologetics* (Richmond: Presbyterian Committee of Publication, 1903)
Beck, John Clark, Jr.: *The Fall of Tyre According to Ezekiel's Prophecy* (unveröffentlichte Magisterarbeit, Dallas Theological Seminary, 1971)

Biblia Hebraica Stuttgartensia, hg. von Rudolf Kittel, Karl Elliger, Wilhelm Rudolph (Stuttgart: Württembergische Bibelgesellschaft, 1968 ff.)

Bibliothek der Kirchenväter. Eine Auswahl patristischer Werke in deutscher Übersetzung, hg. von O. Bardenhewer, Th. Schermann, K. Weyman, 62 Bde. (Kempten, München: Kösel, 1911–1931)

Black, Max: *Models and Metaphors. Studies in Language and Philosophy* (Ithaca: Cornell University Press, 1962)

Blaikie, William G.: *A Manual of Bible History* (London: Th. Nelson & Sons, 1904)

Blaiklock, Edward Musgrave: *The Acts of the Apostles* (Grand Rapids:
(a) Eerdmans, 1959)

Blaiklock, Edward Musgrave: *Layman's Answer. An Examination of*
(b) *the New Theology* (London: Hodder & Stoughton, 1968)

Blinzler, Josef: *Der Prozeß Jesu* (Stuttgart: Katholisches Bibelwerk, 1951)

Bowker, John: *The Targums and Rabbinic Literature* (London: Cambridge University Press, 1969)

Box, Hubert S.: *Miracles and Critics* (London: Faith Press, 1935)

Bright, John: *Geschichte Israels. Von den Anfängen bis zur Schwelle des Neuen Bundes* (Düsseldorf: Patmos, 1966)

Broadus, John A.: *Jesus of Nazareth* (Grand Rapids: Baker Book House, 1963)

Brown, Raymond E., Fitzmeyer, Joseph A., Murphy, Roland E. (Hg.): *The Jerome Bible Commentary* (Englewood Cliffs: Prentice Hall, 1968)

Bruce, Alexander Balmin: *The Expositor's Greek New Testament. Vol.*
(a) *I: The Synoptic Gospels* (London: Hodder & Stoughton, 1903)

Bruce, Alexander Balmin: *The Training of the Twelve* (Grand Rapids:
(b) Kregel, 1971)

Bruce, F. F.: *The Books and the Parchments.* Revised edition (Westwood:
(a) Fleming H. Revell, 1963)

Bruce, F. F.: *Die Glaubwürdigkeit der Schriften des Neuen Testaments.*
(b) *Eine Überprüfung des historischen Befundes* (Bad Liebenzell: Verlag der Liebenzeller Mission, 1976)

Bruce, F. F.: »Archaeological Confirmation of the New Testament«, in:
(c) Carl F. H. Henry (Hg.), *Revelation and the Bible* (Grand Rapids: Baker Book House, 1969)

Bruce, F. F.: (Hg.): *The New International Commentary on the New Te-*
(d) *stament* (Grand Rapids: Eerdmans, 1971)

Burrows, Millar: *What Mean These Stones?* (New York: Meridian
(a) Books, 1956)

Burrows, Millar: *Mehr Klarheit über die Schriftrollen. Neue Rollen und*
(c) *neue Deutungen nebst Übersetzung wichtiger jüngst entdeckter Texte* (München: Beck, 1958)
Campbell, A. Glen: *The Greek Terminology for the Deity of Christ* (unveröffentlichte Magisterarbeit, Dallas Theological Seminary, 1948)
Carnell, E. J.: *Christian Commitment* (New York: MacMillan, 1957)
Cassius Dio: *Römische Geschichte,* 5 Bde. (Zürich: Artemis, 1985–1987)
Chafer, Lewis Sperry: *Systematic Theology* (Dallas Theological Seminary Press, 1947)
Chandler, Samuel: *Witnesses of the Resurrection of Jesus Christ* (London, 1744)
Chiera, Edward: *Sie schrieben auf Ton. Was die babylonischen Schrifttafeln erzählen.* Hg. von G. G. Cameron (Zürich: Orell Füssli, 2. Aufl. 1941)
Christlieb, Theodor: *Moderne Zweifel am christlichen Glauben für ernstlich Suchende erörtert* (Bonn: Marcus, 2. Aufl. 1870)
Chrysostomos, Johannes: *Des heiligen Kirchenlehrers Johannes Chrysostomos ausgewählte Schriften, aus dem Griechischen übersetzt,* Bd. IV (Kempten, München: Kösel, 1916) (= Bibliothek der Kirchenväter, Bd. 27)
Clark, G. W.: *The Gospel of Matthew* (Philadelphia: American Baptist Publication Society, 1896)
Cohen, Abraham: *The Teachings of Maimonides* (London: Routledge, 1927)
Collett, Sidney: *All About the Bible* (Old Tappan: Revell, o. J.)
Collier, Donald: »New Radiocarbon Method for Dating the Past«, in: G. E. Wright, D. N. Freedman (Hg.), *Biblical Archaeologist Reader* (New York: Doubleday, 1961)
Cook, Frederick Charles (Hg.): *Commentary on the Holy Bible* (London: J. Murray, 1878)
Cooper, David: »God and Messiah« (Los Angeles: Biblical Research Society)
Culver, Robert D.: »The Old Testament as Messianic Prophecy«, in: *Bulletin of the Evangelical Theological Society,* vol. VII, no.3, 1964
Currie, George: *The Military Discipline of the Romans from the Founding of the City to the Close of the Republic* (Diplomarbeit [Abstract], Graduate Council of Indiana University, 1928)
Curtius Rufus, Quintus: *Geschichte Alexanders des Großen.* Lateinisch u. deutsch, bearb. von K. Müller, H. Schönfeld (München: Heimeran, 1954)

Dalman, Gustav: *Die Worte Jesu. Mit Berücksichtigung des nachkanonischen jüdischen Schrifttums und der aramäischen Sprache erörtert,* Bd. 1 (Leipzig: Hinrichs, 1898; 2. Aufl. 1930)

Davidson, Samuel: *Hebrew Text of the Old Testament,* 2. Ausg. (London: Samuel Bagster & Sons, 1859)

Davis, George T. B.: *Fulfilled Prophecies that Prove the Bible* (Philadel-
(a) phia: Million Testaments Campaign, 1931)

Davis, George T. B.: *Bible Prophecies Fulfilled Today* (Philadelphia:
(b) Million Testaments Campaign, 1955)

Day, E. Hermitage: *On the Evidence for the Resurrection* (London: SPCK, 1906)

Deland, Charles Edmund: *The Mis-Trials of Jesus* (Boston: Badger, 1914)

Delitzsch, Franz: *Jesaja* (Neuauflage; Nachdruck der 3. Auflage von 1879; Gießen: Brunnen, 1984)

Denney, James: *Jesus and the Gospel* (New York, 1909)

Diodor von Sizilien (Diodorus Siculus): *Geschichtsbibliothek.* Übersetzt von Adolf Wahrmund, 2. Aufl. (Langenscheidts Bibliothek sämtlicher griechischen und römischen Klassiker, Berlin, 1867–1914, Bd. 29)

Dodd, C. H.: *History and the Gospel* (New York: Charles Scribner's
(a) Sons, 1938)

Dodd, C. H.: *More New Testament Studies* (Manchester: University
(b) Press, 1968)

Douglas J. D. (Hg.): *The New Bible Dictionary* (Grand Rapids: Eerdmans, 1962)

Driver, S. R.: *An Introduction to the Literature of the Old Testament*
(a) (Edinburgh: Clark, 1891)

Driver, S. R.: *Notes on the Hebrew Text and the Topography of the*
(b) *Books of Samuel* (Oxford: Clarendon, 1966)

Earle, Ralph: *How We Got Our Bible* (Grand Rapids: Baker Book House, 1971)

Edersheim, Alfred: *The Temple: Its Ministry and Services* (Grand Ra-
(a) pids: Eerdmans, 1958)

Edersheim, Alfred: *The Life and Times of Jesus the Messiah,* Bd. II
(b) (Grand Rapids: Eerdmans, 1962)

Edwards, Amelia B.: *A Thousand Miles Up the Nile* (London: Routledge, 1899; Neuausgabe London: Century, 1982)

Elder, John: *Prophets, Idols and Diggers* (Indianapolis, New York: Bobbs-Merill, 1960)

Encyclopedia Americana, Ausgabe 1960 (Danbury, Connecticut: Americana Corporation)

Encyclopaedia Britannica. Ausgabe 1970 (London, Chicago u.a.)

Estborn, S.: *Gripped by Christ* (London: Lutterworth Press, 1965)
Ethridge, J. W.: *The Targums of Onkelos and Jonathan Ben Ussiel on the Pentateuch,* 2 Bde. (New York: KTAV Publishing House, 1968)
Eusebius von Caesarea: *Kirchengeschichte.* Hg. und eingeleitet von H.
(a) Kraft (München: Kösel, 1967)
Eusebius von Caesarea: *On the Theophania or Divine Manifestation of*
(b) *Our Lord and Saviour Jesus Christ. Translated into English . . . by Samuel Lee* (London: Duncan & Malcolm, 1843)
Fairbairn, A. M.: *Christ in Modern Theology* (London: Hodder &
(a) Stoughton, 1893)
Fairbairn, A. M.: *Philosophy of the Christian Religion* (London: Hodder
(b) & Stoughton, 1908)
Fairbairn, A. M.: *Studies in the Life of Christ*
(c)
Fallow, Samuel (Hg.): *The Popular and Critical Bible Encyclopedia and Scriptural Dictionary,* Bd. III (Chicago: Howard Severance Co., 1908)
Farrar, Frederick W.: *The Life of Christ* (Dutton, Dovar: Cassell & Co., 1897)
Feinberg, Charles Lee: *The Prophecy of Ezekiel* (Chicago: Moody Press, 1969)
Felder, Hilarin: *Jesus von Nazareth. Ein Christusbuch* (Paderborn: Schöningh, 1937)
Finkelstein, Louis (Hg.): *The Jews. Their History, Culture, and Religion,* 2 Bde. (New York: Harper & Brothers, 1952)
Fisher, G. P.: *The Grounds of Theistic and Christian Belief* (London: Hodder & Stoughton, 1902)
Fleming, Ambrose: *Miracles and Science – The Resurrection of Christ* (London: o.J.)
Frank, Henry Thomas: *Bible, Archaeology and Faith* (Nashville: Abingdon Press, 1971)
Free, Joseph P.: *Archaeology and Bible History* (Wheaton: Scripture Press, 1950)
Freedman, D. N., Greenfield, J. C. (Hg.): *New Directions in Biblical Archaeology* (Garden City: Doubleday, 1969)
Friedlaender, M.: *Essays on the Writings of Abraham Ibn Ezra,* Bd. IV (London: Trubner & Co., o.J.)
Fuller, Reginald H.: *Die Wunder Jesu in Exegese und Verkündigung* (Düsseldorf: Patmos, 1967)
Gadd, Cyril John: *The Fall of Niniveh: The Newly Discovered Babylonian Chronicle No. 21, 901, in the British Museum* (London: Oxford University Press, 1923)

Garstang, John: *The Foundations of Bible History: Joshua, Judges* (London: Constable, 1931)
Garvie, A. E.: *Studies in the Inner Life of Christ* (New York: Hodder & (a) Stoughton, 1907)
Garvie, A. E.: *Handbook of Christian Apologetics* (London: Duckworth, (b) 1923)
Geisler, Norman: *Christ – The Theme of the Bible* (Chicago: Moody Press, 1969)
Geisler, Norman, Nix, William E.: *A General Introduction to the Bible* (Chicago: Moody Press, 1968)
Gillett, E. H.: *Ancient Cities and Empires* (Philadelphia: Presbyterian Publication Committee, 1867)
Glueck, Nelson: *Rivers in the Desert. History of Negev* (Philadelphia: Jewish Publication Society of America, 1969)
Godet, Frédéric: *Commentar zu dem Evangelium Johannis.* Deutsch bearbeitet von E. R. Wunderlich (Hannover: Meyer, 1869)
Grant, F. C.: *An Introduction to the Revised Standard Version of the New Testament* (1946)
Green, Michael: *Es komme mir keiner mit Tatsachen* (Neuhausen-Stutt- (a) gart: Hänssler, 1977)
Green, Michael: *Dann lebt er also doch* (Neuhausen-Stuttgart: Hänssler, (b) 1975)
Green, William Henry: *General Introduction to the Old Testament. The Text* (New York: Ch. Scribner's Sons, 1899)
Greenleaf, Simon: *A Treatise on the Law of Evidence* (1842) (a)
Greenleaf, Simon: *The Testimony of the Evangelists Examined by the* (b) *Rules of Evidence Administered in Courts of Justice* (Grand Rapids: Baker Book House, 1965; 1. Aufl. 1847)
Greenlee, J. Harold: *Introduction to New Testament Textual Criticism* (Grand Rapids: Eerdmans, 1964)
Greenslade, Stanley Lawrence (Hg.): *Cambridge History of the Bible* (New York: Cambridge University Press, 1963)
Grounds, Vernon C.: *The Reason for Our Hope* (Chicago: Moody Press, 1945)
Gruenler, Royce Gordon: *Jesus, Persons and the Kingdom of God* (St. Louis: United Church Press, 1967)
Guignebert, Charles: *Jesus* (New York, 1935)
Hall, F. W.: *Companion to Classical Text* (Oxford: Clarendon Press, 1913)
Hall, F. W.: »MS Authorities for the Text of the Chief Classical Writers«, in: ders., *Companion to Classical Text* (Oxford: Clarendon Press, 1913)

Hall, H. R.: *The Ancient History of the Near East* (London: Methuen, 11. Ausg. 1950)

Hamilton, Floyd E.: *The Basis of Christian Faith* (New York: George H. Doran Co., 1927; New York: Harper & Row, 1964)

Hanson, Anthony Tyrell (Hg.): *Vindications. Essays on the Historical Basis of Christianity* (New York: Morehouse-Barlow, 1966)

Hanson, George: *The Resurrection and the Life* (London: William Clowes & Sons, 1911)

Hardy, G. B.: *Countdown* (Chicago: Moody Press, 1970)

Harnack, Adolf von: *Lehrbuch der Dogmengeschichte. Bd. 1: Die Entstehung des kirchlichen Dogmas* (unveränderter Nachdruck der 4. Aufl. von 1909, Darmstadt: Wissenschaftliche Buchgesellschaft, 1964)

Harrison, R. K.: *Introduction to the Old Testament* (Grand Rapids: Eerdmans, 1969)

Hastings, James: *Dictionary of the Apostolic Church,* Bd. II (Edinburgh: T. & T. Clark, 1918)

Hastings, James, Selbie, John A., Lambert, John C., (Hg.): *A Dictionary of Christ and the Gospels,* Bd. II (New York: Charles Scribner's Sons, 1909)

Heidel, Alexander: *The Babylonian Genesis* (Chicago: University Press, 1963)

Heinisch, Paul: *Christus, der Erlöser im Alten Testament* (Graz: Styria, 1955)

Hengstenberg; E. W.: *Christologie des alten Testaments und Commentar über die messianischen Verheißungen und Propheten.* 3 Bde. (Berlin: Oehmigke, 1829–35)

Henry, Carl F. H. (Hg.): *Revelation and the Bible* (Grand Rapids: Baker Book House, 1969)

Henry, Matthew: *Matthew Henry's Commentary on the Whole Bible,* Bd. I u. II (Wilmington: Sovereign Grace Publishers, 1972)

Hermann, Claude, Johns, Walter: »Location of Tigris«, in: *Encyclopaedia Britannica,* 11th edition, 1971, Bd. XIX, Sp. 3,421

Herodot: *Geschichte und Geschichten. Buch 1–4* (Zürich: Artemis, 1973)

Higgins, David C.: *The Edomites Considered Historically and Prophetically* (unveröffentlichte Magisterarbeit, Dallas Theological Seminary, 1960)

Hinisie, L. E., Shatsky, J.: *Psychiatric Dictionary* (New York: Oxford University Press, 1948)

Hobbs, Herschel H.: *An Exposition of the Gospel of Luke* (Grand Rapids: Baker Book House, 1966)

Hoch, Paul H., Zubin, Joseph, Stratton, Grhune (Hg.): *Psychopathology of Perception* (New York: o. V., 1965)

Holloman, Henry W.: *An Exposition of the Post-Resurrection Appearances of Our Lord* (unveröffentlichte Magisterarbeit, Dallas Theological Seminary, 1967)

Horn, Robert M.: *Ein Buch spricht für sich selbst* (Bad Liebenzell: Verlag der Liebenzeller Mission, 1979)

Hort, Fenton, J. A.: *Way, Truth and the Life* (New York: Macmillan, 1894)

Hort, Fenton J. A., Westcott, Brooke Foss: *The New Testament in the Original Greek,* Bd. 1 (New York: Macmillan, 1881)

Huizenga, Johan: »De Historische Idee«, in: ders., *Verzamelde Werken* Bd. VII (Haarlem: Tjeenk Willink, 1950)

Hunger, Herbert: »Zur Datierung des Papyrus Bodmer II«, in: *Anzeiger der österreichischen Akademie der Wissenschaften*, Phil.-hist. Klasse, Nr. 4 (1960), S. 12–33

Hunter, A. M.: *The Work and Words of Jesus* (Philadelphia: Westminster Press, 1950)

»The Incomparable Christ« (Oradell, N. J.: American Tract Society, o.J.)

The Infallible Word (A Symposion) (Philadelphia: Presbyterian and Reformed Publishing Co., 1946)

The International Standard Bible Encyclopedia, hg. von James Orr, John L. Nielsen, James Donaldson, 5 Bde. (Edinburgh: T. & T. Clark, 1867)

Irenäus: *Des heiligen Irenäus fünf Bücher gegen die Häresien*. Übersetzt von E. Klebba, 2 Bde. (Kempten, München: Kösel, 1912) (= Bibliothek der Kirchenväter, Bd. 3)

Jamieson, Robert, Fausset, A. R., Brown, David (Hg.): *A Commentary Critical, Experimental, and Practical on the Old and New Testaments* (Grand Rapids: Eerdmans, 1961)

Jefferson, Charles Edward: *The Character of Jesus* (New York: Crowell, 1908)

Jerusalemer Talmud: s. *Talmud Yerushalmi*

Jidejian, Nina: *Tyre Through the Ages* (Beirut: Dar El-Mashreq Publishers, 1969)

Johnson, Paul H.: »Master Plan« (Westchester: Good News Publishers, o.J.)

Jones, Felix: »Niniveh's Location«, in: *Journal of the Royal Asiatic Society* XV (1855)

Josephus Flavius (a): *Des Flavius Josephus jüdische Altertümer.* Übersetzt von Heinrich Clementz (Berlin: Benjamin Harz, 1923)

Josephus Flavius (b): *Geschichte des jüdischen Krieges*. Übersetzt von Heinrich Clementz (Wiesbaden: Fourier, 7. Aufl. 1985)

Josephus Flavius: *Flavius Josephus' Lebensbeschreibung*. Aus dem Griechischen übersetzt von Leo Haefeli (= Neutestamentliche Abhandlungen, Bd. XI, Heft 4) (Münster i.W.: Verlag der Aschendorffschen Verlagsbuchhandlung, 1925)
(c)

Josephus Flavius: *Des Flavius Josephus Schrift gegen Apion. Text und Erklärung*. Aus dem Nachlaß von J. G. Müller hg. durch C. J. Riggenbach und C. v. Orelli (Basel: Bahnmaier's Verlag, 1877)
(d)

Justin der Märtyrer: *Apologien*, übersetzt von G. Rauschen, in: *Frühkirchliche Apologeten und Märtyrerakten*, Bd. 1 (Kempten, München: Kösel, 1913) (= Bibliothek der Kirchenväter, Bd. 12)
(a)

Justin der Märtyrer: *Dialog mit dem Juden Tryphon*, übersetzt von Ph. Haeuser (Kempten, München: Kösel, 1917) (= Bibliothek der Kirchenväter, Bd. 33)
(b)

Keil, Carl Friedrich: *Biblischer Commentar über den Propheten Jeremia und die Klagelieder* (Leipzig: Dörffling u. Franke, 1872), in: *Biblischer Commentar über das Alte Testament*, hg. von C. F. Keil u. F. Delitzsch (Leipzig: Dörffling u. Franke, 11 Bde., 1866–76)

Keim, Theodor: *Geschichte Jesu von Nazara. In ihrer Verkettung mit dem Gesammtleben seines Volkes untersucht und ausführlich erzählt*, 3 Bde. (Zürich: Orell, Füßli, 1867–72) (Bd. 3: *Das jerusalemische Todesostern*, 1872)

Keith, Alexander: *Die Erfüllung der biblischen Weissagungen aus der Völkergeschichte und den Mittheilungen neuerer Reisenden überzeugend dargethan von Alexander Keith. Nach der 25. Auflage des englischen Originals ergänzend bearbeitet* (Stuttgart: Steinkopf, 1844)

Keller, Werner: *Und die Bibel hat doch recht. Forscher beweisen die historische Wahrheit*. Revidierte Neuausgabe; Bearbeitung u. Nachwort von J. Rehork (Düsseldorf: Econ, 1978)

Kellogg, Samuel H.: *The Light of Asia and the Light of the World* (London, 1885)

Kenyon, Frederic G.: *Handbook to the Textual Criticism of the New Testament* (London: MacMillan, 1901)
(a)

Kenyon, Frederic G.: *The Bible and Archaeology* (New York: Harper & Row, 1940)
(b)

Kenyon, Frederic G.: *Our Bible and The Ancient Manuscripts* (New York: Harper & Brothers, 1941)
(c)

Kenyon, Frederic G.: *The Bible and Modern Scholarship* (London: J. Murray, 1948)
(d)

Kenyon, Frederic G.: *The Story of the Bible* (Grand Rapids: Eerdmans, 1967)
(e)

Kevan, Ernest F.: *The Resurrection of Christ* (London: The Campbell

Morgan Memorial Lectureship, Westminster Chapel, Buckingham Gate, S.W.1, 14. Juni 1961)

Klausner, Joseph: *Jesus von Nazareth. Seine Zeit, sein Leben und seine*
(a) *Lehre* (Jerusalem: The Jewish Publishing House, 3. Aufl. 1952)

Klausner, Joseph: *Yeschu Hanostri*, zitiert von Lapide, in: *Christian*
(b) *Century* 87 (Oktober 1970), S. 1249

Kligerman, Aaron Judah: *Messianic Prophecy in the Old Testament* (Grand Rapids: Zondervan, 1957)

Kline, M. G.: *Treaty of the Great King* (Grand Rapids: Eerdmans, 1963)

Knott, H. W. H.: *Dictionary of American Biography*, Bd. VII (New York, 1937)

Knox, John: *The Man Christ Jesus* (Chicago, New York: Willett, Clark, 1942)

Koldewey, Robert: *Das wiedererstehende Babylon. Die bisherigen Ergebnisse der deutschen Ausgrabungen*. 4., erweiterte Aufl. (Leipzig: Hinrichs, 1925)

Laetsch, Theodore: *Bible Commentary: Jeremiah* (St. Louis: Concordia,
(a) 1953)

Laetsch, Theodore: *Bible Commentary: The Minor Prophets* (St. Louis:
(b) Concordia, 1970)

Lake, Kirsopp: *The Historical Evidence for the Resurrection of Jesus Christ* (New York: G. P. Putnam's Sons, 1907)

Lange, Johann Peter: *Das Leben Jesu nach den Evangelien dargestellt*, 3 Bde. (Heidelberg: Karl Winter, 1844–47)

Lapp, Paul W.: *Biblical Archaeology and History* (New York: World Publishing Co., 1969)

Larue, Gerald A.: *Babylon and the Bible* (Grand Rapids: Baker Book House, 1919)

Latham, Henry: *The Risen Master* (Cambridge. Deighton, Bell & Co., 1904)

Latourette, Kenneth Scott: *History of the Expansion of Christianity*
(a) (New York: Harper & Row, 1937)

Latourette, Kenneth Scott: *A History of Christianity* (New York: Harper
(b) & Row, 1953)

Latourette, Kenneth Scott: in: *American Historical Review*, LIV, Januar
(c) 1949

Layard, Austen Henry: *Discoveries in the Ruins of Niniveh and Babylon*
(a) (London: Murray, 1853)

Layard, Austen Henry: *Auf der Suche nach Ninive*, hg. von Hartmut
(b) Schmökel (München: Beck, 1965)

Layard, Austen Henry: *Niniveh und Babylon. Nebst Beschreibung seiner*
(c) *Reisen in Armenien, Kurdistan und der Wüste*. Übersetzt von J. Th. Zenker (Leipzig: Dyk, o. J. [um 1850])

Lea, John W.: *The Book of Books* (Philadelphia: o. V., 1922)
(a)

Lea, John W.: *The Greatest Book in the World* (Philadelphia: o. V.,
(b) 1929)

Leach, Charles: *Our Bible. How We Got It* (Chicago: Moody Press, 1898)

Leany, A. R. C.: *Vindications. Essays on the Historical Basis of the Christian Faith* (Morehouse-Barlow, 1966)

LeCamus, E.: *Leben unseres Herrn Jesus Christus.* Nach der 4. Aufl. mit Genehmigung des Verfassers aus dem Französischen übersetzt von E. Keppler, 2 Bde. (Freiburg: Herder, 1893)

Lecky, William Edward Hartpole: *Sittengeschichte Europas von Augustus bis auf Karl den Großen*, 2 Bde. (Leipzig: Winter, 1870–71)

Lehmann-Haupt, Carl Friedrich: *Israel. Seine Entwicklung im Rahmen der Weltgeschichte* (Tübingen: Mohr, 1911)

LeMann, M. M.: *Jesus Before the Sanhedrin.* Translated by J. Magath (Nashville: Southern Methodist Publishing House, 1886)

Lenski, R. C. H.: *The Interpretation of St. John's Gospel* (Columbus: Wartburg Press, 1943)

LeStrange, Guy: *Palestine Under the Moslems. A Description of Syria and the Holy Land from A. D. 650 to 1500. Translated from the Works of the Medieval Arab Geographers by Guy LeStrange* (Nachdruck der Erstausgabe von 1890, Beirut: Khayats, 1965)

Lewis, C. S.: *Pardon, ich bin Christ* (Gießen: Brunnen, 5., neu übersetzte
(a) Aufl. 1986)

Lewis, C. S.: *Wunder: möglich – wahrscheinlich – undenkbar?* (Gießen:
(b) Brunnen, 1980)

Liddon, H. P.: *Sermons* (Contemporary Pulpit Library, New York, 1888)

Lightfoot, Joh.: *Horae Hebraicae et talmudicae in chorographiam terrae sanctae et evangelium Matthaei* (Cambridge, 1658)

Linton, Irwin H.: *The Sanhedrin Verdict* (New York: Loizeaux Brothers, Bible Truth Depot, 1943)

Liplady, Thomas: *The Influence of the Bible* (New York: Fleming H. Revell, 1924)

Little, Paul E.: *Ich weiß, warum ich glaube* (Neuhausen-Stuttgart: Hänssler, 1977)

Locke, John: *A Second Vindication of the Reasonableness of Christianity*, in: *The Works of John Locke. A New Edition, Corrected. In Ten Volumes* (London, 1823, reprinted by Scientia-Verlag, Aalen, 1963), Bd. VII, S. 191–424

Lucian: *Über das Lebensende des Peregrinus*, in: *Lucians Werke* (2 Bde.), deutsch von Theodor Fischer, Bd. 2, 4. Aufl. (Berlin: Langenscheidt) (= Langenscheidts Bibliothek sämtlicher griechischen u. römischen Klassiker, Berlin 1855–1920, Bd. 36)

Luckenbill, Daniel David: *Ancient Records of Assyria and Babylonia*. 2 Bde. (Chicago: University Press, 1926)

Lyttleton: *Oberservations on the History and Evidences of the Resurrection of Jesus Christ* (1747)

Machen, J. Gresham: *The Virgin Birth of Christ* (Grand Rapids: Baker Book House, 1965)

Maclean, G. F.: *Cambridge Bible for Schools. St. Mark* (London: Cambridge University Press, 1893)

Maier, Walter A.: *The Book of Nahum: A Commentary* (St. Louis: Concordia, 1959)

Maine, Henry James Sumner: *Ancient Law* (New York: Holt, 1888)

Major, H. D. A.: *The Mission and Message of Jesus* (New York, 1938)

Mallowan, M. E. L.: *Nimrud and Its Remains*. 3 Bde. (London: Collins, 1966)

Matheson, George: *The Representative Men of the New Testament* (London: Hodder & Stoughton, 1904)

Mattingly, John P.: *Crucifixion: Its Origin and Application to Christ* (unveröffentlichte Magisterarbeit, Dallas Theological Seminary, 1961)

Maurice, Thomas: *Observations Connected with Astronomy and Ancient History Sacred and Profane on the Ruins of Babylon* (London: John Murray, 1816)

McAfee, Cleland B.: *The Greatest English Classic* (New York: o.V., 1912)

McClain, Alva J.: *Daniel's Prophecy of the Seventy Weeks* (Grand Rapids: Zondervan, 1972)

M'Cheyne-Edgar, R.: *The Gospel of a Risen Saviour* (Edinburgh, 1892)

Mead, Frank S. (ed.): *The Encyclopedia of Religious Quotations* (Westwood: Fleming H. Revell, o.J.)

Meisinger, George E.: *The Fall of Niniveh* (unveröffentlichte Magisterarbeit, Dallas Theological Seminary, 1968)

Meldau, Fred John: *101 Proofs of the Deity of Christ from the Gospels*
(a) (Denver: The Christian Victory Publishing Co., 1960)

Meldau, Fred John: *Der Messias in beiden Testamenten* (Neuhausen-
(b) Stuttgart: Hänssler, 1984)

Metzger, Bruce M.: *Der Text des Neuen Testaments. Eine Einführung in die neutestamentliche Textkritik* (Stuttgart: Kohlhammer, 1966)

Michaud, Joseph Francois: *Geschichte der Kreuzzüge.* Nach der 4. französischen Originalausgabe, übersetzt von F. H. Ungewitter. 7 Bde. (Quedlinburg und Leipzig: Basse, 1827–32) (Hier: Bd. 6)

Mill, John Stuart: *Drei Essays über Religion.* Auf der Grundlage der Übersetzung von Emil Lehmann neu bearbeitet und mit Anmerkungen und einem Nachwort versehen von Dieter Birnbacher (Stuttgart: Reclam, 1984)

Milligan, William: *The Resurrection of Our Lord* (New York: Macmillan, 1927)

Minkin, Jacob S.: *The World of Moses Maimonides* (New York: Thomas Yoseloff, 1957)

Die Mischna: Middot (Von den Maßen des Tempels). Text, Übersetzung und Erklärung. Hg. von O. Holtzmann (Gießen: Töpelmann, 1913)

Montefiore, C. G.: *The Synoptic Gospels,* 2 Bde. (London: Macmillan, 1909, 1927)

Montgomery, John Warwick: *The Shape of the Past* (Ann Arbor: (a) Edwards, 1962)

Montgomery, John Warwick: *History and Christianity* (Downers (b) Grove, Ill.: Inter-Varsity Press, 1972)

Montgomery, John Warwick: »Evangelicals and Archaeology«, in: (c) *Christianity Today* 16.8 (1968)

Moore, Clifford Herschel: *The Religious Thought of the Greeks* (Cambridge, 2. Aufl., 1925)

Morison, Frank: *Wer wälzte den Stein?* (Hamburg: Wegner, 1950)

Morris, A. E.: »The Narratives of the Resurrection of Jesus Christ«, in: *Hibbert Journal 39* (April 1939), S. 309–324

Morris, Henry M.: *The Bible and Modern Science,* revised edition (a) (Chicago: Moody Press, 1956)

Morris, Henry M.: *The Bible Has the Answer* (Grand Rapids: Baker (b) Book House, 1971)

Morris, Leon: *New International Commentary. The Gospel According to John* (Grand Rapids: Eerdmans, 1971)

Moule, Charles Francis Dighby: *The Phenomenon of the New Testament* (London: SCM Press, 2. Aufl. 1981)

Mourgue, Raoul: *Neurobiologie de l'hallucination* (Brüssel: Lamertin, 1932)

Moyer, Elgin S.: *Who Was Who in Church History,* revised edition (Harmondsworth: Penguin, 1968)

Mullins, E. Y.: *Why Is Christianity True?* (Chicago: Christian Culture Press, 1905)

Murray, John: »The Attestation of Scripture«, in: *The Infallible Word* (Philadelphia: Presbyterian and Reformed Publishing Co., 1946)

Myers, Philip Van Ness: *General History for Colleges and High Schools* (Boston: Ginn & Co., 1889)

Nasir-i-Khurran: *Diary of a Journey Through Syria and Palestine in 1047 A.D.* (London: o. V., 1893)

Das Neue Testament. Interlinearübersetzung Griechisch – Deutsch. Griech. Text nach der Ausgabe von Nestle-Aland (26. Auflage) übersetzt von Ernst Dietzfelbinger (Neuhausen-Stuttgart: Hänssler, 1986)

Newton, Benjamin Wills: *Babylon: Its Future History and Doom* (London: Wertheimer, Lea & Co., 1890)

Nicoll, W. Robert: *The Church's One Foundation* (New York, 1902)

Origenes: *Des Origenes acht Bücher gegen Celsus.* Aus dem Griechischen übersetzt von P. Koetschau. Teil I: Buch I – VI (Kempten, München: Kösel, 1926) (= Bibliothek der Kirchenväter, Bd. 52)

Orr, James: *The Virgin Birth of Christ* (New York: Charles Scribner's (a) Sons, 1907)

Orr, James: *The Resurrection of Jesus* (b)

Paley, William: *A View of the Evidences of Christianity* (London: S. Hamilton, Weybridge, 14. Aufl. 1811)

Pannenberg, Wolfhart: *Grundzüge der Christologie* (Gütersloh: Verlagshaus Gerd Mohn, 5. Aufl. 1976)

Peake, W. S.: *Christianity. Its Nature and Its Truths* (London: Duckworth, 1908)

Peru, Paul William: *Outline of Psychiatric Case-Study* (New York: Paul B. Hoeger, 1939)

Pfeiffer, Charles F., Harrison, Everett F. (Hg.): *The Wycliffe Bible Commentary* (Chicago: Moody Press, 1962)

Pfeiffer, R. H.: *Introduction to the Old Testament* (New York: Harper & Row, 1948)

Phelps, William Lyon: *Human Nature and the Gospel* (New York, 1925)

Pines, Shlomo, Flusser, David (Professoren an der Hebräischen Universität Jerusalem): Presseverlautbarung der *New York Times,* abgedruckt in *Palm Beach Post-Times,* 13. Februar 1972: »Christ Documentation. Israeli Scholars Find Ancient Document They Feel Confirms the Existence of Jesus«

Pinnock, Clark H.: *Set Forth Your Case* (Nutley: Craig Press, 1967)

C. Plinius Caecilius Secundus: *Sämtliche Briefe.* Eingeleitet, übersetzt und erläutert von A. Lambert (Zürich: Artemis, 1969)

Plumstead, A. T.: *History of Assyria* (New York: Charles Scribner's Sons, 1923)
Ramm, Bernard: »Can I Trust My Old Testament?«, in: *The King's Busi-*
(a) *ness*, Februar 1949
Ramm, Bernard: *Protestant Christian Evidences* (Chicago: Moody
(b) Press, 1957)
Ramsay, William M.: *Paulus in der Apostelgeschichte* (Gütersloh: Ber-
(a) telsmann, 1898)
Ramsay, William M.: *The Bearing of Recent Discovery on the Trust-*
(b) *worthiness of the New Testament* (London: Hodder & Stoughton, 1915)
Rawlinson; A. E. J.: *St. Mark. With Introduction, Commentary and Additional Notes.* 2nd edition (London, 1927)
Rice, John R.: *Is Jesus God?* 4th, revised edition (Murfreesboro, Tenn.: Sword of the Lord Publishers, 1966)
Ritter, Carl: *Die Erdkunde im Verhältnis zur Natur und zur Geschichte des Menschen. Bd. VII, 1. Abteilung: Das Stufenland des Euphrat- und Tigrissystems.* 2., stark vermehrte u. umgearbeitete Ausgabe (Berlin: Reimer, 1843)
Roberts, Alexander, Donaldson, James (Hg.): *Ante-Nicene Christian Library. Translations of the Writings of the Fathers.* 2 Bde. (Edinburgh: T. & T. Clark, 1867)
Robertson, Archibald T.: *Introduction to the Textual Criticism of the*
(a) *New Testament* (Nashville: Broadman Press, 1925)
Robertson, Archibald T.: *Word Pictures in the New Testament.* 5 Bde.
(b) (Nashville: Broadman Press, 1930)
Robertson, Austin: *Apologetics Defensively and Offensively Stated* (unveröffentlichte Magisterarbeit, Dallas Theological Seminary, 1961)
Robinson, George Livingston: *The Sarcophagus of an Ancient Civilisation. Petra, Edom and the Edomites* (New York: Macmillan, 1930)
Robinson, William Childs: *Our Lord* (Grand Rapids: Eerdmans, 1937)
(a)
Robinson, William Childs (Hg.): *Who Say Ye That I Am?* (Grand Ra-
(b) pids: Eerdmans, 1949)
Rogers, Clement F.: *The Case for Miracles* (London: SPCK, 1936)
Roper, Albert: *Did Jesus Rise from the Dead?* (Grand Rapids: Zonderven, 1965)
Ross, G. A. Johnston: *The Universality of Jesus* (New York: Fleming H. Revell, 1906)
Rosscup, James: Class Notes (Vorlesungsnotizen) (La Mirada, Ca.: Talbot Theological Seminary, 1969)
Rowley, Harold Henry: *The Growth of the Old Testament* (London:
(a) Hutchinson's University Library, 1950)

Rowley, Harold Henry: *Old Testament and Modern Study*(London: Oxford University Press, 1951)
(b)

Rowley, Harold Henry: *The Book of Ezekiel in Modern Study*(Manchester: John Rylands Library, 1953)
(c)

Ryle, J. C.: *Expository Thoughts on the Gospels*(New York: Robert Carter & Brothers, 1866)

Sanders, C.: *Introduction in Research in English Literary History*(New York: Macmillan, 1952)

Schaff, Philip: *Companion to the Greek Testament and the English Version,* revised edition (New York: Harper, 1883)
(a)

Schaff, Philip: *The Person of Christ*(New York: American Tract Society, 1913)
(b)

Schaff, Philip: *History of the Christian Church.* 8 Bde. (Grand Rapids: Eerdmans, 1960; Neuausgabe der Erstausgabe von 1910)
(c)

Schaff/Herzog: *The Jewish Encyclopedia*(New York: Funk & Wagnalls, 1904)

Scheffrahn, Karl, Kreyssler, Henry: *Jesus of Nazareth: Who did He Claim to Be?*(Dallas: Pat Booth, 1968)

Schonfield, Hugh: *According to the Hebrews*(London: G. Duckworth & Co., 1937)

Schultz, Thomas: *The Doctrine of the Person of Christ with an Emphasis upon the Hypostatic Union* (unveröffentlichte Dissertation, Dallas Theological Seminary, 1962)

Scott, Martin J.: *Jesus As Men Saw Him*(New York: P. J. Kennedy & Sons, 1940)

Selwyn, Edwin Gordon: *The Approach to Christianity*(London, 1925)
(a)

Selwyn, Edwin Gordon: »The Resurrection«, in: *Essays Catholic and Critical*(London, 1926)
(b)

Simpson, Carnegie P.: *The Fact of Christ*(6. Ausg., o. J. o. V.)

Skilton, John H.: »The Transmission of the Scripture«, in: *The Infallible Word* (Philadelphia: Presbyterian and Reformed Publishing Co., 1946)

Smith, George Adam: *The Book of Prophecy*(London: Longmain, Green, Reader & Dyer, 1865)

Smith, Wilbur M.: *A Great Certainty in this Hour of World Crisis*(Wheaton: Van Kampen, 1951)
(a)

Smith, Wilbur M.: »The Indisputable Fact of the Empty Tomb«, in: *Moody Monthly,* 15. April 1957
(b)

Smith, Wilbur M.: »Scientists and the Resurrection«, in: *Christianity Today,* 15. April 1957
(c)

Smith, Wilbur M.: *Therefore Stand. Christian Apologetics* (Grand Rapids: Baker Book House, 1965)
(d)

Smith, Wilbur M.: *The Incomparable Book*(Minneapolis: Beacon Publications, 1961)
(e)

Smith Wilbur M.: *Have You Considered Him?* (Downers Grove, Ill.: In-
(f) ter-Varsity Press, 1970)
Smith, William (Hg.): *Dictionary of Greek and Roman Antiquities*, revised edition (London: J. Walton and J. Murray, 1870)
Souter, Alexander: *The Text and Canon of the New Testament* (New York: Charles Scribner's Sons, 1912)
Sparrow-Simpson, W. J.: *The Resurrection and the Christian Faith*
(a) (Grand Rapids: Zondervan, 1968)
Sparrow. Simpson, W. J.: »Adolf Harnack«, in: *Hibbert Journal* 36
(b) (1937/38), S. 395–402
Spurr, Frederick C.: *Jesus Is God* (London: A. H. Stockwell & Co., 1899)
Stauffer, Ethelbert: *Jesus: Gestalt und Geschichte* (Bern: Francke, 1957)
Stenning, J. F. (Hg.): *The Targum of Isaiah* (London: Clarendon, 1949)
Stevenson, Herbert F.: *Titles of the Triune God* (Westwood: Fleming H. Revell, 1956)
Stewart, Herbert: *The Stronghold of Prophecy* (London: Marshall, Morgan and Scott, 1941)
Stonehouse, Ned B.: »The Authority of the New Testament«, in: *The Infallible Word* (Philadelphia: Presbyterian and Reformed Publishing Co., 1946)
Stoner, Peter W.: *Science Speaks. An Evaluation of Certain Christian Evidences* (Chicago: Moody Press, 1963)
Stott, J. R. W.: *Einführung ins Christentum. Christliche Theologie für Nichttheologen* (Wuppertal: Brockhaus, 1965)
Strabo: *Strabos Erdbeschreibung*. Übersetzt und durch Anmerkungen erläutert von A. Horbiger. 4 Bde., 2. Aufl. (= Langenscheidts Bibliothek sämtlicher griechischen und römischen Klassiker, Berlin: Langenscheidt, 1855–1916, Bd. 52–55)
Straton, Hillyer H.: »I Believe: Our Lord's Resurrection«, in: *Christianity Today*, 31. März 1968
Strauß, David Friedrich: *Das Leben Jesu, für das deutsche Volk eingerichtet* (Leipzig: Brockhaus, 2. Aufl. 1864)
Streeter, Burnett Hillman: *The Four Gospels* (London: Macmillan, 1930)
Sueton: Gaius Suetonius Tranquillus: *Leben der Cäsaren*. Eingeleitet und übersetzt von A. Lambert (Zürich: Artemis, 1955)
Swete, Henry Barclay: *The Gospel According to St. Mark* (London:
(a) Macmillan, 1898)
Swete, Henry Barclay (Hg.): *Essays on some Theological Questions of*
(b) *the Day. By Members of the University of Cambridge* (London: Macmillan, 1905)

Tacitus, Cornelius: *Sämtliche Werke.* Übersetzt von W. Boetticher (Wien: Phaidon, 1935)
Der Talmud. Ausgewählt, übersetzt und erklärt von R. Mayer (München: Goldmann, 6. Aufl. 1981)
Talmud Yerushalmi. Hg. von M. Hengel, J. Neusner, P. Schäfer, Bd. IV.4: *Sanhedrin (Gerichtshof)* (Tübingen: Mohr, 1981)
»Ten Scientists Look at Life« (Westchester: Good News Publishers, o. J.) (Traktat)
Tenney, Merill C.: *John: The Gospel of Belief* (Grand Rapids: Eerdmans, (a) 1948)
Tenney, Merill C.: *The Reality of the Resurrection* (Chicago: Moody (b) Press, 1963)
Tenney, Merill C.: »Reversals of New Testament Criticism«, in: Carl F. (c) H. Henry (Hg.), *Revelation and the Bible* (Grand Rapids: Baker Book House, 1969)
Tertullian: *Tertullians ausgewählte Schriften, ins Deutsche übersetzt.* Übersetzt von K. A. H. Kellner, 2 Bde. (Kempten, München: Kösel, 1912, 1915) (= Bibliothek der Kirchenväter, Bd. 7 u. 24)
Thiessen, Henry Clarence: *Lectures in Systematic Theology.* Revised by Vernon D. Doerksen (Grand Rapids: Eerdmans, 1979)
Thomas, W. H. Griffith: *Christianity Is Christ* (Chicago: Moody Press, 1965)
Thorburn, Thomas James: *The Resurrection Narratives and Modern Criticism* (London: Kegan Paul, 1910)
Trueblood, Elton: *Philosophy of Religion* (New York: Harper & Row, 1957)
Tucker, T. G.: *Life in the Roman World of Nero and St. Paul* (New York: Macmillan, 1910)
Turner, H. E. W.: *The Historicity of the Gospels* (London: A. R. Mowbray, 1963)
Twain, Mark: *Gesammelte Werke* (hg. von K. J. Popp). Bd. 5: *Die Arglosen im Ausland* (München: Hanser, 1977)
Unger, Merrill F.: *Archaeology and the Old Testament* (Chicago: Moo- (a) dy Press, 1954)
Unger, Merrill F.: *Archaeology and the New Testament* (Grand Rapids: (b) Zondervan, 1962)
Unger, Merrill F.: *Unger's Bible Handbook* (Chicago: Moody Press, (c) 1967)
Unger, Merrill F.: *Unger's Bible Dictionary.* Revised edition (Chicago: (d) Moody Press, 1971)
Urquhart, John: *Die erfüllten Weissagungen oder Gottes Siegel auf die Bibel.* Mit Genehmigung des Verfassers übersetzt von E. Spliedt (Stuttgart: Kielmann, 2. Aufl. 1899)

Van Til, C.: *The Intellectual Challenge of the Gospel* (London: Tyndale, 1950)
Vardaman, Jerry: *Archaeology and the Living Word* (Nashville: Broadman Press, 1965)
Vincent, Marvin R.: *Word Studies in the New Testament,* 4 Bde. (New York: Charles Scribner's Sons, 1924)
Vine, W. E.: *Expository Dictionary of New Testament Words,* Bd. II (London, Edinburgh: Oliphants, 1939)
Vos, Howard: (a) *Fulfilled Prophecy in Isaiah, Jeremiah, and Ezekiel* (unveröffentlichte Dissertation, Dallas Theological Seminary, 1950)
Vos, Howard: (b) *An Introduction to Bible Archaeology* (Chicago: Moody Press, 1956)
Vos, Howard: (c) *Can I Trust My Bible?* (Chicago: Moody Press, 1963)
Vos, Howard: (d) *Genesis and Archaeology* (Chicago: Moody Press, 1963)
Warfield, Benjamin B.: (a) »The Resurrection of Christ an Historical Fact, Evinced by Eye-Witness«, in: *Journal of Christian Philosophy* III, 1884, S. 305 f.
Warfield, Benjamin B.: (b) *Introduction to Textual Criticism of the New Testament,* 7. Ausgabe (London: Hodder & Stoughton, 1907)
Warfield, Benjamin B.: (c) *The Person and Work of Christ.* Edited by S. G. Craig (Philadelphia: Presbyterian and Reformed Publishing Co., 1950)
Weiß, Johannes: *Das Urchristentum.* Hg. und ergänzt von Rudolf Knopf (Göttingen: Vandenhoeck & Ruprecht, 1917)
Wellhausen, Julius: *Das Evangelium Matthaei. Übersetzt und erklärt von Julius Wellhausen* (Berlin: Reimer, 1904)
Westcott, B. F.: (a) *Gospel of the Resurrection* (London: Macmillan, 1868)
Westcott, B. F.: (b) *Gospel of Life* (London: Macmillan, 1903)
Whedon, D. D.: *Commentary of the Gospels Matthew – Mark,* Bd. 9 (New York: Hunt & Eaton, 1888)
Whitcomb, John C., Jr.: *Darius the Mede* (Philadelphia: Presbyterian and Reformed Publishing Co., 1963)
Whitworth, John F.: *Legal and Historical Proof of the Resurrection of the Dead* (Harnsburg: Publishing House of the United Evangelical Church, 1912)
Williams, George: *The Holy City. Historical, Topographical and Antiquarian Notices of Jerusalem. Second edition, with additions, including An Architectural History of the Church of the Holy Sepulchre, by the Rev. Robert Willis.* 2 Bde. (London: Parker, 1849)

Wilson, Robert Dick: *A Scientific Investigation of the Old Testament* (Chicago: Moody Press, 1959)

Wiseman, Donald F.: »Archaeological Confirmation of the Old Testament«, in: Carl F. H. Henry (Hg.), *Revelation and the Bible* (Grand Rapids: Baker Book House, 1969)

Wiseman, D. J.: *Chronicles of Chaldean Kings (626–556 B. C.) in the British Museum* (London: Trustees of the British Museum, 1956)

Wolff, Richard: *The Son of Man. Is Jesus Christ Unique?* (Lincoln: Back to the Bible Broadcast, 1960)

World Annual Report. United Bible Societies (Stuttgart, 1986)

Wright, G. E.: *Biblical Archaeology* (Philadelphia: Westminster Press, (a) 1957)

Wright, G. E.: »Some Radiocarbon Dates«, in: G. E. Wright, D. N. (b) Freedman (Hg.), *Biblical Archaeologist Reader* (New York: Doubleday, 1961)

Wright, G. E., Freedman, D. N.: *Biblical Archaeologist Reader* (New York: Doubleday, 1961)

Wright, Thomas: *Early Travels in Palestine* (London: Henry G. Bohn, 1848)

Xenophon: *Cyropädie* (Berlin: Langenscheidt) (= Langenscheidts Bibliothek sämtlicher griechischen und römischen Klassiker, Berlin 1855–1917, Bd. 60)

Young, Edward J.: *Introduction to the Old Testament* (Grand Rapids: (a) Eerdmans, 1956)

Young, Edward J.: »The Authority of the Old Testament«, in: *The Infal-* (b) *lible Word* (Philadelphia: Presbyterian and Reformed Publishing Co., 1946)

Young, John: *Christus nach der Weltgeschichte. Eine Argumentation gegründet auf die Thatsachen Seines Lebens auf Erden. Nach dem Englischen von John Young* (Basel: Schneider, 1858)

Bibliographische Hinweise zur apologetischen Literatur im englischsprachigen Raum

Lutz v. Padberg

Galt kurz nach dem Zweiten Weltkrieg in der deutschen Theologie noch der Leitsatz »Die Apologetik ist eine unaufgebbare Lebensäußerung der christlichen Kirche« (Kurt Aland, *Apologie der Apologetik* [Hilfe für's Amt 15] Berlin 1948, s. 17), so hat inzwischen die ideologische Veränderung der Universitätstheologie dazu geführt, die Apologetik als theologische Disziplin obsolet werden zu lassen. In der Tat ist es eine logische Konsequenz aus der Akkommodation der Theologie an den Säkularismus, sich vollkommen dem Pluralismus der Meinungen und dem ökumenischen Dialog zu öffnen und somit den Absolutheitsanspruch des Christentums aufzugeben. »Das Christentum wird immanente Religion für eine immanente Welt« (Hans-Rudolf Müller-Schwefe, Art. »Apologetik III. Praktisch-theologisch«, in: *Theologische Realenzyklopädie, Band III,* 1978; S. 424–429, Zitat S. 428). Wenn aber die Theologie sich der Identität mit dem Zeitgeist nähert, besteht kein Bedarf mehr, den Glauben der Welt gegenüber offensiv zu verteidigen. Die Folgen dieses Verzichtes im Ausgleich zwischen christlichem Anspruch und Zeitbewußtsein werden in der deutschen Theologie in politisch-aktionistischen bis atheistischen Systemen überdeutlich.

Aufgrund ihrer vollkommen andersartigen Struktur konnte die amerikanische Theologie dieser Substanzveränderung entgehen. Entlassen aus dem vermeintlichen Schutzraum volks- und staatskirchlicher Ordnungen, ist sie viel unmittelbarer zur Rechenschaftsablegung und Verantwortung des Glaubens (vgl. 1 Petr 3,15) genötigt, gewiß nicht zu ihrem Schaden. Eine reiche apologetische Literatur, von der die folgende Bibliographie einige jüngere Beispiele zusammenstellt, zeugt von einem intensiven entsprechenden Bemühen. Der Begriff »Apologetik« wird dabei recht weit gefaßt, wie auch die Definition von A. J. Hoover im *Evangelical Dictionary of Theology* (1984, S. 68) erhellt: »As a subdivision of Christian theology apologetics is a systematic, argumentative discourse in defense of the divine origin and the authority of the Christian faith.« Dementsprechend finden sich in der amerikanischen apologetischen Literatur häufig breit angelegte Analysen und Kritiken der Philosophie- und Ideologiegeschichte. Es gereicht der deutschen Theologie sicher zum Schaden, daß sie auf eine intensive Auseinandersetzung mit diesen Werken verzichtet hat und zum Beispiel Theologen wie Geisler, Hanna, Montgomery und van Til hierzulande weitgehend unbekannt sind. Der evangelikalen Theologie erwächst hier eine wichtige Vermittlungsfunktion.

Die folgende Auswahlbibliographie stellt Arbeiten zu ganz unterschiedlichen Themen zusammen. Zur Einführung sind die Studien von Barcus, Brown und Hoover geeignet. Geisler, Howe, Ramm, Schaeffer und van Til zählen zur unverzichtbaren Standardliteratur. Plantinga behandelt die Theodizee-Frage, während sich Montgomery zum Problem der Geschichtsphilosophie äußert. Die zentrale Problematik der Irrtumslosigkeit und Unfehlbarkeit der Heiligen Schrift diskutieren Bruce, Merkley und Woodbridge; Lindsell und Schaeffer (1984) zeigen in furios geschriebenen Büchern, daß die Inspirationsfrage von entscheidender Bedeutung für die Zeugniskraft der Theologie ist. Mit metaapologetischen Aspekten setzen sich Erlandsson, Hanna und Sproul auseinander. Schon diese Vielfalt der Ansätze in einer kleinen Auswahl konkretisiert die Lebendigkeit der apologetischen Diskussion in der englischsprachigen theologischen Literatur.

Greg L. Bahnsen, Inductivism, Inerrancy and Presuppositionalism, in: Journal of the Evangelical Theological Society 20, 1977, S. 289–305

Greg L. Bahnsen, Socrates or Christ: The Reformation of Christian Apologetics, in: Gary North (Ed.), Foundations of Christian Scholarship, Nallecito, California 1976, S. 191–239

Nancy B. Barcus, Developing a Christian Mind, Downers Grove, Illinois 1977

Colin Brown, Miracles and the Critical Mind, Exeter – Grand Rapids, Michigan 1984

Colin Brown, Philosophy and the Christian Faith. A Historical Sketch from the Middle Ages to the Present Day, Downers Grove, Illinois 1985 (first published London 1968)

Frederick Fyvie Bruce, The New Testament Documents: Are they Reliable?, Grand Rapids, Michigan [5]1978

Anthony Campolo, A Reasonable Faith: Responding to Secularism, Waco, Texas 1983

Gordon H. Clark, A Christian View of Men and Things. An Introduction to Philosophy, Grand Rapids, Michigan 1952, Reprinted 1981

Paul Edwards (Ed.) ; The Encyclopedia of Philosophy, 8 vols., New York 1967

Seth Erlandsson, Is Biblical Scholarship Possible without Presuppositions?, in: Trinity Journal 7, 1978, S. 8–21

Norman L. Geisler, Christian Apologetics, Grand Rapids, Michigan 1976

Norman L. Geisler and Ronald M. Brooks, Christianity under Attack, Dallas, Texas 1985

Norman L. Geisler and William D. Watkins, Perspectives: Understanding and Evaluating Today's World, San Bernardino, California 1984
Mark M. Hanna, Crucial Questions in Apologetics, Grand Rapids, Michigan 1981
H. Heie and D. L. Wolfe (Eds.), The Reality of Christian Learning: Strategies for Faith-Discipline Integration, Grand Rapids, Michigan 1987
John Hick, Arguments for the Existence of God, New York 1971
A. F. Holmes, Contours of a World View (Studies in a Christian World View, Vol. I), Grand Rapids, Michigan – Leicester 1983
A. J. Hoover, Art. Apologetics, in: Evangelical Dictionary of Theology, Grand Rapids, Michigan 1984, S. 68–70
Frederick R. Howe, Challenge and Response: A Handbook of Christian Apologetics, Grand Rapids, Michigan 1982
Frederick R. Howe, A Comparative Study of the Work of Apologetics and Evangelism, in: Bibliotheca Sacra 135, 1978, S. 303–313
Harold Lindsell, The Battle for the Bible, Grand Rapids, Michigan 1976, [14]1981
Harold Lindsell, The Bible in the Balance, Grand Rapids, Michigan 1979
Paul Merkley, The Gospels as Historical Testimony, in: The Evangelical Quarterly 58, 1986, S. 319–336
John Warwick Montgomery, Where is History Going?, Grand Rapids, Michigan 1969
Clark Pinnock, Reason Enough, Downers Grove, Illinois 1980
Alvin Plantinga, God, Freedom, and Evil, Grand Rapids, Michigan 1974
Richard L. Purtill, Reason to Believe, Grand Rapids, Michigan 1974 (vgl. Bibliotheca Sacra 133, 1976, S. 70f.)
Bernard Ramm, Varieties of Christian Apologetics. An Introductory Study to the Christian Philosophy of Religion, Grand Rapids, Michigan 1961 (revised form of Types of Apologetic Systems, Wheaton, Illinois 1953)
W. Stanford Reid, The Beginning of Wisdom, in: Evangelical Quarterly 48, 1976, S. 144–153
Francis A. Schaeffer, The Complete Works, 5 vols., Westchester, Illinois 1982
Francis A. Schaeffer, The Great Evangelical Disaster, Westchester, Illinois 1984
Alan P. F. Sell, Defending and Declaring the Faith. Some Scottish Examples 1860–1920, Exeter 1987
R. C. Sproul – John Gerstner – Arthur Lindsley, Classical Apologetics. A Rational Defense of the Christian Faith and a Critique of

Presuppositional Apologetics, Grand Rapids, Michigan 1984
Cornelius van Til, The Defense of the Faith, Phillipsburg, New Jersey, third revised edition 1967 (first ed. 1955)
Cornelius van Til, A Christian Theory of Knowledge, Philadelphia 1969
John C. Whitcomb, Jr., Contemporary Apologetics and the Christian Faith, in: Bibliotheca Sacra 134, 1977, S. 99–106. 195–202, 291–298; 135, 1978, S. 25–33
Nicholas Wolterstorff, Reason within the Bounds of Religion, Grand Rapids, Michigan 1976; Exeter [2]1984
John D. Woodbridge, Recent Interpretations of Biblical Authority, in: Bibliotheca Sacra 142, 1985, S. 3–15, 99–113, 195–208 (Does the Bible Teach Science?). 292–305

Ergänzungsbibliographie deutschsprachiger Veröffentlichungen

Carsten Peter Thiede

Bruce, F. F.: Die Glaubwürdigkeit der Schriften des Neuen Testaments. Telos: Bad Liebenzell 1976

Noch immer die hilfreichste Einführung in die grundlegenden Fragen der Glaubwürdigkeit der Quellen. Kann als »Vorstufe« zu Robinson (s. u.) gelesen werden. Bruce kannte noch nicht das Markus-Fragment von Qumran (vgl. unten Thiede), bleibt aber vor allem methodisch weiterhin vorbildlich.

Bruce, F.F.: Zeitgeschichte des Neuen Testaments. 2 Bde. R. Brockhaus: Wuppertal 1975, 1976

Das Standardwerk des schottischen Neutestamentlers in einer zuverlässigen Übersetzung.

Bürgener, Karsten: Die Auferstehung Jesu Christi von den Toten. Im Selbstverlag (Am Sodenmatt 28, 2800 Bremen 66): 3., verb. Auflage 1985.

Weitgehend überzeugender, sehr anregender Versuch, die scheinbar unauflöslichen Gegensätze in den kanonischen Auferstehungsberichten mit methodisch neuen Überlegungen und Untersuchungen zu klären.

Burkhardt, Helmut: Wie geschichtlich sind die Evangelien? Brunnen Verlag: Gießen und Basel 1979

Kurzgefaßte, geschichtswissenschaftlich aufgebaute Darstellung der Evangelien als geschichtlicher Quellen.

Drane, John: Paulus. Das Leben und die Briefe des Apostels. Brunnen Verlag: Gießen und Basel ^{3} 1984.

Gründliche, populärwissenschaftliche Einführung in Paulus und sein Wirken. Berücksichtigt die neuesten Forschungsergebnisse.

Drane, John: Jesus. Sein Leben, seine Worte, seine Zeit. Brunnen Verlag: Gießen und Basel ^{2}1984

Populärwissenschaftliche, auf neuem Erkenntnisstand beruhende Darstellung der Geschichte Jesu. Gut als Einführung geeignet.

Drane, John: Die frühchristlichen Gemeinden. Paulus-Petrus-Jakobus-Johannes. Brunnen Verlag: Gießen und Basel 1984

Ergänzung von Dranes Jesus-Buch, nach gleicher Methodik im Sinne einer wissenschaftlich aktuellen, allgemeinverständlichen Einführung.

Gerhardsson, Birger: Die Anfänge der Evangelientradition. R. Brockhaus: Wuppertal 1977

Untersuchung der mündlichen Überlieferung und der Zuverlässigkeit der frühesten schriftlichen Quellen unter Berücksichtigung jüdischer Lehr- und Lernmethoden.

Hamman, Adalbert: Die ersten Christen. Reclam Verlag: Stuttgart 1985

Vorbildlich klare, umfassende Darstellung der Entwicklung des Christentums in der unmittelbar nachneutestamentlichen Zeit. Wichtige Ergänzung zu allen eigentlichen NT-Studien.

Hempelmann, Heinzpeter: Die Auferstehung Jesu Christi – eine historische Tatsache? Eine engagierte Analyse. R. Brockhaus: Wuppertal 1982

Darlegung und Untersuchung der inner- und außerbiblischen Zeugnisse, die die Geschichtlichkeit der Auferstehung belegen bzw. unterstützen.

Künneth, Walter: Jesus und das Neue Testament. J. F. Steinkopf Verlag: Stuttgart 1967

Eine knapp gefaßte, klar formulierte Analyse der Geschichtlichkeit des neutestamentlichen Jesusbildes.

Marshall, Howard: Die Ursprünge der neutestamentlichen Christologie. Brunnen Verlag: Gießen und Basel 1985

Untersuchung der Überlieferung der Urgemeinde und des frühchristlichen Christusbildes anhand der als zuverlässig nachgewiesenen inner- und außerbiblischen Quellen.

Padberg, Lutz von: Die Bibel. Grundlage für Glaube, Denken und Erkennen. Prolegomena zu einer biblischen Erkenntnislehre. Hänssler-Verlag: Neuhausen 1986

Kirchengeschichtlich-philosophische Analyse der Rezeption biblischen Denkens bis in die Gegenwart.

Riesner, Rainer: Jesus als Lehrer. Eine Untersuchung zum Ursprung der Evangelien-Überlieferung. J. C. B. Mohr (Paul Siebeck): Tübingen, 2., verb. Auflage 1984.

Die gründlichste, maßstabsetzende Darlegung der Lehrtätigkeit Jesu und der historisch zuverlässigen Evangelien-Überlieferung mit ausführlichen Anmerkungen und weiterführenden Bibliographien. Vor allem für eigene wissenschaftliche Forschung unverzichtbare Grundlage.

Robinson, John A. T.: Wann entstand das Neue Testament? Bonifatius Verlag, Paderborn/R. Brockhaus Verlag: Wuppertal 1986

Seit dem Erscheinen des englischen Originals 1976 ein Standardwerk zur Überprüfung der Datierung aller neutestamentlichen und einiger apokrypher Schriften. Argumentiert detailliert für eine Entstehung aller behandelten Texte vor dem Jahre 70.

Stadelmann, Helge: Grundlinien eines bibeltreuen Schriftverständnisses. R. Brockhaus: Wuppertal 1985

Darstellung der Bibelauslegung auf geschichtlich begründeter Basis. Wissenschaft und Bibelexegese werden hier als Einheit, nicht als Gegensätze vorgeführt.

Staudinger, Hugo: Die historische Glaubwürdigkeit der Evangelien. Schriftenmissionsverlag Gladbeck: Gladbeck, 4., neu bearb. Auflage, 1977.

Staudinger (em. o. Prof. für Didaktik der Geschichte an der Gesamthochschule Paderborn) analysiert methodisch und an ausgewählten Beispielen die Evangelien als Geschichtsquellen und setzt sich mit Neutestamentlern (v.a. Willi Marxsen) auseinander.

Stauffer, Ethelbert: Jesus. Gestalt und Geschichte. Francke Verlag: Bern 1957 (Dalp TB 332)

Umfassende Darstellung selten herangezogener Hintergrundmaterialien. Auch nach dreißig Jahren noch informativ und anregend.

Thiede, Carsten Peter: Die älteste Evangelien-Handschrift? Das Markus-Fragment von Qumran und die Anfänge der schriftlichen Überlieferung des Neuen Testaments. R. Brockhaus: Wuppertal 1986

Belegt anhand der Existenz und sicheren Identifizierung eines Papyrus-Fragments, dem nunmehr ältesten erhaltenen Text des Neuen Testaments, die Entstehung des Markus-Evangeliums vor dem Jahre 68. Untersucht die Kennzeichen der ältesten schriftlichen Überlieferungen.

Thiede, Carsten Peter (Hrsg.): Das Petrusbild in der neueren Forschung. R. Brockhaus: Wuppertal 1986

Petrus als Beispiel für neutestamentliche Zeitgeschichte, Textüberlieferung und Archäologie. Eine Sammlung von neun Aufsätzen.

Wegener, Günther S.: 6000 Jahre und ein Buch. Oncken Verlag: Wuppertal und Kassel [10]1985.

Hervorragend illustrierte, wissenschaftlich zuverlässige Einführung in die Entstehung und Überlieferungsgeschichte der Bibel von den Anfängen bis in die Gegenwart.